KB142897

신의 역사

신의 탄생과 정신의 모험

신의 역사

KAREN ARMSTRONG

카렌 암스트롱

배국원 · 유지황 옮김

교양인
GYOYANGIN

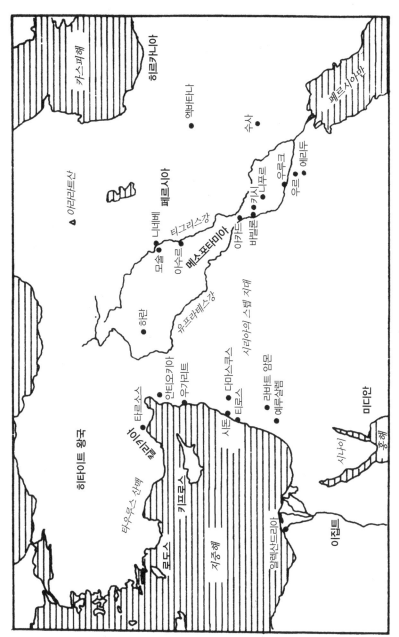

고대 중동

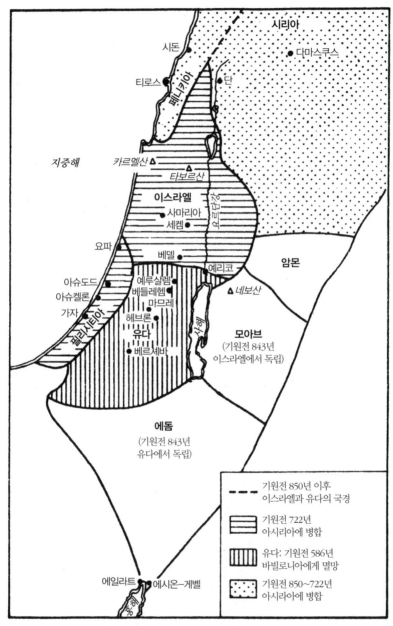

기원전 722~586년 이스라엘 왕국과 유다 왕국

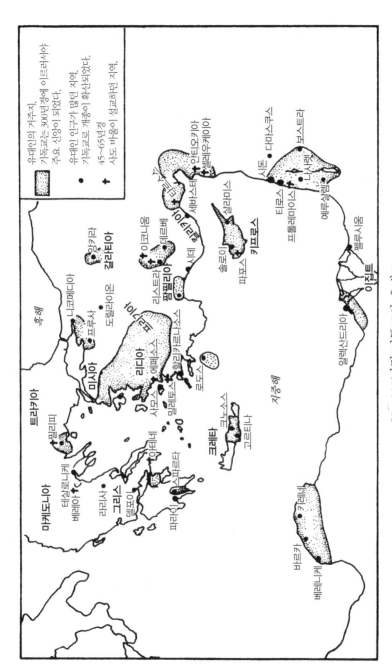

50~300년경 기독교와 유대교

흑해

트라키아

마케도니아

그리스

크레타

지중해

이집트

미시아

갈라티아

리디아

리키아

팜필리아

피시디아

키프로스

갈릴리

유대

시리아

빌립보
베레아
테살로니케

라리사

델포이
아테네
고린도

파라이

스파르타

밀레도스
라오디게아

에페소스
사모스
무드스
크니도스

크노소스
고르티나

니코메디아
프루사
드릴라이온

앙카라

이코니움
데르베
리스트라

아탈리아

살라미스
파포스

솔로이

세바스테
안티오키아
셀레우키아

티로스
프톨레마이오스
예루살렘

시돈
다마스쿠스
나사렛
보스트라

펠루시움

알렉산드리아

키레네
베레니케
바르카

필라피

니케아

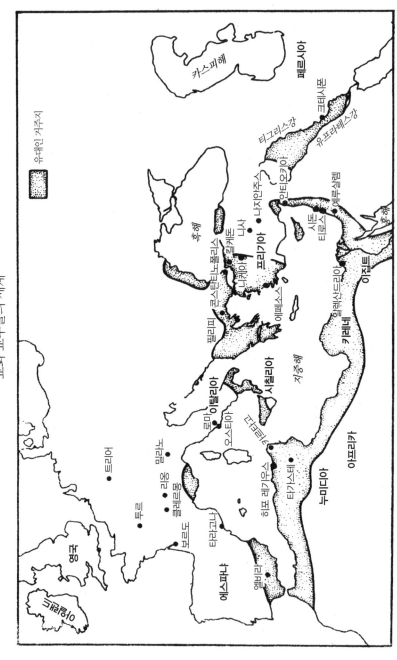

교회 교부들의 세계

유대인 거주지

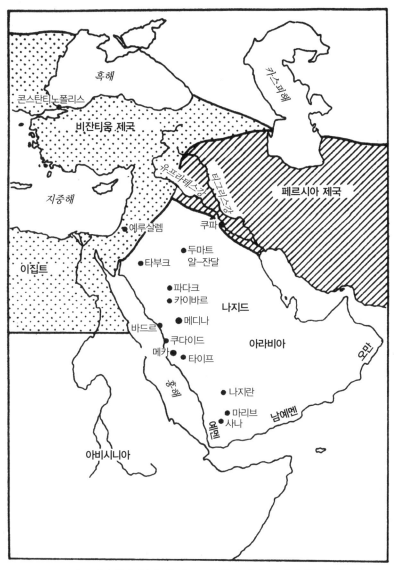

570~632년 '예언자' 무함마드 시대의 아라비아와 주변 지역

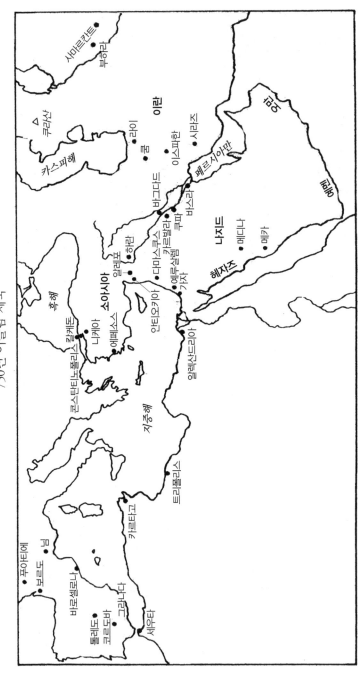

750년 이슬람 제국

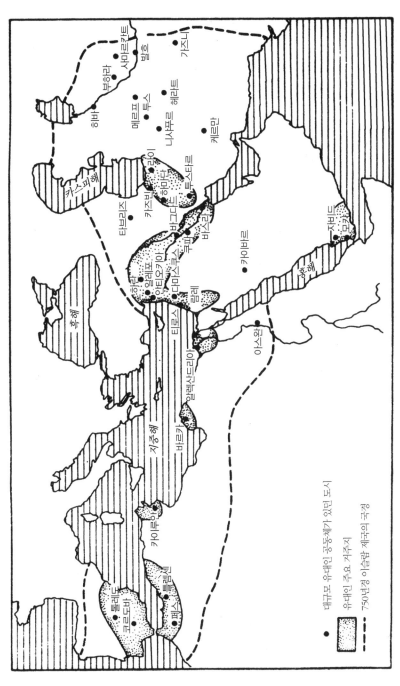

750년경 이슬람의 우마대인

● 대규모 우마대인 공동체가 있던 도시
유대인 주요 거주지
750년경 이슬람 제국의 국경

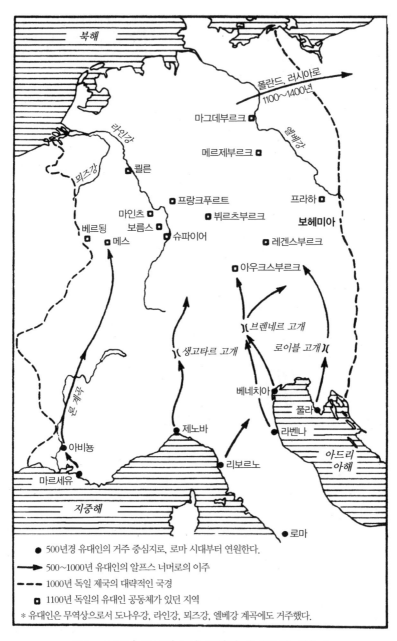

500~1100년 동프랑스와 독일의 유대인의 거주지

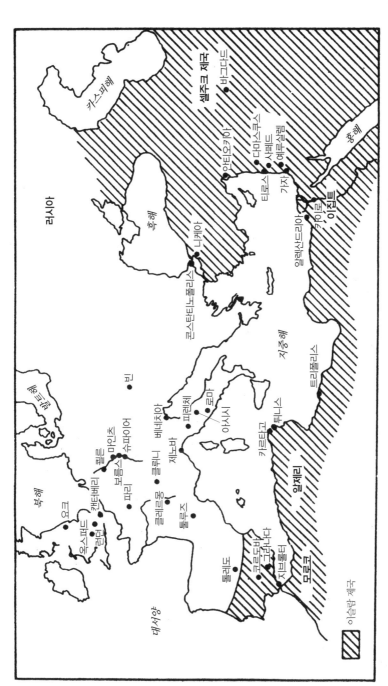

중세의 새로운 기독교 서구

차 례

신은 누구인가?

어린 시절 나는 몇 가지 확고한 종교적 믿음을 지녔으나 신에 대한 신앙은 깊지 않았다. 일련의 명제에 대한 '믿음(belief)'과 그 명제를 신뢰할 수 있게 하는 '신앙(faith)'은 구분되어야 한다. 나는 은연중에 신의 존재를 믿었고, 성체성사*에서 그리스도의 실재적 현존*을 믿었으며, 성사가 효과적이라는 것과 연옥이 객관적으로 실재한다는 것과 영원히 정죄받을 수 있음을 믿었다. 그러나 궁극적 실재의 본성에 관한 이러한 종교적 견해들을 내가 믿었다고 해서 이 지상에서 누리는 삶이 좋다거나 은혜롭다고 확신한 것은 아니다. 유년 시절 내게 로마 가톨릭은 꽤 무시무시한 교의였다. 아일랜드 작가 제임스 조이스가 《젊은

성체성사(聖體聖事) 가톨릭교회에서 신의 은총을 베푸는 의례인 성사 일곱 가지 중 하나로, 예수와 제자들의 '최후의 만찬'에서 유래했다. 사제는 예수 그리스도의 살과 피를 의미하는 빵과 포도주를 축성해 교도들과 나누며 그의 십자가 희생을 기념한다.
실재적 현존(Real Presence) 성체성사 때 축성된 빵과 포도주에 그리스도가 실제로 현존한다고 믿는 가톨릭 교리. 종교개혁 이래로 프로테스탄트에서는 대체로 성체성사 의식을 상징적으로 해석한다.

예술가의 초상》(1916년)에서 묘사한 것처럼, 나 역시 불타는 지옥에 관한 설교를 듣곤 했다. 사실 지옥이 신보다 훨씬 현실처럼 보였는데, 지옥은 무엇인가 이미지로 파악되었기 때문이다. 반면 이미지보다는 지적인 추상적 개념으로 정의된 신은 어딘가 불분명한 대상이었다. 여덟 살쯤 되었을 때 "하느님은 누구인가?"라는 질문에 대한 교리문답서의 답을 암기해야 했다. "하느님은 최고의 영이시며 스스로 홀로 존재하는 분이시며 모든 완전함에 영원히 거하는 분이시다." 당연히 이런 구절은 어린 내게 아무런 의미가 없었고 사실 지금도 별다른 감흥을 느끼지 못한다. 나는 언제나 이 구절을 별스럽게 딱딱하고 건방지고 잘난 체하는 정의라고 여겼고, 이 책을 쓰기 시작하면서부터는 이 정의가 잘못된 것이라고까지 생각하게 되었다.

나는 커 가면서 종교에는 두려움 이상의 무엇인가가 있다는 것을 깨달았다. 성인들의 전기, 형이상학파*의 시, T. S. 엘리엇의 작품, 신비주의자들의 좀 더 단순한 글을 읽었다. 예배 의식의 아름다움에 감동했고, 신이 멀리 떨어져 있음에도 신에게 가까이 다가가는 것이 가능하며 바로 이러한 비전이 창조된 현실 전체를 변화시킬 수 있다고 느꼈다. 이 변화를 위해 수녀원에 들어갔고 수련 수녀를 거쳐 수녀가 되었으며 신앙에 관해 많은 것을 배웠다. 그곳에서 변증학, 성서, 신학, 교회사를 공부하는 데 전념했다. 수도원 생활의 역사를 탐구했으며, 모든 수녀가 철저히 암기해야 했던 우리 교단의 규율을 두고 세세하게

---

* 존 던, 조지 허버트를 비롯한 17세기 영국의 형이상학파 시인을 가리킨다. '형이상학파 시인(metaphysical poet)'이라는 표현은 영국의 시인 새뮤얼 존슨이 처음 사용했는데, 이들의 작품은 기발한 비유와 위트를 비롯한 문학적 장치를 활용해 감정과 지적인 독창성을 통합적으로 표현한다는 특징이 있다.

토론했다. 그러나 이상하게도 신은 이러한 것들 어디에서도 결코 모습을 드러내지 않았다. 나의 관심은 부수적인 사항이나 종교의 주변적인 측면에 집중되어 있는 듯했다. 나는 신과의 만남에 마음을 집중하기 위해 기도에 몰두했다. 하지만 신은 마치 내가 수도원 규칙을 어길 때마다 잡아내는 엄격한 감독관처럼 느껴지거나 애태우는 부재자로 느껴졌을 뿐이다. 나는 성인들이 신을 만났을 때 경험한 황홀경에 관해 읽으면 읽을수록 더욱 큰 좌절을 맛보았다. 불행하게도 나는 내 종교 경험이 얼마나 빈약한지 알았고, 그 경험마저도 나 자신의 감정과 상상력을 통해 스스로 만들어낸 것임을 깨달았다. 가끔이나마 생겨난 헌신의 감각은 그레고리오 성가와 예배 의식의 아름다움에 대한 심미적 반응이었을 것이다. 그러나 나를 초월한 어떤 근원으로부터 나에게 실제로 '일어난' 것은 아무것도 없었다. 나는 결코 예언자들과 신비주의자들이 묘사한 그 신을 만나지 못했다. '하느님'보다 훨씬 많이 언급하게 되는 예수 그리스도도 내게는 고대 후기와 밀접하게 연관된 전적으로 역사적인 인물로만 여겨졌다. 또 나는 교회의 몇몇 교리에 심각한 의문을 품기 시작했다. 인간 예수가 육화한 신이라는 사실을 도대체 누가 어떻게 확실히 알 수 있으며 그러한 믿음은 과연 무엇을 의미하는가? 신약 성서는 정말로 그 까다로운 ― 그리고 대단히 모순적인 ― 삼위일체 교리를 가르치는가, 또는 그 교리는 다른 많은 교의와 마찬가지로 예루살렘에서 그리스도가 사망한 이후 수 세기 동안 신학자들이 만들어낸 산물인가?

결국 나는 아쉬워하며 수녀원을 떠났고, 좌절과 부적응이라는 짐을 벗어버리자 신에 대한 믿음이 조용히 사라지는 것을 느꼈다. 최선을 다해 신을 느끼려고 했지만 신은 결코 내 삶에 영향을 주지 못했다. 내가 신에 대해 더는 죄의식을 느끼지 않고 조바심을 내지 않자 신은 너무 멀어져 그만 실재하지 않게 된 것이다. 그러나 종교에 관한 관심은 계속되어 나는 초기 기독교 역사와 종교 경험의 본질에 관한 텔레비전 프로그램 시리즈를 만들기도 했다. 종교사를 공부하면 할수록 종교에 대한 나의 오랜 의문들이 정당한 것 같았다. 어릴 때 의심 없이 받아들인 교리들은 실제로 오랜 기간에 걸쳐 형성된 것이었고 인간이 만든 것이었다. 자연과학은 창조자 하느님을 폐기해버린 것 같았고, 성서학자들은 예수가 결코 스스로 신성하다고 주장하지 않았음을 증명했다. 내가 경험한 섬광과 같은 환상은 뇌전증으로 인한 신경적 결함이라는 것을 알았다. 그렇다면 성인들의 환상과 황홀감도 단지 정신적 기벽에 불과한 것이었을까? 차츰 신이란 존재는 인류가 성장하면서 흥미를 잃게 된 일탈 행위처럼 보였다.

몇 년 동안 수녀로 지냈지만 신에 관한 내 경험이 유별나다고는 생각하지 않는다. 신에 관한 내 생각은 유년기에 형성되었고 다른 분야에서 지식이 증가하는 만큼 발전하지 못했다. 어릴 때 산타클로스에 관해 지녔던 단순한 생각은 버렸고 유치원 다닐 때는 이해할 수 없었던 인간이 겪는 곤경은 성숙하게 헤아리게 되었지만, 신에 관한 어린 시절의 혼란스러운 생각은 수정되거나 발전하지 못한 것이다. 나와 같은 특별한 종교적 배경이 없는 사람들도 그들의 신 개념이 유년기에 이미 형성되었음을 알게 될 수도 있다. 그때 이후로 우리는 어린애 같은 생각들을 버리면서 어린 시절의 신도 포기하고 만 것이다.

그러나 종교사를 연구하면서 나는 인간이 영적인 동물임을 깨달을 수 있었다. 사실 '지혜로운 인간'(호모 사피엔스)은 동시에 '종교적 인간'(호모 렐리기오수스)이라고 주장되기도 한다. 사람들은 자신이 인간임을 자각하자 신들을 섬기기 시작했다. 인간은 예술 작품을 창조함과 동시에 종교를 창조했다. 이는 단순히 강력한 힘을 달래고 싶어서만은 아니었다. 초기 신앙은 아름답지만 무서운 세계를 경험할 때마다 늘 필수 요소처럼 따라붙은 경이와 신비를 표현한 것이었다. 예술과 마찬 가지로 종교는 육신이 물려받을 수밖에 없는 고통 속에서도 삶의 의미 와 가치를 찾으려는 노력이다. 인간의 다른 모든 활동과 마찬가지로 종교는 잘못 이용될 수 있지만, 인간은 언제나 종교 생활을 해 온 것 처럼 보인다. 영악한 왕들과 사제들로 인해 종교에 최초의 세속적 본 성이 덧붙은 게 아니었다. 종교는 인간성에 자연스러운 것이었다. 그 렇기에 우리 시대의 세속주의는 인류 역사에서 전례가 없는 새로운 실 험이라 할 수 있다. 우리는 아직 그 실험이 어떻게 작용할지 알지 못한 다. 서구의 자유주의적 인본주의는 인간에게 자연스러운 것이 아니며 미술품이나 시를 감상하는 능력처럼 함양되어야 한다고 말할 수 있다. 인본주의는 그 자체로 신 없는 종교이다(물론 모든 종교가 유신론적인 것은 아니다). 오늘날 우리의 윤리적 이상은 정신과 마음을 위한 나름 의 규율을 갖추고 있으며, 사람들에게 인간 삶에 궁극적 의미가 있음 을 믿게 해줄 수단—한때는 좀 더 전통적인 종교가 제공했던—을 제 공하기 때문이다.

나는 서로 연결된 세 유일신 신앙인 유대교, 기독교, 이슬람교의 신 개념과 신 경험의 역사를 연구하기 시작하면서, 신이란 단순히 인간의 필요와 욕구의 투영임을 확인할 수 있으리라 기대했다. '신'은 사회의 각 발전 단계에서 인간의 두려움과 열망을 반영했으리라 생각했다. 이 런 예측이 전적으로 틀린 것은 아니었지만 나는 내가 발견한 몇 가지 결과에 대단히 놀랐으며, 이 모든 것을 삼십여 년 전 내가 수녀원 생활을 시작할 때 배웠더라면 하는 아쉬움을 느꼈다. 만약 세 종교의 탁월한 유일신론자들로부터, 높은 곳에서 내려오는 신을 기다리는 대신 나 자신을 위해 신에 대한 감각을 의식적으로 창조해야 한다는 말을 들었더라면 많은 불안에서 벗어날 수 있었을 것이다. 유대교 랍비, 가톨릭과 동방 정교회의 사제, 이슬람 신비주의자인 수피는 신을—어떤 의미에서든지—'저편 어딘가에' 있는 실재로 가정하는 것을 책망했을 것이다. 그들은 보통의 합리적인 방법으로 발견할 수 있는 객관적 사실로서 신을 경험할 수 있다고 기대해서는 안 된다고 경고했을 것이다. 그들은 영감을 주는 시나 음악처럼, 신은 중요한 의미에서 창조적 상상력의 산물임을 일깨워주었을 것이다. 몇몇 크게 존경받는 유일신론자들은 내게 나직하지만 단호한 어조로 신은 실제로 존재하지 않지만 '그'는 이 세상에서 가장 중요한 실재라고 말해주었을 것이다.

이 책은 시대와 변화를 초월해 존재하는 형언할 수 없는 신의 실재 그 자체의 역사가 아니다. 아브라함 시대부터 오늘날에 이르기까지 사람들이 신을 어떻게 인식해 왔는가의 역사이다. 인간의 신 개념은 역사가 있다. 다양한 시점에서 그 개념을 사용한 각 집단 사람들에게 항상 조금씩 다른 의미였기 때문이다. 어느 한 시대 한 집단에 의해 형성된 신 개념은 다른 시대 다른 사람들에게는 무의미할 수 있다. "나는 신을 믿는다"는 명제는 그 자체로는 아무런 객관적인 의미가 없고, 다른 일반 명제들처럼 오직 특정 집단에 의해 선포될 때 그 맥락 안에서 어떤 의미를 띠게 된다. 따라서 '신'이라는 말에는 변하지 않는 단 하나의 개념이 담겨 있는 것이 아니라 서로 모순되고 심지어 상충하기까지 하는 의미들이 총체적으로 포함되어 있다고 할 수 있다. 만약 이러한 유연성이 없었더라면 신이라는 관념은 결코 인간의 위대한 생각 중

하나로 살아남을 수 없었을 것이다. 하나의 신 개념이 의미가 없어지거나 더는 적절하지 못한 것이 되었을 때 그 개념은 조용히 폐기되고 새로운 신학으로 대체되었다. 근본주의자들은 이 사실을 부정하는데, 본질적으로 근본주의는 반역사적이기 때문이다. 그들은 아브라함과 모세와 후세의 예언자들이 모두 오늘날의 사람들과 똑같은 방식으로 신을 경험했다고 믿는다. 그러나 유대교, 기독교, 이슬람교 세 종교를 살펴보면 '신'에 대한 객관적인 견해가 결코 존재하지 않는다는 점이 분명해진다. 각 세대는 자신들에게 효과적인 신의 이미지를 창조해야 했다. 무신론도 마찬가지다. "나는 신을 믿지 않는다"는 명제는 항상 역사의 각 시기마다 약간씩 다른 의미였다. 과거 '무신론자'로 불린 사람들은 늘 신에 관한 특정한 생각을 부정한 자들이었다. 그렇다면 현대의 무신론자들이 거부하는 '신'은 무엇인가? 유대 부족장의 신인가, 예언자의 신인가, 철학자의 신인가, 신비주의자의 신인가, 아니면 18세기 이신론자의 신인가? 이 모든 신이 역사의 다양한 시기에 성서와 쿠란의 신으로서 유대인, 기독교인, 무슬림에게 경배받아 왔다. 우리는 이 신 개념들이 서로 매우 다르다는 것을 보게 될 것이다. 무신론은 종종 과도기적 상태를 뜻했다. 유대인, 기독교인, 무슬림은 모두 신성(神性)과 초월에 관한 혁명적인 관념을 받아들였다는 이유로 당시 이교도로부터 '무신론자'로 불렸다. 이와 비슷하게 현대의 무신론도 우리 시대의 문제에 더는 적합하지 않은 '신'을 부정하는 것일까?

　종교는 초세속적인 특성을 지니고 있지만 대단히 실용적이다. 우리는 특정한 신 개념이 논리적으로나 과학적으로 타당한지보다 '효과적'인지가 훨씬 더 중요하다는 것을 보게 될 것이다. 신 개념은 효과가 없어지면 곧 바뀌는데 때로는 급진적으로 달라지기도 한다. 이러한 사실은 우리보다 앞선 시대의 대부분 유일신론자들에게 문제가 되지 않았다. 왜냐하면 그들은 자신들의 신 개념이 신성불가침이 아니라 잠정적일 뿐임을 알고 있었기 때문이다. 신 개념은 전적으로 인간이 만든 것―다른 것일 수는 없다―이고, 그 개념이 상징하는 표현할 수 없는 '실재'와는 완전히 별개의 것이다. 어떤 이들은 이 본질적인 차이를 강조하기 위해 아주 대담한 방법을 개발하기도 했다. 중세의 한 신비주의자는 심지어 이 궁극적 '실재'―'신'으로 잘못 불렸지만―가 성서에는 전혀 언급되지 않는다고 말했다. 역사를 통틀어 사람들은 일상적 세계를 초월하는 듯한 정신의 차원을 경험해 왔다. 사실 이런 식으로 현실을 뛰어넘는 개념들을 상상할 수 있다는 점이야말로 인간 정신의 두드러진 특성이다. 우리가 어떻게 해석하든 인간이 초월을 경험한다는 것은 삶의 진실이다. 물론 모든 이들이 초월을 신성하다고 여기지는 않았다. 앞으로 살펴보겠지만 불교도는 자신들의 비전과 통찰이 어떤 초자연적 원천으로부터 유래했다는 것을 부정하며 그저 인간성에 자연스러운 것이라고 말한다. 그러나 거의 모든 주요 종교는 이 초월을 일반적인 개념적 언어로 표현하기가 불가능하다고 봤다. 유일신론자들은 이 초월을 '신'으로 부르면서 중요한 단서를 덧붙였다. 예를 들어 유대인은 신의 성스러운 이름을 발음하는 것을 금했고, 무슬림은 신을 시각적으로 형상화하려는 시도를 금했다. 이 규율은 우리가 '신'이라고 부르는 실재가 인간의 모든 표현을 초월한다는 것을 상기시키는 것이었다.

신 개념의 역사는 일반적 의미의 역사가 아니다. 신에 대한 생각은 어느 한순간 나타나 선형적 형태로 발달하다가 최종 개념에 이른 것이 아니기 때문이다. 과학적 개념들은 그렇게 발달할지 몰라도 예술과 종교의 개념들은 그렇지 않다. 사랑을 노래하는 시에 몇 가지 정해진 주제가 있는 것처럼 사람들은 신에 대해서도 똑같은 내용을 거듭 반복해 말해 왔다. 실제로 유대교, 기독교, 이슬람교의 신 개념들에서 확연한 공통점을 발견할 수 있을 것이다(비록 유대인과 무슬림은 기독교의 삼위일체와 성육신의 교리가 거의 신성 모독에 가깝다고 생각했지만 그들 역시 논란이 많은 신학을 만들었다). 그러나 보편적 주제를 나타내는 개별적 표현은 약간씩 다른데, 이는 '신'에 대한 감각을 표현하고자 애쓴 인간 상상력의 독창성과 창조성을 보여준다.

너무 큰 주제를 다루는 까닭에 이 책은 의도적으로 유대인, 기독교인, 무슬림이 숭배하는 '유일신'에 국한했다. 그러나 가끔 유일신교의 관점을 좀 더 분명히 하기 위해 이교(토속 신앙), 힌두교, 불교 등에서 말하는 궁극적 실재의 개념을 고찰하기도 한다. 이때 서로 완전히 독립적으로 발전한 종교들 사이에서 놀랍도록 유사한 신 개념을 발견하게 될 것이다. 신의 실재에 관해 우리가 어떤 결론에 도달하든지 간에, 신 개념의 역사는 인간 정신에 관해 그리고 우리가 품은 열망의 본질에 관해 중요한 사실을 전해줄 것이다. 오늘날 대부분의 서구 사회가 세속적 성격을 지님에도 여전히 신에 대한 생각은 수많은 사람들의 삶에 영향을 끼치고 있다. 최근 조사에 따르면, 미국인의 99퍼센트가 신을 믿는다고 답했다. 문제는 과연 그들이 믿는 신이 어떤 '신'인가 하는 점이다.

신학은 종종 지겹고 추상적이라는 인상을 주지만 신의 역사는 격정적이고 강렬하다. 궁극에 관한 다른 몇몇 개념들과는 달리 신 개념에는 본래 괴로운 투쟁과 긴장이 따랐다. 이스라엘의 예언자들은 수족을 비틀고 광포와 흥분으로 넘치게 하는 육체적 고통으로 신을 경험했다. 그들이 신이라고 부른 이 실재를 유일신론자들은 종종 산 정상, 암흑, 황무지, 십자가 극형, 공포 등 극한 상황에서 경험했다. 서구의 신 경험은 특히 트라우마적으로 보인다. 이 내재적 긴장의 이유는 무엇인가? 다른 유일신론자들은 빛과 현성용(顯聖容)에 대해 말하기도 했다. 그들은 자신들이 경험한 실재의 복잡성을 표현하기 위해 정통 신학을 훨씬 뛰어넘는 아주 대담한 형상화를 시도한 것이다. 최근 다시 높아진 신화에 대한 관심은 종교적 진리를 좀 더 창조적으로 표현하고자 하는 욕구가 커지고 있음을 암시한다. 미국 신화학자 조지프 캠벨의 저서는 많은 인기를 끌었는데, 그는 영속 철학*의 관점에서 인류의 영속 신화를 연구하며 고대의 신화와 전통 사회에서 여전히 통용되는 신화들을 연결했다. 흔히 유대교, 기독교, 이슬람교 이 세 '신−종교(God-religion)'에는 신화와 시적 상징이 결여되어 있다고 여긴다. 그러나 이 유일신론자들이 본래 이웃 이교도들의 신화를 거부하기는 했으나 그 신화들은 후대에 종종 유일신 신앙 속에 슬며시 들어오곤 했다. 가령 신비주의자들은 신이 여성으로 육화하는 것을 보았으며, 다른 이들은 신의 섹슈얼리티에 관해 좀 더 경건하게 언급하며 신에 여성적 요소를 도입했다.

바로 이 점이 문제가 되는데, 신은 분명히 남성 신으로 출발했기에 유일신론자들은 신을 대부분 '그'라고 불렀다. 최근 페미니스트들이 이런 관습에 반대한 것은 이해할 만하다. 나는 신을 '그'라고 일컫던 사람들의 생각과 통찰력을 추적할 것이기에, 특별히 '그것'이라는 중성

영속 철학(perennial philosophy) 여러 문명과 시대를 가로질러 나타나는 본질적으로 유사한 특징을 지닌 철학을 일컫는 말. 올더스 헉슬리가 주창했으며, 시공을 초월하여 발견되는 인간 의식과 실재의 본질에 대한 공통적 통찰에 근거한 사상을 의미한다.

형이 더 적절할 때를 빼고는 관습적인 남성 대명사를 쓸 것이다. 그러나 '신-담론(God-talk)'의 남성적 성질이 특히 영어에서 문제가 된다는 사실에 주목할 필요가 있다. 히브리어, 아랍어, 프랑스어에는 문법적 성별이 있어 신학적 논의에서 일종의 성적 대위법과 변증법으로 작용하는데 영어는 그렇지 않다. 가령 아랍어로 (신의 위대한 이름인) '알라'는 남성형인 데 반해 신의 신성하고 불가해한 본질을 가리키는 단어인 '알-다트'는 여성형이다.

신에 관한 모든 말은 인간 언어의 극복할 수 없는 한계로 인해 휘청일 수밖에 없다. 그러나 유일신론자들은 초월적 실재를 표현하는 언어의 능력을 부정함과 동시에 언어에 대해 언제나 긍정적이기도 했다. 유대인, 기독교인, 무슬림의 신은 '말하는' ─ 어떤 의미에서든지 ─ 신이다. '신의 말씀'은 세 신앙에서 결정적이며 서구 문화의 역사를 형성했다. 우리는 '신'이라는 단어가 오늘날 우리에게 과연 어떤 의미인지 결정해야 할 것이다.

1장

신의 기원

태초에 인간은 만물의 제일원인이자 하늘과 땅의 통치자인 신을 창조했다. 신은 이미지로 표현될 수 없었고 그를 섬기기 위한 신전이나 사제도 없었다. 그는 부족한 인간의 숭배를 받기에는 너무나 존귀했다. 점차 신은 사람들의 기억에서 사라졌다. 신이 너무 멀어졌기에 사람들은 자신들이 더는 신을 원하지 않는다고 단정하게 되었다. 결국 신은 완전히 사라졌다고 한다.

이 이야기는 1912년부터 출간된 독일 가톨릭 사제 빌헬름 슈미트(1868~1954)의 저서 《신 개념의 기원》(전 12권)에서 하나의 이론으로 대중화되었다. 슈미트는 인간이 많은 신들을 섬기기 전에 원시 유일신교가 있었다고 암시했다. 본래 인간은 이 세계를 창조하고 저 높은 하늘에서 인간사를 다스리는 유일한 '최고신'을 인정했다. 그러한 지고신(때로는 하늘과 관련이 있기에 천신天神으로도 불렸다) 신앙은 아직도 많은 아프리카 부족들의 종교적 삶에서 두드러지는데, 그들은 기도로 신을 간구하고 신이 자신들을 지켜보며 잘못을 벌하리라고 믿는다. 그렇지만 신은 신기하게도 그들의 일상생활에서 제외되어 있다. 신에 대한 특별한 제례도 없을뿐더러 신을 조상(彫像)으로 표현하지도 않는다. 부족원들은 신은 표현할 수 없으며 인간 세상에 의해 오염될 수 없다고 말한다. 어떤 이들은 신이 '멀리 가버렸다'고 말하기도 한다. 인류학자들은 이런 신은 너무 멀리 떨어져 있고 고귀해서 결과적으로 열등한 영들과 더 접근 가능한 신들로 대체되었다고 설명한다. 슈미트의 이론에 따르면 고대에 지고신 역시 이교(토속 신앙)의 더 매력적인 신들로 대체되었다. 따라서 태초에는 유일신이 있었던 것이다. 만약 이 이론이 사실이라면 유일신교야말로 삶의 신비와 비극을 설명하기 위해 인간이 개발한 가장 최초의 개념 중 하나였을 것이다. 이 개념은 또한 그러한 신이 직면해야 했을 몇 가지 문제를 나타낸다.

원시 유일신론을 증명하는 것은 불가능하다. 종교의 기원에 대해서는 많은 이론이 제기되어 왔다. 신들을 창조하는 작업은 인간이 항상 해 왔던 일인 듯하다. 어떤 종교적 개념이 더는 효과적이지 않으면 곧 다른 것으로 대체되었다. 천신의 경우처럼 효과적이지 않은 개념은 큰 야단을 떨지 않고 조용히 사라졌다. 지금 우리 시대의 많은 이들은 수 세기 동안 유대인, 기독교인, 무슬림이 섬겨 온 신 역시 천신만큼이나 멀어졌다고 말할 것이다. 어떤 이들은 사실상 신이 죽었다고 주장하기도 했다. 확실히 신은 점점 더 많은 이들의 삶에서, 특히 서유럽인의 삶에서 잊혀 가고 있는 듯하다. 그들은 그들의 의식 속에 한때 신이 차지했다 사라져 생긴 '신의 빈자리(God-shaped hole)'에 대해 말한다. 비록 어떤 면에서는 무의미해 보일지 몰라도, 신은 우리 역사에서 결정적인 역할을 담당했고 모든 시대에 걸쳐 가장 위대한 개념 중 하나였기 때문이다.

지금 우리가 무엇을 잃어 가고 있는지 이해하려면—즉 신이 정말로 사라지고 있다면—사람들이 이 신을 숭배하기 시작했을 때 무엇을 했는지, 신이 무엇을 의미했고 어떻게 상상되었는지 알아야 한다. 그러려면 신 개념이 점차 생겨나던 약 1만 4천 년 전 고대 중동의 세계로 돌아가볼 필요가 있다.

〈에누마 엘리시〉의
창조 신화

오늘날 종교가 인간사와 무관한 것으로 여겨지는 이유 중 하나는 대다수 사람들이 더는 무엇인가 보이지 않는 것에 둘러싸여 있다고 느끼지 않기 때문이다. 과학 문명은 우리 앞에 놓여 있는 물리적, 물질적 세계에만 관심을 두라고 가르친다. 세계를 관찰하는 이러한 방법은 대단한 성과를 거두었다. 그러나 그 결과 중 하나는 우리가 '영적인' 것 또는 '거룩한' 것에 대한 감각을, 말하자면 편집해버렸다는 것이다. 그 감각은 더 전통적인 사회에서 사는 사람들의 삶에 속속들이 배어 있었고 인간이 세계를 경험하는 데 본질적인 요소였다. 남태평양 제도에서는 이 신비로운 힘을 '마나(manna)'라고 부르고, 다른 사람들은 '영(靈)'이나 '영기(靈氣)'로 경험한다. 때로는 방사능이나 전기의 형태를 띤 비인격적인 힘으로 느껴졌다. 부족장 내부에, 식물이나 돌, 동물 속에 머무는 힘이라고 믿기도 했다. 라틴인은 성스러운 숲에서 누멘(numen, 영)을 경험했고, 아랍인은 보이는 풍경 속에 진(jinn, 정령)이 있다고 느꼈다. 자연히 사람들은 이 실재와 접촉해 도움을 받고 싶어 했고, 또는 그저 숭배하고 싶어 했다. 사람들이 보이지 않는 힘을 인격화해 바람, 태양, 바다, 별과 연관되면서 동시에 인간의 특성도 지닌 신들을 만들었을 때, 그들은 보이지 않는 실재와 주변 세계와의 친밀감을 표현한 것이다.

독일 종교학자 루돌프 오토(1869~1937)는 1917년에 출간한 그의 중요한 저서 《성스러움의 의미》에서 바로 이 '누미노제'*의 감각이야말로 종교의 근본이라고 주장했다. 이 감각은 세계의 기원을 설명하거나 윤리적 행동의 토대를 찾으려는 어떠한 욕구보다 앞섰다. 인류는 누미노제의 힘을 다양한 방식으로 경험했다. 그 힘은 때로는 거칠고 광적인 흥분을 불러일으키고, 때로는 깊은 고요함을 일깨웠다. 때때로 사람들은 삶의 모든 면에 내재해 있는 이 신비스러운 힘 앞에서 공포와 외경과 겸손을 경험하기도 했다. 신화를 만들고 신들을 숭배하기 시작했을 때 사람들은 자연 현상을 사실에 충실하게 설명하려던 것이 아니었다. 상징적 이야기나 동굴 벽화나 조각품은 그들이 경험한 경이를 표현하고 이 압도적인 신비를 자신들의 삶과 연결하려는 노력이었다. 사실상 오늘날 시인, 미술가, 음악가도 종종 이와 비슷한 욕구에 사로잡힌다. 가령 농업이 발전하기 시작한 구석기 시대에 지모신(地母神) 숭배는 인간 생활을 변화시키는 풍요야말로 정말로 성스럽다는 감각을 표현한 것이었다. 고대 예술가들은 지모신을 벌거벗은 임신부로 묘사한 조각상들을 만들었는데, 고고학자들은 이 조각상들을 유럽, 중동, 인도 전역에서 발굴했다. 지모신은 중요한 이미지로 수 세기 동안 남아 있었다. 옛 천신과 마찬가지로 지모신도 이후 신들의 집단에 편입되어 오래된 신들 옆에 자리 잡았다. 일반적으로 지모신은 가장 강력한 신들 중 하나였는데, 다소 모호한 위치인 천신보다 분명 더 위력

---

* 루돌프 오토는 인간의 종교적 경험에서 비합리적인 초월적 감각을 나타내기 위해 '누미노제(Das Numinose)'라는 용어를 사용했다. 누미노제는 '신령' '신성한 힘'을 뜻하는 라틴어 누멘(numen)에서 파생된 독일어 형용사 누미노스(numinos)의 명사형으로, 경이와 공포를 불러일으키는 성스러움, 초월, 거룩함의 감각을 의미한다.

적이었다. 고대 수메르에서는 이난나, 바빌로니아에서는 이슈타르, 가나안에서는 아나트, 이집트에서는 이시스, 그리스에서는 아프로디테로 불렸고, 이 모든 문화에서 사람들의 영적인 삶에서 지모신의 역할을 나타내기 위해 놀랄 만큼 비슷한 이야기들이 만들어졌다. 우리는 그런 신화들을 문자 그대로 받아들일 것이 아니라 너무 복잡하고 파악하기 어려워 다른 방법으로는 표현하기 힘든 실재를 묘사하기 위한 비유적 노력이었다고 보는 편이 옳을 것이다. 사람들은 극적이고 흥미로운 신화들을 통해 자신을 둘러싸고 있는 강력하지만 보이지 않는 힘에 대한 감각을 분명히 표현할 수 있었다.

실제로 고대인들은 이런 신성한 삶에 참여함으로써만 자신이 진정으로 인간이 될 수 있다고 믿었던 것 같다. 이승의 삶은 분명 언제든 부서지기 쉽고 죽음의 그늘에 덮여 있지만, 신들의 행위를 모방한다면 어느 정도 그들의 위대한 힘과 유능함을 나누어 가질 수 있으리라 여겼다. 그래서 신들이 신성한 영역에 있는 자신들의 집을 모방한 도시와 신전 짓는 법을 사람들에게 가르쳐주었다고 했다. 신들의 성스러운 세계 ─ 신화에서 자세히 이야기되는 ─ 는 단지 사람들이 동경하는 이상이 아니라 인간 존재의 원형이었다. 그것은 여기 지상에서의 삶이 모범으로 삼는 본형 또는 원형이었다. 따라서 지상의 모든 것은 신성한 세계에 있는 어떤 것의 복제품으로 여겨졌는데, 이런 인식이야말로 고대 대부분 문화의 신화, 의례, 사회 조직을 특징지었고 오늘날에도 더 전통적인 사회에서 계속 영향을 끼치고 있다.[1] 가령 고대 이란에서는 '지상 세계'(게틱getik)의 모든 사람이나 사물은 그 대응물이 성스러운 실재의 '원형 세계'(메녹menok)에 있다고 생각했다. 자율성과 독립성을 인간의 최고 가치로 여기는 현대 사회에서 이런 견해는 이해하기 어렵다. 그러나 고대 그리스의 의학자 갈레노스가 했다는 유명한 말 "모든 동물은 성교 후에 슬퍼진다"는 여전히 인간 공통의 경험을 표현한다. 열정적으로 고대하던 순간이 격렬하게 지나간 뒤 우리는 종 종 우리의 이해를 넘어선 곳에 있는 더 큰 무언가를 놓치고 말았다고 느끼는 것이다. '신을 모방하는 것'(이미타티오 데이)은 여전히 중요한 종교적 개념이다. 안식일에 쉬거나 성목요일*에 다른 사람의 발을 닦아주는 행위―그 자체로는 무의미할지 몰라도―는 신이 언젠가 같은 행위를 했다고 사람들이 믿기 때문에 의미 있고 성스러운 것이다.

닮음의 영성은 고대 메소포타미아 세계의 특징이었다. 오늘날 이라크가 자리 잡은 티그리스강과 유프라테스강 유역에는 빠르게는 기원전 4000년경부터 수메르인으로 알려진 사람들이 거주하기 시작했다. 그들은 '문명 세계'(오이쿠메네*) 최초의 위대한 문화 중 하나를 건설했다. 수메르인은 우루크, 우르, 키시를 비롯한 그들의 도시에서 설형문자를 만들었고 거대한 계단형 신전 탑 '지구라트'를 건설했으며 감탄할 만한 법률, 문학, 신화를 창조했다. 오래지 않아 이 지역은 셈계 아카드인에게 침략당했는데, 이 침략자들도 수메르인의 언어와 문화를 계승했다. 훨씬 뒤인 기원전 2000년경에는 아모리인이 수메르인과 아카드인의 문명을 정복하고 바빌론을 수도로 삼았다. 약 5백 년 뒤에

성목요일(聖木曜日) 부활 축일 전의 목요일. 예수가 수난을 당하기 전 제자들과 최후의 만찬을 베풀고 성체성사를 세운 날로 가톨릭의 기념일이다. 이날 예수가 최후의 만찬 때 제자들의 발을 씻어주었다고 하여 예수를 본받아 세족례를 행한다. 이로 인해 이날을 '세족목요일'로 칭하기도 한다.

오이쿠메네(oikoumenē) 고대 그리스어로 '사람이 사는 땅' '거주지'를 뜻한다. 본래 지리적 의미 외에도 그리스-로마 문명의 영향권을 나타내는 정치적, 문화적 의미로 사용됐다. 기독교 맥락에서는 그리스도의 복음이 전파되어야 할 '그리스도의 왕국'이라는 의미로(마태복음 24장 14절) 기독교 세계 전체를 뜻한다.

는 아시리아인이 인근 도시 아수르에 정착했고 마침내 기원전 8세기에 바빌론까지 점령했다. 이러한 바빌로니아의 전통은 고대 이스라엘인에게 '약속의 땅'이 될 가나안의 신화와 종교에 영향을 끼쳤다. 고대의 다른 민족과 마찬가지로 바빌로니아인도 자신들이 이룬 문화적 성취를 그들의 신화적 조상에게 삶의 방식을 계시해준 신들의 공으로 돌렸다. 바빌론 자체가 천국의 모습을 표현한 것이며, 각 신전은 천상 궁전의 복제품으로 여겨졌다. 신성한 세계와 맺는 이러한 관계는 기원전 17세기에 확고하게 자리 잡은 '신년제'를 통해 해마다 경축되고 계속 이어졌다. 니산달―우리의 3월~4월―에 거룩한 도시 바빌론에서 열린 이 축제에서는 왕의 권위를 세우는 의식을 엄숙하게 거행하고 새로운 한 해 동안 왕의 통치를 확립했다. 그런데 이런 정치적 안전성은 세계를 창조할 때 태고의 혼돈으로부터 질서를 이끌어낸 신들의 더 영속적이고 유능한 통치에 참여할 때에만 지속될 수 있었다. 따라서 11일간의 성스러운 축제 동안 참여자들은 여러 제의적 행위를 통해 세속의 시간에서 벗어나 성스럽고 영원한 시간 속으로 자신을 내던졌다. 지나간 낡은 한 해를 지우기 위해 희생양을 도살했으며, 왕을 공개적으로 모욕하고 왕의 자리에 축제의 왕을 세워 원시의 혼돈을 재연했다. 파괴적인 힘에 맞선 신들의 전쟁을 재연하기도 했다.

이러한 상징적 행위들은 성례적(聖禮的) 가치를 지녔으며, 바빌로니아인이 자신들의 위대한 문명이 의존한 성스러운 힘, 곧 마나에 몰두할 수 있도록 해주었다. 인간의 문화는 언제나 무질서와 분열의 힘 앞에 먹이가 될 수 있는 취약한 성취로 여겨졌다. 축제 넷째 날 오후에는 지성소를 가득 메운 사제와 합창대원이 혼돈을 물리치고 승리한 신들을 찬양하는 서사시 〈에누마 엘리시〉를 낭송했다. 이 이야기는 지상에 존재하는 생명의 물리적 기원에 대한 사실적 설명이라기보다 위대한 신비를 암시하고 그 성스러운 힘을 드러내기 위한 상징적 시도라고 볼 수 있다. 어느 누구도 이 상상하기조차 어려운 창조의 사건들에 참여할 수 없었기에 있는 그대로 창조를 설명하기란 불가능했으며, 유일하게 적합한 설명 방법은 신화와 상징이었다. 〈에누마 엘리시〉를 보면 수 세기 뒤 창조자 신이라는 관념을 낳은 영성에 대한 약간의 통찰을 얻을 수 있다. 비록 창조에 대한 성서와 쿠란의 설명이 매우 다르기는 하지만, 이 기묘한 신화들은 완전히 사라지지 않고 훨씬 뒤에 유일신론적 언어의 옷을 입고 다시 한번 신의 역사에 나타나게 된다.

　이야기는 신들의 탄생에서 시작하는데, 이 주제는 앞으로 보게 되겠지만 유대교와 이슬람 신비주의에서 아주 중요하게 등장한다. 〈에누마 엘리시〉는 태초에 신들이 형태가 없는 끈적끈적한 흙에서 쌍으로 나타났다고 말한다. 바빌로니아 신화—후대의 성서도 마찬가지다—에서 '무(無)로부터 창조'라는 개념은 없었다. 이 개념은 고대 세계에서는 낯선 것이었다. 성스러운 원료는 신이나 인간이 존재하기 이전인 영원 전부터 존재했다. 바빌로니아인은 태고의 신성한 물질이, 끊임없이 홍수가 범람해 인간의 취약한 성취를 쓸어버리던 메소포타미아의 끈적끈적한 땅과 닮았을 것이라고 상상했다. 〈에누마 엘리시〉에서 혼돈은 화염에 싸여 소용돌이치는 물질이 아니라 모든 경계, 규정, 정체성이 결여된 질척한 무질서다.

　　단물과 짠물이 함께 섞여 있을 때
　　갈대밭도 없었고 초지도 없었고
　　신들은 이름도 운명도 존재도 없었다.[2]

원시의 끈적끈적한 흙에서 압수(단 강물)와 그의 아내 티아마트(짠 바닷물) 그리고 혼돈의 자궁인 뭄무가 나타난다. 그러나 이 신들은 말하자면 많은 개선이 필요한 초창기의 열등한 모델이었다. '압수'와 '티아마트'라는 이름은 '심연' '틈' '끝없는 나락'으로 번역될 수 있다. 그들은 본래의 무정형의 모양 없고 생기 없음을 공유했으며 아직 분명한 정체성을 얻지 못했다.

유출(emanation)이라 불리는 과정을 통해 이들로부터 다른 신들이 잇따라 출현하는데, 이 과정은 서구의 '신'의 역사에서 굉장히 중요해진다. 짝을 지어 새롭게 출현한 신들은 각각 진화가 진행됨에 따라 이전보다 더 분명하게 규정되었다. 처음으로 라흐무와 라하무가 나왔다(이들의 이름은 '실트silt'를 뜻하는데, 여전히 물과 흙이 섞인 상태를 말한다). 그다음에는 하늘의 경계선 안샤르와 땅의 경계선 키샤르가 나왔다. 그다음에는 아누(하늘)와 에아(땅)가 나오면서 유출 과정이 완결되는 것처럼 보였다. 신의 세계는 하늘, 강, 땅이 분명하게 분리되었다. 그러나 창조는 이제 막 시작되었을 뿐이다. 고통스럽고 끊임없는 투쟁만이 혼돈과 분열의 힘을 막을 수 있었다. 더 젊고 동적인 신들이 부모에 대항해 반기를 들었는데, 에아는 압수와 뭄무를 무찌를 수 있었지만 자신을 대신해 싸워줄 기괴한 괴물들을 낳은 티아마트를 꺾을 수는 없었다. 운 좋게도 에아는 훌륭한 아들을 얻는데, 신의 혈통에서 가장 완벽한 모범인 태양신 마르두크였다. '신들의 모임'에서 마르두크는 신들의 통치자가 되는 조건으로 티아마트와 싸울 것을 약속했다. 마르두크는 길고 위험한 전투에서 수많은 위험을 극복한 후에야 겨우 티아마트를 죽일 수 있었다. 이 신화에서 창조력은 곧 투쟁이다. 압도적으로 우세한 힘에 대항해 힘들게 성취하는 것이다.

마침내 마르두크는 티아마트의 거대한 시체 위에 서서 새로운 세계를 창조하기로 결심했다. 그는 티아마트의 몸을 둘로 나눠 둥근 하늘과 인간 세계를 만들고, 그다음에 만물을 정해진 위치에 있게 할 법을 제정했다. 질서를 세워야 했다. 그러나 승리는 완벽하지 않았다. 매년 특별한 전례를 통해 질서를 회복해야만 했다. 따라서 신들은 새로운 땅의 중심인 바빌론에 모여 천상의 의례를 행할 수 있는 신전을 지었다. 그 결과가 바로 마르두크에게 바치는 '지상의 신전, 무한한 천국의 상징'인 거대한 지구라트였다. 지구라트가 완성되었을 때 마르두크는 그 꼭대기에 앉았고 신들은 소리 높여 외쳤다. "여기는 바빌론이요, 신들의 귀한 도시, 당신의 사랑스러운 집이다!" 그러고 나서 신들은 "우주가 그 체계를 갖추게 하고 감추어진 세계를 드러내며 신들에게 우주에서 그들의 자리를 부여하는" 전례를 행했다.[3] 새로운 법과 의례는 모든 사람에게 구속력이 있고, 심지어 신들도 창조 세계가 유지될 수 있도록 따라야만 했다. 이 신화는 바빌로니아인이 관찰한 문명의 내적 의미를 나타낸다. 그들은 지구라트를 건설한 이들이 자신들의 선조라는 사실을 너무나 잘 알고 있었다. 〈에누마 엘리시〉의 이야기는 인간의 창조적인 계획이 신의 능력을 취할 때에만 지속될 수 있으리라는 믿음을 표출하는 것이다. 신년제는 인간이 존재하기 전부터 고안된 것이었으며, 신들조차 복종해야 하는 만물의 본성에 새겨진 것이었다. 이 신화는 또한 바빌론이 성스러운 장소이자 세계의 중심이며 신들의 집이라는 확신을 보여주는데, 이는 거의 모든 고대 종교 체계에서 중요한 생각이었다. 거룩한 도시 ─그곳에서 사람들은 모든 존재와 모든 능력의 근원인 성스러운 힘과 가까이 접촉할 수 있다고 느꼈다─라는 개념은 유대교, 기독교, 이슬람교 세 유일신 종교에서 중요해진다.

마지막으로 뒤늦게 생각난 듯 마르두크는 인간을 창조했다. 마르두크는 킹구(압수가 패한 후에 티아마트가 만들어 남편으로 삼은 괴물)를 잡아 죽인 후, 그의 신성한 피와 먼지를 섞어 최초의 인간을 만들었다. 신들은 놀라움과 감탄 속에서 지켜보았다. 인간이 창조의 절정이 아니라 오히려 가장 어리석고 능력이 부족한 신(킹구)으로 만들어졌다는 이 신화적 설명에는 유머가 담겨 있다. 하지만 이 이야기는 또 다른 중요한 점이 있는데, 최초의 인간이 신의 실체에서 창조되었다는 것이다. 따라서 인간은 비록 제한적이나마 신성한 본성을 공유한다. 인간과 신 사이에 간극은 없다. 자연 세계, 인간, 신은 모두 동일한 본성을 공유하고 동일한 신성한 실체에서 나온 것이다. 이교도의 비전은 전체론적(全體論的)이었다. 신들은 인류와 단절되어 분리된 존재론적 영역에 있지 않았고, 신성(divinity)은 본질적으로 인간성(humanity)과 다르지 않았다. 그러므로 신들의 특별한 계시나 신성한 법을 천상에서 지상으로 내려보낼 필요가 없었다. 신과 인간은 동일한 어려움에 직면하기도 했다. 차이가 있다면 신이 더 능력이 있고 불멸한다는 것뿐이었다.

전체론적 비전은 중동에만 국한된 것이 아니라 고대 세계에 공통적으로 나타난다. 기원전 6세기 고대 그리스의 시인 핀다로스는 운동 경기에서 승리한 자들을 위한 찬가에서 이러한 믿음의 그리스적인 버전을 노래했다.

인간의 종족이 있고
신의 종족이 있다네.
그런데 한 어머니로부터 우리 둘 다 숨을 텄지.
그러나 모든 것에서 힘의 차이가

우리를 갈라놓네.

한쪽은 아무것도 아닌 듯한데, 놋쇠 같은 하늘은

영원히 변치 않는 안식처로구나.

그러나 우리는 정신의 위대함,

혹은 육체의 위대함에서 불멸하는 자들과 같을 수 있으리라.[4]

핀다로스는 운동 경기에 나선 선수들을 역량껏 최선을 다한 개인으로 보기보다, 모든 인간적 성취의 본보기인 신들의 위업과 대비한다. 인간은 절망적일 만큼 너무 먼 존재인 신을 노예처럼 모방하는 것이 아니라 자신의 본질적인 신성한 본성의 잠재력을 따라 사는 존재였다.

마르두크와 티아마트의 신화는 가나안 사람들에게 영향을 끼친 것으로 보이는데, 폭풍과 다산의 신 바알-하다드의 신화에서도 매우 흡사한 이야기가 발견되기 때문이다(성서는 종종 바알을 대단히 비우호적으로 언급한다). 바다와 강의 신 얌-나하르와 바알의 전투는 기원전 14세기의 점토판에 기록되어 있다. 바알과 얌은 모두 가나안의 최고신 엘과 함께 살았다. 엘의 모임에서 얌은 바알에게 자신을 따를 것을 요구했다. 바알이 마법의 무기로 얌을 사로잡아 막 죽이려는 순간, (엘의 부인이자 신들의 어머니인) 아세라가 포로가 된 얌을 죽이는 것은 명예롭지 못한 일이라고 말한다. 부끄러움을 느낀 바알은 얌을 살려주는데, 여기서 얌은 끊임없이 범람해 땅을 위협하는 바다와 강의 적대적 모습을 상징하는 반면 폭풍의 신 바알은 땅을 풍요롭게 만든다. 다른 판본에서는 바알이 머리 일곱 개가 달린 용 로탄—히브리어로는 레비아단이다—을 죽이는 이야기가 나온다. 거의 모든 문화에서 용은 숨어 있는 것, 형태가 없는 것, 분화되지 않은 것을 상징한다. 따라서 바알은 진정한 창조적 행위로 만물이 본래의 무정형으로 전락하는 것을 막은 셈이며, 그 공로로 신들이 건축한 아름다운 궁전을 헌당받았다고 전해진다. 여기서 우리는 초기 종교에서 창조성이 신성하게 여겨졌음을 알 수 있는데, 오늘날에도 여전히 종교적 의미가 담긴 창조적 '영감(靈感)'이라는 말을 써서, 현실을 새롭게 형성하고 세계에 새로운 의미를 가져다주는 것을 표현한다.

그러나 바알은 불운을 겪는다. 죽어서 죽음과 불임의 신 모트의 세계로 내려가게 된 것이다. 아들의 운명을 알게 된 최고신 엘은 자신의 보좌에서 내려와 상복을 입고 자기 뺨을 때리지만 아들을 구하지는 못한다. 바알의 연인이자 누이인 아나트가 신성한 왕국을 떠나 자신의 쌍둥이 영혼을 찾아 나서는데, "마치 암소가 송아지를, 혹은 암양이 어린양을 찾는 것처럼 그를 바랐다."[5] 바알의 시신을 발견해 장례 의식을 거행한 아나트는 모트를 잡아 칼로 갈라 키질하고 태운 후 옥수수처럼 으깨어 대지 위에 뿌린다. 다른 위대한 여신인 이난나, 이슈타르, 이시스에 대해서도 비슷한 이야기가 전해지는데, 그들 모두 죽은 신을 찾아내고 대지에 새 생명을 가져온다. 그런데 아나트의 승리는 매년 의례를 통해 지속되어야 한다. 자료가 불충분하여 어떤 방법으로 바알이 다시 생명을 얻었는지 확실히 알 수 없지만 이후 바알은 생명을 되찾고 아나트의 곁으로 되돌아온다. 남녀의 결합으로 상징되는 일체성과 조화에 대한 이러한 숭배는 고대 가나안에서 제의적인 성행위로 경축되었다. 이렇게 신들을 모방함으로써 남자와 여자는 불임에 대항하는 투쟁을 공유하고 창조성과 세계의 풍요를 얻으려 했다. 신의 죽음, 여신이 찾아 나섬, 신성한 세계로의 의기양양한 복귀는 많은 문화에 공통된 종교적 주제이며, 유대인, 기독교인, 무슬림의 독특한 유일신 종교에서도 등장한다.

성서의 기록자들과
모세 오경

성서를 보면 유일신 종교는 기원전 20세기에서 19세기 사이에 우르를 떠나 마침내 가나안에 정착한 아브라함에서 시작되었다. 아브라함에 대한 당시의 기록은 없지만 연구자들은 그가 아마도 기원전 제3 천년기(기원전 3000년~기원전 2001년) 말에 메소포타미아를 떠나 지중해 지역을 방랑하던 부족의 우두머리였을 것으로 추정한다. 이 방랑자들 — 메소포타미아와 이집트 문헌에서는 아비루, 아피루, 하비루로 불렸다 — 은 히브리어가 속하는 서부 셈어를 사용했다. 그들은 베두인족처럼 계절의 순환에 따라 가축과 함께 이동하는 일반적인 사막 유목민이 아니었기에 분류하기가 쉽지 않았으며, 그런 만큼 보수적인 세력과 자주 갈등을 일으켰다. 그들의 문화적 위치는 사막에 살던 사람들보다는 대체로 월등했을 것이다. 어떤 이들은 용병으로 싸웠고 또 어떤 이들은 나랏일을 했으며 상인, 하인, 땜장이로 일하는 이들도 있었다. 일부는 부자가 되어 땅을 사서 정착하려고 했다. 〈창세기〉 아브라함에 관한 이야기를 보면 그가 소돔 왕의 용병이었으며 가나안을 비롯한 주변 지역의 권력자들과 자주 갈등을 일으켰음을 알 수 있다. 결국 아내 사라가 죽었을 때, 아브라함은 오늘날 요르단강 서안 지구에 해당하는 헤브론 땅을 샀다.

〈창세기〉의 아브라함과 그의 직계 후손에 관한 이야기는 오늘날의 이스라엘인 가나안에서 초기 히브리인이 정착하는 과정에 세 흐름이 있었음을 나타내는 것일 수도 있다. 첫 번째는 기원전 1850년경 아브라함 시대에 헤브론 땅과 관련되어 일어났다. 두 번째 이주 물결은 아브라함의 손자 야곱―나중에 이름을 이스라엘('주께서 그의 힘을 나타내리라')로 바꾼다―과 관련되었다. 야곱은 오늘날 요르단강 서안의 아랍인 마을 나블루스에 해당하는 세켐(세겜)에 정착했다. 이스라엘 12지파의 조상이 된 야곱의 열두 아들은 가나안의 대기근 동안 이집트로 이주했다고 성서는 적고 있다. 히브리인의 세 번째 이주 물결은 기원전 1200년경 아브라함의 후손이라고 주장하는 부족들이 이집트를 떠나 가나안에 도착하면서 발생했다. 그들은 자신들이 이집트에서 노예가 되었는데, 자신들의 지도자 모세가 섬기는 '야훼'라는 신에 의해 해방되었다고 말했다. 그들은 가나안 땅으로 들어온 후 그곳에 있던 히브리인과 동맹을 맺었으며 이스라엘 사람이라고 알려지게 되었다. 성서는 우리가 고대 이스라엘 민족으로 알고 있는 사람들이 주로 모세의 신 야훼에 대한 충성심으로 결속한 여러 다양한 종족 집단의 연합이라는 점을 분명하게 말해준다. 성서는 분명히 전승된 이야기를 참조했겠지만 수백 년 뒤인 기원전 8세기경에 기록되었다. 19세기에 독일의 성서학자들은 비평 방법을 개발해 구약 성서의 처음 다섯 권인 모세 오경, 즉 〈창세기〉〈출애굽기〉〈레위기〉〈민수기〉〈신명기〉에서 네 가지 다른 자료를 판별했다. 그들에 따르면 기원전 5세기에 이 자료들이 합쳐져 오늘날 모세 오경이라고 알려진 경전의 최종 형태가 완성되었다. 이 양식비평(form criticism)은 많은 비난을 받고 있지만, 아직까지 누구도 가령 창조와 대홍수 같은 성서의 중요한 사건에 대해 왜 전혀 다른 두 설명이 있는지, 왜 성서가 가끔 자기모순을 내포하는지에 관해 이보다 더 만족할 만한 설명을 내놓지 못하고 있다. 〈창세기〉와 〈출애굽기〉에서 찾을 수 있는 최초의 성서 저자*들은 아마 기원전 8세기 또는 그보다 조금 더 일찍부터 활동한 것 같다. 한 집단은 신의 이름을 '야훼'라고 일컬었기에 'J'로 알려졌고, 다른 집단은 더 공식적인 칭호인 '엘로힘'을 선호했기에 'E'로 알려졌다.** 기원전 8세기에 이스라엘인은 가나안을 두 왕국으로 나누었는데, J는 남부 왕국 유다에서, E는 북부 왕국 이스라엘에서 각각 활동한 것으로 보인다(지도 2번 참조). 모세 오경의 다른 두 자료—고대 이스라엘 역사를 설명하는 〈신명기〉 저자(D)와 사제 저자(P)의 문서—는 2장에서 다룰 것이다.

우리는 J와 E 모두 여러 면에서 중동 이웃들의 종교적 관점을 공유했음을 보게 될 것이다. 그러나 J와 E 문서는 기원전 8세기에 이르러 이스라엘인이 그들 나름의 독특한 비전을 개발하기 시작했다는 것을 보여준다. 가령 J가 신의 역사를 기술하기 위해 도입한 세계 창조에 관한 이야기는 〈에누마 엘리시〉와 비교해볼 때 놀랄 만큼 피상적이다.

땅에는 아직 나무도 없었고, 풀도 돋아나지 않았다. 야훼 하느님께서 아직 땅에 비를 내리지 않으셨고 땅을 갈 사람도 아직 없었던 것이다. 마침 땅에서 물이 솟아 온 땅을 적시자 야훼 하느님께서 땅(adāmah)의 흙으로 사람(adām)을 빚어 만드시고 코에 입김을 불어넣으시니, 사람이 되어 숨을 쉬었다.[6]

이것은 완전히 새로운 출발이었다. 메소포타미아와 가나안의 동시

---

* 기독교에서는 신의 말을 그저 기록했다는 의미로 '기자(記者)'라는 표현을 쓰기도 한다.
** 히브리어 야훼를 독일 학자들이 Jahweh로 표기했기 때문에 'J'라고 불린다.

대 이교도들이 세계 창조와 선사시대에 관심을 보인 반면, J는 평범한 역사적 시간에 더 관심을 두었다. 〈창세기〉 첫 장의 장엄한 창조 이야기는 기원전 6세기에 P라고 불리는 저자가 쓴 것이다. 사실 그 전까지 이스라엘에서는 창조에 대해 별반 관심이 없었다. J는 야훼가 진정 하늘과 땅의 유일한 창조자인지 분명하게 말하고 있지는 않다. 가장 주목할 만한 점은 J가 인간과 신의 확실한 차이를 깨닫고 있다는 것이다. 인간(adām)은 그의 신과 같은 신성한 재료로 만들어진 것이 아니라 어원에서 알 수 있듯이 땅(adāmah)에 속한 존재다.

　J는 이웃 이교도들과 달리 세속의 역사를 신들의 성스러운 태고의 시간과 견주어 비속하고 약하고 실체가 없는 것으로 치부하지 않는다. 그는 선사시대의 사건들을 서둘러 기술해 노아의 홍수와 바벨탑 이야기 등과 관련된 신화시대를 지나 이스라엘 민족의 역사의 시작에 이른다. 이스라엘의 역사는 창세기 12장에서 갑자기 시작한다. 야훼가 훗날 아브라함('군중의 아버지')이라는 새 이름을 갖게 되는 아브람에게 가족을 이끌고 오늘날의 튀르키예 동부에 있는 하란에서 지중해 인근의 가나안으로 이주하라고 명령한 것이다. 이교도였던 그의 아버지 데라도 가족을 데리고 우르에서 서쪽으로 이동했다. 이제 야훼는 아브라함에게 그가 특별한 운명을 지니고 있다고 말한다. 아브라함은 언젠가 강대한 민족의 시조가 될 것인데, 그의 후손은 하늘의 별보다도 더 많아지고 가나안 땅을 자신들의 땅으로 차지하리라는 것이었다. J 문서의 아브라함이 부름을 받은 이야기는 이 신의 미래사에 관한 논조를 대변한다. 고대 중동에서는 제사와 신화를 통해 신성한 마나를 경험했다. 마르두크, 바알, 아나트가 그 숭배자들의 평범하고 속된 삶에 개입하리라는 기대는 하지 않았다. 신들의 행위는 성스러운 시간에 이루어

졌다. 그러나 이스라엘의 신은 실제 세계에서 일어나는 현재의 사건에 자신의 힘을 유효하게 발휘했다. 그는 지금 바로 여기에서 이루어지는 명령으로 경험되었다. 야훼 자신을 드러내는 첫 계시는 다름 아닌 아브라함이 동족을 떠나 가나안 땅으로 가야 한다는 명령이었다.

그런데 야훼는 누구인가? 아브라함은 모세가 섬긴 신과 같은 신을 섬겼을까, 아니면 다른 이름으로 그를 알았을까? 이 문제는 오늘날 우리에게 지극히 중요하지만, 성서는 이상하게도 이 문제에 대해 모호해 보이고 상반된 대답을 하기도 한다. J는 아담의 손자 때부터 사람들이 야훼를 섬겨 왔다고 말하지만, 6세기의 P는 '불타는 떨기'에서 야훼가 모세에게 나타나기 전까지 이스라엘인들은 야훼에 대해 결코 들어보지 못했음을 암시한다. P 문서에서 야훼는 자신이야말로 진정 아브라함이 섬긴 신과 같은 신이라고 말한다. 물론 이 구절은 논란의 여지가 큰데, 야훼는 모세에게 아브라함이 자신을 '엘 샤다이'라고 불렀고 야훼라는 신성한 이름은 몰랐다고 말하고 있기 때문이다.[7] 그러나 성서의 저자들이나 편집자들이 이 차이를 지나치게 걱정한 것 같지는 않다. J가 그의 신을 일관되게 '야훼'라고 부른 것은, 그가 기술할 당시 야훼가 이스라엘의 신'이었음'을 말해주며 이 점이 가장 중요하다. 이스라엘의 종교는 실용적이었고 우리가 걱정하는 것 같은 사변적인 세부 사항에는 별 관심이 없었다. 그렇지만 우리는 아브라함이나 모세가 그들의 신을 오늘날 우리가 믿는 방식처럼 믿었으리라고 가정해서는 안 된다. 우리는 성서의 이야기와 이후의 이스라엘 역사를 너무 잘 알고 있기 때문에 가끔 후기 유대 종교에 관한 지식을 초기 역사적 인물들에게 투영하려는 경향이 있다. 이스라엘의 초기 족장이었던 아브라함, 그의 아들 이삭(이사악), 그의 손자 야곱이 단 하나의 신을 섬긴 유일신론자였으리라고 가정하는 것이다. 그러나 이는 사실이 아닌 것 같다. 사실상 이 초기 히브리인들을 가나안의 이웃들과 여러 종교적 믿음을 공유한 이교도로 보는 편이 아마도 더 정확할 것이다. 그들은 확실히 마르두크, 바알, 아나트 같은 신의 존재를 믿었다. 그들은 모두 같은 신을 섬기지 않았을지도 모른다. 아브라함의 신, 이삭의 '두려운 분', 야곱의 '강하신 이'는 별개의 세 신이었을 수도 있다.[8]

좀 더 나아간다면 아브라함의 신이 가나안의 '최고신' 엘이었을 가능성도 상당히 높다고 말할 수 있다. 이 신은 아브라함에게 자신을 엘 샤다이('산의 신')라고 소개하는데, 이는 엘의 전통적 칭호 중 하나다.[9] 다른 곳에서는 엘 엘리온('가장 높은 신') 또는 엘 베델('베델의 신')로도 불린다. 가나안의 '최고신' 엘의 이름은 이스라-엘이나 이스마-엘 같은 히브리 이름에 남아 있다. 이스라엘인이 신을 경험한 방식은 중동의 이교도들에게 낯설지 않은 것이었다. 나중에 살펴보겠지만 이스라엘인들은 몇백 년 후 야훼의 마나 곧 '거룩함'이 두려운 경험임을 발견한다. 가령 시나이산에서 야훼가 천둥과 번개가 치는 중에 두려움을 자아내며 모세 앞에 나타날 때 이스라엘인은 멀리 물러서 있어야 했다. 이에 비해 아브라함의 신 엘은 굉장히 온화한 신이었다. 그는 아브라함에게 친구처럼 찾아오고 심지어 인간의 모습을 하기도 한다. 현현으로 알려진 이런 종류의 신성한 환영(幻影)은 고대 이교 세계에서 상당히 흔한 일이었다. 일반적으로 신들이 인간의 삶에 직접 개입하리라고 기대하지는 않으나 신화시대에 어떤 특권을 지닌 자들은 그들의 신과 대면할 수 있었다. 《일리아스》는 그러한 현현으로 가득하다. 신들은 그리스인과 트로이인의 꿈에 나타났는데, 꿈속에서는 인간의 세계와 신의 세계 사이의 경계가 느슨해진다고 여겼기 때문이다. 《일리아스》 마지막 부분에서 프리아모스는 한 매력적인 젊은이에게 안내받아 그리스 진영으로 가게 되는데, 그 젊은이는 마침내 자신이 헤르메스라고 밝힌다.[10] 그리스인들은 영웅들의 황금시대를 돌아보며 영웅들이 신들—결국 인간과 동일한 본성을 지닌—과 아주 가깝게 지냈다고 여겼다. 현현에 관한 이런 이야기들은 이교도들의 전체론적 비전을 나타내는데, 신이 인간이나 자연과 본질적으로 다르지 않을 때는 대단히 야단 떨지 않아도 경험할 수 있었다. 예기치 않게 언제 어디서든지 지나가는 낯선 이에게서도 발견할 수 있는 신들로 세상은 가득 찼다. 보통 사람들은 자신의 삶에서 이러한 신성한 만남이 가능하다고 믿었던 것 같다. 이를 생각하면 기원후 1세기 말 오늘날 튀르키예의 리스트라 지방 사람들이 사도 바울과 그의 동역자 바르나바를 제우스와 헤르메스로 오인했다는 〈사도행전〉의 이상한 이야기를 이해할 수 있을 것이다.[11]

마찬가지로 이스라엘인들은 그들의 황금시대를 돌아보며 아브라함, 이삭, 야곱이 그들의 신과 가깝게 지냈다고 여겼다. 엘은 마치 족장처럼 그들에게 자상하게 충고했다. 방랑 생활을 인도하고 누구와 결혼할지 말해주고 꿈속에 나타나 계시했다. 때때로 그들은 인간의 모습을 한 신을 보았던 것 같은데, 이는 나중에 이스라엘인에게 저주스러운 생각이 된다. 〈창세기〉 18장에서 J는 엘이 헤브론에 있는 마므레의 상수리나무 곁에 나타났다고 기술한다. 하루 중 가장 더운 시간에 아브라함이 천막 어귀에 앉아 있다가 낯선 세 사람이 다가오는 것을 보았다. 중동의 전형적인 예법에 따라 아브라함은 급히 음식을 장만하고 손님들에게 앉아 쉬기를 간청했다. 대화를 나누는 중에 아주 자연스럽게 손님 중 한 사람이 J가 언제나 '야훼'라고 부르는 아브라함의 신이라는 사실이 밝혀진다. 다른 두 사람은 천사였다. 이 사건에서 아무도 신의 정체가 드러난 사실에 특별히 놀란 것 같지 않다. 그러나 J 문서가 만들어지던 기원전 8세기의 이스라엘인은 아무도 신을 이런 식으로 '보는' 것을 기대하지 않았을 것이다. 당시 대부분의 사람들은 충격적인 발상이라고 여겼을 것이다. J와 동시대인인 E는 족장들이 신과 가까웠다는 옛이야기가 적절치 못하다고 생각했다. 아브라함이나 야곱이 신과 맺은 계약을 이야기할 때, E는 그 사건에 거리를 두고서 옛 전설에 담긴 신인동형의 요소를 줄이는 쪽을 택한다. 그 결과 E 문서는 신이 천사를 통해 아브라함에게 말씀했다고 기술한다. 그러나 J 문서에는 이러한 결벽증 없이 원시적 현현의 고전적 특징이 보존되어 있다.

야곱 또한 많은 현현을 경험했다. 어느 때 야곱은 하란으로 가서 친척 중에 부인을 맞이하려고 결심했다. 그 여정의 첫날 밤 그는 요르단 계곡 근처 루즈에서 돌을 베고 잠들었는데, 꿈에서 땅에서 하늘까지 이어진 층계로 천사들이 신의 영역과 인간의 영역을 오르내리는 것을 보았다. 여기서 우리는 마르두크의 지구라트를 떠올리게 된다. 하늘과 땅 사이에 있는 듯한 그 탑 정상에서 인간은 신을 만날 수 있었다. 야곱은 그 층계 꼭대기에서 엘을 만나는데, 엘은 야곱을 축복하고 아브라함에게 한 약속을 반복했다. 야곱의 후손이 강대한 민족이 되고 가나안 땅을 차지할 것이다. 또한 엘은 야곱에게 깊은 인상을 남기는 또 다른 약속을 한다. 이교 신앙은 보통 지역과 관련이 깊어서, 한 신은 특정 구역만 관할할 뿐이고 만약 낯선 곳에 간다면 그 지역의 신들을 섬기는 것이 언제나 현명한 일이었다. 그런데 엘은 야곱에게 가나안을 떠나 낯선 땅을 방랑할 때에도 보호하겠다고 약속했다. "내가 너와 함께 있어 네가 어디로 가든지 너를 지켜주리라."[12] 이 초기 현현에 대한 이야기는 가나안의 '최고신'이 더 보편적인 의미를 얻기 시작했음을 보여준다.

꿈에서 깨어난 야곱은 자신이 뜻하지 않게 인간과 신들이 대화할 수 있는 거룩한 장소에서 밤을 새운 사실을 깨달았다. "야훼께서 과연 여기 계셨는데도 내가 모르고 있었구나." J 문서에서 야곱은 그렇게 말한다. 야곱은 이교도들이 종종 신의 성스러운 힘을 마주할 때 받는 경이로움으로 충만하게 되었다. "이 얼마나 두려운 곳인가. 여기가 바로 하느님의 집(벧-엘Beth-el)이요, 하늘의 문이로구나."[13] 야곱은 본능적으로 그 시대 문화의 종교적 언어—신들의 집인 바빌론은 '신들의 문(밥-일리Bab-ili)'으로도 불렸다—를 빌려 표현한 것이다. 야곱은 그 거룩한 땅을 그 지역의 전통적 이교 관습에 따라 봉헌하기로 결심했다. 그는 자기가 베고 잔 돌을 가져다 기둥으로 세우고 그 위에 기름을 부어 축성했다. 이후로 그곳을 더는 루즈라 부르지 않고 베델, 곧 엘의 집으로 부르게 된다. 선돌[立石]은 가나안 사람들의 다산 숭배에 나타난 공통점이었는데, 기원전 8세기까지 베델에서 성행했다. 후대의 이스라엘인은 이런 형태의 종교를 강하게 비난했지만 베델의 이교적 신전은 야곱과 그의 신에 대한 초기 전설과 관련되어 있다.

베델을 떠나기 전에 야곱은 그곳에서 만난 신을 자신의 엘로힘으로 삼기로 했다. 엘로힘은 신이 사람들에게 의미할 수 있는 모든 것을 상징하는 용어였다. 만약 엘이 (또는 J가 부르듯 야훼가) 정말로 자기를 하란에서 보호해준다면 그를 특별히 유능한 신으로 믿겠노라고 야곱은 서약했다. 특별한 보호의 대가로 엘을 엘로힘, 곧 유일하게 인정하는 신으로 섬기겠다는 계약을 맺은 것이다. 신에 대한 이스라엘인의 믿음은 철저히 실용적이다. 아브라함과 야곱이 엘을 신뢰한 것은 엘이 그들을 위해 힘써주었기 때문이다. 그들은 앉아서 엘의 존재를 증명하려 하지 않았다. 엘은 철학적, 추상적 개념이 아니었다. 고대 세계에서 마나는 삶의 자명한 사실이었고, 신은 마나를 효과적으로 전할 수 있다면 자신의 가치를 증명한 것이었다. 이러한 실용주의는 신의 역사에서 항상 중요한 요소가 된다. 사람들은 특정한 신 개념을 과학적으로나 철학적으로 타당하기 때문에 받아들이는 것이 아니라 자신들에게 유용하기 때문에 받아들인다.

수년 뒤 야곱은 가족을 데리고 하란에서 돌아왔다. 가나안 땅에 다시 들어갈 때 야곱은 또 다른 신기한 현현을 경험했다. 서안의 얍복(야뽁) 나루에서 낯선 사람을 만나 그와 밤새 씨름했다. 대부분 영적인 존재들이 그러하듯 동이 틀 무렵이 되자 이 대적자는 그만 놓으라고 했지만 야곱은 놓지 않았다. 야곱은 그가 이름을 밝히지 않으면 보내지 않겠다고 말했다. 고대 세계에서는 누군가의 이름을 알게 되면 그를 제어할 힘이 생긴다고 믿었기에 이 낯선 사람도 이름을 밝히기를 주저했다. 이야기가 전개되면서 야곱은 자신의 대적자가 다름 아닌 엘이라는 것을 알게 된다.

> 야곱이 말했다. "당신의 이름이 무엇인지 가르쳐주십시오." 그분은 "내 이름은 무엇 때문에 물어보느냐?" 하고는, 야곱에게 복을 빌어주었다. 야곱은 "내가 여기서 하느님을 대면하고도 목숨을 건졌구나" 하면서 그곳 이름을 브니엘(엘의 얼굴)이라 불렀다.[14]

이 현현에 담긴 정신은 신과의 은밀한 접촉을 신성 모독으로 생각한 후대 유대교의 유일신론보다 오히려 《일리아스》와 더 가깝다고 할 수 있다.

비록 이런 초기 이야기들이 이스라엘 족장들도 동시대 이교도들과 거의 동일한 방법으로 신을 경험했음을 보여주지만 그들은 종교 체험의 새 범주를 도입하기도 했다. 성서에서는 일관되게 아브라함을 신앙의 사람(man of faith)이라고 일컫는다. 오늘날 우리는 신앙을 교의에 대한 지적 동의로 정의하는 경향이 있는데, 이미 살펴본 것처럼 성서 저자들은 신에 대한 신앙을 추상적 믿음이나 형이상학적 믿음으로 여기지 않았다. 그들이 아브라함의 '신앙'을 찬양한 것은 그의 정통성(신에 대한 올바른 신학적 견해의 수용)이 아니라 그의 신뢰를 칭찬한 것이다. 이는 우리가 어떤 사람이나 어떤 이상에 '대해' 신뢰한다고 말할 때와 똑같은 것이다. 성서에서 아브라함이 신앙의 사람인 이유는 비록 신의 약속이 불합리해 보일지라도 그 약속을 이루어주시리라고 신뢰했기 때문이다. 그의 아내 사라가 아이를 낳지 못하는데 어떻게 아브라함이 강대한 민족의 시조가 될 수 있는가? 사실 폐경기를 넘긴 사라가 아이를 가질 수 있다는 생각이야말로 너무나 터무니없었기에 이 약속을 들었을 때 아브라함과 사라 모두 한바탕 웃고 말았다. 모든 불가능을 뒤엎고 마침내 그들에게 아들이 태어났을 때, 그들은 '웃음'을 뜻하는 이삭이라는 이름을 아들에게 지어주었다. 그러나 그 웃음은 신의 끔찍한 요구로 차갑게 식었다. 신이 아브라함에게 하나뿐인 아들을 제물로 바치라고 명령한 것이다.

인신 공희는 이교 세계에서는 흔했다. 잔인하지만 논리와 이유가 있었다. 첫 아이는 흔히 신의 자손이라 믿었는데, 신이 '초야권(初夜權)'으로 수태시켰다고 믿었기 때문이다. 아이를 낳게 되면 신의 기운은 고갈되기 때문에, 기운을 다시 채우고 모든 가용한 마나가 순환하도록 첫 아이는 그의 신성한 아버지에게 돌려주어야 했다. 그러나 이삭의 경우는 달랐다. 이삭은 자연스럽게 태어난 아들이 아니라 신의 선물이었다. 희생 제물로 바칠 아무 이유도 없었고 신의 기운을 다시 채울 필요도 없었다. 오히려 그 희생은 강대한 민족의 시조가 되리라는 약속에 기대 살아온 아브라함의 한평생을 무의미하게 만드는 일이었다. 이 신은 이미 고대 세계의 대부분의 다른 신들과는 다르게 인식되기 시작하고 있었다. 그는 인간의 곤경을 함께하지 않았고 자신에게 기운을 달라고 인간에게 요구하지도 않았다. 그는 다른 차원에 있었으며 원하는 것은 무엇이든 요구할 수 있었다. 아브라함은 신을 신뢰하기로 결심했다. 아브라함과 이삭은 훗날 예루살렘 성전이 세워질 모리아산을 향해 사흘간 여행을 떠났다. 신의 명령에 대해 전혀 몰랐던 이삭은 자신을 불태울 번제에 쓸 장작까지 스스로 지고 가야 했다. 아브라함이 실제로 칼을 들었던 마지막 순간에야 신은 마음을 바꾸어 아브라함에게 단지 시험이었을 뿐이라고 말한다. 이로써 아브라함은 자신이 하늘의 별과 바닷가의 모래같이 무수한 자손을 낳을 강대한 민족의 시조가 될 가치가 있음을 증명했다.

그러나 이 이야기는 현대인의 귀에 끔찍하게 들린다. 신을 폭군이자 변덕스러운 사디스트로 묘사하는 이 이야기를 어린 시절에 들은 많은 사람이 이러한 신을 거부하는 것은 놀랍지 않다. 마찬가지로 신이 모세와 이스라엘인을 해방한 출애굽 신화도 현대인의 정서에는 거슬린다. 이 이야기는 유명하다. 이집트의 파라오가 이스라엘의 해방을 거부하자 신은 자신의 힘을 보여주기 위해 이집트인에게 무시무시한 열 가지 재앙을 내렸다. 나일강이 피로 물들고 땅이 개구리와 메뚜기와 뒤덮이고, 나라 전체가 지척을 분간할 수 없는 어둠으로 뒤덮이기도

했다. 마지막으로 신은 가장 무서운 재앙을 내렸는데, 죽음의 천사를 내려보내 모든 이집트인의 맏아들을 죽이고 이집트의 노예였던 히브리인의 아들들은 살려주었다. 파라오는 더는 버틸 수 없어 이스라엘인들을 보내주기로 결심하지만 나중에 마음을 바꾸어 군대를 이끌고 무리를 추격했다. 이스라엘인들이 홍해에 가로막혀 파라오에게 따라잡히자 신은 바다를 갈라 건너갈 수 있게 해주었다. 파라오와 그의 군대도 이스라엘인들의 뒤를 따라 바다에 들어가자 신은 바닷물을 다시 돌려 그들을 수장시켜버렸다.

출애굽의 신은 잔인하고 편파적이고 살인을 하는 신이자 '만군의 신'(야훼 사바오트)으로 알려지게 될 전쟁 신이기도 하다. 그는 대단히 편파적이어서 자신이 좋아하는 사람들 외에는 아무도 동정하지 않는, 단적으로 말해 부족 신이다. 만약 야훼가 이런 야만적인 신으로 계속 남았다면 그가 빨리 사라질수록 모든 사람에게 더 좋았을 것이다. 성서에 기록되어 지금 우리에게 최종적으로 전해진 출애굽 신화는 분명 사건을 있는 그대로 기록한 것이 아니다. 물론 바다를 가르는 신들에 익숙했던 고대 중동 사람들에게는 이 이야기가 주는 분명한 메시지가 있었을 것이다. 그러나 마르두크나 바알의 경우와는 달리 야훼는 역사적 시간의 세속 세계에서 물리적인 바다를 갈랐다고 기록되었다. 사실주의를 위한 노력은 전혀 없었다. 이스라엘인은 출애굽 사건을 서술할 때 오늘날 우리와 달리 역사적 정확성에는 그다지 관심이 없었다. 그 대신 그것이 무엇이든 본래 사건이 지닌 중요한 의미를 드러내기를 원했다. 일부 연구자들은 출애굽 이야기가 이집트의 종주권과 가나안의 그 동맹국들에 대항한 성공적인 농민 반란을 신화적으로 각색한 것이라고 주장한다.[15] 만약 그렇다면 이 사건은 그 당시 극히 드문 일이어서 관련된 모든 사람에게 지울 수 없는 강한 인상을 남겼을 것이다. 강대한 권력자들에게 맞서 억압받는 자들이 힘을 부여받은 아주 특별한 경험이었을 것이기 때문이다.

'조건 없는 신' 야훼와 이스라엘의 계약

출애굽 신화가 유대교, 기독교, 이슬람교 세 유일신교에 모두 중요하기는 하지만, 우리는 야훼가 출애굽의 잔인하고 폭력적인 신으로만 계속 남아 있지 않음을 보게 될 것이다. 놀랍게도 이스라엘인은 그를 알아볼 수 없을 정도로 초월과 동정심의 상징으로 변화시킨다. 그러나 출애굽의 피비린내 나는 이야기는 신에 관한 위험한 개념과 복수심 가득한 신학을 계속 고취하기도 한다. 기원전 7세기에 〈신명기〉 저자(D)는 무시무시한 '선택 신학(theology of election)'을 예증하기 위해 이 옛 신화를 이용하는데, 이 이론은 세 종교의 역사에서 모두 각기 다른 시기에 결정적인 역할을 하게 된다. 인간의 다른 관념과 마찬가지로 신 개념은 잘못 이용될 수 있다. '선택받은 민족', '신의 선택'이라는 신화는 종종 〈신명기〉 저자의 시대부터 불행하게도 우리 시대에 만연한 유대교, 기독교, 이슬람교 세 종교의 근본주의에 이르기까지, 편협하고 부족적인 신학에 영감을 주었다. 그러나 한편으로 〈신명기〉 저자는 유일신교 역사에서 그와 동등하거나 혹은 더 긍정적인 영향을 끼친 출애굽 신화에 대한 해석도 보존했다. 그것은 무력한 자와 억압받는 자들의 편에 선 신에 관한 이야기였다. 〈신명기〉 26장에서 J 문서나 E 문서에 기록되기 이전 출애굽에 대한 초기 해석을 엿볼 수 있다. 이스라엘인은 수확의 첫 열매를 야훼의 사제들에게 바치도록 명령받은 뒤에 다음과 같이 화답한다.

제 선조는 떠돌며 사는 아람인이었습니다. 그는 얼마 안 되는 사람을 거느리고 이집트로 내려가서 거기에 몸 붙여 살았습니다. 그러나 그는 거기에서 불어나 크고 강대한 민족이 되었습니다. 그래서 이집트인들은 우리를 억누르고 괴롭혔습니다. 우리를 사정없이 부렸습니다. 우리가 우리 선조들의 하느님 야훼께 부르짖었더니, 야훼께서는 우리의 아우성을 들으시고 우리가 억눌려 고생하며 착취당하는 것을 굽어 살피셨습니다. 그리고 야훼께서는 억센 손으로 치시며 팔을 뻗으시어 온갖 표적과 기적을 행하심으로써 모두 두려워 떨게 하시고는 우리를 이집트에서 구출해 내셨습니다. 그리하여 우리를 이곳으로 데려오시어 젖과 꿀이 흐르는 이 땅을 우리에게 주셨습니다. 그런즉 야훼여, 주께서 저에게 주신 이 땅의 햇곡식을 이제 제가 이렇게 가져왔습니다.[16]

역사상 처음으로 성공한 농민 봉기에 영감을 주었을지도 모를 이 신은 혁명의 신이었다. 그는 유대교, 기독교, 이슬람교 세 종교에서 모두 사회 정의의 이상을 고취했다. 비록 유대인이나 기독교인이나 무슬림이 종종 이 이상을 구현하는 데 실패했고 그를 현상 유지의 신으로 변형시켰다고 비판받기도 하지만 말이다.

이스라엘인은 야훼를 '우리 선조들의 신'이라고 불렀지만 야훼는 족장들이 숭배한 가나안의 '최고신' 엘과는 꽤 다른 신이었던 것처럼 보인다. 그는 이스라엘의 신이 되기 전 다른 민족의 신이었을지도 모른다. 처음 모세에게 나타날 때 야훼는 본래 자신이 '엘 샤다이'로 불렸으나 자신이야말로 아브라함의 신이라고 거듭해서 상당히 장황하게 강조한다. 이런 주장은 모세가 섬긴 신의 정체를 두고 꽤 이른 시기에 벌어졌던 논쟁의 여운을 드러내는 것일 수도 있다. 야훼는 본래 오늘날의 요르단인 미디안에서 섬기던 전쟁 신, 화산 신이었다는 주장이 있다.[17] 그런데 만일 정말로 야훼가 완전히 새로운 신이었다면 우리는 이스라엘인이 어디서 그를 발견했는지 결코 알 수 없을 것이다. 다시 말하지만 이 문제는 오늘날 우리에게는 매우 중요하지만 성서 저자들에게는 별로 중요하지 않았다. 고대 이교 세계에서 신들은 자주 합쳐지고 뒤섞였고, 어느 한 지역의 신이 다른 민족의 신과 동일한 것으로 여겨지기도 했다. 우리가 확신할 수 있는 것은 출애굽 사건이 야훼를, 그의 기원이 어디든 간에 이스라엘의 최고 신으로 만들었으며, 이 사건 덕분에 모세가 이스라엘인에게 야훼가 아브라함과 이삭과 야곱이 사랑한 바로 그 엘과 동일한 신이라고 확신시킬 수 있었다는 사실이다.

이른바 '미디안 설'—야훼가 원래는 미디안인의 신이었다는 가설—은 오늘날에는 대개 믿지 않지만 모세가 야훼를 처음 만난 곳이 미디안이었다. 모세는 이스라엘 노예를 못살게 굴던 이집트인을 죽여서 이집트를 떠나야 했다. 그는 미디안으로 도망쳐 그곳에서 결혼했고 장인의 양 떼를 돌보던 중 떨기에 불이 붙었는데도 타지 않는 기이한 광경을 본다. 가까이 다가가 살펴보려 했을 때 야훼가 모세의 이름을 불러 그가 대답했다. "제가 여기 있습니다!" 이 대답은 전적인 관심과 충성을 요구하는 이 신을 만날 때면 이스라엘의 모든 예언자가 하는 말이었다.

하느님께서는 "이리로 가까이 오지 마라. 네가 서 있는 곳은 거룩한 땅이니 네 발에서 신을 벗어라." 하시고는 말씀하셨다. "나는 네 선조들의 하느님이다. 아브라함의 하느님, 이삭의 하느님, 야곱의 하느님이다." 모세는 하느님을 뵙기가 무서워 얼굴을 가렸다.[18]

야훼가 진정 아브라함의 신이라는 처음에 나오는 주장에도 불구하고, 이 신은 아브라함과 친구처럼 마주 앉아 함께 음식을 나눴던 신과는 분명히 다른 종류의 신이다. 야훼는 공포를 불러일으키고 인간과 거리를 두고자 한다. 모세가 그의 이름과 자격을 물었을 때 야훼는 수 세기 동안 유일신론자들을 고민하게 만들 말로 답한다. 그는 이름을 직접 밝히는 대신 대답한다. "나는 스스로 있는 나다(에예 아셰르 에예)."[19] 무슨 의미일까? 후대의 철학자들이 주장한 것처럼 그가 자존적(自存的) 존재라는 의미가 아니라는 것만은 확실하다. 그 당시 히브리어에는 그러한 형이상학적 차원이 발달하지 않았으며 거의 2천 년이 지난 뒤에나 가능했기 때문이다. 야훼는 훨씬 더 직접적인 의미를 전달하려 한 것 같다. '에예 아셰르 에예'는 의도적인 모호함을 표현하는 히브리어 관용구이다. 성서에서 "그들은 그들이 간 곳으로 갔다" 같은 구절은 "나는 그들이 어디로 갔는지 전혀 알지 못한다"는 뜻이다. 모세가 야훼에게 그가 누구인지 묻자 사실상 신은 "내가 누구인지 알려고 하지 마라!" 혹은 "네 일이나 신경 써라!"라고 답한 것이다. 여기에 신의 본질에 관한 논의나 때때로 이교도들이 신들의 이름을 주문처럼 외울 때 그러했듯 신을 조종하려는 시도가 끼어들 틈은 없다. 야훼는 '조건 없는 분'이다. "나는 내가 되려는 대로 될 것이다." 그는 자신이 택한 그대로 될 것이며 아무런 보장도 하지 않을 것이다. 그는 단지 자기 백성의 역사에 개입하겠다고 약속했다. 출애굽 신화는 불가능한 상황에서조차 미래에 대한 희망을 불러일으키는 결정적인 역할을 하게 된다.

신에게 힘을 부여하는 이 새로운 감각에는 대가가 따랐다. 옛 천신들은 인간의 관심사로부터 너무 멀리 떨어진 존재로 경험되었고 바알, 마르두크, 지모신 같은 새 신들은 인간에게 가까워졌지만, 이제 야훼는 다시 한번 인간과 신의 세계 사이에 간극을 벌린 것이다. 이는 시나이산의 이야기에서 분명하게 그려지고 있다. 이스라엘인들은 시나이산에 도착했을 때 옷을 깨끗하게 하고 멀리 물러서 있으라는 명령을 받는다. 모세는 이스라엘인에게 경고해야 했다. "산에 오르거나 이 산기슭에 발을 들여놓지 말아야 하며 이 산에 발을 들여놓는 자는 반드시 죽임을 당할 것이다." 사람들은 산에서 물러서 있었고 야훼는 불과 구름 속에서 내려왔다.

셋째 날 아침, 천둥소리와 함께 번개가 치고 시나이산 위에 짙은 구름이 덮이며 나팔소리가 크게 울려 퍼지자 진지에 있던 백성이 모두 떨었다. 모세는 백성들로 하여금 하느님을 만나보게 하려고 진지에서 데리고 나와 산기슭에 세웠다. 시나이산은 연기가 자욱하였다. 야훼께서 불 속에서 내려오셨던 것이다. 가마에서 뿜어 나오듯 연기가 치솟으며 산이 송두리째 뒤흔들렸다.[20]

모세는 홀로 산꼭대기로 올라가 율법이 적힌 돌판을 받았다. 이교도의 환상에서처럼 사물의 본성 자체에서 질서, 조화, 정의의 원칙을 경험하는 대신 이제 하늘로부터 율법이 내려온 것이다. 역사의 신은 그의 활동 무대인 세속 세계에 큰 관심을 고취할 수 있는 반면 그 세계로부터 극심하게 소외될 가능성도 있다.

기원전 5세기에 편집된 〈출애굽기〉의 최종 버전에는 야훼가 시나이산에서 모세와 계약을 맺었다고 적혀 있는데(이 사건은 기원전 1200년경에 발생한 것으로 추정된다), 이를 두고 많은 학문적 논쟁이 이어졌다. 일부 비평가들은 기원전 7세기 전까지는 이스라엘에서 계약이 중요하지 않았다고 주장한다. 그러나 시기가 어떻든 간에 이 계약 개념은 다신론적 배경에서만 의미가 있기에 이스라엘인이 아직은 유일신론자가 아니었음을 말해준다. 이스라엘인은 시나이산의 신 야훼를 '유일한' 신으로 믿은 것이 아니라 다른 모든 신을 거부하고 오직 야훼만 섬기겠다고 계약을 맺어 약속한 것이다. 모세 오경 전체에서 유일신론을 말하는 단 한 문장도 찾기 어렵다. 심지어 시나이산에서 계시된 십계명에도 다른 신들의 존재를 당연시하고 있다. "너희는 내 앞에서 다른 신을 모시지 못한다."[21] 오직 한 신만 숭배하는 것은 거의 전례 없는 행보였다. 이집트의 파라오 아케나톤(아멘호테프 4세)은 이집트의 다른 전통 신들을 무시하고 오로지 태양신만 섬기려 했지만 그의 후계자는 그 정책을 바로 뒤집어버렸다. 마나를 경험할 수 있는 잠재적 원천을 무시하는 것은 명백히 바보짓처럼 보였고, 이후 이스라엘의 역사를 보더라도 그들이 다른 신들에 대한 숭배를 근절하는 일에 매우 소극적이었음을 볼 수 있다. 야훼는 전쟁에서 전문성을 증명했지만 풍요의 신은 아니었다. 이스라엘인은 가나안에 정착하고 나서 본능적으로 가나안의 주신(主神)이자 태곳적부터 농작물 생산을 관할한 바알을 숭배했다. 예언자들은 이스라엘인이 야훼와 맺은 계약을 지켜야 한다고 강력히 권고했으나 대부분은 바알, 아세라, 아나트 등을 전통적인 방식으로 계속 숭배했다. 사실 성서에서는 모세가 시나이산에 올라가 있는데도 나머지 이스라엘인들이 가나안의 오래된 이교로 돌아갔음을 보여주고 있다. 그들은 엘의 전통적인 조상(彫像)인 금송아지를 만들고 그 앞에서 고대의 의례를 행했다. 이 사건과 시나이산에서 이루어진 웅장한 계시의 극명한 병치는 아마 모세 오경의 최종 편집자들이 이스라엘의 쓰라린 분열을 나타내려 한 시도일지도 모른다. 모세 같은 예언자들은 야훼의 고귀한 종교를 설교했지만 대부분의 이스라엘인은 오래된 의례에 참여하며 신, 자연, 인간의 일체성을 말하는 전체론적 비전을 따르기를 원했다.

그런데도 이스라엘인은 출애굽 이후 야훼를 유일한 신으로 받들겠다고 '약속했으며', 훗날 예언자들은 이 약속을 상기시킨다. 이스라엘인은 오직 야훼만 자신들의 엘로힘으로 섬기겠다고 약속했고, 그 대가로 야훼는 이스라엘인이 자신의 특별한 백성이 되어 특별히 보살핌을 받을 수 있으리라 약속했다. 야훼는 이스라엘인이 계약을 어긴다면 그들을 무자비하게 파괴하리라 경고했다. 그렇지만 이스라엘인은 신과 계약을 맺었고, 우리는 〈여호수아〉에서 이스라엘과 야훼가 맺은 계약을 기념하는 초기 구절을 볼 수 있다. 이 계약은 쌍방을 결속하기 위해 중동 정치에서 자주 사용하던 정식 조약이며 정해진 형식을 따랐다. 조약문은 훨씬 더 힘 있는 쪽의 왕을 소개하는 것으로 시작해서 현재에 이르기까지 쌍방이 관계를 맺어 온 역사를 다룬 다음, 마지막으로 계약이 이행되지 않았을 때 벌어질 상황과 처벌을 명시하곤 했다. 계약 전반에서 핵심은 절대적 충성에 대한 요구였다. 기원전 14세기 히타이트 왕 무르실리스 2세와 그의 신하 두피 타셰드가 맺은 계약에서 왕은 다음과 같이 요구했다. "다른 누구에게도 의지해서는 안 된다. 너희 조상은 이집트에 조공을 바쳤으나 너는 그래서는 안 된다. …… 너는 나의 친구와 친구가 될 것이고 나의 원수와 원수가 될 것이다." 성서는 이스라엘인이 가나안에 도착해 그곳에 살던 동족과 연합한 때에 모든 아브라함의 후손이 야훼와 계약을 맺었다고 말한다. 모세의 후계자 여호수아가 야훼를 대변해 의식을 집행했다. 전통적 양식에 따라 먼저 야훼를 소개하고 야훼가 아브라함, 이삭, 야곱과 한 거래들을 회상하고 출애굽 사건들을 읊었다. 마지막으로 여호수아는 계약 조건을 명시한 후 그 자리에 모인 이스라엘인들의 공식적인 동의를 요구했다.

여러분의 조상들이 〔요르단〕강 건너편에서도 섬겼고 이집트에서도 섬겼던 다른 신들을 버리고 야훼를 섬기시오. 만일 야훼를 섬기고 싶지 않거든, 누구를 섬길 것인지 여러분이 오늘 택하시오. 강 건너편에서 여러분의 조상들이 섬기던 신을 택하든지, 여러분이 들어와서 살고 있는 이 땅 아모리인의 신을 택하든지 결정하시오. 그러나 나와 내 집은 야훼를 섬기겠소.[22]

이스라엘인들은 야훼와 가나안의 전통 신들 사이에서 선택했다. 그들은 주저하지 않았다. 야훼 같은 신은 없었다. 그 어느 신도 자신의 숭배자를 위해 그렇게 능력을 발휘한 적이 없었기 때문이다. 야훼는 자기 백성들의 일에 강력하게 개입함으로써 그들의 엘로힘이 되기에 충분하다는 것을 의심할 여지 없이 증명했다. 이제 그들은 야훼만 섬기고 다른 신들을 모두 버릴 것이다. 그러자 여호수아는 야훼가 대단히 질투가 많은 신이라고 경고했다. 만약 이스라엘 백성이 계약 조건을 무시한다면 야훼는 그들을 파괴할 것이다. 이스라엘인들은 굽히지 않고 야훼만을 그들의 엘로힘으로 선택했다. 여호수아가 말했다. "그러면 이제 여러분은 여러분 가운데 있는 남의 나라 신들을 버리고 이스라엘의 신 야훼께 마음을 바치시오."[23]

성서는 이스라엘인들이 계약에 충실하지 않았음을 보여준다. 그들은 전시, 즉 야훼의 능숙한 군사적 보호가 필요한 때에는 계약을 기억했으나 평시에는 옛 관습을 좇아 바알, 아나트, 아세라를 숭배했다. 야훼 숭배는 근본적으로 다른 역사적 배경에도 불구하고 종종 오래된 이교 신앙의 표현에 기반해 자신을 드러냈다. 솔로몬 왕은 아버지 다윗 왕이 여부스인에게서 빼앗은 도시 예루살렘에 야훼를 위한 성전을 지었는데, 그 모양이 가나안 신들의 신전과 비슷했다. 성전은 정방형의 세 영역으로 구성되어 있으며, 지성소로 알려진 작은 정육면체 모양의 방으로 이어지는데, 방 안에는 이스라엘인이 광야에서 수년 동안 가지고 다녔던 이동식 제단인 법궤가 있었다. 예루살렘 성전 안에는 가나안 신화에서 원시 바다 얌을 상징하는 커다란 놋대야가 있었고, 풍요의 여신 아세라 숭배를 의미하는 12미터 기둥 두 개가 우뚝 서 있었다. 이스라엘인은 가나안인에게서 이어받은 베델, 실로, 헤브론, 베들레헴, 단의 옛 신전을 계속 이용해 야훼를 숭배했는데, 그곳에서는 자주 이교 의식이 거행되었다. 예루살렘 성전에서도 놀랄 만큼 비정통적 행위들이 있었지만, 그곳은 곧 특별한 장소가 되었다. 예루살렘 성전을 야훼의 천상 궁전의 복제품으로 여기기 시작한 것이다. 그들은 가을에 큰 축제를 열었는데, 속죄일에 희생 제의로 시작해서 닷새 후에는 한 해의 수확을 감사하는 초막절로 이어졌다. 〈시편〉의 일부는 초막절 때 예루살렘 성전에서 야훼의 즉위를 축하한 시라는 이야기가 있으며, 마치 마르두크처럼 야훼가 태고의 혼돈을 정복하는 과정을 재연했다.[24]

솔로몬 왕은 대단한 혼합주의자였는데, 그의 많은 아내들은 각자 자신들의 신을 섬기던 이교도였으며 그는 이웃 이교도들과도 우호 관계를 유지했다.

야훼 숭배가 결국 대중적인 이교 신앙에 잠식될 위험은 항상 있었다. 이런 위험은 특히 기원전 9세기 후반에 심해졌다. 기원전 869년 아합이 북이스라엘 왕국의 왕위를 계승했다. 그의 아내 이세벨은 오늘날 레바논에 위치한 티로스(띠로)와 시돈의 왕의 딸로 열성적인 이교도였고, 나라를 바알과 아세라 신앙으로 개종시키기를 원했다. 이세벨은 바알 사제들을 데려왔다. 그들은 북이스라엘에서 빠르게 추종자를 늘려 갔는데, 다윗 왕에게 정복당한 이 지역 사람들은 미온적으로 야훼를 믿고 있었다. 아합은 야훼에게 충실했으나 이세벨의 개종 권유를 말리지 않았다. 그의 통치 말기에 왕국 전역에 극심한 가뭄이 닥쳤을 때 엘리야('야훼는 나의 하느님')라는 예언자가 낙타털 겉옷을 입고 허리에 가죽띠를 두르고 전국을 떠돌면서 야훼에 대한 불충을 꾸짖기 시작했다. 엘리야는 갈멜산에서 야훼와 바알을 시험해보자며 아합 왕과 이스라엘인들을 불러 모았다. 그곳에서 바알의 예언자 450명을 앞에 놓고 이스라엘인들에게 열변을 토했다. "여러분은 언제까지 양다리를 걸치고 있을 작정입니까?" 그러고 나서 그는 자신과 바알의 예언자들을 위해 각각 황소 한 마리씩 제단에 갖다 놓자고 말했다. 어느 신이 하늘에서 불을 내려 번제물을 태울지 각자의 신을 불러보자는 것이었다. "그렇게 합시다!" 사람들은 소리 질렀다. 바알의 예언자들은 아침 내내 제단 주위를 펄쩍펄쩍 날뛰고 칼과 창으로 자기 몸을 찌르면서 바알을 소리쳐 불렀다. 그러나 "대답은커녕 아무런 소리도 들리지 않았다." 엘리야는 조롱하며 말했다. "바알은 신이니까, 더 크게 불러보아

라. 깊은 사색에 빠져 계실지도 모르지. 외출 중인지 아니면 여행 중인지 혹은 잠이 드셨는지도 모르니 어서 깨워보아라." 그러나 아무 일도 일어나지 않았다. "대답은커녕 아무 소리도, 아무 기척도 없었다."

이제 엘리야의 차례였다. 그는 사람들에게 가까이 오라고 말한 뒤 야훼의 제단 주변에 도랑을 파고 물을 가득 채워 불붙기 더 어렵게 만들었다. 그러고 나서 야훼를 불렀다. 즉시 하늘에서 불길이 내려와 번제물을 태우고 도랑의 물까지 말라붙게 했다. 모든 사람들이 얼굴을 땅에 대고 엎드려 부르짖었다. "야훼께서 하느님이십니다. 야훼께서 하느님이십니다." 그러나 엘리야는 관대한 승리자가 아니었다. "바알의 예언자들을 하나도 놓치지 말고 모조리 사로잡으시오." 그는 그들을 근처 개울로 끌고 가 죽였다.[25] 이교 신앙은 언제나 다른 신들을 받아들이는 데 너그러웠기에 ─이사벨은 흥미로운 예외이다─ 보통 다른 민족에게 신앙을 강요하지 않았다. 이런 초기 신화적 사건들은 처음부터 야훼 신앙이 다른 신앙에 대한 폭력적인 탄압과 거부를 요구했음을 나타내는데, 우리는 다음 장에서 이 현상을 더 자세히 살펴볼 것이다. 학살 이후 엘리야는 갈멜산 위에 올라 얼굴을 양 무릎 사이에 묻고 기도하며 이따금 자기 시종을 보내 수평선을 살피게 했다. 마침내 시종이 바다에서 사람 손바닥만 한 작은 구름이 올라온다는 소식을 가져왔다. 엘리야는 시종에게 이르길, 아합에게 가서 비가 쏟아져 길이 막히기 전에 내려가시라고 전하라 했다. 그가 말을 끝내자 하늘이 비구름으로 캄캄해지면서 폭우가 쏟아지기 시작했다. 환희에 젖은 엘리야는 겉옷을 동여매고 아합의 병거와 나란히 달려 내려갔다. 야훼는 비를 내리게 함으로써 폭풍의 신 바알의 역할마저 빼앗아 전쟁뿐만 아니라 풍요에서도 유능함을 증명했다.

엘리야는 바알의 예언자들을 학살한 일에 대한 보복이 두려워 시나이반도로 도망가 신이 모세에게 자신을 드러낸 산에 은신처를 구했다. 그곳에서 그는 야훼 신앙의 새로운 영성을 드러내는 신의 현현을 체험했다. 엘리야는 신에 의한 충격에서 자신을 보호하도록 바위틈에 서 있으라고 명령받았다.

그리고 야훼께서 지나가시는데 크고 강한 바람 한 줄기가 일어 산을 뒤흔들고 야훼 앞에 있는 바위를 산산조각 내었다. 그러나 야훼께서는 바람 가운데 계시지 않았다. 바람이 지나간 다음에 지진이 일어났다. 그러나 야훼께서는 지진 가운데도 계시지 않았다. 지진 다음에 불이 일어났다. 그러나 야훼께서는 불길 가운데도 계시지 않았다. 불길이 지나간 다음, 조용하고 여린 소리가 들려왔다. 엘리야는 목소리를 듣고 겉옷 자락으로 얼굴을 가리고 동굴 어귀로 나와 섰다.[26]

이교의 신들과는 달리 야훼는 어떤 자연의 힘 안에 머무는 것이 아니라 분리된 영역에 있었다. 야훼는 침묵의 음성이라는 역설 속에서 거의 지각할 수 없는 조용하고 부드러운 산들바람의 음색으로 경험되었다.

엘리야의 이야기는 유대교 경전에 나오는 과거에 대한 신화적 설명으로는 마지막이다. '문명 세계' 전체에 변화의 기운이 감돌았다. 기원전 900년에서 기원전 200년 사이는 '축의 시대'로 불린다. '문명 세계'의 거의 모든 주요 지역에서 사람들은 새로운 이데올로기를 창조했는데, 이 이데올로기는 계속해서 중요해지고 영향력을 발휘하게 된다. 새로운 종교 체제는 달라진 경제, 사회 조건을 반영했다. 우리가 완전히 알지는 못하는 여러 이유로 모든 주요 문명은 (가령 중국과 유럽 지역처럼) 서로 상업적 접촉이 전혀 없었던 때에도 평행적으로 발전했다. 새로운 번영이 일면서 상인 계급이 부상했다. 권력이 왕과 사제, 신전과 왕궁으로부터 시장으로 이동하고 있었다. 새로운 부는 지적, 문화적 융성으로 이어졌고 개인 양심의 발달로도 이어졌다. 도시에서 변화의 속도가 빨라짐에 따라 불평등과 착취가 점점 더 분명해졌고, 사람들은 자신의 행동이 미래 세대의 운명에 영향을 끼칠 수 있음을 깨달았다. 각 지역은 이러한 문제와 우려를 해결하기 위해 독특한 이데올로기를 개발했다. 중국에서는 도교와 유교, 인도에서는 힌두교와 불교, 유럽에서는 철학적 합리주의가 발전했다. 중동에서는 공통적 답이 제시된 것은 아니었지만, 이란과 이스라엘에서 조로아스터와 히브리 예언자들이 각기 나름의 유일신론을 전개했다. 이상하게 들릴지는 모르겠지만, '신' 개념은 당시 다른 위대한 종교적 통찰과 마찬가지로 공격적인 자본주의 정신의 시장 경제 속에서 발전한 것이었다.

다음 장에서 개혁된 야훼의 종교를 살펴보기 전에 축의 시대의 새로운 발전 가운데 둘을 간단히 살펴보고자 한다. 인도인은 이스라엘인과 비슷하게 종교 경험을 발전시켜 왔지만 인도 종교가 다르게 강조하는 면을 통해 이스라엘의 신 개념이 지닌 독특한 특징과 문제를 조명할 것이다. 플라톤과 아리스토텔레스의 합리주의도 중요한데, 유대인, 기독교인, 무슬림 모두 두 철학자의 사상을 자신들의 종교 경험에 접목하려고 노력했기 때문이다. 심지어 그리스 신은 그들의 신과 매우 달랐는데도 말이다.

인도의
브라흐만과 아트만

기원전 17세기 오늘날 이란 땅에서 온 아리아인들이 인더스강 유역을 침략해 원주민들을 정복했다. 우리는 리그베다에서 아리아인이 자신들의 종교 사상을 원주민들에게 강요했음을 알 수 있다. 그 문헌에서 중동의 신들과 동일한 가치를 지닌 수많은 신들을 발견할 수 있는데, 이들은 힘과 생기가 넘치고 인격이 배어 있는 자연의 위력으로 나타났다. 그러나 사람들은 다양한 신들이 단지 모든 신을 초월하는 유일하고 신성한 절대자의 현시일지도 모른다고 생각하기 시작했고, 리그베다에는 그러한 징후 또한 나타나 있다. 바빌로니아인과 마찬가지로 아리아인은 자신들의 신화가 실재에 대한 사실적 기술이라기보다 신들조차도 적절하게 설명할 수 없는 신비를 표현한 것임을 잘 알고 있었다. 그들은 신들과 세계가 태고의 혼돈으로부터 어떻게 발생했는지 그려보았고, 마침내 아무도, 심지어 신들조차도 존재의 신비를 이해할 수 없다고 결론지었다.

> 그러므로 어디서부터 그것이 생겼는지 누가 알 수 있겠는가.
> 어디서부터 이 유출이 일어났는지.
> 신이 그렇게 했는지 아니면 하지 않았는지.
> 가장 지고한 하늘에서 보는 이만이 알 수 있을 뿐이다.
> 어쩌면 그도 모를지도 모르리![27]

베다 종교는 생명의 기원을 설명하거나 철학적 문제에 권위 있는 대답을 주려고 하지 않았다. 베다는 사람들이 존재의 경이와 공포를 받아들이도록 돕기 위해 만들어진 문헌이었다. 사람들이 경건한 경이의 태도를 유지할 수 있도록 대답보다 훨씬 더 많은 질문이 제기되어 있다.

J 문서와 E 문서가 기록되던 기원전 8세기에 이르러, 전통적 베다 종교는 인도 대륙의 사회적, 경제적 조건의 변화로 인해 더는 적합하지 않게 되었다. 아리아인의 인도 침입 후 수 세기 동안 억압당해 온 원주민의 사상이 수면 위로 떠올랐고 새로운 종교에 대한 갈망으로 이어졌다. 개인의 운명은 자신의 행동에 의해 결정된다는 카르마(karma, '업業') 개념에 대한 관심이 다시 일기 시작하면서 사람들은 인간의 무책임한 행위를 신에게 전가하는 것을 내켜 하지 않게 되었다. 점차 신들은 단일한 초월적 '실재'의 상징으로 여겨졌다. 베다 종교는 희생 제의에 몰두했지만, 오랜 인도 관습인 요가(특별한 정신 수양법을 통해 정신의 힘을 '매어 두는' 것)에 대한 관심이 되살아난 것은 사람들이 외부에 집중하는 종교에 만족하지 않게 되었음을 의미했다. 희생 제의와 전례로는 충분하지 않았다. 그들은 이 의례들의 내적 의미를 알아내고 싶었다. 우리는 이스라엘의 예언자들이 같은 불만을 느꼈다는 데 주목해야 한다. 인도에서 신들은 더는 숭배자들의 외부에 있는 다른 존재로 여겨지지 않았다. 그 대신 사람들은 진리의 내적 자각을 성취하고자 했다.

인도에서 신들은 더는 그렇게 중요하지 않았다. 이후로부터 신들은 종교 스승들로 대체되었으며, 그들은 신보다 더 뛰어나다고 여겨지게 된다. 이는 인간의 가치와 운명 통제의 욕구를 드러낸 놀라운 주장이었는데, 바로 이 주장이 인도 대륙이 낳은 위대한 종교적 통찰이라고 할 수 있을 것이다. 새로운 종교인 힌두교와 불교는 신의 존재를 부정하지도 않았고 사람들이 신을 섬기는 것을 금하지도 않았다. 그들이 보기에 그러한 억압과 부정은 해로울 뿐이었다. 그 대신 힌두교도와 불교도는 신을 초월하는, 신을 넘어서는 새로운 방법을 추구했다. 기원전 8세기에 현자들은 이러한 문제들을 베단타('베다의 끝'로 불리는 아라니아카와 우파니샤드에서 다루기 시작했다. 기원전 5세기 말까지 점점 많은 우파니샤드가 생겨나 거의 2백 편에 달했다. 우리가 흔히 힌두교라고 부르는 종교는 체계를 피하는 데다 한 가지 해석만 적절하다는 배타적 입장을 거부하기에 일반화하기가 불가능하다. 그렇지만 우파니샤드는 신을 초월하지만 만물 안에 밀접하게 존재하는 것으로 여겨지는 독특한 신성의 개념을 발전시켰다.

베다 종교에서 사람들은 희생 제의를 통해 거룩한 힘을 경험했다. 그들은 이 성스러운 힘을 '브라흐만'이라고 불렀다. 사제 계급(브라만)은 이 힘을 지니고 있다고 믿어졌다. 희생 제의를 전체 우주의 축소판으로 보았기 때문에 브라흐만은 점차 모든 것을 지탱하는 힘을 뜻하게 되었다. 전체 세계가 모든 존재의 내적 의미인 브라흐만이라는 신비한 실재로부터 뿜어져 나오는 신성한 활동으로 여겨졌다. 우파니샤드는 사람들에게 만물에 있는 브라흐만에 대한 감각을 키우도록 권장했다. 이것은 모든 존재의 숨겨진 바탕을 드러내는, 말 그대로 폭로(계시)*의 과정이었다. 생겨난 모든 것은 브라흐만의 현시가 되었으며, 진정한 통찰은 다양한 현상 뒤에 있는 유일성을 지각하는 데 있었다. 우파니샤드 중 일부는 브라흐만을 인격적인 힘으로 간주했으나 다른 편에서는 철저히 비인격적으로 보았다. 브라흐만은 '당신'이라고 불릴 수 없다. 브라흐만은 중성적 용어이며 남성도 아니고 여성도 아니다. 또 최고신

---

* 이 책에서 주로 '계시(啓示)'로 번역된 영어 단어 'revelation'은 사람들에게 무언가를 알도록 만드는 행위로 '폭로' '드러냄'의 의미를 지닌다.

의 의지로 경험될 수 없다. 브라흐만은 인간에게 말하지 않는다. 브라흐만은 남자나 여자와 만날 수 없으며 모든 인간의 활동을 초월한다. 브라흐만은 인격적인 방식으로 우리에게 반응하지도 않는다. 죄는 브라흐만을 '성나게' 하지 않으며 브라흐만이 우리를 '사랑한다' 말하거나 우리에게 '화났다' 말할 수 없다. 세계를 창조했다고 브라흐만에게 감사하거나 칭송하는 것은 완전히 부적절하다.

이 신성한 힘이 '우리'에게 충만하고 '우리'를 지탱하고 고양한다는 사실이 없었다면 이 힘은 우리에게 완전히 이질적이었을 것이다. 요가의 기술은 사람들로 하여금 내면세계를 깨닫게 했다. 자세, 호흡, 음식 조절, 정신 집중 훈련은 앞으로 보게 되겠지만 다른 문화에서도 독자적으로 발달했는데, 다양하게 해석되어 왔으나 인간에게 자연스러운 듯 보이는 '깨달음'과 '조명'의 경험을 만들어낸 것 같다. 우파니샤드는 자아의 새로운 차원에 대한 이런 경험이 나머지 세계를 지탱하는 것과 동일한 거룩한 힘이라고 주장했다. 각 개인 안에 있는 영원한 원리는 아트만이라고 불렀다. 아트만은 이교 신앙의 오래된 전체론적 비전을 새로 해석한 것이었는데, 인간과 만물 안에 있는, 본질적으로 신성한 '하나의 생명'을 새 용어로 재발견한 것이었다. 〈찬도기야 우파니샤드〉는 소금의 비유로 이것을 설명한다. 청년 스베타케투는 12년 동안 베다를 공부했고 자신감에 차 있었다. 그러나 아버지 우달라카는 아들에게 대답할 수 없는 질문을 던져 그가 전혀 모르고 있던 근본적인 진리를 가르쳤다. 우달라카는 아들에게 물에 소금을 조금 집어넣고 다음 날 아침에 와보라고 말했다. 아버지가 아들에게 소금을 꺼내라고 했을 때 스베타케투는 완전히 녹아버린 소금을 찾을 수 없었다. 우달라카는 아들에게 질문했다.

"이제 맨 위에 있는 물을 맛보거라. 맛이 어떠냐?"

"짭니다."

"중간쯤에 있는 물을 맛보거라. 맛이 어떠냐?"

"짭니다."

"맨 아래에 있는 물을 맛보거라. 맛이 어떠냐?"

"짭니다."

"물을 버리고 내게 오너라."

아들은 아버지가 시키는 대로 했으나 〔소금이 그대로〕 남아 있게 하지는 못했다.

〔아버지가〕 말했다. "사랑하는 아들아, 네가 여기 있는 존재를 지각할 수 없는 것은 사실이나 그것이 여기 있는 것도 사실이다. 이 제일의 본질, 그것을 전체 우주가 자신의 자아로 삼고 있다. 그 존재가 진리이다. 그 존재가 자아다. 그것은 바로 너다, 스베타케투야."

그러므로 비록 우리가 볼 수 없을지라도 브라흐만은 세계에 널리 그득 차 있고 아트만으로서 우리 각자 안에서 영원히 발견된다.[28]

아트만은 신이 우상, 즉 우리 자신의 공포와 욕망의 투영으로서 '저편 어딘가에' 있는 외부의 '실재'가 되는 것을 막아주었다. 따라서 힌두교에서 신은 우리가 알고 있는 세계에 더해진 존재로 간주되지도 않고 세계와 동일시되지도 않는다. 이성으로 신을 이해할 수 있는 방법은 없었다. 신은 오직 말이나 개념으로 표현될 수 없는 경험(아누바라 anubhara)으로 우리에게 '다시 드러날(계시될)' 뿐이다. 브라흐만은 "말로 표현될 수 없는 것이지만 말이 말해질 수 있도록 하는 것이며 …… 마음으로 그릴 수 없지만 마음이 그릴 수 있도록 하는 것이다."[29] 브라흐만 같은 내재적인 신에게 말을 하는 것은 불가능하며 단순히 사유의 대상인 양 '그에 대해' 생각하는 것도 불가능하다. 브라흐만은 자아를 넘어선다는 본래 의미의 황홀경 속에서만 알아볼 수 있는 '실재'이다.

신은 사유를 넘어서 그것을 아는 이들에게 찾아오지, 사유를 통해 그것을 얻을 수 있다고 상상하는 이들에게 찾아오지 않는다. 신은 배운 이에게 알려지지 않으며, 단순한 이에게 알려진다.
그것은 영원한 삶의 문을 여는 깨우침의 황홀경 속에서 알려진다.[30]

신들과 마찬가지로 이성은 부정되기보다 초월된다. 브라흐만이나 아트만의 경험은 음악이나 시의 경우처럼 이성적으로 설명될 수 없다. 예술 작품은 창작하고 감상하는 데 지성을 필요로 하지만 순전히 논리적 능력이나 두뇌의 기능을 넘어서는 경험을 제공한다. 이는 신의 역사에서 변함없는 주제가 될 것이다.

닙바나의
초월적 이상

개인의 초월이라는 이상은 깨달음을 위해 가족을 떠나 모든 사회적 유대와 책임을 저버리고 존재의 다른 영역에 자신을 내던진 요가 수행자에게서 구현되었다. 기원전 538년경 고타마 싯다르타라는 청년도 아름다운 아내와 아들을 두고, 바나라시에서 북쪽으로 약 160킬로미터 떨어진 카필라바스투의 호화로운 저택을 떠나 탁발 수도자가 되었다. 그는 고통스러운 광경에 경악했고 자기 주변 모든 것에서 볼 수 있는, 존재의 고통을 끝내는 비결을 찾고 싶어 했다. 6년간 여러 힌두교 구루 문하에서 배우며 혹독하게 참회했으나 아무 진전도 이룰 수 없었다. 현자들의 교리는 매력적이지 않았고 고행은 그저 그를 절망하게 만들 뿐이었다. 이런 방법들을 완전히 포기하고 어느 날 밤 삼매(三昧)에 들은 후에야 깨달음을 얻을 수 있었다. 온 우주가 기뻐하고 땅이 흔들리고 하늘에서 꽃비가 내리고 향기로운 바람이 불고 범천(汎天)의 신들이 기뻐했다. 다시 한번 이교의 비전처럼 신, 자연, 인간이 공감으로 묶인 것이다. 고통으로부터 해방과 고통의 종결로서 닙바나(nibbāna, 열반)의 성취에 대한 새 희망이 솟아올랐다. 고타마는 붓다, 곧 '깨달은 자'가 되었다. 그러자 마왕 마라는 고타마를 유혹하며 말하길, 아무도 그를 믿지 않을 것이기에 진리의 말을 설법해봐야 소용없으니 여기에 머물며 새로 찾은 희열을 즐기라고 했다. 그러나 전통 신들 가운데 마하브라흐마(대범천)와 데바들의 왕 사크라(제석천) 두 신이 붓다를 찾아와 득도 방법을 세상에 설명해줄 것을 간청했다. 이에 응한 붓다는 이후 45년간 인도 전역을 다니면서 설법했다. 이 고통의 세상에서 오직 한 가지만 확실하고 불변하는데, 바로 다르마(dharma), 곧 올바른 삶에 관한 진리가 유일하게 우리를 고통에서 벗어나게 해줄 수 있다는 것이다.

다르마는 신과 아무 상관이 없다. 붓다는 신들이 그의 문화적 구습의 일부였기에 신의 존재를 암묵적으로 믿었으나 신이 인간에게 큰 도움이 되리라고 믿지는 않았다. 신들도 고통과 변화의 영역에 사로잡혀 있었다. 그들은 붓다가 깨달음을 얻는 데 도움이 되지 않았으며 다른 모든 존재처럼 윤회의 사슬에 매여 있어 결국 사라질 수밖에 없었다.

그러나 그의 삶의 결정적 순간—설법을 할지 말지 결정하던 때—에 그는 신들이 자신에게 영향을 끼치고 적극적인 역할을 한다고 상상했다. 따라서 붓다는 신을 부정하지는 않았지만 닙바나라는 궁극적 '실재'가 신들보다 더 높다고 믿었다. 불교도가 명상에 잠겨 희열이나 초월의 감각을 경험할 때 그들은 이것이 초자연적 존재와의 접촉에서 비롯되었다고 믿지 않는다. 그런 상태는 인간성에 자연스러워서 누구든지 올바르게 살며 요가 기술을 배운다면 얻을 수 있다. 그러므로 붓다는 신에게 의지하기보다 스스로를 구원하도록 힘쓰라고 제자들에게 권했다.

붓다는 깨달음을 얻은 후 바나라시에서 첫 제자들을 만났을 때 한 가지 본질적 사실에 기초한 자신의 체계를 요약해 말했다. 바로 모든 존재는 둑카(dukkha, 고통)라는 것이다. 모든 존재는 전적으로 고통으로 이루어졌고 삶은 완전히 엉망이었다. 사물은 의미 없는 흐름 속에 생겨나고 없어지며 영원한 의미를 지닌 것은 아무것도 없다. 종교는 무엇인가 잘못되었다는 지각에서 시작된다. 고대 이교에서 종교는 신성하고 원형적인 세계에 대한 신화로 이어졌는데, 그 세계는 우리 세계와 상응하며 그 힘을 인간에게 나누어줄 수 있었다. 붓다는 모든 살아 있는 존재에게 자비(동정심)를 베푸는 삶을 살면서, 온화하고 친절하고 바르게 말하고 행동하고, 마약이나 독주처럼 마음을 흐리게 하는 것을 삼간다면 고통에서 벗어날 수 있다고 가르쳤다. 붓다는 이 체계를 발명했다고 주장하지 않았으며 '발견했다'고 말했다. "나는 예전의 붓다(정등각자正等覺者)들이 밟고 지나간 오래된 길, 옛 큰 길을 본 것일 따름이다."[31] 이교 신앙의 법들과 마찬가지로 이 깨달음은 삶 자체의 조건에 내재한, 존재의 본질적인 구조와 밀접한 관련이 있었다. 그

것은 객관적 실재였는데, 논리적 증명에 의해 입증될 수 있기 때문이
아니라 그렇게 살려고 진지하게 노력하는 누구나 그것이 효과가 있음
을 알 수 있기 때문이다. 항상 유효성은 철학적 증명이나 역사적 증명
보다 성공적인 종교의 특징이었다. 수 세기 동안 세계 여러 지역의 불
교도들은 이런 생활 방식이 초월의 의미를 깨닫게 해준다는 것을 발견
해 왔다.

  카르마는 인간을 고통스러운 삶의 연속인 끝없는 윤회의 사슬로 묶
었다. 그러나 인간이 이기적인 태도를 고칠 수 있다면 자신의 운명을
바꿀 수 있다. 붓다는 윤회의 과정을 설명하기 위해 한 등잔에서 다른
등잔으로 계속 옮겨붙어 꺼질 때까지 타는 불에 비유했다. 만약 어떤
사람이 죽음의 문턱에서도 여전히 잘못된 태도로 불타고 있다면 그는
이제 또 다른 등불을 켜게 될 것이다. 그러나 만약 불이 꺼진다면 고통
의 사슬에서 벗어나 닙바나에 이를 것이다. 닙바나는 어원적으로 '식
히다' 또는 '꺼지다'를 의미한다. 그러나 닙바나는 단지 부정적 상태가
아니라 불교도의 삶에서 신에 비견되는 역할을 한다. 에드워드 콘즈가
《불교의 길》에서 설명하듯이, 불교도는 궁극적 실재인 닙바나를 기술
하기 위해 종종 유신론자와 비슷한 형상화를 사용한다.

  우리는 닙바나에 대해 이런 말을 듣는다. 영속적이고 변함없고 불멸
하고 움직일 수 없고 나이를 먹지 않고 죽지 않고 태어나지 않고 생겨나
지 않는 것이다. 즉 이것은 힘, 희열과 행복, 안전한 안식처, 피난처, 침
범할 수 없는 도피처이다. 이것은 진정한 진리이자 최고 '실재'이다. 이
것은 선이고, 최고 목표이자 우리 삶의 유일한 완성이며 영원하고 감추
어져 있으며 이해하기 어려운 평화다.[32]

일부 불교도는 '신' 관념이 너무 제한적이라 궁극적 실재에 대한 불교의 이해를 표현하지 못하기에 이 비교를 반대할지도 모른다. 유신론자들은 주로 '신'이라는 단어를 인간과 크게 다르지 않은 존재를 지칭하기 위해 제한적으로 사용하기 때문이다. 우파니샤드의 현자들과 마찬가지로 붓다는 닙바나를 다른 인간적 실재처럼 정의하거나 논의할 수 없다고 주장했다.

닙바나에 이른다는 것은 기독교인이 종종 오해하듯이 '천국에 간다'는 것과 다르다. 붓다는 닙바나나 다른 궁극적 문제들에 대해 '부적절하다'거나 '부적합하다'는 이유로 항상 답하기를 거부했다. 우리의 말과 관념이 감각과 변화의 세계에 매여 있기에 닙바나를 정의할 수 없다는 것이다. 경험만이 유일하게 믿을 만한 '증거'였다. 붓다의 제자들은 선한 삶을 실천할 때 닙바나를 얼핏 볼 수 있을 것이며 오직 그 경험을 통해서만 닙바나가 존재한다는 사실을 알게 될 것이었다.

> 수행자들이여, 태어나지 않고 생겨나지 않고 만들어지지 않고 형성되지 않은 것이 있나니. 수행자들이여, 거기에 태어나지 않고 생겨나지 않고 만들어지지 않고 형성되지 않은 것이 없다면, 여기에 태어나고 생겨나고 만들어지고 형성되는 것으로부터 벗어남이 없으리라. 그러나 태어나지 않고 생겨나지 않고 만들어지지 않고 형성되지 않은 것이 있으므로 태어나고 생겨나고 만들어지고 형성되는 것으로부터 벗어남이 있으리라.[33]

수행자들은 닙바나의 본질을 추측해서는 안 된다. 붓다가 할 수 있는 일은 그들에게 '피안(彼岸)'으로 건너갈 수 있는 뗏목을 제공하는 것뿐이었다. 닙바나에 이른 깨달은 이가 죽은 뒤에도 사느냐는 질문을 받자 그는 질문이 '부적절하다'고 물리쳤다. 그것은 마치 불이 '꺼질' 때 어느 방향으로 꺼지느냐는 물음과 같았다. 깨달은 이가 닙바나에 존재한다고 말하는 것은 존재하지 않는다고 말하는 것과 똑같이 잘못된 것이다. 여기서 '존재하다'라는 단어는 우리가 이해할 수 있는 어떤 상태와도 관련이 없다. 우리는 수 세기에 걸쳐 유대인, 기독교인, 무슬림이 신의 '존재'에 관한 질문에 같은 대답을 했음을 보게 될 것이다. 붓다는 인간의 언어가 관념과 이성 너머에 있는 실재를 다루는 데 적합하지 않음을 보여주려 했다. 다시 말해 이성을 부정한 것이 아니라 명료하고 정확한 사고와 언어 사용의 중요성을 주장한 것이다. 그렇지만 궁극적으로 붓다는 개개인의 신학이나 믿음, 가령 의례 참여 같은 일이 중요하지 않다고 여겼다. 그것들은 흥미로울 수 있으나 결정적으로 중요한 문제는 아니었다. 유일하게 중요한 것은 선한 삶이었다. 만약 선한 삶을 살 수 있다면, 불교도는 설령 논리적인 용어로 표현할 수 없더라도 다르마가 진리라는 사실을 발견할 수 있을 것이다.

플라톤과 아리스토텔레스의 '합리주의'

반면 그리스인은 논리와 이성에 열정적으로 관심을 쏟았다. 플라톤 (기원전 427~346)은 인식론의 문제와 지혜의 본성에 계속 몰두했다. 그의 초기 작품 대부분은 스승인 소크라테스를 변호하는 데 할애되었다. 소크라테스는 사람들에게 사유를 자극하는 질문들을 던져 명확하게 생각하도록 이끌었으나 기원전 399년 불경건과 젊은이를 타락시킨다는 죄목으로 사형선고를 받았다. 인도 사람들이 그러했듯이 소크라테스도 옛 축제와 종교 신화들이 부적절하다고 생각하며 못마땅해했다. 플라톤은 기원전 6세기 철학자 피타고라스의 영향도 받았는데, 피타고라스는 어쩌면 페르시아와 이집트를 통해 인도 사상을 접했을지도 모른다. 피타고라스는 영혼이란 마치 감옥 같은 육체에 감금된 타락하고 오염된 신이며, 끊임없이 계속되는 윤회라는 저주를 받았다고 믿었다. 그는 인간 공통의 경험 즉 자신의 본령이 아닌 듯한 세계에서 이방인 같은 느낌을 받는 것에 대해 표현했다. 피타고라스는 영혼이 정화 의식을 거쳐 해방될 수 있으며 질서 있는 우주와 조화를 이룰 수 있다고 가르쳤다. 플라톤 역시 감각의 세계 너머에 있는 신성하고 불변하는 실재의 존재를 믿었고, 자신의 본래 영역에서 벗어나 육체에 갇혀 타락한 신성(神性)인 영혼은 정신의 이성적 힘을 통해 정화된다면 그 신성한 지위를 다시 찾을 수 있다고 믿었다. 플라톤의 유명한 '동굴의 비유'는 지상의 삶의 암담함과 모호함을 묘사하고 있다. 인간은 동굴 벽에 어른거리는 영원한 실재의 그림자만 볼 수 있을 뿐이다. 그러나 점차 그의 마음이 신성한 빛에 익숙해짐으로써 동굴 바깥으로 이끌려 나오면 깨달음과 해방을 얻을 수 있다.

플라톤은 말년에 영원한 형상, 곧 이데아에 관한 자신의 이론을 철회했을지도 모르지만, 이데아론은 많은 유일신론자가 신 개념을 표현하는 데 결정적인 역할을 하게 된다. 이데아는 정신의 이성적 능력으로 파악할 수 있는 변함없고 항구적인 실재이다. 우리가 감각을 통해 만나는 변화하고 불완전한 물질적 현상과 달리 이데아는 더 완전하고 영속적이고 유효한 실재이다. 이 세상의 것들은 신성한 영역에 속한 영원한 형상인 이데아를 단순히 따르며, '그 안에 참여하거나' '모방할'

뿐이다. 가령 '사랑' '정의' '아름다움' 같은 모든 일반 개념은 그에 해당하는 이데아가 있다. 그러나 모든 형상 가운데 가장 최고의 것은 '좋음'의 이데아다. 플라톤은 원형에 관한 고대 신화를 철학적 형태로 주조했다. 그의 영원한 이데아는 신화적인 신성한 세계 — 세속의 것들은 그 세계의 그림자에 불과하다 — 의 합리적 버전으로 이해할 수 있다. 간혹 이상적인 아름다움 또는 좋음이 최고 실재를 암시하는 것처럼 보이지만, 플라톤은 신의 본성을 논하지 않았으며, 자신의 논의를 형상의 신성한 세계에만 한정했다. 플라톤은 신성한 세계가 정적이고 변화하지 않는다고 확신했다. 그리스인들은 운동과 변화를 열등한 실재의 징표로 간주했다. 참된 본질(정체성)을 지닌 것은 언제나 동일하며 영속적이고 불변하는 특징이 있다. 그러므로 가장 완벽한 운동은 원운동인데, 원운동은 돌면 원래 자리로 되돌아오기 때문이었다. 천구의 원운동은 신성한 세계를 가능한 한 최대로 모방한 것이었다. 이러한 신성의 완전히 정적인 이미지는 유대인, 기독교인, 무슬림에게 엄청난 영향을 끼치게 된다. 비록 그들이 믿은 계시의 신은 활동적이고 혁신적이며, 성서에서는 인간 창조를 후회하며 대홍수로 인류를 멸절하는 등 마음을 바꾸기도 하지만.

유일신론자에게 가장 안성맞춤이었던 것은 플라톤의 신비적 측면이었다. 플라톤의 신성한 형상은 '저편 어딘가에' 있는 실재가 아니라 자기 안에서 발견될 수 있는 것이었다. 플라톤은 《향연》에서 어떻게 아름다운 육체를 향한 사랑이 정화되어 이상적인 아름다움에 대한 황홀한 관조(테오리아theoria)로 변할 수 있는지 보여주었다. 그는 이 대화편에서 소크라테스를 가르치는 디오티마의 입을 빌려 진정한 아름다움이란 유일하고 영원하고 절대적이며 이 세계에서 경험할 수 있는 어떤 것과도 완전히 다르다고 설명한다.

　　우선 이 아름다움은 영원한 것입니다. 생겨나거나 없어지지 않고, 늘
거나 줄지도 않는 것입니다. 그 다음으로 그것은 어떤 부분은 아름다운
데 다른 부분은 추한 것이 아니고, 어떤 때는 아름다운데 다른 때는 추
한 것도 아니고, 어떤 것과의 관계에서는 아름다운데 다른 것과의 관계
에서는 추한 것도 아니며, 어떤 자들에게는 아름다운데 다른 자들에게
는 추해서 여기서는 아름답고 저기서는 추한 것도 아닙니다. 또한 이 아
름다움은 얼굴이나 손이나 그 밖에 몸과 관련된 그 어떤 것과 비슷한 것
으로 나타나지 않을 것입니다. 어떤 생각이나 어떤 앎의 아름다움 같은
것으로 나타나지도 않을 것이며, 동물 안에나 땅에나 하늘에 혹은 다른
어떤 것이든 그것 자체가 아닌 다른 것 안에 있는 것으로 나타나지도 않
을 것입니다. 그것은 절대적이고 그 자체로 홀로 존재하며 유일하고 영
원한 것입니다.[34]

　　간단히 말해 아름다움 같은 이데아는 많은 유신론자가 '신'이라고
부르는 것과 공통점이 많았다. 그러나 그 초월성에도 불구하고 이데
아는 단지 인간의 정신 안에서만 발견되어야 했다. 현대인들은 사고
를 활동으로, 즉 우리가 '행하는' 어떤 것으로 경험한다. 그러나 플라
톤은 그것을 정신에 생겨난 어떤 것으로 간주했다. 생각의 대상은 그
것을 관조하는 인간의 지성 안에서 활동하는 실재였다. 소크라테스와
마찬가지로 플라톤은 사고를 상기(想起), 즉 우리가 일찍이 알고 있었
으나 잊어버린 것을 파악하는 과정으로 보았다. 인간은 타락한 신이기
에 신성한 세계의 형상이 인간 안에 있고 이성에 의해 '접촉될' 수 있었

다. 이때 이성은 단순히 추론 활동이나 두뇌의 활동이 아니라 우리 안에 있는 영원한 실재를 본능적으로 파악하는 능력이었다. 이 생각은 세 유일신 종교의 신비주의자들에게 큰 영향을 끼쳤다.

플라톤은 우주가 본질적으로 합리적이라고 믿었는데, 이는 실재에 대한 또 다른 신화 혹은 상상을 통한 이해였다. 아리스토텔레스(기원전 384~322)는 여기서 한 걸음 더 나아갔다. 그는 모든 학문의 기초로서 논리적인 추론의 중요성을 가장 먼저 알아봤고, 이 방법을 적용하면 우주를 이해하는 것이 가능하다고 확신했다. 아리스토텔레스는《형이상학》으로 알려진 14권의 글에서('형이상학metaphysics'이라는 용어는 편집자가 만들어낸 것이다. '자연학 뒤에meta ta physika' 이 글들을 배치했기 때문이다) 진리에 대한 이론적 이해를 시도했을 뿐 아니라 이론 자연학과 실증적 생물학도 연구했다. 그러나 그는 대단히 겸손한 지성인이어서 아무도 진리를 충분히 이해할 수 없지만 모든 사람이 우리의 집단적 이해에 작은 기여를 할 수 있다고 주장했다. 플라톤의 업적을 두고 그가 내린 평가에 대해서는 많은 논란이 있다. 형상이 선험적이고 독립적이라는 플라톤의 초월적 형상론에 대한 아리스토텔레스의 반대는 거의 기질적인 것처럼 보인다. 아리스토텔레스는 형상이 우리 세계의 구체적이고 물질적인 사물 안에 존재할 때만 실재성을 지닌다고 주장했다.

아리스토텔레스는 세속적인 태도를 견지하며 과학적 사실에 열중했음에도 종교와 신화의 본질과 중요성을 정확하게 이해하고 있었다. 그는 다양한 신비 종교의 입문자들이 요구받는 것은 어떤 사실을 배우는 것이 아니라 "특정 감정을 경험하고 특정 경향 속에 놓이는 것"이라고 지적했다.[35] 이로부터 비극이 공포와 연민의 감정을 정화(카타르시스

katharsis)하여 재생의 경험을 하게 한다는 그의 유명한 문학론을 이해할 수 있다. 본래 종교 축제의 일부였던 그리스 비극은 역사적 사건에 대한 사실적 설명을 꼭 제공하지는 않았으며 더 심오한 진리를 나타내려고 노력했다. 사실 역사는 시나 신화보다 훨씬 시시한 것이었다. "하나는 일어난 일을 기록하고, 다른 하나는 일어날지도 모르는 일을 기록한다. 따라서 시는 역사보다 더 철학적이고 심오하다. 왜냐하면 시는 보편적인 것을 말하고 역사는 특수한 것을 말하기 때문이다."[36] 아킬레우스나 오이디푸스가 역사적으로 실존한 인물이었을 수도 있고 아니었을 수도 있다. 그러나 그 사실은 인간 조건에 관한 더 심오하면서도 다른 진리를 표현한 호메로스나 소포클레스 작품 속 인물과는 무관하다. 비극의 카타르시스에 대한 아리스토텔레스의 설명은 호모 렐리기오수스(종교적 인간)가 언제나 직관적으로 이해한 진리의 철학적 표현이었다. 즉 일상생활에서는 참을 수 없었을 사건들을 상징적, 신화적, 의례적으로 표현할 때 그것들은 순수하고 심지어 즐거운 어떤 것으로 상쇄되고 변화할 수 있다.

아리스토텔레스의 신 개념은 후대의 유일신론자들, 특히 서구 기독교인들에게 엄청난 영향을 끼쳤다. 《자연학》에서 아리스토텔레스는 실재의 본질과 우주의 구조와 실체를 탐구했다. 그는 창조를 설명하는 오래된 유출론의 철학적 판본에 해당하는 것을 발전시켰다. 존재들에는 위계가 있고 각각의 존재는 바로 아래 존재에 형태와 변화를 부여한다는 것인데, 오래된 신화와 달리 아리스토텔레스 이론에서는 유출물들이 원천으로부터 멀어지면 멀어질수록 약화되었다. 이 위계의 정점에는 '부동의 동자(Unmoved Mover)'가 있는데, 아리스토텔레스는 이것을 신과 동일시했다. 이 신은 순수한 존재였고 그런 만큼 영원하고 부동하며 영적이었다. 신은 순수한 생각 그 자체다. 신은 생각의 주체인 동시에 생각이며, 앎의 최고 대상인 그 자신을 관조하는 영원한 순간에 관여한다. 물질은 결함이 있고 필멸하기 때문에 신이나 더 높은 존재에는 물질적 요소가 없다. 부동의 동자는 우주의 모든 운동과 활동을 야기하는데, 각각의 운동은 단일한 원천으로 거슬러 올라갈 수 있는 원인을 가져야 하기 때문이다. 모든 존재는 존재 그 자체로 끌리기에 부동의 동자는 이 끌어당김의 과정을 통해 세계를 활성화한다.

인간은 특권적인 위치에 있다. 인간의 영혼은 지성이라는 신성한 선물을 받았는데, 이것이 인간을 신과 동족으로 만들고 신성한 본성의 일원으로 만든다. 이성의 신적 능력은 인간을 식물이나 동물보다 우위에 놓는다. 그러나 육체와 영혼으로 이루어진 인간은 전체 우주의 축소판이며 자신 안에 이성이라는 신성한 속성과 동시에 가장 열등한 물질을 포함한다. 인간의 의무는 지성을 정화함으로써 불멸하고 신성해지는 것이다. 지혜(소피아)는 인간의 모든 덕목 가운데 으뜸이다. 지혜는 철학적 진리에 대한 관조(테오리아) 속에서 드러나는데, 플라톤과 마찬가지로 아리스토텔레스는 이것이 신 자신의 행위를 모방함으로써 우리를 신성하게 만든다고 생각했다. 테오리아는 논리만으로는 얻을 수 없는 훈련된 직관으로서 황홀한 자기 초월을 야기했다. 그러나 극소수만 이 지혜를 얻을 수 있으며 대부분은 단지 실천적 지혜인 사려 깊음(프로네시스phronesis)을 얻는 데 그칠 뿐이다.

아리스토텔레스의 체계에서 부동의 동자가 중요한 위치를 차지하고 있지만, 아리스토텔레스의 신은 종교적으로 거의 적합하지 않다. 이 신은 세계를 창조하지 않았는데, 이 세계는 부적절한 변화와 일시적 활동과 관련 있기 때문이다. 비록 모든 것이 이 신을 갈구할지라도 그는 우주의 존재에 대해 아주 무관심하다. 왜냐하면 신은 자신보다 열등한 것을 관조할 수 없기 때문이다. 분명 아리스토텔레스의 신은 어떤 방식으로든 세계를 인도하거나 지도하지 않으며 우리 삶에 아무런 변화도 줄 수 없다. 심지어 신이 신 존재의 필연적 결과로서 신으로부터 유출된 우주의 존재를 알고 있는지도 알 수 없다. 이러한 신 존재에 관한 질문은 전적으로 부차적이었을 것이다. 아리스토텔레스 자신은 말년에 그의 신학을 포기했을지도 모른다. '축의 시대'를 산 사람으로서 플라톤과 아리스토텔레스는 모두 개인의 양심, 선한 삶, 사회 정의 문제에 관심이 있었다. 그러나 그들의 사상은 엘리트주의였다. 플라톤의 형상이라는 순수한 세계나 아리스토텔레스의 멀리 떨어진 신은 죽을 수밖에 없는 보통 인간의 삶에는 별 영향을 끼칠 수 없었다. 그들을 존경한 후대의 유대인이나 무슬림도 이 사실을 인정하지 않을 수 없었다.

축의 시대의 새로운 이데올로기들에는 인간의 삶이 본질적으로 초월적 요소를 포함한다는 생각이 보편적으로 담겨 있었다. 이제까지 살펴본 여러 현자들은 이 초월의 의미를 다양하게 해석했으나 초월이야말로 완전한 인간으로 발달하는 데 결정적이라는 생각에는 일치했다. 그들은 더 오래된 신화들을 완전히 폐기한 것이 아니라 재해석함으로써 사람들이 넘어설 수 있도록 도왔다. 이러한 중요한 이데올로기들이 형성되고 있을 당시에 이스라엘의 예언자들은 변화하는 상황에 맞춰 자신들의 전통을 발전시켰으며, 그 결과 야훼가 '유일신'이 되었다. 그런데 어떻게 화를 잘 내는 야훼가 이런 고귀한 다른 비전들에 비견될 수 있었을까?

2장

유일신의 탄생

이사야의
거룩하고 슬픈 신

기원전 742년 유다 왕족 출신 한 사람이 예루살렘 성전에서 야훼의 환상을 보았다. 당시는 이스라엘인에게 불안한 시기였다. 그해에 유다 왕국*의 웃시야(우찌야) 왕이 죽고, 그의 아들 아하스(아하즈)가 왕위에 올랐는데, 아하스는 신하들에게 야훼뿐 아니라 이교의 신들도 섬길 것을 권장했다. 북이스라엘 왕국은 거의 무정부 상태였다. 여로보암 2세가 죽은 후 기원전 746년부터 736년까지 무려 다섯 명의 왕이 왕좌를 거쳐 갔다. 아시리아의 왕 티글라트-필레세르(디글랏빌레셀) 3세는 커져 가는 자신의 왕국에 유다를 복속하기 위해 기회를 엿보고 있었다. 기원전 722년 티글라트-필레세르의 후계자 사르곤 2세는 북이스라엘 왕국을 정복하고 그 백성들을 추방했다. 북이스라엘 왕국의 열 부족

---

* 솔로몬 왕이 죽은 후 그의 아들 르호보암이 왕위를 이었는데, 기원전 930년경 여로보암을 중심으로 12지파 중 북쪽의 10지파가 반기를 들어 새로운 이스라엘 왕국을 세웠고, 이 나라가 (북)이스라엘 왕국이다. 남은 2지파로 성립된 남쪽의 유대인 왕국이 (남)유다 왕국이다.

(10지파)은 강제로 동화되어 역사에서 사라졌다. 남쪽의 작은 왕국이었던 유다는 자신의 생존을 걱정하게 되었다. 이사야가 예루살렘 성전에서 기도하고 있던 때는 웃시야 왕이 죽은 직후였다. 그는 아마도 불길한 예감에 가득 차 있었을 것이다. 동시에 그는 사치스러운 성전 의식이 적절하지 않다는 것을 깨닫고 불편한 마음이었을지도 모른다. 이사야는 지배 계급이었던 것 같으나 민주적이고 대중적인 견해를 지니고 있었고, 가난한 자들의 곤경을 민감하게 느꼈다. 지성소 앞 성소가 분향으로 가득 차고 번제에 희생된 동물들의 피비린내로 진동하던 그때 이사야는 이스라엘의 종교가 진실함과 내적 의미를 잃어버린 것을 두려워했다.

갑자기 이사야는 예루살렘 성전, 천상의 궁전을 지상에 복제한 그곳의 바로 위쪽 하늘의 보좌에 야훼가 앉아 있는 것을 보았다. 야훼의 옷자락이 성전을 덮고 있었고, 야훼의 얼굴을 보지 않으려고 날개로 얼굴을 가린 스랍(치품천사)들이 그를 모시고 있었다. 그들은 서로 주고받으며 외쳤다. "거룩하시다, 거룩하시다, 거룩하시다. 만군의 야훼, 그의 영광이 온 땅에 가득하시다."[1] 그들의 음성으로 인해 바닥이 뒤흔들리고 성전이 온통 연기로 가득 찼다. 연기는 뚫고 들어갈 수 없는 두터운 구름이 되어 야훼를 감쌌는데, 마치 시나이산에서 모세가 보지 못하게 야훼를 가렸던 그 구름과 연기와 비슷했다. 오늘날 우리는 '거룩한'이라는 말을 보통 도덕적으로 탁월한 상태를 가리키는 데 쓴다. 그러나 히브리어의 '카도시(Kaddosh)'는 도덕성과는 아무 상관이 없으며 '타자성' 곧 철저한 분리를 의미한다. 시나이산에 나타난 야훼의 환영은 인간과 신의 세계 사이에 갑작스럽게 벌어진 엄청난 간극을 강조했다. 이사야가 본 스랍들도 이렇게 외쳤던 것이다. "야훼는 다르시다!

다르시다! 다르시다!" 이사야는 주기적으로 인간을 덮쳐 와 매혹하고 두려움에 사로잡히게 하는 누미노제라는 감각을 경험한 것이다. 루돌프 오토는 그의 고전적 저작 《성스러움의 의미》에서 초월적 실재에 대한 이런 전율하는 경험을 '두렵고 매혹적인 신비'라고 기술했다. '두려움'은 그 경험이 일상적인 평온으로부터 우리를 갈라놓는 심각한 충격으로 다가오기 때문이고, '매혹'은 역설적으로 거부할 수 없는 끌림을 선사하기 때문이다. 이 압도적인 경험에 합리적인 부분은 하나도 없다. 오토는 이것을 음악이나 성적인 경험에 비교했는데, 이 경험에 따라오는 감정은 말이나 개념으로 적절히 표현될 수 없기 때문이었다. 사실 '전적인 타자'에 대한 이런 감각은 심지어 '존재한다'고 말할 수조차 없는데, 우리가 지닌 현실에 관한 보통의 도식 안에는 그 자리가 없기 때문이다.[2] 축의 시대의 새로운 야훼는 여전히 '만군의 신'이었지만 더는 단순한 전쟁의 신이 아니었다. 또한 야훼는 그저 이스라엘만 열렬히 편애하는 부족의 신도 아니었다. 야훼의 영광은 '약속의 땅'에 국한되지 않고 온 땅에 가득하게 되었다.

붓다는 평온과 희열을 가져오는 깨달음을 경험했지만 이사야의 경우는 달랐다. 그는 사람들의 완벽한 스승이 된 것이 아니었다. 오히려 이사야는 죽을 것 같은 공포로 가득 차서 큰 소리로 외쳤다.

큰일 났구나. 이제 나는 죽었다.
나는 입술이 더러운 사람,
입술이 더러운 사람들 틈에 끼여 살면서
만군의 야훼, 나의 왕을 눈으로 뵙다니![3]

이사야는 야훼의 초월적인 거룩함에 압도되어 오직 자신의 보잘것 없음과 의례의 불결함만 의식하게 되었다. 붓다나 요가 수행자들과 달리, 그는 일련의 영적 훈련으로 이 경험을 준비하지 않았다. 이 일은 난데없이 찾아왔고 이사야는 엄청난 충격으로 완전히 동요하고 말았다. 스랍 중 하나가 타는 숯을 가지고 날아와 이사야의 입술을 정화한 뒤에야 그는 신의 말씀을 전할 수 있었다. 많은 예언자들이 신을 대변하기를 꺼리거나 아예 대변할 수 없었다. 신이 '불타는 떨기' 속에서 나타나 모든 예언자의 원형이 될 모세에게 파라오와 이스라엘인들에게 자신의 말을 전할 사자가 되라고 했을 때 모세는 자신이 '말을 잘하지 못한다'고 하며 거절했다.[4] 신은 모세의 어려움을 감안해 모세의 형 아론이 모세를 대신해 전하는 것을 허락했다. 예언자들이 소명을 받는 이야기 속에 자주 등장하는 이 모티프는 신의 말씀을 전하는 어려움을 상징한다. 예언자들은 신의 메시지를 선포하고 싶어 하지 않았고 큰 긴장과 고뇌를 요구하는 사명을 수행하기 주저했다. 이스라엘의 신이 초월적 힘의 상징으로 변모하는 과정은 고요하고 평온하기보다 고통과 투쟁이 따르는 과정이었다.

힌두교도는 브라흐만을 위대한 왕으로 묘사하지 않았을 것이다. 인간의 말로는 그들의 신을 표현할 수 없었기 때문이다. 우리는 이사야의 환상을 지나치게 문자 그대로 받아들이지 않도록 주의해야 한다. 그것은 표현할 수 없는 것을 표현하려는 시도이며, 이사야는 청중에게 자신에게 무슨 일이 일어났는지 얼마간이라도 말해주기 위해 본능적으로 자기 민족의 신화적 전통으로 되돌아갔을 뿐이다. 〈시편〉에서 야훼는 마치 이웃 이교도들의 신들인 바알, 마르두크, 다곤[5]이 신전에서 군주로서 나라를 주재하듯이, 왕처럼 그의 신전 보좌에 앉아 있는 것으로 묘사된다. 그러나 신화적 이미지 속에서 궁극적 실재에 관한 아주 독창적인 개념이 이스라엘에서 나타나기 시작했다. 이 신과의 경험은 한 사람과의 만남이라는 것이었다. 그 두려운 '타자성'에도 불구하고 야훼는 말을 건네고 이사야는 대답할 수 있었다. 이것은 우파니샤드의 현자들에게는 상상할 수 없는 일이었을 것이다. 브라흐만, 아트만과 대화를 나눈다거나 만난다는 생각은 신에 대한 부적절한 의인화였을 것이기 때문이다.

"내가 누구를 보낼 것인가? 누가 우리를 대신하여 갈 것인가?" 야훼가 묻자, 이사야는 모세처럼 즉각 답했다. "제가 여기 있습니다! 저를 보내십시오." 이 환상에서 핵심은 예언자를 깨우치는 것이 아니라 그에게 실제 임무를 부여하는 것이었다. 예언자는 주로 신의 임재를 대신하는 사람이지만 이 초월적 경험은 불교에서처럼 앎을 전하는 것이 아니라 행동으로 이어진다. 예언자는 신비로운 깨달음이 아니라 복종으로 특징지어질 것이었다. 짐작할 수 있듯이 이 메시지는 결코 쉬운 것이 아니다. 야훼는 셈족의 전형적인 역설을 사용해 그의 백성이 이 메시지를 받아들이지 않을 것이라고 이사야에게 말했다. 이사야는 그들이 신의 말씀을 거스를 때에도 낙담하지 말아야 했다. "너는 가서 이 백성에게 일러라. '듣기는 들어라. 그러나 깨닫지는 마라. 보기는 보아라. 그러나 알지는 마라.' 너는 이 백성의 마음을 둔하게 하고 귀를 어둡게 하며 눈을 뜨지 못하게 하여라."[6] 7백 년 뒤 예수는 사람들이 똑같이 자신의 어려운 메시지를 듣고 거부했을 때 이 말을 인용했다.[7] 인간은 날 것 그대로의 현실을 감당할 수 없다. 이사야 시대의 이스라엘인들은 이미 전쟁과 멸망의 위기에 처해 있었는데, 야훼는 그들에게 듣기 좋은 메시지를 주는 대신 도시들이 완전히 파괴되고 농토는 황폐화되며 집집마다 사람이 모두 떠나 텅텅 비게 되리라 말했다. 이사야는 북이스라엘 왕국이 기원전 722년에 멸망하고 열 부족이 추방당하는 것을 사는 동안 보게 될 터였다. 기원전 701년에 센나케리브(산헤립) 왕은 막강한 아시리아 군대를 이끌고 유다 왕국을 침공하여 46개의 도시와 요새를 포위하고 방어군을 몰살하고 2천 명의 백성을 내쫓고 유다 왕을 "마치 새장 속의 새처럼" 예루살렘에 가둔다. 이사야는 이렇게 닥쳐올 재앙을 사람들에게 경고하는 달갑지 않을 임무를 맡은 것이다.[8]

> 이곳엔 버려진 땅이 많으리라.
> 주민의 십분의 일이 그 땅에 남아 있다 하더라도
> 그들마저 상수리나무, 참나무가 찍히듯이 쓰러지리라.
> 이렇듯 찍혀도 그루터기는 남을 것인데[9]

정치의 국면을 예리하게 읽는 자라면 그런 재앙을 예견하기는 어렵지 않았을 것이다. 그렇지만 이사야의 메시지에서 섬뜩할 정도로 독창적인 부분은 바로 상황 분석이었다. 오랫동안 편파적이었던 모세의 신은 이제 아시리아에게 적군의 역할을 맡기려 하고 있었다. 이사야의 신이 아시리아를 도구로 삼은 것이다. 이스라엘인을 추방하고 그 나라를 완전히 파괴할 이는 사르곤 2세나 센나케리브가 아니다. 바로 "사람을 멀리 쫓아내시는" 야훼다.[10]

이것은 축의 시대의 예언자들이 전한 메시지의 일관된 주제였다. 이스라엘의 신은 원래 단순히 신화나 전례뿐만 아니라 구체적인 현재의 사건 속에서 자신을 나타냄으로써 이교의 신들로부터 자신을 구별했다. 그런데 이제 새로 등장한 예언자들은 정치적 승리는 물론이고 재앙 역시 모두 역사의 주인이자 주관자인 신을 드러낸다고 주장했다. 야훼는 모든 나라를 지배했다. 아시리아도 결국에는 고통에 빠지게 되는데, 그 나라의 왕들이 자신은 훨씬 위대한 존재의 손 안에 든 도구에 불과하다는 사실을 깨닫지 못하기 때문이다.[11] 야훼가 결국 아시리아는 멸망하리라고 예언했기에 이스라엘 민족에게는 미래에 대한 가냘픈 희망이 있었다. 그러나 이스라엘인들은 자신들의 근시안적 정책과 착취적인 행동이 정치적 파국을 초래하리라는 말을 듣고 싶어 하지 않았다. 마치 여호수아, 기드온, 다윗 왕의 군대를 지휘한 것처럼, 야훼가 아시리아의 원정(기원전 722년과 기원전 701년)을 지휘해 성공적으로 이끌리라는 소식을 듣고 기뻐할 사람은 아무도 없었다. 야훼는 그의 선택받은 민족이라 믿어 온 사람들에게 무슨 일을 하려 한 것인가? 야훼에 대한 이사야의 서술에는 어떤 소망 충족도 없었다. 야훼는 사람들에게 만병통치약을 주는 존재가 아니라, 달갑지 않은 현실을 직면하게 만드는 존재로 이용되고 있었다. 이사야를 비롯한 예언자들은 사람들을 신화시대로 되돌아가게 하는 오래된 의례로부터 위안을 구하기보다 자신들의 동족이 역사의 실제 사건을 직시하고 그 현실을 신과의 두려운 대화로 받아들이도록 한 것이다.

모세의 신이 승리의 신이었던 반면 이사야의 신은 슬픔으로 가득한 신이다. 우리에게 전해진 이사야의 예언은 계약의 민족에게는 퍽 어울리지 않는 탄식으로 시작한다. 소도 나귀도 주인을 알아보건만 "이스라엘은 아무것도 알지 못하고 내 백성은 깨닫지 못하는구나."[12] 야훼는 성전에서 거행되는 희생 제의를 싫어했고, 번제로 인한 송아지 기름과 황소와 염소의 피와 악취 나는 피비린내에 질려버렸다. 야훼는 백성들의 축제, 신년제, 순례를 더는 견딜 수 없었다.[13] 이 예언은 이사야의 청중을 경악시켰을 것이다. 중동에서 이러한 의례는 종교의 본질에 속했다. 이교의 신들은 고갈된 기운을 다시 채우기 위해 의식에 의존했고, 신들의 위세는 부분적으로 신전의 웅장함에 달려 있었다. 그런데 이제 야훼가 사실상 이러한 것들이 완전히 무의미하다고 말한 것이다. '문명 세계'의 다른 현자들이나 철학자들과 마찬가지로 이사야는 외적인 의식만으로는 충분하지 않다고 느꼈다. 이스라엘인은 그들의 종교에서 내적 의미를 발견해야만 한다. 야훼는 희생 제의보다 동정심을 더 원했다.

> 빌고 또 빌어보아라.
> 내가 듣지 아니하리라.
> 너희의 손은 피투성이,
> 몸을 씻어 정결케 하여라.
> 내 앞에서 악한 행실을 버려라.
> 깨끗이 악에서 손을 떼어라.
> 착한 길을 익히고
> 바른 삶을 찾아라.
> 억눌린 자를 풀어주고,
> 고아의 인권을 찾아주며
> 과부를 두둔해주어라.[14]

예언자들은 동정심이라는 가장 중요한 의무를 스스로 발견했는데, 이것은 축의 시대에 형성된 모든 주요 종교의 특징이 된다. 이 시기에

'문명 세계'에서 발전하고 있던 새로운 이데올로기들은 모두 종교적 경험이 일상생활과 성공적으로 통합될 때 진정한 종교라 할 수 있다고 주장했다. 더는 성전의 의식과 신화의 초세속적 세계를 결합하는 것만으로는 충분하지 않았다. 깨달음을 얻은 이는 시장으로 돌아와 모든 살아 있는 생명에 대한 동정심을 실천해야 한다.

아모스의 정의와 호세아의 자기 성찰

예언자들의 사회적 이상은 시나이산 사건 이래로 야훼 숭배에 이미 내포되어 있었다. 출애굽 이야기가 신이 약하고 억눌린 사람들 편임을 강조했기 때문이다. 차이가 있다면 이제 이스라엘인 자신들이 억압자로 책망받았다는 것이다. 이사야가 예언적 환상을 보던 시기에 이미 두 명의 예언자가 혼란스러운 북이스라엘 왕국에서 비슷한 메시지를 설교하고 있었다. 그중 한 명이 아모스였는데, 그는 이사야처럼 귀족이 아니라 원래 남유다 왕국의 테코아(드고아)에서 살던 목자였다. 기원전 752년경에 아모스는 신의 갑작스러운 명령에 압도되어 북이스라엘 왕국으로 가게 되었다. 거기서 그는 베델의 고대 성소에 난입해 멸망의 예언을 외치며 의식을 엉망으로 만들었다. 베델의 사제인 아마지야는 그를 쫓아내려고 했다. 우리는 이 투박한 목자를 향한 거만한 질책에서 당시 기득권층의 우월감에 찬 목소리를 들을 수 있다. 아마지야는 당연히 아모스가 떼 지어 돌아다니며 생계를 위해 점을 치는 예언자 무리 중 하나라고 생각했다. 아마지야는 경멸하듯 말했다. "이 선견자야, 당장 여기를 떠나 유다 나라로 사라져라. 거기 가서나 예언자 노릇 하며 밥을 벌어먹어라. 다시는 베델에서 예언하지 마라. 여기는 왕의 성소요 왕실 성전이다." 이에 굴하지 않고 아모스는 꼿꼿이 서서 자신은 예언자 무리에 속한 자가 아니며 야훼께 직접 명령을 받았다고 경멸하듯 답했다. "나는 본시 예언자가 아니다. 예언자의 무리에 어울린 적도 없는 사람이다. 나는 목자요, 돌무화과를 가꾸는 농부다. 나는 양떼를 몰고 다니다가 야훼께 잡힌 사람이다. 당신의 백성 이스라엘에 가서 말을 전하라고 하시는 야훼의 분부를 받고 왔을 뿐이다."[15] 그런데도 베델 사람들은 야훼의 메시지를 들으려 하지 않았다. 그러자 아모스는 그들에게 다시 예언했다. 그렇다면 너희 아내는 거리로 내쫓기고 너희 아이들은 칼에 맞아 쓰러지고 너희 자신은 이스라엘 땅에서 멀리 떨어진 곳으로 추방당해 죽게 될 것이다.

고독은 예언자의 본질에 속했다. 예언자는 아모스처럼 혼자였다. 그는 자신의 과거 생활 방식과 의무를 모두 깨버렸는데, 이는 그가 선택한 것이 아니라 그에게 일어난 일이었다. 예언자는 마치 정상적인 의식 패턴에서 벗어나 더는 자신을 일반적으로 통제할 수 없는 듯 보였다. 그는 자신이 원하든 원치 않든 예언을 할 수밖에 없었다. 아모스는 이렇게 말했다.

사자가 으르렁거리는데 겁내지 않을 자 있겠느냐?
주 야훼께서 말씀하시는데 그 말씀 전하지 않을 자 있겠느냐?[16]

아모스는 붓다처럼 닙바나라는 자아의 소멸에 몰입한 것이 아니라 야훼가 그의 자아를 대신하고 그를 다른 세계로 채 간 것이었다. 아모스는 사회 정의와 동정심의 중요성을 강조한 최초의 예언자였다. 붓다와 마찬가지로 그는 고통받는 인간의 고뇌를 잘 알고 있었다. 아모스의 예언 속에서 야훼는 억눌린 자들을 위해 말하고, 가난한 자들이 겪는 어떻게 해볼 도리가 없는 말 못 할 고통에 목소리를 내고 있다. 우리에게 전해진 아모스의 예언은 야훼가 유다와 이스라엘을 포함한 중동 모든 나라의 고통을 생각하며 예루살렘 성전에서 무섭게 호통치는 것으로 시작한다. 이스라엘인은 이방인만큼이나 나쁘다. 그들은 잔인한 행위나 가난한 자들에 대한 억압을 모른 척할 수 있을지 모르지만 야훼는 그럴 수 없다. 야훼는 남을 속이고 착취한 모든 일들과 놀랄 만큼 동정심 없이 행동한 모든 사례를 언급했다. "야훼께서는 야곱이 자랑으로 여기는 당신의 이름을 걸고 맹세하신다. '나는 이 백성이 한 일을 결코 잊지 않으리라.'"[17] 정말 이스라엘인은 이스라엘을 높이고 이방인에게 굴욕을 줄 '주의 날(야훼께서 오실 날)'을 무모하게 고대했을까? 그러나 그들은 충격적인 말을 듣게 된다. "저주받아라! 너희 야훼께서 오실 날을 기다리는 자들아. 야훼께서 오시는 날, 무슨 수라도 날 듯싶으냐? 그날은 빛이 꺼져 깜깜하리라."[18] 이스라엘인은 자신들이 신의 선택을 받은 민족이라고 생각했겠지만 그 계약의 본질을 완전히 오해했다. 그것은 특권이라기보다는 책임을 뜻했다. 아모스는 소리쳤다.

> 이스라엘 백성들아, 들어라. 내가 친히 이집트에서 데려 나온 이 백성들아,
> 너희를 두고 하는 나 야훼의 말을 다들 들어라.
> 세상 많은 민족들 가운데서 내가 너희만을 골라냈건만
> 너희는 온갖 못할 짓을 다 하니 어찌 벌하지 않으랴?[19]

그 계약은 '모든' 이스라엘 백성이 신의 선택을 받은 사람들이며, 따라서 모두가 온당하게 취급되어야 함을 의미했다. 신은 단순히 이스라엘을 영광스럽게 하기 위해서가 아니라 사회 정의를 위해 역사에 개입한 것이었다. 이것이 역사에 임하는 신의 목적이기에 만약 필요하다면 그는 자신의 나라에 정의를 실현하기 위해 아시리아 군대를 이용할 수 있었다.

놀랄 것도 없이 대부분의 이스라엘인은 예언자가 권한 야훼와의 대화를 거부했다. 그들은 예루살렘 성전에서나 가나안의 오래된 다산 숭배에서나 믿음의 요구를 준수하기가 덜 까다로운 종교를 선호했다. 이것은 오늘날에도 마찬가지다. 동정심의 종교를 따르는 자는 소수이고, 대부분의 종교인은 시너고그(회당), 교회, 신전, 모스크에서 격식을 갖춰 예배하는 데 만족한다. 고대 가나안 종교는 이스라엘에서 여전히 성행했다. 기원전 10세기에 여로보암 1세는 단과 베델의 신전에 제례를 위한 송아지 상 두 개를 세웠다. 아모스와 동시대를 산 예언자 호세아의 예언에서 볼 수 있듯이, 2백 년 뒤에도 이스라엘인은 그곳에서 다산 숭배 의식과 제의적 성행위에 참여했다.[20] 일부 이스라엘인은 야훼가 다른 신들처럼 부인이 있다고 생각한 것 같다. 최근에 고고학자들은 "야훼와 그의 아세라에게"라고 적힌 비문을 발굴했다. 호세아는 특히 이스라엘이 바알 같은 다른 신들을 섬김으로써 그 계약의 조건을 깨고 있다는 사실 때문에 걱정했다. 새로 등장한 모든 예언자와 마찬가지로 호세아는 종교의 내적 의미를 중시했다. 그는 야훼의 말을 전했다. "내가 반기는 것은 제물이 아니라 사랑(헤세드hesed)이다. 번제가 아니라 하느님에 대한 앎(다아트 엘로힘)이다."[21] 호세아는 신학적 앎을 말한 것이 아니다. 다아트(daath)라는 단어는 '알다'를 뜻하는 히브리어 동사 야다(yada)에서 왔는데, 이 단어는 성적인 의미를 담고 있다. 가령 J 문서에는 아담이 그의 부인 하와를 '알았다'고 적고 있다.[22] 고대 가나안 종교에서 바알은 땅과 결혼했고 사람들은 제의적 난교 축제로 이 사실을 축하했다. 그러나 호세아는 계약 이래로 야훼가 바알의 자리를 대신하고 이스라엘 백성과 결혼했다고 주장했다. 그들은 이 땅에 풍요를 가져다주는 이가 바알이 아니라 야훼임을 알아야 했다.[23] 야훼는 연인처럼 그녀(이스라엘)에게 계속 구애하며, 바알의 꾐으로부터 그녀를 다시 유혹해 데려올 작정이었다.

> 그날이 오면,
> 너는 나를 주인이라 부르지 아니하고,
> 낭군이라고 부르리라. 야훼의 말씀이시다.
> 바알이란 말을 그의 입에서 씻어버려
> 다시는 그 이름을 부르지 못하게 하리라.[24]

아모스가 사회적 부정을 공격한 데 반해 호세아는 이스라엘 종교에 결여된 자기 성찰을 숙고했다. 즉 신에 대한 '앎'은 외면적 의례 준수를 넘어서서 야훼에 대한 내면적 귀속과 애착을 의미하는 '사랑'과 관련이 있었다.

우리는 호세아를 통해 예언자들이 어떻게 신의 이미지를 발전시켜 가는지 놀라운 통찰을 얻을 수 있다. 그가 예언자로 활동한 초기에 야훼는 그에게 충격적인 명령을 내린 것처럼 보였다. 야훼는 호세아에게 창녀와 결혼하라고 말했다. 이스라엘 전체가 "야훼를 저버리고 음란을 피우고" 있었기 때문이다.[25] 그러나 신이 실제로 거리로 나가 매춘부를 찾아보라는 말을 한 것 같지는 않다. 창녀라는 말은 난잡한 기질의 여성을 말하거나 다산 숭배 의식에 참여한 성스러운 창녀를 가리켰다. 호세아가 다산 숭배 의식에 집착한 까닭은 아마 그의 아내 고멜이 바알 제의의 성스러운 창녀가 되었기 때문일 것이다. 그러므로 그의 결혼은 야훼와 신앙 없는 이스라엘의 관계를 상징했다. 호세아와 고멜은 세 아이를 두었는데, 아이들에게 운명적이고 상징적인 이름을 지어주었다. 첫째 아들은 전쟁터로 유명했던 지역 이름인 이스르엘(이즈르엘), 둘째 딸은 로루하마('사랑받지 못한 자'), 셋째 아들은 로암미('내 백성이 아닌 자')였다. 막내가 태어났을 때, 야훼는 이스라엘과 맺은 계약을 파기했다. "너희는 이미 내 백성이 아니요, 나는 너희의 하느님이 아니다."[26] 앞으로 보게 되겠지만 예언자들은 종종 영감을 받아 사람들이 겪을 곤경을 보여주기 위해 연출된 행동을 했다. 그러나 호세아의 결혼은 처음부터 냉정한 계획 속에서 이루어진 것 같지는 않다. 성서는 고멜이 세 아이를 낳은 뒤에야 성스러운 창녀가 되었음을 분명하게 보여주고 있다. 나중에야 호세아는 자신의 결혼이 신이 이끈 것임을 깨달았다. 아내를 잃은 것은 충격적인 경험이었고, 이로 인해 호세아는 야훼가 그의 백성이 그를 버리고 바알 같은 신들을 숭배할 때 어떤 기분일지 통찰할 수 있었다. 처음에 호세아는 고멜을 비난하고 그녀와 맺은 모든 관계를 정리하고 싶었다. 실제로 율법에는 남편이 부정한 아내와 이혼해야 한다고 규정되어 있다. 그러나 호세아는 여전히 고멜을 사랑했고 결국 그녀를 찾아가서 새 주인에게서 다시 데려왔다. 호세아는 고멜을 다시 찾고자 한 자신의 욕구를 야훼가 이스라엘에 다시 한번 기회를 주기 원하는 예표(豫表)로 여겼다.

예언자들은 자신의 인간적 감정과 경험을 야훼에게 돌림으로써 중요한 의미에서 그들 자신의 모습대로 신을 창조했다. 귀족이었던 이사야는 야훼를 왕으로 보았다. 아모스는 고통당하는 가난한 자들에 대한 자신의 공감을 야훼에게 돌렸고, 호세아는 버림받았으나 여전히 아내에게 간절한 애정을 느끼는 남편으로 야훼를 생각했다. 모든 종교는 어느 정도는 신인동형에서 시작해야 한다. 아리스토텔레스의 '부동의 동자'처럼 인간으로부터 완전히 멀리 떨어진 신은 영적인 탐구를 고취할 수 없다. 인간성의 투영은 그 자체가 목적이 되지 않는 한 유용하고 유익할 수 있다. 예언자들이 인간의 관점에서 신을 상상해 묘사함으로써 힌두교에는 없던 사회에 대한 관심을 고취했다고 말할 수 있는 것이다. 유대교, 기독교, 이슬람교 이 세 종교는 모두 아모스와 이사야의 평등주의적이고 사회주의적인 윤리를 공유했다. 이제 유대인은 그들의 이웃 이교도들이 감탄해 마지않는 복지 체계를 고대 세계에서 처음으로 세우게 된다.

개혁가들이 세운
전쟁의 신 야훼

다른 모든 예언자와 마찬가지로 호세아도 우상 숭배의 공포에 시달렸다. 그는 북왕국의 부족들이 실제로 자신들이 직접 만든 신들을 섬김으로써 불러오게 될 신성한 복수를 생각했다.

아직도 못할 짓만 하고 있다.
거푸집에 은을 부어 만든
신상에 지나지 않건만,

한갓 장인들이 만든 작품에 지나지 않건만

어찌하여 "여기 제물을 바쳐라.

모두 이 송아지에게 입을 맞추어라." 하는가![27)

　　이 탄식은 물론 가나안의 종교를 아주 부당하게 환원주의적으로 묘
사한 것이다. 가나안인과 바빌로니아인은 결코 신의 조각상 자체가 신
성하다고 믿지 않았다. 그들은 조각상을 섬기기 위해 절한 것이 아니
었다. 신상은 신성의 상징이며, 상상도 할 수 없는 태곳적 일들에 관
한 신화처럼 숭배자들의 관심을 그 너머로 이끌기 위해 고안된 것이었
다. 에사길라 신전의 마르두크 조각상과 가나안의 아세라를 위한 선돌
은 결코 신과 동일하게 여겨지지 않았으며 사람들이 삶의 초월적 요소
에 집중하도록 도와주는 중심이었다. 그러나 예언자들은 자주 이웃 이
교도들의 신들을 경멸적으로 조롱했다. 예언자들이 생각하기에 그들
이 만든 신들은 불과 한두 시간이면 장인이 대충 뚝딱 만들어낼 수 있
는 금과 은에 지나지 않았다. 그 신들은 눈이 있어도 보지 못하고 귀가
있어도 들을 수가 없으며, 걸을 수도 없어 숭배자들이 들고 다녀야 한
다. 짐승 같은 데다 밭에 세워놓은 허수아비보다 나을 것이 없는, 인간
보다 못한 어리석은 존재다. 이스라엘의 엘로힘, 야훼와 비교하면 그
들은 헛것(엘리림*)이었다. 그들을 숭배하는 이방인은 어리석으며 야훼
는 그들을 증오한다.[28)

　　오늘날 우리는 불행하게도 유일신교의 특성이 되어버린 불관용에
너무나도 익숙해져서, 다른 신들을 향한 이러한 적개심이 새로운 종교

엘리림(elilim) '약한 것' '무의미한 것' '헛것'을 의미하는 히브리어. 보통 '우상'으로 번
역되는 단어이기도 하다.

적 태도였음을 인식하지 못할지도 모른다. 그러나 이교 신앙은 본질적으로 관용적이었다. 오래된 숭배가 새로운 신의 출현으로 위협받지 않는다면 전통적인 신들 속에 다른 신이 포함되는 일은 언제든지 가능했다. 심지어 축의 시대의 새로운 이데올로기가 신에 대한 오래된 숭상을 대신한 곳에서도, 그처럼 신랄한 말로 고대의 신들을 거부하지는 않았다. 우리는 힌두교와 불교에서 신들을 혐오하며 맞서기보다는 신들을 넘어서라고 장려했음을 보았다. 그러나 이스라엘의 예언자들은 자신들이 야훼의 적으로 간주한 신들을 평온하게 바라볼 수 없었다. 유대교 경전에서 '거짓된' 신들을 섬기는 '우상 숭배'라는 새로운 죄는 메스꺼움 비슷한 것을 불러일으키는 것이었다. 이것은 아마도 일부 교부들이 섹슈얼리티에 대해 느끼게 될 혐오감과 비슷한 반응인데, 그렇다면 이 반응은 이성적이고 사려 깊은 결과가 아니라 깊은 불안과 억압의 표현이다. 예언자들은 자신들의 종교 행위에 대해 무슨 근심을 감추고 있던 것인가? 예언자들도 자신들의 모습대로 신을 창조했기에 야훼의 개념이 이교도들의 우상 숭배와 비슷하다는 것을 불안스럽게 의식하고 있던 것은 아닌가?

섹슈얼리티에 대한 기독교의 태도와 비교해보는 것은 다른 측면에서도 도움이 된다. 이 시기에 대부분의 이스라엘인은 암묵적으로 이교 신들의 존재를 믿었다. 야훼가 가나안인의 엘로힘이 담당하던 기능 중 일부를 점차 넘겨받은 것은 사실이다. 가령 호세아는 야훼가 바알보다 더 나은 다산의 신이라고 주장했다. 그러나 바꾸기 어려울 정도로 남성적인 야훼가 이스라엘인들, 특히 많은 여성 신자를 거느리고 있던 아세라나 이슈타르, 아나트 같은 여신의 기능까지 빼앗는 것은 분명 어려운 일이었다. 유일신론자들이 그들의 신이 성별을 초월한다고 주장할지라도, 앞으로 보게 되겠지만 일부는 이 불균형을 고치려고 시도하나 야훼는 본질적으로 남신으로 남게 된다. 이는 부분적으로 야훼가 원래 부족의 전쟁 신이었기 때문이다. 그러나 야훼가 여신들과 경쟁했다는 것은 일반적으로 여성의 지위가 격하되기 시작한 축의 시대의 부정적인 특성을 반영한다. 더 원시적인 사회에서는 때때로 여성이 남성보다 더 존경받은 것으로 보인다. 전통 종교에서 위대한 여신들의 위세는 여성의 위치를 반영하기 때문이다. 그러나 도시의 부상과 더불어 여성적 특질보다 군사적, 육체적 힘 같은 남성적 자질이 높이 평가받았다. 여성은 새 '문명 세계'에서 주변화되고 이등 시민으로 전락했다. 여성의 지위는 특히 그리스에서 열악했는데, 이는 서양인들이 동양의 가부장적 태도를 비난할 때마다 기억해야 할 것이다. 아테네의 민주적 이상은 집 안에만 머물며 열등한 존재로 경멸받던 여성에게는 적용되지 않았다. 이스라엘 사회도 남성적 색채가 점점 강해졌다. 초기에 여성은 힘이 있고 스스로 남편과 동등하다고 생각했다. 드보라 같은 일부 여성은 군대를 이끌고 전쟁에 나가기도 했다. 이스라엘인은 유딧이나 에스더 같은 영웅적 여성을 계속 칭송하기는 하나, 야훼가 가나안과 중동의 남신과 여신을 성공적으로 소멸시키고 유일신이 되자 야훼의 종교는 전적으로 남성이 주관하게 된다. 여신 숭배는 자리를 빼앗겼고, 이는 새로운 '문명 세계'를 특징짓는 문화적 변화의 한 증상이었다.

앞으로 살펴보겠지만 야훼의 승리는 힘들게 얻은 것이었다. 그 승리에는 긴장과 폭력과 대립이 따랐으며, 이는 인도 사람들이 불교나 힌두교를 받아들인 것만큼 수월하게 이스라엘인들이 새로운 유일신 종교를 받아들이지 못했음을 보여준다. 야훼는 평화롭고 자연스러운 방법으로 더 오래된 신들을 넘어설 수는 없었던 것 같다. 그는 끝까지 싸워야만 했다. 〈시편〉 82편에서는 야훼가 바빌로니아와 가나안 신화에서 중요한 역할을 한 신들의 모임에서 주도권을 차지하려고 하는 것을 볼 수 있다.

야훼는 엘의 모임에서 일어서서
그 신들 가운데서 판결하셨다.[29]

"너는 정의를 조롱하지 말고
너는 악인의 편을 들지 마라!
약한 자와 고아에게 정의가 있게 하고
불쌍한 자와 궁핍한 자를 공평하게 대하고,
약한 자와 힘겨운 자를 구하라.
그들을 악인의 손에서 구해주어라."

그들은 무지하고 분별력도 없이 어둠 속에서 계속 헤매고 있으니,
인간 사회의 기반이 송두리째 흔들린다.
내 말을 들어라. "너희는 모두 신이요,
엘 엘리온의 아들이나
너희는 인간처럼 죽겠고,
신들이여, 한 사람으로서 너희는 쓰러지리라."

　태곳적부터 엘이 주재해 온 '신들의 모임'에서 야훼는 분연히 일어나 다른 신들이 시대의 사회적 도전에 부응하지 못했다고 비난했다. 야

훼는 당시 예언자들의 동정의 에토스를 대변하지만, 그의 동료 신들은 수년 동안 정의와 평등을 증진하기 위해 한 일이 아무것도 없었다. 예전에 야훼는 동료 신들을 엘 엘리온('가장 높으신 하느님')[30]의 아들인 '엘로힘'으로 받아들이려 했으나 이제 그들은 더는 쓸모가 없음을 스스로 증명했다. 그들은 죽을 수밖에 없는 인간처럼 시들어 갈 것이다. 〈시편〉 저자는 야훼가 동료 신들에게 사형선고를 내렸을 뿐만 아니라, 그렇게 함으로써 여전히 이스라엘에서 옹호자들을 거느리고 있었던 것으로 보이는 '엘'에게서 전통적인 특권마저 빼앗은 것으로 묘사했다.

성서에는 나쁘게 평가되어 있지만 우상 숭배 자체에는 잘못된 것이 없다. 오로지 그처럼 애정 어린 보살핌을 주는 것으로 그려진 신의 이미지와 그것이 가리키는 형언할 수 없는 실재를 혼동하는 경우에만 우상 숭배는 못마땅하거나 순진한 것이 된다. 앞으로 보게 되겠지만 신의 역사에서 일부 유대인, 기독교인, 무슬림은 절대적 실재에 대한 이러한 초기 이미지를 발전시켜 힌두교도나 불교도의 비전에 가까운 이해에 도달한다. 그러나 다른 이들은 결코 이 단계로는 나아가지 못했으며 자신들의 신 이해가 궁극적 신비와 동일하다고 가정했다. '우상 숭배적' 종교성이 초래하는 위험은 기원전 622년경 유다의 요시야 왕 때 분명해졌다. 요시야는 백성에게 야훼와 더불어 가나안의 신을 섬기도록 장려한 전임 왕들인 므나쎄(기원전 687~642 재위)와 아몬(기원전 642~640 재위)의 혼합주의 정책을 뒤집으려 애썼다. 실제로 므나쎄는 다산 숭배 의식이 성행하던 예루살렘 성전에 아세라 목상을 세웠다. 대부분의 이스라엘인이 아세라를 섬겼고 일부는 아세라가 야훼의 부인이라고 생각했기에, 가장 엄격한 야훼 숭배자들만 이것을 신성 모독으로 여겼을 것이다. 그러나 야훼 숭배를 장려하겠다고 결심한 요시야는 성전을 대대적으로 개축하기로 결정했다. 일꾼들이 성전을 다 뒤집어엎던 중에 대사제 힐기야(힐키야)는 이스라엘 자손에게 남긴 모세의 마지막 설교 기록으로 알려진 고대 사본을 발견했다. 힐기야는 이 책을 서기관 사반에게 주었고, 사반은 이것을 왕 앞에서 큰 소리로 읽었다. 젊은 왕은 책 내용을 듣고서 공포에 떨며 자기 옷을 찢었다. 야훼가 그의 선조들에게 그토록 분노하신 것은 놀랄 일이 아니다! 그들은 야훼가 모세에게 명한 것들을 전혀 따르지 않았던 것이다.[31]

힐기야가 발견한 율법서는 오늘날 우리가 〈신명기〉라고 알고 있는 글의 핵심을 이루는 것이 거의 분명하다. 개혁 세력에 의해 이 책이 시의적절하게 '발견된' 것에 대해 다양한 설이 제기되었다. 일부는 힐기야와 사반이 요시야가 곧장 자문을 구한 예언자 훌다의 도움을 받아 직접 책을 썼다고 주장하기도 했다. 결코 확실히 알 수는 없겠지만, 이 책은 분명 기원전 7세기의 관점에서 이스라엘의 완전히 새로운 비타협성을 반영했다. 모세는 마지막 설교에서 신과 맺은 계약과 '특별히 선택받은 이스라엘'이라는 개념을 새롭게 강조하는 것으로 묘사된다. 야훼는 자기 백성을 다른 모든 민족과 구분했는데, 이는 그들이 세운 어떤 공로 때문이 아니라 야훼의 크나큰 사랑 때문이었다. 그 보답으로 야훼는 완벽한 충성과 다른 모든 신에 대한 철저한 거부를 요구했다. 〈신명기〉의 핵심은 후에 유대교의 신앙 고백이 되는 선언을 포함한다.

이스라엘아, 들어라(셰마 이스라엘)! 우리의 하느님은 야훼시다. 야훼 한 분뿐이시다(야훼 에하드). 마음을 다 기울이고 정성을 다 바치고 힘을 다 쏟아 너의 하느님 야훼를 사랑하여라. 오늘 내가 너희에게 명령하

는 이 말을 마음에 새겨라.[32)]

신의 선택은 이스라엘인을 이방인과 구분했기에, '약속의 땅'에 도
착했을 때 이스라엘인은 원주민과 어떤 거래도 해서는 안 된다고 〈신
명기〉 저자(D)는 모세로 하여금 말하게 한다. "그들과 계약을 맺지 말
고 불쌍히 여기지도 마라."[33)] 그들과 혼인을 맺거나 사회적으로 동화
되어도 안 되었다. 특히 이스라엘인은 가나안 종교를 파괴해야만 했
다. 모세는 이스라엘인에게 명한다. "그들의 제단을 허물고 석상들을
부수고 아세라 목상을 찍어버리고 우상들을 불살라라. 너희는 너희 하
느님 야훼께 몸 바친 거룩한 백성이 아니냐? 너희 하느님 야훼께서는
세상에 민족이 많지만 그 가운데서 너희를 뽑아 당신의 소중한 백성으
로 삼으신 것이다."[34)]

오늘날 유대인은 '셰마 이스라엘' 구절을 낭송할 때 그것을 유일신
론적으로 해석한다. "우리의 하느님 야훼는 한 분이시고 고유하다."
그러나 D는 아직 이런 관점에 도달하지 않았다. '야훼 에하드'는 신이
오직 하나뿐이라는 의미가 아니라 야훼야말로 숭배할 수 있도록 허락
된 유일한 신이라는 의미였다. 다른 신들은 여전히 위협적이었다. 그
들에 대한 숭배는 매력적이었고 질투가 많은 신인 야훼로부터 이스라
엘인을 유혹해낼 수 있었다. 만약 이스라엘인이 야훼의 율법을 따른다
면 야훼는 그들을 축복하고 번영을 가져다주겠지만 율법을 어긴다면
그 결과는 비참할 것이었다.

야훼께서는 땅 이 끝에서 저 끝까지 온 땅에 있는 만백성 가운데 너희
를 흩으실 것이다. 그러면 너희는 너희나 너희 선조들이 알지 못하던 신

들, 나무나 돌로 만든 다른 신들을 섬겨야 하리라. …… 너희 목숨은 하루살이 같아 밤이나 낮이나 벌벌 떨게 되리라. …… 눈에 보이느니 가슴 떨리게 하는 일뿐이라, 아침에는 '언제 저녁이 오려나!', 저녁에는 '언제 아침이 오려나!' 하는 신세가 되리라.[35]

이 문서를 읽은 기원전 7세기 말 요시야 왕과 그의 신하들은 새로운 정치적 위협에 직면해 있었다. 그들은 아시리아를 간신히 막아냄으로써 이미 모세가 예언한 벌을 '받은' 북왕국의 열 부족과 같은 운명의 길을 피할 수 있었다. 그러나 기원전 606년에 바빌로니아의 왕 나보폴라사르가 아시리아를 쳐부수고 자신의 왕국(신바빌로니아 왕국)을 건설하기 시작한다.

이처럼 극도로 불안정한 상황에서 D의 방책은 큰 충격을 주었다. 이스라엘 두 전임 왕, 므나쎄와 아몬은 야훼의 명령을 따르기는 고사하고 일부러 재앙을 자초했다. 요시야는 모범이 되는 열의를 보이며 즉각 개혁에 착수했다. 모든 조상(彫像), 우상과 다산 숭배의 상징을 성전에서 끌어내어 불태웠다. 요시야는 아세라의 웅장한 목상을 끌어냈고 성전 창녀들이 아세라를 위한 옷을 만들던 거처도 파괴했다. 이교 집단이 거주했던 지방의 고대 성소도 모두 파괴했다. 이제부터 사제들은 오직 정화된 예루살렘 성전에서 야훼에게 희생 제물을 바쳐야 했다. 약 3백 년 뒤에 요시야의 개혁을 기록한 〈역대〉 저자는 다른 신앙에 대한 부정과 억압을 주도한 이 독실함을 웅변적으로 서술한다.

그[요시야]의 앞에서 사람들은 바알의 제단들을 뜯어내고 그 위에 올려놓았던 분향단들을 부수어버렸다. 그는 아세라 목상과 새긴 우상과 부어 만든 우상들을 부수어 가루를 만들어 가지고 그 우상들에게 제사 지내던 사람들의 무덤 위에 뿌렸고 사제들의 뼈를 그 제단 위에서 살랐다. 이렇게 하며 유다와 예루살렘을 정화했다. 그는 므나쎄와 에브라임과 시므온 지방을 납달리까지 두루 돌아다니며 각 성읍에서 신전들을 허물었다.* 온 이스라엘 땅에서 제단을 뜯어내고 아세라 목상과 새긴 우상과 부어 만든 우상을 때려 부수어 가루를 만들고 분향단을 부수어버리고 예루살렘으로 돌아왔다.36)

붓다가 자신이 벗어났다고 믿은 신들을 평온하게 받아들인 것과는 상당한 차이가 있음을 볼 수 있다. 이 대규모 파괴는 감춰진 불안과 공포에 그 뿌리를 박고 있는 증오에서 비롯된 것이다.

개혁가들은 이스라엘 역사를 다시 썼다. 역사서 〈여호수아〉 〈사사기〉 〈사무엘서〉 〈열왕기〉가 새 이데올로기에 맞춰 수정되었고, 이후 모세 오경의 편집자들은 출애굽에 대한 〈신명기〉의 해석이 담긴 구절들을 J 문서와 E 문서의 오래된 이야기에 덧붙였다. 이로써 야훼는 가나안에서 멸절을 위한 거룩한 전쟁의 장본인이 되었다. 이스라엘인은 가나안 원주민이 그들의 나라에서 살게 해서는 안 된다는 말을 들었고,37) 여호수아는 지독히 철저하게 이 정책을 시행했다.

그때에 여호수아가 가서 산악 지방, 헤브론, 드빌, 아납, 유다의 모든 산악 지방, 이스라엘의 모든 산악 지방에서 아낙인(아나킴)들을 제거하였다. 그들이 살던 성읍들과 그들을 희생 제물로 바쳤다. 그리하여 아낙

* 므나쎄, 에브라임, 시므온, 납달리는 각각 이스라엘 12지파의 이름으로, 여기서는 각각의 지파가 거주하던 지역을 가리킨다.

인은 가자와 갓과 아스돗에 약간 남아 있을 뿐 이스라엘 백성이 사는 땅에는 한 사람도 없게 되었다.[38)]

사실 우리는 여호수아와 사사(士師)들이 벌인 가나안 정복에 대해, 의심할 여지 없이 많은 피가 흘렀을 것이라는 점 말고는 아무것도 알지 못한다. 그런데 이제 이 유혈 사태에 종교적 근거가 주어진 것이다. 이 같은 선택 신학—이사야의 초월적 관점으로 제한되지 않는—이 지닌 위험성은 유일신론의 역사를 얼룩지게 한 성전(聖戰)에서 분명히 드러난다. 즉 신을 우리 자신의 편견에 맞서고 단점을 숙고하게 하는 상징으로 만드는 대신, 이기주의적 증오를 뒷받침하고 그 증오를 절대적으로 만드는 데 이용될 수 있다. 신이 마치 그저 다른 인간인 것처럼 우리와 똑같이 행동하게 만드는 것이다. 그러한 신은 가차 없는 자기 비판을 요구하는 아모스나 이사야의 신보다 훨씬 매력적이고 대중적일 가능성이 높다.

유대인은 자신들을 '선택받은 민족'으로 여기는 믿음 때문에 자주 비판받아 왔다. 그러나 그 비판자들도 성서 시대에 우상 숭배를 공격하도록 부추긴 것과 같은 종류의 잘못을 자주 범해 왔다. 유대교, 기독교, 이슬람교의 세 유일신 신앙은 모두 그들의 역사상 서로 다른 시기에 비슷한 '선택 신학'을 발전시켰고, 이는 때때로 〈여호수아〉에서 그려진 것보다도 훨씬 더 무자비한 결과를 가져오기도 했다. 서방 기독교인들은 특히 자신들이야말로 신이 선택한 자들이라는 믿음에 빠져 자만하는 경향이 있다. 11~12세기에 십자군은 자신들을 유대인이 상실한 소명을 받은 '새로운 선민(選民)'이라고 부르며 유대인과 무슬림에 대한 성전(聖戰)을 정당화했다. 칼뱅주의의 선택 신학은 미국인들이 자기 나라를 신의 나라로 믿게 하는 데 매우 중요한 역할을 했다. 요시야의 유다 왕국에서처럼 사람들이 멸망의 공포에 사로잡혀 있는 정치적으로 불안정한 시기에는 선택받은 민족이라는 믿음이 번성할 수 있다. 아마 이런 이유 때문에 그러한 믿음이 지금 우리 시대에도 유대인, 기독교인, 무슬림 사이에서 다양한 근본주의 형태로 새로운 생명력을 얻고 있는 것 같다. 브라흐만과 같은 비인격적 신과 달리 야훼 같은 인격신은 사면초가에 몰린 자아를 떠받치는 데 이런 식으로 이용될 수 있다.

예언자들의 비전과
야훼의 승리

기원전 587년 신바빌로니아의 네부카드네자르(느부갓네살)가 예루살렘을 파괴하고 유대인을 바빌론으로 추방하던 시기에 모든 이스라엘인이 〈신명기〉의 주장에 동의한 것은 아니라는 데 주목해야 한다. 기원전 604년 네부카드네자르가 왕이 되던 해에 예언자 예레미야는 '선택받은 민족'의 승리주의 교리를 뒤집어 이사야의 우상 파괴적 관점을 부활시켰다. 신은 이스라엘을 벌주기 위해 바빌로니아를 도구로 삼았으며 이제 이스라엘이 '전멸당할' 차례라는 것이었다.[39] 그들은 추방당해 70년간 방랑 생활을 하게 될 터였다. 예레미야의 예언을 들은 요야김(여호야킴) 왕은 그 예언이 담긴 두루마리를 서기관의 손에서 빼앗아 갈기갈기 찢고 불살랐으며, 예레미야는 생명의 위험을 느껴 숨어야 했다.

예레미야의 삶은 더 도전적인 신의 모습을 구축하는 데 엄청난 고통과 노력이 따랐음을 보여준다. 그는 예언자가 되기를 마다했고 자신이 사랑하는 민족을 비난해야 하는 일을 몹시 괴로워했다.[40] 그는 타고난 선동가가 아니라 다정다감한 사람이었다. 그는 부름을 받았을 때 저항하며 소리 질렀다. "아! 야훼 나의 주님, 보십시오. 저는 아이라서 말을 잘 못합니다." 그러자 야훼는 "손을 내밀어" 예레미야의 입술을 만지며 그의 입에 말씀을 집어넣었다. 그가 전해야 할 메시지는 불분명하고 모순되었다. "보아라! 나는 오늘 세계만방을 너의 손에 맡긴다. 뽑기도 하고 무너뜨리기도 하고 멸하기도 하고 헐어버리기도 하고, 세우기도 하고 심기도 하여라."[41] 그 일은 화해하기 어려운 양 극단 사이에서 고통스러운 긴장을 요구했다. 예레미야는 뼈마디가 떨리게 하고, 심장을 쪼개고, 술 취한 사람마냥 비틀거리게 만드는 고통으로서 신을 경험했다.[42] 이 예언자가 경험한 '두렵고 매혹적인 신비'는 겁탈인 동시에 유혹이었다.

> 야훼여, 당신께서 저를 꾀시어 저는 그 꾐에 넘어갔습니다.
> 당신께서 저를 압도하시고 저보다 우세하십니다. ……
> '다시는 주의 이름을 입 밖에 내지 말자.
> 주의 이름으로 하던 말을 이제는 그만두자.' 하여도,
> 뼛속에 갇혀 있는 주의 말씀이
> 심장 속에서 불처럼 타올라
> 견디다 못해 저는 손을 들고 맙니다.[43]

신은 예레미야를 두 가지 다른 방향으로 끌어당겼다. 예레미야는 한편으로는 어떻게든 달콤한 유혹에 빠지게 만드는 야훼에게 깊은 매력

을 느꼈으며, 다른 한편으로는 자신의 의지에 반해 자신을 끌고 가는 힘에 유린됨을 느꼈다.

아모스 이후로 예언자들은 홀로 동떨어진 이들이었다. 당시 '문명 세계'의 다른 지역과는 달리 중동에는 광범위하게 통합된 종교 이데올로기가 아직 없었다.[44] 예언자들의 신은 이스라엘인에게 중동의 신화적인 사고에서 벗어나 주류와는 전혀 다른 방향으로 가도록 했다. 예레미야의 고통을 보면 이 일에 얼마나 엄청난 충격과 혼란이 따랐는지 알 수 있다. 이스라엘은 이교도 세계에 둘러싸인 야훼 숭배 집단의 작은 거주지였고, 야훼는 많은 이스라엘인들에게조차 거부당하고 있었다. 심지어 신의 모습을 덜 위협적으로 그렸던 〈신명기〉 저자도 야훼와의 만남을 껄끄러운 대립으로 보았다. 그래서 〈신명기〉 저자는 중재자 없이 야훼와 접촉한다는 것에 질겁한 이스라엘인에게, 야훼가 신에 의한 충격을 감당할 예언자들을 대대로 보낼 것이라고 모세를 통해 설명한다.

야훼 숭배에는 내재적인 신성한 원리인 아트만과 비교할 만한 것이 아직 없었다. 야훼는 외적인 초월적 실재로서 경험되었으며, 덜 이질적으로 보이기 위해 어떤 식으로든 인간화될 필요가 있었다. 당시 정치적 상황은 악화되고 있었다. 바빌로니아인이 유다 왕국을 침략하여 일차로 왕과 일군의 백성을 추방했고 마침내 예루살렘마저 포위했다. 상황이 점점 악화되자 예레미야는 인간의 감정을 야훼에게 돌리는 전통을 계속 이어갔다. 예레미야는 야훼가 자신의 집을 상실한 것과 불행과 황량함을 탄식하게 했다. 야훼는 그의 백성처럼 망연자실하고 모욕당하고 버려졌다고 느꼈다. 그들처럼 야훼도 당혹스럽고 소외되고 마비된 듯 보였다. 예레미야의 가슴에 솟구친 분노는 그 자신의 것이 아니라 야훼의 노여움이었다.[45] 예언자들은 '사람'에 대해 생각할 때 또한 자동적으로 '신'도 생각했다. 그들에게 이 세상에서 신의 임재는 그의 백성과 불가분하게 연결된 것으로 보였다. 사실 신이 이 세상에서 행동하기를 원할 때 인간에게 의존한다는 생각은 유대교의 신 이해에서 아주 중요해진다. 심지어 인간은 자신의 감정과 경험 속에서 신의 활동을 알아차릴 수 있다는 것, 야훼가 인간 조건의 일부라는 암시가 여기서 발견된다.

적군이 성 앞에 진을 치고 있는 동안, 예레미야는 신의 이름으로 사람들에게 분노했다(물론 신 앞에서는 그들을 위해 탄원하기도 했지만). 기원전 587년 예루살렘이 바빌로니아에 함락되자 야훼의 계시는 훨씬 위안을 주는 것이 되었다. 야훼는 이제 자기 백성이 교훈을 배웠으니 그들을 구원하고 고향으로 다시 데려오겠다고 약속했다. 예레미야는 바빌로니아 당국으로부터 유다에 남는 것을 허락받았고 미래에 대한 자신의 확신을 보여주기 위해 약간의 땅을 샀다. "이곳에 있는 집과 밭과 포도원을 다시 팔고 사게 되리라고 이스라엘의 하느님 만군의 야훼(야훼 사바오트)께서 말씀하셨다."[46] 당연히 일부 사람들은 이 참상의 책임을 야훼에게 돌렸다. 이집트를 방문한 예레미야는 나일강 삼각주 지역으로 도망 온 유대인들을 만났는데, 그들은 야훼를 경배할 마음이 전혀 없었다. 여자들은 하늘의 여왕 이슈타르의 영광을 위해 전통적 의례를 치르던 시절에는 아무 문제가 없었는데, 예레미야 같은 예언자들의 명령에 따라 의례를 중단하자마자 전쟁에서 패하고 재앙과 빈곤이 찾아왔다고 주장했다. 그렇지만 그 비극으로 인해 예레미야의 통찰력은 더 깊어진 듯했다.[47] 예루살렘이 함락되고 성전이 파괴된 후 예레미야는 종교의 그러한 외적 장식은 단지 내적이고 주관적인 상태를 상징하는 것일 뿐임을 깨달았다. 이제 이스라엘의 계약은 꽤 달라진다. "내가 나의 법을 그들의 속에 두며 그 마음에 기록하여……."[48]

기원전 722년에 정복당하고 추방당한 북부의 열 부족과는 달리, 바빌론으로 추방당한 유다 왕국의 백성들은 바빌로니아 문화에 동화되도록 강요받지 않았다. 그들은 두 지역에 살았는데, 하나는 바빌론 도시였고, 다른 하나는 유프라테스강으로 이어지는, 그발이라고 불린 운하의 주변이었다. 니푸르와 우르에서 멀지 않은 그곳은 텔아비브('봄 언덕')*라는 이름이 붙었다. 기원전 597년에 처음 추방당한 사람들 중에 에스겔(에제키엘)이라는 사제가 있었다. 그는 거의 5년 동안 집에 홀로 머물며 아무하고도 이야기하지 않았다. 그러다 야훼에 대한 충격적인 환상을 보았고, 이는 말 그대로 그를 때려 눕혔다. 에스겔이 처음에 본 환상을 자세히 묘사하는 것은 중요하다. 7장에서 보게 되겠지만 수 세기 뒤 유대 신비주의자들에게 매우 중요해지기 때문이다. 에스겔은 번갯불이 번쩍이는 빛나는 구름을 보았다. 북쪽에서 강한 바람이 불어왔다. 이 폭풍우 치는 어둠 속에서 그는 네 마리 힘센 짐승(그룹)이 끄는 큰 '전차'(메르카바*)를 본 듯―그는 이 형상화의 잠정적 성격을 주의 깊게 강조했다―했다. 그들은 바빌론의 궁전 출입문에 조각된 짐승을 닮긴 했으나 에스겔은 거의 상상하기 불가능하게 묘사한다. 각 짐승마다 얼굴이 넷인데 각기 인간, 사자, 황소, 독수리의 얼굴이

---

* 이로부터 지중해 연안에 있는 현재 이스라엘 국제법상 수도의 이름이 유래되었다. 현재 도시와 위치가 다르다.
메르카바(merkavah) 신의 '전차' '보좌'를 뜻하는 히브리어. 예언자 에스겔의 환상에서 유래되어 초기 유대 신비주의자들에게 묵상의 대상이 되었는데, 1세기에 팔레스타인에서 번성하기 시작해 7세기부터 11세기까지 바빌로니아에서 성행했다. 이들의 신비주의를 통칭해 '메르카바 신비주의'라고 부른다.

었다. 전차의 바퀴들은 각각 다른 방향으로 굴러갔다. 이런 묘사는 단지 그가 표현하려고 애쓰던 환상의 생경한 충격을 강조하는 역할을 했다. 짐승들의 날갯소리는 귀청이 떨어질 정도였다. "큰 물소리 같았고 전능하신 분(샤다이Shaddai)의 음성, 곧 천둥소리 같았으며 싸움터에서 나는 고함 소리처럼" 들렸다. 전차 위에는 보좌'같이' 보이는 것이 있었고, 그 위에 "사람 같은 모습이" 앉아 있었다. 그 모습은 놋쇠처럼 빛났고 사지에서 불이 뿜어져 나왔으며, "야훼의 영광(카보드kavod)처럼" 보이기도 했다.[49] 에스겔은 즉시 땅에 엎드려 자신에게 말하는 야훼의 음성을 들었다.

그 음성은 마치 인간과 신성한 영역 사이에 존재하는 거리를 강조하려는 듯 에스겔을 "사람의 아들아"라고 불렀다. 그러나 이번에도 야훼의 환상은 실용적인 행동 계획으로 이어진다. 에스겔은 신의 말씀을 이스라엘의 반항적인 자손들에게 전해야 했다. 신성한 메시지의 인간적이지 않은 특질은 폭력적인 이미지로 전달되었다. 에스겔에게 뻗쳐 있던 한 손에는 두루마리 책이 들려 있었고, 거기에는 비탄과 탄식이 가득했다. 에스겔은 그 두루마리 책을 먹어 신의 말씀을 소화하고 자신의 일부로 만들라고 명령받았다. 늘 그렇듯 신비는 두려운 것이면서도 매혹적인 것이다. 그 두루마리 책은 꿀처럼 달았다. 마침내 에스겔은 말한다. "영이 나를 들어 올려 데리고 가실 때에 나는 괴롭고 초조한 심정이었는데, 야훼의 손이 나를 무겁게 짓눌렀다." 그는 텔아비브에 도착해 일주일 내내 "얼빠진 사람"처럼 누워 있었다.[50]

에스겔의 이상한 경험은 신성한 세계가 인간에게 얼마나 이질적이고 낯선 것이 되었는지 강조한다. 에스겔 자신은 이런 이상함의 예표가 되어야만 했다. 야훼는 자주 그에게 보통 사람과 구별되는 괴상망

측한 행동을 하도록 명령했다. 그 행동들의 의도는 정치적 위기 동안 이스라엘이 겪은 고난을 드러내고, 더 깊은 차원에서는 이스라엘 자체가 이교 세계에서 외부인이 되고 있음을 보여주는 것이었다. 에스겔은 아내가 죽었을 때 곡을 해서는 안 되었다. 또 390일 동안은 한쪽 옆으로 누워 있고 40일 동안은 다른 쪽 옆으로 누워 있어야 했다. 한번은 짐을 싸 들고 나가서 피난민처럼 도시에 머물지 않고 텔아비브 주위를 돌아다녀야 했다. 야훼가 그를 극심한 불안으로 몰아넣었기에 그는 계속 덜덜 떨 수밖에 없었고 불안해하며 돌아다니는 것도 멈출 수도 없었다. 또 어느 날 그는 자기 인분을 먹어야 했는데, 이는 예루살렘이 포위될 때 사람들이 겪게 될 굶주림의 예표였다. 에스겔은 야훼 숭배와 관련된 급진적 단절성의 상징이 되었다. 당연한 것은 아무것도 없었고 정상적인 반응은 거부되었다.

반면 이교의 비전은 신들과 자연 세계 사이에 존재한다고 여겨진 연속성을 찬양했다. 에스겔은 그가 습관적으로 '오물'이라고 불렀던 옛 종교로부터 아무런 위안을 얻지 못했다. 한번은 환상 체험 중 예루살렘의 성전에 이끌려 갔다. 거기서 그는 유다 사람들이 거의 멸망 직전에 처해 있으면서도 야훼의 성전에서 이교의 신들을 숭배하는 것을 보고 경악했다. 성전 자체가 악몽 같은 곳이 되어 있었다. 사방의 벽에는 기어 다니는 뱀들과 혐오스러운 동물들의 그림들이 가득했고, '더러운' 의식을 집행하는 사제들은 마치 뒷방에서 성행위라도 하는 양 음침하게 그려졌다. "사람의 아들아, 너는 이스라엘 가문의 장로들이 따로따로 신상을 그려놓은 컴컴한 방에서 하고 있는 짓들을 보았느냐?"[51] 다른 곳에서는 여인들이 앉아서 탐무즈 신을 위해 애도하고 있었다. 다른 이들은 성전을 등지고 태양을 보며 절하고 있었다. 마지막으로 에스겔은 처음 환상 때 본 이상한 전차가 야훼의 '영광'과 함께 멀리 날아가버리는 것을 보았다. 그러나 야훼는 완전히 멀리 떨어져 있는 신이 아니다. 에스겔은 예루살렘이 멸망하기 전 최후의 날들에 이스라엘인들의 관심을 끌어 야훼를 받아들이도록 만들려고 야훼가 그 백성에게 호통을 치는 모습을 묘사하지만 결국 무위에 그친다. 이제 닥쳐올 환란을 이스라엘은 스스로 책임져야 한다. 자주 생경하게 보였지만 야훼는 역사 속에서 그들이 받는 충격이 무작위적이거나 자의적인 것이 아니라 그 안에 더 심오한 논리와 정의가 있음을 에스겔을 비롯한 이스라엘 백성들이 이해하도록 고무하고 있었다. 국제 정치의 냉혹한 세계 속에서 의미를 찾도록 시도하고 있던 것이다.

바빌론의 여러 강변으로 추방당한 이들 중 일부가 '약속의 땅' 바깥에서는 자신의 종교를 따를 수 없다고 느낀 것은 당연했다. 이교 신들은 언제나 지역과 관련이 깊었기에 어떤 사람들에게는 외국 땅에서 야훼의 노래를 부른다는 것은 불가능해 보였다. 좌절한 이들은 바빌로니아인의 아기들을 바위에 던져 그들의 골을 깨부수는 장면을 상상하는 데서 즐거움을 찾았다.[52] 그러나 새로 등장한 예언자는 마음의 평온을 설교했다. 우리는 이 새 예언자에 관해 아무것도 모르지만 이 모른다는 사실이 의미심장할 수도 있다. 그의 예언이나 시는 그의 전임자들이 겪은 것과 같은 개인적 투쟁의 흔적을 보여주지 않기 때문이다. 이 새 예언자의 글이 훗날 이사야의 예언에 덧붙여졌기에 그는 보통 '제2 이사야'로 불린다. 바빌론 유수기에 유대인 중에는 개종하여 바빌론의 전통 신들을 섬긴 자들도 있었고, 새로운 종교적 인식으로 나아간 자들도 있었다. 야훼의 성전은 황폐해졌고 베델과 헤브론에 있던 의례를 위한 오래된 성소도 파괴되었다. 바빌론에서 유대인은 본래 자기 땅에서 종교 생활의 중심이었던 전례에 참여할 수 없었다. 야훼가 그들이 가진 전부였다. 제2이사야는 여기서 한 걸음 더 나아가 야훼만이 '유일한' 신이라고 선언했다. 그가 다시 쓴 이스라엘 역사 속의 출애굽 신화는 마르두크가 태고의 바다인 티아마트를 무찌르고 거둔 승리를 떠올리게 한다.

> 야훼께서 열풍을 일으켜
>
> 이집트 바다의 물목을 말리시고
>
> 손으로 [유프라테스]강을 쳐 일곱 줄기로 가르시어
>
> 신을 신은 채 건너오게 하시리라.
>
> 이스라엘이 이집트에서 올라오던 때처럼
>
> 아시리아에서 살아남은 당신의 백성이
>
> 돌아올 큰 길이 트이리라.[53]

제1이사야는 역사를 신의 경고로 받아들였다. 예루살렘 함락 이후 제2이사야는 그가 쓴 '위로의 책'*에서 역사를 통해 미래를 위한 새 희망을 만들어내려 했다. 만약 야훼가 과거에 이스라엘을 구원했다면 다시 구원할 수 있었다. 야훼는 역사의 사건을 주관하고 있었다. 야훼의

---

* 전체 66장으로 구성된 〈이사야〉는 보통 시대적 배경에 따라 내용을 둘이나 셋으로 구분하기도 한다. 둘로 구분할 때는 1~39장, 40~66장으로 나누어 각각 〈제1이사야〉, 〈제2이사야〉라고 부르고, 셋으로 구분할 때는 1~39장, 40~55장, 56~66장으로 나누어 각각 〈제1이사야〉, 〈제2이사야〉, 〈제3이사야〉라고 부른다. 특히 〈제2이사야〉는 "위로하여라"(40:1)라는 말로 시작하기에 '위로의 책(Book of Consolation)'이라고 칭하기도 한다. 가톨릭 성서에서는 이사야를 세 부분으로 나누는 학설을 받아들여 1장, 40장, 56장의 첫머리에 각각 제1부, 제2부, 제3부라고 표기하고 있다.

눈에 모든 이방인은 양동이에 담긴 물 한 방울에 지나지 않았다. 참으로 그는 셈할 가치가 있는 유일신이었다. 제2이사야는 바빌론의 옛 신들이 수레에 실려 황혼 속으로 사라져 가는 것을 상상했다.[54] 그들의 날은 이제 저물고 말았다. 야훼는 계속 묻는다. "나 야훼가 아니더냐? 나밖에 다른 신은 없다."[55]

> 나 이전에 신이 만들어진 일이 없고
> 나 이후에 어떤 신도 존재하지 않으리라.
> 나, 내가 곧 야훼이다.
> 나 아닌 다른 구세주는 없다.[56]

제2이사야는 예루살렘 함락 이후 승리했다고 볼 수 있는 이방인의 신들을 맹렬히 비난하는 데 시간을 낭비하지 않는다. 그는 침착한 어조로 이 세상을 탄생시킨 위대한 신화적 행위를 행한 이는 야훼—마르두크나 바알이 아니라—라고 주장했다. 처음으로 이스라엘인들은 창조에서 야훼의 역할에 진지하게 관심을 품게 되었는데, 이는 아마도 바빌론의 우주론적 신화와 다시 접촉했기 때문일 것이다. 그들은 물론 우주의 물리적 기원에 관한 과학적 설명을 시도한 것이 아니라 고통스러운 현재의 세계에서 위안을 찾고자 노력한 것이다. 만약 야훼가 태고의 시간에 혼돈의 괴물을 물리쳤다면 추방당한 이스라엘 사람을 구하는 것쯤이야 간단한 일일 것이다. 제2이사야는 그들의 출애굽 신화와 태초에 물의 혼돈을 물리친 이교도의 이야기에서 유사성을 보고, 사람들에게 확신을 품고서 신의 힘이 새롭게 나타나기를 기대하라고 권했다. 예를 들어 그는 가나안 창조 신화에서 바다 괴물 로탄—라합,

용(탄닌), 심연(테옴)으로도 불린다―을 바알이 무찌르고 승리를 거둔 일을 언급하기도 한다.

> 깨어나소서, 깨어나소서, 힘을 입으소서,
> 야훼의 팔이시여.
> 옛날처럼,
> 오래전 그 시절처럼 깨어나소서.
> 라합을 베어 쓰러뜨리시고
> 용(탄닌)을 꿰찌르신 이가 당신이 아니십니까?
> 바다를, 그 큰 심연(테옴)의 물을
> 말리신 이가 당신이 아니십니까?
> 구원받은 이들이 건너가도록
> 당신께서 깊은 바다를 길로 만드셨습니다.[57]

야훼는 마침내 이스라엘의 종교적 상상력 속에서 그의 경쟁자들을 흡수했다. 바빌론 유수기에 이교 신앙의 유혹은 그 매력을 잃었고 유대교라는 종교가 탄생한 것이다. 합리적으로 보아 야훼 숭배가 소멸할 것이라 예상되던 시기에 오히려 야훼는 불가능한 상황에서 사람들이 희망을 찾을 수 있게 하는 수단이 되었다.

그리하여 야훼는 유일신이 되었다. 그의 주장을 철학적으로 정당화하려는 시도는 없었다. 늘 그렇듯 새로운 신학이 성공하는 이유는 합리적으로 증명될 수 있기 때문이 아니라 절망에 빠지는 것을 막고 희망을 고취하는 데 효과적이기 때문이다. 낯선 땅으로 추방당해 혼란에 빠져버린 유대인들은 야훼 숭배의 단절성을 더는 이질적이고 불편하게 여기지 않았다. 이는 그들이 처한 상황을 분명하게 말해주는 것이었다.

그러나 제2이사야가 전하는 신은 편하고 친해지기 쉬운 모습이 아니었다. 야훼는 인간 정신의 이해 너머에 있었다.

내 생각은 너희 생각과 같지 않다.
나의 길은 너희 길과 같지 않다. 야훼의 말씀이시다.
하늘이 땅에서 아득하듯
나의 길은 너희 길보다 높다.
나의 생각은 너희 생각보다 높다.[58]

신의 실재는 말과 개념 너머에 있다. 또한 야훼는 그의 백성이 기대하는 대로 항상 행동한 것은 아니었다. 아주 대담하고 오늘날에 특히나 예리하게 느껴지는 다음 구절에서 예언자는 이집트와 아시리아가 이스라엘과 더불어 야훼의 백성이 되는 때를 기대하고 있다. 야훼는 말한다. "복을 받아라. 내 백성 이집트야, 내가 손수 만든 아시리아야, 나의 소유 이스라엘아!"[59] 야훼는 초월적 실재의 상징이 되었고, 이는 신의 선택에 대한 편협한 해석을 궁색하고 부적절해 보이도록 만들었다.

기원전 539년 페르시아의 왕 키루스가 신바빌로니아 왕국을 정복했을 때, 예언자들의 말이 옳았음이 입증된 것 같았다. 키루스는 새 백성에게 페르시아 신들을 강요하지 않았지만 승리를 거두고 바빌론에 입성했을 때 마르두크 신전에서 예배 의식을 치렀다. 그는 또 바빌로니아에게 정복당한 민족들이 믿은 신들의 조상(彫像)을 본래의 장소에 재건했다. 이제 세계가 거대한 국제적 제국을 이루며 사는 데 익숙해졌으므로 키루스는 아마도 국외 추방이라는 해묵은 방법을 강요할 필요를 느끼지 못했을 것이다. 피지배 민족이 자기 땅에서 자기 신들을 숭배한다면 통치의 부담도 덜 수 있었다. 키루스는 제국 전역에 걸쳐 고대 신전들의 재건을 장려했고 신들이 자기에게 그 임무를 부여했다고 거듭 주장했다. 그는 몇몇 이교의 비전이 보여주는 관용과 여유의 전형이었다. 기원전 538년, 키루스는 유대인이 유다로 돌아가 그들의 성전을 재건하는 것을 허락하는 칙령을 내렸다. 그러나 대부분의 유대인은 남는 것을 선택했고, 따라서 소수만이 '약속의 땅'에서 살게 된다. 성서에 따르면 4만 2360명의 유대인이 바빌론과 텔아비브를 떠나 고향으로 향했다. 고향에 돌아온 이들은 그동안 유다 땅에 남아 있던 동포에게 새롭게 변모한 유대교를 강요해서 그들을 혼란스럽게 했다.

우리는 이 새로운 종교가 의미한 바를, 바빌론 유수 이후에 쓰여 모세 오경에 편입된 사제 전통(P)의 문서에서 알 수 있다. P는 J와 E가 묘사한 사건들을 나름대로 해석했고, 〈레위기〉와 〈민수기〉 두 편을 추가했다. 우리가 예상할 수 있듯이 P는 야훼에 대한 고상하고 세련된 견해를 피력했다. 가령 P는 J가 암시한 방식으로는 누구도 신을 '볼' 수 있다고 믿지 않았다. P는 에스겔의 관점과 많은 부분을 공유하면서 신에 대한 인간의 인식과 실재 그 자체는 구분되어야 한다고 믿었다. P는 시나이산 이야기에서 야훼의 모습을 보기 간청하는 모세에게 이렇게 대답한다. "나의 얼굴만은 보지 못한다. 나를 보고 나서 사는 사람이 없다."[60] 그 대신 모세는 바위 틈새에 몸을 숨겨 신에 의한 충격으로부터 자신을 보호해야 했으며 신이 지나갈 때 그 뒷모습을 잠시 볼 수 있었다. P는 신의 역사에 지극히 중요한 개념을 도입했다. 인간은 오직 신이 지상에 남긴 잔광만을 볼 수 있다는 것이다. P는 이를 신 자체와 혼동되지 않는 '야훼의 영광(카보드)', 곧 신 존재의 현시라고 불렀다.[61] 모세가 산에서 내려왔을 때, 그의 얼굴은 이 '영광'을 비추었고, 그 빛은 이스라엘인들이 그를 쳐다볼 수 없을 정도로 환했다.[62]

야훼의 '영광'은 지상에서 그의 임재의 상징이었고, 그런 만큼 인간이 창조한 신의 제한적 이미지와 신 자체의 거룩함의 차이를 강조했다. 따라서 이것은 이스라엘 종교가 지닌 우상 숭배적 성질에 맞서 균형을 잡아주는 역할을 했다. P는 출애굽의 옛이야기를 돌아봤을 때 이스라엘인들이 방랑 생활을 하는 동안 야훼가 그들과 동행했다고는 상상할 수 없었다. 이는 부적절한 신인동형론이 되기 때문이다. 그 대신 P는 야훼가 모세를 만난 성막이 야훼의 '영광'으로 가득했음을 보여준다. 마찬가지로 성전에 머무는 것도 '야훼의 영광'일 뿐이다.[63]

모세 오경에서 P의 공헌으로 가장 유명한 것은, 물론 창세기 첫 장의 창조 이야기인데, 이는 〈에누마 엘리시〉를 이용한 것이다. P는 태고의 심연(테옴, 티아마트의 부패)의 물에서 이야기를 시작하는데, 이로부터 야훼는 하늘과 땅을 창조한다. 그러나 신들의 전쟁이나 얌, 로단, 라합과 벌이는 투쟁은 없었다. 야훼만이 만물이 존재하게 하는 데 책임이 있었다. 실재의 점진적인 유출은 없었으며 야훼는 자신의 의지에 따라 힘들이지 않고 완성했다. 당연히 P는 이 세상을 야훼와 같은 물질로 구성된 신성한 것으로 여기지 않았다. 사실 '분리' 개념은 P의 신학에서 결정적이다. 야훼는 밤을 낮과 분리하고, 마른 땅을 물과 분리하고, 빛을 암흑과 분리하여 우주를 질서 있는 공간으로 만들었다. 각 단계에서 야훼는 창조물을 축복하고 거룩하게 하며 '좋다'고 선언한다. 바빌로니아의 창조 이야기와는 달리, 인간 창조는 창조의 절정이지 유머러스하게 뒤늦게 생각나 추가한 것이 아니다. 인간은 신성한 본성을 공유하지 않을지도 모르지만 신의 모습대로 창조되었다. 그래서 인간은 신의 창조적 과업을 계속해야 하는 것이다. 〈에누마 엘리시〉처럼 6일 동안 창조가 이루어진 후에 7일째 안식일을 지냈다. 바빌로니아의 이야기에서는 이날 신들의 모임이 열려 '운명을 정하고' 마르두크에게 신성한 칭호들을 부여했다. P 문서에서 안식일은 첫째 날 활개치던 태고의 혼돈과 상징적으로 대비되었다. P의 창조 이야기에 담긴 교훈적 어조와 반복되는 말은 〈에누마 엘리시〉와 마찬가지로 예배 의식 때 낭독을 위한 것이었으며, 야훼의 업적을 찬양하고 그를 창조자이자 이스라엘의 통치자로 등극시키려는 의도였다.[64]

당연히 새 예루살렘 성전은 P의 유대교에서 중심적인 역할을 했다. 중동에서 신전은 종종 우주의 복제품으로 여겨졌다. 신전을 짓는 일은 인간이 신들의 창조성에 참여할 수 있게 해주는, 신을 모방하는(이미타티오 데이imitatio dei) 행위였다. 바빌론 유수 동안 많은 유대인은 이동식 성소인 '계약의 궤'—그곳에서 신은 그의 백성과 더불어 '자신의 천막을 치고' 그들과 함께 방랑 생활을 했다—에 관한 오래된 이야기에서 위안을 찾았다. P는 광야에서 만남의 장막, 곧 성소를 짓던 이야기를 하면서 오랜 신화를 이용했다. 그 건축 구조는 독창적인 것이 아니라 신의 모델을 복제한 것이었다. 모세는 시나이산에서 야훼에게 아주 길고도 자세한 지침을 듣는다. "내가 이 백성들 가운데서 살고자 하니 그들에게 내가 있을 성소를 지으라고 하여라. 내가 너에게 보여주는 설계대로 성소를 짓고 거기에서 쓸 기구들도 내가 보여주는 도본에 따라 만들어라."[65] 이 성소 건축을 위한 긴 설명은 분명히 문자 그대로 받아들이도록 의도된 것 같지는 않다. 고대 이스라엘인이 정말로 "금, 은, 구리, 자줏빛 양털, 붉은 보랏빛 양털, 진홍색 양털, 고운 모시실,

염소 털, 분홍색 숫양 가죽, 돌고래 가죽, 아카시아 나무" 등으로 정교한 성소를 지었다고 상상하는 이는 없다.[66] 그런데 이 긴 삽입문은 P의 창조 이야기를 많이 떠올리게 한다. 성소 건축의 각 단계에서 모세는 창조의 6일 동안 야훼처럼 '모든 일을 보고' 사람들을 '축복했다'. 성소는 그해의 첫 달, 첫날에 지어졌다. 성소의 건축가인 브살렐은 신의 영에게 영감을 받았는데, 그 영은 세계를 창조할 때도 물 위를 감돌고 있었다. 게다가 두 이야기는 모두 안식일의 중요성을 강조한다.[67] 또 신전을 짓는 일은 인류가 세상을 망치기 전에 충만했던 본래의 조화를 상징했다.

〈신명기〉에서 안식일은 노예를 포함한 모든 사람에게 하루 쉬는 날을 주고, 이스라엘인에게 출애굽 사건을 생각나게 하려고 만들어진 것이었다.[68] P는 안식일에 또 하나의 새로운 의미를 부여했는데, 신을 모방하는 행위이자 신의 세계 창조를 기념하는 의미였다. 유대인은 안식일의 휴식을 지키면서 신이 최초에 홀로 지킨 의식에 참여했다. 그러므로 안식일 준수는 신성한 삶을 살려는 상징적인 시도였다. 오래된 이교 신앙에서 모든 인간의 행위는 신들의 행위를 모방하는 것이었지만 야훼 숭배는 신과 인간 세계의 엄청난 간극을 드러냈다. 그런데 이제 유대인은 모세의 토라를 따름으로써 야훼에게 가까이 다가가라는 말을 들었다. 〈신명기〉는 십계명을 포함한 많은 의무적인 법들을 열거했다. 바빌론 유수기와 그 직후에 이것들은 모세 오경에서 613개의 미츠보트*로 구성된 복잡한 법령으로 정교하게 만들어졌다. 이 세세한 지시는 외부인에게 반감을 산 것으로 보이며, 신약 성서의 논박에 의해

미츠보트(mitzvot) 유대인의 계율을 뜻하는 히브리어로 복수형이다. 단수형은 미츠바(mitvah).

매우 부정적으로 비쳐 왔다. 유대인은 기독교인이 상상하는 것과는 달리 계율을 가혹한 부담으로 여기기보다 신 앞에서 살아가는 상징적 방법으로 받아들였다. 〈신명기〉에서 음식에 대한 규례는 이스라엘의 특별한 지위를 말해주는 징표였다.[69] P 역시 이것들을 인간과 신 사이의 고통스러운 단절을 치유하고 신의 거룩한 '분리'를 공유하려는 의례적 시도로 보았다. 우유와 고기를 분리하고 깨끗한 것과 더러운 것을 분리하고 안식일을 다른 날과 분리함으로써 이스라엘인이 신의 창조적 행위를 모방할 때 인간 본성이 거룩해질 수 있다는 믿음이었다.

모세 오경에는 J, E, D의 문서뿐만 아니라 사제 전통(P)의 문서도 포함되어 있다. 이는 모든 주요 종교가 여러 독립적인 비전과 영성으로 구성된다는 것을 일깨워준다. 어떤 유대인은 이스라엘이 이방인에게서 철저히 분리되기를 선택한 〈신명기〉의 신에게 언제나 더 끌렸을 것이고, 또 다른 유대인은 이 비전을 확장하여 이스라엘이 칭송받고 다른 나라들이 굴욕당하는 종말의 '야훼의 날'을 기대하는 메시아 신화로 발전시켰다. 이러한 신화적 이야기들은 신을 너무 먼 존재로 보는 경향이 있다. 바빌론 유수 이후 예언의 시대가 끝났다는 데 암묵적인 공감대가 형성되었다. 더는 신과 직접적인 접촉은 있을 수 없었다. 에녹이나 다니엘 같은 먼 과거의 위대한 인물만이 상징적인 환상을 통해 할 수 있는 일이었다.

이런 먼 과거의 영웅들 가운데 바빌론에서 고통을 겪으면서도 인내의 모범으로서 존경받은 인물이 바로 욥이었다. 바빌론 유수 이후, 살아남은 사람들 중 한 사람이 이 오래된 전설을 이용해 신의 본성과 인간의 고통에 대한 신의 책임에 근본적인 질문을 제기했다. 오래된 이야기에서 욥은 신에게 시험을 받는다. 그러나 그 부당한 고통을 인내로 견뎠기에 신은 이전의 번영을 회복시킴으로써 그에게 상을 내린다. 욥 이야기를 새롭게 쓰며 저자는 옛 전설을 둘로 나누고 욥이 신에게 분노하게 만들었다. 욥은 자신을 위로하러 온 세 친구와 함께 감히 신의 명에 의문을 제기하며 격렬한 지적 논쟁을 벌인다. 유대 종교 역사상 처음으로 종교적 상상력이 더 추상적인 본질에 관한 사변으로 전환된 것이다. 예언자들은 신이 이스라엘이 저지른 죄 때문에 고통받는 것을 허락했다고 주장했는데, 〈욥기〉의 저자는 이스라엘인들이 더는 이런 전통적인 대답에 만족할 수 없었음을 보여준다. 욥은 전통적 관점을 반박하며 그 논리가 지적으로 부적절함을 드러내지만 돌연히 신이 나타나 욥의 분노 가득한 사변을 중단시킨다. 신은 환상 속에서 자신을 욥에게 드러내며 자신이 창조한 세계의 경이로움을 보인다. 어찌 욥처럼 작고 보잘것없는 피조물이 초월적 신과 감히 논쟁할 수 있겠는가? 욥은 굴복하지만 인간의 고통이라는 문제에 대해 더 합리적이고 철학적인 답을 찾는 현대의 독자들은 이 결말에 만족할 수 없을 것이다. 그러나 〈욥기〉의 저자는 질문할 권리를 부정한 것이 아니라, 지성만으로는 이러한 헤아리기 어려운 문제들을 다룰 수 없음을 암시한 것이다. 지적인 사변은, 가령 예언자들이 신으로부터 받은 직접적인 계시에 질 수밖에 없는 것이다.

〈지혜서〉와
필론의 유대 철학

유대인은 아직 철학을 시작하지 않았지만 기원전 4세기 그리스 합리주의의 영향을 받았다. 기원전 332년에 마케도니아의 알렉산드로스 대왕이 페르시아의 다리우스 3세를 무찌른 뒤, 그리스인은 아시아와 아프리카를 식민지화하기 시작했다. 그들은 티로스, 시돈, 가자, 필라델피아(오늘날 요르단의 암만), 트리폴리스, 세켐 등에 이르기까지 도시국가를 세웠다. 팔레스타인의 유대인과 디아스포라 유대인은 그리스 문화에 둘러싸여 있었다. 이를 불안하게 여기는 사람들도 있었지만 그리스 연극, 철학, 운동경기, 시 등에 매료된 사람들도 있었다. 유대인들은 그리스어를 배우고 경기장에서 운동하고 그리스 이름을 짓기도 했다. 일부는 그리스 군대에서 용병으로 싸웠다. 성서를 그리스어로 번역해 70인역 성서*를 만들기도 했다. 그 결과 일부 그리스인들은 이스라엘의 신을 알게 되었고 제우스와 디오니소스와 함께 야훼(그리스인들은 '야오'라고 불렀다)를 숭배했다. 다른 일부는 디아스포라 유대인이 신전 예배 대신 발전시킨 시너고그에 매료되었다. 그곳에서 그들은 성서를 읽고 기도를 하고 설교를 들었다. 시너고그는 고대 종교 세계의 다른 어떤 곳과도 달랐다. 의식이나 희생 제의가 없었기에 틀림없이 철학 학교처럼 보였을 것이다. 저명한 유대교 전도사가 마을에 오면 마치 철학자의 말을 들으러 줄을 서듯 많은 사람이 시너고그로 몰려들었다. 일부 그리스인들은 심지어 토라의 특정 부분을 따랐고 혼합주의 종파에서 유대인과 함께했다. 기원전 4세기에는 유대인과 그리스인이 야훼를 그리스 신 중 하나와 결합해 경배하는 일들이 개별적으로 일어나기도 했다.

그러나 대부분의 유대인은 이런 흐름에 무관심했고, 그리스 문화가

70인역 성서(Septuagint) 가장 오래된 그리스어 구약 성서. 기원전 3세기에 유대인 학자 70여 명이 히브리어 원전을 당시 헬레니즘 세계의 공용어였던 그리스어로 번역한 것으로 알려졌다.

전파된 중동의 여러 도시에서 유대인과 그리스인 사이에 긴장이 고조되었다. 고대 세계에서 종교는 사적인 문제가 아니었다. 신들은 도시에서 굉장히 중요했고, 만약 그들을 향한 숭배를 등한시하면 신들이 도시를 보호하지 않으리라고 사람들은 믿었다. 유대인은 이런 신들이 존재하지 않는다고 주장했기에 '무신론자' 또는 사회의 적으로 불렸다. 기원전 2세기에는 이런 적대감이 단단히 자리 잡게 되었다. 팔레스타인에서는 셀레우코스 왕조의 통치자, 안티오코스 에피파네스가 예루살렘을 그리스화하고 성전에 제우스 숭배를 들이려 하자 반란이 일어났다. 유대인들은 지혜는 그리스적 영민함이 아니라 야훼를 두려워하는 마음이라고 주장하는 자신들의 문학을 만들어내기 시작했다. 중동에서 정형화된 양식이었던 이 지혜 문학*은 철학적 성찰을 통해서가 아니라 잘 사는 방법에 대한 질문을 통해 삶의 의미를 탐구하려 했다. 그래서 종종 대단히 실용적이었다. 기원전 3세기에 활동한 〈잠언〉 저자는 좀 더 나아가서 '지혜'야말로 신이 세계를 창조할 때 고안한 종합 계획이며, 그렇기에 신의 첫째 창조물임을 암시했다. 4장에서 보게 되겠지만 이 개념은 초기 기독교인에게 매우 중요해진다. 〈잠언〉 저자는 '지혜'를 의인화해서 마치 독립된 사람처럼 보이게 한다.

야훼께서 만물을 지으시려던 한 처음에 모든 것에 앞서 나를 지으셨다.

땅이 생기기 전, 그 옛날에 나는 이미 모습을 갖추었다. ……

나는 붙어 다니며 조수 노릇을 했다. 언제나 그의 앞에서 뛰놀며 날

지혜 문학(Wisdom literature) 구약 성서 가운데 〈잠언〉〈욥기〉〈집회서〉 등을 말한다.

마다 그를 기쁘게 해드렸다. 나는 사람들과 같이 있는 것이 즐거워 그가 만드신 땅 위에서 뛰놀았다.[70]

'지혜'는 신은 아니었으나 신에 의해 창조되었다고 전해진다. '지혜' 는 사제 저자들이 신의 '영광'으로 묘사한 것과 유사하며 인간이 창조와 인간사에서 엿볼 수 있는 신의 계획을 나타낸다. 〈잠언〉 저자는 '지혜'가 야훼를 두려워하라고 외치며 거리를 떠돌아다니는 것으로 그리기도 한다. 기원전 2세기에 예루살렘의 독실한 유대인 예수 벤 시라(시라의 아들 예수)도 '지혜'를 유사하게 묘사했다. 〈집회서〉*에서 '지혜'는 신들의 모임에 나아가 자신을 찬미하는 노래를 이렇게 부른다. 나는 '지극히 높은' 신의 입에서 나온 말씀—이 말씀으로 신은 세계를 창조했다—이다. 나는 창조의 모든 곳에 있지만 이스라엘 백성 가운데 영원한 거처를 정한 것이다.[71]

야훼의 '영광'과 마찬가지로 '지혜'는 세계 속에서 일어나는 신의 활동을 상징했다. 유대인이 개발한 야훼의 개념은 너무나 지고해서 그가 직접적으로 인간사에 개입한다고 상상하기는 어려웠다. P와 마찬가지로 유대인은 우리가 알고 경험할 수 있는 신과 신의 실재 자체를 분리하기를 원했다. 신성한 '지혜'가 신을 떠나 인간을 찾아 세상을 떠돌아다닌다는 이야기를 들으면, 이슈타르, 아나트, 이시스를 비롯해 구원의 임무를 띠고 신성한 세계에서 내려온 이교의 여신들이 떠오르지 않을 수 없다. 지혜 문학은 기원전 50년경 알렉산드리아에서 논박의 우

〈집회서〉 구약 성서 외경(外經)의 한 책. 외경 중에서 가장 방대하며 초대 교회 사람들이 애독한 문서였다. 'Book of Ecclesiasticus(모임의 책)'라는 명칭이 '집회서'로 번역되었으며 '교회적인 책' 또는 '교회서'로 옮기기도 한다.

위를 차지했다. 당시 알렉산드리아에는 영향력 있는 유대인 공동체가 있었는데, 그곳의 한 유대인이 〈지혜서〉를 써서 동료 유대인들에게 주변의 유혹적인 그리스 문화에 저항하고 그들의 전통에 충실하라고 경고했다. 참된 지혜를 구성하는 것은 그리스 철학이 아니라 야훼를 두려워하는 마음이다. 저자는 그리스어로 글을 썼는데, '지혜'(소피아)를 의인화해 유대의 신과 분리될 수 없다고 주장했다.

> 지혜[소피아]는 하느님께서 떨치시는 힘의 바람이며
> 전능하신 분으로부터 나오는 영광의 티 없는 빛이다.
> 그러므로 티끌만 한 점 하나라도 지혜를 더럽힐 수 없다.
> 지혜는 영원한 빛의 찬란한 광채이며
> 하느님의 활동력을 비춰주는 티 없는 거울이며
> 하느님의 선하심을 보여주는 형상이다.[72]

이 구절은 나중에 기독교인이 예수의 지위를 논하게 될 때 아주 중요해진다. 그러나 여기서 〈지혜서〉 저자는 단순히 소피아를 인간의 이해에 자신을 맞추려는 불가해한 신의 한 측면으로 본다. 소피아는 '인간에게 자신을 드러낸 신으로서 신', 곧 인간이 인식한 신으로서 언제나 우리의 이해에서 벗어나는 신의 완전한 실재와 신비적으로 분리된다고 할 수 있다.

〈지혜서〉 저자가 그리스 사상과 유대 종교 간의 긴장을 감지한 것은 옳았다. 우리는 창조된 세계에 거의 무관심한 아리스토텔레스의 신과 인간사에 열정적으로 개입하는 성서의 신 사이에 결정적이고도 아마도 해소할 수 없는 차이가 있음을 보았다. 그리스 신은 인간의 이성으로 발견할 수 있지만 성서의 신은 오로지 계시를 통해 자신을 알게 했다. 야훼와 세상 사이에는 큰 간극이 있지만 그리스인은 이성이라는 선물이 인간을 신과 동족으로 만든다고 믿었다. 그러므로 그들은 자신의 노력으로 신에게 다가갈 수 있었다. 유일신론자들은 그리스 철학에 매료될 때마다 필연적으로 그리스 신을 자신들의 신에 맞추려고 시도했다. 이는 앞으로 우리 이야기의 주요한 주제가 될 것이다. 이러한 시도를 한 최초의 사람들 가운데 한 명이 알렉산드리아의 저명한 유대 철학자 필론(기원전 30?~기원후 45)이었다. 필론은 플라톤주의자였고 혼자 힘으로 합리주의 철학자로서 자신의 명성을 쌓았다. 그는 그리스어로 훌륭한 글을 썼고 히브리어를 말할 줄은 몰랐던 것 같지만 경건한 유대인이었고 미츠보트를 준수하는 사람이었다. 필론은 그의 신과 그리스인의 신이 양립할 수 없다고 생각하지 않았다. 그러나 필론의 신은 야훼와 매우 다르게 보인다고 말할 수밖에 없다. 예를 들어 필론은 성서의 역사서에 당황한 것 같으며, 그래서 그것을 복잡한 알레고리로 바꾸려 했다. 아리스토텔레스가 역사는 비철학적이라고 했던 말을 떠올려보자. 그의 신은 어떤 인간적 특성도 없었다. 그래서 가령 신이 '화났다'고 말하는 것은 아주 부정확하다. 우리가 신에 대하여 알수 있는 것은 단지 그가 존재한다는 사실뿐이다. 그러나 필론은 유대교 신자로서 신이 자신을 예언자들에게 드러냈다고 믿었다. 어떻게 이것이 가능한가?

필론은 전혀 이해할 수 없는 신의 본질(우시아ousia)과 신이 세계 안에서 하는 활동—신의 능력(디나미스dynamis) 또는 활력(에네르게이아energeia)이라고 부르는—을 중요하게 구별함으로써 이 문제를 설명했다. 이는 근본적으로 P 문서와 지혜 문학의 저자들과 비슷한 해결

방식이었다. 우리는 결코 신을 그 자체로는 알 수 없다는 것이다. 필론에 따르면 신은 모세에게 말했다. "나에 대한 이해는 인간의 본성뿐 아니라 온 하늘과 우주가 담을 수 있는 것 이상이다."[73] 신은 자신을 인간의 부족한 지성에 맞추기 위해, 마치 플라톤의 신성한 형상에 상응하는 듯 보이는 '능력'으로 인간과 소통했다(비록 필론이 늘 일관된 입장을 견지한 것은 아니었지만). 그 '능력'은 인간의 지성이 파악할 수 있는 최고 실재였다. 마치 플라톤과 아리스토텔레스가 제일원인으로부터 우주가 영원히 유출된다고 본 것처럼 필론은 능력들이 신으로부터 유출된다고 보았다. 그중 특히 두 가지 능력이 중요했다. 하나는 신을 우주의 질서 속에서 드러내는 '왕의 능력'이고 다른 하나는 신이 인간에게 주는 축복 속에서 자신을 드러내는 '창조적 능력'이었다. 두 능력 모두 불가해한 신비에 가려진 신의 본질과 혼동해서는 안 된다. 그것들은 단지 우리의 이해 너머에 있는 실재를 엿보게 할 뿐이다. 때때로 필론은 신의 본질(우시아)이 '왕의 능력'과 '창조적 능력'을 옆에 두고 있어 일종의 삼위일체라고 말한다. 예를 들어 마므레에서 야훼가 두 천사를 거느리고 아브라함을 방문한 이야기를 해석하면서, 필론은 두 주된 능력을 수반한 신의 우시아—그 자체로서 신—의 알레고리적 표현이라고 주장했다.[74]

J라면 이런 해석에 경악했을 것이며, 실제로 유대인은 언제나 필론의 신 개념이 다소 정통적이지 않다고 생각했다. 반면 기독교인은 필론의 생각이 굉장한 도움이 된다고 여겼고, 앞으로 보게 되겠지만 그리스인은 신의 알 수 없는 '본질'과 신을 우리에게 알게 해주는 '활동' 간의 이 차이에 천착했다. 그들은 또한 필론의 신성한 로고스 이론에도 영향을 받았다. 지혜 문학의 저자들과 마찬가지로 필론은 신이 창

조의 종합 계획(로고스logos)을 세웠다고 생각했고, 이는 플라톤의 형상 세계와 통하는 것이었다. 그러니까 이 형상들은 물리적 우주 속에서 구체화된 것이었다. 다시 말하지만 필론의 입장이 언제나 일관된 것은 아니었다. 어떤 때는 로고스를 여러 능력 가운데 하나라고 말하기도 하고, 다른 때는 로고스가 가장 뛰어난 능력이자 인간이 도달할 수 있는 최고의 신 개념이라고 생각한 것처럼 보인다. 어쨌든 필론은 우리가 로고스에 대해 숙고할 때 신에 대한 긍정적인 앎을 형성하지 않는다고 봤다. 추론적 이성의 영역을 넘어서 "생각의 방식보다 더 높고, 생각의 결과에 불과한 어떤 것보다도 훨씬 더 고귀한" 직관적 이해로 들어가야 한다.[75] 이것은 플라톤의 관조(테오리아)와 유사한 활동이었다. 필론은 우리가 결코 신 그 자체에 다가갈 수 없으며, 우리가 이해할 수 있는 최고의 진리는 신이 인간의 지성을 완전히 초월한다는 황홀한 인식이라고 주장했다.

필론의 말이 그렇게 암울한 것은 아니었다. 필론은 자신에게 해방과 창조적 에너지를 가져다준 미지의 것을 향한 열정적이고 즐거운 여행을 묘사했다. 플라톤과 마찬가지로 필론은 인간의 영혼이 육체라는 물질적 세계에 갇혀 있다고 보았다. 영혼은 우리를 불완전한 세계에 얽매이게 하는 열정과 감각, 심지어 언어조차 뒤로 하고 그 진정한 본향인 신에게로 날아 올라야 한다. 그러면 마침내 영혼은 황홀경에 도달해 자아의 음울한 한계를 뛰어넘어 더 크고 충만한 실재에 이를 것이다. 우리는 신에 대한 이해가 종종 상상의 훈련임을 봐 왔다. 예언자들은 자신들의 경험을 곰곰이 생각했고, 그 경험이 자신들이 신이라고 부른 존재에서 기인할 수 있다고 느꼈다. 필론은 종교적 관조가 다른 창조성의 형태와 공통점이 많음을 보여준다. 필론은 책을 쓰며 아무

진전도 없이 힘겹게 고민하던 때도 있었으나 때로는 신에게 사로잡힌 느낌을 받았다고 말한다.

나는 …… 갑자기 충만해졌고, 여러 생각이 마치 눈처럼 내렸다. 신에게 사로잡힌 충격으로 나는 격렬한 광란에 휩싸여 장소도 사람도 나 자신도 이전에 말하거나 쓴 것도 전부 모르게 되었다. 그 대신 나는 표현, 생각, 삶의 기쁨, 날카로운 비전을 얻었고, 가장 분명하게 제시된 진실의 결과로 인해 눈으로 볼 수 있는 한 가장 뚜렷하게 사물을 보게 되었다.[76]

얼마 지나지 않아 유대인은 그리스 세계와 이러한 조화를 이루는 일이 불가능하게 된다. 필론이 죽던 해에 알렉산드리아의 유대인 공동체에 대한 포그롬(대학살)이 일어났고, 유대인의 반란에 대한 우려가 널리 퍼졌다. 기원전 1세기에 북아프리카와 중동에 대제국을 건설한 로마인들은 스스로 그리스 문화에 굴복해 자신의 조상신들과 그리스 신들을 합치고 그리스 철학을 열성적으로 받아들였다. 그러나 그들은 그리스인이 유대인에게 품은 적개심까지 수용하지는 않았다. 사실 로마인은 종종 그리스인보다 유대인을 선호했으며, 로마에 적개심이 남아 있던 그리스의 여러 도시에서 유대인을 이로운 동맹자로 여겼다. 유대인은 완전한 종교적 자유를 허락받았고, 그들의 종교는 대단히 오랜 역사를 지닌 것으로 알려지며 존중받았다. 유대인과 로마인의 관계는 심지어 외세의 지배를 쉬이 받아들이지 못한 팔레스타인에서조차 보통 좋은 편이었다. 기원후 1세기까지 로마 제국 내에서 유대교의 위상은 대단히 탄탄했다. 전체 제국의 10분의 1이 유대계였으며, 필론의 알렉산드리아는 인구의 40퍼센트가 유대인이었다. 로마 제국 사람들은 새로운 종교적 해답을 구하고 있었다. 유일신론적 개념들이 퍼지고 있었고, 지역 신들은 점점 더 포괄적인 신성의 현시에 불과하다고 여겨졌다. 로마인은 유대교의 높은 도덕적 특성에 끌렸다. 할례를 받고 토라 전체를 준수하는 것을 꺼린 사람들은 종종 시너고그의 명예 회원이 되어 '신을 경외하는 자'로 불렸다. 이들의 수는 점점 증가했다. 심지어 플라비우스 왕조의 황제 중 한 명이 훗날 콘스탄티누스 황제가 기독교로 개종했듯이, 유대교로 개종했을지도 모른다는 주장이 제기되기도 했다. 그러나 팔레스타인에서는 정치적으로 열성적인 일군의 사람들(열심당*)이 로마 지배에 격렬하게 저항했다. 66년 그들은 로마에 반란을 일으켰고, 믿기 어렵겠지만 무려 4년간 로마군을 궁지에 몰아넣었다. 로마 당국은 이 반란이 디아스포라 유대인에게 퍼질까 두려워 무자비하게 탄압할 수밖에 없었다. 70년에 새로 등극한 황제 베스파시아누스는 마침내 예루살렘을 정복해 성전을 완전히 불태우고 예루살렘을 아엘리아 카피톨리나라는 로마의 도시로 개조했다. 그리고 유대인은 다시 추방되었다.

바빌론 유수기,
바리새인의 셰키나

새로운 유대교의 구심점이던 성전을 잃은 것은 큰 슬픔이었으나, 돌

열심당 유대교 분파 가운데 공격적인 정치적 당파로서 로마와 로마가 신봉하는 다신교를 철저히 배척했다. 유대인 가운데 로마와 화해를 바라는 자들을 경멸했으며, 서기 66년에 일어난 로마와의 전쟁에서 선봉에 섰다. 서기 73년 로마 제국에 마사다 요새를 넘겨주게 되자 집단 자살을 택했다.

이켜보면 그리스화된 디아스포라 유대인보다 훨씬 더 보수적인 팔레스타인의 유대인은 이런 재앙을 이미 준비한 것 같다. 거룩한 땅 이스라엘에서 생겨난 여러 종파가 서로 다른 방식으로 예루살렘 성전과 자신들을 단절하고 있었기 때문이다. 에세네파의 쿰란 공동체는 성전이 타락하고 부패했다고 믿었고 따로 떨어져 나와 사해 주변에 수도원 같은 분리된 공동체를 세웠다. 그들은 자신들이 새로운 성전을 짓고 있다—손으로가 아니라—고 확신했다. 그들의 성전은 '영의 성전'이 된다. 그들은 오래된 동물 희생 제의 대신 세례 의식과 공동 식사를 통해 자신들을 정화하고 죄에 대한 용서를 구했다. 신은 돌로 만든 성전이 아니라 형제의 사랑 안에 머물게 된 것이다.

팔레스타인 유대인 중 가장 진보적인 종파는 바리새파였는데, 그들은 에세네파의 해결 방식이 너무 엘리트주의적이라고 비판했다. 신약 성서에는 바리새인이 회칠한 무덤과 같은 뻔뻔스러운 위선자들로 묘사되어 있는데, 이는 1세기에 예수와 바리새인(샴마이 학파)이 벌인 논쟁이 왜곡되어 전해졌기 때문이다. 바리새인은 열성적으로 영성을 추구한 유대인이었다. 그들은 이스라엘 전체가 사제들의 거룩한 나라가 되도록 부름받으며, 신은 성전뿐만 아니라 가장 초라한 움막에도 존재할 수 있다고 믿었다. 따라서 바리새인은 성전에서나 적용되던 특별한 정화법을 집에서도 지키며 정식 사제처럼 살았다. 모든 유대인의 식탁은 성전 안에 있는 신의 제단과 같다고 믿었기에 제의적 순결성을 지키며 식사할 것을 주장하기도 했다. 그들은 일상의 가장 하찮은 부분에서도 신의 임재에 대한 감각을 발달시켰다. 유대인은 이제 사제 계급의 중재나 복잡한 의례를 거치지 않고도 직접 신에게 다가설 수 있었다. 이웃에 대한 자애로운 행동을 통해 자신들의 죄를 속죄할 수 있었다. 자애가 토라에서 가장 중요한 계율(미츠바)이 되었으며, 유대인 두세 명이 함께 토라를 공부할 때에도 신은 그들 가운데 있었다. 1세기 초에 바리새인 사이에서 두 학파가 나타나 경쟁을 벌였다. 하나는 샴마이가 이끄는 더 엄격한 학파(샴마이 학파)였고, 다른 하나는 '위대한' 힐렐이 이끈 학파(힐렐 학파)로 바리새파 중 단연코 가장 인기가 많았다. 어느 날 한 이교도가 힐렐에게 와서 만약 자기가 한쪽 다리로 서 있는 동안 토라 전체를 암송할 수 있다면 유대교로 개종하겠다고 말했다. 그러자 힐렐은 이렇게 대답했다. "남이 네게 하지 않기 바라는 것을 남에게 하지 말라. 이것이 율법의 전체이니, 가서 배우시오."[77]

예루살렘이 멸망한 70년쯤에, 바리새파는 팔레스타인 유대교에서 가장 존경받는 중요한 종파가 되어 있었다. 그들은 이미 신을 섬기는 데 성전이 불필요함을 사람들에게 보여줬다.

언젠가 랍비 요하난 벤 자카이가 예루살렘에서 나오는데 랍비 여호수아가 그를 따라오며 황폐해진 성전을 바라보았다.

랍비 여호수아가 말했다. "이스라엘이 지은 죄를 사해주던 곳이 폐허가 되다니. 우리의 재앙입니다!"

그러자 랍비 요하난이 말했다. "자네, 슬퍼 말게나. 우리에게는 이 성전만큼 속죄에 효과적인 다른 것이 있다네. 무엇이냐고? 바로 자애라네. 성서에서도 말하지 않았나? '나는 자비를 원하지 제물을 원하지 않는다'고 말일세."[78]

예루살렘 함락 때 랍비 요하난은 관 속에 숨어 불타는 도시를 탈출했다고 전해진다. 그는 유대인의 반란에 반대했고 유대인에게는 국가가 없는 편이 더 낫다고 생각했다. 로마는 그가 예루살렘 서쪽 야브네에 바리새파 자치 공동체를 세우는 것을 허용했다. 비슷한 공동체들이 팔레스타인과 바빌로니아에 세워졌고 서로 긴밀한 관계를 유지했다. 이 공동체들은 탄나임(tannaim)으로 알려진 '율법학자'들을 배출했는데, 랍비 요하난을 비롯해 신비주의자 랍비 아키바, 랍비 이스마엘 같은 랍비 영웅들이 여기에 포함된다. 탄나임은 구전 율법—모세의 율법을 시대에 맞춰 새롭게 해석해 온 것이다—을 성문화한 미슈나를 편찬했다. 이후 '아모라임'으로 불린 학자들이 미슈나에 주석을 달기 시작했고, 이를 집대성해 탈무드를 만들었다. 사실 두 종류의 탈무드가 편찬되었다. 하나는 예루살렘 탈무드로 4세기 말에 완성되었으며, 다른 하나는 더 권위 있다고 여겨진 바빌로니아 탈무드로 5세기 말이 되어서야 완성됐다. 각 세대의 학자들이 탈무드와 전임자들의 해석에 주석을 계속 덧붙이며 전승을 이어 나갔다. 율법에 대한 이러한 숙고는 외부 사람들이 상상하는 것만큼 무미건조하지는 않았다. 그것은 신의 말씀, 곧 새로운 지성소에 대한 끝없는 묵상이었다. 새로 더해진 해석들은 새 성전의 벽과 정원을 대신하며, 신의 존재를 그 백성 가운데 모시는 것이었다.

야훼는 언제나 저 높이, 저 밖에서 인간을 이끄는 초월적 신으로 생각되었는데, 이제 랍비들은 야훼를 인류 안에, 삶의 가장 사소한 부분에도 존재하는 신으로 만들었다. 성전을 잃고 다시 쓰라린 추방을 당하게 되자 유대인은 그들 가운데 있는 신을 원했다. 랍비들은 신에 관한 어떤 공식적인 교리도 만들지 않았다. 그 대신 거의 만지고 느낄 수 있는 존재로서 신을 경험했다. 그들의 영성은 '일상적 신비주의'로 묘사되어 왔다.[79] 초기 탈무드의 몇 구절에서 신은 신비로운 물리적 현상으로 경험되었다. 랍비들은 창조와 성소 건축에 함께한 성령(거룩한 영)이 거센 광풍이나 치솟는 화염 속에서 자신의 임재를 알려준다고 이야기했다. 다른 랍비들은 종이 울리는 소리나 날카로운 두드림 소리에서 그의 음성을 들었다. 예를 들어 어느 날 랍비 요하난이 에스겔의 '전차의 환상'에 대해 토론하고 있을 때 하늘에서 불이 내려오고 천사들이 둘러선 가운데 하늘에서 음성이 들려 와 랍비 요하난이 신으로부터 특별한 소명을 받았음을 확인해주었다고 한다.[80]

신의 임재에 대한 랍비들의 감각이 너무 강했기에 어떤 공식적이고 객관적인 교리도 적절하지 않게 된다. 랍비들은 자주 시나이산의 기슭에 서 있던 이스라엘인들 하나하나가 제각기 다른 방식으로 신을 경험했다고 말했다. 다시 말해, 신은 "각자의 이해력에 맞게" 자신을 맞춘 것이다.[81] 어느 랍비가 말했듯이 "신은 인간에게 억압적으로 오지 않고 그를 받아들일 수 있는 인간의 능력에 맞게 찾아온다."[82] 이는 매우 중요한 랍비들의 통찰이었는데, 신은 모든 사람에게 동일한 것처럼 하나의 틀로 묘사될 수 없다는 의미였다. 신은 본질적으로 주관적인 경험이었다. 각 개인은 '신'의 실재를 자신의 독특한 기질의 필요에 따라 다양한 방법으로 경험하게 된다. 개인의 특성이 신을 이해하는 데 영향을 끼치기에 예언자들도 각기 다르게 신을 경험했다고 랍비들은 주장했다. 뒤에 보겠지만 다른 유일신론자들도 이와 비슷한 생각을 발전시켰다. 오늘날까지도 유대교는 신에 관한 신학적 견해를 공식적으로 교리화하기보다는 개인의 문제로 남겨 두고 있다.

공식적인 교리는 신의 본질적인 신비를 제한하게 된다. 랍비들은 신은 절대로 이해할 수 없다고 지적했다. 심지어 모세조차 신의 신비를 다 꿰뚫어볼 수 없었고, 오랜 탐구 끝에 다윗 왕은 신은 인간의 지성이 감당하기에는 너무 큰 존재이기에 그를 이해하려는 시도는 헛된 일임을 인정했다.[83] 유대인은 심지어 신의 이름을 발음하는 것조차 금지했는데, 신을 표현하려는 어떤 노력도 결국 부적절할 수밖에 없음을 강력히 알려주는 것이었다. 성서에 신의 이름이 '야훼(YHWH)'*라고 쓰여 있지만 읽을 때는 발음할 수 없었다. 랍비 후나는 우리가 자연에서 신이 행한 일을 찬양할 수는 있지만, 이는 실재 전체의 극히 일부만 엿보는 것에 불과하다고 말했다. "인간은 천둥, 광풍, 폭우, 우주의 질서, 자신의 본성의 의미조차 이해할 수 없는데, 어떻게 왕의 왕 되신 신의 길을 아는 것이 가능하다고 뽐낼 수 있단 말인가?"[84] 신 개념의 핵심은 삶의 경이와 신비에 대한 감각을 고양하는 데 있지, 깔끔한 해결책을 찾는 데 있지 않았다. 심지어 랍비들은 인간의 언어는 결함이 있기 마련이라 기도할 때 너무 자주 신을 찬양하는 것을 경고하기도 했다.[85]

어떻게 이런 초월적이고 이해할 수 없는 존재가 이 세계와 연결될 수 있었는가? 랍비들은 이 연결에 관한 자신들의 감각을 역설적으로 표현했다. "신은 이 세계의 장소이지만 이 세계는 그의 장소가 아니다."[86] 다시 말해 신은 이 세계를 감싸고 둘러싸고 있지만 단순한 피조물처럼 그 '안'에 머무는 것이 아니다. 랍비들이 애용하던 다른 이미지를 보면 신은 마치 영혼이 육체를 채우듯 세계를 채운다. 즉 신은 세계에 영향을 끼치면서도 세계를 초월한다. 또한 신은 마치 말을 모는 기수와 같다고 했다. 기수는 말에 의존하지만 말보다 우월하며 말의 고삐를 쥐고 있다. 물론 이러한 이미지들은 불가피하게 부적절할 수밖에 없다. 그것들은 우리가 그 안에서 살고 움직이고 우리의 존재를 영

---

* YHWH는 야훼의 이름을 나타내는 히브리어 네 글자를 로마자로 표기한 것이다. '신의 이름을 표현하는 네 문자'라는 의미에서 신명사문자(tetragrammaton)라 한다.

위하는, 거대하고 규정할 수 없는 '무엇'에 대한 상상적인 묘사일 뿐이다. 세계 속의 신의 임재를 논하면서 랍비들은 신이 우리가 볼 수 있도록 허락하는 신의 자취와 접근할 수 없는 더 큰 신성한 신비를 구분하는 데 성서의 저자들만큼이나 신중했다. 그들은 야훼(YHWH)의 '영광'(카보드)과 '성령'이라는 이미지를 좋아했다. 그것은 우리가 경험하는 신이 신성한 실재의 본질과 일치하지 않는다는 사실을 끊임없이 일깨워주는 것이었다.

랍비들이 애용한 신을 뜻하는 말들 중 하나는 '셰키나(shekinah)'였는데, 이는 '거주하다' '자신의 천막을 치다'라는 뜻의 히브리어 '샤칸(shakan)'에서 나왔다. 이제 성전은 파괴되었기에 이스라엘 백성이 광야에서 방랑할 때 동행한 신의 이미지를 통해 신에게 다가가는 것이 가능했다. 일부 랍비들은 지상의 사람들과 함께 거한 셰키나는 성전이 파괴되었을지라도 여전히 성전산에 거한다고 주장했다. 다른 랍비들은 성전의 파괴가 오히려 셰키나를 예루살렘에서 해방해 셰키나가 전 세계에 머물 수 있게 되었다고 주장했다.[87] 셰키나는 신의 '영광'이나 '성령'과 마찬가지로 별개의 다른 신성한 존재가 아니라 이 세상에 임한 신으로 이해되었다. 랍비들은 자신들의 역사를 돌이켜보며 셰키나가 언제나 자신들과 동행했음을 발견했다.

와서 이스라엘 백성이 하느님 보시기에 얼마나 사랑스러운지 보라. 그들이 가는 곳마다 셰키나가 그들을 동행했으니, 기록되기에 "그들이 이집트에 있을 때 내가 그들 조상들의 집에 나 자신을 나타내지 않았더냐?" 바빌론에서도 셰키나는 그들과 함께 있었으니, 기록되기에 "너희를 위하여 내가 바빌론으로 보냈느니라." 또한 이제 이스라엘이 장차 구원받을 때도 셰키나가 그들과 함께 하리니 "당신의 주께서 그대를 유수로부터 풀어주시리라"고 기록되었고 곧 주께서 그대의 유수와 더불어 돌아오실 것이라.[88]

이스라엘과 신의 연결은 너무나 강해 신이 과거에 자신들을 구원했을 때 이스라엘인은 신에게 이렇게 말하곤 했다. "당신은 당신 자신을 구원했습니다."[89] 랍비들은 자신들만의 독특한 유대적 방식으로 힌두교도가 아트만이라고 부른 자아와 동일시되는 신의 감각을 발달시키고 있었다.

셰키나의 이미지는 추방당한 이스라엘인에게 그들이 가는 곳마다 신이 임재한다는 감각을 기르도록 도와주었다. 랍비들은 셰키나가 시너고그를 하나하나 방문한다고 이야기했고, 다른 랍비들은 셰키나가 시너고그의 문 앞에 서서 유대인이 '공부하는 집'을 향해 내딛는 발걸음마다 축복한다고 말했다. 또한 셰키나는 시너고그의 문 앞에 서서 유대인이 셰마를 낭송할 때 함께했다고 말하기도 했다.[90] 초대 기독교인과 마찬가지로 이스라엘인은 자신들을 '한 몸과 한 영혼'의 하나 된 공동체로 생각하도록 랍비들에게 가르침을 받았다.[91] 이 공동체는 내재하는 신을 모시는 새로운 성전이었다. 그들이 시너고그에 들어와 완벽한 일체감 속에 '정성을 다해 한 목소리 한 마음과 한 어조로' 셰마를 낭송할 때 신은 그들 가운데 임할 것이다. 그러나 만약 공동체 안에 조금이라도 조화가 부족하다면 이를 싫어하는 신은 하늘—그곳에서는 천사들이 '한 목소리와 한 선율로' 신을 찬양한다—로 돌아갈 것이다.[92] 신과 이스라엘의 더 높은 결합은 오직 지상에서 이스라엘인과 이스라엘인의 더 낮은 결합이 완전할 때에만 가능할 수 있었다. 랍비들은 거듭해서 이스라엘인들에게 한 무리의 유대인들이 토라를 함께 공부할 때 셰키나가 그들 가운데 앉아 있으리라고 말했다.[93]

바빌론 유수기에 유대인은 자신들을 둘러싼 세계가 가혹하다는 것을 느꼈다. 그런데 신이 임재한다는 감각이 그들이 자애로운 신에게 보호받는다는 느낌을 갖도록 도와주었다. 〈신명기〉에서 말한 대로 성구함(聖句函, 테필린)을 손과 이마에 차고, 술(치치트)이 달린 옷을 입고, '셰마 구절을 담은 상자'인 메주자를 문에 못질할 때, 유대인들은 이 특이하고 별난 관행을 남들에게 설명하려 하지 않았다. 그런 시도는 그 행동의 가치를 떨어뜨릴 뿐이었다. 그 대신 유대인들은 이 미츠보트를 행함으로써 자신들을 보호하는 신의 사랑을 깨달으려 했다. "이스라엘은 사랑받고 있다! 성서는 그들을 계율로 감싸고 있다. 이마와 손에 테필린을, 문에 메주자를, 옷에 치치트가 있지 않은가."[94] 그것들은 마치 왕이 왕비를 더 아름답게 꾸미려고 하사한 보석 같았다. 물론 이런 확신이 쉬운 것은 아니었다. 탈무드에 따르면 어떤 사람들은 신이 이런 암울한 세상에서 무슨 대단한 차이를 만들 수 있을지 의심했다.[95] 랍비들의 영성은 예루살렘을 떠난 사람들뿐만 아니라 그전부터 흩어져 살던 유대인들에게도 규범이 되었다. 이는 랍비들의 가르침이 탄탄한 이론적 근거를 갖췄기 때문이 아니었다. 율법의 많은 관행은 아무런 논리적인 의미가 없었다. 랍비들의 종교는 효과적이었기 때문에 받아들여졌다. 랍비들의 비전이 이스라엘인들이 좌절에 빠지는 것을 막았던 것이다.

그러나 이러한 형태의 영성은 남성만을 위한 것이었다. 여성은 랍비가 되는 것도, 토라를 연구하는 것도, 시너고그에서 기도하는 것도 요구할 수 (그리고 허락받을 수도) 없었다. 신의 종교는 당시 대부분의 다른 이데올로기만큼이나 가부장적이 되었다. 여성의 역할은 가정에서 제의적 순결성을 지키는 것이었다. 유대인은 오랫동안 창조의 다양한 산물들을 분리함으로써 창조를 신성화했고, 이러한 정신에서 마치 부엌에서 우유를 육류와 분리하듯 여성은 남성의 영역에서 분리되어 격하되었다. 사실상 이는 여성이 열등하게 취급받았음을 의미한다. 비록 랍비들이 여성도 신에게 축복받았다고 가르쳤지만 남성은 아침 기도를 할 때마다 신이 자신을 비유대인, 노예, 여성으로 만들지 않았음을 감사해야 했다. 그러나 결혼은 성스러운 의무이고 가정생활은 거룩하다고 여겨졌다. 랍비들은 가정의 신성함을 법령으로 강조했는데, 이는 종종 오해받았다. 월경 중에 성교를 금한 것은 여성이 불결하거나 추잡해서가 아니었다. 금욕 기간을 정한 뜻은 남편이 아내를 너무 당연하게 생각하는 것을 금하기 위해서였다. "남편이 아내를 너무 잘 알게 되면 싫증내기 때문에, 토라는 마치 결혼 날처럼 아내가 남편에게 〔계속〕 사랑받을 수 있도록 〔월경 후〕 7일 동안 '성적으로 만날 수 없는 여성'(니다)이 되어야 한다고 말한다."[96] 축제일에 시너고그에 가기 전에 남성은 제의적인 목욕을 해야 했는데, 그가 단지 부정해서가 아니라 신을 위한 거룩한 예배에 자신을 더욱 성스럽게 준비하기 위함이었다. 마찬가지로 이러한 정신에서 여성은 월경 후 제의적인 목욕을 해야 했는데, 곧 뒤따를 거룩한 일, 곧 남편과 맺는 성관계를 위해 자신을 준비하기 위함이었다. 이렇게 성(性)이 거룩할 수 있다는 생각은, 때때로 성과 신이 서로 양립할 수 없다고 여기게 되는 기독교에는 이질적인 것이다. 물론 나중에 유대인들이 이러한 랍비의 가르침에 부정적인 해석을 한 것은 사실이지만 랍비들은 결코 우울하고 금욕적이며 삶을 부정하는 영성을 설교하지 않았다.

반대로 랍비들은 유대인이 삶을 건전하고 행복하게 살아갈 의무가 있다고 주장했다. 그들은 종종 야곱, 다윗, 에스더 같은 성서의 인물이 아프거나 불행할 때 성령이 그들을 '떠났다' '버렸다'고 표현했다.[97] 영이 그들을 떠났다고 느꼈을 때에는 〈시편〉 22편의 구절을 때때로 인용하기도 했다. "나의 하느님, 나의 하느님, 어찌하여 나를 버리십니까?" 이는 십자가에서 이 구절을 인용한 예수의 신비로운 부르짖음에 흥미로운 질문을 제기하게 한다. 랍비들은 신은 인간이 고통받기를 원하지 않는다고 가르쳤다. 인간의 육체는 신의 모습이기 때문에 존중받고 보호받아야 했다. 신이 인간의 기쁨을 위해 선물한 술이나 성관계 등 즐거움을 기피하는 것은 죄가 될 수도 있었다. 신은 고통과 금욕주의 속에서 발견되지 않았던 것이다. 랍비들이 사람들에게 성령을 '소유하는' 실질적 방법을 권한 것은, 어떤 의미에서 스스로 신의 모습을 창조하라는 요구였다. 랍비들은 어디서부터 신의 활동이 시작되고 인간의 일이 끝나는지 알기는 쉽지 않다고 가르쳤다. 예언자들은 언제나 자신의 성찰을 신에게 돌림으로써 신의 목소리가 지상에서 들릴 수 있도록 만들었다. 이제 랍비들은 인간적이면서 동시에 신성한 임무에 착수한 것처럼 보였다. 그들이 새로운 법령을 제정한 것은 신의 활동인 동시에 자신들의 활동이었다. 이 세상에 토라를 많이 만듦으로써 그들은 신의 임재를 확장하고 더욱 효과적으로 만들었다. 랍비들 자신은 토라의 화신으로 존경받기에 이르렀다. 율법에 대한 전문 지식으로 인해 그들은 누구보다도 더욱 '신을 모방하는' 존재가 된 것이다.[98]

내재하는 신에 대한 감각을 통해 유대인은 인류를 성스럽게 볼 수 있었다. 랍비 아키바는 네 이웃을 네 몸같이 사랑하라는 미츠보트를 "토라의 가장 위대한 원칙"이라고 가르쳤다.[99] 동료 인간에 대한 범죄는 자신의 모습대로 인간을 만든 신을 부정하는 일이었다. 이는 무신론, 곧 신을 무시하는 신성 모독적 행위와 같았다. 따라서 살인은 신성 모독이었기에 가장 큰 범죄였다. "누구든지 사람의 피를 흘리게 하는 자는 신의 모습을 훼손한 것과 마찬가지로 취급받아야 한다고 성서는 말한다."[100] 다른 사람을 위해 봉사하는 일은 '신을 모방하는' 행위였는데, 신의 사랑과 동정심을 재창출했기 때문이다. 모든 인간은 신의 모습에 따라 창조되었으므로 모두 평등했다. 대사제라도 동료를 해치면 반드시 징계받아야 하는 이유는, 그 행위가 신의 존재를 부정하는 것에 버금가기 때문이었다.[101] 누구든지 한 생명을 죽이는 자는 전 세계를 멸망시킨 것처럼 벌받을 것임을 우리에게 가르쳐주기 위해 신은 한 사람, '아담'을 창조했다. 마찬가지로 한 생명을 구하는 것은 전 세계를 구원하는 것이었다.[102] 이것은 단순히 고매한 정서가 아니라 기본적인 법률 원칙이었다. 가령 포그롬 동안에도 집단의 이익을 위해 한 생명도 희생될 수 없음을 의미했다. 어느 누구든, 심지어 이방인이나 노예일지라도 모욕하는 일은 심각한 범죄였는데, 이는 살인 곧 신의 모습을 거부하는 신성 모독과 같았다.[103] 단지 신만이 인간의 자유를 통제할 수 있기에 자유의 권리는 중요하게 여겨졌으며, 랍비 문헌 전체에서 투옥에 관한 구절을 단 하나도 찾아보기 어려울 정도였다. 누군가에 대해 추문을 퍼뜨리는 일도 신의 존재를 부인하는 신성 모독이었다.[104] 유대인은 신을 저 위에서 인간의 일거수일투족을 감시하는 '빅브라더'로 생각하지 않았다. 그 대신 인간 개개인 안에 신에 대한 감각을 키워 우리가 다른 사람들과 맺는 관계가 성스러운 만남이 되도록 했다.

동물이 자기 본성에 따라 사는 것은 별로 어렵지 않겠지만, 인간이 완전히 인간적이 되기란 쉽지 않은 법이다. 이스라엘의 신은 때때로 가장 불경스럽고 가장 비인간적인 잔혹한 행동을 권장하는 듯 보였다. 그러나 긴 세월을 통해 야훼는 이스라엘인이 동료 인간에 대한 동정심과 존중—이것은 언제나 축의 시대 종교의 특징이었다—을 키울 수 있도록 권하는 개념으로 자리 잡아 갔다. 랍비들이 품은 종교적 이상은 정확히 같은 전통에 뿌리를 두고 있는 '신-종교'의 두 번째 전통(기독교)에 가까웠다.

3장

이방인을 위한 빛

신이 된 사람의 아들,
예수

필론이 알렉산드리아에서 플라톤주의적 유대교를 추구하고 힐렐과 샴마이가 예루살렘에서 논쟁을 벌이던 시기에 팔레스타인 북부에서는 카리스마 넘치는 한 신유(神癒) 치료자가 자신의 길을 준비하고 있었다. 우리는 그 사람, 예수에 관해 거의 알지 못한다. 예수의 전 생애를 다룬 최초의 글인 〈마가복음〉은 예수 사후 40여 년이 지난 뒤인 기원후 70년경에 기록된 것이다. 그 무렵이면 예수에 관한 역사적 사실은 신화적 요소들로 뒤덮여 있었다. 따라서 〈마가복음〉은 신뢰할 만한 전기라기보다 예수를 따르던 이들에게 예수가 어떤 의미였는지를 잘 보여주는 글이라고 할 수 있다. 초기 기독교인은 예수를 새로운 모세, 새로운 여호수아, 새로운 이스라엘의 창시자로 받아들였다. 붓다와 마찬가지로 예수는 많은 동시대인들이 가장 깊이 품었던 열망을 포착했고 유대인들이 수 세기 동안 꿈꾸어 온 것을 몇 마디 말로 압축했던 것으로 보인다. 예수가 살아 있는 동안 팔레스타인의 많은 유대인이 그를 메시아라고 믿었다. 그는 나귀를 타고 예루살렘에 들어와 '다윗의 아들'*이라 추앙받았으나 불과 며칠 뒤에 로마가 내린 십자가형이라는 고통스러운 형벌로 사형당했다. 메시아가 일반 범죄자처럼 처형당했다는 추문에도 불구하고 제자들은 예수에 대한 자신들의 믿음이 틀렸다고 의심하지 않았다. 예수가 부활했다는 소문이 들렸다. 예수가 십자가형을 받아 죽은 지 사흘 뒤에 그의 무덤이 빈 것을 보았다는 사람도 있었고, 예수의 환영을 보았다고 말하는 사람도 있었으며, 어떤 경우에는 5백 명이 동시에 부활한 예수를 목격했다고 말하기도 했다. 제자들은 예수가 곧 이 세상에 돌아와 메시아가 이끄는 하느님 나라의 통치를 시작하리라 믿었다. 메시아 왕국을 고대하는 것은 유대교에서 결코 이단이 아니었으므로 이 새로운 종파는 힐렐의 손자이자 당시 최고의 탄나임(율법학자)이었던 랍비 가말리엘에게 인정받을 수 있었다. 예수를 따르는 사람들은 충실한 유대인으로서 매일 대성전에서 예배를 드렸다. 그러나 예수의 삶, 죽음, 부활에서 영감을 받은 '새로운 이스라엘' 신앙은 나름의 독특한 신 개념을 발전시켜 궁극적으로 유대교와는 다른 이방인의 신앙이 된다.

기원후 30년경 예수가 사망할 당시에 유대인들은 열정적인 유일신 론자였기 때문에 누구도 메시아를 신이라 생각하지 않았다. 단지 보통 사람 가운데 특별한 임무를 부여받은 존재로 여겼다. 어떤 랍비들은 메시아의 이름과 정체를 영원 전부터 신이 알고 있었다고 주장했다. 〈잠언〉과 〈집회서〉에 신의 지혜가 '신과 함께' 있었다고 상징적으로 쓰인 것처럼 메시아도 태초 이전부터 '신과 함께' 있었다고 말할 수 있었다. 유대인은 '기름 부음 받은 자'라는 뜻의 메시아가 다윗 왕의 후손

다윗의 아들 성서에서 유대인들이 고대하던 메시아를 가리키는 말.

일 것이라 기대했다. 다윗은 왕이자 영적 지도자로서 예루살렘에 유대인 최초의 독립 왕국을 세웠다. 간혹 〈시편〉에서 다윗이나 메시아를 '신의 아들'이라 칭했지만 그것은 단순히 야훼와의 친밀함을 나타내는 표현이었을 뿐이다. 바빌론에서 돌아온 이후, 가증스러운 이방인의 신들처럼 야훼에게 실제로 아들이 있을 것이라 생각하는 유대인은 아무도 없었다.

가장 이른 시기에 쓰였기에 보통 가장 믿을 만하다고 여겨지는 〈마가복음〉은 예수를 형제자매가 있는 가정을 둔 지극히 평범한 인간으로 묘사한다. 그가 태어날 때 천사들이 나타나 그의 탄생을 알리거나 찬양하지도 않았다. 어린 시절이나 청년기에 그에겐 눈에 띄는 점이 없었다. 예수가 가르침을 펼치기 시작했을 때 그의 고향 나사렛 사람들은 마을 목수의 아들이 갑자기 대단한 천재가 된 것에 당황했다. 〈마가복음〉은 예수의 공적 생애로부터 이야기를 시작한다. 예수는 본래 세례 요한의 제자였을지 모른다. 세례 요한은 아마도 에세네파에 속한 방랑 금욕주의자였을 것이다. 그는 예루살렘의 기성 성직자 체제가 절망적으로 부패했다고 신랄한 설교를 퍼부었다. 세례 요한은 사람들에게 회개하고 요르단강에서 세례로 정화하는 에세네파의 의식을 치르라고 촉구했다. 〈누가복음〉은 예수와 요한이 실제로 친척 관계였다고 암시한다. 예수는 요한에게 세례받으려고 나사렛에서부터 먼 길을 걸어왔다. 〈마가복음〉에는 이렇게 나온다. "갈릴래아 나사렛에서 요르단강으로 요한을 찾아와 세례를 받으셨다. 그리고 물에서 올라오실 때 하늘이 갈라지며 성령이 비둘기 모양으로 당신에게 내려오시는 것을 보셨다. 그때 하늘에서 '너는 내 사랑하는 아들, 내 마음에 드는 아들이다.' 하는 소리가 들려왔다."[1] 곧바로 세례 요한은 예수가 메시아임을 알았다. 바로 다음에 이어지는 예수의 행적은 그가 갈릴리의 모든 도시와 마을을 다니며 "하느님의 나라가 도래했다!"고 선포하고 설교하기 시작했다는 것이다.[2]

예수의 사명이 본래 무엇이었는지를 두고 매우 다양한 추측이 있었다. 복음서에는 예수가 실제로 한 말이 거의 기록되어 있지 않다. 복음서의 자료들은 대부분 예수 사후 바울이 세운 교회가 이룬 발전에 영향을 받은 듯하다. 그렇지만 복음서에는 예수의 공적 생애가 근본적으로 유대적 성격을 지녔다는 단서들이 있다. 먼저, 신유 치료자들은 갈릴리 지방에서 매우 친숙한 종교인이었다는 점을 지적해야 한다. 예수와 마찬가지로 그들은 떠돌아다니면서 설교하고 병든 자들을 고치고 악령을 쫓아내는 수행자였다. 예수처럼 그들도 자신을 지지하는 많은 여성 제자들을 데리고 있었다. 기독교로 개종하기 전에 바리새인이었으며 가말리엘 문하에서 공부했다고 주장한 바울처럼, 예수도 힐렐 학파에 속한 바리새인이었을지 모른다고 말하는 학자도 있다.[3] 분명히 예수의 가르침은 바리새인의 주요 교리와 일치한다. 예수도 사랑과 자애가 가장 중요한 계율(미츠보트)이라고 믿었기 때문이다. 바리새인처럼 예수도 토라의 권위를 믿었고 많은 동시대 사람들보다 훨씬 엄격하게 율법을 준수하라고 설교했다고 한다.[4] 예수가 "무엇이든지 남에게 대접받고자 하는 대로 너희도 남을 대접하라."는 격언 속에 율법의 모든 것이 함축되어 있다고 강조한 것은 그가 '힐렐의 황금률'과 비슷한 교훈을 가르쳤음을 말해준다.[5] 〈마태복음〉에서 예수는 쓸모없는 위선자들인 '서기관과 바리새인들'에 대해 아주 거칠고 볼썽사납게 비난을 퍼붓는 모습으로 그려진다.[6] 그러나 이는 역사적 사실에 대한 중상 모략적 왜곡이며, 예수의 사명을 특징짓는 '사랑'에 명백히 어긋난다. 특히 예수가 바리새인에게 맹비난을 퍼붓는 장면은 거의 확실히 믿을 만하지 못하다. 가령 〈누가복음〉과 〈사도행전〉에서는 바리새인을 비교적 좋게 평가했는데, 만약 바리새인이 예수를 죽음으로 몰아넣은 불구대천의 원수였다면 〈사도행전〉에 나오는 것처럼 바울이 자신이 바리새인이라고 자랑하지 못했을 것이다. 〈마태복음〉에 나타난 유대교에 대한 반감은 (기원후 1세기) 80년대에 유대인과 기독교인 사이에 발생한 긴장 관계를 반영한 것이다. 복음서들은 종종 예수와 바리새인의 논쟁을 보여주지만 그런 논쟁은 우호적인 분위기에서 이루어진 것으로 그려져 있거나 더 율법주의적이던 샴마이 학파 사람들과 예수의 의견 충돌을 반영한 것으로 보인다.

예수가 사망한 후 그의 추종자들은 예수가 신이었다고 결정지었다. 이 결정은 즉시 이루어진 것이 아니다. 나중에 보겠지만, 예수가 인간의 모습을 한 신이었다는 교리는 기원후 4세기에 이르러서야 확정된다. 성육신에 대한 기독교 신앙은 점진적으로, 복잡한 과정을 거쳐 발전했다. 분명히 예수는 스스로 신이라고 주장하지 않았다. 그가 세례를 받을 때 하늘로부터 들려온 음성이 그를 '하느님의 아들'이라고 불렀는데, 이는 아마도 그가 사랑받는 메시아임을 확인해주려는 것이었던 듯하다. 하늘로부터 들려온 선포 자체에 대단히 특별한 의미가 있지는 않았다. 랍비들은 그들이 밧콜*이라고 부른 것을 자주 경험했기 때문이다. 밧콜이란 좀 더 직접적인 예언인 '계시'를 대신하는 영감의 한 방식이었다.[7] 랍비 요하난 벤 자카이는 그러한 밧콜을 들은 적이 있었다. 그와 그의 제자들 앞에 성령이 불의 형태로 내려왔을 때 요하

밧콜(bat qol) 문자 그대로 풀이하면 '음성(音聲)의 딸'이라는 의미인데, 평소 목소리보다 작은 목소리를 가리킨다. 구약에서 '신의 음성'을 가리킬 때 쓰이는 말이다.

난은 자신의 사명을 확인해주는 밧콜을 들었다. 예수는 자신을 '사람의 아들(바르 나샤bar nasha)'이라 칭하곤 했다. 이 호칭을 두고 많은 논란이 있지만 원래 아람어로 이 말은 단순히 인간 조건의 약점과 필멸의 운명을 강조한 것으로 보인다. 이 추측이 맞다면, 예수는 자신이 언젠가 고통받고 죽을 수밖에 없는 나약한 인간이라는 사실을 강조하기 위해 복음 선포에 나선 것으로 보인다.

복음서에 따르면 예수는 그저 죽을 운명을 타고난 인간에 불과했지만 신이 그에게 어떤 신의 능력(디나미스)을 주었기 때문에 신처럼 병자를 낫게 하고 죄를 사하는 일을 할 수 있었다. 따라서 사람들은 예수의 활동을 보면서 신이 어떤 존재인지 살아 숨 쉬는 신의 이미지를 목격한 셈이었다. 한번은 예수의 제자 세 명이 평소보다 더 분명하게 신성한 모습을 보았다고 주장했다. 이 이야기는 공관 복음서 세 권에 모두 보존되어 있으며 후대 기독교인들에게 매우 중요해진다. 예수가 베드로, 야고보, 요한을 데리고 올라갔다는 높은 산은 전통적으로 갈릴리 지방의 타보르산(다볼산)이었다고 전해진다. "그때 예수의 모습이 그들 앞에서 바뀌어 얼굴은 해와 같이 빛나고 옷은 빛과 같이 눈부셨다."[8] 그리고 각각 율법과 예언자를 대표하는 모세와 엘리야가 예수의 좌우에 나타나 세 사람이 함께 이야기를 나누었다. 베드로는 너무나 감격해 크게 울부짖으며 자기가 무슨 말을 하는지도 모른 채 이 광경을 기리기 위해 초막 세 채를 짓겠다고 말한다. 그때 예전에 시나이산에 갑자기 내려왔던 것과 같은 빛나는 구름이 산꼭대기를 덮으며 '밧콜'이 선포되었다. "이 사람은 내 사랑하는 아들, 내 마음에 드는 아들이니 너희는 그의 말을 들어라."[9] 몇 세기가 지난 후 동방 기독교인들은 이 환상의 의미를 숙고하면서 신의 '능력'이 예수의 변모된 인간성을 통해 뚜렷이 나타난 것이라고 결론지었다.

또 그들은 예수가 결코 이러한 신의 '능력'―그들은 이것을 필론과 마찬가지로 디나미스라고 불렀다―이 자신에게만 주어진 것이라고 주장하지 않았음에 주목했다. 예수는 제자들에게 '믿음'이 있으면 그들 역시 '능력'을 누릴 수 있으리라고 거듭 약속했다. 물론 여기서 믿음이란 올바른 신학을 받아들인다는 뜻이 아니라 신에게 복종하고 헌신하는 내적 태도를 함양한다는 의미였다. 만약 제자들이 망설임 없이 자신을 신에게 내어줄 수 있다면 그들도 예수가 할 수 있는 모든 것을 행할 수 있다는 말이었다. 랍비들과 마찬가지로 예수도 '성령'이 특권을 지닌 엘리트가 아니라 선한 의지를 지닌 모든 인간에게 찾아온다고 믿었다. 심지어 어떤 구절을 보면 예수는 이방인도 '성령'을 받을 수 있다고 말했는데 이것 역시 랍비들과 비슷했다. 제자들이 '믿음'이 있다면 더욱 위대한 일들을 행할 수 있을 것이다. 단지 죄를 사하고 귀신을 쫓는 정도가 아니라 산을 들어 바다에 던질 수도 있을 것이다.[10] 제자들은 자신들의 나약하고 유한한 삶이 '메시아 왕국'의 세계에서 활동 중인 (신의) '능력'에 의해 변모했음을 발견하게 될 것이었다.

예수가 죽은 뒤 제자들은 예수가 어쨌든 신의 모습을 보여주었다는 자신들의 믿음을 포기할 수 없었다. 아주 일찍부터 그들은 예수에게 기도하기 시작했다. 바울은 이방인들도 신의 능력에 다가갈 수 있어야 한다고 믿고 오늘날의 튀르키예, 마케도니아, 그리스 지방에서 복음을 전하기 시작했다. 바울은 비유대인이 모세의 율법을 제대로 준수하지 않더라도 새로운 이스라엘의 구성원이 될 수 있다고 확신했다. 더 배타적인 유대교 종파로 남아 있기를 바랐던 원래의 예수 제자들은 바울의 그러한 생각이 불쾌했다. 그리하여 그들은 매우 치열한 논쟁 끝에 바울과 결별했다. 그러나 바울이 전도해서 개종시킨 사람들은 대부분 디아스포라 유대인이거나 '신을 경외하는 자'였기 때문에 '새로운 이스라엘' 신앙에는 여전히 유대교의 색채가 짙게 깔려 있었다. 바울은 절대로 예수를 '신'이라 부르지 않았고 유대교적 의미에서 '신의 아들'이라고만 칭했다. 분명히 바울은 예수가 신의 화신이라고 믿지 않았다. 그가 보기에 예수는 단지 지상에서 신의 활동을 드러내는 신의 '능력'과 '영'을 지녔을 뿐이었고 인간이 이해하기 어려운 신의 본질과 동일시될 수 없었다. 하지만 이방인의 세계에서 새로운 기독교인들은 신과 신의 활동을 구분하는 이러한 미묘한 유대적 감각을 항상 유지할 수는 없었다. 그러므로 나약하고 죽을 수밖에 없는 존재로서 자신의 인간성을 강조했던 예수를 결국 신으로 믿은 것은 그리 놀랄 만한 일이 아니었는지 모른다. 신이 예수의 몸으로 육화했다는 교리는 언제나 유대인들의 분노를 샀고 훗날 무슬림 역시 이것을 신성 모독적이라고 생각했다. 성육신은 어느 정도 해석에 위험 부담이 있는 난해한 교리였고 기독교인들은 종종 이 교리를 조잡하게 풀이하곤 했다. 그러나 이와 같은 육화한 존재에 대한 헌신은 종교사에서 분명 끊임없이 거듭된 주제였다. 나중에 보겠지만 유대인과 무슬림도 기독교와 놀랄 만큼 비슷한 성육신 신학을 발전시키게 된다.

보디사트바와 크리슈나의 신격화

같은 시기에 인도에서 이루어진 몇 가지 발전을 간단히 살펴보면 예수의 신격화라는 놀라운 사건의 원인이 된 종교적 충동을 이해할 수 있다. 불교와 힌두교에서 모두 붓다 개인 그리고 인간의 모습으로 나타난 힌두교 신들 같은 고귀한 존재에 대한 헌신이 급증했다. '바크티(bhakti)'라고 불리는 이러한 개인적인 헌신은 인간화된 종교를 향한 인간의 마르지 않는 갈망을 표현한 것으로 보인다. 이것은 불교와 힌두교에서 모두 아주 새로운 출발이었고, 기존 종교에서 우선시되던 본질적인 사항들을 훼손하지 않으면서 잘 통합되었다.

기원전 6세기 말 붓다의 죽음 이후 사람들은 그를 기릴 기념물을 당연히 원했지만 그의 조각상은 부적절하다고 생각했다. 닙바나에 다다른 붓다는 어떤 의미에서든 더는 '존재하지' 않기 때문이었다. 하지만 붓다에 대한 사람들의 사랑이 갈수록 커지고 깨달은 인간을 알고자 하는 욕구가 강해졌기 때문에 마침내 기원전 1세기에 이르러 인도 북서부의 간다라 지방과 자무나강 상류의 마투라 지방에 최초의 불상(佛像)이 등장했다. 자기 외부의 어떤 존재에 대한 이러한 헌신은 붓다가 설파한 내적 훈련과 크게 달랐지만, 불상 같은 이미지들이 사람들에게 주는 힘과 영감은 불교의 영성에서 가장 중요한 자리를 차지하게 되었다. 모든 종교는 변화하고 발전한다. 그러지 않으면 낙후되고 말 것이다. 대다수 불교도는 바크티가 대단히 유익하다고 생각했고, 그것이 사라질 위기에 놓인 어떤 핵심적인 진리를 자신들에게 일깨워준다고 느꼈다. 붓다는 처음 깨달음을 얻었을 때 그것을 자기만의 것으로 간직하라는 유혹을 받았으나 고통받는 인간에 대한 자비(동정심)로 이후 40년 동안 '도(道)'를 설파하게 되었다고 전해진다. 그러나 기원전 1세기에 이르러, 사원에 틀어박힌 채 자기 자신의 셈법에 따라 닙바나에 이르려고 노력하던 승려들은 이러한 자비를 잊어버렸던 것 같다. 수도 생활은 이루기 힘든 이상이었고 많은 이들은 자신과 동떨어진 일로 여겼다. 그러다가 기원후 1세기에 새로운 불교 영웅 '보디사트바(보살)'가 등장했다. 보디사트바는 붓다의 전례를 따라 자신의 닙바나를 미루고 뭇사람을 위해 희생한다. 보디사트바는 고통 속에 있는 사람들을 구원하기 위해 윤회의 고통을 기꺼이 견딜 준비가 되어 있었다. 기원전 1세기 말에 편찬된 《반야심경》은 보디사트바를 이렇게 설명한다.

자기 자신의 개인적 닙바나를 얻으려 하지 않고 이 끔찍이 고통 많은 세상을 잘 살피면서 최상의 깨달음에 도달하기를 원하며 생과 사에 겁내거나 연연하지 않는다. 보디사트바들은 이 세상을 불쌍히 여겨 이 세상의 고통을 덜어주려고 작정한 이들이다. 그들은 "우리가 이 세상의 보호소가 되고 안식처가 되며 이 세상의 마지막 구호처이자 쉴 수 있는 섬이 되며 구원으로 이끄는 빛과 길잡이가 되겠노라"고 서원했다.[11]

나아가 보디사트바는 영적으로 재능이 부족한 사람들을 도울 수 있는 공덕의 무한한 원천을 확보했다. 즉 보디사트바에게 기도하는 사람은 불교 우주관에 따른 낙원 중 한 곳에 다시 태어날 수 있는데, 여기서 낙원은 깨달음을 좀 더 쉽게 얻을 수 있는 여건이 갖추어진 곳이다.

경전은 이런 이야기들을 문자 그대로 받아들이지 말라고 강조한다. 이 이야기들은 이 세상의 일상적인 논리나 사건과는 아무런 관련이 없으며, 파악하기 어려운 진리를 드러내는 상징일 뿐이다. 기원후 2세기에 공론(空論)을 세운 인도 철학자 나가르주나(용수)는 사람들이 일상적으로 쓰는 개념어의 부적합성을 증명하기 위해 역설과 변증법의 방법을 썼다. 궁극의 진리는 오로지 명상이라는 정신 훈련을 통해 직관적으로 얻을 수 있을 뿐이라고 그는 강조했다. 심지어 붓다의 가르침조차 인간이 만든 관습적인 생각이어서 그가 전하려던 참된 실재를 충분히 표현할 수 없다고 보았다. 이러한 철학을 받아들인 불교도들은 인간이 경험하는 모든 것이 미망이라는 믿음을 발전시켰는데, 이는 서구 철학의 맥락에서 본다면 일종의 관념론이다. 만물의 내적 본질은 공(空)이고 무(無)이며 일반적 의미에서 존재하지 않는다. 공을 닙바나와 동일시하는 것은 지극히 당연한 일이었다. 고타마 싯다르타가 붓다가 되어 닙바나에 이르렀다 함은 말로는 표현할 수 없는 방법으로 그가 닙바나 그 자체가 '되어' 절대적인 진리와 일치했음을 뜻한다. 따라서 닙바나를 추구하는 자는 모두 붓다와 일치되는 경지를 추구한다.

붓다와 보디사트바에 대한 바크티가 예수에 대한 기독교인의 헌신과 비슷하다는 것은 어렵지 않게 알 수 있다. 이러한 헌신 덕분에 더 많은 사람들이 신앙을 접할 수 있게 되었다. 같은 시기에 힌두교에서는 가장 중요한 두 신, 시바와 비슈누에 초점을 맞춘 바크티 운동이 분출했다. 신에 대한 대중의 헌신은 우파니샤드의 철학적 엄정함을 압도할 만큼 거셌다. 사실상 힌두교도들은 유일하고 말로는 표현할 수 없는 실재의 세 측면 혹은 세 가지 상징으로서 브라흐만, 시바, 비슈누의 삼위일체설을 발전시켰다.

때로는 시바의 면모를 통해 신의 신비를 고찰하는 것이 도움이 될 수 있다. 시바는 선(善)의 신이자 악(惡)의 신이며, 풍요의 신이면서 금욕을 상징하는 역설의 신이고 창조자인 동시에 파괴자다. 민간 전설에 따르면, 시바는 위대한 요가 수행자여서 그의 신봉자들이 명상을 통해 신성에 대한 개인적인 관념을 초월할 수 있도록 영감을 준다고 한다. 흔히 비슈누는 시바보다 친절하고 명랑한 신으로 묘사된다. 비슈누는 다양한 '화신'(아바타)의 형태로 인간에게 자신을 드러내기를 좋아한다. 비슈누의 유명한 페르소나 중 하나인 크리슈나는 왕족으로 태어났으나 목동으로 성장했다. 민간 전설에는 크리슈나가 목동 소녀들과 벌이는 연애담이 많은데, 이런 이야기는 신을 영혼의 연인으로 묘사한 것이다. 그러나 《바가바드기타》*에서 비슈누가 크리슈나의 모습으로 아르주나 왕자 앞에 나타나는 장면은 무시무시한 경험으로 다가온다.

> 오, 신이시여, 저는 당신의 몸 안에서
> 모든 신들과 또 여러 피조물의 무리와
> 연꽃 위에 앉은 우주의 창조자
> 브라흐만과 모든 예언자들과
> 또 모든 천상의 용들을 봅니다.[12]

만물은 어떤 방식으로든 크리슈나의 몸 안에 존재한다. 그는 시작도 끝도 없으며 공간을 가득 채울 뿐 아니라 "울부짖는 폭풍의 신들, 태양의 신들, 밝은 신들과 제사의 신들" 같은 모든 가능한 신을 포함한다.[13] 또한 그는 "피곤을 모르는 인간의 영"이며 인간성의 본질이다.[14] 강물이 바다로 힘차게 흘러들어 가는 것처럼, 나방이 이글대는 화염 속으로 날아드는 것처럼 만물이 크리슈나를 향해 뛰어든다. 이 무시무시한 광경을 보면서 아르주나 왕자는 그저 어찌할 바를 모르고 두려움에 떨며 경악할 수밖에 없다.

《바가바드기타》 힌두교의 중요한 경전 중 하나로서 고대 인도의 대서사시 《마하바라타》의 일부이다. 산스크리트어로 '신의 노래'라는 뜻이며, 기원전 2세기에서 기원후 5세기 사이에 성립된 것으로 추정된다.

'바크티'의 발전은 궁극과 개인적 관계를 맺고 싶어 하는 대중의 뿌리 깊은 요구에 대한 응답이었다. 브라흐만을 철두철미하게 초월적 실재로 여기게 되면서 이 신은 인간과 너무나 멀리 떨어진 존재가 되었고 고대의 천신이 그랬듯 인간의 의식에서 사라질 위험이 있었다. 불교에서 '보디사트바'의 이상과 힌두교에서 비슈누 신의 '화신' 개념이 발전한 것은 '절대적인 것'이 적어도 인간적인 면모를 갖추어야 한다는 사람들의 요구를 대변하는 종교 발전의 새로운 단계를 보여준다. 이러한 상징적 교리와 신화들은 절대적인 것이 오직 '단 하나의' 현현 속에 나타날 뿐이라는 생각을 부정한다. 즉 무수한 붓다와 보디사트바가 있고 비슈누의 다양한 화신이 있는 것이다. 또한 이 신화들은 깨달음을 얻거나 신격화된 모습으로 인간의 이상을 보여준다.

바울의
'그리스도 안에서'

기원후 1세기까지는 유대교에도 이와 비슷하게 신의 내재성을 추구하려는 갈망이 있었다. 예수라는 인물이 바로 그 갈급함에 대한 해답이었던 것 같다. 오늘날 우리가 기독교라고 부르는 종교를 창시한 가장 초기의 기독교인 저술가 바울은 예수가 이 세계에 대한 신의 가장 중요한 자기 계시인 토라를 대신한다고 믿었다.[15] 바울이 정확히 무엇을 의도했는지 알기란 쉽지 않다. 바울의 서신은 완전히 명료하게 정리된 신학에서 나온 일관성 있는 설명이라기보다 특정한 문제에 대해 그때그때 내놓은 답변이었기 때문이다. 바울은 분명 예수가 메시아라고 확신했다. 예수의 호칭 중 하나인 '그리스도(Christ)'라는 말은 그리스어 '크리스토스(Christos)'에서 온 것인데, 이 크리스토스는 본래 '기름 부음을 받은 자'*를 뜻하는 히브리 단어 '마쉬아흐'를 그리스어로 옮긴 것이다. 또한 유대인이었던 바울은 예수를 신의 화신으로 믿을 수 없었기에 인간 예수를 말했지만 예수가 보통 사람을 넘어서는 존재라는 것은 분명히 믿었다. 자신이 경험한 예수를 설명하기 위해 바울은 끊임없이 '그리스도 안에서'라는 구절을 썼다. 기독교인은 '그리스도 안에서' 살고, 그의 죽음으로 세례를 받았으며, 교회는 어떤 의미에서 그의 몸을 이룬다.[16] 이것은 바울이 논리적으로 주장한 진리는 아니었다. 다른 많은 유대인처럼 바울도 그리스 합리주의를 의심어린 눈으로 보았고 그것을 "어리석은 것"이라고 불렀다.[17] 바울이 예수를 "우리가 그 안에서 살고 움직이고 존재하는" 일종의 대기 같은 것으로 묘사한 것은 그 자신의 주관적이고도 신비적인 경험 때문이었다.[18] 예수가 바울의 종교적 경험의 원천이 되었으므로 바울은 당시 사람들이 신에 대해 이야기하는 것과 같은 방식으로 예수에 대해 이야기한 것이다.

자신이 전해 받은 신앙을 설명하면서 바울은 예수가 "우리의 죄를 대신하기 위하여" 고통받고 죽었다고 말했다.[19] 이것은 예수의 죽음이라는 추문에 놀란 예수의 제자들이 아주 이른 시기부터 예수의 죽음은 사실 우리를 위함이었다고 설명하고자 노력했음을 보여준다.

기름 부음을 받은 자(Anointed One) 기름 부음(anointment)이란 사람의 머리나 몸 또는 어떤 물체에 기름, 특히 향유를 붓거나 바르는 행위를 말한다. 고대 근동에서 손님을 환대하거나 몸을 치장하거나 장례식을 위해 시체의 부패를 방지할 목적으로 행해졌으며 왕이나 지도자를 정하는 의식으로 행해지기도 했다. 기독교적 의미에서 기름 부음은 대상이 되는 물체를 성별(聖別)하거나 사람에게 기름을 부어 제사장이나 예언자 또는 왕으로 세우는 것을 뜻한다.

앞으로 9장에서 17세기 유대인들도 또 다른 메시아가 수치스럽게 죽은 사실을 비슷하게 설명하려 했음을 보게 될 것이다. 초기 기독교인은 예수가 어떤 신비로운 방식으로 여전히 살아 있으며, 예수가 지녔던 '능력'이 그가 약속했던 것처럼 이제 자신들에게 깃들었음을 느꼈다. 바울의 서신을 통해 우리는 초기 기독교인이 마치 새로운 유형의 인류가 출현했음을 보여주는 듯한 여러 가지 특이한 경험을 했음을 알 수 있다. 신유 치료자가 된 사람도 있었고 방언을 말하는 사람도 있었으며 신으로부터 계시되었다고 믿는 신탁을 전하는 사람도 있었다. 그당시 교회 예배는 소란스럽고 격정적이어서 오늘날 교회에서 울려 나오는 감미로운 '저녁 예배' 찬양과는 상당히 대조적이었다. 어떤 의미에선 예수의 죽음이 정말로 이로운 결과를 가져온 것 같았다. 그것은 바울 서신의 일관된 주제인 "새로운 (종류의) 생명"과 "새로운 창조물"을 낳은 듯했다.[20]

그러나 아담의 '원죄'에 대한 속죄로서 예수의 십자가형을 논하는 구체적인 신학은 아직 등장하지 않았다. 나중에 살펴보겠지만 그 신학은 4세기가 되어서야 나타나며 유독 서방 기독교에서만 중요하게 부각된다. 바울과 다른 신약 성서 저자들은 자신들이 경험한 구원을 결코 정확하게, 결정적으로 설명하려고 시도하지 않았다. 그러나 그리스도의 희생적 죽음이라는 생각은 같은 시기에 인도에서 발생한 보디사트바의 이상과 비슷했다. 보디사트바와 마찬가지로 그리스도 역시 인간과 절대자 사이의 중재자다. 다른 점은 그리스도는 '유일한' 중재자이며, 그가 가져온 구원은 보디사트바의 구원처럼 아직 구현되지 않은 미래의 대망이 아니라 이미 성취된 기정사실이라는 점이었다. 바울은 예수의 자기 희생이 유일무이한 사건이라고 주장했다. 바울은 자신이 다른 사람들을 위해 겪는 고난도 이로운 것이라 믿었지만 그럼에도 예수의 고난과 죽음은 다른 어떤 것과도 견줄 수 없는 특별한 것임을 분명히 했다.[21] 이것은 위험한 생각일 수 있다. 불교의 무수한 붓다와 힌두교의 정의하기 어렵고 역설적인 화신들이 신자에게 일깨워주는 사실은 궁극적 실재가 어떤 한 가지 형태 속에 충분히 표현될 수 없다는 것이다. 신의 무궁한 실재 전체가 특정한 한 사람 안에서 모두 구현되었음을 시사하는 기독교의 단일 성육신론은 잘못하면 미성숙한 유형의 우상 숭배로 이어질 수도 있다.

예수는 신의 디나미스가 오로지 예수 자신만을 위한 것이 아니라고 주장했다. 예수가 새로운 인간 유형의 첫 번째 사례였다고 주장한 바울도 위와 같은 생각을 발전시켰다. 예수는 옛 이스라엘이 성취하는 데 실패한 모든 것을 이루었을 뿐 아니라, 이방인을 포함해 모든 인간이 어떻게든 반드시 참여해야 할 새로운 아담, 새로운 인간이 되었다.[22] 이것은 붓다가 공과 하나가 된 이후 인간의 이상은 불성(佛性)에 참여하는 것이라는 불교의 믿음과 결코 다르지 않다.

필리피(필립비)* 교회에 보낸 편지인 〈빌립보서〉에서 바울은 초기 그리스도 찬가로 여겨지는 것을 인용하는데, 이 노래는 몇 가지 쟁점을 던진다. 여기서 바울은 자신이 개종시킨 사람들에게 예수의 희생 정신을 닮아야 한다고 권한다.

그분은 하느님의 모습을 지니셨으나,

필리피 그리스 북쪽에 있었던 마케도니아의 고대 도시. 사도 바울이 유럽에서 기독교를 전파한 첫 도시였는데 바울 시대에는 로마의 식민지였다. 한국어 성서에 '빌립보' 혹은 '필립비'로 표기돼 있다.

하느님과 동등함을

당연하게 생각하지 않으시고,

오히려 자기를 비워서

종의 모습을 취하시고,

사람과 같이 되셨습니다.

그는 사람의 모양으로 나타나셔서,

자기를 낮추시고

죽기까지 순종하셨으니,

곧 십자가에 죽기까지 하셨습니다.

그러므로 하느님께서는 그를 지극히 높이시고,

모든 이름 위에 뛰어난 이름을

그에게 주셨습니다.

그리하여 하느님께서는

하늘과 땅 위와 땅 아래에 있는 이들 모두가

예수의 이름 앞에 무릎을 꿇게 하시고,

모두가 예수 그리스도는 주(키리오스)이시라고

고백하게 하셔서,

하느님 아버지께 영광을 돌리게 하셨습니다.[23]

이 찬가는 초기 기독교인들 사이에 퍼져 있던 믿음 즉 예수가 '자기 비움'(케노시스kenosis)의 행위를 통해 인간이 되기 이전에 '신과 함께' 모종의 선재를 누렸을 것이라는 믿음을 반영한 것으로 보인다. 예수는 보디사트바처럼 자기를 비움으로써 인간 조건의 고통을 나누기로 결심한 것이다. 바울은 너무나 유대교적이어서 그리스도가 제2의 신적 존재로서 영원 전부터 야훼(YHWH) 옆에 존재하고 있었다는 생각을 받아들이기 어려웠을 것이다. 그리하여 찬가는 예수는 승귀(昇貴) 이후에도 신과 다른 존재이고 신보다 열등하다는 것을 보여준다. 신은 그를 부활시키고 키리오스(kyrios, 주主)라는 칭호를 부여했다. 이 칭호는 예수 스스로 획득한 것이 아니며 오로지 "하느님 아버지의 영광을 위하여" 부여받은 것일 뿐이다.

약 40년 후 〈요한복음〉(기원후 100년경에 쓰였다) 저자도 이와 비슷한 생각을 표현했다. 이 저자는 서문에서 "태초부터 신과 함께" 있었고 창조의 행위자로서 활약한 '말씀' 곧 로고스를 언급한다. "모든 것은 말씀을 통하여 생겨났고 이 말씀 없이 생겨난 것은 하나도 없다."[24] 〈요한복음〉 저자는 '로고스'라는 그리스어 단어를 알렉산드리아의 필론과 같은 방식으로 썼다. 그리스화된 유대인이 사용하던 의미가 아니라 팔레스타인에서 통용되던 의미로 사용한 것이다. 이 시기에 히브리어 성서의 아람어 번역본《타르굼》이 편찬되었는데, 이 번역본에서는 세계 안에 나타난 신의 활동을 기술하기 위해 '말씀'(멤라)이라는 용어를 썼다. 여기서 '말씀'이란 말은 불가해한 신의 실재 그 자체와 세상에 나타난 신의 현존을 뚜렷이 구분하는 데 쓰인 '신의 영광', '성령', '셰키나' 같은 다른 전문 용어들과 비슷한 구실을 했다. '말씀'은 신의 '지혜'와 마찬가지로 창조를 위한 신의 최초 계획을 상징한다. 바울과 요한이 예수가 일종의 선재적 생명을 지녔다고 말했을 때, 그들은 후대에 나타날 삼위일체설의 의미에서 예수가 신의 제2의 위(位)라고 제안한 것은 아니었다. 그들은 예수가 일시적이고 개별적인 존재 방식을 초월했다고 말한 것이다. 예수가 재현한 '능력'과 '지혜'가 신에게서 나온 까닭에 예수는 "태초부터 있었던 그 무엇"을 나타내 보인 것이라는

의미였다.[25]

　이러한 생각은 철저히 유대교의 맥락에서만 이해될 수 있는 내용이었고 그리스적 배경을 지닌 후대의 기독교인은 다른 방식으로 이해하게 된다. 기원후 100년경이 되어서야 쓰였으리라고 생각되는 〈사도행전〉을 보면 초기 기독교인들이 여전히 신에 대해 전적으로 유대교적인 생각을 지니고 있었음을 알 수 있다. 시나이산에서 율법을 받은 사건을 기념하는 오순절(성령 강림절. 부활절 뒤 일곱 번째 일요일) 동안, 곳곳에 흩어져 살던 수많은 디아스포라 유대인이 예루살렘에 운집했을 때 성령이 예수를 따르는 이들에게 강림했다. "갑자기 하늘에서 세찬 바람이 부는 듯한 소리가 들려오더니 그들이 앉아 있던 온 집 안을 가득 채웠다. 그러자 혀 같은 것들이 나타나 불길처럼 갈라지며 각 사람 위에 내렸다."[26] 같은 시대에 살았던 탄나임에게 그랬던 것처럼, 성령은 이 최초의 유대계 기독교인들에게도 자신을 드러냈다. 즉시 제자들은 밖으로 달려 나가 "메소포타미아와 유대와 카파도키아(갑바도기아)와 폰토스(본도)와 아시아와 프리기아(브루기아)와 팜필리아(밤빌리아)와 이집트와 키레네(구레네) 근처 리비아의 여러 지역"에서 온 유대인과 신을 경외하는 자들에게 설교하기 시작했다.[27] 놀랍게도 제자들의 설교는 듣는 이 각각의 출신 지역 언어로 들렸다. 베드로가 일어나 군중에게 설교하기를 이 현상이야말로 유대교의 '절정'을 뜻하는 것이라 말했다. 옛 예언자들은 신이 자신의 영을 사람들에게 부어주어 심지어 여자와 노예도 환상을 보며 꿈을 꿀 시간이 오리라고 예언하지 않았던가?[28] 이 날은 신이 자기 백성과 더불어 이 세상을 통치할 '메시아 왕국'의 창시일이 될 것이다. 베드로는 나사렛 예수가 신이라고 주장하지 않았다. 예수는 "하느님께로부터 오신 분이었습니다. 하느님께서는 이것을 분명히 보여주시려고 여러분이 보는 앞에서 그분을 통하여 여러 가지 기적과 놀라운 일과 표징을 나타내셨습니다." 예수가 비참하게 죽은 후, 신은 그를 다시 들어 올려 생명을 주고 '신의 오른쪽'이라는 특별한 지위에 두어 그를 높였다. 이미 예언자들과 〈시편〉 저자들이 이런 모든 사건을 예언했으므로 "이스라엘의 온 백성들"은 예수야말로 그들이 오래 기다려 온 메시아임을 알 수 있을 것이다.[29] 이 연설은 곧 초기 기독교인들의 메시지(케리그마 kerygma)였던 것으로 보인다.

이념을 위한 철학,
감정을 위한 종교

4세기 말에 이르러 기독교는 앞서 〈사도행전〉에 언급된 여러 지역에서 세력이 강해졌다. 기독교는 '신을 경외하는 자'와 개종자가 많이 모이던 디아스포라 유대인의 시너고그에서 뿌리를 내렸다. 바울이 제창한 개혁 유대교는 그들이 당면했던 많은 딜레마를 해결하려 했던 것 같다. 디아스포라 유대인은 '여러 언어로 말하기' 때문에 통일된 목소리를 내거나 일관된 입장을 취하기 어려웠다. 많은 디아스포라 유대인은 그때까지 희생 동물들이 흘린 피로 흠뻑 젖은 예루살렘 성전을 미개하고 야만적인 기관으로 여겼다. 〈사도행전〉에 나오는 스테파노(스테파노스, 스테반)의 이야기는 이러한 관점을 잘 보여준다. 그는 예수파로 개종한 그리스화된 유대인이었는데, 유대인의 최고 자치의회이자 최고법원인 '산헤드린'에서 신성 모독죄를 선고받고 돌에 맞아 죽었다. 스테파노는 마지막 열정적인 연설에서 예루살렘 성전이 신의 본성에 대한 모독이라고 주장했다. "지극히 높으신 분은 사람의 손으로 지은 집에는 사시지 않습니다."[30] 디아스포라 유대인 중 어떤 이들은 예루살렘 성전이 파괴된 이후 랍비들이 발전시킨 탈무드 중심 유대교를 받아들였고, 또 어떤 이들은 토라의 위상과 유대교의 보편성에 대해 자신들이 품은 의문에 기독교가 답을 준다고 믿었다. 기독교는 특히 신을 경외하는 자들에게 매력적이었는데, 613개나 되는 계율(미츠보트)을 지켜야 하는 부담 없이도 '새로운 이스라엘'의 정식 구성원이 될 수 있었기 때문이다.

기원후 1세기 동안 기독교인은 마치 유대인처럼 신을 생각하고 신에게 기도했다. 그들은 랍비처럼 논쟁했고 그들의 교회는 유대교 시너고그와 비슷했다. 기원후 80년대에 유대인과 시너고그에서 공식적으로 내쫓긴 기독교인 사이에 치열한 논쟁이 벌어졌다. 기독교인들이 쫓겨난 이유는 율법 준수를 거부했기 때문이었다. 이미 살펴보았듯이 유대교는 1세기 초반 수십 년 동안 많은 개종자를 얻는 데 성공했으나 70년 이후 유대인과 로마 제국이 갈등을 빚으면서 유대교의 위상이 떨어졌다. 신을 경외하는 자들이 유대교를 저버리고 기독교로 옮겨 가는 것을 보고 유대인은 개종자들을 의심하게 되었고 더는 열성적으로 포교하지 않았다. 이전에 유대교에 끌렸던 이교도들은 이제는 기독교로 돌아섰는데 그들은 대체로 노예나 하층 계급이었다. 2세기 말이 되어서야 고등 교육을 받은 이교도들이 기독교로 개종하기 시작했고 이로써 새로운 종교에 의심을 품은 이교 세계 사람들에게 비로소 새 종교를 제대로 설명할 수 있게 되었다.

처음에 로마 제국 내에서는 기독교를 유대교의 한 분파로 여겼다. 그러나 기독교인들이 자신들은 이제 더는 시너고그의 구성원이 아니라고 분명히 밝힌 후 기독교는 광신자의 '종교'로 경멸받았다. 그들이 조상의 신앙으로부터 이탈하는 불경건의 중대한 죄를 저질렀기 때문이었다. 로마인의 에토스는 보수적이어서 가부장제 전통과 고대 관습의 권위를 존중했다. '진보'란 옛 황금시대로 되돌아가는 것이지, 미래를 향해 겁 없이 행진하는 것을 뜻하지 않았다. 변화를 떠받드는 오늘의 우리 사회와 달리, 로마인은 과거와 의도적으로 결별하는 데서 창조의 가능성을 보지 않았다. 개혁은 위험하고 반역적인 것으로 여겨졌다. 로마인은 전통의 굴레를 벗어던지려는 대중 운동을 깊이 의심했고, 종교 '사기꾼'들로부터 시민들을 지키기 위해 늘 경계를 늦추지 않았다. 그러나 로마 제국 전반에 걸쳐 동요와 불안의 기운이 감돌고 있었다. 거대한 국제적 제국에서 살아가는 경험은 옛 신들을 보잘것없고 부적절해 보이게 만들었다. 사람들은 이질적이고 당혹감을 느끼게 하는 다른 문화도 접하게 되었다. 그들은 이제 새로운 영적인 해결책을 모색하기 시작했다. 오리엔트의 여러 종교가 유럽으로 수입되었고, 로마의 수호신이었던 전통적인 신들과 이집트의 이시스, 그리스의 세멜레 같은 신들이 나란히 경배되었다. 기원후 1세기 동안, 새로운 신비 종교들은 새 회원들에게 내세에 대한 은밀한 앎을 가르쳐주면서 구원을 제시했다. 그러나 새로운 종교에 대한 열정은 결코 기존 질서를 위협하지 않았다. 동방의 신들은 로마인들에게 친숙한 의식을 그만두라고 요구하거나 근본적인 개종을 요구하지 않았고 마치 새로운 성인처럼 더 넓은 세상에 대한 감각과 참신한 관점을 제공하는 데 만족했다. 전통 신들을 위태롭게 하지 않고 저자세를 유지하는 한 신비주의 종파들은 모두 용납되고 기존 질서에 편입되었던 까닭에 사람들은 원하는 만큼 많은 신비주의 종파에 가입할 수 있었다.

　종교가 도전이 되거나 삶의 의미에 관한 의문에 답을 주리라고는 누구도 기대하지 않았다. 그런 종류의 깨달음을 위해서라면 사람들은 철학을 찾으면 됐다. 고대 후기 로마 제국에서 사람들이 신을 경배한 것은 위기가 닥쳤을 때 도움을 얻기 위해, 국가를 위한 신의 축복을 간구하기 위해, 그리고 과거와 단절되지 않았다는 안도감을 얻기 위해서였다. 종교는 생각의 문제라기보다 예배 형식과 의례의 문제였다. 종교는 이념이나 의식적으로 채택한 이론에 근거한 것이 아니라 감정에 근거한 것이었다. 물론 이런 태도는 오늘날에도 아주 낯선 것은 아니다. 요즘 우리 사회에서 예배에 참석하는 사람들 중 많은 이들이 신학적 논쟁에 별 관심이 없고 특별한 종교적 경험을 원하지도 않으며 변화에 대한 생각 자체를 싫어한다. 그런 사람들은 제도화된 전통 의례가 전통과 연결 고리를 제공하며 안정감을 선사한다고 믿는다. 설교를 통해 훌륭한 생각을 들으리라는 기대는 없고 예배 형식을 바꾸면 불안해한다. 이와 비슷하게 고대 후기의 이교도 대다수는 그들 이전의 무수한 세대가 그러했듯이 조상신 숭배를 좋아했다. 오래된 의례는 그들에게 정체감(正體感)을 선사해주었고 각 지역의 전통을 축복해주었으며 세상만사가 이대로 계속되리라고 확인해주는 듯했다. 인간이 이룩한 문명이란 것도 사실 허술하기 그지없어 보였기 때문에 문명의 존폐를 관장하는 수호신들을 아무렇게나 무시해 위협당하는 일이 없도록 주의할 필요가 있었다. 로마인들은 만약 어떤 새로운 종교가 조상의 신앙을 폐기하기 시작하면 막연하게나마 위협을 느꼈다. 기독교는 로마인에게 최악의 두 모습을 보여준 셈이었다. 기독교는 유대교와 달리 유서 깊은 전통이 없었고, 누구나 보고 즐길 수 있는 이교 신앙의 매력적인 의례 같은 것도 전혀 없었다. 또한 기독교인이 자신들의 신만이 '유일한' 신이며 다른 신들은 망상이라고 주장한 사실도 잠재적 위협이었다. 고대 로마의 전기 작가인 가이우스 수에토니우스(70~160)는 기독교를 비합리적이고 별난 운동 즉 '새롭고 타락한 미신'으로 보았다. 그것은 참으로 '새로웠고' 그래서 '타락한' 것이었다.[31]

교육받은 이교도들은 깨달음을 얻기 위해 종교가 아니라 철학에 기대를 걸었다. 플라톤, 피타고라스, 에픽테토스 같은 고대의 철학자들이야말로 그들에게 성인이며 선각자였다. 그들은 이 철학자들을 심지어 '신의 아들'로 보았다. 예를 들어 플라톤을 아폴론의 아들이라고 생각했다. 철학자들은 종교에 대해 차분하게 존중하는 태도를 유지했으나 자신들이 하는 일과 근본적으로 다른 활동이라고 생각했다. 철학자들은 상아탑에 갇혀 늙어버린 학자가 아니라 동시대인들을 자신들의 특정 학파가 세운 학문으로 끌어들여 그들의 영혼을 구원하고자 하는 사명을 짊어진 이들이었다. 소크라테스와 플라톤 모두 자신들의 과학적, 형이상학적 연구가 사람들에게 우주의 영광에 관한 통찰력을 불어넣는다는 것을 깨닫고 자신들의 철학을 '종교적'으로 대했다. 그리하여 1세기경 지적이고 사려 깊은 사람들은 삶의 의미에 관한 설명, 영감을 주는 이념, 윤리적인 동기 등을 철학자들에게서 얻으려 했다. 기독교는 야만적인 교의로 보였다. 기독교의 신은 인간사에 비합리적으로 간섭하는 사납고 원시적인 신으로 보였다. 그 신은 아리스토텔레스 같은 철학자가 말한 멀리 떨어져 있고 변함없는 신과 공통점이 전혀 없었다. 플라톤이나 알렉산드로스 대왕 같은 걸출한 인물이 '신의 아들'이라고 주장하는 것과 로마 제국 어느 한심한 변방에서 치욕스러운 십자가형을 당한 유대인 청년이 '신의 아들'이라고 주장하는 것은 완전히 다른 문제였다.

플라톤주의는 고대 후기에 가장 인기 있는 철학의 하나였다. 1, 2세기의 플라톤주의자들은 윤리적이고 정치적인 사상가 플라톤보다 신비주의자 플라톤에게 매력을 느꼈다. 플라톤의 가르침은 인간의 영혼을 육체라는 감옥에서 해방해 신성한 세계로 비상하게 함으로써 진정한 자기를 실현할 수 있게 도와주었다. 플라톤 철학은 우주론을 연속성과 조화의 이미지로 사용한 고귀한 체계였다. '일자(一者)'는 시간과 변화의 황폐함을 초월해 거대한 존재의 사슬의 정점에서 조용한 관조에 몰입해 있다. 모든 존재는 그 순수한 존재의 필연적 결과로서 '일자'로부터 유래했다. 영원한 형상은 '일자'로부터 유출되었고, 다음에 해, 달, 별을 각각의 영역에서 움직이게 했다. 마지막으로 '일자'를 돕는 존재인 신들이 인간이 사는 하위 세계에 신성한 영향력을 행사했다. 플라톤주의자는 신이 갑자기 세계를 창조하기로 마음먹는다든지 소수의 인간과 직접 대화하기 위해 기존 질서를 무시하는 그런 유치한 이야기를 원하지 않았다. 십자가형을 당한 메시아를 통한 기괴한 구원도 필요로 하지 않았다. 모든 사물에 생명을 부여한 신과 인간은 닮았기 때문에 철학자들은 이성적이고 체계적인 노력을 통해 신성한 세계로 상승할 수 있으리라고 믿었다.

기독교인은 이러한 이교도의 세계를 향해 어떻게 자신들의 신앙을 설명할 수 있었을까? 로마인의 눈에 기독교는 종교도 철학도 아닌 어중간한 것으로 보였다. 더군다나 기독교인은 아직 자신들의 '믿음의 내용'을 목록으로 정리해 보여주지도 못했으며 독특한 사상 체계를 발전시키려는 의식도 없었다. 이 점에서 기독교인은 이교도 이웃들과 비슷했다. 논리 정연한 '신학'이 없는 그들의 종교는 잘 개발된 헌신의 태도라고 표현하는 편이 더 정확했다. 기독교인이 '신조(creed)'를 암송하는 것은 일련의 명제에 이성적으로 동의한다는 의미가 아니었다.

'믿다'라는 뜻의 라틴어 크레데레(credere)는 '나의 마음을 바친다'는 의미의 코르다레(cor dare)에서 왔다고 한다. 코르다레는 cor('마음', '심장')와 dare('정한다', '놓는다')를 합한 말이다. 따라서 기독교인이 "나는 믿습니다!"(크레도credo! 그리스어로는 피스테우오pisteuo!)라고 고백하는 것은 지적인 태도라기보다 정서적인 태도를 의미했다. 킬리키아* 몹수에스티아의 주교 테오도루스(350?~428?)는 개종자들에게 다음과 같이 설명했다.

여러분이 신 앞에서 "저 자신을 드립니다"(피스테우오)라고 말할 때 여러분은 앞으로 신께 충성하고 그분을 결코 떠나지 않으며 그분과 함께하며 그분의 명령에 어긋나지 않게 행동하는 일을 세상 어떤 것보다도 중요하게 여기겠다는 결심을 보여주는 것입니다.[32]

이후 기독교인은 자신들의 신앙을 좀 더 이론적으로 설명해야 했고 세계 종교사에서 유례가 없는 신학적 논쟁을 향한 열정을 키우게 된다. 우리가 이미 보았듯이, 유대교에는 공식적인 정통 교리가 없었고 신에 관한 생각은 본질적으로 사적인 문제였다. 이 점에서 초기 기독교인도 같은 태도를 보였다.

킬리키아(Cilicia) 오늘날 튀르키예령 아나톨리아(소아시아)의 남동쪽 해안, 키프로스 북쪽의 해안 지역에 해당하는 고대의 지명.

영지주의와
마르키온파

2세기에 기독교로 개종한 이교도 중에는 기독교가 전통과의 파괴적인 단절이 아니라는 것을 증명하기 위해 불신자 이웃을 설득하려고 노력한 변증가(호교론자)들이 있었다. 최초의 변증가 중 한 사람이었던 카이사레아(가이사리아)의 유스티누스(100~165)는 신앙을 위해 순교했다. 삶의 의미를 찾기 위한 그의 부단한 노력에서 우리는 당시의 영적 불안을 엿볼 수 있다. '순교자' 유스티누스는 심오하거나 영민한 사상가는 아니었다. 기독교로 개종하기 전에 그는 스토아 철학 소요학파 학자에게 사사받은 피타고라스주의자였는데, 그러한 철학들의 주제를 잘 이해하지는 못했던 것 같다. 그는 철학을 하는 데 필요한 기질이나 지성은 부족했지만, 예배 형식과 의례에 따른 숭배 이상의 것을 원했고 그 답을 기독교에서 찾았다. 두 권의 《변론》(150년경, 155년경)에서 유스티누스는 기독교인은 단지 플라톤을 따를 뿐이라고 주장했다. 플라톤 역시 유일신만이 존재한다고 했다. 그리스 철학자들도 유대교 예언자들도 모두 그리스도가 올 것을 예고했다는 유스티누스의 주장은 당시 예언과 신탁에 새로이 관심을 쏟기 시작한 이교도들에게 꽤 인상적이었을 것이다. 나아가 유스티누스는 예수는 다름 아닌 로고스 즉 신적 이성의 화신이며, 스토아 철학자들이 우주의 질서 속에서 발견한 그 로고스가 역사를 통해 이 세계에서 활약하며 그리스인과 유대인 모두에게 영감을 주었다고 주장했다. 그러나 유스티누스는 이 참신한 생각에 함축된 의미를 설명하지는 않았다. 어떻게 인간이 로고스의 화신이 될 수 있는가? 로고스가 성서에서 말하는 '말씀'과 '지혜'와 같은 것인가? '로고스'와 '유일신'은 어떤 관계인가?

다른 기독교인들은 훨씬 더 철저한 신학을 발전시켰는데, 그것은 사변 자체를 즐겨서가 아니라 심각한 불안을 누그러뜨리기 위해서였다. 특히 영지주의자('지혜를 얻은 자')는 신성한 세계에서 인간이 분리되어 있음을 예리하게 알아차렸고 이를 설명하기 위해 철학 대신 신화로 눈을 돌렸다. 영지주의자들은 신과 신성한 세계에 대한 무지가 곧 비탄과 치욕의 근원임을 경험을 통해 알았고 그러한 앎을 신화로 설명했다. 2세기 초반에 알렉산드리아에서 가르쳤던 바실리데스와, 2세기 중반에 이집트를 떠나 로마에서 가르쳤던 발렌티누스 두 사람은 많은 추종자를 거느렸고 기독교로 개종한 사람들 중 다수가 방향 감각을 잃고 겉돌다가 철저히 좌절했음을 보여주었다.

영지주의자들은 모두 그들이 '신 본체(Godhead)'라고 불렀던 불가해한 실재를 언급하는 것으로 시작했다. 그것이야말로 우리가 '신'이라고 부르는 저급한 존재의 진정한 원천이기 때문이었다. 우리가 그것에 대해 말할 수 있는 것은 아무것도 없다. 왜냐하면 그것은 우리의 유한한 지성이 파악할 수 있는 한계를 완전히 벗어나 있기 때문이다. 발렌티누스는 '신 본체'에 대해 다음과 같이 설명했다.

'신 본체'는 완벽하고 선재하는 것이며 …… 보이지도 않고 이름 붙일 수도 없는 높은 곳에 있다. 그것은 시작 이전이며 근원이며 심연이다. 그것은 어떤 그릇에도 담을 수 없고 볼 수도 없으며, 영원하고 생성되지 않는 것이며, 무한한 아이온*들을 위한 적막이자 깊은 고독이다. 그와 함께 생각이 있었으니 곧 은총과 침묵이었다.[33]

사람들은 언제나 절대자를 생각했으나 그 누구도 적절히 설명하지 못했다. '선'도 '악'도 아니고 '존재한다'고 말할 수조차 없는 '신 본체'를 묘사하기란 불가능하다. 바실리데스는 태초에 '신'은 없었고 단지 '신 본체'만 존재했다고 가르쳤는데, 그것은 엄격히 말하자면 무(無)였다. 왜냐하면 우리가 이해할 수 있는 어떤 의미로도 '존재한다'고 할 수 없기 때문이다.[34]

그러나 이 '무'는 '심연'과 '침묵' 속에 홀로 머무르는 데 만족하지 않고 자신이 알려지기를 원했다. 불가해한 존재의 깊은 곳에서 내적 혁명이 일어나 마치 고대의 이교 신화들이 묘사한 것과 유사한 일련의 유출물이 나왔다. 첫 유출물은 우리가 알고 있고 기도하는 대상인 '신'이다. 그러나 '신'조차도 인간에게는 아직 접근 불가능했기에 더 명료해질 필요가 있었다. 그 결과 신으로부터 새로운 유출물이 쌍을 이루며 생겨났는데, 각각의 쌍은 여러 신성한 속성을 하나씩 드러내는 것이었다. '신'은 성별을 초월한 존재지만 영지주의자가 말하는 유출로 인해 생겨난 쌍은 〈에누마 엘리시〉의 내용과 마찬가지로 남성과 여성으로 구성되었다. 이것은 더 전통적인 유일신교에 나타난 남성적 경향을 중화하려는 노력이었을 것이다. 신성한 원천에서 멀어질수록 유출된 쌍들은 약해지고 희박해졌다. 마지막으로, 그러한 유출(또는 '아이온')이 서른 번 전개되었을 때 그 과정은 끝이 나고 신성한 세계 곧 '충만'(플레로마Pleroma)이 완성되었다. 영지주의자들이 아주 터무니없는 새 우주관을 제안한 것은 아니었다. 당시 사람들은 모두 우주가 이미 그러한 '아이온들' 곧 마귀와 영적인 힘으로 들끓는다고 믿고 있었기

아이온(aeon) 신 본체에서 유출되어 우주의 운행을 관장하는 힘.

때문이다. 사도 바울도 '독좌', '지배', '권위', '힘'에 관해 언급했고, 철학자들도 보이지 않는 힘이 고대의 신들이라고 믿었으며 그들을 인간과 '일자' 사이의 중재자로 여겼다.

영지주의자들은 다양한 방법으로 최초의 타락과 참상을 묘사했다. 일부는 마지막으로 유출된 소피아(지혜)가 접근 불가능한 '신 본체'의 금지된 앎을 탐냈기 때문에 은총을 잃어버렸다고 말했다. 그 주제넘은 무례함 때문에 소피아는 플레로마에서 쫓겨났으며, 소피아의 비탄과 고뇌에서 물질세계가 형성되었다. 추방당한 소피아는 향방도 모르는 채 자신의 신성한 원천으로 되돌아가기를 갈망하며 우주를 떠돈다. 영지주의자들은 이처럼 오리엔트의 관념과 이교적 관념을 잘 혼합해 우리의 세계가 천상의 왜곡이며 무지와 이탈로 인해 생겨났다는 자신들의 심오한 판단을 전했다. '신'은 추악한 물질과 아무런 관련도 없기 때문에 물질세계를 창조한 것은 결코 '신'이 아니라고 가르친 영지주의자들도 있었다. 물질세계를 창조한 것은 그들이 데미우르고스(창조자)라고 불렀던 아이온의 작업이었다. 데미우르고스는 '신'을 질투하여 자신이 플레로마의 중심이 되기를 꿈꾸었다. 그 결과 그는 타락하고 반항적인 격정으로 세상을 창조했다. 발렌티누스가 설명하듯 데미우르고스는 "앎 없이 하늘을 만들었고, 인간에 대한 무지 가운데 인간을 빚었으며, 지상에 대한 이해 없이 지상에 빛을 가져왔다."[35] 그러나 아이온들 가운데 하나인 '로고스'가 구원을 위해 지상으로 내려와 신에게 돌아가는 길을 인간에게 가르치고자 예수라는 육체적 형상을 취했다는 것이다. 이러한 주장을 폈던 기독교인들은 결국 탄압받았지만, 나중에 보게 되듯이 후대의 유대인, 기독교인, 무슬림은 이러한 유형의 신화로 되돌아갔다. 이런 신화가 '신'에 대한 그들의 종교 경험을 정통 신학보다 더 잘 나타낸다고 보았던 것이다.

이러한 신화들은 결코 창조와 구원에 관한 문자 그대로의 이야기로 의도된 것이 아니었다. 내적 진리의 상징적 표현이었다. 즉 '신'이나 '플레로마'는 '저편 어딘가에' 있는 외적 실재가 아니라 우리 내면에서 발견해야 하는 것이었다.

신과 그의 창조물과 또는 그런 비슷한 것에 대한 탐구를 그만 중단하라. 그 대신 너 자신을 살펴보기 시작함으로써 그분을 찾으라. 네 안에 있으면서 모든 것을 그분 자신의 것으로 만드는 분이 누구인지, "나의 신, 나의 정신, 나의 생각, 나의 영혼, 나의 육체"라고 말하는 분이 누구인지 배우라. 슬픔과 기쁨, 사랑과 증오의 원천을 배우라. 어떻게 인간이 자기 의지와 상관없이 깨어 있거나 잠들 수 있는지, 자기 의지와 상관없이 화내고 사랑할 수 있는지 배우라. 네가 이 모든 것을 조심스레 관찰한다면 너는 그분을 네 안에서 찾을 수 있으리라.[36]

플레로마는 영혼의 지도를 나타낸다. 신의 빛은 만약 영지주의자가 그것을 어디에서 찾아야 할지 안다면 이 암울한 세상에서도 감지할 수 있을 것이다. 소피아 또는 데미우르고스가 최초의 타락을 저질렀을 때 신성한 불꽃도 플레로마에서 떨어져 나와 물질 안에 갇혔다. 영지주의자들은 영혼 안에서 신성한 불꽃을 발견할 수 있고, 본향을 찾아가도록 도와줄 신적 요소를 내면에서 인식할 수 있다고 생각했다.

영지주의자들은 기독교로 새로 개종한 사람들 중 많은 수가 유대교로부터 전수받은 전통적인 신 개념에 만족하지 않았음을 지적한다. 그들은 이 세상을 자비로운 신이 만든 '선한' 세상이라고 생각하지 않았다. 주류 기독교에 대항하는 교회를 로마에 세우고 수많은 추종자를 거느렸던 마르키온(100~165)의 교리에도 이와 비슷한 이원론과 이탈에 관한 이야기가 나타난다. 예수는 오직 좋은 나무만 좋은 열매를 맺는다고 말했는데,[37] 선한 신이 어떻게 이처럼 명백하게 악과 고통으로 가득한 세상을 창조했을 수 있는가? 또한 마르키온은 정의를 행한다는 열정으로 민족 전체를 살육하는 잔인하고 광포한 신이 등장하는 유대교 경전을 읽으며 경악했다. 이 유대인의 신, 곧 "전쟁을 즐기고, 태도가 일관되지 않고, 자가당착적인" 신이야말로 이 악한 세상을 만든 신이라고 마르키온은 결론지었다.[38] 그러나 예수는 유대교 경전에 한 번도 언급되지 않았던 다른 신이 존재한다는 사실을 보여주었다. 이 제2의 신은 "평온하며 온유하며 오직 선하고 탁월한" 신이었다.[39] 이 신은 세상을 창조한 잔인하고 '사법적인' 신과는 전적으로 다르다. 따라서 선한 신에 대해 아무것도 말해주지 않는 이 세상, 선한 신의 작품이 아닌 이 세상을 우리는 버려야 하고, 또 구약 성서를 마땅히 거부하고 예수의 정신을 담은 신약 성서에만 전념해야 한다고 마르키온은 강조했다. 마르키온의 가르침이 인기를 끈 이유는 그가 당시 사람들이 공통으로 느낀 불안을 말로 표현했기 때문이었다. 한때는 마치 그가 독립된 교회를 세우려는 것처럼 보였다. 마르키온은 기독교인의 종교 경험에 아주 중요한 사실을 지적했다. 즉 많은 기독교인이 오랫동안 물질세계와 적극적으로 관계 맺기를 어려워했다는 점과 히브리 민족의 신을 어떻게 생각해야 할지 모르는 기독교인이 여전히 상당히 많다는 점이었다.

그러나 북아프리카의 신학자 테르툴리아누스(160?~220?)는 마르키온의 '선한' 신이 성서의 신보다 그리스 철학의 신과 공통점이 많다는 점을 지적했다. 이 결함 많은 세상과 아무 관련도 없는 이런 평온한 신은 예수 그리스도의 유대적 신보다는 아리스토텔레스의 '부동의 동자'에 훨씬 더 가깝다. 실제로 그리스-로마 문화권의 많은 사람들은 성서의 신은 경배하기에 부적합하게 잔인하고 광포한 신이라고 생각했다. 178년경, 이교도 철학자 켈수스는 기독교인이 편협하고 지역적인 신관(神觀)을 받아들였다고 힐난했다. 기독교인이 자신들만의 특별한 계시를 고집하는 것은 켈수스에게 경악스런 일이었다. 신은 모든 인간에게 응하는데, 기독교인은 지독히도 이기적인 무리를 이루고 "신은 오로지 우리에게만 관심을 쏟으려고 전 세계와 하늘의 운동까지 포기하고 광대한 대지도 무시했다"고 우긴다는 비난이었다.[40] 기독교인이 로마 당국에게 핍박을 당할 때 죄명은 '무신론자'였는데, 기독교인의 신 개념이 로마인의 에토스를 심각하게 침해했기 때문이었다. 전통적인 신을 존경하지 않는 기독교인을 보면서 로마인은 그들이 국가를 위태롭게 하고 견고하지 못한 사회 질서를 전복하지 않을까 염려했다. 기독교는 문명이 성취한 바를 무시하는 야만적 교의로 보였다.

그리스 정신과
기독교의 발전

그러나 2세기 말에 진정으로 교양 있는 이교도들이 기독교로 개종하기 시작했고, 구약의 셈족 신을 그리스-로마의 이상과 결합할 수 있게 되었다. 첫 주자는 알렉산드리아의 클레멘스(150?~215?)였다. 그는 개종 전에 아테네에서 철학을 공부했다. 그는 야훼와 그리스 철학자들이 섬긴 신이 같은 신이라고 철석같이 믿었으며, 플라톤을 '아티카의 모세'라고까지 불렀다. 하지만 예수와 바울이 클레멘스의 신학을 알았다면 둘 다 놀랐을 것이다. 플라톤이나 아리스토텔레스의 신과 마찬가지로 클레멘스의 신은 '무감정'(아파테이아apatheia)으로 특징 지어진다. 이 신은 전적으로 초연하여 고통을 느끼지도 않고 변화를 겪지도 않는다. 기독교인은 신의 평온함과 침착함을 모방함으로써 이러한 신성한 삶에 동참할 수 있을 것이었다. 클레멘스는 유대교 랍비들이 명시했던 상세한 행동 수칙과 놀랄 만큼 비슷한 생활 규칙을 고안했는데, 사실 그의 규칙은 스토아 철학의 이상과 공통점이 더 많았다. 바로 앉기, 조용히 말하기, 거친 행동과 너털웃음 삼가기, 점잖게 트림하기 등 생활의 모든 세세한 부분에서 신의 고요함을 모방해야 했다. 이처럼 열심히 정숙을 연습함으로써 기독교인은 자기 존재 안에 새겨져 있는 신의 형상인 거대한 내적 고요를 인식하게 될 것이다. 신과 인간 사이에는 어떠한 심연도 존재하지 않는다. 기독교인들이 신성한 이상을 따랐을 때, 그들은 "우리 집에 함께 머물고, 식탁에 같이 앉아 우리 삶의 모든 도덕적 노력을 같이 나누는" 신성한 동반자가 있음을 알게 될 것이다.[41]

그러나 클레멘스는 예수가 신이라는 것, "고통받고 숭배받는 살아 있는 신"이라는 것도 믿었다.[42] 그가 보기에 "제자들의 발을 씻어 수건으로 닦아주었던" 예수는 "자만심 없는 신이며 우주의 주인"이었다.[43] 그리고 만약 기독교인이 예수를 모범으로 삼는다면 그들 역시 신성하고 초연하며 불멸하는 존재가 될 수 있었다. 예수 자신도 신의 '로고스'였다가 사람들에게 "어떻게 신이 되는지를 가르쳐주기 위해" 인간이 된 것이었다.[44] 로마 제국 서부 리옹의 주교 이레나이우스 (130?~210?)도 비슷한 교리를 가르쳤다. 예수는 육화한 로고스, 즉 신의 이성이었다. 예수가 인간이 됨으로써 인간 발달의 모든 단계가 신성해졌으며 예수는 기독교인의 모범이 되었다. 기독교인은 마치 배우가 자신이 연기하는 역할과 하나가 되는 것과 거의 같은 방식으로 예수를 따라 해야 하며, 그럼으로써 인간의 잠재력을 발휘할 수 있다는 것이었다.[45] 클레멘스와 이레나이우스 둘 다 유대교의 신을 자신들의 시대와 문화를 특징짓는 관념에 맞추었다. 파토스와 상처받기 쉬움이 특징인 예언자들의 신과는 공통점이 거의 없었지만 클레멘스의 무감정(아파테이아) 교리는 기독교 신 개념의 근간이 되었다. 그리스 세계의 사람들은 감정과 가변성이 초래하는 혼란한 상태를 넘어설 수 있기를, 초인적인 평온함을 달성할 수 있기를 갈구했다. 이 때문에 그 내재된 역설에도 불구하고 그러한 이상이 성행했던 것이다.

클레멘스의 신학은 다음과 같은 결정적인 문제들에 답을 주지 않았다. 어떻게 한낱 인간이 로고스 또는 신의 이성이 될 수 있었나? 예수가 신이었다는 말은 정확히 무슨 뜻인가? 로고스는 '신의 아들'과 같은 것인가? 또 '신의 아들'이라는 이 유대교적 칭호는 그리스적 세계에서 무엇을 뜻하는가? 무감정하고 초연한 신이 어떻게 예수 안에서 고통받을 수 있는가? 어떻게 기독교인은 예수가 신성한 존재였다고 믿으면서 동시에 오직 '단 하나의' 신만이 존재한다고 주장할 수 있는가? 3세기가 되어 기독교인은 점차 이런 문제들을 의식하기 시작했다. 3세기 초에 로마에서 그다지 알려지지 않았던 인물인 사벨리우스는 성서에 나오는 '성부' '성자' '성령'이라는 표현은 배우가 자신이 맡은 역할을 연기하고 목소리를 관중에게 들려주기 위해 썼던 '가면'(페르소나)*에 견줄 수 있다고 주장했다. 즉 유일신이 이 세상과 관계할 때 다른 가면을 썼다는 것이다. 사벨리우스를 따르는 제자도 일부 있었으나 기독교인은 대부분 그의 이론을 당혹스러워했다. 그 이론에 따르면 모든 감정에 초연한 신이 '아들'의 역할을 할 때 고통을 받을 수밖에 없는데, 기독교인은 그런 생각을 쉽게 받아들일 수 없었다. 반면에 260년에서 272년까지 안티오키아(안디옥)의 주교였던 사모사타의 파울루스는 예수는 단지 인간이었을 뿐이며 신의 '말씀'과 '지혜'가 성전 안에 머물듯 예수 안에 머문 것이라고 말했다. 그러나 이것 역시 비정통으로 간주되었다. 파울루스의 신학은 264년 안티오키아 교회회의(시노드 synod)에서 이단으로 판정받지만 파울루스는 팔미라의 여왕 제노비아(240?~270?)의 도움으로 주교 자리를 지킬 수 있었다. 예수가 신적 존재였다는 기독교인의 확신과 하느님은 오직 단 한 분이라는 강한 믿음을 조화시키는 길을 찾기란 매우 어렵다는 사실이 분명해졌다.

202년경 클레멘스가 예루살렘의 주교를 보좌하는 사제가 되어 알렉산드리아를 떠난 후, 그의 탁월한 제자였던 오리게네스(185~254)가 알렉산드리아 교리문답 학교에서 클레멘스가 가르치던 자리를 물려받았다. 젊은 오리게네스는 순교야말로 천국에 이르는 길이라고 열정적으로 확신했다. 얼마 전 독실한 기독교인이었던 아버지 레오니데스가 순교했을 때 오리게네스도 함께 죽으려 했다.** 그러나 아들을 살리고 싶었던 어머니가 그의 옷을 모두 숨기는 바람에 목숨을 구했다. 오

페르소나(persona) '가면', '얼굴'을 뜻하는 라틴어. 그리스어 프로소폰(prosopon)의 번역어이다.

** 오리게네스의 삶은 신학자이자 역사가인 에우세비우스(260?~340?)가 쓴 《교회사》에 자세히 기록되어 있다. 이 기록에 따르면, 오리게네스의 아버지 레오니데스는 로마 시민이었는데 로마 황제 셉티미우스 세베루스가 일으킨 기독교인 박해로 202년에 순교했다. 아버지가 처형당했을 당시 오리게네스는 열일곱 살도 채 되지 않았다고 한다. 클레멘스가 알렉산드리아를 떠난 것도 세베루스의 박해 때문이었다. 오리게네스는 클레멘스가 떠난 뒤 203년에 교리문답 학교 교사로 채용된 것으로 보인다.

리게네스는 처음에는 기독교인의 삶이란 세상을 등지는 것이라고 믿었으나 나중에 이런 입장을 버리고 일종의 기독교적 플라톤주의를 발전시켰다. 신과 세계 사이에 있는 건널 수 없는 심연—오로지 순교라는 급진적인 이탈을 통해서만 건널 수 있는데—을 보는 대신에 오리게네스는 신과 세계의 연속성을 강조하는 신학을 발전시키게 된다. 그의 신학에는 빛, 낙천주의, 기쁨의 영성이 담겼다. 기독교인은 한 걸음 한 걸음 존재의 사슬을 밟고 올라, 마침내 인간의 본질적 요소이자 본향인 신에게 도달할 수 있었다.

오리게네스는 플라톤주의자로서 신과 영혼의 동족성을 확신했다. 따라서 신에 관한 앎은 인간에게 자연스러운 것이었다. 그 앎은 특별한 훈련을 통해 '상기'되고 각성될 수 있었다. 플라톤 철학을 셈족의 성서에 적용하기 위해 오리게네스는 성서를 상징적으로 읽는 방법을 개발했다. 가령 그리스도가 처녀 마리아의 자궁에서 태어났다는 것은 문자 그대로 받아들일 것이 아니라 영혼 속에 신의 지혜가 태어났다는 의미로 이해해야 했다. 또 오리게네스는 영지주의자들의 생각도 일부 받아들였다. 본래 영적 세계의 모든 존재는 말로 표현할 수 없는 신을 관조하고 성찰하도록 만들어졌다. 신은 자신을 로고스 즉 신의 '말씀'과 '지혜'를 통해 드러냈다. 그러나 이들은 신에 대한 완벽한 관조가 지겨워져 신성한 세계로부터 육체의 세계로 전락했으며 육체는 그들의 감옥이 되었다. 그러나 모든 것을 잃은 것은 아니었다. 영혼은 죽음 뒤에 길고도 꾸준한 여행을 통해 신에게로 상승할 수 있다. 영혼은 점차 육체의 질곡을 벗어버리고 성별도 초월해 순수한 정신이 된다. 영혼은 관조(테오리아)를 통해 신에 대한 앎(그노시스gnosis)을 쌓는데, 이 일은 플라톤이 가르쳐준 것처럼 영혼이 신성을 획득할 때까지 계속

된다. 신은 너무나 신비로워서 인간의 어떠한 언어나 개념으로도 적절하게 표현할 수 없지만, 영혼은 신의 본질을 공유하는 까닭에 신을 알수 있는 능력이 있다. 로고스에 대한 관조는 우리 인간에게 아주 자연스러운 일인데, 모든 영적 존재(로기코이logikoi)가 본래 서로 동등하기 때문이다. 영적 존재가 타락했을 때 오직 장차 인간 예수 그리스도가 될정신만이 신성한 세계에 머물며 신의 '말씀'을 관조하고 있었다. 그리고인간의 영혼도 근원적으로는 예수의 영혼과 동등했다. 인간 예수의 신성에 대한 믿음은 다만 하나의 단계일 뿐이다. 그 믿음은 우리가 가는길에 도움을 주지만 우리가 신을 직접 마주할 때 결국 초월될 것이다.

9세기에 교회는 오리게네스 사상의 일부를 이단으로 판정했다. 오리게네스도 클레멘스도 신이 이 세상을 '무(無)로부터'(엑스 니힐로ex nihilo) 창조했다고 믿지 않았다. 그러나 '무로부터 창조'는 훗날 기독교 정통 교리가 된다. 그 밖에도 예수의 신성과 인류의 구원에 관한 오리게네스의 견해는 분명히 후대 기독교의 공식 가르침과 일치하지 않았다. 가령 그는 인간이 그리스도의 죽음으로 인해 '구원받았다'고 믿지 않고 인간 자력으로 신을 향해 올라간다고 생각했다. 중요한 점은오리게네스와 클레멘스가 기독교적 플라톤주의를 가르치고 이와 관련된 저술 활동을 하던 당시에는 아직 공식적인 기독교 교리가 존재하지 않았다는 사실이다. 신이 이 세계를 창조한 것인지, 어떻게 인간이신성을 지녔는지 누구도 확실히 알지 못했다. 4세기와 5세기에 격동의사건들이 일어나 고통스러운 투쟁을 거친 후에야 비로소 정통 신앙이무엇인지 정의가 내려진다.

아마 오리게네스는 스스로 거세한 일로 잘 알려져 있을 것이다. 복음서에는 천국을 위해 스스로 거세한 사람들이 있다고 예수가 말하는 장면이 나오는데, 오리게네스는 그 말을 문자 그대로 받아들였다. 고대 말기에 거세는 꽤 흔한 일이었다. 오리게네스 스스로 성급하게 칼을 댄 것도 아니었고, 그의 결정이 히에로니무스(342?~420) 같은 신학자들처럼 섹슈얼리티에 대한 일종의 신경증적 혐오로 촉발된 것도 아니었다. 영국의 역사가 피터 브라운(Peter Brown)은 오리게네스는 그럼으로써 인간 조건의 불확정성을 영혼이 초월해야만 한다는 자신의 이론을 증명하려 했던 것 같다고 주장한다. 신성을 획득해 가는 긴 여정에서 성별 같은 겉보기에 불변하는 요소들은 분명 쓸모없어질 것이었다. 신 안에는 남자도 여자도 없기 때문이다. 지혜를 상징하는 긴 수염을 자랑하던 철학자들의 시대에 수염이 나지 않은 부드러운 뺨과 여자같이 높은 목소리를 지녔던 오리게네스의 모습은 놀랄 만한 광경이었을 듯싶다.

플로티노스의 일자와 유출

플로티노스(205?~270)는 알렉산드리아에서 오리게네스의 옛 스승 암모니우스 사카스(175~242?) 밑에서 수학했으며, 그 뒤 243년경에 로마 군대에 지원했다. 로마 황제 고르디아누스 3세가 이끄는 페르시아, 인도 원정에 참여하면 인도에 갈 수 있고 그곳에서 자신이 원하는 공부를 할 수 있으리라는 바람에서였다. 불행하게도 인도 원정은 실패로 끝났고 플로티노스는 안티오키아로 도망쳐야 했다. 훗날 그는 로마에서 유명한 철학 학교를 설립했다. 플로티노스는 자신의 생일까지 밝히지 않을 만큼 극도로 과묵한 사람이었던 탓에 우리는 그에 관해 거의 아무것도 알지 못한다. 켈수스와 마찬가지로 플로티노스도 기독교를 철저히 반대할 만한 교의라고 생각했으나, 그렇더라도 플로티노스는 유일신을 믿는 유대교, 기독교, 이슬람교 세 종교의 후대 이론가들에게 중대한 영향을 끼쳤다. 따라서 그의 신관을 어느 정도 상세히 고찰하는 것은 중요한 일이다. 플로티노스는 분수령으로 묘사되어 왔다. 8백여 년에 걸친 그리스적 사변의 주류를 소화하고 전파하여 우리 시대의 주요 인물인 T. S. 엘리엇이나 앙리 베르그송에 이르기까지 영향을 끼쳤기 때문이다. 그는 플라톤 사상에 기대어, 자기 이해를 달성할 수 있게 해주는 체계를 발전시켰다. 그는 우주를 과학적으로 설명하거나 생명의 물질적 기원을 설명하는 일에 전혀 관심이 없었다. 객관적인 설명을 위해 외부 세계를 응시하는 대신에 플로티노스는 제자들에게 각자 자신의 내면으로 물러나 영혼의 심연을 탐색하라고 권했다.

인간은 자신들의 상태가 뭔가 잘못되어 있음을 알고 있다. 자신의 내적 본성과 유리되어 방향감각을 잃고 자기 자신과 타인을 낯설게 느낀다. 단순함의 결여와 갈등이 인간 존재의 특징인 듯 보인다. 하지만 인간은 다양한 현상들을 통합해 어떤 질서 있는 전체를 만들기 위해 끊임없이 애쓴다. 어떤 사람을 쳐다볼 때 우리는 다리, 팔, 머리 이런 식으로 따로따로 보는 게 아니라 자동적으로 그러한 각각의 요소가 통합된 한 인간으로 구성해 본다. 이러한 일체성의 욕구는 인간 정신이 작동하는 기본 방식이자 사물의 본질을 보편적으로 반영하는 것이라고 플로티노스는 믿었다. 실재라는 감추어진 진리를 파악하기 위해 영혼은—플라톤이 충고했던 것처럼—자신을 재구성하여 정화(카타르시스)의 단계를 거쳐 관조(테오리아)에 돌입해야 한다. 영혼은 우주를 초월하고, 지각 가능한 세계를 초월하고, 심지어 지성의 한계까지도 초월해 실재의 본질을 직관할 수 있어야 한다. 그러나 이것은 우리 외부에 존재하는 또 다른 실재를 향해 상승하는 것이 아니라 우리 정신의 가장 깊은 곳으로 하강하는 일이 될 것이다. 다시 말해 이것은 내면으로의 등반이다.

원초적 단일성 상태에 있는 이 궁극적 실재를 플로티노스는 '일자'라고 불렀다. 만물은 이 강력한 실재 덕분에 존재한다. 이 '일자'는 단순함 그 자체이기 때문에 이것에 대해 말할 수 있는 것은 아무것도 없다. 즉 본질 이외에 아무런 특성이 없기 때문에 묘사가 불가능하다. '일자'는 그저 '존재할' 뿐이다. 따라서 '일자'는 이름이 없다. "만약 우리가 '일자'에 대해 적극적으로 생각한다면 '침묵' 속에서 더 많은 진리를 얻을 수 있을 것이다"라고 플로티노스는 설명했다.[46] '일자'는 존재 자체이기 때문에 우리는 심지어 이것이 존재한다고 말할 수조차 없다. 왜냐하면 '일자'는 "하나의 개별 사물이 아니라 모든 사물과 구별되는 것이기 때문이다."[47] 플로티노스에 따르면 '일자'는 "존재하는 어떤 사물도 아니면서 동시에 모든 것, 곧 만물이자 무이다."[48] 앞으로 우리는 바로 이 생각이 신 개념의 역사에서 일관된 주제임을 보게 될 것이다.

그러나 우리는 신에 대한 앎에 어느 정도 도달할 수 있기에 '침묵'이 진리의 전부일 수는 없다고 플로티노스는 주장했다. 만약 '일자'가 전적으로 파악 불가능한 모호함으로 뒤덮여 있다면 그러한 앎을 얻는 일은 절대로 불가능할 것이다. '일자'는 인간과 같은 불완전한 존재들에게 자신을 인식시키기 위해 본연의 단순성을 뛰어넘어 자신을 초월해야 한다. 이러한 신의 자기 초월은 순수한 관대함으로 인해 '자기 자신으로부터 벗어나는 일'이기 때문에 '황홀경'이라고 묘사해야 적절할 것이다. "아무것도 추구하지 않고, 아무것도 소유하지 않으며, 아무것도 결여하지 않은 채 '일자'는 완전하게 존재하며, 비유적으로 말하건대 존재가 차고 흘러넘쳐서 그 넘침이 새로운 존재를 산출하는 것이다."[49] 그러나 이런 모든 표현에는 인간적 요소가 하나도 없다. 플로티노스는 '일자'가 인격을 포함한 모든 인간적 범주를 초월한다고 생각했다. 이 철두철미하게 단순한 근원에서 흘러 나온 모든 존재를 설명하기 위해 플로티노스는 고대의 유출 신화로 돌아가, 신화에 근거한 많은 비유를 사용해 그 과정을 표현했다. 즉 '일자'로부터 세상 모든 존재가 유출된 것은 마치 태양에서 빛이 나오고 불에서 열이 방사되는 것과 같으며 타오르는 중심에 가까울수록 더 뜨겁다는 것이다. 플로티노스가 좋아하던 비유 중 하나는 '일자'를 동심원 중심의 한 점으로 보는 것이었는데, 그 점에는 미래의 모든 동심원의 가능성이 담겨 있어 여기서 무수히 많은 동심원이 생겨나 퍼져 나간다. 잔잔한 수면에 돌을 하나 떨어뜨리면 동심원의 물결이 연쇄 반응으로 퍼져 나가는 것과 비슷하다. 그러나 〈에누마 엘리시〉 같은 신화에서 한 쌍의 신이 다른 신으로부터 생겨나면서 더욱 완전해지고 유능하게 진화했던 유출과 달리 플로티노스의 도식에서는 정반대로 진행된다. 마치 영지주의 신화에서처럼 '일자'의 원천에서 멀어질수록 존재는 그만큼 점점 약해진다.

플로티노스는 '일자'로부터 방사된 최초의 두 유출물을 신성하게 여겼는데, 그것들이 우리에게 신의 삶을 알게 해주고 그 삶에 참여할 수 있게 해주기 때문이었다. 이 둘은 '일자'와 더불어 일종의 신성 삼원체(三元體)를 형성했는데, 이는 훗날 기독교에서 최종적으로 확정된 삼위일체 교리와 여러 면에서 유사했다. 최초의 유출인 정신(누스nous)

은 플로티노스의 체계에서 플라톤의 이데아 세계에 해당한다. 정신은 '일자'의 단순성을 인식할 수 있게 해주는데 여기서 앎이란 직관적이고 즉각적인 것이다. 연구나 추론의 과정을 거쳐 수고롭게 획득하는 앎이 아니라, 마치 우리의 감각기관이 지각하는 대상을 흡수하는 것과 같은 방식으로 받아들여지는 앎이다. '일자'에서 정신이 유출된 방식으로 정신에서 유출된 영혼(프시케psyche)은 완전함에서 조금 더 멀어졌다. 이 영역에서 앎은 오로지 사변과 추론으로 획득되는 탓에 영혼에는 절대적 단순성과 일관성이 결여되어 있다. 영혼은 우리가 알고 있는 실재에 해당한다. 나머지 모든 물질적, 영적 존재는 영혼에서 유출되며, 영혼은 그것이 지닌 일체성과 일관성을 세계에 부여한다. 그러나 다시 강조하지만 플로티노스는 '일자' '정신' '영혼'의 삼원체를 '저편 어딘가에' 있는 신으로 상상하지 않았다. 신성은 존재 전체를 구성했다. 신은 모든 것 안에 존재하는 전체이고, 열등한 존재는 '일자'라는 절대적 존재 안에 참여하는 한에서만 존재했다.[50]

유출이라는 바깥으로 향하는 흐름은 '일자'에게 돌아가려는 운동에 의해 저지된다. 우리 자신의 정신이 겪는 수고와, 갈등과 다양성으로 인한 불만에서 알 수 있듯이 모든 존재는 일체성을 갈망한다. 즉 만물은 '일자'에게 돌아가기를 소망한다. 이것은 어떤 외적인 실재를 향해 상승한다기보다 정신의 심연을 향해 내적으로 침잠함을 의미한다. 영혼은 자신이 잃어버린 단순성을 되찾아 진정한 자기로 복귀해야 한다. 모든 영혼이 동일한 '실재'로부터 생명을 부여받았기 때문에 인류는 마치 한 명의 지휘자를 둘러싸고 있는 합창단에 비유될 수 있다. 만일 어느 한 사람이라도 잘못된 소리를 낸다면 불협화음과 부조화가 생기겠지만 모두가 지휘자를 보며 집중한다면 "모두 바라던 대로 훌륭히 노

래 부르고, 진정으로 지휘자와 함께함으로써" 공동체 전체가 유익함을 얻을 수 있을 것이다.[51]

'일자'는 철저히 비인격적이다. 그것은 성별도 없고 우리 인간을 완전히 망각하고 있다. 문법적으로 누스는 남성형이고 프시케는 여성형이다. 성적인 균형과 조화라는 고대의 이교적 비전을 보존하려는 플로티노스의 의도를 엿볼 수 있다. 성서의 신과 달리 '일자'는 인간을 만나려고 나타나거나 인간을 고향으로 인도하지 않는다. '일자'는 인간을 그리워하거나 인간을 사랑하거나 인간에게 자신을 드러내지 않는다. '일자'는 자기 말고 아무것도 알지 못한다.[52] 그런데도 인간의 영혼은 때때로 '일자'에 대한 황홀한 불안에 사로잡힌다. 플로티노스의 철학은 논리적 과정이 아니라 영적인 탐구였다.

우리는 여기서 다른 모든 것을 제쳐놓고 모든 장애물을 벗어버리고 오로지 이것만이 집중해 이것만이 되어야 한다. 우리는 이 세속적 속박에 조바심하며 이곳을 어서 빨리 벗어나기에 힘쓰지 않으면 안 된다. 우리는 우리의 존재 전체로 신을 맞아들여 신에게 속하지 않은 어느 한 부분도 우리에게 남아 있지 않도록 힘쓰지 않으면 안 된다. 거기서 우리는 법이 밝히는 것처럼 신과 우리 자신을 볼 수 있으니, 그것은 곧 영광 속에 있는 우리, 지성의 빛으로 가득 차 광명 속에 있는 우리, 아니 차라리 빛 그 자체로서 순수하고 공중에 떠 있는 신이 된 우리일 것이다.[53]

이 신은 낯선 대상이 아니라 우리가 도달할 수 있는 최선의 자기다. 그것은 "앎에 의해서도 아니고 [정신 즉 누스에서] '지적인 존재들'을 발견하는 '사유 작용'에 의해서도 아니며, 모든 지식을 능가하는 '현존'

(파루시아parousia)에 의해 이루어진다."[54]

기독교는 플라톤적 사고가 우위를 차지한 세계에서 인정받아야 했다. 그러므로 나중에 기독교 사상가들이 자신들의 종교적 경험을 설명하려 할 때 플로티노스와 그의 이교도 제자들이 가꾼 신플라톤주의적 견해를 이용한 것은 자연스러운 일이었다. 비인격적이고 인간의 범주를 초월하면서도 인간에게 자연스러운 깨달음에 관한 생각은 플로티노스가 공부하러 가고 싶어 했던 인도의 힌두교와 불교의 이상과 가까웠다. 겉으로는 차이가 두드러져 보여도 실재를 보는 유일신론의 관점과 다른 관점들 사이에는 심오한 공통점이 있었다. 절대(자)에 대한 인류의 사유는 매우 유사한 생각과 경험을 공유한 것처럼 보인다. '닙바나' '일자' '브라흐만' 또는 '신'이라 불린 이 궁극적 실재 앞에서 느끼는 현존, 황홀, 공포의 감각은 인간에게 자연스러우며 인간이 끊임없이 추구하는 정신 상태이자 인식 상태였던 것이다.

그리스 문화와 화해하려고 노력한 기독교인도 있었고 그리스 문화에 전혀 상관하지 않으려 한 기독교인도 있었다. 170년대에 기독교 박해가 시작되었을 때, 오늘날 튀르키예의 프리기아 지방에서 몬타누스라는 예언자가 나타났다. 그는 자신이 신의 화신이라고 주장했다. 그는 "나는 인간이 되어 강림한 전능자 신이요, 아버지이자 아들이며 보혜사(保惠師)이다"라고 외쳤다. 그를 돕는 두 여성 사제 프리스킬라와 막시밀라도 비슷한 주장을 했다.[55] 몬타누스주의는 무시무시한 신의 초상을 표현한 열렬한 종말론적 신조였다. 신봉자들은 세상을 등지고 독신 생활을 해야 했을 뿐 아니라 순교만이 신에게 다가갈 수 있는 유일한 길이라는 가르침을 들었다. 신앙을 위한 고통스러운 죽음이 그리스도의 재림을 앞당길 것이며 순교자들은 신의 병사로서 악의 세력과 벌이는 전투에 참여하는 것이었다. 이런 무시무시한 신조가 기독교 정신에 잠재해 있던 극단주의를 부추겼고 몬타누스주의는 프리기아, 트라키아, 시리아, 갈리아 지방으로 들불처럼 맹렬하게 번졌다. 몬타누스주의는 특히 인신 공희를 요구하는 옛 신들과 그런 종교들에 익숙한 북아프리카에서 강세를 보였다. 장자 희생을 강요한 바알 숭배가 불과 2세기에 황제에 의해 금지되었음을 상기할 필요가 있다. 몬타누스주의라는 이단은 곧이어 라틴 교회*의 대표적 신학자 테르툴리아누스까지 끌어들이는 데 성공했다. 동방에서는 클레멘스와 오리게네스가 평화롭고 즐겁게 신에게 귀의할 것을 설교했지만, 서방 교회에서는 훨씬 무시무시한 신이 구원의 조건으로 잔인한 죽음을 요구했다. 당시 기독교는 서유럽과 북아프리카에서 자리를 잡으려고 분투하던 종교였으며 첫 단계부터 극단주의와 가혹한 성향이 나타났다.

그러나 동방에서 기독교는 큰 진전을 이루어서 235년에는 로마 제국의 가장 중요한 종교 가운데 하나로 자리 잡았다. 이제 기독교인은 과격함과 기행을 꺼리는 통일된 신앙 규범을 갖춘 '위대한 교회'를 말할 수 있었다. 정통파 신학자들은 영지주의, 마르키온파, 몬타누스주의의 염세적 견해를 비합법화하고 중도 노선을 취했다. 기독교는 신비주의 종교의 번잡함과 비타협적 금욕주의를 멀리하는 도시풍의 세련된 종교가 되었다. 지적 수준이 높은 사람들도 기독교에 흥미를 느끼기 시작했다. 그들은 그리스-로마 세계가 이해할 수 있는 방식으로 기독교 신앙을 발전시킬 능력이 있는 사람들이었다. 이 새로운 종교는 여성들에게도 매력적이었는데 기독교 경전이 그리스도 안에서는 남자

라틴 교회(Latin Church) 라틴 전례를 쓰는 로마 가톨릭교회. 비잔티움 전례를 쓰는 동방 교회와 구분되는 서방 교회를 가리키기도 한다.

도 여자도 따로 없다고 가르쳤으며, 그리스도가 자신의 교회를 아낀 것처럼 남편도 아내를 사랑하라고 주장했기 때문이었다. 이제 기독교는 할례와 이질적인 계율 같은 유대교의 단점들은 빼고 한때 유대교를 그토록 매력적인 종교로 만들었던 장점들만 갖춘 셈이었다. 이교도들은 특히 교회가 제정한 복지 제도와 서로 베푸는 기독교인들의 자애로운 행동에 감명받았다. 외부의 박해와 내부의 분열을 견뎌내며 투쟁하는 긴 시간 동안, 교회는 효율적인 조직으로 진화해 로마 제국 안에 제국의 축소판을 형성한 듯 보였다. 교회는 유능한 관료들이 운영하는 다민족적, 보편적, 국제적, 통합적 조직이 되었다.

이렇게 안정을 추구하는 세력이 되면서 기독교는 콘스탄티누스 황제의 관심을 끌었다. 황제는 312년 밀비우스 다리 전투* 후에 기독교로 개종하고 이듬해인 313년에 기독교를 공인한다. 기독교인은 이제 재산권을 행사하고, 자유롭게 예배하고, 공공 생활에 공헌할 수 있게 되었다. 이후 2백 년 동안 이교 신앙이 번성했지만, 기독교는 로마 제국의 공식 종교가 되어 새로운 개종자들을 끌어들이기 시작했다. 그들은 물질적 성공을 위해 기독교에 들어왔다. 박해받던 종파로서 관용을 호소하며 출발했던 기독교는 머지않아 다른 종교에 자신들의 법과 교리에 순응할 것을 요구하게 된다. 기독교가 승리할 수 있었던 이유는 확실하지 않다. 다만 로마 제국의 도움 없이는 분명 성공하지 못했을

밀비우스 다리 전투(Battle of the Milvian Bridge) 312년 10월 28일에 당시 로마 제국 서부에서 권력을 다투던 콘스탄티누스 1세와 막센티우스가 로마 서쪽 밀비우스 다리에서 벌인 전투를 말한다. 콘스탄티누스 1세는 이 전투에서 승리한 이후 로마 제국의 유일한 황제로 인정받는 길을 걷게 되었다. 기독교 전설에 따르면, 전투 전날 밤 콘스탄티누스 1세가 꿈속에서 계시를 받아 병사들의 방패에 예수 그리스도를 상징하는 표식을 새기게 했고 그 덕분에 승리했다고 한다.

것이다. 그리고 이로 인해 기독교는 불가피하게 여러 문제를 겪게 된다. 철저히 박해받는 종교였던 기독교는 이제 번영과 풍요 속에서 최선의 모습을 잃게 될 것이다. 기독교가 당면한 첫 시련들 중 하나는 신에 관한 교리 문제였다. 콘스탄티누스 황제가 교회에 평화를 가져오기 무섭게 교회 내부에서 기독교인들을 분열시키는 새로운 위험이 나타났다.

4장

기독교의 신

예수의 신성 논쟁,
아리우스와 아타나시우스

320년경 뜨거운 신학적 열정이 이집트, 시리아, 소아시아의 교회를 휩쓸었다. 당시 선원들과 여행자들은 성부만이 유일무이하고 접근 불가능한 진정한 신이며 성자는 성부로부터 생명과 존재를 부여받았기 때문에 성부와 영원히 공존할 수도 없고 자존(自存)할 수도 없다는 노래를 부르곤 했다. 공중목욕탕에서는 세신사가 성자는 무(無)로부터 왔다며 장광설을 늘어놓았고, 창조되지 아니한 신과 창조된 피조물의 차이를 길게 설명하면서 말문을 여는 환전상도 있었다. 빵을 사러 온 손님에게 성부가 성자보다 위대함을 알리려 애쓰는 빵 장수도 있었다. 이처럼 당시 사람들은 오늘날 미국인들이 풋볼을 화제 삼아 이야기하는 것 못지않게 뜨거운 열정으로 성부와 성자에 관한 심오한 신학적 주제를 즐겨 논했다.[1] 이 신학 논쟁은 알렉산드리아의 신부 아리우스(256?~336)가 불붙인 것이었다. 잘생긴 외모와 카리스마를 갖춘 아리우스는 눈에 띄게 울적한 분위기에 부드럽고 인상적인 목소리를 지닌 사람이었다. 그는 "어떻게 예수 그리스도가 성부인 신과 같은 방식으로 신일 수 있는가?"라는 문제를 내세워 당시 알렉산드리아의 주교 알렉산드로스(?~328?)에게 도전했다. 알렉산드로스 입장에서는 마냥 무시할 수도 없고 그렇다고 논박하기는 더 어려운 문제였다. 아리우스 가 예수 그리스도의 신성(神性)을 부정한 것은 아니었다. 오히려 그는 예수 그리스도를 '강력한 신' 또는 '충만한 신'이라고 불렀다.[2] 그러나 그는 예수를 본래 신이라고 생각하는 것은 신성 모독이라고 주장했다. 예수가 성부가 자신보다 위대하다고 특별히 말하지 않았던가. 알렉산 드로스와 그의 명석한 젊은 조수 아타나시우스(297?~373)는 이것이 단순히 신학상 미묘한 차이에 관한 문제가 아님을 즉시 간파했다. 아 리우스는 신의 본성에 관한 결정적인 질문을 던지고 있었다. 뛰어난 선전가인 아리우스는 자신의 생각을 음악에 실어 전파했고 얼마 지나 지 않아 평신도들도 이 문제를 주교들처럼 열정적으로 토론했다.

논쟁이 과열되자 콘스탄티누스 황제가 직접 관여해 현재 튀르키예 지역인 니케아에서 공의회를 소집했다. 오늘날 아리우스는 기독교 이 단의 대명사로 통하지만 논쟁이 한창이던 당시만 해도 무엇이 정통인 지 공식적으로 정해지지 않은 상태였고, 왜 아리우스가 틀렸다는 것인 지 심지어 그가 정말 틀린 것인지 아닌지조차 분명하지 않았다. 사실 아리우스의 주장에 새로운 것은 하나도 없었다. 아리우스와 반대파 모 두 매우 존경한 오리게네스가 이미 그와 유사한 교리를 가르쳤기 때문 이다. 하지만 오리게네스 사후 알렉산드리아의 지적 분위기는 크게 달 라졌다. 이제 사람들은 플라톤의 신과 성서의 신이 성공적으로 결합 할 수 있음을 납득하지 못했다. 가령 아리우스, 알렉산드로스, 아타나 시우스는 모두 플라톤주의자라면 깜짝 놀랄 교리를 믿었다. 성서에 대 한 자신들의 견해에 근거해 신이 '무로부터' 만물을 창조했다고 본 것이다. 사실 〈창세기〉에는 그런 주장이 없다. 사제 저자(P)는 신이 태초의 혼돈으로부터 세상을 창조했다고 암시했다. 신이 전 우주를 절대 진공의 무 상태에서 불러냈다는 생각은 완전히 새로운 관념이었다. 그 관념은 그리스 사상에 낯선 것이었고 플라톤의 유출론을 이은 클레멘스나 오리게네스 같은 신학자들이 가르친 것도 아니었다. 그러나 4세기경 기독교인들은 영지주의 세계관을 공유했다. 즉 세계는 본질적으로 부서지기 쉽고 불완전하며, 광대한 틈에 의해 신과 떨어져 있다는 것이었다. '무로부터 창조'라는 새로운 교리는 본래 깨지기 쉬운 우주, 그 안의 모든 생명과 존재가 신에게 완전히 의존하는 우주라는 관점을 강조했다. 신과 인간은 더는 가까운 사이가 아니었다. 신은 모든 개별 존재를 심연의 무로부터 불러냈고 그들을 지탱하는 자신의 손을 언제든 거두어 들일 수 있었다. 이제는 신으로부터 영원히 유출되는 '존재의 거대한 사슬'도, 신성한 마나를 세계로 전달해주는 영적 존재들이 머무는 중간 영역도 없었다. 이제 누구도 자력으로 존재의 사슬을 올라가 신에게 다가갈 수 없었다. 오직 신만이 인간을 무로부터 끌어내고 나아가 영원한 구원을 확인할 수 있는 상태에 계속 둘 수 있었다.

기독교인들은 예수 그리스도가 죽음과 부활을 통해 자신들을 구원했음을 알았다. 그들은 예수에 의해 멸망의 수렁에서 벗어났고 앞으로 언젠가 존재와 생명 그 자체인 신과 합일할 수 있었다. 그들에게 예수는 신과 인간을 갈라놓은 깊은 틈을 건널 수 있게 해주는 존재였다. 하지만 예수는 어떻게 그 일을 할 수 있었을까? 이것이 문제였다. 이 대분수령에서 예수는 어느 쪽에 있는가? 이제 중재자들과 아이온들로 이루어진 충만한 곳(플레로마)은 없다. '말씀'인 예수 그리스도는 신의 영역(이제 신 혼자만의 영역인 곳)에 속하는가, 아니면 부서지기 쉬운 피조물의 세계에 속하는가? 아리우스와 아타나시우스는 각각 예수를 깊은 틈의 반대편에 두었다. 아타나시우스는 예수를 신의 영역에 두었고 아리우스는 피조물의 세계에 두었다.

아리우스는 유일무이한 신과 창조된 만물 간의 본질적인 차이를 강조하고자 했다. 이것은 그가 알렉산드로스에게 신은 "유일하게 자존(自存)하고 유일하게 영원하고 유일하게 시작을 갖지 아니하고 유일하게 참되고 유일하게 불멸하고 유일하게 지혜롭고 유일하게 선하십니다"라고 써 보낸 서신에서 잘 나타난다.[3] 성서를 잘 알았던 아리우스는 "말씀인 그리스도는 우리 인간처럼 피조물일 수밖에 없다"는 자신의 주장을 뒷받침하는 성서 텍스트를 모아 무기고를 만들었다. 핵심 구절은 〈잠언〉에 나오는 신성한 '지혜'에 관한 묘사였는데 신이 태초에 '지혜'를 창조했음을 뚜렷이 진술한 부분이었다.[4] 또한 이 구절은 지혜가 창조의 행위자였음을 밝히고 있는데 이것은 〈요한복음〉 서두에서도 반복되는 내용이었다. 태초에 말씀이 신과 함께 있었나니,

　　모든 것이 그로 말미암아 생겨났으니,
　　그가 없이 생겨난 것은 하나도 없다.[5]

로고스(말씀)는 신이 만물을 창조할 때 사용한 도구였다. 그러므로 로고스는 다른 모든 존재와 전적으로 다르고 특별히 높은 지위에 있다. 그렇지만 신에 의해 창조된 것이기에 로고스는 신과 본질적으로 다르고 서로 구별된다.

사도 요한은 예수가 로고스라고 분명히 기술했다. 또한 로고스는 신이라고도 말했다.[6] 그러나 아리우스는 예수는 본래 신이 아니며 다

만 신에 의해 신성한 지위로 격상된 존재라고 주장했다. 예수는 신이 직접 창조한 존재로서 신이 그를 통해 창조한 다른 피조물들과 달랐다. 신은 로고스가 인간이 되었을 때 자신에게 완벽하게 복종할 것임을 예견했기에 예수 그리스도에게 신성(神性)을 미리 부여했다. 따라서 예수가 지닌 신성은 예수의 본성이 아니라 신이 내려준 보답 또는 선물이었다. 이처럼 아리우스는 자신의 주장을 뒷받침할 수 있는 성서의 여러 구절에 대한 주석을 썼다. 그에 따르면 예수가 신을 '아버지'라고 불렀다는 사실이 곧 신과 예수가 다름을 암시한다. 아버지라는 말은 그 본질상 선재함과 아들에 대한 우월함을 포함하기 때문이다. 이 밖에도 아리우스는 그리스도의 인간적 굴욕과 나약함을 드러내는 구절을 찾아내어 강조했다. 하지만 그의 반대자들이 주장한 것과 달리 아리우스는 예수 그리스도를 폄하하려는 의도가 없었다. 그는 인류 구원을 위해 죽음에 이르기까지 신에게 복종한 예수 그리스도의 사랑과 희생을 숭고하다고 생각했다. 아리우스의 신은 그리스 철학자들의 신, 즉 이 세계에서 멀리 떨어져 완전히 초월해 있는 신에 가까웠다. 마찬가지로 그는 그리스 철학의 구원 개념에 사로잡혔다. 예를 들어 스토아 철학자들은 덕을 갖춘 인간은 신성한 존재가 될 수 있다고 가르쳤고 플라톤주의자들도 마찬가지였다. 아리우스는 기독교인은 예수를 통해 신의 본성을 공유함으로써 구원받고 신성해질 수 있다고 열정적으로 믿었다. 그가 보기에 이것은 오로지 예수가 우리 인간을 위해 새로운 길을 연 덕분이었다. 예수는 인간으로서 흠 없는 삶을 살았고 십자가에서 죽기까지 신에게 복종했다. 사도 바울이 말했듯이, 이처럼 죽음에 이르기까지 신에게 복종했기에 신은 예수를 특별히 높은 지위에 올리고 그에게 '주'(키리오스)라는 신성한 칭호를 내려주었다.[7] 만일 예수 그리스도가 인간이 아니었다면 우리에겐 희망이 없었을 것이다. 그리고 만일 그가 본래 신이었다면 그의 삶에서 칭찬할 만한 부분은 없었을 것이며 우리 인간이 모방할 점 또한 없었을 것이다. 기독교인이 스스로 신성한 존재가 되는 길은 신에 대한 완벽한 복종의 모범을 보여준 그리스도의 삶을 관조하는 것이다. 완벽한 피조물인 그리스도를 모방함으로써 인간은 "영원불변하는, 신의 완벽한 피조물(들)"이 될 수 있다.[8] 이것이 예수 그리스도에 대한 아리우스의 주된 견해였다.

그러나 아타나시우스는 신을 향해 나아갈 수 있는 인간의 능력에 대해 아리우스처럼 낙관적인 견해를 품지 않았다. 그는 인간을 본래 연약한 존재로 보았다. 그는 인간은 무로부터 나왔으며 죄를 지음으로써 다시 무의 상태로 돌아간다고 보았다. 신이 자신의 창조를 관조할 때,

(신은) 창조된 만물이 각각의 개별적 존재 원리에 의존할 때 불안정한 존재의 소용돌이에 휘말려 파멸에 이를 것임을 알았다. 이것을 방지하고 세계가 소멸해 비존재로 돌아가는 것을 막기 위해, 신은 자신의 영원한 '로고스'를 통해 만물을 만들었으며 그들에게 존재함을 부여했다.[9]

아타나시우스가 보기에 인간이 파멸을 피할 길은, 신의 로고스를 통해 유일무이한 완전한 존재인 신에게 참여하는 것뿐이었다. 만일 로고스 자신이 흠을 지닌 피조물이라면 그는 인류를 멸망으로부터 구할 수 없을 것이다. 로고스가 육화함으로써 인간에게 생명을 불어넣어주었다. 그가 죽음과 타락의 세계로 내려와 인류에게 신의 불멸성을 나누어준 것이다. 하지만 로고스 자신이 무의 나락으로 떨어질 연약한 피

조물에 불과했다면 이러한 구원은 불가능했을 것이다. 세계를 창조한 자만이 세계를 구원할 수 있으므로, 로고스의 화신인 그리스도는 성부인 신과 본질상 차이가 있을 수 없다. 아타나시우스가 말한 대로 말씀은 인간이 신성해질 수 있도록 하기 위해 인간이 된 것이다.[10]

성부와 성자에 관한 신학적 논쟁을 해결하기 위해 325년 5월 20일 주교들이 니케아에 모였을 때, 예수 그리스도에 관한 아타나시우스의 견해에 동조한 사람은 거의 없었다. 거의 대부분이 아타나시우스와 아리우스 사이에서 중간 입장을 취했다. 그런데도 아타나시우스는 자신을 지지한 콘스탄티누스 황제의 압력 덕분에 공의회 참석자들의 지지를 얻는 데 성공했고, '니케아 신조'가 그의 신학적 입장에 근거해 작성되고 공표되었다. 아리우스와 그를 따르는 두 명만이 황제의 압력에 굴복하기를 거부했다. 어쨌든 니케아 신조는 예수 그리스도가 피조물도 아이온도 아님을 주장했고 '무로부터 창조'를 기독교 교리로 공식화한 최초의 문서가 되었다. '창조자'와 '구원자'는 동일하다는 것이 니케아 신조의 요지였다.

우리는 유일신,
전능한 성부를 믿습니다.
보이는 것과 보이지 않는
모든 만물의 창조주인 하느님을 믿습니다.
또 우리 주 예수 그리스도
성자,
성부의 유일한 아들을 믿습니다.
성부의 본질(우시아)을 지니고

하느님으로부터 온 하느님이요,

빛으로부터 온 빛이며,

참 하느님으로부터 온 참 하느님,

창조되지 않고 태어난 분이며

성부와 동일 본질(호모우시온)을 지니고,

하늘과 땅에 있는 모든 만물을 창조했고,

우리를 위해, 우리의 구원을 위해

인간의 모습을 하고 하늘로부터 내려와

고통을 받으시고

죽은 지 사흘 만에 다시 부활해

하늘에 오르사

죽은 자와 산 자를 심판하러 내려오실 예수 그리스도를 믿으며,

성령을 믿습니다.[11]

이러한 니케아 신조는 신학적 지식이 전혀 없던 콘스탄티누스 황제를 만족시켰으나, 사실 당시 니케아 공의회에 참석한 대표들이 만장일치로 채택한 것은 아니었다. 따라서 니케아 공의회 이후에도 기독교 교부들은 여전히 성부와 성자에 관해 예전에 생각했던 대로 가르쳤으며, 아리우스 논쟁은 그 후로도 60여 년간 지속되었다. 아리우스와 그의 동조자들은 니케아 공의회 결과에 굴복하지 않고 계속 자신들의 주장을 펼치기 위해 투쟁했으며 황제에게 용케 다시 지지를 얻어냈다. 아타나시우스는 적어도 다섯 차례는 추방당했다. 사실 니케아 신조를 고수하기란 적잖이 힘든 일이었다. 특히 호모우시온(homoousion, '동일 본질을 지닌')이라는 말이 큰 논란거리가 되었는데 비성서적일 뿐 아

니라 물질적인 의미를 연상시키기 때문이었다. 이를테면 두 개의 구리 동전을 가리켜 호모우시온이라고 말할 수 있었는데 동일 물질에서 나왔기 때문이었다.

게다가 아타나시우스의 신조는 많은 중요한 문제를 회피했다. 특히 예수를 가리켜 신성한 존재라고 진술하지만 어떻게 로고스가 제2의 신이 아니면서 성부와 '동일 본질'일 수 있는지 설명하지 못했다. 이 점과 관련해 339년 앙키라(오늘날 튀르키예의 앙카라)의 주교 마르켈루스―아타나시우스의 충실한 친구이자 동료였으며 한때 그와 함께 추방되었다―는 로고스는 영원한 신성한 존재가 될 수 없다고 주장했다. 그는 로고스는 단지 신에 내재된 속성 또는 고유의 능력일 뿐이라고 생각했고, 니케아 신조가 성부와 성자와 성령이라는 각기 다른 세 가지 신이 존재한다는 삼신론을 낳았다고 비판했다. 마르켈루스는 논란을 부른 '호모우시온'이란 말 대신 호모이우시온(homoiousion, '유사 본질을 지닌')이라는 절충적 용어를 쓸 것을 제안했다. 이렇게 길고 복잡한 논쟁은 종종 조롱거리가 되곤 했는데, 특히 18세기 영국 역사가 에드워드 기번은 기독교의 통일성이 단지 이중 모음 하나에 위협받아야 했다는 데 황당해했다. 하지만 놀랍게도 기독교인들은 비록 개념어로 공식화하기는 어려웠을지 몰라도 예수 그리스도의 신성이 본질적이라는 자신들의 감각을 끈기 있게 고수했다. 마르켈루스와 마찬가지로 많은 기독교인은 신의 유일성이 위협받는 것을 우려했다. 아마도 마르켈루스는 로고스는 그저 지나가는 단계일 뿐이라고 믿었던 것 같다. 즉 로고스는 창조에 즈음해서 신에게서 나왔고 예수를 통해 육화했으며 구원이 완수되면 다시 신의 본질로 녹아 들어갈 것이므로 결국 신은 만물 안에 거하는 유일무이한 존재라는 생각이 마르켈루스의 주장에 담겨 있었다.

결국 아타나시우스는 마르켈루스와 그의 제자들을 대세에 따르도록 설득하는 데 성공했다. 그들은 아리우스보다 아타나시우스와 공통점이 많았기 때문이다. 성자인 로고스와 성부인 신의 본질이 '동일하다'고 말하는 사람과 둘의 본질이 '유사하다'고 믿는 사람은 "형제이며, 우리가 말하고자 하는 것을 말하는 사람들이고, 오직 용어를 두고 다툴 뿐이다."[12] 그러므로 성자는 성부인 신과 뚜렷하게 구분되며 성자와 성부는 본질이 다르다고 선언한 아리우스에게 맞서는 일에 우선순위를 두어야 했다. 논쟁에 개입하지 않은 외부인들에게 아타나시우스와 아리우스의 신학 논쟁이 시간 낭비로 보이는 것은 어쩔 수 없는 일이었다. 그러나 논쟁 당사자들에게는 기독교 신앙의 본질에 관한 매우 중요한 문제였다. 아리우스, 아타나시우스, 마르켈루스는 모두 예수 그리스도를 통해 무언가 새로운 것이 세계에 유입되었음을 확신했으며, 이 경험을 개념적 상징으로 표현해 자신들과 다른 모든 이들에게 설명하려고 노력했다. 그들이 설명하려는 실재가 형언할 수 없는 것이었기에 그들이 쓰는 말 또한 상징적일 수밖에 없었다. 하지만 불행하게도 기독교에 스며든 독단적인 불관용 때문에 '정확한' 또는 '정통적' 상징을 채택하는 것이 결정적인 의무가 되었다. 기독교 특유의 이러한 교리에 대한 강박은, 형언할 수 없는 신의 실재와 인간이 만든 상징을 쉽게 혼동하게 만들었다. 기독교는 언제나 역설의 신앙이었다. 예를 들어 초기 기독교인들은 십자가에 못 박혀 죽은 메시아라는 추문에 대한 이념적 반론을 강력한 종교적 경험으로 극복했다. 그리고 이제 니케아 공의회에서 교회는 유일신론과 양립할 수 없음이 분명한데도 성육신이라는 역설을 선택했다.

동방의 도그마와
서방의 케리그마

아타나시우스는 사막의 금욕주의자로 유명했던 안토니우스의 행적을 기록한 책《안토니우스의 생애》에서 자신의 새로운 교리가 기독교 영성에 어떤 영향을 주는지 보여주고자 했다. 수도원 제도의 창시자로 알려진 안토니우스는 이집트 사막에서 놀라운 내핍의 삶을 살았다. 초기 사막 수도사들의 금언을 모은 작자 미상의《교부 어록》에서 안토니우스는 권태로움에 힘들어하고 인간적인 여러 문제로 고통을 겪으며 단순하고 직접적인 조언 몇 가지를 주었을 뿐인 유약한 인간으로 묘사되었다. 그러나 아타나시우스는 그를 완전히 다른 모습으로 그렸다. 예를 들어 안토니우스를 아리우스주의의 열렬한 반대자로 바꿔놓았다. 그가 쓴 전기에서 안토니우스는 신의 무감정(아파테이아)을 놀라울 정도로 공유함으로써 훗날 자신이 이르게 될 신화(神化, deification)의 경지를 벌써 맛보기 시작한 사람이었다. 20년 동안 악령들과 싸워 이긴 후 무덤에서 다시 나왔을 때 안토니우스의 육신은 조금도 나이가 들지 않은 상태였다. 그는 완벽한 기독교인이었는데 그가 지닌 평정과 무감정이 그를 다른 사람들과 구분 지었다. "그의 영혼은 아무런 흠 없이 온전했으며 육체의 겉모습 또한 평정의 모습을 갖추고 있었다."[13] 안토니우스는 그리스도를 완벽하게 모방했다. 육화한 로고스(말씀)가 타락한 세계로 내려와 악의 세력과 싸웠듯이 안토니우스는 악령의 거처로 내려갔다. 아타나시우스는 안토니우스의 행적을 묘사하면서 클레멘스와 오리게네스가 인간의 신화(神化)와 구원의 수단으로 생각한 '관조'에 대해서 언급하지 않았다. 이제 더는 인간이 자신의 타고난 능력을 바탕 삼아 관조를 통해 신에게 올라갈 수 있다고 보이지 않았다. 그 대신에 기독교인들은 타락하기 쉬운 물질세계로 내려온 육화한 말씀을 본받아야 했다.

그러나 기독교인들은 여전히 혼란스러웠다. 만일 신이 유일하다면 어떻게 로고스도 신일 수 있나? 오늘날 튀르키예의 동부 지역인 카파도키아에서 활동한 세 명의 탁월한 신학자가 이 문제를 다루어 해결안을 제시했는데, 이는 특히 동방 정교회를 만족시켰다. 그들은 카이사레아의 주교 바실리우스(329~379)와 그의 동생인 니사의 주교 그레고리우스(335?~395), 그리고 그의 동료 나지안주스의 그레고리우스(329~390)였다. 이들은 흔히 '카파도키아 교부들'이라고 불리는데 매우 영적인 사람들이었다. 카파도키아 교부들은 철학적 사유에 심취하기도 했으나 오직 종교적 경험만이 신에 관한 문제를 풀 열쇠를 제공할 수 있다고 확신했다. 그들은 그리스 철학의 틀 속에서 철저히 교육받았기에 진리의 사실적 측면과 불가해한 측면의 중대한 차이를 잘 알고 있었다. 그리스 철학의 초기 합리주의자들은 다음과 같은 문제에 주의를 기울였다. 플라톤은 (이성에 의해 표현되고, 그러므로 증명이 가능한) 철학과, 신화를 통해 전승되어 온 중요한 (그러나 과학적 증명을 비켜 가는) 가르침을 비교했다. 이미 살펴보았듯이 아리스토텔레스는 신비 종교의 입문자들이 요구받는 것은 아는 것이 아니라 체험하는 것이라고 말하며 둘을 구분했다. 바실리우스는 진리 이해에 관한 그리스의 철학적 통찰을 이용해 기독교적 진리를 '도그마(dogma)'와 '케리그마(kerygma)'로 구분해 설명했다. 그에 따르면 케리그마는 성서에 근거한 교회의 공개적인 가르침이고, 도그마는 오직 종교적 경험을 통해 파악되고 상징적 형태로만 표현될 수 있는 성서적 진리의 더 깊은 의미를 가리켰다. 그는 복음서에 담긴 명확한 가르침 외에 그리스도의 제자인 열두 사도로부터 신의 신비에 관해 전해 내려오는 비전적(祕傳的) 전통이 있다고 주장했다. 그것은 '사적이고 비밀스런 가르침'이었다.

　우리의 거룩한 교부들은 인간적인 불안과 호기심을 막고 신비의 성스러운 특징을 보호하기 위해 침묵 속에서 '사적이고 비밀스런 가르침'을 간직해 왔다. 이 비전적 가르침에 입문하지 못한 자들은 글로는 결코 드러낼 수 없는 의미를 지닌 신의 신비적 특성을 깨달을 수 없다.[14]

전례의 상징과 예수의 명료한 가르침 뒤에는 신앙에 대한 더욱 발달된 이해를 드러내는 비밀스러운 도그마가 있었다.

비전적 진리와 공개적 진리의 구분은 신의 역사를 이해하는 데 매우 중요하다. 비단 동방 기독교인뿐 아니라 유대인과 무슬림도 나름의 비전적 전통을 발전시켰다. '비밀스러운' 교리라는 생각은 사람들을 배척하는 것이 아니었다. 바실리우스는 프리메이슨*의 초기 형태를 말한 게 아니다. 다만 그는 모든 종교적 진리를 명료하게 논리적으로 표현하거나 정의할 수는 없다는 사실을 환기했을 뿐이다. 어떤 종교적 통찰에는 내적 울림이 따르는데 그 울림은 오로지 각 개인이 자기만의 시간에 플라톤이 '테오리아'라고 부른 것, 즉 관조를 행할 때 파악할

프리메이슨(Freemason) 중세의 석공 길드에서 비롯한 세계적인 박애 단체. 18세기 초 영국에서 창설되어 오늘날까지 이어지고 있다. 기원을 이스라엘 왕국의 솔로몬 왕 시대까지 거슬러 올라가기도 한다. 흔히 비밀 결사로 알려져 있는데 조직 운영이나 규율이 아닌 입사식의 과정, 절차가 비밀이다.

수 있었다. 모든 종교는 일반적인 개념과 범주를 벗어나는 형언할 수 없는 실재를 지향하기 때문에 인간의 언어로 표현하기에는 제약이 있고 혼란을 일으킬 뿐이다. 종교적 진리를 영의 눈으로 '바라보지' 않는다면, 미숙한 사람들은 아주 잘못된 생각을 하게 될 수도 있다. 종교 경전에는 문자 그대로의 뜻 외에 말로 표현하기 어려운 영적 의미가 담겨 있다. 붓다 역시 말이 닿지 않는 범위에 있는 실재에 관한 질문은 '부적절'하다고 지적한 바 있다. 우리는 관조라는 내면 성찰의 기술을 통해 비로소 실재를 발견할 수 있다. 어떤 의미에서 우리는 스스로 그 것을 창조해야 하는 것이다. 실재를 인간의 언어로 묘사하려는 시도는 마치 베토벤의 후기 현악 사중주 가운데 한 곡을 구두로 설명하려는 것만큼이나 터무니없는 일이다. 바실리우스가 말했듯이, 규정하기 어려운 종교적 실재는 오직 전례의 상징적 표현 혹은 (그보다 적절한) 침묵에 의해 제시될 수 있을 뿐이다.[15]

서방 기독교*는 진리의 공개적 가르침인 케리그마를 강조하는 언어 지향적 종교로 발전해 왔고, 결국 신을 이해하는 데 여러 중대한 문제를 야기했다. 반면에 그리스 정교회는 모든 신학적 작업을 일종의 묵시적 또는 아포파시스적(apophatic, '말없는', '침묵의') 측면에서 수행하고자 노력했다. 니사의 그레고리우스가 말한 것처럼 모든 신 개념은 신 자체를 드러낼 수 없는 모조품, 거짓된 상(像), 우상이었다.[16] 기독교인이라면 아브라함이 그랬듯 모든 신 개념을 멀리하고 "어떠한 개념

서방 기독교(Western Christianity) 로마에 근거를 둔 서방 교회와 콘스탄티노폴리스에 근거를 둔 동방 교회가 1054년에 콘스탄티노폴리스의 성소피아 성당에서 상호 파문 조치를 취하면서 기독교가 동방 기독교와 서방 기독교로 양분되었다(동서 교회의 대분열). 오늘날 서방 기독교는 크게 가톨릭과 개신교를 포함하며, 동방 기독교는 동방 정교회, 오리엔트 정교회, 아시리아 정교회 등을 포함한다.

에도 얽매이지 않는 순수한" 신앙을 지키며 살아야 한다.[17] 이것을 니사의 그레고리우스는 《모세의 생애》에서 이렇게 표현했다. "우리가 추구하는 참된 비전과 앎은 우리가 보는 데 있지 않고, 우리의 목표가 모든 앎을 초월하고 이해할 수 없는 어둠에 의해 모든 곳에서 우리와 단절되어 있다는 것을 인식하는 데 있다."[18] 우리는 지성을 통해서는 신을 '이해할' 수 없다. 그러나 만일 우리가 모세처럼 시나이산에 내려온 구름에 우리 자신이 둘러싸이게 할 수 있다면 우리는 신이 있음을 느낄 수 있을 것이다. 바실리우스는 신의 본질(우시아)과 세계 안에서 신의 활동(에네르게이아)을 구분한 필론의 견해로 되돌아가, "우리는 오직 신의 활동을 통해 신을 알 수 있으나 신의 본질에는 접근할 수 없다"고 주장했다.[19] 이 주장은 향후 동방 정교회의 모든 신학의 방향을 결정짓는 중요한 계기가 되었다.

　카파도키아 신학자들은 니케아 신조에서 성령을 너무 형식적으로 다루었다고 생각하고 성령에 관한 교리를 발전시키고자 노력했다. 그들이 보기에 니케아 신조 말미에 들어간 "(그리고 우리는) 성령을 믿습니다"라는 문장은 마치 나중에 생각나서 추가로 덧붙인 것만 같았다. 사람들은 성령을 두고 혼란을 느꼈다. 성령은 단순히 신의 동의어인가 아니면 그 이상의 무엇인가?" 나지안주스의 그레고리우스가 지적했듯이, "일부 사람들은 (성령을) 신의 활동을 일컫는 말로 생각했고, 또 일부는 신의 피조물이라 생각했으며, 신 자체라고 생각하는 사람들도 있었다. 뭐라고 불러야 할지 잘 모르는 사람들도 있었다."[20] 사도 바울은 성령이 창조와 갱신과 신성화를 담당하지만 이 같은 활동을 수행하는 것은 신이라고 말했다. 그러므로 우리 안에 머물며 구원을 가져다주는 성령은 신성한 존재이지 단순한 피조물이 아니라는 것이 카파도키아 신학자들의 생각이었다. 그들은 아타나시우스가 아리우스와의 논쟁에서 썼던 공식을 끌어왔다. 신은 우리가 파악할 수 없는 단일한 본질(우시아)을 지니고 있으나, 신을 알려주는 세 가지 표현 형태(히포스타시스hypostasis)가 있다는 것이었다.

카파도키아 신학자들은 인간이 알 수 없는 신의 우시아(본질)에 대한 고찰에서 시작하는 대신 신의 세 히포스타시스에 대한 인간의 경험으로부터 신을 이해하는 문제를 다루기 시작했다. 그들은 신의 본질이 불가해하므로 우리는 성부와 성자와 성령으로서 우리에게 나타나는 신의 현시를 통해서만 신을 알 수 있다고 확신했다. 그러나 일부 서방 기독교 신학자들이 비판한 것처럼 그들이 세 가지 형태의 신을 믿었던 것은 아니다. 사실 그들이 쓴 '히포스타시스'라는 말은 문맥과 정황에 따라 여러 의미를 띠기 때문에 그리스어가 낯선 사람은 오해할 여지가 많았다. 성 히에로니무스 같은 일부 라틴 신학자들이 히포스타시스를 우시아와 같은 뜻으로 이해하고 동방 기독교인들이 세 가지 신적 본질을 믿는다고 오해한 것은 그리 놀랄 일이 아니다. 어쨌든 카파도키아 신학자들은 우시아와 히포스타시스 사이에 중요한 차이가 있다고 강조했다. 그들에게 우시아는 어떤 사물 안에 존재하는 것이자 그 사물이 바로 그것으로 존재하게끔 만들어주는 것이고, 히포스타시스는 어떤 사물을 외부에서 볼 때 나타나는 그 사물의 외적 특성을 가리켰다. 카파도키아 신학자들은 때때로 히포스타시스 대신 프로소폰(prosopon, '얼굴' '가면')이라는 용어를 쓰곤 했다. 그리스어 '프로소폰'은 본래 '힘'을 뜻했지만 여러 부차적 의미를 얻었다. 그리하여 프로소폰은 사람의 심리 상태를 드러내는 얼굴 표정이나, 어떤 사람이 의식적으로 택한 역할 또는 연기하고자 하는 성격을 가리키게 되었다. 다시 말해, 히포스타시스와 마찬가지로 프로소폰은 어떤 사람의 내적 본성이 외부로 표현된 것, 또는 구경꾼에게 보여지는 개인의 자아를 뜻했다. 카파도키아 신학자들이 신은 세 히포스타시스 속에 있는 하나의 우시아라고 말했을 때 그 의미는 신은 본질적으로 유일무이하다는 것이었다. 신에게는 오직 단 하나의 신성한 자의식이 있을 뿐이다. 하지만 신이 자신의 무언가를 피조물에게 드러내 보이려 할 때 신은 세 프로소폰으로 나타난다.

그러므로 성부, 성자, 성령이라는 세 히포스타시스는 신 자체와 동일시될 수 없었다. 왜냐하면 니사의 그레고리우스가 설명한 것처럼, 신의 본질(우시아)은 인간의 언어로는 결코 이름 붙일 수도 없고 표현할 수도 없기 때문이다. '성부' '성자' '성령'은 신이 자신을 드러내는 활동(에네르게이아)에 대해 말하기 위해 "우리 인간이 쓰는 용어"일 뿐이다.[21] 하지만 성부, 성자, 성령이라는 용어는 불가해한 실재를 인간이 이해할 수 있는 이미지로 옮겨준다는 점에서 상징으로서 가치가 있었다. 인간은 신을 초월자(접근할 수 없는 빛 속에 숨은 '성부'), 창조자('로고스'), 내재자('성령')로 경험해 왔다. 그러나 성부와 성자와 성령이라는 이 세 히포스타시스는 인간의 개념화와 표상을 초월하는 신의 본질을 부분적으로 그리고 불완전하게 드러낼 뿐이다.[22] 다시 말해 삼위일체는 문자 그대로의 사실이 아니라 신의 감추어진 실체에 상응하는 상징적 범례에 불과한 것으로 보아야 했다.

니사의 그레고리우스는 아블라비우스에게 쓴 편지("우리는 세 신이 있다고 말할 생각을 하지 말아야 한다")에서, 신의 세 위(位) 곧 히포스타시스의 분리할 수 없음 또는 상호 내재성에 관한 중요한 교리를 전개했다. 그의 주장에 따르면, 신이 자신을 세 부분으로 분열시켰다는 생각은 괴기스러울 뿐 아니라 신성 모독적인 발상이다. 신은 세계에 자신을 드러낼 때 이 세 현시 각각에서 전체로서 자신을 온전하게 계시한다. 삼위일체는 "신으로부터 창조에 이르기까지 이어지는 모든 작용"의 유형을 알려주는 것이다. 성서에서 보여주듯이 그 계시는 성부에 근원하여, 성자의 대행을 거쳐 진행되고, 내재하는 성령에 의해 이 세계에서 효력을 발휘한다. 하지만 신의 본질은 작용의 각 국면에 모두 동등하게 존재한다. 우리는 우리 자신의 경험을 통해 세 히포스타시스의 상호 의존을 알 수 있다. 우리는 성자의 계시가 없었다면 성부의 존재를 알지 못했을 것이고, 내재하는 성령 없이는 성자를 인식하지 못했을 것이다. 마치 사람이 말을 내뱉을 때 숨(그리스어로 '프네우마pneuma', 라틴어로 '스피리투스spiritus')이 따르는 것과 마찬가지로 성부의 신성한 말씀에는 성령이 따른다. 신성한 세 위는 신성한 세계에 나란히 존재하는 것이 아니다. 이것은 한 사람의 정신 속에 서로 다른 분야의 지식이 존재하는 것에 비유할 수 있다. 예를 들어 철학은 의학과 다른 분야지만 그렇다고 해서 의식의 각기 분리된 영역에 존재하는 것은 아니다. 다른 분야의 학문들이 서로 스며들고, 온 정신을 채우면서도 서로 구별된다.[23]

그러나 궁극적으로 삼위일체는 신비적 또는 영적 경험으로만 이해될 수 있었다. 신은 인간의 개념을 훌쩍 뛰어넘기에 삼위일체는 사유되는 것이 아니라 경험되어야 했다. 그것은 논리적이거나 지적인 공식이 아니라, 이성을 혼란에 빠트리는 상상적 인식 체계였다. 나지안주스의 그레고리우스는 삼위일체 관조가 사유와 지적인 명료성을 당혹스럽게 하는 심오하고 압도적인 감정을 유발한다는 것을 설명하면서 다음과 같이 말했다.

나는 신을 유일무이의 존재로 생각하자마자 그 삼위의 광채에 압도된다. 나는 신의 삼위를 구분하려 시도하자마자 신의 유일무이성에 사로잡힌다. 나는 신의 삼위 가운데 하나를 생각할 때마다 늘 내 인식 밖으로 사라져 가는 신의 유일무이한 전체성이 두 눈 가득히 차오름을 깨닫지 않을 수 없다.[24)]

그리스 정교도와 러시아 정교도 들은 삼위일체를 관조를 통한 종교적 영감의 경험으로 이해했다. 그러나 많은 서방 기독교인은 삼위일체를 이해하는 데 적잖은 어려움을 겪었다. 카파도키아 신학자들이 삼위일체의 케리그마적 속성이라고 부른 것만을 고려했기 때문일 수 있다. 반면 동방 기독교인에게 삼위일체는 오로지 직관적으로 이해할 수 있는 것, 종교적 경험의 결과로 이해할 수 있는 도그마적 진리였다. 물론 논리적으로는 전혀 말이 되지 않는 일이었다. 일찍이 나지안주스의 그레고리우스는 삼위일체 도그마의 불가해성 덕분에 우리가 신의 절대적 신비에 직면하게 된다고 설교했다. 이 말은 우리가 신을 이해하기를 바라선 안 된다는 것을 상기시킨다.[25)] 또한 오로지 형언할 수 없는 방식으로만 자신의 본성을 드러내는 신에 관해 안이하게 표현하고 진술하지 못하도록 막는다. 바실리우스도 인간이 삼위일체가 작용하는 방식을 이해할 수 있다고 상상하지 말라고 경고했다. 가령 신 본체(Goodhead)의 세 히포스타시스가 어떻게 하나이면서 동시에 구분되는지 이해하려는 시도는 쓸모없다. 이는 말과 개념, 인간의 분석 능력을 넘어서는 것이기 때문이다.[26)]

그러므로 삼위일체는 문자 그대로 해석해선 안 되는 것이었다. 그것은 심오한 '이론'이 아니라 테오리아, 즉 관조의 결과였다. 서방 기독교인들은 18세기에 이 도그마 때문에 난처해지자 삼위일체를 신학 체계에서 제거하려 했다. 그들은 신을 '이성의 시대'에 합리적으로 이해 가능한 것으로 설명하고자 시도했다. 나중에 살펴보겠지만, 이것이 결국 19세기와 20세기에 이른바 '신의 죽음'을 초래하는 한 원인이 된다. 카파도키아 신학자들이 이 상상적 인식 체계를 발달시킨 이유 중 하나는, 신이 그리스 철학에서만큼 합리적인 존재가 되거나 아리우스 같은 이단자가 이해하는 것처럼 되지 않도록 막기 위함이었다. 아리우스의 신학은 지나치게 명료하고 논리적이었다. 그들이 보기에 아리우스는 삼위일체 교리가 기독교인에게 인간의 지적 능력으로는 '신'이라 불리는 실재를 이해할 수 없음을 상기시킨다는 것을 모르는 듯했다. 또한 아타나시우스의 신학에 근거해 작성된 니케아 신조의 성육신 교리도 그들에게는 우상 숭배의 여지가 있는 것으로 보였다. 그 교리가 사람들로 하여금 신을 지나치게 인간적인 관점에서 이해하도록 만들 수 있고, 심지어 신이 인간처럼 생각하고 행동하고 계획한다고 상상하게 만들 수도 있었다. 여기서부터 시작해 신에게 온갖 인간적 편견을 씌우고 나아가 그러한 잘못된 견해들을 절대시하는 데까지 이르는 것은 너무도 쉬운 일이었다. 삼위일체는 이러한 경향을 바로잡으려는 시도였다. 삼위일체는 신에 관한 사실의 진술이 아니라, 한낱 인간이 '신'에 관해 믿고 받아들이는 것과 신에 관한 그러한 진술 또는 케리그마는 잠정적일 수밖에 없다는 암묵적인 깨달음 사이에서 만들어진 한 편의 시 또는 신학적 춤으로 보아야 할 것이다.

'이론(theory)'이라는 말을 사용하는 방식의 차이를 알아보는 것도 유익한 일이다. 동방 기독교에서 '테오리아(theoria)'는 늘 관조를 의미했다. 서방 기독교에서 '이론'은 논리적으로 증명되어야 하는 합리적 가설을 의미했다. 신에 관한 '이론'을 발전시킨다는 것은 '신'이 인간의 사고 체계 안에 담길 수 있음을 함축했다. 니케아 공의회에 참석한 라틴 신학자는 단 세 명뿐이었다. 거의 대부분의 서방 기독교인은 그리스 용어를 이해하지 못했기 때문에 이러한 논의 수준에 오르지 못했고 삼위일체 교리에 불만을 느끼는 사람이 많았다. 아마도 다른 말로 완벽하게 번역될 수 없었을 것이다. 모든 문화는 자신만의 신 개념을 창조해야 한다. 서방 기독교인들이 삼위일체에 대한 동방 기독교의 해석을 생경하게 느꼈다면 그들은 자신들만의 해석을 제시해야 했을 것이다.

아우구스티누스의 삼위일체론

라틴 교회를 위해 삼위일체를 정의한 라틴 신학자는 아우구스티누스(354~430)였다. 그는 열렬한 플라톤주의자로서 특히 신플라톤주의 철학자 플로티노스에게 매료됐고, 그의 서방 동료들보다 동방 정교회의 삼위일체 교리를 더 깊이 이해했다. 그가 설명한 대로 삼위일체 교리에 대한 오해는 종종 용어에 대한 무지에서 비롯했다.

> 도저히 설명할 수 없는데도 불구하고 형언할 수 없는 것을 우리가 어떤 방법을 통해 표현하고자 시도할 때, 우리 그리스 친구들은 하나의 본질과 세 가지 실체를 말하지만, 라틴 사람들은 하나의 본질 또는 실체와 세 가지 위(페르소나)를 말한다.[27]

동방 기독교인들이 신의 단일하고 숨겨진 본질을 분석하기를 거부하고 세 히포스타시스를 통해 신에게 접근했을 때, 아우구스티누스와 그 이후의 서방 기독교인은 신의 유일성에서 출발해 신의 세 현시를 논의하는 길로 나아갔다. 동방 기독교인들은 아우구스티누스를 위대한 교부로 생각하고 존경했으나 그의 삼위일체 신학에는 의심을 품었다. 그 신학이 신을 지나치게 합리적이고 의인화된 모습으로 보이게 만들었다고 생각했다. 아우구스티누스의 접근 방법은 동방 교회처럼 형이상학적이지 않고 심리학적이고 매우 인격적이었다.

아우구스티누스는 서구 정신의 기초를 닦은 사람이라 할 수 있다. 사도 바울을 제외하고 서구 문화에 아우구스티누스보다 더 큰 영향을 끼친 신학자는 없다. 신을 발견한 자신의 경험을 열정적이고 감동적으로 기록한《고백록》덕분에 오늘날 그는 고대 후기 사상가들 중 가장 잘 알려져 있다. 아우구스티누스는 아주 젊은 시절부터 유신론적 종교를 추구했다. 그는《고백록》서두에서 "신은 당신을 위해 우리 인간을 만드셨으며, 우리의 마음은 당신 품에 안길 때까지 안식을 누리지 못할 것입니다!"라고 말할 만큼 신이 인간에게 필수적이라고 보았다.[28] 그는 카르타고에서 수사학을 가르치며 지내던 중 메소포타미아 계통의 영지주의인 마니교로 개종했으나, 얼마 후 마니교의 우주론에 불만을 느껴 그것을 버렸다. 본래 그는 기독교의 성육신 교리도 신의 개념을 더럽히는 것으로 보아 불쾌하게 여겼다. 그러나 이탈리아에서 지내는 동안 밀라노의 주교 암브로시우스(339~397)의 가르침을 통해 기독교와 플라톤 철학이 양립할 수 없는 것이 아님을 깨닫고 성육신과 같은 여러 기독교 교리를 인정하게 되었다. 하지만 아우구스티누스는 기독교인이 되기 위한 마지막 단계인 세례를 꺼렸는데, 기독교가 금욕을 강조하는 종교라고 이해했기 때문이었다. 그래서 그는 기독교로 개종

하기 직전에 "주여, 내게 정결함을 주시되 지금 당장은 마옵소서"라고 기도하곤 했다.[29]

아우구스티누스 최후의 회심은 질풍노도의 사건이어서 과거 삶에 대한 쓰라린 참회와 새로운 거듭남을 향한 격렬한 고통이 따랐다. 이후 그의 회심은 서방 기독교인의 종교적 경험을 특징짓는 범례가 되었다. 그 일은 어느 날 그가 밀라노의 한 정원에서 동료 알리피우스와 함께 앉아 있을 때 갑자기 일어났다.

> 어딘가 알 수 없는 내 마음속 아득한 심연의 세계로부터 거센 자기 성찰의 물결이 몰려와 내 존재의 모든 찌꺼기 참상을 쓸어 모아 '내 마음의 시선 앞에'(시편 18:15) 쌓아놓았다. 그것은 거대한 눈물 줄기를 몰고 온 광폭한 폭풍우와도 같았다. 함께 밀려드는 격렬한 아픔 속에서 그 눈물의 격랑을 밀어내기 위해 알리피우스 옆자리에서 일어나 적절한 통곡의 장소를 찾아야만 했다. 나는 어느 무화과나무 밑에 주저앉아 하염없이 눈물을 쏟았다. "주여 얼마나 오랫동안 당신의 분노를 발하시려나이까"를 반복해 마음속으로 외치면서, 주님이 받으시기에 합당한 하나의 희생물(시편 50:19)인 강물과도 같은 눈물 줄기를 흘렸다.(시편 6:4)[30]

서구에서 신은 늘 인간에게 쉽게 오지 않았다. 아우구스티누스의 회심 체험에는 회심의 격통이 사라진 후 회심자가 신의 품에 지쳐 쓰러져 안긴 채 느끼는 일종의 심리적 정화가 뒤따랐다. 그가 땅바닥에 주저앉아 폭포수 같은 눈물을 흘리고 있을 때 갑자기 어딘가에서 "들고 읽어라, 들고 읽어라"라고 노래하는 어린아이의 목소리가 들려왔다. 신의 계시임을 직감한 아우구스티누스는 벌떡 일어나, 친구 때문에 깜

짝 놀라고 당황한 알리피우스에게 달려가 그가 들고 있던 신약 성서를 낚아챘다. 그러고는 곧바로 성서를 펼쳐 첫눈에 들어온 구절을 읽었다. 〈로마서〉 13장 13~14절이었다. "낮에 행동하듯이, 단정하게 행합시다. 호사한 연회와 술 취함, 음행과 방탕, 싸움과 시기에 빠지지 맙시다. 주 예수 그리스도로 옷을 입으십시오. 정욕을 채우려고 육신의 일을 꾀하지 마십시오." 이로써 진리를 향한 아우구스티누스의 기나긴 투쟁이 마지막 지점에 이르렀다. 아우구스티누스는 "그 이후로 나는 더는 아무것도 갈구하지 않았고 무언가 더 찾아 읽어야 할 필요성도 느끼지 못했으며, 특히 그 말씀의 마지막 구절을 통해 모든 의심의 구름이 걷혀 그동안 마음을 지배해 온 모든 갈망으로부터 마침내 나를 해방하는 한 줄기 위로의 빛을 발견할 수 있었다"고 말했다.[31]

신은 기쁨의 원천이기도 했다. 회심 체험 후 얼마 지나지 않은 어느 날 밤, 아우구스티누스는 티베르강 인근 지역인 오스티아에서 어머니 모니카와 함께 망아(忘我)적 희열을 경험했다. 이 일은 '7장 신비주의자의 신'에서 좀 더 자세히 다루려 한다. 어쨌든 그는 플라톤주의자로서 신을 인간의 마음속에서 발견할 수 있다고 확신했다. 이 점은 《고백록》 10장에서 그가 메모리아(Memoria, 기억)라고 부른 것의 기능을 상세히 논한 데서도 잘 입증된다. 그에게 메모리아란 단순한 회상보다 더 복잡하고 광범위했으며, 현대의 심리학자들이 무의식이라고 부르는 것에 더 가까웠다. 다시 말해 메모리아는 의식과 무의식 모두를 포괄하는 매우 복잡하고 다양한 인간 정신의 전 영역을 뜻하는 말이었다. 그것은 '경외를 불러일으키는 신비'이자, 개인의 과거와 무수한 들판과 동굴과 깊은 구덩이의 이미지로 가득한 측량할 수 없는 세계였다.[32] 아우구스티누스에게 메모리아는 자신의 위에 있으면서 동시에 자기 안에 있는 역설적인 존재인 신을 찾기 위해 하강해 내려가야 하는 내면세계를 뜻했다. 그가 보기에 외부 세계에서 신의 존재를 입증하는 증거를 찾으려는 시도는 부질없었다. 신은 오직 정신의 실제 세계 안에서만 찾을 수 있었다.

> 그토록 오래되었으면서도 그토록 새로운 아름다움에 빛나는 당신을 나는 이제야 사랑하게 되었습니다. 그동안 당신은 내 안에 계셨는데 나는 저 바깥 세상에 나아가 헛되이 당신을 찾으며 당신이 창조한 모든 아름다운 것들 속에 빠져 있었습니다. 당신은 나와 함께 계셨으나 나는 당신을 떠나 있었습니다. 당신 안에 있지 않으면 존재할 수조차 없는 이세상의 헛되이 아름다운 것들에 대한 부질없는 사랑이 나를 당신에게서 멀어지게 만들었습니다.[33]

아우구스티누스에게 신은 객관적 실재가 아니라 자아의 심연 속에 있는 영적 존재였다. 그의 통찰은 플라톤과 플로티노스뿐 아니라 불교도, 힌두교도 그리고 비(非)신론적(non-theistic) 종교의 샤먼들과도 공유할 수 있는 것이었다. 그러나 그의 신은 비인격적 신이 아니라 유대-기독교의 전통 속에서 고도로 인격화된 신이었다. 그의 신은 약한 인간과 대등하게 자신을 낮추고 인간을 찾아 나서는 신이었다.

> 당신은 나를 부르시고 큰 소리로 내게 외쳐, 닫혀 있던 내 귀를 열어주셨습니다. 당신은 휘황찬란한 광채와 밝은 빛을 내게 비추어, 감긴 내 눈을 뜨게 해주셨습니다. 감미로운 당신의 향기를 맡고 나는 당신을 사모하게 되었습니다. 나는 당신을 맛보지만 계속 당신을 향한 허기와 갈

증을 느낍니다. 당신은 나를 흔들어 일깨웠고, 나는 오직 당신으로부터 가능한 평화를 열망하게 되었습니다.[34]

대개 개인적 경험을 신학적인 글에 담지 않았던 동방 기독교 신학자들과 달리, 아우구스티누스는 매우 사적인 이야기에서 출발해 자신의 신학 사상을 발전시켰다.

인간 정신에 대한 아우구스티누스의 깊은 관심은 5세기 초에 쓴 《삼위일체론》에서 심리학적 삼위일체론을 발전시키는 중요한 계기가 되었다. 이 책에서 아우구스티누스는 우리 인간은 신의 형상에 따라 만들어졌으므로 우리 정신 깊은 곳에 남아 있는 삼위일체의 흔적을 알아차릴 수 있어야 한다고 주장했다. 동방 기독교 신학자들이 주로 형이상학적 추상화와 언어적 구분에서 출발했던 것과 달리, 아우구스티누스는 인간이 진리를 경험하는 순간에서부터 탐색을 시작했다. 그의 신학에 따르면, 우리는 "신은 빛이다"라든가 "신은 진리다"라는 말을 들을 때 본능적으로 영적 관심의 불길이 피어올라, 신이 인간의 삶에 의미와 가치를 부여했음을 느낀다. 그러나 그러한 영적 체험의 순간이 지난 뒤, 우리는 다시금 일상의 정신 상태로 돌아가 "익숙하고 세속적인 것"에 사로잡힌다.[35] 아무리 애써도 우리는 우리가 그토록 갈망하는, 뭐라 표현할 수 없는 그 순간을 되찾을 수 없다. 일반적인 사고 과정은 결코 도움이 되지 못한다. 그 대신에 "신은 진리다" 같은 말을 들을 때 마음에서 들려오는 말에 귀를 기울여야 한다.[36] 그러나 우리가 알지 못하는 실재를 사랑하는 일이 과연 가능한가? 계속해서 아우구스티누스는 우리의 정신 안에 마치 플라톤의 '형상'처럼 신을 닮은 삼위일체가 있기 때문에 우리는 우리 자신의 '원형'을 갈망하는 것임을 보여준다.

만일 정신이 자신을 사랑한다고 여기는 데서 출발한다면, 우리는 삼위일체가 아니라 사랑과 정신의 이원성을 발견하게 될 것이다. 그러나 정신이 우리가 자의식이라고 불러야 할 것을 통해 스스로를 인식하지 않는 한, 정신은 자신을 사랑할 수 없다. 데카르트에 앞서 아우구스티누스는 우리 자신에 대한 앎이 다른 모든 확실성의 기초가 되며, 의심의 경험이야말로 우리 자신을 의식하게 해준다고 주장했다.[37]

그는 인간의 영혼 안에 '앎', '자기 인식', '사랑'에 상응하는 '기억', '이해', '의지'의 세 속성이 존재한다고 보았다. 신성한 세 위와 마찬가지로, 이 세 정신 활동은 본질적으로 하나다. 각각 세 개의 개별적인 정신을 구성하는 것이 아니라 각각이 온 정신을 채우고 서로 스며들기 때문이다. 그는 이 점을 "나는 내가 기억과 이해와 의지를 지니고 있음을 기억하고, 내가 이해하고 내 의지대로 결정하며 기억함을 이해하며, 내가 의지하고 기억하고 이해한 것을 의지한다"라고 표현했다.[38] 카파도키아 신학자들이 묘사한 삼위일체처럼, 세 정신 속성도 "하나의 삶, 하나의 정신, 하나의 본질을 구성하는" 것이다.[39]

그러나 이와 같은 정신 작용에 대한 이해는 첫 단계에 불과하다. 인간이 자기 안에서 만나는 삼위일체는 신 자신이 아니라 신이 남긴 흔적에 지나지 않는다. 아타나시우스와 니사의 그레고리우스는 모두 인간의 영혼 안에서 일어나는 신의 변형적 임재를 설명하기 위해 거울의 반사 현상을 이용했는데, 이것을 바르게 이해하려면 그리스인들이 거울에 비치는 상(像)을 실제라고 믿었다는 것을 상기해야 한다. 즉 보는 사람의 눈에서 나오는 빛과 물체가 내는 빛이 섞여 유리 표면에 반사될 때 만들어지는 이미지를 실제라고 믿었던 것이다.[40] 아우구스티누스는 인간 정신 속의 삼위일체가 신의 현존을 포함하면서 동시에 신에게로 향하는 일종의 반사라고 생각했다.[41] 그러나 인간은 어떻게 거울에 어렴풋이 비친 이 이미지 너머의 신에게 도달할 수 있을까? 신과 인간 사이의 헤아릴 수 없는 거리는 인간의 노력만으로는 건널 수 없다. 아우구스티누스는 신이 육화한 말씀의 사람으로 우리를 만나러 오기 때문에 우리는 각자 내면에 있는 신의 형상, 우리가 지은 죄로 인해 손상되고 훼손된 신의 형상을 회복할 수 있다고 생각했다. 세 가지 훈련을 통해 우리를 변화시킬 신의 활동에 대해 우리는 스스로 마음의 문을 열어야 한다. 아우구스티누스가 신앙의 삼위일체라 부른 세 가지 훈련은 레티네오(retineo, '성육신의 진리를 마음속에 간직하는 것'), 콘템플라티오(contemplatio, '그것을 관조하는 것'), 딜렉티오(dilectio, '그것을 기뻐하는 것')이다. 이런 식으로 인간 정신에 현존하는 신에 대한 감각을 배양함으로써 삼위일체의 진리가 서서히 드러나게 될 것이었다.[42] 이러한 과정을 통해 얻는 앎은 그저 머리로 습득하는 정보가 아니라 자아의 심연 속에 존재하는 신성한 차원을 드러냄으로써 인간을 변화시키는 창조적 깨달음이었다.

서구 세계에서 이 시기는 암울하고 끔찍한 시대였다. 야만족이 유럽으로 쏟아져 들어와 로마 제국을 몰락시키기 시작했다. 그러한 문명의 몰락은 당시 기독교 영성에 큰 영향을 주었다. 아우구스티누스의 스승이었던 암브로시우스는 본질적으로 방어적인 신앙을 설교했다. 인테그리타스(integritas, '온전함')가 가장 중요한 덕목이었다. 당시 교회는 성모 마리아의 순결한 육체를 지키듯 자신들의 교리를 야만족(상당수가 아리우스주의로 개종한 이들이었다)의 거짓된 교리에 물들지 않은 상태로 온전하게 보존해야 했다. 아우구스티누스의 후기 저작에도 깊은 슬픔이 가득했다. 로마 제국의 몰락은 아우구스티누스의 '원죄'에 관한 교리 형성에 지대한 영향을 끼쳤고, 그의 원죄 교리는 이후 서구인의 세계관에서 핵심이 되었다. 아우구스티누스는 신이 아담의 죄 때문에 모든 인류에게 영원한 저주를 내렸다고 믿었다. 아담의 죄(원죄)가 아우구스티누스가 '색욕'이라고 부른 것에 오염된 성행위를 통해 아담의 모든 후손에게 이어진다는 것이었다. 색욕은 신이 아닌 인간에게서 쾌락을 추구하는 비이성적 욕구였다. 그것은 열정과 감정이 이성을 완전히 집어삼켰을 때, 신은 잊고 인간들끼리 창피한 줄도 모르고 방탕하게 즐기는 성행위를 통해 가장 강렬히 체험되는 것이었다. 제멋대로 날뛰는 열정과 감각이 빚은 혼돈 속에서 힘을 잃고 쓰러지는 이성의 이미지는 서구 세계에서 이성과 법과 질서의 원천이었으나 야만족에 의해 몰락하는 로마 제국과 심란할 정도로 비슷했다. 이처럼 암울한 시대 상황을 반영해 아우구스티누스는 신학 교리에 무자비하고 냉혹한 신의 모습을 그려 넣었다.

죄를 지어 (낙원에서) 쫓겨난 후, 아담은 후손들에게 자신이 받은 것과 똑같은 죽음과 저주의 운명을 남겨주어야 했다. 스스로 타락해 저지른 그의 죄가 모든 후손이 짊어져야 할 죄의 뿌리가 되었다. 모든 인간은 신에 대한 불순종의 상징인 육체적 색욕을 통해 태어나기에, 어느 누구도 영원한 죄악과 파멸이라는 운명의 굴레와 멍에를 벗어날 수 없다. 그리하여 인간은 늘 수많은 과오와 슬픔에 사로잡혀 반역의 천사처럼 끝이 없는 고통의 날을 이어간다. …… 인간은 저주받은 운명 앞에 엎드린 채 헤어날 수 없는 악의 수렁 속에서 신음하며 죄악을 선도하는 타락천사의 대열에 참여한다. 이러한 불경한 반역죄는 영원한 죽음과 파멸이

라는 징벌을 받아 마땅하다.[43]

유대인도 그리스 정교도도 아담의 타락을 이렇게 파국의 관점에서 보지 않았다. 나중에 무슬림도 이 원죄라는 희망 없는 신학을 채택하지 않았다. 서방 기독교 특유의 교리인 원죄는 테르툴리아누스가 앞서 제시한 냉혹한 신의 초상을 더욱 심화했다.

아우구스티누스는 서구인들에게 곤혹스러운 유산을 남겼다. 인간성의 만성적 결함을 가르치는 종교는 사람들을 자기 소외에 빠뜨릴 수 있다. 그의 원죄론에서 비롯된 인간 소외는 섹슈얼리티의 폄하, 특히 여성에 대한 폄하로 가장 두드러지게 나타났다. 본래 기독교는 여성을 긍정적으로 생각한 종교였으나 아우구스티누스의 시대부터 서구 문화에 여성혐오의 경향이 만연하기 시작했다. 성 히에로니무스는 때때로 광기 어린 여성혐오로 가득한 서신을 썼다. 테르툴리아누스도 여성을 사악한 유혹자, 인류(남성)에게 영원히 위험한 존재로 비난하는 다음과 같은 글을 남겼다.

너희는 너희 각자가 한 사람의 하와라는 사실을 모르는가? 너희의 죄가 분명히 사라지지 않았기에, 너희 성별(여성)에 신께서 내린 징벌의 심판 또한 오늘날 남아 있다. 너희는 사탄의 출입구이고 금지된 나무의 침범자이며 신이 내린 율법을 저버린 최초의 죄인이다. 너희는 사탄 혼자서는 도저히 무너뜨릴 수 없었던 남자를 유혹하고 설득해, 신의 형상을 한 남자를 분별없이 파괴했다. 너희의 불순종으로 인해 신의 아들마저 죽음에 이르게 되었도다.[44]

아우구스티누스도 이런 견해에 동의했다. 그는 친구에게 보낸 서신에서 "아내든 어머니든 다를 게 무엇인가. 모든 여성에게서 우리가 주의해야 할 것은 유혹자 하와다."라고 썼다.[45] 사실 아우구스티누스는 신이 여성을 창조했다는 것을 몹시 곤혹스러워했다. "만일 아담에게 좋은 동료와 대화 상대가 필요했다면 한 남성과 한 여성이 아니라 친구로서 두 명의 남성을 창조하는 편이 훨씬 좋았을 텐데"라고 말할 정도였다.[46] 여성의 유일한 기능은 아이를 낳는 것인데 그것은 곧 다음 세대에 성병을 전해주듯 원죄의 사슬을 이어주는 것이다. 이처럼 인류의 절반을 미심쩍은 눈으로 보고, 몸과 마음과 정신에서 자기도 모르게 일어나는 모든 움직임을 치명적인 색욕의 징후로 간주하는 종교는 남성과 여성 모두를 인간의 조건으로부터 소외시키는 결과를 낳았다. 오늘날 여성의 성직 서임이라는 문제를 두고 나타난 혼란스러운 반응에서 서방 기독교의 신경증적 여성혐오가 여전히 영향을 끼치고 있음을 알 수 있다. 동방 교회의 여성들이 '문명 세계'의 모든 여성과 함께 (여성에게 부당하게 지워진) 열등함이라는 짐을 나누는 동안, 서방 교회에 속한 자매들은 그 짐에 더해 혐오스럽고 죄 많은 섹슈얼리티의 낙인까지 찍혀 두려움과 증오 속에서 배척당했다.

위-디오니시우스의
엑스타시스

육체와 여성에 대한 이러한 부정적 관념은 신이 육체를 입고 우리와 인간성을 공유했다는 생각(성육신 교리)이 기독교인들로 하여금 육체를 가치 있게 여기게 만들었다는 점에서 매우 모순적이다. 그리하여

이 곤혹스러운 믿음을 두고 많은 논쟁이 벌어졌다. 예를 들어 4세기와 5세기에 아폴리나리우스(360~429), 네스토리우스(386~451), 에우티케스(375?~454?) 같은 소위 '이단자들'은 몹시 까다로운 질문을 던졌다. 어떻게 그리스도의 신성이 그의 인간성과 합치될 수 있었나? 확실히 마리아는 신의 어머니가 아니라 인간 예수의 어머니였나? 어떻게 신이 무기력한 갓난아기의 몸으로 변할 수 있는가? 신이 마치 성전에 거하듯 특별한 친밀함 속에서 예수 그리스도와 함께 있었다고 말하는 것이 더 정확하지 않은가? 자신들의 주장에 일관성이 없음이 뚜렷이 드러났는데도 정통파는 기존 입장을 고수했다. 알렉산드리아의 주교 키릴로스(376?~444)는 아타나시우스의 사상을 반복해 주장했다. 즉 신이 실제로 인간이 되어 흠 있고 타락한 이 세상에 내려와 버림받고 죽음까지 맛보았다는 것이다. 그러나 이 믿음은 신은 전적으로 초연하여 고통도 변화도 느끼지 않는다는 또 다른 굳은 믿음과 조화를 이룰 수 없었다. 주로 아파테이아로 특징지어지는 그리스인들의 신은, 예수 그리스도로 육화한 신과는 완전히 다른 신처럼 보였다. 정통파는 '이단자들'이 신에게서 신비와 경이를 모조리 없애고 싶어 한다고 느꼈다. '이단자들'은 고통받고 무기력한 신이라는 관념이 매우 공격적임을 알아차린 사람들이었다. 정통파에게 성육신의 역설은 인간의 안일한 자기 만족을 흔들지 못하는, 전적으로 이성적이기만 한 그리스적 신의 문제를 바로잡을 해결책으로 보였다.

529년 로마 황제 유스티니아누스(483~565)는 당시 제국 내 이교 지식 사회의 마지막 보루였던 아테네의 아카데메이아*를 폐쇄했다. 이 철

아카데메이아(Akademeia) 플라톤이 기원전 387년경에 아테네 교외에 설립한 철학 학교.

학 학교의 마지막 위대한 스승은 플로티노스 철학의 열렬한 신봉자였
던 프로클로스(412~485)였다. 그리스 철학은 지하로 숨어들었고 기독
교라는 새로운 종교에 패배한 듯했다. 그러나 학교가 폐쇄되고 4년 후
에 신비주의적인 네 편의 글이 발견되었다. 그것들은 사도 바울에 의해
기독교로 개종한 최초의 그리스인이었던 디오니시우스 아레오파기타가
쓴 것이라고 알려졌지만, 실제로는 6세기경에 익명을 원한 그리스 기독
교인이 쓴 것이었다(이 익명 저자를 '위僞-디오니시우스'라고 부른다). '디오
니시우스 아레오파기타'라는 가명에는 실제 저자의 정체보다 더 중요한
상징적 힘이 있었다. 위-디오니시우스는 신플라톤주의에 용케 세례를
베풀고 그리스 철학의 신과 성서의 셈족 신을 조화롭게 결합했다.

위-디오니시우스는 카파도키아 신학자들의 후계자이기도 했다. 그
는 바실리우스처럼 케리그마와 도그마를 철저히 구분했다. 그는 한 서
신에서 사도들로부터 나온 두 가지 신학 전통이 있다고 단언하면서,
명료하고 인식 가능한 복음으로서 '케리그마'와 침묵과 신비의 복음으
로서 '도그마'를 구분했다. 하지만 그에게 케리그마와 도그마는 상호
의존적이며 기독교 신앙에 본질적이었다. 그의 주장에 따르면, 도그마
는 "상징적이고 입문을 전제로 하는" 것이고 케리그마는 "철학적이고
논증이 가능한 것"이다. "그리고 형언할 수 없는 것과 표현할 수 있는
것은 날실과 씨실이 하나로 엮이듯 결합된다."[47] 케리그마는 명료화된
진리로써 우리를 설득하고 훈육하지만, 도그마는 신의 초언어적이고
감추어진 신비를 암시함으로써 우리에게 입문을 요구한다. 다시 말해
"도그마는 아무것도 가르치지 않는 입문을 통해 신과 인간 영혼의 합
일을 가능케 한다."[48] 이러한 요지로 쓰인 위-디오니시우스의 글은 아
리스토텔레스를 연상시킨다. 종교적 진리는 인간의 말과 논리와 합리

적 담론으로는 적절히 전달될 수 없다. 그것은 다만 전례의 행위와 언어로 상징적으로 표현된다. 또는 신의 절대적 신비를 존중하며 개념이 아니라 창조적 상상력에 근거하여 실재를 표현하는 '거룩한 베일'과도 같은 교리로 표현된다.[49]

위-디오니시우스는 진리의 숨은 의미 또는 비전적 의미는 특권을 지닌 엘리트만이 아니라 모든 기독교인을 위한 것이라고 생각했다. 그리하여 그는 수도사들만이 해득할 수 있는 난해한 가르침을 거부했다. 그는 모든 신자들이 참석하는 전례가 신에게 다가갈 수 있는 가장 중요한 길이라 생각하고 자기 신학의 중심에 두었다. (위-디오니시우스가 보기에) 종교적 진리가 교리라는 상징적 보호막 뒤로 감추어진 이유는 선의를 지닌 보통의 사람들을 배제하기 위함이 아니라, 모든 기독교인을 감각에 따른 인식과 개념 위로 들어 올려 신의 형언할 수 없는 실재에 접근할 수 있게 하기 위함이었다. 그는 모든 신학이 아포파시스적이어야 한다고 주장한 카파도키아 신학자들의 겸허함을, 형언할 수 없는 신을 향해 상승하는 방법으로 썼다. 대담한 방법이었다.

사실 위-디오니시우스는 '신'이라는 말을 쓰는 것을 좋아하지 않았다. 아마도 그 말에 부적절하게 의인화된 의미가 함축되어 있다고 생각했기 때문인 듯하다. 그는 프로클로스가 쓴 '테우르기아(theourgia)'라는 말을 선호했다. 테우르기아는 이교 세계에서 주로 전례와 관련해 쓰인 말이었는데, 본래 비기독교 세계에서 희생 제의와 점술 의례를 통해 신성한 '마나'를 경험하는 것을 뜻했다. 위-디오니시우스는 이것을 신에 관한 담론에 적용했다. 그럼으로써 계시된 상징들에 내재한 신의 에네르게이아를 방출할 수 있다고 보았기 때문이다. 그는 카파도키아 신학자들의 견해에 동의했다. 즉 신을 가리키는 우리 인간의 말과 개념은 모두 부적절하므로 우리의 이해력을 넘어서는 실재에 대한 정확한 설명으로 받아들여서는 안 된다고 생각했다. 신은 '(모든) 존재를 초월하는 신비'이자 '신을 넘어서 있기'에, '신'이란 말 자체도 신에 관해 말하는 데 부적절했다.[50] 그의 주장에 따르면 기독교인들은 신이 모든 하찮은 존재들로 이루어진 위계에서 가장 높은 곳에 있는 존재, 최고 존재(Supreme Being)가 아님을 깨달아야 한다. 사물과 인간은 인식의 대상이 될 수 있는 별개의 현실 또는 대안적 존재로서 신과 마주하고 있는 게 아니다. 신은 존재하는 사물 중 하나가 아니며, 우리가 경험하는 그 어떤 것과도 같지 않다. 사실상 신은 '무'라고 부르는 게 더 정확하다. 신은 "우리가 이해하는 의미의 단일체도 아니고 삼위일체도 아니기 때문에" 우리는 신을 삼위일체라 불러선 안 된다.[51] 사실상 신은 '무'라고 부르는 것이 더 정확할 것이다. 신은 모든 존재를 초월한 존재일 뿐 아니라 모든 명칭을 초월한 존재다.[52] 그러나 위-디오니시우스는 신에 관해 말할 수 없는 우리의 무능력을 이용해, 인간 본성의 '신화(神化)'(테오시스)와 다를 바 없는 신과의 합일에 이를 수 있다고 보았다. 신은 자신의 이름 중 '성부' '성자' '성령' 같은 이름들을 성서를 통해 우리에게 계시했다. 이러한 계시의 목적은 신 자신에 '관한' 정보를 우리에게 주기 위함이 아니라, 우리로 하여금 신을 지향하도록 이끌어 신성을 공유하도록 하기 위함이었다는 것이다.

위-디오니시우스는 《신의 이름들》의 각 장을 신에 의해 계시된 케리그마적 진리, 즉 선함, 지혜, 부성(父性) 같은 신의 이름들을 언급하면서 시작했다. 그런 후 그는 비록 신이 이런 여러 이름을 통해 자신을 조금 드러냈지만, 신이 드러낸 것은 신의 본질 자체가 아니라고 주장했다. 진정으로 신을 이해하기를 원한다면 먼저 신의 케리그마적 속성과 이름을 부정해야 한다. 우리는 신이 '신'이면서 동시에 '신이 아님'을, '선함'과 동시에 '선하지 않음'을 말해야만 한다. 이렇게 앎과 무지를 동시에 포용하는 과정으로서 역설이 주는 충격을 통해 우리는 세속 세계의 모든 개념을 초월해, 형언할 수 없는 실재 자체에 다가갈 수 있다. 위-디오니시우스에 따르면, 우리는 다음과 같이 말하는 데서 시작할 수 있다.

신에 관해 이해, 추론, 지식, 감각, 인지, 상상, 이름 그리고 그 밖의 많은 것들이 제기되었다. 그러나 신은 이해되지 않고 이름 지어질 수도 없으며, 신에 관해 말해질 수 있는 것은 아무것도 없다. 신은 결코 존재하는 것들 중 하나가 아니다.[53]

위-디오니시우스는 성서를 읽는 것도 신에 관한 어떤 사실을 발견하는 과정이 아니라 케리그마(계시되고 공표된 진리)를 도그마(감추어진 비전적 진리)로 바꾸는 역설적 훈련이어야 한다고 생각했다. 그 방법이 바로 테우르기아, 즉 우리가 신을 향해 상승할 수 있게 해주는 신의 능력을 경험하는 것이며, 플라톤주의자들이 항상 말했듯이 우리를 신성하게 만들어주는 것이다. 그것은 생각을 멈추는 것이다. "우리는 신에 관한 모든 개념을 버려야 한다. 우리는 정신의 활동을 중단한다."[54] 우리는 신의 속성에 대한 부정마저 부정해야 하며, 오직 그럴 때만 신과의 망아적 합일을 체험할 수 있다.

위-디오니시우스가 말한 엑스타시스(ekstasis, 황홀경, 망아 상태)는 뚜렷한 방법론이 없는 요가 수련으로 성취하는 어떤 특정한 정신 상태나 대안적인 의식 형태를 뜻하는 것이 아니었다. 그것은 모든 기독교인이 기도와 테오리아의 역설적 방법으로 도달할 수 있는 상태였다.

그것은 대화보다 침묵을 요구한다. "우리는 우리의 지적 능력을 뛰어넘는 어둠 속으로 뛰어듦으로써 우리가 단순히 할 말이 부족한 게 아니며 실제로 신에 관해 아무 말도 할 수 없고 아무것도 알지 못함을 깨닫게 될 것이다."[55] 니사의 그레고리우스처럼 그는 모세의 시나이산 이야기에서 교훈을 찾았다. 그의 주장에 따르면, 시나이산에 올랐을 때 모세는 산 정상에서 신을 본 게 아니라 신이 임재한 장소에 이른 것뿐이었다. 모세는 거대하고 두터운 구름에 둘러싸여 아무것도 보지 못했으며, 그가 보고 이해할 수 있던 것은 단지 신의 임재를 암시하는 상징뿐이었다. 그곳에서 모세는 무지의 어둠을 통과해 인간의 이해를 초월하는 실재와 결합할 수 있었다. 이처럼 인간은 자신을 언어와 사고의 틀에서 해방할 때 궁극적으로 신과 합일되는 엑스타시스에 도달할 수 있었다.

위-디오니시우스는 이러한 망아 체험은 산 정상에 오르는(상승) 인간의 노력에 부응해 산 정상으로 내려오는(하강) 신이 있기에 가능하다고 보았다. 이 점에서 그는 인간의 노력에 아무 반응이 없는, 정적이고 멀리 떨어져 있는 신플라톤주의의 신을 거부했다. 그리스 철학자들의 신은 인간을 지향하는 성서의 신과 상반될 뿐 아니라, 인간과의 망아적 합일 속에서 드러나는 신비주의자들의 신과도 관련이 없었다. 위-디오니시우스는 신이 초월적 한계를 넘어 자신을 낮춤으로써 피조물의 세계에 임재해 인간과 망아적 합일을 이룬다고 확신했다.

우리는 만물의 창조주가 피조물의 세계를 향한 귀하고 선한 의지 속에서 만물을 위한 섭리적 행위를 통해 자신을 비워 세계에 드러냈음을 담대히 확언해야 한다. 우리는 그가 만물을 초월해 다스리는 지고의 보좌로부터 자신을 낮추어 위대한 망아적 합일의 능력으로 만물의 내면에

들어와 머무는 존재임을 믿어야만 한다.[56]

따라서 위-디오니시우스가 보기에 그리스 철학에서 말하는 유출은 자동적 과정이 아니라 자발적이고 열정적인 사랑의 분출이었다. 그가 말한 부정과 역설의 신학적 방법은 인간이 행하는 것일 뿐 아니라 인간에게 일어나는 일이기도 했다.

플로티노스에게 엑스타시스는 어쩌다 경험하는 것이었다. 그는 평생 두세 번 정도 엑스타시스를 경험했다고 한다. 그러나 위-디오니시우스는 엑스타시스를 기독교인에게 지속될 수 있는 의식 상태로 보았다. 그는 엑스타시스가 성서와 예배 의식 속에 비전적 형태로 감추어져 있다고 생각했다. 예를 들어 미사 집전자가 제단을 떠나 신도들 사이의 통로로 걸어 나가기 전 성수를 제단에 뿌리는 것은 단순한 정화 의례가 아니었다. 신이 초월적 처소를 떠나 자신의 피조물(인간)과 합치함으로써 경험하는 엑스타시스를 모방하는 행위였다. 아마도 위-디오니시우스의 신학은 신에 관해 확언할 수 있는 것과, 신에 관해 말할 수 있는 것은 모두 상징일 뿐이라는 인식 사이에서 펼쳐지는 영적인 춤이라고 보는 것이 가장 적절할 것이다. 유대교에서처럼 위-디오니시우스의 신에게는 두 측면이 있었다. 하나는 인간을 지향하며 세계 속에 자신을 드러내는 신이고, 다른 하나는 인간과 멀리 있으며 인간이 결코 이해할 수 없는 신이다. 신은 창조된 세계에 내재해 있는 동시에 영원한 신비 속에서 '자기 안에 머물러' 있다. 그는 세계에 덧붙여진 '또 다른' 존재가 아니다. 위-디오니시우스의 신학적 방법은 동방 기독교 신학의 규범이 되었다. 그러나 서방 기독교에서는 신학자들이 계속해서 신에 관해 논의하고 설명하곤 했다. 서방 기독교 신학자 중에는 신을 인간의 사고 개념에 상응하는 존재인 양 설명하는 이들도 있었고, 또 다른 신학자들은 자신들의 신 개념을 신의 속성으로 규정하고 정당화함으로써 심각한 우상 숭배의 폐해를 낳았다. 그러나 동방 기독교의 신은 언어로 표현될 수 없는 신비로운 신으로 늘 남아 있었으며, 삼위일체 또한 인간의 교리적 신 이해가 절대적이지 못함을 상기시켜 주는 역할을 했다. 그들은 진정한 신학은 침묵과 역설이라는 위-디오니시우스의 두 가지 기준을 충족해야 한다고 결정했다.

한편, 예수 그리스도의 신성도 동방 기독교와 서방 기독교에서 각기 다른 관점에서 이해되었다. 동방 기독교의 성육신 개념은 비잔티움 신학의 창시자로 알려진 고백자 막시무스(580?~662)가 정의한 것이었다. 그것은 서방 기독교의 성육신 개념보다 오히려 불교의 이상에 더 가까웠다. 마치 불교도들이 깨달음만이 인간의 참된 운명이라고 믿듯이, 막시무스는 인간은 신과 합일할 때에만 스스로 충만해질 수 있다고 믿었다. 그의 주장에 따르면 '신'은 인간 삶의 조건에 덧붙여진 예외적이고 이질적인 외적 존재가 아니다. 인간은 신과 같은 존재가 될 잠재력을 지니고 있으며 그 일이 실현될 때 비로소 완전한 인간이 될 수 있다. 말씀(로고스)이 인간이 된 것은 아담이 지은 죗값을 치르기 위해서가 아니다. 성육신은 아담이 죄를 짓지 않았더라도 일어났을 일이었다. 인간은 말씀의 형상에 따라 창조되었으며, 각자 내면에 담긴 말씀의 형상을 삶에서 완전히 구현할 때 자신의 잠재력을 온전히 성취할 수 있다. 타보르산에서 예수 그리스도가 영광에 휩싸여 찬란하게 빛나는 모습으로 변모한 것은 우리 모두가 간절히 희구할 수 있는 신화(神化)된 인간을 보여준 것이다. 말씀이 육화한 것은 "전 인류를 신과 같은 존재로 만들기 위함이었다. 그것은 인간과 똑같은 몸과 영혼으로 당신을 낮춘 신의 은총을 통해 인간을 본질적으로 신과 동일한 존재로 만들기 위함이었다."[57] 불성과 깨달음이 초자연적 실재의 개입을 배제하고 인간 본연의 능력을 고양함으로써 얻을 수 있는 것이었듯이, 신화된 예수 그리스도는 신의 은총을 통해 우리 인간이 다다를 수 있는 상태를 보여주었다. 불교도가 '깨달은 자' 고타마 붓다의 이미지를 숭배하게 된 것과 거의 같은 방식으로 기독교인은 예수 그리스도를 신-인간(God-Man)으로 섬길 수 있었다. 예수 그리스도는 진정 영광의 빛으로 충만한 최초의 인간이었다.

성육신에 대한 동방 정교회의 시각이 기독교를 오리엔트 종교에 가까워 보이게 했다면, 서방 기독교는 예수를 좀 더 특이한 관점에서 이해했다. 그것은 캔터베리 주교였던 안셀무스(1033~1109)의 《인간이 되신 하느님》에 잘 나타나 있다. 안셀무스의 주장에 따르면, 인간의 죄는 신에 대한 엄청난 모독이었기에 인류를 위한 신의 계획이 완전히 좌절되지 않게 하려면 속죄가 반드시 필요했다. 말씀이 육화한 것은 우리 인간을 대신해 죄값을 치르기 위해서였다. 신의 정의(正義)는 신이면서 인간인 존재가 빚(죄)을 갚을 것을 요구했다. 인간이 저지른 위법 행위는 너무도 엄청나서 오직 신의 아들만이 인간을 구원할 수 있지만, 한편으로 이 일은 인간에게 책임이 있었기에 구원자 또한 인류의 구성원이어야만 했다. 안셀무스의 구상은 신을 마치 인간처럼 생각하고, 판단하고, 평가하는 존재로 묘사했다. 또한 일종의 인간 희생양으로 바쳐진 (신 자신의) 아들의 죽음을 통해서만 만족하는 가혹한 신의 이미지를 강화했다.

서방 세계에서 삼위일체 교리는 종종 잘못된 관점으로 이해되어 왔다. 사람들은 삼위일체를 세 명의 신성한 인물로 상상하거나 그렇지 않으면 교리를 완전히 무시하고 '신'은 성부이지만 예수 그리스도는 한 단계 아래에 있는 신의 동료 정도로 이해하곤 한다. 유대인과 무슬림은 삼위일체 교리를 매우 곤혹스럽게 여겼고 심지어는 신성 모독으로까지 생각했다. 하지만 유대 신비주의자들과 이슬람 신비주의자들은 그것과 놀랍도록 유사한 신의 개념들을 발전시켰다. 예를 들어 신의 자기 비움을 뜻하는 케노시스에 해당하는 개념이 카발라와 수피즘에서 모두 대단히 중요한 자리를 차지했다. 삼위일체에서 성부는 모든 것을 포기하고 자신의 전 존재를 성자에게 전한다. 심지어 스스로를 또 다른 말씀으로 표현할 가능성조차 포기한다. 일단 말씀이 생겨나면 성부는 침묵으로 남는다. 성부에 관해 우리는 아무것도 말할 수 없다. 왜냐하면 우리가 아는 신은 오직 성자뿐이기 때문이다. 성부는 '나'라는 일반적인 의미의 정체성을 지니지 않으며 인격에 관한 우리의 생각을 전복한다. 존재의 근원에는 위-디오니시우스뿐 아니라 플로티노스, 필론, 붓다가 본 무(無)가 있다. 성부는 흔히 기독교적 탐구의 목적으로 제시되는데 그렇다면 기독교인의 여정은 그 어떤 장소나 사람에게도 이르지 않게 된다. 사실 인격신 또는 의인화된 '절대'의 개념은 인류에게 중요했다. 그래서 힌두교와 불교는 인격화된 신에 대한 개인적 헌신(바크티)까지 허용해야 했다. 그러나 삼위일체라는 상징 또는 인식 체계는 우리에게 인격주의는 반드시 초월되어야 하며 신을 우리와 같은 방식으로 행동하고 반응하는 엄연한 인간으로 상상하는 것으로는 충분하지 않다는 것을 알려준다.

성육신 교리도 우상 숭배의 위험을 상쇄하려는 또 다른 시도였다고 볼 수 있다. '신'을 '저편 어딘가에' 있는 '전적으로 타자인' 실재로 이해한다면, 그 신은 인간의 편견과 욕망이 투영된 우상으로 전락하기 쉽다. 이런 위험을 막기 위해 기독교 외에 다른 종교 전통들은 브라흐만-아트만 같은 탈인격체 모델을 통해 '절대'는 어쨌든 인간의 조건과 밀접한 관련이 있다고 주장했다. 아리우스와 그 뒤의 네스토리우스, 에우티케스는 예수를 인간 아니면 신 둘 중 하나로 보려 했는데, 인간성과 신성을 완전히 구분되는 영역에 두려는 경향 때문에 부분적으로 반대에 부딪혔다. 참으로 그들의 해결책은 합리적이었으나, 도그마─케리그마와 대조되는─는 본래 시와 음악 이상으로 완전히 설명할 수 없는 불가해성을 띠는 것이었다. 아타나시우스와 막시무스가 어설프게 제시한 성육신 교리는 '신'과 인간이 불가분의 관계에 있다는 보편적 통찰을 분명히 표현하려는 시도였다. 그러나 서방 기독교에서 성육신 교리는 이런 식으로 표현되지 않았다. 서방에서는 '신'을 인간에 외재하는 존재이자 우리가 아는 세계의 대안적 현실로 남겨 두려는 경향이 있었다. 결과적으로 이런 '신'은 인간의 편견과 욕망이 투영된 대상이 되기가 너무 쉬웠다.

그러나 우리는 기독교인들이 예수를 유일한 화신으로 삼음으로써 종교적 진리에 대한 배타적인 개념을 채택했음을 알 수 있다. 예수는 인류에게 신이 내려준 처음이자 마지막 말씀이었다. 따라서 기독교인들은 7세기에 아라비아에서 신으로부터 직접 계시를 받았다고 주장하면서 자기 민족에게 새로운 경전을 준 예언자가 나타났을 때 유대인들과 마찬가지로 분개했다. 하지만 훗날 '이슬람교'로 알려지게 되는 이 새로운 유일신교는 중동과 북아프리카에서 놀랄 만큼 빨리 퍼져 나갔다. (헬레니즘의 근거지가 아니었던) 이 지역의 열정적인 이슬람 개종자 중 많은 수가 자신들에게 낯선 말로 신의 신비를 표현한 동방 기독교의 삼위일체설에 등을 돌리고 신의 실재에 대한 좀 더 셈족에 친숙한 관념을 받아들였다.

5장

이슬람의 신

610년경 헤자즈 지역의 번성하던 도시 메카에서 한 아랍 상인이, 경전을 읽어본 적도 없고 이사야, 예레미야, 에스겔 같은 이스라엘의 예언자들에 대해 들어본 적도 없었지만, 그들이 겪은 것과 묘하게 유사한 경험을 했다. 메카의 쿠라이시족 출신 무함마드 이븐 압둘라는 매년 라마단 기간 가족을 이끌고 도시 외곽의 히라산으로 가 영적 수행을 하곤 했다. 이는 아라비아반도 사람들에게는 꽤 흔한 관행이었다. 무함마드는 이 성스러운 기간에 아랍인의 '최고신'에게 기도하고 자신을 찾아오는 가난한 사람들에게 음식을 나누어주거나 자선을 베풀면서 보냈을 것이다. 또한 무함마드는 아마도 불안한 생각 속에서 많은 시간을 보냈을 것이다. 당시 메카는 놀랄 만한 번성을 이루었지만 그는 도시의 염려스러운 문제들을 예리하게 인식하고 있었고 우리는 이를 그의 이후 행적을 통해 짐작해볼 수 있다. 불과 두 세대 전만 하더라도 쿠라이시족은 다른 베두인족처럼 아라비아 스텝 지대에서 힘겨운 유목 생활을 하며 매일의 생존을 위해 힘겨운 투쟁을 벌여야 했다. 하지만 6세기 말 교역에서 획기적인 성공을 거둔 쿠라이시족은 메카를 아라비아에서 가장 중요한 도시로 만들었다. 이제 그들은 상상 이상으로 많은 부를 누리게 되었다. 그러나 그들의 생활 방식은 급격히 변했고 부족의 오래된 가치관은 분방하고 무자비한 자본주의로 대체되었다. 사람들은 어렴풋이 방향을 잃고 길을 잃었다고 느꼈다. 무함마드는 쿠라이시족이 위태로운 처지라는 것을 인식했고 새로운 상황에 적응하는 데 도움이 될 만한 이데올로기를 찾아야 한다고 느꼈다.

이 시기에 모든 정치적 해결책은 종교적 성격을 띠는 경향이 있었다. 무함마드가 보기에 쿠라이시족은 돈으로 새로운 종교를 만들고 있었다. 이는 놀라운 일이 아니었는데, 그들의 새로운 부가 아라비아 스텝 지대에서 모든 베두인족을 날마다 멸종 상태로 몰고 갈 정도로 횡행하던 부족 간 충돌이나 영양실조 같은 유목 생활의 많은 위험으로부터 그들을 '구원'했기 때문이다. 이제 그들은 충분한 식량이 있었고 메카를 국제 교역과 금융의 중심지로 발전시켜 가고 있었다. 그들은 스스로 운명의 주인이 되었다고 느꼈고 심지어 일부는 부가 모종의 불멸을 가져오리라 믿기까지 했다. 그러나 무함마드는 이 새로운 '자족' 숭배가 부족의 분열을 의미한다고 믿었다. 옛 유목민 시절에는 부족이 우선이고 개인이 그다음이었으며, 부족원 모두 생존을 위해 서로에게 의존해야 한다는 것을 잘 알고 있었다. 따라서 부족 내 약자와 가난한 자를 돌보는 일은 중요한 의무였다. 그런데 이제 개인주의가 공동체의 이상을 대체했고 경쟁이 규범이 되었다. 개인들은 각자 부를 축적하기 시작했고 더는 약자의 말에 귀를 기울이지 않았다. 가문들 혹은 좀 더 작은 가족 집단들이 메카의 부를 차지하기 위해 서로 싸웠으며, (무함마드의 하심 가문처럼) 경제적으로 가장 뒤처져 있던 일부 가문들은 생존의 위협을 느끼고 있었다. 무함마드는 쿠라이시족이 초월적 가치를 삶의 중심에 두고서 자기 중심주의와 탐욕을 극복하지 않는다면 결국 내분 때문에 도덕적으로 그리고 정치적으로 분열되리라 확신했다.

아라비아의 다른 지역에서도 상황은 암울했다. 수 세기 동안 헤자즈와 나지드 지역의 베두인족은 생존을 위해 서로 치열한 경쟁을 벌이며 살아왔다. 아랍인들은 생존에 필수적인 공동체 정신을 북돋기 위해 '무루와'라고 불린 이데올로기를 발전시켜 많은 종교적 기능을 담당하게 했다. 전통적인 의미에서 아랍인들은 종교에 별 관심이 없었다. 이방의 여러 신을 모신 신전들이 있었고 아랍인들은 그 신전들에서 예배했지만, 이 신들과 거룩한 장소가 영혼의 삶과 어떤 관련이 있는지 설명하는 신화를 발전시키지 않았다. 사후 세계에 대한 개념은 없었지만 그 대신 '시간' 또는 '운명'으로 번역될 수 있는 '다르'가 최고라고 믿었는데, 이는 아마도 사망률이 매우 높은 사회에서는 필수적인 태도였을 것이다. 서구 학자들은 종종 무루와를 '사내다움'으로 번역하지만, 이 말에는 전투에 필요한 용기, 고통에 맞서는 인내와 강인함, 부족에 대한 충성심 등 훨씬 더 넓은 범위의 의미가 담겨 있다. 무루와의 덕목은 모든 아랍인이 자신의 안전과 관계없이 사이이드, 곧 족장의 명령에 즉각 복종할 것을 요구한다. 그들은 부족이 잘못된 일을 당했을 때 언제나 보복하고 약한 부족원을 보호하는 기사도적 의무에 헌신해야 했다. 족장은 부족의 생존을 위해 부족의 모든 부와 재산을 평등하게 나누고, 누군가 다른 부족원에게 죽임을 당하면 그 부족의 사람 한 명을 죽이는 보복을 단행했다. 여기서 우리는 공동체 윤리를 가장 분명하게 확인할 수 있다. 이슬람 이전의 아라비아 같은 사회에서는 개인이 흔적도 없이 자취를 감출 수 있기에 살인을 저지른 당사자를 처벌할 의무는 없었다. 그 대신 적 부족원이라면 누구나 보복의 대상으로서 동등했다. 이 '피의 복수'는 중앙 권력이 없고, 모든 부족이 자체 법을 따르고, 현대 경찰에 비할 만한 어떤 것도 없는 지역에서 사회적 안전을 어느 정도 보장하는 유일한 방법이었다. 만일 족장이 보복에 실패하면 아무도 그 부족을 존중하지 않을 것이고 처벌받지 않고 마음대로 그 부족원들을 죽일 수 있었다. 피의 복수는 어느 부족도 다른 부족에 대해 쉽사리 우위를 점할 수 없음을 의미하는 임시방편적 정의였다. 또한 피의 복수는 원래의 범죄보다 지나치다고 느껴지면 다시 그에 대한 복수가 이어졌기에, 여러 부족이 멈출 수 없는 폭력의 쳇바퀴에 휘말릴 수밖에 없게 됨을 의미하기도 했다.

무루와는 의심할 여지 없이 잔인했지만 장점도 많았다. 무루와는 아랍인들에게 깊고 강한 평등주의를 장려하고 물질적 재화에 대한 무관심을 권장했는데, 이는 다시 말하지만 아마도 유목 생활로 인해 필수품이 충분하지 않은 지역에서는 필수적이었을 것이다. 넉넉함과 너그러움 숭배가 중요한 덕목이었고 아랍인들은 내일을 염두에 두지 말라고 배웠다. 이러한 특성들은 앞으로 보게 되겠지만 이슬람에서 매우 중요해진다. 무루와는 수 세기 동안 아랍 사회를 지탱해 왔으나 6세기에 접어들면서 더는 새로운 사회 환경에 부응할 수 없었다. 무슬림이 자힐리야('무지의 시대')라고 부르는 이슬람 이전의 마지막 시기에는 불만과 영적 동요가 만연했던 것으로 보인다. 아랍인들은 사산 왕조 페르시아와 비잔티움이라는 거대 두 제국에 둘러싸여 있었다. 새로운 사상이 아라비아반도로 밀려들기 시작했다. 시리아와 이라크를 여행하고 돌아온 상인들은 경이로운 문명에 대한 이야기를 들려주었다. 그러나 아랍인들은 야만 상태에서 영원히 헤어날 수 없는 운명인 것처럼 보였다. 부족들은 끊임없이 싸움에 휘말렸고, 이로 인해 빈약한 자원이나마 모으기도 어려웠으며 어렴풋이 의식하고 있던 통합된 아랍 민족을 이루는 것도 불가능했다. 그들은 자신의 운명을 스스로 결정할 수 없었고 독자적 문명을 형성하지도 못했으며, 오히려 강대국의 착취에 계속 노출되어 있었다. 실제로 오늘날의 예멘인 아라비아 남부 지역은 (몬순 기후로 인해) 기름지고 비옥했는데, 당시 페르시아 제국의 속주에 불과했다. 동시에 이 지역에 스며든 새로운 사상은 오래된 공동체의 에토스를 훼손한 개인주의적 면모를 보였다. 예를 들어 사후 세계에 대한 기독교의 교리는 각 개인의 영원한 운명을 신성한 가치로 만들었다. 그렇다면 이는 어떻게 개인을 집단에 종속시키고 개인의 불멸은 오로지 부족의 존속에 달려 있다고 강조하는 부족적 이상과 부합할 수 있는가?

'예언자'가 된
무함마드

무함마드는 대단히 비범한 인물이었다. 632년 그가 죽었을 때 이미 아라비아반도의 거의 모든 부족을 새로운 공동체인 움마로 통합하는 데 성공한 뒤였다. 무함마드는 아랍 전통에 걸맞은 고유한 영성을 아랍인들에게 불러일으켰고, 그 결과로 아랍인들은 백 년도 안 되어 히말라야산맥에서 피레네산맥에 이르는 대제국을 건설하고 특유의 문명을 이룩할 수 있었다. 하지만 610년 라마단 기간에 히라산 정상의 작은 동굴에 앉아 기도할 때만 해도 무함마드는 이러한 놀랄 만한 성공을 상상할 수 없었다. 많은 아랍인과 마찬가지로 무함마드도 고대 아랍의 여러 신들 가운데, '신'이라는 뜻의 최고신 알라가 유대인과 기독교인이 섬기는 신과 동일하다고 믿었다. 또한 이 신의 예언자만이 자기 민족의 문제를 해결할 수 있다고 믿었지만 '자신'이 바로 그 예언자가 되리라고는 단 한 순간도 생각하지 않았다. 사실 아랍인들은 태곳적부터 자신들이 알라의 성지를 지켜 왔는데도 알라가 예언자와 경전을 보내주지 않는 것을 편치 않게 여겼다. 7세기에 이르러 대부분의 아랍인들은 메카 중심부에 있는, 매우 오래된 것이 분명한, 거대한 정육면체 모양의 성지인 카바가 비록 당시 나바테아인의 신 후발이 주재하고 있었으나 원래는 알라에게 바쳐진 것으로 믿게 되었다. 모든 메카인은 아라비아반도에서 가장 중요한 성지인 카바에 큰 자부심을 품고 있었다. 매년 반도 전역에서 아랍인들이 메카로 하지(순례)를 떠났고 여러 날에 걸쳐 전통적 의례를 거행했다. 카바 주위의 성역에서는 모든 폭력 행위가 금지되었기에 메카에서 아랍인들은 부족 간의 적대 행위가 일시적으로 중단된 상태라는 것을 알고서 평화롭게 교역할 수 있었다. 쿠라이시족은 성역이 없었다면 결코 상업적 성공을 거둘 수 없었을 것이고, 자신들이 다른 부족들 사이에서 얻은 위세의 상당 부분은 카바를 수호하고 그 고대의 신성함을 잘 보존하는 데 달려 있음을 알았다. 그러나 알라는 특별한 호의로 쿠라이시족을 선택한 것은 분명했지만 아브라함이나 모세, 예수 같은 신의 사자(使者)를 보내지 않았고 아랍어로 된 경전을 내려주지도 않았다.

따라서 영적 열등감이 널리 퍼져 있었다. 아랍인을 만난 유대인과 기독교인은 그들을 신의 계시를 받지 못한 야만적인 민족이라고 조롱하곤 했다. 아랍인들은 자신들에게는 없는 지식을 지닌 이들에게 적의와 선망이 뒤섞인 감정을 품었고, 이 진보적인 형태의 종교가 자신들의 전통적인 이교 신앙보다 우월하다고 인정했다. 그러나 유대교와 기독교는 이 지역에서 거의 진전을 이루지 못했다. 메카 북부의 야트리브(훗날 메디나)와 파다크 정착지에는 어디에서 왔는지 분명치 않은 소수의 유대 부족이 있었고, 페르시아와 비잔티움 제국 사이 국경 지대에 머물던 일부 북방 부족은 단성론자*가 되거나 네스토리우스파* 기독교로 개종했다. 그러나 베두인족은 매우 독립적이어서 예멘의 형제들과 달리 강대국의 지배를 강하게 거부했다. 그들은 페르시아와 비잔티움 제국이 이 지역에서 제국주의적 계획을 이루기 위해 유대교와 기독교라는 종교를 이용하고 있음을 날카롭게 인식하고 있었다. 또한 그들은 아마도 자신들의 전통이 약화되면서 문화적 이탈이 꽤 일어났다는 것을 본능적으로 의식하고 있었을 것이다. 그들이 가장 피하고 싶었던 것은 낯선 언어와 전통으로 표현된 다른 민족의 이데올로기였다.

일부 아랍인들은 제국주의에 오염되지 않은 중립적인 형태의 유일신교를 찾고자 노력한 것처럼 보인다. 5세기 초에 팔레스타인 출신의 기독교 역사가 소조메노스는 시리아의 일부 아랍인들이 이른바 진정한 아브라함 ─ 그는 토라나 복음서를 준 신 이전에 살았으므로 유대인도 기독교인도 아니었다 ─ 의 종교라는 것을 재발견했다고 말했다. 무함마드의 첫 전기 작가인 무함마드 이븐 이샤크(767년 사망)는 무함마드가 '예언자'의 소명을 받기 직전에, 메카에 거주하는 쿠라이시족 네 사람이 모여 참된 아브라함의 종교 곧 '하니피야'를 찾기로 결정했

단성론(單性論, monophysitism) 기독교의 단성론은 그리스도 안에 오로지 하나의 본성, 즉 신성만 존재한다는 주장을 가리킨다. 어원은 그리스어로 '하나'를 뜻하는 monos와 '본성'을 뜻하는 physis가 합쳐진 것이다. 칼케돈 공의회(451년)에서 양성론(그리스도가 신성과 인간성의 두 본성을 지닌다는 견해)을 정통 교리로 채택하면서 단성론은 이단으로 간주되었다.
네스토리우스파 콘스탄티노폴리스 대주교였던 네스토리우스(?~451?)는 그리스도의 신성과 인간성은 명확히 구분되어야 한다는 이성설(二性說)을 주장했다. 그의 교설은 에페소스 공의회(431년)에서 이단으로 결정되었으나 이후로도 신봉자들이 늘어 '네스토리우스파'가 형성되고 전승되었다.

다고 전하기도 했다. 일부 서구 학자들은 하니피야가 비현실적인 허구이며 자힐리야의 영적 불안을 상징한다고 주장하지만, 몇 가지 사실적 근거가 있음에 틀림없다. 네 명의 하니프(참된 종교를 믿는 자) 중 세 명은 초기 무슬림에게 잘 알려진 인물이었다. 먼저 우바이달라 이븐 자쉬는 무함마드의 사촌이었고, 나중에 기독교인이 된 와라카 이븐 나우팔은 무함마드의 초기 영적 지도자 중 한 사람이었으며, 자이드 이븐 아므르는 무함마드의 가장 가까운 동료이자 이슬람 제국의 제2대 칼리파인 우마르 이븐 알-카타브의 삼촌이었다. 아브라함의 종교를 찾기 위해 메카를 떠나 시리아와 이라크로 가기 전 어느 날, 자이드가 카바에 기대선 채 전통적인 방법으로 성소 주위를 도는 의식을 행하고 있던 쿠라이시족 사람들에게 이렇게 말했다. "오, 쿠라이시 사람들이여, 자이드의 영혼을 손 안에 쥐고 계시는 그분에 의해 아브라함의 종교를 따르는 사람은 여러분 중 누구도 아니고 바로 나입니다." 그러고는 슬프게 덧붙였다. "오, 신이여, 당신이 어떻게 예배받기 원하는지 안다면 저는 그렇게 할 것입니다. 그러나 제가 알지 못합니다."[1]

신의 계시를 향한 자이드의 열망은 610년 라마단 17일째 밤에 히라산 동굴에서 성취되었다. 잠에서 깨어난 무함마드는 압도적인 신의 임재에 휩싸여 있음을 느꼈다. 이후에 그는 이 형언할 수 없는 체험을 아랍 특유의 용어로 설명했다. 그는 천사가 자신에게 나타나 명령했다고 말했다. "읽으라(암송하라)!" 신의 말씀을 입 밖으로 내기를 종종 주저하던 히브리 예언자들처럼 무함마드는 "저는 읽는 사람이 아닙니다!"라고 말하며 거부했다. 그는 황홀경 속에서 계시받은 신탁을 읽는다고 말하던 아라비아의 점쟁이(카힌)가 아니었다. 그러나 무함마드는 천사가 압도적인 힘으로 그를 감싸 조이자 모든 숨이 몸에서 꺼지는 듯한 느낌이 들었다고 말했다. 그가 더는 참기 힘들다고 느낀 순간에 천사는 그를 놓아주면서 다시 명령했다. "읽으라!" 다시 무함마드가 거부했지만 천사는 또 그가 인내의 한계에 달했다고 느낄 때까지 몸을 감싸 조였다. 세 번째 위협적인 포옹이 끝나자 마침내 무함마드 입에서 새로운 경전의 첫 구절이 터져 나왔다.

> 만물을 창조하신 주님의 이름으로 읽으라!
> 그분은 한 방울의 정액으로 인간을 창조하셨노라.
> 읽으라! 주님은 가장 은혜로운 분으로
> 연필로 쓰는 것을 [인간에게] 가르쳐주셨으며
> 인간이 알지 못하는 것도 가르치셨노라.[2]

신의 말씀이 처음으로 아랍어로 말해졌고, 이 경전은 결국 쿠란(Quran, '암송')이라 불리게 되었다.

무함마드는 공포와 혐오감 속에 제정신으로 돌아왔고, 자신이 사람들이 낙타를 잃어버렸을 때 상의하는 불명예스러운 카힌이 되었을지도 모른다는 생각에 두려워했다. 카힌은 보이는 풍경 속에서 출몰하고 변덕스러운 데다 사람을 미혹하는 정령 중 하나인 '진'에 사로잡혔다고 여겨졌다. 시인들도 자신들이 자신만의 진에 사로잡혔다고 믿었다. 그렇기에 야트리브의 시인이자 나중에 무슬림이 되는 하산 이븐 타비트는 자신이 시인으로 소명받은 것은 자신의 진이 나타나 자신을 땅에 내동댕이치면서 영감받은 말들을 말하도록 강요했기 때문이라고 했다. 이것이 무함마드에게 친숙한 유일한 영감의 형태였으며, 그는 자신이 '진에 사로잡힌 자'가 되었을지도 모른다는 생각에 더는 살고 싶지 않은 절망에 빠졌다. 무함마드는 보통 알아들을 수 없는 무의미한 주문에 불과한 신탁을 늘어놓는 카힌들을 대단히 경멸했기에 늘 쿠란을 전통적인 아랍의 시가와 구별하기 위해 조심했다. 무함마드는 동굴에서 나와 산꼭대기에서 자살하려고 결심했다. 그런데 산기슭에서 어느 존재의 환상을 보게 되는데, 훗날 그는 그 존재를 천사 가브리엘과 동일시했다.

> 내가 산 중턱에 있을 때 하늘에서 음성이 들렸다. "무함마드야, 너는 신의 사도이며 나는 가브리엘이니라." 누가 말하는지 보려고 하늘을 향해 고개를 드니 사람의 모습을 한 천사 가브리엘이 지평선 위에 걸터앉아 있었다. …… 나는 앞으로도 뒤로도 움직이지 못한 채 서서 그를 바라보았다. 그를 보지 않으려고 고개를 돌리기 시작했으나 어느 하늘을 보아도 그가 똑같은 모습으로 앉아 있었다.[3]

이슬람에서 가브리엘은 종종 신이 사람과 소통하는 수단인 계시의 성령과 동일시된다. 가브리엘은 자연과 관련된 아름다운 천사가 아니라 어디에나 있고 누구도 피할 수 없는 압도적인 존재다. 무함마드는 히브리 예언자들이 카도시 곧 '거룩함'이자 '신의 무서운 타자성'이라고 부른, 이 누미노제적 실제에 강렬한 두려움을 느꼈다. 예언자들도 카도시를 체험했을 때 육체적, 정신적으로 극한에 이르러 죽을 것 같은 느낌을 받았다. 그러나 무함마드는 이사야나 예레미야와 달리 자신의 체험을 이해시켜줄 전통의 위로나 격려를 전혀 받지 못했다. 그 무서운 체험은 그에게 청천벽력처럼 떨어졌으며 그를 깊은 충격 상태로 몰아넣었다. 그는 번민에 휩싸여 본능적으로 아내 카디자에게 달려갔다.

무함마드는 온몸을 격렬하게 떨면서 양손과 무릎으로 엉금엉금 기어 카디자의 무릎 위에 쓰러졌다. "도와주시오! 도와주시오!" 그는 절규하며 신의 임재로부터 자신을 지켜줄 것을 간청했다. 두려움이 어느 정도 가라앉자 무함마드는 카디자에게 자신이 정말로 '진에 사로잡힌 자'가 된 것인지 물었고 카디자는 서둘러 그를 안심시켰다. "당신은 친족에게 다정하고 그들을 사려 깊게 대합니다. 당신은 가난하고 불쌍한 사람들을 돕고 그들의 짐을 집니다. 당신은 당신의 민족이 잃어버린 높은 도덕성을 회복하려고 애쓰고 있습니다. 당신은 나그네를 환대하고 어려운 처지인 사람들을 찾아다니며 돕습니다. 그러니 그럴 리 없습니다!"[4] 카디자는 신은 결코 아무런 계획 없이 행하지 않는다고 말하며, 기독교인으로 경전 지식이 있는 사촌 와라카 이븐 나우팔과 상의해보자고 제안했다. 와라카는 무함마드가 모세와 예언자들의 신으로부터 계시를 받았으며 아랍인을 향한 신의 사자가 되었다고 확신에 차서 말했다. 몇 년 후 결국 무함마드는 이것이 정말로 사실임을 확신했고 쿠라이시족에게 그들의 언어로 쓰인 경전을 전하며 설교를 시작했다.

성서의 설명에 따르면 토라는 시나이산에서 모세에게 한 차례의 계시로 전달되었지만 쿠란은 23년이라는 긴 세월에 걸쳐 무함마드에게 한 줄 한 줄, 한 구절 한 구절 계시되었다. 계시는 줄곧 고통스러운 체험이었다. 훗날 무함마드는 말했다. "단 한 번도 내 영혼이 내게서 찢겨 나간다는 느낌 없이 계시받은 적이 없다."[5] 그는 항상 명확한 언어의 형태로 나타나지 않는 비전과 의미를 이해하기 위해 애쓰며 신성한 말씀에 열심히 귀를 기울여야 했다. 그의 말에 따르면 때때로 신성한 메시지의 내용은 분명했다. 가브리엘을 보고 그가 말하는 것을 듣는 것 같았다. 그러나 어떤 때는 신의 계시가 고통스러울 정도로 불분명했다. "때때로 그것은 내게 마치 종소리의 뒤울림처럼 다가오는데, 그것이 내겐 가장 힘들다. 메시지를 깨달은 후에야 그 울림이 잦아든다."[6] 이슬람 고전 시대의 초기 전기 작가들은 종종 우리가 아마도 무의식이라고 불러야 할 것에 무함마드가 열심히 귀 기울이는 모습을 보여주는데, 이는 사실 시인이 자기 정신의 깊은 곳에서 점차 표면화되는 시를 '듣는' 과정을 묘사한 것과 같다. 쿠란에서 신은 무함마드에게 주의 깊게 그리고 영국 시인 윌리엄 워즈워스가 '현명한 수동성'[*7]이라고 부른 자세로 일관적이지 않은 의미를 들으라고 말한다. 그는 적절한 시기에 진정한 의미가 저절로 드러날 때까지 단어나 특정한 개념적 의미를 서둘러 부여해서는 안 된다.

> 쿠란의 계시받음에 서둘러 그대의 혀를 움직이지 말라.
> 하느님이 그것을 모아 그대로 하여금 암송케 하리니
> 하느님이 그것을 읽은 후에 그대가 따라 읽으라.
> 그런 후에 하느님이 그것을 설명해주리라.[8]

모든 창조성과 마찬가지로 이는 어려운 과정이었다. 무함마드는 종종 무아지경에 빠지곤 했고 때때로 의식을 잃은 것처럼 보였다. 그는

현명한 수동성(wise passiveness) 윌리엄 워즈워스가 말한 지혜를 얻는 태도. 책을 통해 적극적으로 추구하는 것이 아니라, 새로운 이해에 대해 서두르지 않고 기꺼이 기다림으로써 자신을 둘러싼 신비한 자연의 '힘'이 제때에 드러내는 뜻을 받아들이는 것을 의미한다.

추운 날에도 땀을 많이 흘리곤 했으며, 종종 큰 슬픔 같은 내면의 압박으로 인해 머리를 무릎 사이로 넣을 수밖에 없었는데, 이는 (무함마드는 알 수 없었겠지만) 동시대의 유대 신비주의자들이 다른 의식 상태로 들어갈 때 취하던 자세였다.

무함마드가 계시를 엄청난 중압감으로 여긴 것은 그리 놀랍지 않다. 그는 자기 민족을 위해 완전히 새로운 정치적 해결책을 모색했을 뿐 아니라 역사상 가장 위대한 영적, 문학적 고전 중 하나를 만들어내고 있었기 때문이다. 그는 형언할 수 없는 신의 말씀을 아랍어로 옮겼다고 믿었는데, 쿠란은 기독교에서 '예수'나 '로고스'처럼 이슬람 영성의 중심이기 때문이다. 우리는 다른 어떤 종교의 창시자보다 무함마드에 대해 더 많이 알고 있으며, 각 '장'(수라sura)의 연대를 비교적 정확하게 알 수 있는 쿠란을 통해 그의 비전이 점차 진화하고 발전하면서, 그 범위가 점점 더 보편화되어 간 과정을 볼 수 있다. 무함마드는 처음부터 자신이 성취해야 할 모든 것을 알지는 못했지만, 이는 그가 일어나는 사건들의 내적 논리에 반응함에 따라 조금씩 그에게 계시되었다. 쿠란에서 우리는 한 종교(여기서는 이슬람교)의 시작에 관해 동시대에 이루어진 해설을 볼 수 있는데, 이는 종교의 역사에서 유례가 없다. 이 성스러운 책에서 신은 전개되는 상황에 대해 언급하는 것 같다. 신은 무함마드의 비판자 중 일부에게 대답하고, 초기 무슬림 공동체 안에서 일어난 전투와 갈등의 의미를 설명하고, 인간 삶의 신성한 차원을 지적한다. 쿠란은 오늘날 우리가 읽는 순서대로 무함마드에게 전달된 것이 아니라, 사건들이 지시하는 대로 그리고 무함마드가 그 사건들의 깊은 의미에 귀 기울이는 대로 무작위적인 방식으로 왔다. 새로운 구절이 계시될 때마다 읽을 줄도 쓸 줄도 몰랐던 무함마드는 큰 소리로 암송했고 무슬림은 암기했으며 글을 아는 소수의 사람들은 받아 적었다. 무함마드가 죽고 약 20년이 지난 후 최초로 계시의 공식 편찬이 이루어졌다. 편집자들은 가장 긴 수라를 처음에 배치하고 가장 짧은 수라를 마지막에 배치했다. 쿠란은 순서가 필요한 이야기나 논증이 아니기에 이러한 배치는 보이는 것만큼 자의적이지 않다. 쿠란은 자연 세계에서 신의 임재, 예언자들의 삶, 최후의 심판 같은 다양한 주제를 반영한다. 아랍어의 특별한 아름다움을 감상할 수 없는 서구인에게 쿠란은 반복적이고 지루해 보인다. 쿠란은 같은 주제를 몇 번이고 반복하는 것 같다. 그러나 쿠란은 개인이 정독하는 것이 아니라 전례에서 암송을 위한 것이다. 무슬림은 모스크에서 불리는 쿠란을 들을 때 신앙의 모든 핵심 교리를 떠올리게 된다.

무함마드가 메카에서 설교를 시작할 무렵에는 자신의 역할에 대한 겸허한 신념만 있었다. 그는 자신이 새로운 보편 종교를 창시하고 있다고 생각하지 않았고, 유일신에 대한 오래된 종교를 쿠라이시족에게 전한다고 믿었다. 처음에 무함마드는 다른 아랍 부족들에게 설교해야 한다는 생각조차 하지 않았고 오직 메카와 주변 지역 사람들에게만 설교했다.[9] 그는 신정 국가를 건설하려는 꿈이 없었고 아마도 그것이 무엇인지도 몰랐을 것이다. 그는 도시에서 아무런 정치적 직분도 없었고 그저 '경고자'(나디르nadhir)에 지나지 않았다.[10] 알라는 쿠라이시족이 처한 위험을 경고하기 위해 무함마드를 보냈다. 그러나 그의 초기 메시지는 파멸을 예고하지 않았다. 즐거운 희망의 메시지였다. 무함마드는 쿠라이시족에게 신 존재를 증명할 필요가 없었다. 그들은 모두 은연중에 하늘과 땅을 창조한 알라를 믿었고, 대부분이 알라가 유대인과 기독교인이 섬기는 신이라고 믿었다. 그의 존재는 당연하게 받아들여졌다. 이는 쿠란의 초기 수라에서 신이 무함마드에게 전한 말에서 알 수 있다.

> 하늘과 땅을 창조하시고 태양과 달을 운행하시는 분이 누구이뇨 하고
> 그대가 그들에게 묻는다면 하느님이라고 그들은 대답할 것이라. ······
> 하늘에서 비를 내리게 하사 죽은 것에 생명을 주시는 분이 누구이뇨
> 하고 그대가 그들에게 묻는다면 하느님이시라 그들은 대답하리라.[11]

문제는 쿠라이시족이 이 믿음의 함의를 깊이 생각하지 않았다는 점이었다. 최초의 계시에서 분명하게 드러나듯, 신은 그들 각각을 정액한 방울로 창조했다. 그들은 음식뿐 아니라 생존에 필요한 모든 것을 신에게 의존하면서도 여전히 "오만"하고 "스스로 충만하다(자족한다) 생각하며" 자신들을 우주의 중심으로 여겼고,[12] 아랍 사회의 구성원으로서 져야 할 책임은 전혀 생각하지 않았다.

따라서 쿠란의 초기 구절은 모두 쿠라이시족에게 어디를 보든 볼 수 있는 신의 사랑을 깨닫도록 일깨운다. 그리하면 그들은 새로운 성공을 이루었지만 여전히 신에게 얼마나 많은 것을 빚지고 있는지 깨닫고, 자연 질서를 창조한 창조자에게 전적으로 의존하고 있음에 감사할 것이다.

> 하느님을 불신한 인간들에게 저주가 있을 것이라!
> 그 무엇으로 하느님은 인간을 창조하셨느뇨
> 한 방울의 정액으로 인간을 창조하여 운명을 주었을 뿐이라.
> 그런 후 인간이 출생하기에 순탄한 길을 두었으며

그런 다음에는 인간을 죽게 하여 무덤으로 향하도록 한 후

하느님은 뜻이 있을 때 인간을 다시 부활하시니라.

실로 인간은 하느님이 명령한 것들을 수행치 않노라.

인간으로 하여금 그가 먹는 음식을 숙고하여 보게 하라.

실로 하느님은 흡족한 비를 내리게 한 후

대지를 펼쳐 그곳으로부터 식물을 재배케 하여

그곳에서 곡식들을 성장케 하며

포도와 푸른 식물과

올리브와 종려나무와

울창한 정원과

과실과 목초가 있으니

이 모든 것은 인간과 가축들을 위한 것이라.[13]

신 존재는 의심의 여지가 없다. 쿠란에서 '불신자'는 오늘날 우리가 말하는 무신론자, 즉 신을 믿지 않는 사람이 아니라 신에게 감사할 줄 모르는 사람이다. 신에게 무엇을 빚지고 있는지 분명히 알 수 있지만 은혜를 모르는 비뚤어진 정신으로 신을 공경하기를 거부하는 사람이다.

'징표'의 쿠란과
이슬람의 의미

쿠란은 쿠라이시족에게 새로운 것은 가르치지 않았다. 쿠란은 사실 이미 알려진 것들을 더 명료하게 '일깨워주는 것'이라고 말한다. 쿠

란은 자주 "그대는 보지 못하였느뇨" 또는 "그대는 숙고하지 아니 하느뇨"라는 말로 주제를 이야기한다. 신의 말씀은 높은 곳에서 독단적인 명령을 하달하는 것이 아니라 쿠라이시족과 대화를 시작하는 것이었다. 예를 들어 쿠란은 알라가 거하는 카바가 그들이 이룬 성공의 큰 이유―실제로 어느 정도는 신에게 빚진 것이었다―라는 것을 일깨운다. 쿠라이시족은 성소 주위를 도는 의식을 좋아했지만 자신과 자신의 물질적 성공을 삶의 중심에 둠으로써 이 주위를 도는(방향을 잡는) 의례의 의미를 망각했다. 그들은 자연 세계에서 신의 선함과 힘의 '징표'(아야트ayat)를 봐야 했다. 만일 그들이 자신들의 사회에서 신의 사랑을 재현하지 못한다면 만물의 참된 본질에서 유리될 것이었다. 따라서 무함마드는 그의 개종자들에게 하루에 두 번씩 의례적인 기도(살라트salat)를 하라고 가르쳤다. 이 외적인 행위는 무슬림이 내적인 자세를 기르고 삶의 방향을 다시 잡는 데 도움이 될 것이었다. 결국 무함마드의 종교는 이슬람으로 알려지게 되었으며, 모든 개종자는 알라에 대한 실존적인 '항복' '내어줌'(이슬람islām) 행위를 해야 했다. 무슬림은 자신의 존재 전부를 창조자에게 내어주는 사람이었다. 쿠라이시족은 최초의 무슬림이 기도하는 것을 보았을 때 두려움을 느꼈다. 그들은 수 세기 동안 자랑스러운 독립적인 베두인족의 후광을 입은, 고귀한 쿠라이시 가문의 일원이 노예처럼 바닥에 엎드려 기도하는 것을 용납할 수 없었고, 무슬림은 도시 주변 산골짜기로 물러나 몰래 기도를 드려야 했다. 쿠라이시족의 반응은 무함마드가 그들의 정신을 정확하게 진단했음을 보여준 것이었다.

실천적인 의미에서 '이슬람'은 '무슬림'에게 가난하고 약한 자가 보호받는 정의롭고 평등한 사회를 건설할 의무가 있음을 뜻했다. 쿠란의 초기 도덕적 메시지는 간단했다. 부를 축적하고 개인의 재산을 모으는 것은 잘못이고, 재산의 일부를 가난한 사람에게 나눠줌으로써 사회적 부를 공유하는 것이 옳다.[14] 그러므로 기도(살라트)와 희사(자카트)는 이슬람교의 가장 중요한 다섯 기둥*에 속했다. 히브리 예언자들처럼 무함마드는 유일신 숭배의 결과로, 우리가 사회주의적이라고 부를 수도 있는 윤리를 설교했다. 신에 관한 의무적인 교리는 없었다. 사실 쿠란은 신학적 사변을 몹시 의심스러워하며, 아무도 알 수 없고 증명할 수 없는 것에 대한 방종한 추측인 '잔나'* ─이슬람교에서 낙원을 뜻하는 잔나와 다르다─로 일축했다. 기독교의 성육신과 삼위일체 교리는 잔나의 대표적인 예로 보였고, 당연히 무슬림은 이러한 견해들을 불경스럽게 여겼다. 그 대신 유대교처럼 신을 도덕적 명령으로 체험했다. 무함마드는 유대인이나 기독교인의 경전을 거의 접하지 못했는데도 역사상의 유일신교의 본질을 꿰뚫었다.

그러나 쿠란에서 알라는 야훼보다 더 비인격적이다. 그에겐 성서의 신에게서 보이는 파토스와 열정이 결여되어 있다. 우리는 자연의 '징표' 속에서만 신의 무언가를 엿볼 수 있으며, 신은 너무 초월적이어서 '비유'로만 말할 수 있다.[15] 그러므로 쿠란은 끊임없이 무슬림에게 세계를 신의 현현으로 보라고 촉구한다. 무슬림은 단편적인 세계를 '통해' 본래 존재의 충만한 힘과 만물에 영향을 미치는 초월적 실재를 보도록 상상력을 발휘해야 했다. 무슬림은 성례적 태도 또는 상징적 태

다섯 기둥 이슬람교의 중요한 실천 교리로서, '신앙 고백'(샤하다), '기도'(살라트), '순례'(하지), '금식'(사움), '희사'(자카트)를 말한다.
잔나(zanna) 아랍어로 '추측'이라는 뜻이며, 분열을 일으키는 무의미한 신학적 사변을 가리킨다.

도를 길러야 했다.

보라 천지를 창조하시고 밤과 낮을 구별케 하셨으며 사람들이 편하
게 살 수 있도록 바다를 달리는 배들을 두셨고 하늘로부터 비를 내려 죽
은 땅을 재생하시며 그곳에 모든 종류의 짐승들을 퍼뜨리셨고 바람을
두시매 구름은 천지에서 하느님의 운용에 순종하나니 이것이 바로 이성
을 가진 자를 위한 메시지(아야트)니라.[16]

쿠란은 신의 '징표'와 '메시지'를 해독하는 지성이 필요함을 끊임없
이 강조한다. 무슬림은 이성을 버릴 것이 아니라 세상을 주의 깊게 그
리고 호기심을 품고 바라봐야 한다. 이러한 태도 덕분에 훗날 무슬림
은 자연과학의 건강한 전통을 세울 수 있었고, 기독교와 달리 자연과
학이 종교를 위협한다고 여기지 않았다. 자연 세계의 작용에 대한 탐
구는, 우리가 오직 징표와 상징으로 말할 수밖에 없는 초월적인 차원
과 근원이 있음을 보여주었다. 그러므로 예언자들의 이야기와 최후의
심판에 대한 설명과 천국에서 느끼는 기쁨도 문자 그대로의 사실이 아
니라 형언할 수 없는 실재에 대한 비유로 해석해야 했다.

그러나 모든 징표 중에서 가장 큰 징표는 쿠란 그 자체였다. 실제로
쿠란의 각 절은 '아야트'로 불린다.* 서구인들은 쿠란을 어려운 책이라
고 여기는데, 그 이유는 대체로 번역의 문제다. 아랍어는 특히 번역하
기 어려운 언어다. 심지어 문학 작품이나 정치인의 일상적 발언조차 영
어로 번역하면 부자연스럽고 생경하게 들리는 경우가 많은데, 밀도 높

---

* 쿠란의 장은 '수라'이고 절은 '아야트'다. 모든 수라는 아야트로 나뉜다.

고 고도로 암시적이고 생략이 많은 쿠란은 두 배로 더하다. 특히 초기 수라에서는 인간 언어가 신에 의한 충격으로 부서지고 쪼개진 듯한 인상을 준다. 무슬림은 번역된 쿠란을 읽으면 아랍어의 아름다움이 전혀 전달되지 않아 다른 책을 읽는 것 같다고 종종 말한다. 이름에서 알 수 있듯이 쿠란은 소리 내어 암송하기 위한 책이며 언어의 소리는 그 효과의 필수적인 부분이다. 무슬림은 모스크에서 쿠란을 외는 소리를 들을 때, 소리의 신성한 차원에 둘러싸인 듯한 느낌을 받는다고 말한다. 이는 무함마드가 히라산에서 가브리엘에게 감싸 안겼을 때나 그가 어느 쪽으로 고개를 돌려도 지평선 위의 가브리엘만 보였을 때 받은 느낌과 같다. 쿠란은 신의 감각을 경험하기 위한 것이므로 빠르게 읽어서는 안 된다.

그렇게 하여 하느님은 아랍어로 쿠란을 계시하였고 그 안에서 여러 가지로 경고를 했으니 그리하여 그들이 하느님을 생각하며 공경토록 했노라.
하느님은 모든 것 위에 계시며 왕이요 진리(알-하크)이시니 그분의 말씀이 종료될 때까지 쿠란의 계시를 서두르지 말고 주여 저에게 지식을 더하여 주옵소서.[17]

올바른 방법으로 쿠란을 대할 때, 무슬림은 초월에 대한 감각, 즉 세속의 일시적이고 덧없는 현상 너머에 있는 궁극적 실재와 힘의 감각을 경험한다고 주장한다. 그러므로 쿠란을 읽는다는 것은 영적 훈련이다. 유대인, 힌두교도, 무슬림에게 히브리어, 산스크리트어, 아랍어가 성스러운 언어이듯 기독교인에게는 그런 성스러운 언어가 없기에 이해하기 어려울지도 모른다. 기독교인에게 '신의 말씀'은 예수이고 신약 성서를 기록한 그리스어에는 아무런 거룩함도 없다. 그러나 유대인은 토라에 대해 비슷한 태도를 보인다. 그들은 성서의 처음 다섯 권을 읽을 때 단순히 눈으로 훑어보지 않는다. 그들은 자주 소리 내어 암송하고, 신이 시나이산에서 모세에게 자신을 계시할 때 직접 전했다고 여겨지는 말들을 음미한다. 때때로 그들은 마치 성령의 숨결 앞에 불꽃처럼 앞뒤로 흔들리기도 한다. 이런 방식으로 성서를 읽는 유대인은 모세 오경의 대부분을 몹시 지루하고 모호하게 보는 기독교인과는 달리 같은 책을 매우 다르게 경험하는 것이 분명하다.

무함마드의 초기 전기 작가들은 아랍인들이 쿠란을 처음 들었을 때 느낀 경이와 충격을 끊임없이 묘사한다. 많은 사람이 오직 신만이 이 놀랍도록 아름다운 언어를 설명할 수 있다고 믿으며 그 자리에서 개종했다. 개종자들은 종종 그 경험을 감춰진 갈망을 건드리고 감정의 홍수를 터트린 신성한 침입이라고 묘사한다. 쿠라이시족의 젊은이 우마르 이븐 알-카타브는 무함마드의 맹렬한 반대자였다. 그는 오래된 이교 신앙에 헌신했고 예언자를 암살할 계획을 세웠다. 이슬람의 사도 바울 같은 존재가 될 이 무슬림은 쿠란의 말씀으로 개종했다. 그의 개종 이야기는 두 가지 버전이 있는데 둘 다 주목할 만하다. 하나는 우마르가 몰래 무슬림이 된 누이가 새로운 수라의 낭송을 듣고 있는 것을 발견한 이야기이다. "저 헛소리는 무엇인가?" 그는 화를 내며 집 안으로 들어와 불쌍한 누이 파티마를 바닥에 때려눕혔다. 그런데 파티마가 피를 흘리는 모습을 보자 그의 얼굴이 바뀌었는데, 아마도 부끄러움을 느껴서였을 것이다. 그는 소동 중에 쿠란을 낭송하던 방문자가 놀라 떨어뜨린 책을 집어 와 읽기 시작했다. 그는 당시 쿠라이시족 가운데 글을 읽을 줄 아는 몇 안 되는 사람 중 하나였다. 우마르는 아랍 구전 시가에 조예가 깊어 시인들이 그에게 정확한 의미에 대해 조언을 구할 정도였지만 쿠란 같은 것은 접해본 적이 없었다. "이 말씀은 얼마나 아름답고 고귀한가!" 그는 경탄하며 말했고 그 자리에서 알라의 종교로 개종했다.[18] 그 말의 아름다움이 그에게 가득 차 있던 증오와 편견의 벽을 뚫고 그가 결코 의식하지 못했던 신에 대한 수용성의 핵심에 닿았다. 우리는 모두 이와 비슷한 경험을 한다. 시가 이성보다 더 깊은 차원에 있는 인식을 건드리는 경험을 할 때가 바로 그런 경우다. 다른 이야기에서 우마르는 어느 날 밤 카바에서 조용히 쿠란을 암송하고 있는 무함마드를 만났다. 말씀을 듣고 싶다는 생각에 우마르는 거대한 화강암 입방체를 덮은 천 아래로 기어 들어가 '예언자' 바로 앞까지 갔다. "우리 사이에는 카바를 덮은 천뿐이었다"라는 우마르의 말처럼 그의 모든 방어막은 하나만 빼고 무너졌다. 아랍어의 마법이 발휘되기 시작했다. "쿠란을 들었을 때 마음이 누그러졌고 눈물이 나왔고 이슬람이 내 안에 들어왔다."[19] 쿠란은 신을 '저편 어딘가에' 있는 강력한 실재로 만들지 않고 모든 믿는 자의 정신과 마음, 존재 속으로 끌어들였다.

우마르를 비롯해 쿠란으로 개종한 다른 무슬림의 경험은 아마도 프랑스 출신 미국 문학비평가 조지 스타이너(George Steiner)가 《실재적 현존》에서 묘사한 예술의 경험과 비교할 수 있을 것이다. 그는 "우리 존재의 가장 비밀스러운 영역을 파헤치는" "진지한 미술, 문학, 음악의 누설(漏泄)"이라고 부른 것에 대해 말한다. 이는 침입이자 포고로서 "우리 경계하는 존재의 가장 작은 집"에 갑자기 들어와 "삶을 변화시키라!"고 단호하게 명령하는데, 그러한 부름 이후 그 집은 "더는 이전과 같은 방식으로 거주할 수 없게 된다."[20] 우마르 같은 무슬림들은 비슷하게 동요하는 감정, 각성, 그리고 의미에 대한 혼란스러운 감각을 경험한 듯한데, 이로 인해 고통스럽지만 과거의 전통과 단절할 수 있었다. 쿠라이시족 가운데 이슬람교를 거부한 자들조차 쿠란을 들으면 마음이 동요했고, 쿠란이 기존의 친숙한 모든 범주를 벗어나 있다고 여겼다. 쿠란은 카힌이나 시인의 영감 같은 것도, 마법사의 주문 같은 것도 아니었다. 몇몇 이야기들은 꼿꼿하게 반대파로 남아 있던 강력한 쿠라이시족 사람들이 수라를 듣고 눈에 띄게 동요하는 모습을 보여준다. 마치 무함마드가 완전히 새로운 문학적 형식을 창조한 것처럼, 어떤 사람들은 준비되지 않았으나 다른 사람들은 감격했다. 쿠란에 대한 이러한 경험이 없었다면 이슬람교는 뿌리 내리기 어려웠을 것이다. 우리가 보았듯 고대 이스라엘인은 오랜 종교적 충성을 깨고 유일신교를 받아들이는 데 7백여 년이 걸렸지만, 무함마드는 불과 23년 만에 아랍인들이 이 어려운 전환을 이룰 수 있도록 도와주었다. 시인이자 예언자로서 무함마드와 경전이자 신의 현현으로서 쿠란은 예술과 종교 사이에 존재하는 깊은 일치를 보여주는 놀랍고도 드문 사례이다.

신의 유일성과
99가지 이름

포교 초기 몇 년 동안 무함마드는 메카의 자본주의적 에토스에 환멸을 느낀 젊은 세대와 여성, 노예, 약한 가문의 일원을 포함해 사회적으로 소외되고 밀려난 계층으로부터 많은 개종자를 끌어모았다. 초기 자료들을 보면 한때 메카 전체가 무함마드가 개혁한 알라의 종교를 받아들인 것처럼 보였다. 현 상태에 만족한 부유한 지배층은 당연히 냉담했지만, 무함마드가 무슬림에게 이교 신들 숭배를 금지하기 전까지는 공식적으로 불화는 없었다. 포교 초기 3년 동안 무함마드는 유일신론적 내용을 강조하지 않은 것으로 보이며, 아마도 사람들은 늘 그래왔듯 최고신 알라와 함께 아라비아의 전통 신들을 섬길 수 있으리라 생각했을 것이다. 그러나 무함마드가 오래된 전통적 숭배를 우상 숭배라 비난하자, 하룻밤 사이에 대부분의 추종자를 잃었고 무슬림은 경멸당하고 박해받는 소수파가 되었다. 우리는 유일신에 대한 믿음이 고통스러운 의식의 변화를 요구한다는 것을 보았다. 초기 기독교인들처럼 초기 무슬림도 사회 질서를 심각하게 위협하는 '무신론자'라는 공격을 받았다. 당시 메카에서 도시 문명은 완전히 새로운 것이었고 쿠라이시족의 자랑스러운 '자족'에 비해 취약한 성취로 보였기에, 많은 이들이 기독교인의 피를 요구한 로마 시민들과 같은 두려움과 실망감을 느꼈던 듯하다. 쿠라이시족은 조상의 신들과 불화하는 것을 심각한 위협으로 여긴 것으로 보이며 머지않아 무함마드의 생명마저 위태로워진다. 서구 학자들은 보통 이 쿠라이시족과 겪은 불화의 시기를—비극적인 살만 루슈디* 사건 이래 악명 높아진—전거가 미심쩍은 '악마의 시' 사건과 연결해 추정한다. 헤자즈의 아랍인이 특히 소중하게 섬긴 아라비아의 세 여신이 있었다. 메카 남동부 타이프와 나클라에 각각 성소

살만 루슈디(Salman Rushdie) 인도 출신 영국 소설가. 1988년 소설 《악마의 시》를 발표해 격렬한 논란을 불러일으켰는데, 쿠란이 사실 악마의 계시라는 전승을 소설의 모티프로 삼았기 때문이다. 이 책으로 소설가로서는 큰 명성을 얻었으나 이란의 최고 지도자 호메이니로부터 이슬람교 모독죄로 사형선고를 받으며 암살 위협에 시달렸고 실제로 피습당하기도 했다.

가 있었던 알-라트('여신')와 알-웃자('권능의 신') 그리고 홍해 연안 쿠다이드에 성소가 있었던 알-마나트('운명의 신')인데, 유노나 아테나처럼 완전히 인격화된 신은 아니었다. 그들은 종종 바나트 알라('신의 딸들')라고 불렸지만, 이는 신의 개념이 완전히 발달했음을 의미하지는 않는다. 아랍인들은 추상적 관계를 나타내기 위해 이러한 친족 용어를 썼는데, 가령 바나트 알-다르('운명의 딸들')는 그저 불운이나 우여곡절을 뜻했다. 바나트 알라는 '신성한 존재들'을 의미했을지도 모른다. 이 신들은 각 성소에서 사실적인 조각상이 아니라 고대 가나안 사람들 사이에서 성행한 것과 비슷한 거대한 선돌로 표현되었고, 아랍인들은 이 신들을 단순하고 조잡한 방식으로 숭배하지 않고 신성의 중심으로서 섬겼다. 따라서 메카의 카바처럼 타이프, 나클라, 쿠다이드의 성소들은 아랍인들의 정서적 풍경에서 매우 중요한 영적 장소가 되었다. 그들의 조상들은 태곳적부터 그곳에서 예배를 드렸는데, 이 의식은 과거와 연결되어 있다는 안도감을 주었다.

'악마의 시'에 관한 이야기는 쿠란이나 초기 구전과 문헌 어디에도 언급되지 않는다. '예언자'에 관한 가장 권위 있는 전기인 이븐 이샤크의 《시라》에도 등장하지 않으며, 10세기경에 활동한 역사가 아부 자파르 알-타바리(923년 사망)의 작품에만 나타난다. 그 작품에 따르면 무함마드는 여신 숭배를 금지한 후 대부분의 쿠라이시족과 불화를 겪으며 고통받았고, 그러던 중에 '사탄(악마)'에게 영감을 받아 바나트 알라가 천사처럼 중재자로 숭배받는 것을 허용하는 몇몇 이상한 구절을 말했다. 이 소위 '악마의' 구절에서 세 여신은 알라와 동등한 존재가 아니라 인간의 편에서 알라에게 탄원할 수 있는 더 낮은 차원의 영적 존재였다. 그러나 나중에 알-타바리는 가브리엘이 '예언자'에게 이 구절들이 '악마'에게서 나왔기에 쿠란에서 삭제하고 바나트 알라가 단지 상상의 투영이자 허구일 뿐이라는 구절로 바꿔야 한다고 말했다고 썼다.

> 실로 너희는 라트와 웃자를 보았으며
> 세 번째 우상 마나트를 보았느뇨. ……
> 실로 이것들은 너희와 너희 선조들이 고안했던 이름들에 불과하며 하느님은 그것들에게 아무런 능력도 부여하지 아니했나니 그들은 이미 주님으로부터 복음의 소식을 들었는데도 억측과 자신들의 저속한 욕망을 따를 뿐이라.[21]

이 구절은 쿠란에서 조상들의 이교 신들에 대한 비판 중 가장 급진적인데, 이 구절이 쿠란에 포함된 후에는 쿠라이시족과 화해가 불가능하게 되었다. 이때부터 무함마드는 질투하는 유일신론자가 되었고, 쉬르크('우상 숭배', 말 그대로 알라와 다른 존재를 결합한다는 의미)가 이슬람교의 가장 큰 죄가 되었다.

무함마드는 '악마의 시' 사건 — 설령 정말로 일어났더라도 — 에서 다신교에 양보하지 않았다. 또한 이 사건에서 '사탄'의 역할이 잠시나마 쿠란이 악에 물들었음을 의미하는 것이라고 상상하는 것은 옳지 않다. 이슬람교에서 사탄은 기독교의 사탄보다 훨씬 더 통제하기 쉬운 존재이기 때문이다. 쿠란은 사탄도 최후의 심판 때 용서받으리라 말하고, 아랍인들은 '샤이탄(사탄)'이라는 단어를 유혹하는 사람이나 자연의 유혹을 언급하는 데 자주 사용했다.[22] '악마의 시' 사건은 무함마드가 형언할 수 없는 신성한 계시를 인간의 언어로 구체화할 때 분명히 겪은 어려움을 나타내는 것일지도 모른다. 이는 다른 대부분의 예언자들이 신의 계시를 전할 때 비슷하게 사탄의 입술을 대변했지만 신이 그들의 실수를 바로잡고 그 대신 새롭고 더 우월한 계시를 내려보냈다는 쿠란 정경 구절들과 관련 있다. 대안적인 그리고 좀 더 세속적인 해석은 무함마드가 다른 창조적인 예술가들처럼 새로운 통찰에 비추어 자신의 작품을 수정했다는 것이다. 여러 자료를 보면 무함마드는 우상 숭배 문제에 관해서는 쿠라이시족과 타협하기를 절대 거부했다. 실용주의자였던 그는 불필요하다고 생각하는 것은 기꺼이 양보했지만, 쿠라이시족은 그들의 조상 신을 섬기고 무슬림은 알라만을 섬기는 것을 허락하는 해결책을 요구받을 때마다 강경하게 거절했다. 쿠란은 말한다. "너희가 숭배하는 것을 내가 숭배하지 아니하며 내가 경배하는 분을 너희가 경배하지 아니하고 …… 너희에게는 너희의 종교가 있고 나에게는 나의 종교가 있을 뿐이라!"[23] 무슬림은 알라에게만 복종하고 쿠라이시족이 신봉하던 거짓된 숭배 대상—신이든 가치이든—에 굴복해서는 안 되었다.

쿠란에서 도덕성의 근간은 신의 고유성에 대한 지각이었다. 물질에 충성하거나 하등한 존재를 신뢰하는 것은 이슬람교의 가장 큰 죄악인 쉬르크였다. 쿠란은 유대교 경전과 거의 동일한 방식으로 이교 신들을 경멸했다. 이 신들은 먹을거리도 주지 않으며, 힘이 없기에 그들을 삶의 중심에 두는 것은 좋지 않다. 그 대신 무슬림은 알라가 궁극적이고 유일한 실재라는 것을 깨달아야 한다.

일러 가로되 하느님은 단 한 분이시고
하느님은 영원하시며

성자와 성부도 두지 않으셨으며

그분과 대등한 것 세상에 없노라.[24]

아타나시우스 같은 기독교인들도 존재의 근원인 창조자만이 인간을 죄로부터 구원할 힘이 있다고 주장했다. 그들은 이 통찰을 삼위일체와 성육신 교리에서 표현했다. 쿠란은 신의 유일성에 대한 셈족의 개념으로 돌아가 신이 아들을 '낳을' 수 있다는 상상을 거부했다. 하늘과 땅의 창조자 알라 외에 다른 신은 없다. 알라만이 인간을 구원할수 있으며, 인간에게 필요한 영적, 물질적 양식을 제공할 수 있다. 무슬림은 그를 '모든 존재의 원인이 없는 원인'(알-사마드)이라고 인정함으로써만 시간과 역사를 넘어서 실재의 차원을 다룰 수 있고, 그럼으로써 그들의 사회를 갈라놓은 부족들 간의 분열을 넘어서게 될 것이다. 무함마드는 유일신교가 부족 중심주의에 적대적이라는 것을 알고있었는데, 모든 예배의 중심이 되는 단일한 신은 개인뿐 아니라 사회도 통합하기 때문이다.

그러나 신에 관한 단순한 개념은 없다. 이 단일한 신은 우리가 알고 이해할 수 있는 우리 자신 같은 존재가 아니다. 무슬림이 기도할 때마다 외치는 '신은 위대하다!'라는 말은 신과 나머지 현실을 구분할 뿐 아니라, 신 그 자체와 우리가 신에 대해 말할 수 있는 것을 구분한다. 그러나 이 이해할 수 없고 접근할 수 없는 신은 자신을 알리고 싶어 했다. 초기 전승(하디스hadith)에서 신은 무함마드에게 말한다. "나는 감추어졌으되 드러나기를 원하는 보배와 같나니, 보라, 내가 드러나기 원하여 세상을 창조했노라."[25] 무슬림은 자연의 '징표'와 쿠란의 구절을 숙고함으로써 쿠란에서 '신의 얼굴'이라고 부르는, 세계를 향한 신성의 면모를 엿볼 수 있다. 두 오래된 종교와 마찬가지로 이슬람교는 자신의 형언할 수 없는 존재를 인간의 제한된 이해에 맞추는 신의 활동 속에서만 신을 볼 수 있다고 분명히 밝힌다. 쿠란은 무슬림에게 사방을 둘러싼 신의 얼굴 또는 신의 존재에 대한 끊임없는 '의식'(타크와)을 계발하라고 강조한다. "너희가 어느 방향에 있던 간에 하느님의 얼굴이 있노라."[26] 쿠란은 기독교 교부들처럼 신을 절대자이자 유일하게 참된 존재로 본다. "대지 위의 모든 것은 멸망하되 주님 당신은 영원하사 권능과 영광으로 충만하시니라."[27] 쿠란에서 신은 99개의 이름 혹은 속성을 부여받는데, 이 이름들은 우주에서 발견되는 모든 긍정적 특질의 근원으로서 신이 '위대하다'고 강조한다. 그는 '부유한 자'(알-가니)이기에 세상은 존재한다. 그는 '생명을 주는 자'(알-무히이)이고 '전지자'(알-알림)이다. 그러므로 그 없이는 생명도 앎도 없을 것이다. 이는 오직 신만이 참된 존재이고 긍정적 가치를 지니고 있다는 주장이다. 그러나 신의 이름은 종종 상충하기도 한다. 신은 적을 무너뜨리고 지배하는 '정복자'(알-카하르)이자 완전한 관용을 베푸는 '친절한 자'(알-할림)이고, '궁핍하게 하는 자'(알-카비드)인 동시에 '충만하게 하는 자'(알-바시트)이고, '낮추시는 분'(알-카피드)이자 '높이시는 분'(알-라피)이다. 신의 이름은 무슬림의 신앙심에서 중심 역할을 한다. 그들은 신의 이름을 암송하며 묵주 구슬을 세거나 만트라*를 읊조렸다. 이 모든 것은 무슬림에게 그들이 섬기는 신이 인간의 범주에 포함될 수 없으며 단순하게 정의될 수 없음을 상기시킨다.

이슬람교의 다섯 기둥 중 첫째는 무슬림의 '신앙 고백'인 샤하다

만트라(Mantra) 본래 베다 문헌의 주요 부분을 형성하는 찬가 또는 시구를 가리키는 말. 신비적인 위력을 지닌다고 하여 의식에서 주문처럼 낭송되었다.

(Shahadah)이다. "알라 외에 다른 신이 없다는 것과 무함마드가 그의 예언자임을 증언합니다." 이는 단순히 신의 존재를 긍정하는 것이 아니라 알라만이 참된 실재이자 참된 존재임을 인정하는 것이다. 그는 참된 실재, 아름다움, 완전함이다. 존재하는 것처럼 보이고 이 특질들을 소유한 것처럼 보이는 모든 존재는 이 본질적인 존재에 참여할 때에만 존재하고 이 특질들을 지닌다. 이런 신앙 고백을 단언하기 위해 무슬림은 신을 자신들의 중심이자 최우선에 둠으로써 자신들의 삶을 통합해야 한다. 신의 유일성 주장은 단순히 바나트 알라 같은 신들이 숭배될 가치가 없음을 뜻하는 것이 아니었다. 신은 하나라고 말하는 것은 그저 수적 정의가 아니라 그 유일성을 삶과 사회의 원동력으로 삼으라는 요구였다. 신의 유일성은 진정으로 통합된 자기에서 엿볼 수 있었다. 그런데 신의 유일성은 무슬림이 다른 사람들의 종교적 열망을 인정하도록 요구하기도 했다. 신은 오직 한 분이기에 올바르게 인도된 모든 종교는 그로부터만 기원해야 했다. 최고이자 유일한 실재에 대한 믿음은, 문화적으로 영향받고 사회마다 다른 방식으로 표현되겠지만, 모든 참된 예배의 중심은 아랍인들이 항상 '알라'라고 부르는 존재에 의해 영감받고 그를 향한 것이었다. 쿠란은 신의 이름을 '빛'(안-누르an-Nur)이라고 부르면서, 신이 모든 지식의 근원이자 인간이 초월을 엿볼 수 있는 수단이라고 말한다.

하느님은 하늘과 땅의 빛이라. 그 빛을 비유하사, 이를테면 벽 위의 등잔과 같은 것으로 그 안에 등불이 있으며 그 등불은 유리 안에 있더라. 그 유리는 축복받은 올리브기름으로 별처럼 밝게 빛나도다. 그것은 동쪽에 있는 나무도 아니요, 서쪽에 있는 나무도 아니라 그 기름은 불이

닿지도 아니하나 더욱 빛나 빛 위에 빛을 더하도다.[28]

　여기서 '이를테면'은 쿠란의 신 담론이 본질적으로 상징적인 성격을 띠고 있음을 상기시킨다. 그러므로 '빛'(안-누르)은 신 자체가 아니라, 개인[벽]의 마음속에서 빛나는 특정한 계시[등잔]로 신이 부여한 깨달음을 가리킨다. 빛 자체는 빛을 받아 간직하는 것들 중 어느 하나와 완벽하게 동일시될 수 없지만 그것들 모두에 공통된다. 쿠란의 무슬림 주석가들이 초기부터 지적했듯, 빛은 시간과 공간을 초월하는 신성한 실재를 표현하기에 특히 좋은 상징이다. 이 구절에서 올리브 나무의 이미지는 하나의 '뿌리'에서 나와 다양한 유형의 종교적 경험—동서양 어느 전통이나 지역으로 동일시될 수도 국한될 수도 없다—으로 가지를 뻗는 계시의 연속성을 암시하는 것으로 해석되어 왔다.

　기독교인 와라카 이븐 나우팔이 무함마드를 진정한 예언자로 인정했을 때, 나우팔도 무함마드도 그가 이슬람교로 개종하리라 전혀 예상하지 못했다. 무함마드는 유대인이나 기독교인이 그들 나름의 진정한 계시를 받았기에 특별히 개종을 원하지 않는 한, 알라의 종교로 개종할 것을 요구하지 않았다. 쿠란은 계시가 이전 예언자들의 메시지나 통찰을 무효화하는 것으로 보지 않았고 오히려 인류의 종교적 경험의 연속성을 강조했다. 이를 강조하는 것이 중요한 이유는, 오늘날 많은 서구인들이 관용을 이슬람의 덕으로 여기지 않기 때문이다. 그러나 처음부터 무슬림은 유대인이나 기독교인보다 계시를 덜 배타적으로 보았다. 오늘날 많은 사람에게 비난받는 이슬람교의 불관용은 여러 종교가 신에 관해 내놓은 경쟁적 비전 때문이 아니라 완전히 다른 원인에서 비롯한 것이다.[29] 무슬림은 불의를 불관용하는데, 그것이 자국의 통치자—이란의 무함마드 레자 팔라비(팔라비 왕조의 초대 샤, 1925~1941 재위) 같은—가 저지른 것이든 서구 강대국이 저지른 것이든 상관없다. 쿠란은 다른 종교 전통을 거짓이라거나 불완전하다고 비난하지 않고, 오히려 새로운 예언자가 선대의 통찰력을 확인하고 계승하는 것을 보여준다. 쿠란은 신이 땅 위의 모든 민족에게 사자를 보냈다고 가르친다. 이슬람의 전통은 그러한 예언자가 12만 4천 명에 이른다고 말하는데, 이는 무한을 상징하는 수이다. 따라서 쿠란에는 이 말씀이 근본적으로 새로운 메시지를 전하는 것이 아니며 무슬림은 오래된 종교들과 친족 관계임을 강조해야 한다는 지적이 반복해서 나온다.

성서의 백성을 인도함에 가장 좋은 방법으로 인도하되 논쟁하지 말라. 그러나 그들 중에 사악함으로 대적하는 자가 있다면 일러 가로되 우리는 우리에게 계시된 것과 너희에게 계시된 것을 믿노라. 우리의 하느님과 너희의 하느님은 같은 하느님이시니 우리는 그분께 순종함이라.[30]

쿠란은 유대인과 기독교인의 예언자였던 아브라함, 노아, 모세, 예수처럼 아랍인들에게 친숙한 사도들을 자연스럽게 언급한다. 또한 미디안과 타무드의 고대 아랍인들에게 보내진 후드와 살리흐도 언급한다. 오늘날의 무슬림은 만일 무함마드가 힌두교와 불교를 알았더라면 그 종교의 현자들도 포함했을 것이라 주장한다. 힌두교도와 불교도들은 무함마드 사후 이슬람 제국에서 유대인과 기독교인과 마찬가지로 완전한 종교적 자유를 누릴 수 있었다. 같은 원리로 무슬림은 쿠란이 아메리카 원주민이나 호주 원주민의 샤먼과 성인도 존중했을 것이라고 말한다.

움마,
이슬람 공동체의 탄생

종교적 경험의 연속성에 대한 무함마드의 믿음은 곧 시험대에 올랐다. 쿠라이시족과의 불화 이후 무슬림은 메카에서 생활이 불가능해졌다. 부족의 보호를 받지 못한 노예와 자유민은 극심한 박해를 받았고 일부는 치료받다가 죽었다. 무함마드의 하심 가문은 거부당해 물품을 구매할 수 없었는데 이는 그들을 굶겨 복종시키려는 계책이었다. 무함마드의 사랑하는 아내 카디자의 죽음도 아마 그 궁핍이 원인이었을 것이다. 끝내는 무함마드의 목숨마저 위험에 처했다. 그 무렵 북부 정착지 야트리브의 이교도 아랍인들이 무슬림에게 부족을 버리고 자신들의 땅에 와서 정착하라고 권했다. 이 제안은 아랍인에게 전례가 없는 일이었다. 부족은 아라비아의 신성한 가치였기에 친족을 버리는 것은 근본을 저버리는 일이었다. 야트리브는 여러 부족 간의 돌이킬 수 없어 보이는 전쟁으로 분열되어 있었고, 많은 이교도들은 오아시스 문제에 대한 영적, 정치적 해결책으로 이슬람교를 받아들일 준비가 되어 있었다. 또한 새로운 정착지에는 큰 유대인 부족이 셋 있었고 그들로 인해 이교도 주민들은 정신적으로 유일신교를 맞을 준비가 되어 있었다. 이는 그들이 아라비아의 토속 신들에 대한 무슬림의 배척을 쿠라이시족만큼 불쾌해하지 않았음을 의미했다. 마침내 622년 여름 무함마드는 70가구를 이끌고 야트리브로 향했다.

야트리브(또는 무슬림이 '메디나'라고 부르는 도시)로 '이주'(히즈라 hijra)하기 전 해에 무함마드는 자신의 종교를 자신이 이해한 유대교에 더 가깝도록 조정했다. 여러 해 동안 고립 상태였기에 그는 사람들—더 오래되고 더 뿌리 깊은 전통을 지닌—과 함께 사는 삶을 기대했을 것이다. 그래서 그는 무슬림에게 유대교의 속죄일에 금식을 정했고 지금까지 하루 두 번 하던 기도를 유대인처럼 세 번 하라고 명했다. 무슬림은 유대 여인과 결혼할 수 있었고 유대교의 음식물 금기 중 일부를 준수해야 했다. 특히 모든 무슬림은 이제 유대인이나 기독교인처럼 예루살렘을 바라보며 기도해야 했다. 메디나의 유대인들은 처음에는 무함마드에게 기회를 주려고 했다. 오아시스에서 삶이 견디기 힘들어졌고, 메디나의 많은 헌신적인 이교도들처럼 유대인들도 그의 말을 들을 준비가 되어 있었다. 특히 무함마드가 그들의 신앙에 긍정적인 것처럼 보였기 때문이었다. 그러나 결국 그들은 무함마드에게 등을 돌리고 메카의 이주민들을 적대하는 이교도들에게 동조했다. 유대인들이 무함마드를 거부한 데는 충분한 종교적 이유가 있었는데, 그들은 예언의 시대가 끝났다고 믿었기 때문이다. 유대인들은 메시아를 기다리고 있었지만 이 시기에 유대인이나 기독교인 중 누구도 자신이 예언자라고 믿지는 않았을 것이다. 정치적인 동기도 있었는데, 이전에 유대인들은 서로 적대하는 아랍 부족들 사이에서 어느 한쪽과 연합함으로써 오아시스에서 세력을 얻었다. 그러나 무함마드는 이 부족들을 쿠라이시족과 함께 합쳐서 새로운 무슬림 공동체인 움마—유대인도 속하는 일종의 거대 부족—를 형성했다. 메디나에서 자신들의 입지가 쇠퇴하는 것을 본 유대인들은 적대적으로 변했다. 그들은 모스크에 모여 "무슬림의 이야기를 듣고 그들의 종교를 비웃고 조롱"하곤 했다.[31] 경전에 대한 지식이 풍부한 유대인들이 쿠란의 이야기에서 성서와 현저히 다른 허점을 찾아내는 것은 매우 쉬웠다. 그들은 자칭 '예언자'라고 하는 사람이 낙타를 잃어버리고도 찾지 못한다며 무함마드를 조롱하기도 했다.

메디나 유대인들의 거부는 아마도 무함마드의 일생에서 최대의 낭패였을 것이며, 그의 종교적 입지에 의혹을 불러일으켰다. 그러나 일부 유대인은 우호적이었고 일종의 명예 자격으로 무슬림과 함께한 것으로 보인다. 그들은 무함마드와 함께 성서를 토론하고 그에게 유대인의 비판을 격퇴하는 방법을 보여주었는데, 경전에 대한 이러한 새로운 지식을 통해 무함마드는 자신만의 통찰을 기를 수 있었다. 무함마드는 이전에는 다소 막연하게 알고 있었던 예언자들의 연대기를 처음으로 정확하게 알게 되었으며, 아브라함이 모세나 예수 이전에 살았다는 사실이 매우 중요함을 알 수 있었다. 지금까지 무함마드는 아마도 유대교와 기독교가 한 종교에 속한다고 생각한 것 같지만, 서로 심각한 차이가 있음을 이해했다. 아랍인 같은 외부인에게 두 입장은 이거나 저거나 거의 비슷했고, 참된 아브라함의 종교인 하니피야에 토라와 복음서의 추종자들이, 가령 랍비가 정교화한 구전 율법과 불경스러운 삼위일체 교리 같은 거짓된 요소를 넣었다고 생각하는 것이 논리적으로 보였다. 또한 무함마드는 유대인들이 그들의 경전에서 금송아지를 섬긴 우상 숭배자로 불리는 것도 알게 되었다. 비록 쿠란은 '먼저 계시받은 민족'[32]이 모두 오류에 빠진 것은 아니며 본질적으로 모든 종교는 하나라고 주장하지만, 쿠란에는 유대인에 대한 논박이 잘 발달해 있으며, 이는 무슬림이 유대인의 거부로 인해 얼마나 위협을 느꼈는지 보여준다.

메디나의 우호적인 유대인들로부터 무함마드는 아브라함의 큰아들 이스마엘의 이야기도 알게 되었다. 성서에 따르면 아브라함은 첩 하갈에게서 아들을 낳았으나 아내 사라가 이삭을 낳고서 질투에 사로잡혀 하갈과 이스마엘을 쫓아내라고 요구했다. 아브라함을 위로하기 위해 신은 이스마엘도 장차 위대한 민족의 조상이 되리라 약속했다. 아라비아 유대인들은 이 이야기에 자신들의 지역 전설을 덧붙였다. 아브라함이 하갈과 이스마엘을 메카의 골짜기에 남겨 두고 떠나 이스마엘이 목이 말라 죽어 갈 때 신이 성스러운 샘물인 잠잠을 터뜨려 보호했으며, 훗날 아브라함이 이스마엘을 찾아가 부자가 함께 유일신의 최초 신전인 '카바'를 세웠다는 것이다. 이스마엘이 아랍인의 조상이 되었기에 유대인과 마찬가지로 아랍인들도 아브라함의 자손이었다. 무함마드는 이 이야기가 반가웠을 것이다. 그는 아랍인들에게 그들의 경전을 가져다주었고 이제 이스마엘의 이야기를 통해 그들의 신앙의 뿌리를 조상들의 믿음에서 찾을 수 있게 되었다. 624년 1월 메디나 유대인들의 적대가 계속되리라는 것이 분명해지자 알라의 새로운 종교는 독립을 선언했다. 무함마드는 무슬림에게 예루살렘 대신 메카를 향해 기도하라고 명했다. 이 기도 방향의 변화는 무함마드가 보인 종교적 제스처 중 가장 창의적인 것으로 불린다. 두 오래된 계시 종교와 무관한 카바를 향해 엎드림으로써, 무슬림은 자신들이 기존 종교에 속하지 않으며 오직 신에게만 자신을 내어준다고 암묵적으로 선언한 것이다. 그들은 한 신을 믿는 종교를 적대적인 집단들로 불경스럽게 분열시키는 종파에 가담하지 않았다. 그 대신 신에게 복종한 최초의 무슬림이자 신의 성스러운 집을 세운 아브라함의 원시 종교로 돌아가고 있었다.

그들이 말하길, 유대인이나 기독교인이 되어라. 그리하면 너희가 옳은 길로 인도되리라. 일러 가로되 우리는 가장 올바른 아브라함의 종교를 따르노라. 그분은 우상 숭배자가 아니었노라.

말하라. 우리는 하느님을 믿고 우리에게 계시된 것과 아브라함과 이스마엘과 이삭과 야곱과 그리고 그 자손들에게 계시된 것과 모세와 예수가 계시받은 것과 예언자들이 그들의 주님으로부터 계시받은 것을 믿나이다. 우리는 그들 어느 누구도 선별치 아니하며 오직 그분에게만 순종할 따름이라.[33]

신 자체보다 진리에 관한 해석을 앞에 두는 것은 분명 우상 숭배였다. 무슬림은 이슬람 시대의 시작을 무함마드가 탄생한 해나 그가 계시─결국 새로운 것은 없었다─를 처음 받은 해가 아니라 이슬람을 정치적 현실로 만듦으로써 신의 계획을 역사에 구현하기 시작한 '히즈라'의 해로 본다. 우리는 쿠란이 모든 종교인이 정의롭고 평등한 사회를 건설할 의무가 있다고 가르쳤으며 무슬림은 자신들의 정치적 소명을 매우 진지하게 받아들였음을 보았다. 무함마드는 처음부터 정치 지도자가 되려는 생각이 없었지만, 스스로 예견할 수 없었던 사건들이 아랍인들을 위한 완전히 새로운 정치적 해법으로 그를 이끌었다. 히즈라가 시작되고 632년 무함마드가 죽는 해까지 10년 동안, 무함마드와 초기 무슬림은 움마를 말살하려는 메카의 쿠라이시족과 메디나의 적대자들에게 맞서 생존을 위해 필사적인 투쟁을 벌였다. 서구에서 무함마드는 종종 원치 않는 자들에게 이슬람교를 무력으로 강제한 군사 지도자로 묘사된다. 그러나 사실은 매우 달랐다. 무함마드는 자신의 목숨을 걸고 싸웠고, 쿠란에서는 대부분의 기독교인이 동의할 만한 정의로운 전쟁에 대한 생각을 펼쳤으며, 아무에게도 이슬람교로 개종할 것을 강요하지 않았다. 사실 쿠란은 종교에 강요가 없어야 한다고 분명하게 밝힌다. 쿠란에서 전쟁은 혐오스러운 것으로 간주되며, 유일하게 정당한 전쟁이란 자기방어를 위한 전쟁이다. 기독교인들이 히틀러에 맞서 싸워야 한다고 믿었던 것처럼 때로는 온당한 가치를 지키기 위해 싸워야 할 때도 있는 것이다. 무함마드는 매우 높은 수준의 정치적 재능을 지니고 있었다. 그의 생애 말년에 대부분의 아라비아 부족들이 움마에 들어왔는데, 비록 그들의 이슬람은 대개 이름뿐이거나 피상적이었지만 이 역시 무함마드는 알고 있었다. 630년 메카가 스스로 성문을 열어줌으로써 무함마드는 유혈 사태 없이 도시를 점령할 수 있었다. 그는 죽기 직전인 632년에 오래된 아랍 이교의 의례인 '하지'를 이슬람화해 이른바 '고별 순례'라는 것을 만들었고, 이를 아랍인들에게 너무나 소중한 다섯 번째 '기둥'으로 삼았다.

모든 무슬림은 상황이 허락한다면 최소한 평생에 한 번은 하지를 해야 할 의무가 있다. 순례자들은 당연히 무함마드를 기억하지만, 이 의식은 '예언자'보다는 아브라함, 하갈, 이스마엘을 상기시키는 것으로 이해되어 왔다. 이러한 의식은 모든 낯선 사회적 의식이나 종교적 의식이 그렇듯 외부인에게는 기이해 보이지만, 강렬한 종교적 경험이 될 수 있고 이슬람 영성의 공동체적, 개인적 측면을 완벽히 표현할 수 있다. 오늘날 정해진 시기에 메카로 모이는 수천 명의 순례자들은 상당수 아랍인이 아니지만 고대 아랍의 의식을 자신들의 것으로 만들 수 있다. 인종이나 계급 같은 모든 구분을 없애는 전통적 순례 복장을 입고 카바에 모일 때, 순례자들은 일상의 자기중심적 집착에서 해방되어 하나의 중심과 방향을 지닌 공동체 안으로 이끌리는 느낌을 받는다. 그들은 성소 주위를 돌기 전에 한 목소리로 외친다. "오 알라여, 당신께 예배드리기 위해 이곳에 왔습니다." 이 의례의 본질적 의미는 이란의 철학자 알리 샤리아티가 잘 짚었다.

카바 주위를 돌고 가까이 다가가면 당신은 작은 개울이 큰 강에 합류하는 듯한 느낌이 든다. 물결에 실려 땅에서 멀어지게 된다. 갑자기, 홍수에 실려 떠내려간다. 중앙에 가까워지면 군중의 힘이 당신을 강하게 압박하고 당신은 새로운 생명을 얻게 된다. 당신은 이제 백성의 일부다. 당신은 살아 있고 영원한 사람이다. …… 카바는 세계의 태양이며 그 얼굴이 당신을 그것의 궤도로 끌어당긴다. 당신은 이 우주 체계의 부분이 된다. 알라 주위를 돌면 곧 자신을 잊게 된다. 서서히 녹아 사라지는 입자로 변모한다. 이는 절정에 이른 절대적인 사랑이다.[34]

유대인과 기독교인 역시 공동체의 영성을 강조했다. 하지는 무슬림 각 개인에게 신을 중심으로 삼은 움마의 맥락에서 개인적 통합의 경험을 제공한다. 대부분의 종교와 마찬가지로 평화와 조화는 순례의 중요한 주제이고, 순례자가 성전에 들어가면 모든 종류의 폭력이 금지된다. 순례자는 벌레도 죽일 수 없고 상스러운 말도 삼가야 한다. 1987년 하지에 이란 순례자들이 폭동을 일으켜 402명이 죽고 649명이 다치는 사건이 발생하자 무슬림 세계가 분노한 이유도 이 때문이다.

632년 6월 무함마드는 짧은 투병 끝에 갑작스럽게 죽었다. 그의 사후 베두인족 일부가 움마에서 빠져나오려고 했지만 아라비아의 정치적 일체성은 굳건했다. 결국 저항하던 부족들도 유일신 종교를 받아들였다. 무함마드의 놀라운 성공은 아랍인들에게 수 세기 동안 자신들이 잘 섬겨 온 이교 신앙이 당대 사회에서 잘 작동하지 않음을 보여주었다. 알라의 종교는 더 진보한 종교의 특징인 동정심의 에토스를 도입했는데, 형제애와 사회 정의가 중요한 덕목이었다. 강력한 평등주의는 계속해서 이슬람의 이상을 특징짓는다.

무함마드의 생애 동안에는 이 평등주의에 성평등도 포함됐다. 오늘날 서구에서는 이슬람을 본래 여성혐오적인 종교로 묘사하는 것이 일반적이지만, 기독교와 마찬가지로 알라의 종교는 원래 여성에게 우호적이었다. 이슬람 이전 시기인 자힐리야 동안 아라비아는 축의 시대 이전에 만연했던 여성에 관한 태도를 유지했다. 예를 들어 일부다처제가 일반적이었고 여성은 결혼을 하고도 자기 아버지의 집에 남아 있었다. 엘리트 여성들은 상당한 권력과 위세를 누렸지만—가령 무함마드의 첫째 부인 카디자는 성공한 상인이었다—대다수의 여성들은 노예와 다를 바 없었다. 정치적 권리도 인권도 없었고 여아 살해가 흔했다. 여성은 무함마드의 초기 개종자 집단 가운데 하나였고, 여성해방은 무함마드의 주요한 목표였다. 쿠란은 여아 살해를 엄격히 금하고 여아를 출산했을 때 실망하는 아랍인들을 질책했다. 또한 여성에게 상속과 이혼에 관한 법적 권리를 허용했는데, 서구에서는 19세기가 돼서야 허용한 권리였다. 무함마드는 여성들이 움마 내에서 적극적인 역할을 수행하도록 장려했고 여성들은 자신들의 견해가 반영되리라 확신하면서 자유롭게 의사를 표현했다. 한번은 메디나의 여성들이 '예언자'에게 쿠란 공부에서 남성들이 자신들을 앞서고 있다고 토로하며 따라잡을 수 있게 도와 달라고 요청하자 무함마드는 그렇게 했다. 그들의 가장 중요한 질문 중 하나는 여성도 신에게 순종했는데 쿠란은 왜 남성만 언급하는가였다. 그 결과 남성뿐 아니라 여성도 언급하고 도덕적, 영적 측면에서 양성의 절대적인 평등을 강조하는 계시가 내려왔다.[35] 이후에도 쿠란은 자주 여성을 명시적으로 언급했는데, 이는 유대교나 기독교 경전에서는 거의 찾아볼 수 없는 것이다.

불행하게도 나중에 이슬람교는 기독교처럼 여성에게 부정적인 방식으로 경전을 해석하는 남성들이 장악했다. 본래 쿠란은 모든 여성이 아니라 무함마드의 아내들에게만 지위의 표시로 베일을 쓰도록 규정했다. 그러나 일단 이슬람이 문명 세계에 자리 잡자 무슬림은 여성을 2등 시민으로 강등하는 오이쿠메네의 관습을 받아들였다. 그들은 여성에게 베일을 씌우고 하렘에 가두는 관습을 페르시아와 기독교의 비잔티움에서 받아들였는데, 그곳에서는 오랫동안 여성을 이런 식으로 사회에서 소외시켰다. 압바스 칼리파 국가(750~1258) 시대에 무슬림 여성의 지위는 유대교나 기독교 사회의 자매들만큼 낮았다. 오늘날 무슬림 페미니스트들은 남성들에게 쿠란의 본래 정신으로 돌아갈 것을 촉구하고 있다.

제국의 부상과
수니파-시아파의 분열

평등주의는 우리에게 이슬람교도 다른 신앙처럼 여러 방식으로 해석될 수 있음을 상기시킨다. 결과적으로 이슬람교는 여러 종파와 분파로 발전했다. 그 최초의 분열―수니파와 시아파의 분열―은 무함마드의 갑작스러운 죽음 이후 지도자 자리를 두고 벌어진 투쟁에서 조짐을 보였다. 무함마드의 절친한 친구인 아부 바크르가 다수의 지지로 지도자가 되었으나, 일부 무슬림은 무함마드가 자신의 사촌동생이자 사위인 알리 이븐 아비 탈리브를 후계자(칼리파kalipha)로 원했다고 믿었다. 알리 자신은 아부 바크르를 지도자로 받아들였지만, 그후 몇 년 동안 그는 첫 세 칼리파―아부 바크르, 우마르 이븐 알-카타브, 우스만 이븐 아판―의 정책에 찬성하지 않는 반체제자들의 충성의 중심이 되었던 것 같다. 마침내 656년 알리는 4대 칼리파가 되었고, 시아파는 결국 그를 최초의 '이맘(Imam)' 곧 움마의 지도자로 부르게 된다. 지도자와 관련한 수니파와 시아파의 분열은 교리적이기보다는 정치적 문제였는데, 이는 신 개념을 비롯해 이슬람교에서 정치의 중요성을 예고하는 것이었다. 시아투 알리(알리의 당파)는 소수파로서 저항의 믿음을 발전시키게 되는데, 그 전형은 무함마드의 손자인 후사인 이븐 알리라는 비극적인 인물이었다. 그는 아버지 알리의 사후 칼리파 국가를 차지한 우마이야 왕조를 받아들이지 않고, 680년 오늘날 이라크 쿠파 외곽 카르발라 평원에서 칼리파 야지드에게 자신의 소수 지지자들과 함께 살해당했다.* 모든 무슬림은 후사인이 당한 부도덕한 학살을 끔찍하게 생각하는데, 특히 시아파는 그를 때로는 폭정에 맞서 죽을 때까지 싸워야 함을 상기시키는 특별한 영웅으로 여긴다. 이 무렵 무슬림은 제국을 건설하기 시작했다. 첫 네 칼리파는 쇠퇴기에 접어든 비잔티움 제국과 페르시아 제국의 아랍인들에게 이슬람교를 전파하는 데만 관심이 있었다. 그러나 우마이야 왕조 시대에 이르러서는, 종교보다는 아랍 제국주의에 더 영감을 받아 아시아와 북아프리카로 영토 확장을 계속해 나갔다.

새로운 제국에서는 아무도 이슬람 신앙을 강요받지 않았다. 실제로 무함마드 사후 한 세기 동안 개종은 권장되지 않았으며 700년경에는 법으로 금지되었다. 무슬림은 유대교가 야곱의 후손을 위한 것이었듯

카르발라 전투 680년 10월 10일 카르발라에서 우마이야 왕조의 칼리파 야지드 1세의 군대와 시아파의 지지를 받던, '예언자' 무함마드의 손자 후사인 이븐 알리와 소수의 추종자 무리 사이에서 벌어진 전투. 군사력의 차이로 후사인 세력이 처참하게 패했다. 후사인의 무덤이 있는 카르발라는 시아파의 성지가 되었으며 시아파는 이날을 공적으로 추모한다.

이슬람교는 아랍인을 위한 것이라고 믿었다. '책의 민족'*으로서 유대인과 기독교인은 종교적 자유를 누리며 보호받았다. 그러다 압바스 칼리파들이 개종을 권장하기 시작하자 제국 내의 많은 셈족과 아리아인이 이 새 종교를 열심히 받아들였다. 기독교에서 예수의 실패와 굴욕이 발전에 중요한 역할을 한 것처럼, 이슬람교에서는 성공이 그런 역할을 했다. 세속적인 성공을 불신하는 기독교의 경우와 달리, 무슬림 개인의 종교적 삶은 정치와 무관하지 않았다. 무슬림은 자신들이 신의 뜻에 따라 정의로운 사회를 건설하는 데 헌신한다고 생각한다. 움마는 억압과 불의로부터 인간을 구원하기 위한 이 같은 노력에 신이 축복을 내렸다는 '징표'로서 성례적 중요성이 있었다. 무슬림의 영성에서 움마의 정치적 건전성이 차지하는 위상은, 기독교인의 삶에서 특정한 신학적 선택지(가톨릭, 프로테스탄트, 감리교, 침례교)의 위상과 거의 같다. 만일 기독교인이 무슬림의 정치에 대한 관심을 이상하게 여긴다면, 난해한 신학적 논쟁에 대한 자신들의 열정이 유대인이나 무슬림에게 똑같이 이상하게 보인다는 점을 생각해야 한다.

이슬람 역사 초기에 신의 본성에 관한 고찰은 종종 칼리파 지위나 체제에 대한 정치적 관심에서 비롯되었다. 예수의 인격과 본성에 관한 논쟁이 기독교 발전에 중요한 역할을 한 것처럼, 이슬람교에서는 어떤 사람이 움마를 이끌어야 하는가에 관한 학문적 논쟁이 그런 역할을 했다. 라시둔(rashidun, '올바르게 인도된' 초대 네 칼리파) 시대 이후, 무슬림은 자신들이 싸움이 그치지 않던 메디나의 작은 사회와 매우 다른

책의 민족(Ahl-al-Kitāb) 이슬람교에서 성전에 기초한 신앙을 가진 사람들을 지칭하는 말. 일반적으로 토라, 성서, 아베스타를 지닌 유대인, 기독교인, 조로아스터교도를 뜻한다.

세계에 살고 있음을 알게 되었다. 그들은 팽창하는 제국의 주인이 되었고 지도자들은 세속과 탐욕에 물들어 있었다. 귀족과 궁정에는 '예언자'와 그의 동료들의 금욕적인 삶과는 전혀 다른 사치와 부패가 넘쳐흘렀다. 정말로 독실한 무슬림들은 쿠란의 사회주의적 메시지에 근거해 체제에 도전했고 이슬람을 새로운 상황에 적합하게 만들고자 노력했다. 그 결과, 다양한 해법과 종파가 등장했다.

가장 대중적인 해법은 무함마드와 라시둔의 이상으로 돌아가려는 율법주의자와 전통주의자 들이 제시했다. 그리하여 토라와 비슷한 법규인 샤리아 법이 만들어졌는데, 이 법은 쿠란과 '예언자'의 생애와 금언에 근거를 두었다. 무함마드와 그의 초기 동료들의 말(하디스)과 실천(순나)에 관한 놀랄 만큼 많은 구전이 이어져 내려왔고, 이것들은 8세기에서 9세기 동안 여러 편집자들에 의해 수집되었다. 가장 유명한 편집자는 무함마드 이븐 이스마일 알-부하리와 무슬림 이븐 알-하자지 알-쿠샤이리였다. 무함마드는 신에게 완전히 순종했다고 믿었기에 무슬림은 일상생활에서 무함마드를 모방해야만 했다. 이슬람의 '신성한 법'은 무함마드가 말하고, 사랑하고, 씻고, 예배하는 방식을 모방함으로써 무슬림이 신을 순순히 받아들이는 삶을 살도록 도와주었다. 무슬림은 '예언자'를 본받아서 신에 대한 내적 수용성을 얻고 싶어 했다. 그래서 무슬림은 무함마드가 그랬던 것처럼 '당신에게 평화가 있기를(앗살라무 알라이쿰)'이라고 인사하며 순나를 따를 때, 무함마드가 그랬듯 동물이나 고아나 가난한 사람에게 친절하고 다른 사람을 관대함과 믿음으로 대할 때 신을 떠올린다. 이러한 외적 제스처는 그 자체가 목적이 아니라 쿠란이 규정하고 무함마드가 실천한 '신-의식(God-consciousness)'인 타크와*를 얻기 위한 수단으로 간주돼야 하며, 이는 신에 대한 끊임없는 회상(디크르)으로 구성된다. 순나와 하디스의 타당성을 두고 많은 논쟁이 벌어졌다. 그러나 궁극적으로 이러한 전통들의 역사적 확실성은 그 전통이 현실에서 작동했다는 사실에 비해 중요하지 않다. 순나와 하디스는 수 세기 동안 수백만 무슬림의 삶에 신에 대한 감각을 불어넣어주었다.

'예언자'의 금언을 모은 전승인 하디스는 대부분 일상의 문제와 관련되지만 형이상학, 우주론, 신학과도 관련된다. 금언의 상당수는 신이 직접 무함마드에게 말한 것으로 믿어진다. 이러한 '거룩한 하디스'는 모든 믿는 자 안에 신의 내재와 임재를 강조한다. 예를 들어 한 유명한 하디스는 믿는 자 안에서 거의 육화된 듯 보이는 신의 임재를 무슬림이 파악하는 단계를 열거한다. 먼저 쿠란과 샤리아의 명을 준수하는 것으로 시작해서 신앙심에 따른 자발적인 행위로 나아간다.

나를 섬기는 자는 내가 그에게 명한 것보다 내게 더 귀한 무엇으로도 내게 다가오지 못한다. 나를 섬기는 자는 내가 그를 사랑할 때까지 내가 명한 것 이상을 행함으로써 내게 계속 다가온다. 내가 그를 사랑할 때 나는 그가 듣는 귀, 그가 보는 눈, 그가 잡는 손, 그가 걷는 발이 된다.[36]

유대교와 기독교에서처럼 초월적 신은 여기 지상에서 마주치는 내재적 존재이기도 하다. 무슬림은 두 오래된 종교가 발견한 것과 유사한 방법으로 신의 임재에 대한 감각을 키울 수 있었다.

타크와(Taqwa) 이슬람교에서 유일신 알라의 존재를 의식하고 무슬림으로서 의무를 다하는 마음 상태 또는 경건한 신앙생활을 가리키는 말이다.

이런 종류의 신앙심—무함마드를 모방하는 데 바탕을 둔—을 고취한 무슬림은 일반적으로 '전통주의자'로 알려져 있다. 전통주의자들은 강력한 평등주의 윤리를 주장해 보통 사람들에게 관심을 끌었다. 그들은 우마이야 왕조나 압바스 왕조의 궁정 사치에 반대했지만 시아파의 혁명적 전술에는 찬성하지 않았다. 그들은 칼리파에게 특별한 영적 특질이 필요하다고 믿지 않았다. 칼리파는 그저 통치자이기 때문이다. 그렇지만 그들은 쿠란과 순나의 신성한 본질을 강조함으로써 무슬림 각자에게 신과 직접 접촉할 수 있는 수단을 제공했는데, 신은 잠재적으로 전복적이고 절대 권력에 매우 비판적이었다. 중재자의 역할을 할 사제 계급은 필요 없었다. 각 무슬림은 신 앞에서 자기 자신의 운명에 책임을 져야 했다.

특히 전통주의자들은 쿠란이 토라나 로고스처럼 어떤 방식으로든 신 자체에 속하는 영원한 실재라고 가르쳤다. 그것은 태초 이전부터 신의 마음속에 있었다. 창조되지 않은 쿠란에 관한 교리는 곧 쿠란을 암송할 때 무슬림이 보이지 않는 신을 직접 들을 수 있다는 뜻이었다. 쿠란은 무슬림 가운데 임재한 신을 나타냈다. 그들이 성스러운 말씀을 암송할 때 그들의 입술을 통해 신이 말하고, 그들이 거룩한 책을 쥐었을 때 마치 신 자체를 만지는 것 같았다. 초기 기독교인들도 인간 예수에 대해 비슷한 방식으로 생각했다.

우리는 생명의 말씀에 관해서 말하려고 합니다.
그 말씀은 천지가 창조되기 전부터 계셨습니다.
우리는 그 말씀을 듣고
눈으로 보고

실제로 목격하고

손으로 만져보았습니다.[37]

'말씀'이신 예수의 정확한 지위는 기독교인에게 큰 영향을 끼쳤다. 이제 무슬림은 쿠란의 본질에 대해 논쟁을 시작하게 된다. 이 아랍어 글을 어떤 뜻으로 정말 신의 말씀이라고 하는가? 일부 무슬림은 마치 예수가 육화된 로고스라는 생각에 분개한 기독교인들처럼 쿠란의 격상을 불경스럽게 여겼다.

그러나 시아파는 기독교의 성육신 교리와 훨씬 더 가까워 보이는 사상을 점점 발전시켜 나갔다. 후사인의 비극적인 죽음 이후 시아파는 후사인의 아버지 알리 이븐 아비 탈리브의 후손만이 움마를 이끌어야 한다고 확신했고 이슬람교 내에서 독특한 종파가 되었다. 무함마드의 사촌이자 사위인 알리는 무함마드와 이중 혈연관계를 맺었다. '예언자'의 아들들은 유아기를 넘겨 살아남지 못했기에 알리는 그의 주된 남성 혈육이었다. 쿠란에서 예언자들은 종종 신에게 그들의 후손을 축복해 달라고 기도한다. 시아파는 이 신성한 축복의 개념을 확장해서 알리의 집안을 통해 무함마드의 가족 구성원만이 신에 대한 진정한 앎(일름)을 지닌다고 믿게 되었다. 그들만이 움마를 신성하게 이끌 수 있었다. 만일 알리의 후손이 권력을 잡으면 무슬림은 정의의 황금기를 기대할 수 있고 움마는 신의 뜻에 따라 인도될 것이었다.

알리라는 인물에 대한 열의는 다소 놀라운 방식으로 발전하게 된다. 일부 급진적인 시아파 집단은 알리와 그의 후손을 무함마드보다 더 격상해 신에 가까운 지위를 부여했다. 이것은 신의 영광을 한 세대에서 다른 세대로 전하는, 신이 내린 선택받은 가족이라는 페르시아의 전통을 끌어온 것이었다. 우마이야 왕조 말기에 이르면 일부 시아파는 알리의 후손 중 특정한 한 계보만 권위 있는 일름을 유지할 수 있다고 믿게 되었다. 무슬림은 이 가문에서 움마의 진정한 이맘(지도자)으로서 신이 정한 인물을 찾아야만 했다. 그가 권력이 있든 없든 그의 지도가 절대적으로 필요하기 때문에 모든 무슬림은 그를 찾고 그를 이맘으로 받들 의무가 있었다. 이 이맘들이 불만 세력의 중심으로 보였기에 칼리파들은 그들을 국가의 적으로 간주했다. 시아파의 전승에 따르면 몇몇 이맘은 독살당했고 또 몇몇은 숨어 지내기도 했다. 각 이맘은 죽음에 이르러 친족 중에서 일름을 물려받을 한 명을 선택했다. 점차 이맘들은 신의 화신으로 숭배받게 되었다. 각 이맘은 이 땅에 신의 임재를 나타내는 증거였고, 어떤 신비적 의미에서는 신을 인간으로 육화하는 것이었다. 그의 말, 결정, 명령은 신의 것이었다. 기독교인이 예수를 신에게로 이끄는 길이자 진리이자 빛으로 여긴 것처럼, 시아파는 이맘을 신에게 이르는 입구이자 길이자 각 세대의 인도자로 숭배했다.

전통주의와 합리주의의 중도, 아슈아리파

시아파의 다양한 분파는 신성한 계승을 다르게 추적했다. 예를 들어 '12이맘파'는 알리의 열두 후손을 숭배했는데, 939년 마지막 이맘이 숨어 있다가 인간 사회에서 사라졌으며 그는 후손이 없었기에 계보가 끊어졌다고 믿었다. '7이맘파'로 알려진 '이스마일파'는 7대 이맘이 마지막이라고 믿었다. 그런데 12이맘파 사이에서 12대 이맘 곧 '숨은 이맘'이 돌아와 황금시대를 열 것이라고 믿는 메시아적 경향이 나타났다. 분명 위험한 생각이었다. 정치적으로 전복적일 뿐 아니라 거칠고 단순한 방식으로 해석되기 쉬웠기 때문이다. 더 극단적인 시아파는 다음 장에서 살펴보겠지만 쿠란의 상징적 해석을 근거로 삼아 비전적 전통을 발전시켰다. 그들의 신앙심은 대부분의 무슬림 — 그들은 이 성육신 개념을 불경하다고 여겼다 — 에게 너무 추상적이었고, 그래서 시아파는 대개 귀족 계급이나 지식층에서 볼 수 있었다. 이란 혁명 이후 서구에서는 시아파를 본질적 근본주의자로 그리는 경향이 있지만, 이는 부정확한 평가다. 시아파는 지적으로 수준 높은 전통이 되었다. 사실 시아파는 쿠란에 합리주의적 전통을 체계적으로 적용하려는 무슬림과 공통점이 많았다. '무타질라파'로 알려진 이 합리주의자들은 자신들만의 독특한 집단을 형성했으며 정치적 신념도 확고했다. 시아파와 마찬가지로 무타질라파는 궁정의 사치에 매우 비판적이었고 체제에 반대하는 정치적 활동도 자주 벌였다.

정치적 문제는 인간사를 다스리는 신의 통치에 대한 신학적 논쟁을 불러일으켰다. 우마이야 왕조의 지지자들은 자신들의 비이슬람적 행위가 신에 의해 예정된 것이기에 자신들의 잘못이 아니라고 다소 솔직하지 못하게 주장했다. 쿠란에는 신의 절대적인 전능과 전지에 대한 강력한 신념이 담겨 있으며, 많은 텍스트가 이러한 예정론을 뒷받침하는 데 사용될 수 있다. 그러나 쿠란은 인간의 책임도 똑같이 강조한다. "실로 하느님께서는 사람들이 저들의 마음속에 있는 것을 바꾸기 전에는 저들의 상태를 변화시키지 아니하시니라."(쿠란 13:11) 따라서 체제 비판자들은 인간의 자유의지와 도덕적 책임을 강조했다. 무타질라파는 극단적인 입장에서 물러나 중도를 택했다. 그들은 인간의 윤리적 본성을 지키기 위해 자유의지를 옹호했다. 신이 옳고 그름에 대한 인간의 단순한 생각을 뛰어넘는다고 믿는 무슬림들은 신의 정의를 비난했다. 단지 신이라는 이유만으로 모든 온당한 원칙을 어기고 빠져 나간다면 폭압적인 칼리파와 다를 바 없는 괴물일 것이기 때문이었다. 시아파와 마찬가지로 무타질라파는 정의가 신의 본질에 속한다고 선언했다. 신은 누구에게도 해를 끼칠 수 없고, 인간 이성에 반하는 어떤 것도 명할 수 없다.

이 점에서 무타질라파는 전통주의자와 충돌했다. 전통주의자들은 무타질라파가 인간을 자기 운명의 저자이자 창조자로 만들어 신의 전능을 모욕했다고 주장했다. 그들은 무타질라파가 신을 너무 합리적이고 너무 인간처럼 만들었다고 불평했다. 전통주의자들은 신의 본질적 불가해성을 강조하기 위해 예정론의 교리를 채택했다. 만일 우리가 신을 이해한다고 주장한다면, 그는 신이 될 수 없으며 단지 인간의 투영일 뿐이다. 신은 선과 악에 대한 인간의 관념을 초월하며 인간의 기준과 기대에 얽매이지 않는다. 어떤 행위가 악하거나 부당한 것은 신이 그렇게 결정했기 때문이지 그러한 인간적 가치들에 신을 구속하는 초월적 측면이 있기 때문은 아니다. 그러므로 무타질라파가 순전히 인간의 이상인 정의가 신의 본질에 속한다고 말한 것은 잘못이었다. 기독교인들에게도 영향을 끼친 예정론과 자유의지 문제는 인격신 개념의 곤혹스러운 측면을 보여준다. 브라흐만 같은 비인격신은 '선'과 '악' 너머에 존재한다고 쉽게 말할 수 있는데, 이때 '선'과 '악'은 헤아릴 수 없는 신성의 가면으로 여겨진다. 그러나 어떤 신비한 방식으로 인격체인 신 그리고 인류 역사에 적극적으로 개입하는 신은 비판의 대상이 될 수 있다. 이 같은 '신'을 터무니없는 폭군이나 심판자로 만들거나 인간의 기대를 충족하는 존재로 만들기란 너무도 쉬운 일이다. 우리는 각자 개인적인 견해에 따라 '신'을 토리당원이나 사회주의자, 인종차별주의자, 혁명가로 만들 수 있다. 이런 일이 일어날 위험 때문에 어떤 사람들은 인격신을 비종교적인 생각으로 여긴다. 인격신 개념이 우리를 우리 자신의 편견에 깊이 빠뜨리고 인간의 생각을 절대적인 것으로 만들 수 있기 때문이다.

이런 위험을 피하기 위해 전통주의자들은 유대인과 기독교인처럼 신의 본질과 신의 활동을 구분했다. 그들은 초월적인 신이 세상과 관계 맺을 수 있게 해주는 일부 속성—쿠란에 나오는 신의 속성으로는 힘, 앎, 의지, 듣기, 보기, 말하기가 있다—이 영원 전부터 창조되지 않은 쿠란과 같은 방식으로 신과 함께 존재했다고 주장했다. 그것들은 인간의 이해를 벗어나 우리가 알 수 없는 신의 본질과 구별된다. 유대인이 신의 지혜나 토라가 태초부터 신과 함께 존재했다고 상상했듯이, 무슬림은 신의 특성을 설명하고 신이 인간 정신에 완전히 포함될 수 없음을 상기시키는 비슷한 개념을 발전시키고 있었다. 칼리파 알-마문(813~833 재위)이 무타질라파 편에서 그들의 사상을 이슬람 교리로 만들려 하지 않았다면, 이 난해한 주장은 아마도 소수에게만 영향을 끼쳤을 것이다. 그러나 칼리파가 무타질리파의 믿음을 강요하기 위해 전통주의자들을 고문하기 시작하자 보통 사람들은 이 비이슬람적 행위에 두려움을 느꼈다. 알-마문의 심문에서 가까스로 죽음을 모면한 전통주의자 아흐마드 이븐 한발(780~855)은 대중의 영웅이 되었다. 그는 고결함과 카리스마—자신을 고문한 사람들을 위해 기도할 정도였다—로 칼리파 국가에 도전했고, 창조되지 않은 쿠란에 대한 그의 믿음은 무타질라파의 합리주의에 대항하는 대중적 반란의 모토가 되었다.

이븐 한발은 신에 대한 모든 종류의 합리주의적 논의를 거부했다. 온건한 무타질라파 알-후아얀 알-카라비시(859년 사망)가 제시한 타협 안―신의 말씀으로 간주되는 쿠란은 참으로 창조되지 않은 것이지만 그것이 인간의 말로 옮겨졌을 때 피조물이 되었다―도 비판했다. 알-카라비시는 자신의 견해를 기꺼이 다시 수정할 준비가 되어 있었다. 그는 아랍어로 쓰이고 암송되는 쿠란은 신의 영원한 말씀과 함께하는 한 창조되지 않은 것이라고 선언했다. 그러나 이븐 한발은 이러한 합리주의적 방법으로 쿠란의 기원에 관해 추론하는 것은 무익하고 위험하기에 역시 적법하지 않다고 말했다. 이성은 말로 표현할 수 없는 신을 탐구하는 데 적절한 도구가 아니었다. 이븐 한발은 무타질라파가 신에게서 모든 신비를 없애 신을 종교적 가치가 없는 추상적 공식으로 만들었다고 비난했다. 그는 쿠란이 세상에서의 신의 활동을 묘사하기 위해 신인동형의 용어를 사용할 때, 즉 신이 '말한다' '본다' '보좌에 앉아 있다' 라고 말할 때, '의문 없이(발리 카이파)' 문자 그대로 해석되어야 한다고 주장했다. 이븐 한발은 합리주의적 이단자들에 맞서 성육신 교리에 대한 극단적인 해석을 주장한 아타나시우스 같은 급진적인 기독교인과 비교될 수 있다. 이븐 한발은 모든 논리와 개념적 분석을 넘어서는 신의 본질적인 형언 불가능성을 강조했다.

그러나 쿠란은 지성과 이해의 중요성을 끊임없이 강조하므로 이븐 한발의 입장은 다소 너무 단순하다고 할 수 있다. 많은 무슬림은 이를 비뚤어지고 몽매적인 견해로 여겼다. 아부 알-하산 이븐 이스마일 알-아슈아리(878~941)가 타협안을 찾았다. 그는 무타질라파였는데 '예언자'가 나타나 하디스를 공부하라고 촉구하는 꿈을 꾸고 전통주의자로 회심했다. 알-아슈아리는 다른 극단으로 나아갔는데, 열렬한 전통주의자가 되어 무타질라파를 이슬람의 재앙이라고 설교했다. 그러고 나서 그는 또 다른 꿈을 꾸었다. 꿈속에서 무함마드가 다소 화가 난 얼굴로 그에게 말했다. "나는 네게 진정한 하디스를 수호하라고 말했지 합리주의적 논증을 포기하라고 말하지 않았다."[38] 이후로 알-아슈아리는 이븐 한발의 불가지론적 정신을 고취하기 위해 무타질라파의 합리주의적 기법을 사용했다. 무타질라파는 신의 계시가 불합리할 수 없다고 주장한 데 반해, 알-아슈아리는 이성과 논리를 사용해 신은 우리의 이해를 넘어서 있음을 보여줬다. 무타질라파는 신을 논리 정연하나 무미건조한 개념으로 축소할 위험이 있었다. 그러나 알-아슈아리는 쿠란의 모순되나 생명력 가득한 신으로 돌아가기를 원했다. 실제로 그는 디오니시우스 아레오파기타(위-디오니시우스)처럼 역설이 신에 대한 우리의 인식을 고양한다고 믿었다. 그는 신을 인간이 고안한 다른 개념처럼 논의되고 분석될 수 있는 개념으로 격하하는 것을 거부했다. 앎, 힘, 생명 같은 신성한 속성은 실재했고 영원 전부터 신에게 속한 것이었다. 그러나 그것들은 신의 본질과 구별되었는데, 신은 본질적으로 하나이고 단순하고 고유하기 때문이다. 신은 단순함 그 자체였기에 복잡한 존재로 간주될 수 없었다. 우리는 신의 다양한 특성을 정의하거나 더 작은 부분으로 나누어 분석할 수 없다. 알-아슈아리는 이 역설을 해결하려는 어떤 시도도 거부했다. 쿠란에서 '보좌에 앉아 있다'고 말할 때 순수한 영이 '앉아 있다'고 생각하는 것은 우리의 이해를 넘어서는 것이지만 우리는 이를 사실로 받아들여야 한다고 그는 주장했다.

알-아슈아리는 의도적인 몽매주의와 극단적인 합리주의 사이에서 중도를 찾고자 노력했다. 그렇지만 일부 문자주의자들은 쿠란에서 말하는 것처럼 축복받은 자가 천국에 가서 신을 '보려면' 신이 외형을 갖취야 한다고 주장했다. 히샴 이븐 하킴은 이렇게 말했다.

알라는 뚜렷하고 넓고 높고 길고 치수가 동일한 몸을 가지고 있다. 그의 몸은 빛을 발하고, 거대한 입체이며, 장소 너머의 장소에 있고, 마치 순금바처럼 사방이 둥근 진주같이 빛나고 색, 맛, 냄새, 촉감을 지닌다.[39]

일부 시아파는 이맘이 육화된 신이라고 믿었기에 이러한 견해를 받아들였다. 무타질라파는 쿠란에서 가령 신의 '손'에 대해 말할 때 이는 신의 관대함과 후함을 가리키는 것으로 비유적으로 해석해야 한다고 주장했다. 알-아슈아리는 쿠란이 상징적인 언어를 통해서만 신에 대해 이야기할 수 있다고 주장했음을 지적하며 문자주의자들에 반대했다. 또한 그는 전통주의자들의 이성에 대한 전면적인 거부도 반대했다. 그는 무함마드가 이러한 문제들에 직면했다면 무슬림에게 지침을 제공했을 것이라고 주장했다. 그런데 그렇지 않았기에 모든 무슬림은 진정으로 종교적인 신의 개념을 유지하기 위해 유비(키야스) 같은 해석적 도구를 사용할 의무가 있었다.

알-아슈아리는 계속해서 타협적인 입장을 취했다. 그는 쿠란이 영원하고 창조되지 않은 신의 말씀이지만, 이 성스러운 텍스트의 잉크, 종이, 아랍어 단어들은 창조되었다고 주장했다. 그는 신만이 인간 행위의 '창조자'일 수 있기에 무타질라파가 주장한 자유의지론을 비판했지만, 한편으로 인간이 자기 구원을 위해 할 수 있는 일이 전혀 없다는 전통주의자의 견해에도 반대했다. 그가 내놓은 해법은 다소 복잡했다. 즉 신은 행위를 창조했지만 인간이 그 행위에 관한 명예나 불명예를 얻도록 허락한다는 것이었다. 그러나 이븐 한발과 달리 알-아슈아리는 궁극적으로 우리가 신이라고 부르는 신비하고 형언할 수 없는 실재를 깔끔하고 합리주의적인 체계에 담으려는 시도는 옳지 않다고 결론 내리면서도 이러한 형이상학적 문제들에 질문을 던지고 탐구하려는 준비가 되어 있었다. 알-아슈아리는 보통 '신학'으로 번역되는 칼람(문자 그대로는 '말' 또는 '연설')이라는 무슬림 전통을 창시했다. 10세기와 11세기에 그의 계승자들은 칼람의 방법론을 다듬고 그의 사상을 발전시켰다. 초기 아슈아리파는 신의 주권에 대한 타당한 논의를 위한 형이상학적인 틀을 세우고자 했다. 아슈아리파의 첫 번째 주요 신학자는 아부 바크르 알-바킬라니(1013년 사망)였다. 그는 〈알-타우히드〉(유일성)라는 논문에서 인간이 합리적 논증을 통해 신 존재를 증명할 수 있다는 무타질라파의 견해에 동의했다. 사실 쿠란 자체는 아브라함이 자연 세계를 체계적으로 명상하면서 영원한 창조자를 발견하는 것을 보여준다. 그러나 알-바킬라니는 선과 악은 자연적 범주가 아니라 신의 명에 따른 것이기에 인간은 계시 없이는 선과 악을 구별할 수 없다고 보았다. 알라는 옳고 그름에 대한 인간의 관념에 얽매이지 않는다.

알-바킬라니는 무슬림 신앙 고백의 형이상학적 근거를 찾기 위한 시도로 '원자론' 또는 '기회원인론'으로 알려진 이론을 발전시켰는데, 이는 알라 외에는 신도, 실재도, 확실성도 없다는 것이었다. 그는 세상 모든 것이 신의 직접적인 관심에 절대적으로 의존한다고 주장했다. 우주 전체가 근본적으로 무수히 많은 개별 원자로 축소되었다. 시간과 공간은 불연속적이고 고유의 정체성을 지닌 것은 아무것도 없었다. 아타나시우스가 그랬듯이 알-바킬라니는 경이로운 우주를 급진적으로 '무(無)'로 축소했다. 신만이 참된 실재이고 우리를 무에서 구원할 수 있었다. 신은 우주를 지탱했고 매 순간 창조했다. 우주의 존속을 설명하는 자연법칙은 없었다. 다른 무슬림들은 과학에 몰두해 큰 성공을 거두었지만, 아슈아리파는 근본적으로 자연과학에 적대적이었다. 그들의 신학 이론은 일상생활의 모든 사소한 부분에서도 신의 임재를 설명하려는 철학적 시도이자 신앙이 보통의 논리에 의존하지 않음을 상기시켜주는 것이었다. 만일 이 이론이 실재에 대한 사실적 설명보다 규율로 쓰인다면 무슬림이 쿠란에 규정된 신-의식을 계발하는 데 도움이 될 수 있었다. 그러나 이 이론의 약점은 반대되는 과학적 증거를 배제하는 것, 그리고 본질적으로 파악하기 어려운 종교적 태도를 지나치게 문자적으로 해석한다는 데 있었다. 이는 무슬림이 신을 보는 방식과 다른 문제를 보는 방식 사이에 혼란을 초래할 수 있었다. 무타질라파와 아슈아리파는 모두 각기 다른 방식이지만 신에 대한 종교적 경험을 일상의 합리적 사고와 연결하려고 시도했다. 이것은 중요했다. 무슬림은 우리가 다른 문제를 논하는 것처럼 신에 관해 말하는 것이 가능한지 파악하기 위해 노력했다. 우리가 살펴보았듯 동방 기독교인들은 결국 그것이 불가능하며 침묵만이 신학의 적절한 형태라고 결론 내렸다. 궁극적으로 대부분의 무슬림도 같은 결론에 도달하게 된다.

무함마드와 그의 동료들은 알-바킬라니보다 훨씬 더 원시적인 사회에 살았다. 이슬람 제국은 문명화된 세계로 뻗어 나갔고, 무슬림은 신과 세상을 지적으로 더 정교하게 보는 방식과 마주해야 했다. 무함마드는 본능적으로 옛 히브리인들과 신의 만남에서 많은 것을 되살렸고, 후세 역시 기독교가 마주했던 몇몇 문제들을 겪으며 살아야 했다. 쿠란이 기독교의 그리스도 신화(神化)를 비판했는데도 어떤 무슬림들은 성육신 신학에 의지하기도 했다. 이슬람의 모험은 초월적이지만 인격적인 신의 개념이 유대교, 기독교가 겪은 것과 동일한 종류의 문제를 제기하고 같은 유형의 해법으로 이어지는 경향을 보여준다.

칼람의 실험은 합리적인 방법을 사용해 '신'은 합리적으로 이해할 수 없음을 밝히는 것이 가능하더라도 일부 무슬림을 불안하게 만들 수 있음을 보여줬다. 칼람은 서방 기독교의 신학만큼 중요해지지는 않는다. 무타질라파를 지지한 압바스 칼리파들은 자신들이 '받아들이지' 않은 교리를 신앙인들에게 강요할 수 없음을 알았다. 합리주의는 중세 시대 내내 미래의 사상가들에게 계속 영향을 끼쳤지만 여전히 소수만 추구했고 대다수 무슬림은 그 전체 기획을 불신하게 되었다. 기독교와 유대교와 마찬가지로 이슬람교는 셈족의 경험에서 벗어나 중동의 그리스 문화의 중심부에서 그리스 합리주의와 충돌했다. 어떤 무슬림들은 이슬람의 신에 대해 훨씬 더 급진적인 그리스화를 시도했고, 세 유일신 종교에 새로운 철학적 요소를 도입했다. 유대교, 기독교, 이슬람교 이 세 종교는 철학의 유효성과 철학과 신의 신비의 관련성에 관해 서로 다르지만 매우 의미 있는 결론에 이르게 된다.

6장

철학자의 신

9세기에 아랍인들은 그리스 과학과 철학을 접하게 되었고, 그 결과 유럽식으로 표현하자면 르네상스와 계몽주의가 혼합된 문화적 변영을 이뤄냈다. 그것은 번역가들이—그들 대부분 네스토리우스파 기독교인이었다—그리스어 텍스트를 아랍어로 훌륭하게 옮긴 데서 비롯되었다. 이후 아랍 무슬림은 천문학, 연금술, 의학, 수학을 연구했고, 결과적으로 9세기와 10세기경 압바스 왕조 시대에 이전 어느 시대보다 많은 과학적 발견이 이루어졌다. 이 시기에 '팔사파'라고 불리는 새로운 유형의 무슬림이 등장했다. '팔사파(falsafah)'라는 말은 보통 '철학(philosophy)'으로 번역되지만, 더 광범위하고 풍부한 의미를 지닌다. 18세기 계몽주의 철학자(필로조프*)처럼 파일라수프(Faylasuf, 철학자)는 우주를 지배하고 삼라만상을 통해 드러나는 법칙이 있다고 믿었고 그 법칙에 따라 합리적으로 살기를 원했다. 처음에 그들은 자연과학에 몰두했고, 그 다음에는 필연적으로 그리스 형이상학으로 관심을 돌려 그 원리를 이슬람교에 적용하고자 했다. 그들은 그리스 철학자들의 신이 알라와 같다고 믿었다. 그리스 기독교인들도 그리스 문화에 친밀감

필로조프(philosophe) 18세기 프랑스의 계몽주의 철학자를 가리키는 용어. 대표적으로는 볼테르, 몽테스키외, 루소가 있다.

을 느꼈으나 그리스 철학의 신은 성서의 역설적인 신에 의해 수정되어야 한다는 결론을 내렸다. 결국 그들은 이성과 논리가 신을 탐구하는 데 거의 도움이 되지 않는다고 믿으며 자신들의 철학적 전통에 등을 돌렸다. 그러나 파일라수프는 정반대 결론에 도달했다. 그들은 합리주의 철학이 가장 진보한 형태의 종교를 나타내며, 경전의 계시된 신보다 더 발전한 신 개념을 이끌어낼 수 있다고 믿었다.

오늘날 우리는 자연과학과 철학이 종교와 대립한다고 생각하지만, 파일라수프들은 대체로 독실했고 자신을 '예언자' 무함마드의 충실한 아들로 여겼다. 선한 무슬림으로서 그들은 정치에 대한 의식이 높았고, 궁정의 사치를 경멸했으며, 이성의 명령에 따라 사회를 개혁하고자 했다. 그들의 모험은 중요했다. 그리스 사상이 그들의 과학적, 철학적 연구를 주도하고 있었기에, 그들은 그리스 사상의 합리적이고 객관적인 관점과 자신들의 신앙 사이에서 둘의 연관성을 찾아야 했다. 신을 별개의 지적 범주로 격하하고 신앙을 인간의 다른 관심사로부터 분리하는 것은 가장 건강하지 않은 방법일 수 있다. 파일라수프들은 종교를 폐지하려는 의도는 없었고 원시적이고 편협해 보이는 요소들을 제거해 종교를 정화하고자 했다. 그들은 신의 존재를 의심하지 않았고—실제로 그들은 신 존재를 자명한 것으로 여겼다—알라가 그들의 합리주의적 이상과 양립할 수 있음을 보여주기 위해 이를 논리적으로 증명하는 것이 중요하다고 느꼈다.

그러나 문제가 있었다. 우리는 그리스 철학자들의 신과 계시의 신이 매우 다르다는 것을 보았다. 아리스토텔레스나 플로티노스의 '최고 신'은 시간을 초월하고 무감정했다. 그 신은 세속적인 일들에 신경 쓰지 않았고, 역사에 자신을 드러내지 않았으며, 세상을 창조하지도 않았고, 마지막 날에 심판하지도 않을 것이었다. 실제로 아리스토텔레스는, 유일신 신앙에서 신의 현현으로 보는 역사를 철학보다 열등한 것으로 여겨 무시했다. 우주는 신으로부터 영원히 유출되었기에 시작도 중간도 끝도 없었다. 파일라수프들은 허상에 불과한 역사를 넘어서 신의 변치 않는 이상적 세계를 엿보길 원했다. 그들은 합리성을 강조하면서도 자신들만의 신앙을 필요로 했다. 목적이 있는 질서보다 혼돈과 고통이 더 뚜렷이 보이는 듯한 우주가 실제로 이성의 원리에 지배받고 있다고 믿으려면 큰 용기가 필요했기 때문이다. 그들은 자신들을 둘러싼 세계에서 벌어지는 비참하고 엉망진창인 사건들 속에서 궁극적 의미를 찾는 감각을 길러야 했다. 팔사파에는 객관성과 시간을 초월한 비전을 찾는 고귀함이 있었다. 파일라수프들은 특별한 신의 현시에 국한되거나 특정 시간과 특정 장소에 뿌리를 두지 않는 보편 종교를 원했다. 그들은 쿠란의 계시를 모든 시대 모든 문화의 가장 훌륭하고 고귀한 지성인들이 오랜 세월 발전시켜 온 것보다 훨씬 진보한 언어로 옮기는 것이 자신들의 의무라고 믿었다. 파일라수프들은 신을 신비로 보기보다 이성 그 자체로 믿었다.

완전히 합리적인 우주에 대한 믿음은 지금 우리 눈에는 지나치게 순진해 보인다. 오늘날에는 과학적 발견 덕분에 아리스토텔레스의 신 존재 증명이 부적절하다는 사실이 드러났기 때문이다. 사실 9세기와 10세기에는 누구도 이런 관점을 지닐 수 없었을 것이다. 그러나 팔사파의 경험은 지금 우리가 처한 종교적 곤경에도 적지 않은 시사점을 준다. 압바스 왕조 시대의 과학 혁명은 그 참여자들에게 새로운 정보를 습득하는 것 이상을 가져다주었다. 우리 시대와 마찬가지로 당시에 과학적 발견은 새로운 사고방식을 요구했고, 이는 파일라수프가 세계를 보는 방식을 변화시켰다. 과학은 모든 것을 합리적으로 설명할 수 있다는 근본적인 믿음을 요구한다. 또한 종교적 창조성과 다르지 않은 상상력과 용기를 필요로 한다. 과학자는 예언자나 신비주의자처럼 창조되지 않은 실재의 모호하고 예측할 수 없는 영역에 맞서야 한다. 이는 필연적으로 파일라수프의 신에 대한 인식에 영향을 끼쳤고 그들로 하여금 동시대인들의 오래된 믿음을 수정하고 심지어 버리도록 만들었다. 마찬가지로 우리 시대의 과학적 비전은 많은 사람들로 하여금 고전적 유신론을 믿지 못하게 만들었다. 낡은 신학을 고수하는 것은 용기가 부족함을 보여준다. 파일라수프는 자신들의 새로운 통찰을 주류 이슬람 신앙과 결합하려 했고, 그리스 철학에서 영감을 받아 신에 관한 몇 가지 혁명적인 견해를 내놓았다. 그러나 그들의 합리주의적 신 이해는 궁극적으로 실패했고, 이는 종교적 진리의 본질에 관해 우리에게 중요한 무언가를 말해준다.

팔사파의 창시자,
알-파라비

파일라수프는 이전의 어떤 유일신론자보다 철저하게 그리스 철학과 종교를 합치려고 노력했다. 무타질라파와 아슈아리파도 계시와 자연 이성 사이에 다리를 놓으려고 시도했으나 그들에게는 신의 계시가 우선이었다. 칼람(이슬람 신학)은 역사를 신의 현현으로 보는 전통적인 유일신론에 기반했는데, 구체적이고 특정한 사건들만이 우리에게 확실성을 주기 때문에 중요하다고 주장했다. 사실상 아슈아리파는 보편적 법칙과 시간을 초월하는 원리가 '있다'는 것을 의심했다. 칼람의 원자론은 종교적, 상상적 가치가 있었지만 과학 정신과 맞지 않았고 파일라수프를 만족시킬 수 없었다. 그들의 팔사파(철학)는 역사 곧 구체적이고 특정한 것의 가치를 부정하고 아슈아리파가 거부한 보편 법칙에 대한 경외심을 키웠다. 파일라수프는 다양한 시간에, 다양한 사람에게 나타나는 개별적인 계시가 아니라 논리적 추론을 통해 신을 발견할 수 있다고 생각했다. 객관적이고 일반화된 진리에 대한 추구는 그들의 과학적 연구를 특징짓고 그들이 궁극적인 실재를 경험하는 방식을 규정했다. 모든 사람에게 똑같지 않은 신―불가피하게 문화적 색채가 있을 수는 있으나―은 "삶의 궁극적 의미는 무엇인가?" 같은 근본적인 종교적 질문에 만족스러운 답을 줄 수 없었다. 그런데 쿠란 연구를 통해 무함마드 자신이 보편적 비전을 지녔다는 것과 모든 올바르게 인도된 종교는 신으로부터 나왔다고 주장했음이 밝혀졌다. 파일라수프들은 쿠란을 버려야 할 필요를 조금도 느끼지 않았다. 그 대신 그들은 둘의 관계를 보여주려고 노력했다. 둘 다 신에게로 가는 타당한 길이며 개인의 필요에 맞았다. 그들은 계시와 과학, 합리주의와 신앙 사이에 근본적 모순이 없다고 보았고 자신들이 '예언 철학'이라 부른 것을 발전시켰다. 그것을 통해 파일라수프들은 유사 이래 동일한 신의 실재를 정의하려고 노력해 온 모든 종교의 핵심에 놓인 진리의 정수를 찾고 싶어 했다.

팔사파는 그리스 과학, 형이상학에서 영감을 받았으나 그리스 문화에 맹목적으로 의존한 것은 아니었다. 중동의 여러 거주지에서 그리스인들은 표준 교과 과정을 따르는 경향이 있었다. 그래서 비록 그리스 철학 안에 각기 다른 강조점이 있었지만 각 학생은 특정 순서대로 일련의 텍스트를 읽어야 했다. 그 결과 어느 정도 통일성과 일관성이 생겼다. 그러나 파일라수프들은 이 교과 과정을 따르지 않고 구할 수 있는 대로 텍스트를 읽었다. 이는 필연적으로 새로운 시각을 열어주었다. 그들은 자신들의 고유한 이슬람적, 아랍적 통찰 이외에 페르시아, 인도, 영지주의에서도 영향을 받았다.

쿠란 연구에 합리주의적 방법을 적용한 최초의 무슬림인 야쿠브 이븐 이샤크 알-킨디(870년경 사망)는 무타질라파와 밀접한 관련이 있었으나 몇 가지 주요 쟁점에서 아리스토텔레스에 동의하지 않았다. 그는 바스라에서 교육받았지만 칼리파 알-마문의 후원으로 바그다드에 정착했다. 수학, 과학, 철학을 비롯해 그가 남긴 학문적 업적과 영향력은 엄청나다. 그러나 그의 주요 관심사는 종교였다. 무타질라파의 영향으로 그는 철학을 계시의 시녀로만 여겼다. 그는 예언자들의 영감받은 지식이 철학자들의 한낱 인간적 통찰을 초월한다고 보았다. 후대에 대부분의 파일라수프들은 이러한 관점을 받아들이지 않게 된다. 한편 알-킨디는 다른 종교 전통에서도 진리를 찾고 싶어 했다. 진리는 하나이고, 수 세기 동안 문화적으로나 언어적으로 어떻게 표현되었든지 간에 진리를 찾아내는 것이 철학자의 사명이었다.

우리는 진리가 어디서 왔든 설령 이전 시대나 이방 민족에 의해 우리에게 전해졌더라도 진리를 받아들이고 흡수하는 데 부끄러워해서는 안 된다. 진리를 추구하는 자에게 진리 그 자체보다 더 높은 가치는 없기 때문이다. 진리는 그것에 도달한 사람을 결코 깎아내리거나 천하게 만들지 않고 반드시 고귀하게 하고 명예롭게 만든다.[1]

여기서 알-킨디는 쿠란과 일치했다. 그러나 그는 예언자들에게 국한하지 않고 그리스 철학자들에게도 눈을 돌려 여기서 더 나아갔다. 그는 아리스토텔레스의 '원동자(原動子, Prime Mover)' 존재 증명을 사용해 합리적인 세계에서는 모든 것에 원인이 있다고 주장했다. 공을 굴리기 시작하려면 '부동의 동자'가 반드시 필요했다. 이 제일원인은 변하지 않고 완전하고 파괴할 수 없는 존재 그 자체였다. 그러나 이러한 결론에 도달하고서 알-킨디는 '무(無)로부터 창조'라는 쿠란의 교리를 고수함으로써 아리스토텔레스에게서 벗어났다. 알-킨디는 모든 움직임은 무로부터 무언가를 이루어내는 신 고유의 특권이자 능력이라고 주장했다. 그의 주장에 따르면, 신은 참된 행위의 유일한 주체이며 세계 내 모든 존재와 행위의 궁극적 원인이었다.

팔사파는 '무로부터 창조'를 거부했으므로 알-킨디를 진정한 파일라수프라고 부를 수는 없다. 그러나 그는 종교적 진리와 체계적인 형이상학을 조화시키려 한 이슬람적 시도의 선구자였다. 그의 후계자들은 더 급진적이었다. 이슬람 역사상 최고의 비순응주의자로 알려진 아부 무함마드 이븐 자카리야 알-라지(930년경 사망)는 아리스토텔레스의 형이상학을 거부했고, 영지주의자들처럼 창조를 데미우르고스의 작업으로 보았다. 물질은 전적으로 영적인 신으로부터 나올 수 없다는 것이다. 그는 또 쿠란의 계시와 예언의 교리뿐 아니라 원동자에 관한 아리스토텔레스주의자들의 해결책도 거부했다. 오직 이성과 철학만이 인간을 구할 수 있었다. 알-라지는 사실 유일신론자가 아니었으며, 아마도 신 개념과 과학적 관점이 양립할 수 없다고 여긴 아랍 최초의 자유사상가였다. 오늘날 이란의 라이에서 태어난 알-라지는 고향에서 다년간 의술을 펼친 뛰어난 의사이자 의학자였으며 친절하고 관대한 사람이었다. 대부분의 파일라수프는 합리주의를 그처럼 극단적으로 받아들이지 않았다. 그는 한 보수적인 무슬림과 벌인 논쟁에서 진정한 파일라수프는 전통에 의존할 수 없고 이성만이 우리를 진리로 이끌 수 있기에 스스로 생각해야 한다고 주장했다. 그의 주장에 따르면, 계시된 교리에 의존하는 것은 쓸모없는 일이었다. 같은 교리에 대해 모든 종교가 동의하지는 않기 때문이다. 어느 것이 옳은지 누가 알 수 있겠는가? 그러자 상대방 ― 다소 혼란스럽게도 이 보수적인 무슬림도 알-라지[2]라고 불린다 ― 은 다음과 같이 지적한다. 그렇다면 보통 사람들은 어떻게 해야 하는가? 대다수는 철학적 사고와 거리가 먼데, 그러면 그들은 길을 잃고 오류와 혼란에 빠질 수밖에 없는 운명이란 말인가? 여기서 짐작할 수 있듯이, 팔사파는 이슬람 내에서 소수 엘리트의 전유물에 머물렀다. 팔사파는 일정 수준 이상의 지적 능력을 지닌 사람들에게만 매력적일 수밖에 없었고, 따라서 무슬림 사회를 특징짓기 시작한 평등주의 정신에 어긋났다.

튀르크계 파일라수프 아부 나즈르 알-파라비(980년 사망)는 철학적 합리주의를 다룰 능력이 없는, 교육받지 못한 대중의 문제를 다루었다. 진정한 팔사파의 창시자라고 할 수 있는 알-파라비는 이슬람교의 이상이 지닌 매력적인 보편성을 보여주었다. 그는 우리가 '르네상스적 교양인'이라고 부를 만한 사람이었다. 그는 의사였을 뿐 아니라 음악가이자 신비주의자였다. 또한 그는 《이상도시론(理想都市論)》이라는 책에서 이슬람 영성의 핵심인 사회적, 정치적 관심을 보여주었다. 플라톤은 《국가》에서 합리적 원칙에 따라 통치하고 그러한 원칙을 보통 사람들에게 전달할 수 있는 철학자가 사회를 이끌 때 좋은 사회가 가능하다고 주장했다. 알-파라비는 '예언자' 무함마드가 플라톤이 그렸던 바로 그런 통치자라고 주장했다. 무함마드는 시간을 초월한 진리를 보통 사람들이 이해할 수 있는 상상의 형태로 표현했고, 그런 점에서 이슬람교는 플라톤의 이상 사회를 건설하기에 적합했다. 나아가 이슬람교의 여러 형태 중에 현명한 이맘을 숭배하는 시아파야말로 그러한 이상 사회를 이루기에 가장 적합한 것처럼 보였다. 알-파라비는 실천적 수피였지만 계시를 전적으로 자연적 과정으로 보았다. 그의 신은 계시를 담은 전통적 교리가 암시하는 바와 달랐고 오히려 그리스 철학자들의 신과 유사했다. 그 신은 인간의 관심사로부터 멀리 떨어져 있으며 인간에게 직접 말을 하거나 세속의 일에 개입할 수 없었다. 그렇다고 해서 신이 알-파라비의 주요 관심사에서 멀어진 것은 아니었다. 신은 그의 철학의 중심이었고 그의 글은 신에 대한 논의로 시작되었다. 하지만 그의 신은 아리스토텔레스와 플로티노스의 신, 모든 존재의 근원으로서 신이었다. 디오니시우스 아레오파기타(위-디오니시우스)의 신비주의 철학을 주입받은 그리스 기독교인이라면, 신을 그저 하나의 존재로 ─신이 우월한 본성을 지니고 있는데도─ 만드는 이론에 반대했을 것이다. 그러나 알-파라비는 아리스토텔레스 철학에 심취해 있었다. 그는 신이 '갑자기' 세계를 창조하기로 결심했다는 것을 믿지 않았다. 이는 영원하고 정적인 신을 부적절한 변화 속으로 끌어들이는 것이었기 때문이다.

그리스인들처럼 알-파라비는 '일자(一者)'로부터 열 가지 연속적인 유출물 또는 '지성체(예지체)'로 나아가는 존재의 사슬을 보았는데, 각 지성체는 프톨레마이오스의 천구(天球)를 하나씩 생성했다. 바깥 하늘 그리고 항성, 토성, 목성, 화성, 태양, 금성, 수성, 달의 영역. (그리고 마지막 지성체는 달 밑의 세계를 관장하는 '능동 지성체'이다.) 달의 천구 아래에 있는 우리 자신의 세계에 도착하면, 우리는 반대 방향으로 나아가는, 즉 무생물에서 시작해 식물과 동물을 거쳐 인간—인간의 영혼과 지성은 신성한 '이성'에 참여하지만 몸은 땅으로부터 온다—에서 정점에 이르는 존재의 위계를 알게 된다. 플라톤과 플로티노스가 설명한 정화의 과정을 통해 인간은 지상의 속박을 벗어던지고 본향인 신에게 돌아갈 수 있다.

실재에 대한 쿠란의 비전과는 분명한 차이가 있었지만, 알-파라비는 예언자들이 사람들에게 호소하기 위해 시적이고 비유적으로 표현한 진리를 이해하는 데 철학이 우월한 방법이라고 여겼다. 팔사파는 모든 사람을 위한 것은 아니었다. 그러나 10세기 중반에 이르러 비전적(秘傳的) 요소가 이슬람교에 들어오기 시작했고, 팔사파는 그러한 비전적 훈련의 하나였다. 수피즘(이슬람 신비주의)과 시아파도 '신성한 법'과 쿠란만 고집하는 울라마(이슬람 성직자)와 다르게 이슬람교를 해석했다. 다시 말하지만 파일라수프, 수피, 시아파 모두 자신들의 교리를 은밀히 간직한 것은 대중을 배제하기 위함이 아니라 자신들의 비전이 오해받을 수 있다고 우려했기 때문이었다. 사실 팔사파의 공리, 수피의 신화, 시아파의 이맘론을 문자적으로 해석하거나 지나치게 단순화하는 것은 궁극적 진리에 대한 상징적·합리주의적·상상적 접근이 가능한 능력이나 기질을 갖추지 못한 사람, 이를 위해 훈련받은 적이 없는 사람들을 혼란에 빠뜨릴 수 있었다. 이러한 비전적 앎을 위해 입문자들은 어려운 개념들을 받아들일 수 있도록 정신과 마음의 특별한 훈련을 통해 신중하게 준비해야 했다. 우리는 동방 기독교인들이 '도그마'와 '케리그마'를 구분하면서 비슷한 개념을 발전시켰음을 보았다. 서방 기독교는 비전적 전통을 발전시키지 않았고 모든 사람에게 동일하게 적용될 케리그마적 해석을 고수했다. 서방 기독교인들은 소위 일탈

자들을 은둔하도록 내버려두지 않고 박해했으며 비순응주의자들을 제거하려 했다. 그러나 이슬람 세계에서 비전적 사상가들은 보통 제명대로 살다 죽을 수 있었다.

알-파라비의 유출론은 파일라수프들에게 널리 받아들여졌다. 앞으로 보겠지만 신비주의자들도 무로부터 창조보다는 유출론에 더 동조했다. 철학과 이성을 종교와 적대적인 것으로 보지 않고 더 상상적인 형태의 종교를 추구한 무슬림 수피와 유대 카발리스트는 종종 파일라수프의 통찰에서 영감을 받았다. 이는 시아파에서 특히 두드러졌다. 시아파는 비록 이슬람교의 소수파로 머물렀으나 10세기는 시아파의 세기로 알려져 있다. 당시에 그들이 제국 전역에서 지도적인 정치적 지위를 확립하는 데 성공했기 때문이다. 그들의 가장 성공적인 모험은 바그다드의 수니파 칼리파 국가에 대항해 909년 튀니스에 시아파 칼리파 국가를 세운 것이다. '파티마 왕조'* 또는 '7이맘파'—열두 이맘의 권력을 인정하는 다수의 '12이맘파'와 구별하기 위한 것이다—로 알려진 시아파의 분파 이스마일파가 세운 업적이었다. 이스마일파는 765년 6대 이맘 자파르 알-사디크가 죽은 후 12이맘파에서 갈라져 만들어졌다. 자파르는 장남 이스마일을 후계자로 지명했으나 그는 요절했고 12이맘파는 자파르의 동생 무사의 권력을 인정했다. 그러나 이스마일파는 이스마일에게 계속 충실했으며 그와 함께 계보가 끝났다고 믿었다. 어쨌든 북아프리카의 칼리파 국가는 대단히 강력해졌는데, 973년에 수도를 오늘날의 카이로인 알-카히라로 옮기고 거대한 모스

---

* 파티마는 무함마드와 첫째 부인 카디자의 딸인데, 4대 칼리파 알리와 결혼했고 비극적으로 죽은 후사인을 낳았다. 파티마 왕조는 파티마와 알리의 대를 잇는 '예언자'의 후손이라는 정체성을 내세웠으며 이스마일파를 국교로 삼았다.

크 알-아즈하르를 세웠다.

이맘에 대한 숭상은 단순히 정치적 열망에 따른 것만은 아니었다. 앞서 살펴보았듯이 시아파는 이맘이 이 땅에서 신의 임재를 신비한 방식으로 구현한다고 믿게 되었다. 그들은 쿠란을 상징적으로 읽음으로써 자신들의 비전적 신앙을 발전시켰다. 그들은 무함마드가 비밀스런 '앎'(일름ilm)을 사촌이자 사위인 알리 이븐 아비 탈리브에게 전했고, 그 앎이 그의 직계 후손인 정해진 계보의 이맘들에게 내려왔다고 믿었다. 각 이맘은 '무함마드의 빛', 곧 무함마드로 하여금 신에게 완벽히 순종할 수 있게 해준 예언자의 정신을 구현했다. '예언자'도 이맘도 신이 아니었지만 신에게 완전히 열려 있었기에 신은 보통 사람 안에서보다 더 완벽한 방식으로 그들 안에 거할 수 있었다. 네스토리우스파도 예수에 대해 비슷한 견해를 지녔다. 네스토리우스파처럼 시아파는 이맘을 인간을 깨우치는 신성한 앎으로 가득 찬 신의 '성전' 또는 '보물 창고'로 여겼다. 이 앎은 비밀 정보일 뿐 아니라 변화와 내적 회심의 수단이었다. '영적 지도자'의 가르침에 따라 제자는 꿈같은 명료한 환상에 의해 나태와 무감각으로부터 깨어났다. 이로 인해 그는 쿠란의 비전적 의미를 이해할 수 있을 정도로 변화했다. 이 원초적 체험은 자각 행위였는데, 10세기경 이스마일파 철학자 나시르 알-쿠스라우가 자신의 삶을 바꾼 이맘의 환상을 묘사한 시에서 볼 수 있다.

불길 위로 흐르는 바다 물결 소리를 들은 적이 있습니까?
여우가 사자로 변하는 것을 본 적이 있습니까?
자갈을 보석으로 변화시키는 일은 자연의 손으로는 불가능하나
태양은 할 수 있음을 아실 것입니다.

내가 바로 그 자갈이고

태양은 이 어두운 세계를 빛으로 밝혀주시는 그분이십니다.

내 비록 시샘하는 마음으로 인해

이 시에서 [이맘의] 이름을 부를 수 없으나

다만 나는 플라톤 같은 위대한 철학자도

기꺼이 그분의 노예가 되리라는 것을 말할 수 있을 따름입니다.

그분은 신에게 영광을 받은 스승이자 영혼의 치유자이시며

지혜의 상이자 지식과 진리의 원천이십니다.

오, 지식의 모습이자 덕의 형상이신

지혜의 진수이자 인류의 목표가 되시는

오, 자랑 중의 자랑이 되시는 분이시여

제가 한 겹 얇은 망토만을 걸친 채

파리하고 메마른 모습으로 당신 앞에 섰나이다.

마치 예언자의 무덤이나 카바의 검은 돌을 대하듯이

제 입술을 당신의 손에 맞추었나이다.[3]

그리스 정교도에게 타보르산의 그리스도가 신화(神化)된 인간을 나타낸 것처럼, 붓다가 모든 인류가 이룰 수 있는 깨달음을 구현한 것처럼, 이맘의 인간 본성도 그가 신을 완전히 받아들임으로써 변모되었다.

이스마일파는 파일라수프가 종교의 외적이고 합리주의적 요소에 지나치게 집중함으로써 종교의 영적 핵심을 무시했다고 우려했다. 예를 들어 그들은 자유사상가 알-라지에 반대했다. 그러나 그들도 자신들만의 과학과 철학을 발전시켰다. 다만 그것은 쿠란의 '내적 의미'(바틴*)를 지각하기 위한 영적 훈련이 목적이었다. 과학과 수학의 추상적

개념들을 숙고함으로써 감각적 이미지로 가득 찬 정신을 정화하고 일상적 의식의 한계에서 벗어날 수 있었다. 이스마일파는 외부 실재를 정확히, 있는 그대로 이해하기 위해서가 아니라 상상력을 계발하기 위해 과학을 이용했다. 그들은 이란의 오래된 조로아스터교 신화에 눈을 돌려 그것들을 일부 신플라톤주의 사상과 결합해 구원의 역사에 대한 새로운 인식을 발전시켰다. 전통적인 사회에서 사람들은 지상에서 자신들이 하는 경험이 천상 세계에서 있었던 일의 재현이라고 믿었다. 플라톤의 형상론은 이 영속성에 대한 믿음을 철학적 언어로 표현한 것이었다. 예를 들어 이슬람 시대 이전에 이란인들은 모든 실재에 이중적 속성이 있으며 인간이 육안으로 볼 수 있는(게틱) 하늘과 보통의 지각으로는 볼 수 없는(메녹) 하늘이 있다고 믿었다. 이것은 추상적이고 영적인 실재에 대한 이해에도 적용되었다. 따라서 그들은 게틱에서 인간이 행하는 기도나 덕행은 그것에 참된 실재와 영원한 의미를 부여해주는 천상 세계에서 복제된 것이라고 믿었다. 천상의 원형들은 참되게 느껴졌는데, 인간의 상상 속에 존재하는 사건이나 형상이 현실 세계에서 일어나는 일보다 종종 더 진짜 같고 중요해 보이는 것과 같았다. 이러한 세계관은 현실 세계에서 경험하는 인간의 삶이 의미 있고 중요한 것이라는 — 수많은 반대되는 증거에도 불구하고 — 종교적 확신을 설명하는 근거가 되었다. 10세기에 이스마일파는 이란인들이 이슬람교로 개종하면서 버렸으나 여전히 그들의 문화적 유산의 일부였던 이 신화를 되살려 상상력을 통해 플라톤주의적 유출 이론과 융합했다. 알-

---

바틴(batin) '내적인' '내부의' '비전적'이라는 뜻을 지닌 아랍어. 비밀스럽고 특별한 앎을 나타내며, 알라의 99가지 이름 중 하나이기도 하다(알-바틴, '숨은 분'). 여기서 파생된 바티니(batini)는 비전적이고 신비적인 신앙에 헌신하는 무슬림을 뜻한다.

파라비는 프톨레마이오스의 천구를 주재하는 물질세계와 신 사이의 열 가지 유출물을 상상했다. 이제 이스마일파는 '예언자'와 이맘들을 천상 세계의 '영혼들'로 만들었다. 첫째 하늘의 가장 높은 예언자의 영역에는 무함마드가 있고, 둘째 하늘에는 알리가 있으며, 일곱 이맘들이 그 아래 영역을 순서대로 주재했다. 마지막으로 물질세계와 가장 가까운 영역에는 무함마드의 딸이자 알리의 아내인 파티마가 있었다. 여기서 파티마는 이슬람교의 어머니이자 신성한 '지혜'인 소피아에 해당했다. 이 신격화된 이맘의 이미지는 시아파 역사의 진정한 의미에 대한 이스마일파의 해석을 반영했다. 이 역사는 단지 외부적, 세속적 사건들—그중 상당수는 비극적이었다—의 연속이 아니었다. 이 지상에서 빛나는 인간들의 삶은 원형적 질서인 메녹에서의 사건들에 상응하는 것이었다.[4]

우리는 이것을 망상으로 속단하지 말아야 한다. 오늘날 서구인들은 객관적 정확성을 중시하면서 그런 자신들을 자랑스러워한다. 하지만 종교의 '감추어진'(바틴) 차원을 탐구한 이스마일파의 '바티니'는 완전히 다른 탐구에 몰두했다. 시인이나 화가처럼 그들은 논리와 거의 무관한 상징을 사용함으로써 감각으로 지각하거나 합리적 개념으로 표현할 수 있는 것보다 더 깊은 실재를 드러낸다고 느꼈다. 따라서 그들은 타월('되돌리기')이라고 불린 쿠란 읽는 법을 발전시켰다. 그들은 이 방법이 쿠란의 본래적 원형—무함마드가 게틱에서 읽으면 동시에 메녹에서 낭송되던—으로 자신들을 되돌아가게 할 것이라고 느꼈다. 이란의 시아파를 연구한 프랑스 역사가 앙리 코르뱅(Henri Corbin)은 '타월' 훈련을 음악의 화성 훈련에 비유했다. 마치 '소리'—쿠란이나 하디스의 한 구절—를 여러 음조에서 동시에 들을 수 있는 것처럼, 이스마일파는 아랍어의 단어뿐만 아니라 그에 상응하는 천상의 말을 들을 수 있도록 자신을 훈련하고자 했다. 이런 노력은 자기 안에서 들려오는 소란스러운 비판의 목소리를 가라앉히고 힌두교도가 '옴'이라는 성스러운 음절을 둘러싼 형언할 수 없는 침묵에 귀 기울이는 것과 같은 방식으로 쿠란의 각 단어를 둘러싼 침묵을 의식하게 만들었다. 침묵에 귀 기울임으로써 신이라는 충만한 실재와 그에 관한 우리의 말과 생각 사이에 있는 간극을 깨달을 수 있었다.[5] 이를 두고 이스마일파의 주요 사상가 아부 야쿱 알-시지스타니(971년 사망)는 무슬림이 신을 이해할 만한 경지에 이르렀을 때 비로소 신을 이해할 수 있도록 돕는 훈련이라고 설명했다. 신에게서 종교적 의미를 모두 없애고 신을 하나의 개념으로 축소한 이들이 있었던 데 반해, 무슬림은 종종 신을 신인동형적으로 말하며 그를 인간보다 더한 인간으로 만들었다. 그러나 알-시지스타니는 이중부정을 써야 한다고 주장했다. 우리는 먼저 신에 관해 부정적으로 말해야 한다. 가령 '존재'보다는 '비존재', '지혜롭다'보다는 '무지하지 않다' 등등. 그러나 이 활기 없고 추상적인 부정은 즉각 다시 부정되어야 한다. 신은 '무지하지 않은 것이 아니다', 신은 '존재하지 않는 것이 아니다'라는 식으로 말해야 한다. 인간의 언어로는 신을 표현할 수 없다. 바티니는 이 언어적 훈련을 반복함으로써 신의 신비를 전하려 할 때 인간의 언어가 불충분하다는 것을 깨닫게 되었다.

이후 이스마일파의 사상가 하미드 알-딘 키르마니(1021년 사망)는 《지성을 위한 안식(Rahaf al-aql)》이라는 책에서 이 훈련이 가져다준 엄청난 평화와 만족감을 서술했다. 그것은 결코 건조하고 두뇌적인 훈련이나 현학적인 속임수가 아니라 이스마일파의 삶 전반에 의미를 부여해주는 것이었다. 이스마일파 작가들은 자주 조명과 변화의 관점에서 자신들이 깨달은 바틴(내적 의미)을 말했다. 타윌 훈련은 '바티니'에게 신에 관한 정보를 제공하기 위해 고안된 것이 아니라 합리성보다 더 깊은 차원에서 '바티니'를 깨우치는 경이의 감각을 창조하기 위한 것이 었다. 그것은 결코 현실 도피가 아니었다. 이스마일파는 정치적 활동 가였다. 실제로 6대 이맘 자파르 알-사디크는 신앙을 행동으로 정의했다. '예언자'나 이맘들처럼 믿는 자는 세속 세계에서 신에 대한 자신의 비전을 구체화해야 했다.

이러한 이상은 시아파의 세기에 바스라에서 태동한 '순결형제단'에서도 공유되었다. 순결형제단은 아마 이스마일파의 분파였을 것이다. 이스마일파와 마찬가지로 그들은 정치적 행동뿐 아니라 과학, 특히 수학과 천문학에도 전념했다. 또한 이스마일파와 마찬가지로 그들은 삶의 감추어진 의미인 바틴을 탐구했다. 철학적 과학의 백과전서가 된 그들의 서간집은 대단히 인기가 있었으며 멀리 에스파냐까지 퍼졌다. 순결형제단은 과학과 신비주의를 결합했고, 수학을 철학과 심리학의 입문 과정으로 보았다. 다양한 숫자는 영혼에 내재한 여러 특질을 나타냈고 숙련자가 자신의 정신 작용을 의식할 수 있게 하는 집중의 방법이었다. 자기 이해가 신 이해에 필수 불가결하다고 여긴 아우구스티누스처럼, 자기에 대한 깊은 이해는 이슬람 신비주의의 중추가 되었다. 이스마일파가 가장 친밀감을 느꼈던 수니파 신비주의자 수피는 "자신을 아는 자가 그의 주를 안다"는 것을 공리로 삼았는데, 이는 순결형제단 서간집 1권에 인용되었다.[6] 그들은 영혼의 수(數)에 관해 명상함으로써 인간 마음의 핵심에 자리한 자아의 궁극적 근원인 원초적 존재에 이르고자 했다. 순결형제단은 파일라수프와도 매우 가까웠다. 무슬림 합리주의자들과 마찬가지로 그들은 모든 곳에서 추구되어야 하는 진리의 유일성을 강조했다. 진리를 좇는 구도자는 "과학을 피해서도 안 되고, 책을 경시해서도 안 되고, 하나의 신조에만 광적으로 매달려서도 안 된다."[7] 그들은 신플라톤주의적 신 개념을 전개해 신을 형언할 수도 없고 이해할 수도 없는 '일자'로 보았다. 파일라수프와 마찬가지로 그들은 무로부터 창조라는 쿠란의 전통적 교리보다 플라톤의 유출론을 고수했다. 세계는 신의 이성을 표현하는 것이고, 인간은 자신의 합리적인 능력을 정화함으로써 신성에 참여하고 일자에게 돌아갈 수 있었다.

철학적 신비주의자, 이븐 시나

팔사파(철학)는 서양에서 아비켄나로 알려진 아부 알리 이븐 시나 (980~1037)에 의해 절정에 이르렀다. 중앙아시아 부하라 인근에서 태어난 그는 시아파 관리 집안 출신이었으며 아버지를 찾아와 논쟁을 벌이곤 했던 이스마일파의 영향을 받기도 했다. 이븐 시나는 신동이었다. 열여섯 살에 저명한 의사들에게 조언을 하는 의사였고 열여덟 살에 수학, 논리학, 물리학을 통달했다. 아리스토텔레스를 어려워했지만 알-파라비의 《형이상학의 목적에 관하여》를 접하면서 마침내 아리스토텔레스 철학을 이해하게 되었다. 그는 변덕스러운 후원자들에게 의지해 이슬람 제국을 떠도는 유랑 의사로 살았다. 한때 그는 오늘날 서부 이란과 남부 이라크 지역을 통치한 시아파의 부와이 왕조의 재상이 되기도 했다. 탁월하고 명석한 지식인이었던 그는 메마른 현학자가 아니었다. 그는 관능주의자였는데, 지나치게 술과 성을 탐닉한 탓에 다소 이른 나이인 쉰여덟 살에 죽은 것으로 알려져 있다.

이븐 시나는 팔사파가 이슬람 제국 내 변화하는 상황에 대응할 필요가 있다고 생각했다. 당시 압바스 칼리파 국가는 쇠퇴하고 있었고, 이제 더는 칼리파 국가를 플라톤이 《국가》에서 묘사한 이상적인 철학적 사회로 보기 힘들었다. 이븐 시나는 시아파의 영적이고 정치적인 열망에 동조했지만 팔사파의 신플라톤주의에 더 매력을 느꼈고, 이를 이전의 어떤 파일라수프보다 더 성공적으로 이슬람화했다. 그는 팔사파가 실재에 대한 완전한 설명을 제시한다는 주장에 부응하려면 보통 사람들의 종교적 신념을 더 잘 이해해야 한다고 믿었다. 어떻게 해석하든 종교적 신념은 정치적, 사회적, 개인적 삶에서 중요한 요소였다. 이븐 시나는 계시 종교를 팔사파보다 열등한 것으로 보지 않았다. 그는 무함마드 같은 예언자는 인간 이성에 의존하지 않고 직접적이고 직관적인 신에 관한 앎을 향유했기에 어떤 철학자보다 우월하다고 주장했다. 이 앎은 수피의 신비주의적 경험과 유사했고 플로티노스가 지혜라는 최고 형상으로 묘사한 것이기도 했다. 그러나 이는 결코 인간의 지성이 신을 이해할 수 없다는 뜻은 아니었다. 이븐 시나는 아리스토텔레스 철학에 근거해 신의 존재를 합리적으로 증명해냈는데, 이 증명은 이후 중세 시대 유대교와 이슬람교의 철학자들에게 하나의 표준이 되었다. 파일라수프처럼 이븐 시나도 신의 존재를 조금도 의심하지 않았다. 그들은 인간 이성이 아무런 도움 없이 최고 존재에 관한 앎에 도달할 수 있음을 의심하지 않았다. 이성은 가장 고귀한 활동이었는데, 신의 이성에 참여하며 종교적 탐구에서 분명 중요한 역할을 수행했기 때문이었다. 이븐 시나는 이성이 신에 대한 이해를 다듬고 미신과 신인동형론에서 벗어나도록 할 수 있기에, 지적 능력을 지닌 사람들이 스스로 이성을 통해 신을 발견하는 것은 하나의 종교적 의무라고 여겼다. 신 존재를 합리적으로 증명하는 데 전념했던 이븐 시나와 그의 후계자들은 오늘날 우리가 말하는 이른바 무신론자들과 논쟁을 벌이지 않았다. 그들은 이성을 사용해서 신의 본질에 관해 가능한 많은 것을 발견하고 싶어 했다.

이븐 시나의 신 존재 '증명'은 인간의 정신이 작동하는 방식에 관한 고찰에서 시작된다. 우리는 세상 어디를 보더라도 다양한 많은 요소로 구성된 복합체들을 볼 수 있다. 예를 들어 나무는 목질, 껍질, 고갱이, 수액, 잎으로 구성되어 있다. 인간은 어떤 대상을 이해하고 싶을 때 그것을 더는 나뉘지 않는 구성 요소로 분해해 '분석한다'. 단순한 구성 요소를 일차적인 것으로, 복합체는 부차적인 것으로 보고 더는 나뉠 수 없는 존재 그 자체에 이르기까지 계속해서 단순성을 추구한다. 실재는 논리적으로 일관성 있는 전체를 형성한다는 것이 팔사파의 공리였는데, 이것은 단순성을 향한 끝없는 추구는 사물을 전체적으로 반영해야 한다는 의미였다. 모든 플라톤주의자와 마찬가지로 이븐 시나도 우리가 주변에서 보는 다양성은 원초적 단일성 덕분에 가능하다고 생각했다. 우리 정신은 복합적인 것들을 부차적이고 파생적인 것으로 여기는데, 이 경향성은 그것들 밖의 단순하고 더 우월한 실재인 어떤 것에 의해 야기되어야만 한다. 다양한 것들은 우연적으로 발생하고 우연적인 존재들은 그것들이 의존하는 실재보다 열등하다. 마치 가정에서 자녀들이 그들을 존재하게 한 아버지보다 지위가 열등한 것과 같다. 단순성 그 자체인 어떤 것은 철학자들이 '필연적 존재(Necessary Being)'라고 부른 것, 즉 존재하기 위해 다른 무엇에도 의존하지 않는 것일 것이다. 이븐 시나 같은 파일라수프는 우주는 합리적이며 합리적인 우주 안에서 존재들의 위계질서의 정점에는 당연히 무원인의 존재, '부동의 동자'가 있어야 한다고 여겼다. 어떤 것이 인과의 사슬을 시작했음에 틀림없다. 그러한 최고 존재의 부재는 우리의 정신이 실재 전체와 동조하지 않음을 의미하게 된다. 이는 결국 우주가 일관성이 없고 합리적이지 않음을 의미하게 된다. 다양하고 우연적인 실재 전체가 의존하는 이 완전히 단순한 존재를 종교에서는 '신'이라고 불렀다. 그것은 모든 것 가운데 가장 높기에 절대적으로 완벽하고 인간으로부터 존귀와 숭배를 받기에 합당한 존재임에 틀림없다. 그러나 그것의 존재 방식은 다른 어떤 것과도 다르기 때문에 존재의 사슬에 이어진 또 다른 고리가 아니었다.

이슬람 철학자들과 쿠란은 신이 단순함 그 자체라는 데 동의했다. 신은 구성 요소나 속성으로 분석되거나 나뉠 수 없다. 이 존재는 절대적으로 단순하기에 원인도 없고 특질도 없고 시간적 차원도 없으며, 우리가 이 존재에 대해 말할 수 있는 것은 아무것도 없다. 인간의 두뇌에 한계가 있기에 신은 추론적 사고의 대상이 될 수 없다. 신은 본질적으로 고유하기에 보통의 우연적인 의미에서 존재하는 다른 어떤 것들과도 비교될 수 없다. 따라서 신에 관해 말할 때는 우리가 언급하는 다른 모든 것과 구분하기 위해 부정어를 쓰는 것이 더 낫다. 그러나 신은 만물의 원천이기에 우리는 그에 대해 확실한 몇 가지를 가정할 수 있다. 이를테면 우리는 선함이 존재한다는 것을 알기에 신이 본질적인 또는 '필연적인' 선임을 가정할 수 있다. 또한 우리는 생명, 힘, 앎이 존재한다는 것을 알기에 신이 가장 본질적이고 완전한 방식으로 살아 있고, 힘이 있고, 지적인 존재라고 가정할 수 있다. 아리스토텔레스는 신이 순수 이성―사고의 대상이자 주체일 뿐 아니라 동시에 추론 행위 자체—이므로 오직 자신만 관조할 수 있으며 자신보다 덜 중요하고 우연적인 존재를 인지할 수 없다고 가르쳤다. 이는 만물을 알며 창조의 질서 안에서 존재하고 활동한다고 알려진 계시의 신과 일치하지 않았다. 이븐 시나는 타협을 시도했다. 신은 너무도 고귀해서 인간 같은 비천한 개별적 존재와 그들의 행위에 관한 앎을 향해 내려오지 못한다. 아리스토텔레스가 말한 것처럼 "보는 것보다 보지 않는 것이 더 나은 어떤 것들이 있다."[8] 신은 지상에서 벌어지는 정말로 하찮고 사소하고 자잘한 일로 자신을 더럽힐 수 없다. 하지만 신은 영원한 자기 인식의 행위를 통해 자신에게서 비롯된 모든 것과 자신이 존재하게 한 모든 것을 파악한다. 신은 자신이 우발적인 피조물의 원인임을 안다. 신의 사고는 너무 완벽해서 생각과 행동이 동일한 행위이고, 그래서 자신에 관한 영원한 관조는 파일라수프가 설명한 유출의 과정을 발생시킨다. 그러나 신은 인간과 인간의 세계를 일반적이고 보편적인 관점에서 알 뿐이며 개별적으로 대하지 않는다.

그러나 이븐 시나는 신의 본질에 관한 추상적 설명에 만족하지 않고, 그것을 신자들 즉 수피(신비주의자)와 바티니(신적 지혜의 탐구자)의 종교적 경험에 연관시키려 했다. 종교 심리학에 관심이 있던 그는 예언자의 경험을 설명하기 위해 플로티노스의 유출 도식을 사용했다. 일자로부터 이어지는 존재 하강의 열 단계에서, 이븐 시나는 열 가지 지성체가 프톨레마이오스의 열 가지 천구를 각각 움직이게 하는 영혼들 또는 천사들과 함께 신과 인간 사이의 중간 영역을 형성한다고 추측했다. 이는 바티니가 상상한 원형적 실재의 세계에 상응하는 것이었다. 이 지성체들도 상상력을 가지고 있다. 사실상 그것들은 순수한 상태의 상상력이며 이 상상력의 중간 영역을 통해—추론적 이성을 통해서가 아니라―인간은 신에 관한 가장 완전한 이해에 도달할 수 있다. 우리 영역의 마지막 열 번째 지성체는 빛과 앎의 원천이자 가브리엘로 알려진 〈요한계시록〉의 성령이다. 인간은 현실 세계를 다루는 실천적 지성과 가브리엘과 밀접한 관계를 이루며 존재하는 관조적 지성을 갖고 있다. 그러므로 예언자들은 실천적이며 추론적인 이성을 초월해 지성체들이 향유할 수 있는 것과 비슷한, 신에 관한 직관적이고 상상적인 앎을 얻을 수 있다. 수피의 경험은 바로 이처럼 인간이 논리나 합리성 없이 철학적으로 견실한 신에 관한 비전에 도달할 수 있음을 보여주었다. 수피들은 삼단 논법 대신에 상징주의와 형상화라는 도구를 사용했다. '예언자' 무함마드는 신성한 세계와 직접 결합할 수 있었다. 다음 장에서 살펴보겠지만 더 철학적인 성향의 수피들은 비전과 계시에 관한 심리적 해석을 통해 자신의 종교적 경험을 논할 수 있게 된다.

사실 이븐 시나는 말년에 스스로 신비주의자가 된 것 같다. 그는 《지시와 충고의 서》에서 자신에게 좌절감을 안겨준 신에 대한 합리주의적 접근에 분명 비판적인 태도를 보인다. 그는 자신이 '동방 철학'이라고 부른 것으로 눈을 돌렸다. 여기서 동방이란 지리적 위치가 아니라 빛의 근원을 가리키는 것이었다. 그는 추론뿐만 아니라 조명(이슈라크ishraq)의 훈련에 근거한 방법으로 비전적 내용의 논문을 쓰고자 했다. 우리는 그가 이 논문을 썼는지 확신할 수 없다. 썼더라도 남아 있지 않다. 그러나 다음 장에서 보겠지만 이란의 위대한 철학자 야흐야 수흐라와르디는 이븐 시나가 구상한 방법으로 철학과 영성을 융합한 조명학파를 세우게 된다.

칼람(이슬람 신학)과 팔사파(이슬람 철학)의 원리들은 이슬람 제국 내 유대인 사회에 적지 않은 영향을 주었다. 그들은 처음으로 형이상학적이고 사변적인 요소를 유대교에 도입해 자신들만의 철학을 아랍어로 쓰기 시작했다. 무슬림 파일라수프와 달리 유대 철학자들은 철학이라는 학문의 전 영역에 관심을 두기보다 종교 문제에 거의 전적으로 집중했다. 그들은 이슬람의 도전에 자신들만의 방식으로 답해야 한다고 느꼈고, 그 답은 성서의 인격신을 파일라수프의 신 이해에 상응해 설명하는 것이었다. 무슬림처럼 그들은 경전과 탈무드에 나오는 신의 신인동형적 초상에 대해 우려했고, 어떻게 유대교의 신이 무슬림 철학자들의 신과 같을 수 있을지 자문했다. 그들은 세계 창조 문제와, 계시와 이성의 관계에 관해서도 고민했다. 그들은 자연스럽게 파일라수프와 다른 결론에 이르렀으나 무슬림 사상가들에게 깊이 의존했다. 처음으로 유대교에 대한 철학적 해석을 시도한 사아디아 벤 요세프(882~942)은 탈무드 학자이면서 무타질라파 철학자였다. 그는 이성이 그 자체의 힘으로 신에 대한 앎에 이를 수 있다고 믿었다. 파일라수프처럼 그는 합리적 신 개념의 성취를 미츠바(계율), 즉 종교적 의무로 보았다. 그렇지만 무슬림 합리주의자들처럼 사아디아는 신 존재에 대해서는 전혀 의심하지 않았다. 창조자인 신의 실재는 너무나 분명해 보였기에 그는 《신앙과 견해의 서》에서 신앙보다 오히려 종교적 회의의 가능성을 증명하고자 했다.

사아디아는 유대인이 계시의 진리를 받아들이기 위해 이성을 억누를 필요가 없다고 주장했다. 그러나 이는 인간 이성으로 신을 완전히 이해할 수 있다는 뜻은 아니었다. 팔사파의 신은 갑작스런 결정을 내리거나 변화를 일으킬 능력이 없었다. 이 때문에 사아디아는 '무로부터 창조' 개념이 철학적으로 난해하고 합리적으로 설명할 수 없는 문제임을 인정했다. 어떻게 물질세계가 전적으로 영적인 신에게서 기원할 수 있는가? 사아디아가 보기에 여기서 인간의 이성은 한계에 이르렀고 플라톤주의자들이 믿었듯 세상은 영원하지 않고 시작이 있었다는 사실을 받아들여야만 했다. 이것이 경전과 상식이 조화를 이룰 수 있는, 유일하게 가능한 설명이었다. 일단 이를 받아들이면 신에 관한 다른 사실들을 추론할 수 있다. 창조된 질서는 지적으로 계획되어 있고 생명과 에너지를 지닌다. 그러므로 이를 창조한 신 역시 '지혜'와 '생명'과 '힘'을 지녀야 한다. 이 속성들은 기독교의 삼위일체 교리에서 주장하는 것처럼 분리된 히포스타시스(내적 본질의 외적 표현)가 아니라 다만 신의 일면을 나타낸다. 인간의 언어로는 신의 실체를 적절히 표현할 수 없기에 우리는 이렇게 신의 절대적 단순성을 파괴하는 것처럼 보이는 방식으로 신을 분석할 수밖에 없다. 인간이 신에 관해 분명히 말할 수 있는 것은 신이 존재한다는 것뿐이다. 그러나 사아디아는 신에 관한 모든 긍정어 표현을 금하지는 않았으며, 초월적이며 비인격적인 철학자들의 신을 성서의 의인화된 신보다 우위에 두지도 않았다. 예를 들어 사아디아는 우리가 세상에서 겪는 고통을 설명할 때 〈지혜서〉 저자와 탈무드의 답에 의지했다. 그는 고통은 죄에 대한 형벌이며 우리를 겸손하게 만들기 위해 정화하고 훈련하는 것이라고 말했다. 이는 신을 계획과 의도를 지닌 존재, 지나치게 인간적인 존재로 만드는 것이었으므로 진정한 파일라수프라면 이 같은 주장에 만족하지 못했을 것이다. 그러나 사아디아는 경전에 계시된 신이 팔사파의 신보다 열등하다고 보지 않았다. 예언자들은 어떤 철학자보다 우월했다. 궁극적으로 그에게 이성이란 경전이 가르치는 것을 체계적으로 입증하는 도구일 뿐이었다.

다른 유대 철학자들은 더 나아갔다. 신플라톤주의자인 솔로몬 이븐 가비롤(1022~1070)은 그의 저서 《생명의 샘》에서 무로부터 창조 교리를 거부했지만 신에게 어느 정도의 자발성과 자유의지를 허용하기 위해 유출론을 적용하려고 했다. 그는 신이 유출 과정을 의도하거나 원했다고 주장함으로써 그 과정을 덜 기계적으로 만들면서 신이 동일한 역학에 종속되는 대신 존재의 법칙을 통제하고 있음을 보여주려 했다. 그러나 이븐 가비롤은 어떻게 물질이 신으로부터 유래할 수 있는지 적절히 설명하지 못했다. 그 밖의 다른 사람들은 덜 혁신적이었다. 바흐야 이븐 파쿠다(1080년 사망)는 엄격한 플라톤주의자는 아니었으나 자신에게 적합하다고 생각할 때마다 칼람의 방법에 의존했다. 그래서 그는 사아디아처럼 신이 특정 순간에 세계를 창조했다고 주장했다. 세상은 분명 우연히 생겨난 것이 아니었다. 이는 종이에 엎질러진 잉크가 번져 완벽한 글이 생겨났다고 상상하는 것만큼이나 우스운 생각일 것이다. 세상의 질서와 목적성은 경전에 계시된 대로 창조자가 존재해야 함을 보여준다. 이처럼 지극히 비철학적인 교리를 제시한 후 바흐야는 필연적이고 단순한 존재로서 신이 존재한다는 이븐 시나의 증명을 거론하며 칼람에서 팔사파로 관심을 전환했다.

바흐야는 신을 올바로 섬기는 사람은 예언자들과 철학자들뿐이라고 믿었다. 예언자는 신에 관한 직접적이고 직관적인 앎을 지녔고 철학자는 합리적인 앎을 지녔기 때문이었다. 다른 모든 사람은 그저 자신의 이미지대로 만든 신, 즉 자신의 투영을 섬기는 것이었다. 신의 존재와 유일성을 스스로 증명하려 시도하지 않는다면 다른 사람들이 이끄는 대로 가는 눈먼 자와 같다고 바흐야는 생각했다. 그는 다른 파일라수프와 마찬가지로 엘리트주의자였지만 강한 수피적 성향도 지니고 있었다. 그는 이성은 우리에게 신이 존재한다는 사실 외에 신에 관해 아무것도 알려줄 수 없다고 생각했다. 그는 《마음의 의무》에서 그 제목이 나타내듯이 신에 관한 올바른 태도를 함양하는 것을 돕기 위해 이성을 이용했다. 만일 신플라톤주의가 유대교 신앙과 충돌할 경우 늘 전자를 버릴 정도로 그에게 신에 대한 종교적 체험은 어떤 합리적 방법보다 우선했다.

알-가잘리의 회의와
이븐 루시드의 통합

그러나 바흐야의 주장처럼, 이성이 신에 관해 우리에게 아무것도 알려줄 수 없다면 신학 문제에서 합리주의적 논의가 무슨 의미가 있겠는가? 이 문제는 종교 철학의 역사에서 중요하고도 상징적인 인물인 무슬림 사상가 아부 하미드 알-가잘리(1058~1111)를 몹시 괴롭혔다. 쿠라산에서 태어난 그는 저명한 아슈아리파 신학자 알-주와이니 문하에서 칼람을 배웠고 서른셋의 나이에 바그다드에서 유명한 니자미야 학원의 교수가 되었다. 그의 업무는 이스마일파의 도전에 맞서 수니파 교리를 수호하는 것이었다. 그는 쉬지 못하는 기질로 인해 진리와 씨름하며 고통스러운 죽음의 순간까지 신학 문제들을 고민했고 쉬운 관습적 해답을 거부했다.

나는 모든 어두운 구석구석을 파고들었고, 모든 문제를 공격했으며, 모든 심연에 뛰어들었다. 나는 모든 종파의 신조를 면밀히 살폈고, 모든 공동체의 가장 깊은 교리를 드러내려 노력했다. 참과 거짓, 건전한 전통과 이단적 혁신을 구분하기 위해 이 모든 것을 했다.[9]

알-가잘리는 사아디아 같은 철학자가 의식했던 의심할 나위 없는 확실성 같은 것을 추구했으나 점점 더 환멸을 느꼈다. 아무리 철저하게 연구하더라도 절대적인 확실성은 그를 비켜 갔다. 그와 동시대 사람들은 저마다 개인적, 기질적 필요에 따라 여러 방식으로, 칼람에서, 이맘을 통해서, 팔사파에서, 수피 신비주의에서 신을 추구했다. 알-가잘리는 '만물의 본연의 모습'을 이해하기 위해 이 모든 학파를 각각 연구한 것으로 보인다.[10] 그가 연구한 이슬람교의 주요 네 학파는 모두 저마다 절대적인 확신을 내보였지만, 알 가잘리는 어떻게 그들의 주장을 객관적으로 검증할 수 있을지 의문을 품었다.

알-가잘리는 확실성이란 결코 객관적으로 입증될 수 없는 심리적 상태임을 오늘날의 회의론자들만큼이나 잘 알고 있었다. 파일라수프는 합리주의적 논증을 통해 확실한 앎을 얻었다고 말했다. 신비주의자는 수피의 훈련을 통해 찾았다고 주장했고, 이스마일파는 이맘의 가르침에서만 발견할 수 있다고 여겼다. 그러나 우리가 '신'이라고 부르는 실재는 경험적으로는 검증할 수 없는데, 어떻게 우리의 믿음이 한낱 망상이 아니라고 확신할 수 있는가? 전통적인 합리적 증명은 알-가잘리의 엄격한 기준을 충족시키지 못했다. 칼람의 신학자들은 경전에서 발견되는 명제들에서 시작했으나 합리적인 설명을 제시하지 못했다. 이스마일파는 감추어진 그리고 접근할 수 없는 이맘의 가르침에 의존했다. 그러나 우리는 이맘이 신에 의해 영감받았다고 어떻게 확신할 수 있는가? 그리고 만일 그를 찾을 수 없다면 그가 받은 영감이 무슨 의미가 있겠는가? 특히 알-가잘리는 팔사파가 불만족스러웠다. 알-가잘리는 알-파라비와 이븐 시나를 논박하는 데 힘을 쏟았다. 알-가잘리는 그들의 학문에 정통해야만 그들을 반박할 수 있다고 믿고 팔사파를 완전히 익히기 위해 3년간 연구했다.[11] 《철학자들의 모순》에서 그는 파일라수프들이 순환 논증에 빠져 있다고 주장했다. 만일 팔사파를 의학, 천문학, 수학처럼 관찰 가능한 현상에 국한한다면 대단히 유용하지만 신에 관해서는 아무것도 알려주지 못한다. 누가 어떻게 유출교리를 타당하거나 타당하지 않다고 증명할 수 있는가? 무슨 근거로 신이 구체적인 것보다는 일반적이고 보편적인 것만 안다고 주장할 수 있는가? 파일라수프들은 이를 증명할 수 있는가? 신이 너무나 숭고해 비천한 현실을 알 수 없다는 그들의 논증은 부적절하다. 언제부터 무지가 훌륭한 것이었는가? 알-가잘리가 보기에 파일라수프들의 주장은 어떤 것도 만족스럽게 검증할 방법이 없었고, 그래서 파일라수프들은 정신의 능력을 넘어서 있는, 감각으로 검증될 수 없는 앎을 추구하는 비합리적이고 비철학적인 사람들이었다.

진리를 추구하는 정직한 구도자는 어디로 가야 하는가? 신에 대한 건전하고 흔들리지 않는 신앙은 불가능한가? 탐구의 중압감으로 인해 알-가잘리는 쇠약해질 정도로 괴로움을 느꼈다. 그는 삼키지도 먹지도 못했고 파멸적인 절망의 무게에 압도됨을 느꼈다. 1094년경 마침내 그는 강의를 할 수도 말을 할 수도 없게 되었다.

신께서 내 혀를 말리시어 가르칠 수 없게 하셨다. 여러 제자를 위해 어느 날 억지로 가르치려 나섰으나 내 혀는 한마디 내뱉지 못했다.[12]

알-가잘리는 임상적 우울증에 빠졌다. 의사들은 가슴 깊이 뿌리박힌 갈등이 원인이라고 바르게 진단하고, 숨겨진 불안에서 벗어나지 않는 한 결코 회복할 수 없을 것이라 말했다. 신앙을 회복하지 못하면 지옥 불의 위험에 처할지도 모른다는 두려움에, 알-가잘리는 명망 높은 교수직을 사임하고 수피즘에 입문했다.

그곳에서 알-가잘리는 자신이 찾던 것을 발견했다. 이성을 포기하지 않고도—그는 과장된 형태의 수피즘을 불신했다—신비주의 수련이 '신'이라 불릴 수 있는 무엇인가에 대한 직접적이고 직관적인 감각을 만들어낸다는 것을 발견했다. 영국의 종교학자 존 보우커(John Bowker)는 '존재'를 뜻하는 아랍어 단어 우주드(wujud)가 '그것을 발견했다'라는 뜻의 와자다(wajada)에서 파생했음을 보여준다.[13] 그러므로 '우주드'라는 말의 문자 그대로의 의미는 '발견할 수 있는 것'이다. 이 말은 그리스어의 형이상학적 용어보다 더 구체적이었지만 무슬림에게 많은 재량을 주었다. 아랍어를 쓰는 철학자는 신 존재 증명을 위해 신을 많은 대상 중의 또 다른 대상으로 만들 필요가 없었다. 그는 그저 신이 발견될 수 있음을 증명하면 되었다. 신의 '우주드'에 관한 단 하나의 절대적인 증거는 인간이 사후에 신의 실재를 대면할 때 나타날—혹은 나타나지 않을—것이지만, 이생에서 신의 '우주드'를 경험했다고 주장하는 예언자들이나 신비주의자들의 이야기도 신중하게 고려되어야 했다. 수피는 자신들이 신의 '우주드'를 경험했다고 분명하게 주장하면서 이 경험 상태를 가리켜 '와즈드(wajd)'라는 말을 썼다. 와즈드는 신이 단순한 환상이 아니라 실재라는 주장에 확실성을 주는 망아적 신 이해를 표현하기 위한 용어였다. 물론 그들의 주장이 옳지 않을 수도 있다. 하지만 알-가잘리는 10년 동안 수피로 살면서 종교적 경험만이 인간의 지성과 두뇌의 활동을 넘어선 실재를 입증할 수 있는 유일한 길임을 깨달았다. 신에 관한 수피의 앎은 합리적이거나 형이상학적인 앎이 아니라 옛 예언자들의 직관적인 경험과 유사했다. 수피들은 이슬람교의 중요한 경험을 되살려 이슬람교의 본질적 진리를 스스로 '발견했다'.

이런 과정을 거쳐 알-가잘리는, 다음 장에서 살펴보겠지만 이슬람 신비주의자들을 종종 미심쩍어하던 무슬림 기성 사회도 받아들일 수 있는 신비주의적 신조를 만들었다. 이븐 시나처럼 그는 감각적 경험의 현실 세계 너머에 있는 원형적 영역에 대한 고대의 믿음을 되돌아보았다. 모든 파일라수프가 인정하듯, 가시적 세계는 알-가잘리가 플라톤적 지성 세계라고 부른 것의 열등한 복제품이다. 쿠란이나 유대인과 기독교인의 성서는 이 영적 세계에 대해 이야기했다. 인간은 신의 형상대로 창조되었기에 더 높은 영적 세계뿐만 아니라 물질적 세계까지 양 영역에 속한다고 그는 주장했다. 알-가잘리는 자신의 신비주의를 담은 《빛의 벽감》에서 필자가 이 책 5장에서 인용한 쿠란의 '빛의 수라'를 해석했다.[14] 그의 주장에 따르면 이 구절에서 빛은 신 그리고 또 다른 빛나는 대상인 등불과 별을 모두 가리킨다. 우리의 이성도 빛과 마찬가지로 깨달음을 준다. 이성은 우리가 다른 대상을 지각할 수 있게 할 뿐 아니라 신 그 자체와 마찬가지로 시간과 공간을 초월할 수 있다. 따라서 이성은 영적 세계에 참여한다. 그러나 알-가잘리는 '이성'이 그저 우리의 지적, 분석적 능력만 가리키는 것이 아님을 분명히 하기 위해 독자들에게 자신의 설명이 문자 그대로 이해될 수 없음을 상기시켰다. 즉 우리는 이러한 문제를 창조적 상상력의 영역에 속하는 비유적 언어로만 논할 수 있다.

그러나 어떤 사람들은 이성보다 더 높은 힘을 지니는데, 알-가잘리는 이를 '예언자적 정신'이라고 불렀다. 이 능력이 부족한 사람들은 자신이 경험하지 못했다는 이유만으로 예언자적 정신이 존재함을 부정하지 말아야 한다. 이는 마치 음감이 없는 사람이 음악을 스스로 감상할 수 없다는 이유로 음악이 허상이라고 주장하는 것만큼 터무니없는 일이다. 우리는 추론 능력과 상상력을 통해 신에 관해 무언가를 배울 수 있지만, 최고 수준의 앎은 예언자들이나 신비주의자들처럼 신이 준 특별한 능력을 지닌 사람들만 얻을 수 있다. 엘리트주의적으로 들리지만 다른 종교 전통의 신비주의자들도 선(禪)이나 불교의 명상 같은 수행에서 요구하는 직관적이고 수용적인 자질이 시를 쓰는 재능에 비견할 만한 특별한 재능이라고 주장해 왔다. 모든 사람이 이런 신비적 재능을 지니고 있는 것은 아니다. 알-가잘리는 신비적 재능을 통해 얻는 앎을 오직 창조자만이 존재한다는 (혹은 존재를 지닌다는) 의식으로 묘사했다. 그 앎은 자기는 사라지게 하고 신에게 몰입하게 했다. 신비주의자들은 재능이 부족한 보통 사람들을 만족시키는 은유의 세계를 뛰어넘을 수 있다.

　　〔그들은〕 그분 외에는 신이 없으며 그분을 제외한 만물은 멸망함(쿠란 28:88)을 알 수 있다. …… 사실 그분 외에 모든 것은 비존재이고, 〔플라톤의 도식에서〕 '최초의 지성'으로부터 존재를 받은 존재의 관점에서 보면, 그 자체로는 아니나 창조자와 관련해서는 존재를 지니며, 그래서 진정으로 존재하는 유일한 것은 하느님뿐이다.[15]

신은 합리적으로 증명될 수 있는 외적이고 객관화된 존재가 아니라, 모든 것을 감싸는 실재이자 궁극적 존재이다. 신에게 의존하고 신의 필연적 존재에 참여하는 다른 존재들을 인식하듯이 신을 인식할 수는 없다. 신을 인식하려면 특별한 '보는' 방식을 계발해야만 한다.

알-가잘리는 결국 바그다드로 다시 돌아와 제자들을 가르쳤지만 논리적이고 합리적인 방법으로 신 존재를 증명하는 것은 불가능하다는 확신을 결코 잃지 않았다. 그는 자전적 저서 《미혹으로부터 해방》에서 팔사파도 칼람도 신앙을 잃을 위험에 놓인 사람을 구할 수 없다고 열렬히 주장했다. 그 자신도 철학이나 과학으로 신 존재를 증명하는 것이 절대적으로 불가능함을 깨닫고 '회의주의'에 빠지기 직전까지 갔다. 우리가 '신'이라고 부르는 실재는 감각에 의한 인식과 논리적 사고의 영역 바깥에 있기에 과학과 형이상학은 알라의 '우주드'(존재)를 증명할 수도 반증할 수도 없었다. 특별한 신비적 재능 또는 예언자적 재능을 타고나지 않은 사람들을 위해, 알-가잘리는 무슬림이 일상생활의 사소한 부분에서도 신의 실재에 대한 의식을 개발할 수 있는 훈련을 고안했다. 그는 이슬람교에 지울 수 없는 흔적을 남겼다. 그로 인해 무슬림은 다시는 신이 다른 존재와 마찬가지로 과학적으로 또는 철학적으로 증명될 수 있는 존재라고 쉽게 가정하지 않게 되었다. 이후로 이슬람 철학은 영성과 분리될 수 없게 되었고, 신에 관한 좀 더 신비주의적인 논의가 이루어지게 되었다.

알-가잘리는 유대교에도 영향을 끼쳤다. 에스파냐 철학자 유수프 이븐 사디크(1143년 사망)는 이븐 시나의 신 존재 증명을 사용했으나 신은 그저 다른 존재 — 보통의 의미에서 '존재하는' 것들 중 하나 — 가 아님을 강조하는 데 주의를 기울였다. 만일 인간이 신을 이해한다고 주장한다면 그것은 곧 신이 유한하고 불완전하다는 뜻일 것이다. 우리가 신에 관해 말할 수 있는 가장 정확한 진술은 신은 인간의 타고난 지적 능력을 완전히 초월한 존재, 불가해한 존재라는 것이다. 우리는 세계 속에 드러나는 신의 활동에 관해 말할 수 있지만 인간이 도저히 이해할 수 없는 신의 본질에 관해서는 말할 수 없다. 톨레도의 의사 유다 할레비(1075?~1141)도 알-가잘리를 따랐다. 그가 보기에 신은 합리적으로 증명될 수 없었는데, 이는 신앙이 비합리적이라는 뜻이 아니라 신 존재를 논리적으로 증명하는 일이 종교적으로 가치가 없다는 뜻이었다. 논리적 증명은 우리에게 알려줄 수 있는 것이 거의 없었다. 초월적이고 비인격적인 신이 어떻게 이 불완전한 물질세계를 창조할 수 있는지, 어떤 의미 있는 방식으로 이 세상과 관계를 맺고 있는지 합리적으로 규명할 수 있는 방법이 없었다. 철학자들이 이성을 통해 우주를 알려주는 신성한 지성체와 하나가 되었다고 주장하는 것은 자기 기만에 불과하다. 신을 직접 경험할 수 있는 사람은 오직 예언자들뿐이며, 그들은 팔사파와 아무런 관계가 없다.

할레비는 알-가잘리만큼 철학을 이해하지는 못했지만 신에 관해 유일하게 믿을 만한 앎은 종교적 경험에 의한 것이라는 데 동의했다. 신은 과학적으로 증명될 수 있는 객관적 존재가 아니므로 오로지 주관적인 종교 경험에 의해서만 신에 대해 믿을 만한 앎을 얻을 수 있다고 생각했다. 알-가잘리처럼 그도 특별한 종교적 능력을 상정했으나 그것이 유대인만의 특권이라고 주장했다. 할레비는 이방인도 자연법을 통해 신에 관한 앎에 이를 수 있다고 했지만, 그의 위대한 철학 저술인 《쿠자리》의 목적은 여러 민족 가운데 이스라엘의 독특한 위치를 정당화하는 것이었다. 탈무드 랍비들과 마찬가지로 할레비는 유대인이면 누구나 미츠보트(계율)를 주의 깊게 준수함으로써 예언자적 정신을 얻을 수 있다고 믿었다. 그가 만나게 될 신은 그 존재가 과학적으로 증명될 수 있는 객관적 사실로서 신이 아니라 본질적으로 주관적인 경험이었다. 심지어 그 신은 유대인의 '자연적인' 자아의 연장으로도 볼 수 있었다.

신성한 원리는 장차 접촉해 결합해야 할 사람을 기다린다. 예언자와 성인의 경우처럼 그 사람의 신이 되어야 할 때를 기다린다. …… 이는 마치 태아가 충분한 활력을 얻어 온전한 실체로 성장할 때를 기다려 그 에게로 들어가는 영혼과 같다. 마치 토양에 힘을 쏟아 초목을 생산할 수 있도록 온화한 기후를 기다리는 자연과 같다.[16]

이것은 인간 특히 유대인이 신과 단절된 자율적 존재가 아니며, 신이 낯선 침입자와는 상반된 모습으로 유대인에게 임한다는 뜻이다. 신은 인간성의 완성, 인간이 지닌 잠재력의 성취로 볼 수 있다. 더 나아가 인간이 마주하는 '신'은 고유하게 그 자신의 것인데, 이 개념은 다음 장에서 더 자세히 살펴볼 것이다. 할레비는 유대인이 경험할 수 있는 신과 신 그 자체의 본질을 구분하는 데 주의를 기울였다. 예언자들과 성인들이 '신'을 경험했다고 주장할 때, 그들은 신을 그 자체로 아는 것이 아니라, 초월적이고 접근 불가능한 실재가 남긴 일종의 잔광인 신성한 활동을 통해 아는 것이다.

그러나 팔사파가 알-가잘리의 논박에 의해 완전히 사라진 것은 아니었다. 코르도바에서 한 저명한 무슬림 철학자가 팔사파를 되살려 종교의 가장 높은 형태라고 주장하고자 했다. 유럽에서는 아베로에스라는 이름으로 알려진 아부 알-왈리드 이븐 아흐마드 이븐 루시드 (1126~1198)는 유대인과 기독교인 모두에게 권위가 있었다. 그의 저서는 13세기에 히브리어와 라틴어로 번역되었고, 아리스토텔레스에 대한 그의 주석은 마이모니데스, 토마스 아퀴나스, 알베르투스 마그누스 같은 저명한 신학자들에게 지대한 영향을 끼쳤다. 19세기 프랑스의 종교학자 에르네스트 르낭(Ernest Renan)은 그를 맹목적 신앙에 맞선 합리주의의 옹호자이자 자유로운 정신으로 칭송했다. 그러나 이슬람 세계에서 이븐 루시드는 다소 주변적인 인물이었다. 그의 경력과 사후 영향력에서 우리는 신에 대한 접근과 이해에 있어 동방과 서방의 갈림길을 볼 수 있다. 이븐 루시드는 팔사파에 대한 알-가잘리의 비판과 그가 비전적 문제들을 공개적으로 논의한 방식을 신랄하게 공격했다. 바로 앞 세대인 알-파라비나 이븐 시나와 달리, 이븐 루시드는 철학자였을 뿐 아니라 샤리아 법의 법관이었다. 울라마(이슬람 성직자)는 항상 팔사파와 팔사파의 신—자신들의 신 이해와 근본적으로 다른—을 의심스러워했다. 하지만 이븐 루시드는 아리스토텔레스를 더 전통적인 이슬람 신앙과 결합하는 데 성공했다. 그는 종교와 합리주의 사이에 모순이 전혀 없다고 확신했다. 둘 다 같은 진리를 다른 방식으로 표현했고, 둘 다 같은 신을 바라보고 있었다. 그러나 모든 사람이 철학적 사고를 할 수 있는 것은 아니었으며, 그렇기에 팔사파는 지적인 엘리트만을 위한 것이었다. 팔사파는 대중을 혼란스럽게 하고 영원한 구원을 위태롭게 만드는 오류로 이끈다. 따라서 이 위험한 가르침을 받아들이기에 부적합한 사람들을 그 가르침으로부터 지키는 비전적 전통이 중요했다. 수피즘과 이스마일파의 바티니 탐구도 마찬가지였다. 만일 부적합한 사람들이 이러한 정신적 훈련을 시도하면, 몸이 심각하게 아프거나 심리적 장애가 발생할 수 있었다. 칼람도 마찬가지로 위험했다. 칼람은 참된 팔사파에 못 미쳤고, 사람들로 하여금 자신이 바람직한 합리적 논의에 참여하고 있다고 오해하게 만들었다. 칼람은 결과적으로 무익한 교리 분쟁을 불러일으켜 교육받지 못한 사람들의 신앙을 약화하고 그들을 불안하게 만들 뿐이었다.

이븐 루시드는 진리의 체득이 구원에 필수라고 믿었는데, 이는 이슬람 세계에서는 새로운 관점이었다. 그가 보기에 파일라수프들은 교리의 최고 권위자였고 유일하게 경전을 해석할 수 있으며 쿠란에서 "지식을 가진 자"로 묘사한 사람들이었다.[17] 이븐 루시드는 다른 사람들은 쿠란을 액면 그대로 받아들이고 문자 그대로 읽어야 하지만 파일라수프는 상징적 주해를 시도할 수 있다고 주장했다. 그러나 파일라수프조차 이븐 루시드가 아래와 같이 제시한 의무적 교리인 '신조'에 동의해야 했다.

1. 창조자이며 수호자로서 신의 존재
2. 신의 유일성
3. 쿠란에 표현된 신의 속성: 앎, 힘, 의지, 듣기, 보기, 말하기
4. 쿠란에 표현된 신의 고유성과 비교 불가능성: "그분에 비유할 것 아무것도 없도다."
5. 신에 의한 세계 창조
6. 예언의 타당성
7. 신의 정의
8. 최후의 날에 있을 육체의 부활[18]

쿠란에서 결코 모호하지 않게 표현된, 신에 관한 이 교리들은 '전부' 받아들여야 하는 것이었다. 그러나 팔사파는 가령 세계 창조에 대한 믿음에 항상 동의하지는 않았다. 어떻게 그러한 쿠란의 교리들을 이해해야 하는지 분명하지 않다. 쿠란은 신이 세계를 창조했다고 명확하게 말하지만 신이 어떻게 창조했는지, 세계가 특정 순간에 창조되었는지 아닌지는 말하지 않는다. 이로 인해 파일라수프는 합리주의자들의 믿

음을 자유롭게 받아들일 수 있었다. 다시 말해 쿠란은 신이 '앎'과 같은 속성을 지녔다고 말하지만 인간이 이해하는 앎의 개념은 필연적으로 인간적이고 부적절하기에 이것이 정확히 무엇을 의미하는지 알지 못한다. 그러므로 쿠란이 신은 우리가 아는 모든 것을 안다고 말할 때, 그 주장이 철학자들과 반드시 모순되는 것은 아니다.

이슬람 세계에서는 신비주의가 중요했기에 엄격한 합리주의 신학에 바탕을 둔 이븐 루시드의 신 개념은 거의 영향을 끼치지 못했다. 이븐 루시드는 이슬람 사회에서 존경받았지만 주도적 인물은 아니었다. 그러나 서구에서는 중요했다. 이븐 루시드를 통해 아리스토텔레스를 발견하고 더 합리주의적인 신 개념을 발전시킬 수 있었기 때문이다. 대부분의 서구 기독교인은 이슬람 문화에 관해 아는 것이 별로 없었고, 이븐 루시드 이후의 철학적 발전에 대해 무지했다. 그래서 종종 이븐 루시드의 죽음으로 이슬람 철학이 막을 내렸다고 생각했다. 그러나 사실 이븐 루시드의 생애 동안 이슬람 세계에 크게 영향력을 끼치게 될 두 저명한 철학자가 이라크와 이란에서 저술 활동을 하고 있었다. 야흐야 수흐라와르디와 무히 알-딘 이븐 알-아라비는 이븐 루시드보다 이븐 시나의 발자취를 따라 철학과 신비주의적 영성을 융합하려고 시도했다. 다음 장에서 이들에 대해 다룰 것이다.

마이모니데스, 마지막 유대 팔사파

유대 세계에서 이븐 루시드의 최고 제자는 위대한 탈무드 학자이자 철학자인 랍비 모세스 벤 마이몬(1135~1204)인데, 보통 마이모니데스로 알려져 있다. 이븐 루시드처럼 마이모니데스도 당시 이슬람권에 속한 에스파냐의 수도 코르도바 출신이었는데, 그곳에서는 신을 깊이 이해하려면 철학적 지식이 필수적이라는 공감대가 형성되어 있었다. 그러나 마이모니데스는 알무라비툰 왕조의 광신적 베르베르 종파가 자행한 유대인 공동체 박해로 인해 에스파냐를 떠나야 했다. 중세 근본주의와의 이 고통스러운 충돌에도 불구하고 마이모니데스는 이슬람 세계 전체를 적대시하지는 않았다. 그는 부모와 함께 이집트에 정착해 고관이 되었고 술탄의 주치의를 맡기도 했다. 이집트에서도 그는 유대교 신앙이 자의적인 교리 체계가 아니라 합리적 원리에 따른 것이라고 주장하는 유명한 저서 《의혹자(疑惑者)를 위한 지침서》를 썼다. 이븐 루시드와 마찬가지로 마이모니데스는 팔사파가 가장 진보한 형태의 종교적 앎이자 신에게 이르는 왕도이긴 하나 대중에게 드러나서는 안 되며 철학적 엘리트의 전유물로 남아야만 한다고 믿었다. 그러나 이븐 루시드와 달리 보통 사람도 신인동형적 신관을 지니지 않도록 경전을 상징적으로 해석하는 법을 배울 수 있다고 믿었다. 또한 구원에 필수적인 특정한 교리가 필요하다고 믿고 이븐 루시드가 말한 것과 아주 비슷한 13개 항목의 신조를 제시했다.

1. 신의 존재
2. 신의 유일성
3. 신의 비육체성
4. 신의 영원성
5. 우상 숭배 금지
6. 예언의 타당성

7. 최고 예언자로서 모세

8. 진리의 신적 기원

9. 토라의 영원한 타당성

10. 신의 전지: 신은 인간의 모든 행위를 안다

11. 신의 심판: 신은 인간을 심판한다

12. 메시아: 신은 메시아를 보낼 것이다

13. 죽은 자의 부활[19]

 이 13개 신조는 유대교에 매우 혁신적인 것이었으나 완전히 받아들여지지는 못했다. 이슬람교에서처럼 (올바른 실천〔정행正行〕에 반대되는) 올바른 이론(정설正說)이라는 개념은 유대인의 종교 경험에도 이질적인 것이었다. 이븐 루시드와 마이모니데스의 신조는 종교에 대한 합리주의적이고 주지주의적인 접근이 독단을 불러오고 '신앙'과 '올바른 믿음'을 동일시하게 만든다는 것을 보여준다.

 그러나 마이모니데스 역시 인간의 이성으로는 신을 이해할 수 없고 신에게 접근할 수도 없다고 주장했다. 그는 아리스토텔레스와 이븐 시나의 논증을 이용해 신 존재를 증명했으나, 신의 절대적 단순성 때문에 신은 형언할 수 없고 표현할 수 없다고 말했다. 예언자들도 우화를 사용했고 신에 관해서는 상징적이고 암시적인 언어로만 이야기할 수 있다고 가르쳤다. 우리는 신이 존재하는 어떤 것과도 비교할 수 없음을 알고 있다. 그러므로 신에 관해 표현할 때는 부정어법을 사용하는 것이 더 낫다. '신이 존재한다'고 말하기보다 신은 비존재가 아니라고 해야 하는 것이다. 이스마일파의 경우에서 보았듯이 부정어 사용은 인간이 신의 초월성을 더 잘 이해하게 도와준다. 그것은 실재란 우리 하찮은 인간이 그에 관해 어떤 것을 상상하든 그 생각과 분명히 다르다는 것을 상기시키는 훈련이었다. 우리는 신이 '선하다'고 말할 수 없는데, 신은 인간이 생각하는 '선함'을 초월해 존재하기 때문이다. 부정어법은 인간의 소망과 욕망을 신에게 투영하지 못하게 막아 신으로부터 인간의 불완전함을 배제하는 방법이다. 투영은 인간의 이미지와 닮은 꼴로 신을 창조한다. 그러나 '부정의 길'(via negativa)을 통해 역설적으로 신에 관한 긍정적 개념을 형성할 수 있다. 예를 들어 신이 "무력하지 않다"고 말할 때 이것은 신이 활동적이라는 사실을 신이 능력 있다고 말할 때보다 강하고 분명하게 드러낸다. 또 신이 "불완전하지 않다"고 말하는 것은 신이 틀림없이 완전한 존재라는 사실을, 신이 "무지하지 않다"고 말하는 것은 신이 전지(全知)한 존재라는 사실을 긍정적으로 말할 때보다 뚜렷이 나타낸다. 마이모니데스는 이런 연역은 신의 활동에 관해서만 적용할 수 있으며 인간 지성의 영역을 벗어나 있는 신의 본질에 관해서는 적용할 수 없다고 역설했다.

마이모니데스는 성서의 신과 철학자들의 신 사이에서 선택해야 할 때 항상 전자를 선택했다. 무로부터 창조 교리가 철학적으로는 정설이 아님에도 그는 전통적 성서 교리를 고수했고 철학적인 유출 개념을 버렸다. 그는 무로부터 창조나 유출은 이성만으로 명확하게 증명할 수 없다고 지적했다. 또한 그는 예언이 철학보다 우위에 있다고 여겼다. 예언자나 철학자 모두 같은 신에 관해 말했지만 예언자는 지적인 재능뿐 아니라 상상력도 뛰어나야 했다. 예언자는 신에 관한 직접적이고 직관적인 앎을 지녔는데, 이는 추론으로 얻는 앎보다 훨씬 수준이 높은 것이었다. 이런 주장은 마이모니데스가 철학자였을 뿐 아니라 신에 관한 일종의 직관적 경험에 뒤따르는 떨리는 흥분, 곧 "상상력의 완벽한 발휘에 따른" 감정에 관해 이야기하는 신비주의자였기 때문이었다.[20] 마이모니데스는 합리성을 강조하면서도 신에 관한 최고의 앎은 지성보다 상상력에서 더 많이 나온다고 주장했다.

마이모니데스의 사상은 남부 프랑스와 에스파냐의 유대인 사이에서 퍼져, 14세기 초 이 지역에서는 유대인의 철학적 계몽 운동이 일었다. 이 유대인 파일라수프들 중 일부는 마이모니데스보다 더 열렬한 합리주의자였다. 프랑스 남부 바뇰의 랍비 레비 벤 게르손(1288~1344)은 신이 세속의 일들을 안다는 것을 부정했다. 그의 신은 철학자들의 신이지 성서의 신이 아니었다. 결국 반발이 시작되었다. 앞으로 살펴보겠지만 일부 유대인은 신비주의로 눈을 돌려 카발라라는 비전적 훈련을 발전시킨다. 다른 이들은 비극이 닥쳤을 때 팔사파의 멀리 떨어진 신은 위안을 줄 수 없음을 깨닫고 철학에서 물러났다. 13세기와 14세기 동안 기독교의 '레콩키스타(재정복 운동)'는 에스파냐에서 이슬람을 밀어내기 시작했고 서유럽의 반유대주의를 이베리아반도로 몰고 왔다. 이는 결국 에스파냐 유대 사회의 붕괴로 절정에 이르렀다. 16세기에 유대인들은 팔사파를 외면하고 과학적 논리보다는 신화에서 영감을 받아 완전히 새로운 신 개념을 발전시키게 된다.

부정의 길과
긍정의 길

서방 기독교 세계의 십자군 운동은 그들의 종교를 다른 유일신 전통과 분리했다. 1096~1099년의 1차 십자군 원정은 새로운 서양의 첫번째 협력 행위였고, 유럽이 '암흑기'로 알려진 오랜 야만의 시대에서 회복하기 시작했다는 표시였다. 새로운 '로마'는 북유럽 기독교 국가들로부터 지원을 받아 다시 국제 무대에 서기 위해 싸우고 있었다. 그러나 앵글족, 색슨족, 프랑크족의 기독교는 아직 초보 단계에 머물러 있었다. 그들은 공격적이고 호전적이어서 공격적인 종교를 원했다. 그들의 호전적 정신을 교회에 매어 두고 그들에게 진정한 기독교의 가치를 가르치기 위해, 11세기에 클뤼니 수도원과 그 부속 기관의 베네딕투스회 수도사들은 순례 같은 경건한 실천을 강조했다. 1차 십자군은 자신들의 근동 원정을 성지 순례로 보았지만 여전히 신과 종교에 대해 대단히 원시적인 개념을 지니고 있었다. 그들은 성 게오르기우스, 성 메르쿠리우스, 성 데메트리우스 같은 성기사들을 사실상 이교의 신 숭배와 거의 다를 바 없는 형태로 섬겼다. 예수는 육화한 로고스라기보다 십자군의 봉건 군주로 여겨졌다. 이 군주가 신앙심 없는 자들에게 빼앗긴 자기 재산—성지—을 회복하기 위해 기사들을 소집한 것이었다. 원정을 시작하면서 일부 십자군은 예수의 죽음에 복수하리라 결심하고서 라인강 계곡을 따라 있던 유대인 공동체를 학살했다. 이는 교황 우르바누스 2세가 십자군을 소집할 당시에 의도한 바는 아니었으나, 많은 십자군이 보기에 그리스도를 실제로 죽인 (혹은 죽였다고 생각한) 사람들이 바로 앞에 살아 있는데도 그들을 두고서 잘 알지도 못하는 무슬림과 싸우기 위해 5천 킬로미터를 행군한다는 것은 그야말로 이상한 일이었다. 예루살렘으로 향하는 길고 끔찍한 행군 동안 가까스로 전멸을 모면한 십자군은 자신들이 신의 특별한 보호를 받는 '선민'이기에 살아남을 수 있었다고 생각하게 되었다. 신은 고대 이스라엘인들을 이끈 것처럼 그들을 성지로 이끌었던 것이다. 실질적으로 십자군의 신은 성서의 초기 책들에 나오는 원시 부족의 신에 머물러 있었다.

1099년 여름 마침내 예루살렘을 정복했을 때 그들은 여호수아의 열정을 품고서 동시대인들이 놀랄 정도의 매우 잔인한 방법으로 도시에 거주하고 있던 수많은 유대인과 무슬림을 살육했다.

그때부터 유럽의 기독교인은 유대인과 무슬림을 신의 적으로 여겼다. 또 그들은 오랫동안 자신들을 야만적이고 열등하다고 느끼게 만든 비잔티움의 그리스 정교도들에게도 깊은 적대감을 품고 있었다.[21] 물론 항상 그런 것은 아니었다. 9세기에 수준 높은 교육을 받은 일부 서방 기독교인들은 동방 기독교 신학에서 영감을 받았다. 켈트족 철학자 요하네스 스코투스 에리우게나(810?~877?)는 고향 아일랜드를 떠나 서프랑크 왕국의 카롤루스 칼부스의 궁정에서 일하며, 동방 교회의 그리스 교부들이 쓴 많은 저서, 특히 위-디오니시우스의 저서를 서방 기독교인을 위해 라틴어로 번역했다. 그는 신앙과 이성이 상충하지 않는다고 열렬히 믿었다. 유대인 파일라수프와 무슬림 파일라수프처럼 철학을 신에게 가는 왕도로 보았다. 플라톤과 아리스토텔레스는 기독교에 대한 합리적 설명을 찾는 이들의 스승이었다. 에리우게나는 경전과 교부들이 쓴 글은 논리와 합리적 탐구를 통해 그 의미를 올바로 이해할 수 있다고 보았다. 그러나 이것은 문자 그대로 해석한다는 뜻이 아니었다. 일부 경전 구절은 상징적으로 해석해야 했는데, 그가 위-디오니시우스의 《천상의 위계》에 대한 주석서에서 설명했듯이 신학은 '일종의 시'였기 때문이다.[22]

에리우게나는 위-디오니시우스의 변증법적 방법을 사용해 신은 인간 이해의 한계를 상기시키는 역설을 통해서만 설명될 수 있다고 말했다. 신에 관한 긍정적 접근(긍정의 길)과 부정적 접근(부정의 길)은 모두 타당했다. 신은 이해할 수 없는 존재이기에 심지어 천사들조차 신의 본질적 본성을 이해하지 못하지만, 가령 '신은 지혜롭다' 같은 신에 대한 긍정의 진술은 가능했다. 신에게 '지혜롭다'는 표현을 쓸 때 우리는 보통의 의미로 사용한 것이 아님을 알고 있기 때문이다. 우리는 '신은 지혜롭지 않다'는 부정의 진술을 이어감으로써 이를 상기한다. 이 역설은 우리로 하여금 신에 관해 말하는 위-디오니시우스의 세 번째 방법에 이르도록 한다. '신은 지혜로운 것 이상이다.' 이는 그리스인이 아포파시스적 진술이라고 부른 것인데, '지혜로운 것 이상'이 무엇을 의미하는지 우리는 알 수 없기 때문이다. 다시 말하지만 이 방법은 그저 언어적 속임수가 아니라 상충하는 두 진술을 병치함으로써 우리가 '신'이라는 단어로 나타내는 신비 — 한낱 인간의 개념으로 국한될 수 없는 — 의 감각을 키울 수 있도록 돕는 훈련이었다.

에리우게나는 이 방법을 '신이 존재한다'는 진술에도 적용해 '신은 존재 그 이상이다'라는 변증법적 정반합의 논제에 이르렀다. 위-디오니시우스가 지적한 대로, 신은 그가 창조한 것들처럼 존재하지 않으며 그저 그들과 나란히 존재하는 '또 다른' 존재가 아니다. 에리우게나는 어떤 것이 존재 이상이라는 말은 그것이 드러나지 않는다는 뜻이므로 "신은 존재 그 이상이다"라는 말은 그 표현 자체가 불가해성을 지닌다고 주장했다. 그것은 현존하는 모든 사물의 존재를 초월하기에 어떤 방법으로도 규정이 불가능한 존재임을 뜻한다.[23] 사실 이것은 신은 '무'라는 의미다. 에리우게나는 이 말이 충격적으로 들릴 것을 알고서 그의 독자들에게 두려워하지 말라고 주의를 주었다. 그의 방법은 사람들에게 신은 대상적 객체가 아님을 상기시키기 위해 고안된 것이었다. 신은 우리가 이해할 수 있는 어떤 의미로도 '존재'를 지니지 않는다. 신은 '존재 그 이상의 존재'다.[24] 에리우게나에게 신 존재는 인간과 동물의 차이만큼이나 인간 존재와 차이가 있었다. 하지만 신의 무성(無性)은 신이 밝혀질 수 없는 존재의 근원이라는 점에서 모든 것을 대변하는 것이었다. 만물은 신의 피조물이며 따라서 신의 현현 즉 신의 임재의 징표가 된다. 아일랜드의 사도 성 패트릭의 유명한 기도문 구절 "신이 내 머리와 내 이해 안에 있게 하소서"에 압축된 켈트족의 신앙심은 에리우게나로 하여금 신의 내재성을 강조하도록 이끌었다. 신플라톤주의적 도식에서 창조 전체를 자신 안에 압축해 보여주는 인간이야말로 가장 완전한 신의 현현이다. 아우구스티누스와 마찬가지로 에리우게나도 인간 내면에서 희미하게나마 삼위일체의 일면을 발견할 수 있다고 가르쳤다.

에리우게나의 역설 신학에서 신은 무이자 모든 것인데, 두 표현은 서로 균형을 이루고 창조적 긴장 속에서 '신'이라는 단어만이 상징할 수 있는 신비를 나타낸다. 그러므로 한 제자가 그에게 위-디오니시우스가 신을 무라고 의도가 무엇인지 묻자 에리우게나는 이렇게 답했다. 신의 선함은 '초본질적'—즉 선함 그 이상—이고 '초자연적'이기에 이해할 수 없다. 그래서

> 그것이 그 자체로 관조되는 동안 〔그것은〕 존재하지도 않고 존재한 적도 없고 앞으로 존재하지도 않을 것인데, 그것은 모든 것을 넘어서기에 존재하는 것들 중 무엇으로도 이해될 수 없다. 그러나 존재하는 것들 안으로 향하는 어떤 형언할 수 없는 하강에 의해 그것은 정신의 눈으로 볼 수 있게 되고, 모든 것 안에 홀로 존재하는 것으로 발견되며, 존재하고 존재했고 존재하게 될 것이다.[25]

그러므로 인간이 신의 실재 자체를 고찰할 때, "그것을 '무(無)'로 부르는 것은 불합리한 것이 아니다." 그러나 이러한 신적 공허(Void)의 상태는 무로부터 창조적 변화를 야기하며, 그로부터 창조된 모든 각각의 피조물은 "영적 임재로서 신의 현현으로 볼 수 있다."[26] 신은 인간의 모든 사고의 틀을 초월하므로 우리는 신의 본질을 도저히 이해할 수 없다. 다만 우리는 창조된 세계에 생기를 불어넣고 꽃이나 새나 나무나 다른 인간 존재로 자신을 드러내는 신의 모습을 볼 수 있을 뿐이다. 그런데 이 같은 에리우게나의 접근 방법에는 몇 가지 문제가 있었다. 악은 어떻게 할 것인가? 힌두교도의 주장처럼 악도 이 세상에 나타나는 신의 현시인가? 에리우게나는 악의 문제를 충분히 깊이 다루지 않았지만, 후대 유대 카발리스트들은 신 안에서 악의 자리를 찾아내려고 했다. 또한 카발리스트들은 에리우게나의 책을 접했을 가능성이 거의 없지만 에리우게나의 설명과 대단히 비슷한 방식으로 신이 무라는 상태에서 유로 나아가는 것을 묘사하는 신학을 발전시켰다.

에리우게나는 라틴계 서방 기독교인들이 그리스계 동방 기독교인들에게 배울 것이 많음을 보여주었지만 1054년 대분열로 인해 동방 교회와 서방 교회는 관계가 끊어졌다. 당시에는 아무도 의도하지 않았겠지만 이 분열은 영속적인 것이 되어버렸다. 이 책에서는 다루지 않겠지만 이 갈등은 정치적 차원도 있었으나 삼위일체에 관한 논쟁도 중요했다. 796년 서방 교회의 주교들이 주도한 프리울리 교회회의(시노드)에서 니케아 신조에 필리오케* 구절을 삽입했다. 이는 성령이 성부로부

필리오케(filioque) '그리고 아들로부터'를 뜻하는 라틴어 문구. 서방 교회에서 니케아-콘스탄티노폴리스 신조 속에 삽입해 '아버지와 아들로부터 나신 성령'이라는 교리를 확립했다.

터뿐만 아니라 성자로부터도 나온다는 것이었다. 라틴 주교들은 성부와 성자의 동등성을 강조하고 싶어 했는데, 일부 신도들이 아리우스파의 견해를 품고 있었기 때문이었다. 라틴 주교들은 성령이 성부와 성자 모두에게서 나오게 만듦으로써 성부와 성자의 동등한 지위를 강조할 수 있다고 생각했다. 서방의 황제가 될 샤를마뉴는 이 신학적인 문제를 전혀 이해하지 못했지만 새로운 구절을 승인했다. 동방 기독교인들은 이를 비난했지만, 서방 기독교인들은 물러서지 않았고 '자신들의' 교부들이 이 교리를 가르쳤다고 주장했다. 그들의 주장에 따르면, 아우구스티누스는 성령을 아버지와 아들을 이어주는 사랑으로 보고 삼위일체 유일성의 원리로 해석했다. 그러므로 성령이 둘로부터 나왔다고 말하는 것은 옳았고 새로운 구절은 세 위의 본질적 유일성을 강조하는 것이었다.

그러나 동방 기독교인들은 언제나 아우구스티누스의 삼위일체 신학이 지나치게 신인동형적이라는 이유로 불신했다. 서방 기독교에서 신의 유일성 개념에서 출발해 유일성 안의 세 위를 강조했다면, 동방 기독교인들은 항상 세 히포스타시스에서 시작해 신의 유일성—신의 본질—이 우리의 이해 너머에 있음을 선언했다. 그들은 서방 기독교인들이 삼위일체를 너무 이해하기 쉽게 만들었다고 생각했고, 또한 라틴어가 이 삼위일체의 사상을 충분히 정확하게 표현할 수 없는 것은 아닌지 의심했다. 동방 기독교인들은 필리오케 구절이 세 위의 유일성을 지나치게 강조함으로써 신의 본질적 불가해성을 드러내기보다 오히려 삼위일체를 너무 합리적 개념으로 만들었다고 주장했다. 이것은 신을 세 측면 혹은 세 존재 방식을 지닌 하나로 만들었다. 사실 서방 기독교인의 주장은 동방 기독교인들의 아포파시스적 영성에 맞지 않았지만 이단적인 것은 아니었다. 평화에 대한 의지가 있었다면 갈등이 봉합될 수 있었을지 모르지만 동방과 서방의 긴장은 십자군 전쟁 동안 고조되었다. 특히 1204년에 4차 십자군이 비잔티움 제국의 수도 콘스탄티노폴리스를 약탈하고 치명상을 입혔을 때 심각했다. 필리오케 문구가 불러온 불화는 동방 기독교와 서방 기독교가 신에 관해 전혀 다른 개념을 발전시키고 있었다는 것을 드러냈다. 삼위일체는 동방 교회에서와 달리 서방 교회에서는 영성의 중심인 적이 없었다. 동방 기독교인들은 서방이 이런 식으로 신의 유일성을 강조함으로써 신 자체를 인간이 철학적으로 논증하고 규정할 수 있는 하나의 '단순한 본질'로 만들었다고 느꼈다.[27] 다음 장에서 우리는 서방 기독교인이 삼위일체 교리에 관해 자주 불안해했으며, 18세기 계몽주의 시대에 많은 사람들이 그 교리를 완전히 놔버렸다는 것을 살펴볼 것이다. 서방 기독교인들은 모든 면에서 삼위일체주의자가 아니었다. 그들은 유일신 안에 세 위가 있다는 교리를 이해하기 힘들다고 불평했고 동방 기독교인들에게는 그것이 요점이었음을 깨닫지 못했다.

대분열 이후 동방 교회와 서방 교회는 서로 다른 길을 걸었다. 동방 교회에서 신에 대한 연구로서 테올로기아(theologia, 신학)는 그대로 유지되었다. 그들은 삼위일체와 성육신 교리를 본질적으로 신비주의적 차원에서 다루었다. 그들은 은총론이나 성부와 성자의 '가족 신학'의 개념이 모순적이라고 생각했으며, 부차적인 문제에 관한 이론적 논의와 정의에 관심이 없었다. 그러나 서방 기독교에서는 이러한 문제를 정의하고 모든 사람이 동의할 수 있는 올바른 의견을 형성하는 데 점점 더 많은 관심을 기울였다. 예를 들어 가톨릭과 프로테스탄트는 구원이 '어떻게' 일어나는지, 성체성사가 정확히 '무엇인지' 합의하지 못했기에 종교개혁은 기독교 국가를 여러 진영으로 분열시켰다. 서방 기독교인들은 동방 기독교인들에게 이런 논쟁적인 문제들에 대해 의견을 제시하라고 끊임없이 요구했지만 동방 기독교인들은 한 발 떨어져 있거나 대답하더라도 대충 꿰맞춰 말할 때가 많았다. 동방 기독교인들은 합리주의를 불신하게 되었는데, 개념과 논리를 초월하는 신에 관한 논의의 도구로 합리주의가 적절하지 않다고 보았기 때문이다. 형이상학은 세속 학문에는 유용할지 몰라도 신앙을 위태롭게 할 수 있었다. 철학은 인간 정신을 대변하는 한낱 장광설에 불과하며, 오로지 종교적 신비 체험으로만 이해될 수 있는 신에 대해 그저 침묵을 지켜야 한다는 것이 그들의 생각이었다. 1082년 철학자이자 인본주의자인 이오아네스 이탈로스는 과도한 철학 사용과 신플라톤주의적 창조 이해로 인해 이단으로 재판을 받았다. 동방 기독교인들이 이렇게 의도적으로 철학에서 물러난 것은 알-가잘리가 바그다드에서 신에 관한 철학적 논증의 한계를 깨닫고 수피가 되기 직전의 일이었다.

동방 기독교인들과 무슬림이 팔사파(철학)에 관심을 잃어 가고 있던 바로 그 순간에 서방 기독교인들이 팔사파에 관심을 기울이기 시작했다는 것은 다소 가슴 아프고 아이러니하다. 암흑기에는 플라톤과 아리스토텔레스의 사상을 라틴어로 접할 수 없었기에 서방은 뒤처질 수밖에 없었고, 철학의 발견은 그들에게 흥미와 자극을 주었다. 4장에서 살펴본 11세기 신학자 캔터베리의 안셀무스는 철학이 모든 것을 증명할 수 있다고 생각했던 것 같다. 그의 신은 무가 아니라 모든 존재 가운데 최고 존재였다. 심지어 믿지 않는 자들조차도 "하나의 본성이자 존재하는 모든 것 가운데 가장 높고 영원한 지복 안에서 그 자체로 충분한" 존재의 개념을 형성할 수 있었다.[28] 그러나 안셀무스는 신은 오직 믿음 안에서만 알 수 있다고도 주장했다. 이는 보이는 것만큼 역설적인 것은 아니다. 안셀무스는 그의 유명한 기도문에서 〈이사야〉의 이 구절을 반영했다. "너희가 굳게 믿지 아니하면 결코 굳건히 서지 못하리라."

> 제 마음이 진정으로 믿고 사랑하는 당신의 진리를 조금이나마 이해하기를 간절히 원합니다. 믿기 위해 이해하려 하는 것이 아니라 이해하기 위해 믿기 때문입니다(credo ut intellegam). 믿음이 없는 한 결코 이해하지 못하리라는 사실조차 믿기 때문입니다.[29]

자주 인용되는 '이해하기 위해 믿는다(크레도 우트 인텔레감)'는 말은 결코 신앙을 위해 지적 활동을 포기한다는 뜻이 아니다. 안셀무스는 언젠가 신조가 이해되기를 바라며 맹목적으로 받아들이자고 주장한 것이 아니었다. 그의 주장은 사실 이렇게 번역되어야 한다. "이해할 수 있기 위해 나 자신을 헌신한다." 당시 '크레도(credo)'라는 단어는 오늘날 '믿음(belief)'이 내포한 지적인 의미가 없었으며 신뢰와 충성의 태도를 뜻했다. 이처럼 서방 기독교 내에서 일어난 합리주의의 초기 흐름에서도 신에 관한 종교적 경험이 이론적 논의나 논리적 이해보다 중시되었음에 주목할 필요가 있다.

그렇지만 무슬림과 유대인 파일라수프들처럼 안셀무스도 신 존재를 합리적으로 증명할 수 있다고 믿고 자신만의 증명을 고안했는데, 이는 보통 '존재론적' 증명으로 불린다. 안셀무스는 신을 '그보다 더 위대한 것이 생각될 수 없는 어떤 것'이라고 정의했다.[30] 이는 신이 사유의 대상일 수 있음을 암시했기에 신이 인간의 정신으로 그려지고 이해될 수 있음을 의미했다. 안셀무스는 이 '어떤 것'이 반드시 존재해야 한다고 주장했다. 존재는 비존재보다 더 '완벽'하거나 완전하기에 우리가 상상하는 완벽한 존재는 반드시 존재한다. 만일 인간의 상상 속에 존재하는데도 실제로 존재하지 않는다면 그것은 완전한 것이 아니기 때문이다. 안셀무스의 증명은 플라톤적 사유가 지배하던 세계―개념들이 영원한 원형을 가리킨다고 믿었던―에서는 정교하고 효과적이었다. 그러나 오늘날 회의론자들을 설득하기는 쉽지 않을 것이다. 스코틀랜드 출신 신학자 존 맥쿼리(John Macquarrie)가 지적했듯이, 100파운드가 있다고 상상한다고 그 돈이 주머니 속에서 현실이 되지는 않을 것이기 때문이다.[31]

안셀무스의 신은 위-디오니시우스와 에리우게나가 설명한 '무'가 아니라 '존재'였다. 그는 이전 대부분의 파일라수프들보다 훨씬 더 긍정적인 용어로 신에 대해 적극적으로 말했다. 안셀무스는 '부정의 길'의 훈련을 제안하지 않았으며, 자연 이성을 통해 꽤 적절한 신 개념에 도달할 수 있다고 생각했다. 그런데 바로 이 점이 서방 기독교 신학에 대해 동방 기독교인들이 늘 못마땅하게 생각하던 것이었다. 자신의 신 존재 증명에 만족한 안셀무스는 동방 기독교인들이 어긋난 이성이자 개념화라고 주장해 온 성육신과 삼위일체 교리의 증명에 착수했다. 우리가 4장에서 살펴본 《인간이 되신 하느님》에서 그는 계시보다 논리와 합리적 사고에 의존했는데, 본질적으로 인간의 동기를 신에게 돌리는 자신의 논증을 위해 성서와 교부들의 글을 부차적으로 인용했다. 그러나 그가 신의 신비를 합리주의적 용어로 설명하려 한 유일한 서방 기독교인은 아니었다. 동시대인으로 카리스마 넘치는 파리의 철학자 피에르 아벨라르(1079~1147)도 '삼위'의 구별을 다소 희생하며 신의 유일성을 더 강조한 삼위일체론을 발전시켰다. 또 그는 속죄의 신비를 정교하고 감동적으로 설명했는데, 그리스도가 우리 안의 동정심을 일깨우기 위해 십자가에 못 박혔고 그렇게 함으로써 우리의 구원자가 되었다는 것이었다.

그러나 아벨라르는 본래 철학자였기에 그의 신학은 대체로 다소 전통적이었다. 그는 12세기 유럽에서 지적 부흥을 주도한 인물이 되었고 많은 추종자가 그를 따랐다. 이로 인해 부르고뉴 클레르보 시토회 수도원의 카리스마 넘치는 수도원장이었던 베르나르(베르나르 드 클레르보)와 갈등을 빚게 되었다. 베르나르는 당시 유럽에서 가장 유력한 인물이었다. 교황 에우게니우스 2세와 프랑스 국왕 루이 7세가 그의 영향력 아래 있었고, 그의 말솜씨는 유럽에서 수도원 혁명을 불러일으킬 정도였다. 많은 젊은이가 그의 설교를 듣고 과거의 베네딕투스회 수도원 생활을 재현하기 위해 집을 떠나 시토회 수도원으로 향했다. 1146년 2차 십자군 원정을 위해 베르나르가 설교했을 때, 그동안 다소 무관심하던 독일인과 프랑스인이 열광에 휩싸였다. 그가 만족해하며 교황에게 써 보낸 편지를 보면 시골이 황량해 보일 정도로 많은 사람이 군에 들어가기 위해 몰려들었다고 한다. 베르나르는 지적인 인물이었고 다소 외부 지향적이던 서유럽인의 신앙심에 내면적 차원을 부여했다. 시토회의 신앙심은 상징적 도시―이 세상에 속하지는 않으나 신의 비전을 드러내는―로 떠나는 영적 여정을 묘사하는 성배의 전설에 영향을 끼친 듯 보인다. 그러나 베르나르는 아벨라르 같은 학자들의 주지주의를 진심으로 불신했고 그를 침묵시키기로 작정했다. 그는 아벨라르가 "인간의 이성으로 신의 모든 것을 이해할 수 있다고 생각하며 기독교 신앙의 가치를 망치려 하고 있다"[32]고 비난했다. 그는 사랑에 대한 사도 바울의 찬송 시를 언급하며, 그 철학자에게는 기독교적 사랑이 결여되어 있다고 주장했다. "그는 아무것도 수수께끼로 보지 않고 아무것도 거울에 비춰 보지 않으며 모든 것을 직접 대면해 본다."[33] 베르나르에게 사랑과 이성은 양립할 수 없는 것으로 보였다. 1141년 베르나르는 아벨라르에게 상스 공의회에 출두할 것을 요구했다. 상스 공의회는 베르나르의 지지자들로 가득 찼고 일부는 밖에서 기다리고 있다가 아벨라르가 도착했을 때 위협을 가하기도 했다. 이 무렵 아벨라르는 아마도 파킨슨병을 앓고 있었기에 그를 제압하는 것은 어렵지 않았다. 베르나르가 달변으로 공격하자 아벨라르는 충격을 받아 쓰러졌고 이듬해 숨을 거두었다.

이것은 정신과 마음의 분열을 나타내는 상징적인 사건이었다. 아우구스티누스의 삼위일체론에서 정신과 마음은 분리될 수 없었다. 이븐 시나와 알-가잘리 같은 무슬림 파일라수프들은 지성뿐 아니라 사랑의 실천과 신비주의적 체험을 통해 신을 알 수 있다고 보았다. 앞으로 보겠지만 12세기와 13세기 동안 이슬람 세계의 주요 사상가들은 정신과 마음을 융합하려 시도했고, 철학을 수피가 장려한 사랑과 상상력의 영성과 분리할 수 없다고 보았다. 그러나 베르나르는 지성을 두려워한 듯 보이며 지성을 정신의 더 감정적이고 직관적인 부분과 분리하기를 원했다. 그는 메마른 합리주의만큼이나 이성적 합리성이 결여된 감정도 위험하다는 것을 깨닫지 못했던 듯하다. 베르나르가 설교한 십자군 원정은 부분적으로는 상식과 동떨어진 이상주의에 의존하고 기독교의 동정의 에토스를 노골적으로 부정했기에 재앙이 되었다.[34] 아벨라르에 대해 베르나르가 취한 행동은 사랑이 결여되어 있었으며 그는 십자군에게 그리스도에 대한 사랑으로 이교도를 죽이고 그들을 성지에서 몰아낼 것을 강력히 권하기까지 했다. 신의 절대적 신비를 설명하려 하고 경외와 경이의 종교적 감각을 희석할 우려가 있던 합리주의의 위험에 대한 베르나르의 지적은 옳았다. 하지만 자신의 편견을 비판적으로 검토하는 데 실패한 억제되지 않은 주관성은 종교의 최악의 난폭한 행위를 초래할 수 있었다. 기독교 신앙에 필요한 것은 지성을 폭력적으로 억압하고 동정심을 포기하는 껍데기 '사랑'의 주정주의가 아니라 이성의 능력으로 무장한 감정적 주관성임을 그는 깨닫지 못했다.

아퀴나스와 보나벤투라의 신 존재 증명

토마스 아퀴나스(1225~1274)만큼 서구 기독교에 지속적인 영향을 끼친 사상가는 드물 것이다. 아퀴나스는 아우구스티누스와 당시 서방에 알려지기 시작한 그리스 철학의 종합을 시도했다. 12세기에 유럽학자들이 에스파냐로 모여들었고, 그곳에서 무슬림의 학문을 접했다. 그들은 무슬림과 유대 지식인들의 도움을 받아 이 지적인 부를 서방에 전하기 위한 방대한 번역 작업을 수행했다. 플라톤과 아리스토텔레스를 비롯한 고대 그리스 철학자들의 저술이 아랍어 번역본에서 다시 라틴어로 번역되어 북유럽 사람들에게 처음으로 소개되었다. 번역가들은 아랍 과학자들과 아랍 의사들의 발견뿐 아니라 이븐 루시드의 저서를 포함해 당대 이슬람의 최신 학문도 옮겼다. 일부 유럽 기독교인들이 근동의 이슬람을 파괴하는 데 열중하고 있던 때에 에스파냐의 무슬림은 서방이 독자적인 문명을 건설하는 데 도움을 주고 있었다. 토마스 아퀴나스의《신학대전》은 새로운 철학을 서방 기독교 전통과 통합하려는 시도였다. 아퀴나스는 특히 아리스토텔레스 사상에 대한 이븐 루시드의 설명에 깊은 인상을 받았다. 그러나 그는 안셀무스나 아벨라르와는 달리 삼위일체 같은 신비가 이성에 의해 증명될 수 있다고 믿지 않았으며, 형언할 수 없는 신의 실재와 신에 관한 인간적 교리를 조심스럽게 구분했다. 아퀴나스는 인간의 정신은 신의 본질적 실체에 접근할 수 없다는 위-디오니시우스의 견해에 동의했다. "그러므로 인간이 신에 관해 알 수 있는 것은, 신이 인간 이해의 영역을 초월함을 깨닫고 인간이 신을 도저히 이해할 수 없다는 것을 아는 것이다."[35] 아퀴나스가 《신학대전》의 마지막 문장을 구술할 때 갑자기 탄식하며 머리를 양손으로 감쌌다는 이야기가 있다. 필경사가 그에게 무슨 일이냐고 묻자, 그는 자신이 본 것에 비하면 자신이 쓴 모든 것이 지푸라기라고 말했다고 한다.

아퀴나스가 자신의 종교 경험을 새로운 철학의 맥락 안에 놓으려고 한 것은, 신앙을 다른 실상들과 뚜렷이 구분하되 그것들로부터 완전히 격리하지 않기 위한 매우 중요한 시도였다. 과도한 주지주의는 신앙에 해를 끼치지만, 신을 인간의 이기적 목표를 달성하려는 자의적 해석의 대상으로 만들지 않기 위해 종교적 경험도 이성의 평가를 거쳐야 했다. 아퀴나스는 신이 모세에게 말한 신 자신에 대한 정의 "나는 스스로 있는 나다"로 돌아갔다. 아리스토텔레스는 신을 '필연적 존재'라고 말했지만, 아퀴나스는 신을 '스스로 있는 자'라고 부르며 철학자의 신과 성서의 신을 연결했다. 그러나 그는 신이 그저 우리 같은 또 하나의 존재가 아니라는 점을 분명히 했다. '존재 자체'라고 정의한 것은 "어떤 특정한 [존재의] 형태가 아니라 존재 그 자체(esse seipsum)를 나타내기 때문에" 적절한 정의가 된다.[36] 그러므로 후에 서양에 널리 퍼진 합리주의적 신관을 아퀴나스 탓으로 돌리는 것은 옳지 않다.

그러나 공교롭게도 아퀴나스는 자연철학을 통한 신 존재 증명으로부터 신에 대한 논의를 시작함으로써, 신이 다른 철학적 개념이나 자연 현상과 같은 방식으로 논의될 수 있다는 인상을 주었다. 이는 우리가 다른 세속의 현실과 거의 같은 방식으로 신을 알 수 있음을 의미한다. 이후 가톨릭 세계에서 매우 중요해지고 프로테스탄트도 사용하게 되는 아퀴나스의 다섯 가지 '신 존재 증명'은 다음과 같다.

1. 아리스토텔레스의 '제일원인에 의한 증명'
2. 원인이 무한히 있을 수 없으며 시작이 틀림없이 있다고 하는 '능동인에 의한 증명'
3. 이븐 시나의 우연성 논증에서 요구하는 '필연적 존재에 의한 증명'
4. 이 세계의 탁월성의 위계가 모든 것 중 최고인 '완전성'을 암시한다는 아리스토텔레스의 '완전성의 단계에 의한 증명'
5. 우주에서 발견되는 질서와 목적은 우연한 결과일 수 없다는 '목적론에 의한 증명'

오늘날 이러한 증명들은 설득력이 없다. 심지어 종교적 관점에서 보더라도 다소 의심스러운데, '목적론에 의한 증명'을 제외하고는 각 증명은 '신'을 그저 '또 다른' 존재, 존재 사슬의 또 하나의 고리임을 암묵적으로 암시하기 때문이다. 신은 최고 존재, 필연적 존재, 가장 완벽한 존재이다. '제일원인'이나 '필연적 존재'라는 용어는 신이 우리가 아는 존재들과 같은 존재일 수 없으며 오히려 그 존재의 근거 또는 조건임을 암시한다. 아퀴나스의 의도는 분명 이것이었다. 그럼에도 《신학대전》을 읽은 이들은 항상 이 중요한 구별을 염두에 두지 않고, 신이 그저 모든 존재 중 가장 높은 존재인 것처럼 말해 왔다. 이런 생각은 환원적이며 신을 우상으로 만들 수 있다. 그 우상은 우리 자신의 이미 지대로 만들어진 것이며, 쉽게 천상의 초자아로 바뀔 수 있다. 서구의 많은 사람들이 신을 이런 존재로 간주한다고 말해도 틀린 말은 아닐 것이다.

당시 유럽에 소개되어 유행하게 된 아리스토텔레스 철학과 신을 연결하려는 시도는 매우 중요한 일이었다. 파일라수프도 자신들의 신 개념이 시대에 뒤처지지 않기를, 낡은 게토로 밀려나지 않기를 열망했다. 신 개념과 종교적 경험은 각 세대마다 새롭게 창조되어야 했다. 그러나 대부분의 무슬림은 아리스토텔레스가 자연과학 같은 분야에서는 대단히 유용하지만 신에 관한 연구에서는 별로 기여하는 바가 없다고 결론 지었다. 앞서 우리는 아리스토텔레스의 신 본성에 대한 논의가 편집자에 의해 '형이상학(자연학 뒤에)'으로 불렸음을 보았다. 무슬림은 아리스토텔레스의 신은 물리적 현실의 연속성을 보여줄 뿐이며 현실 세계와 완전히 다른 질서에 속하는 실재를 밝히지 못한다고 생각했다. 무슬림 세계에서 신에 관한 대부분의 논의는 철학과 신비주의를 혼합하는 방향으로 발달하게 된다. 이성만으로는 우리가 '신'이라 부르는 실재에 대한 종교적 이해에 도달할 수 없지만 종교적 경험이 지저분하고 방종한—심지어 위험한—감정이 되지 않으려면 비판적 지성과 철학적 훈련이 필요했다.

아퀴나스와 동시대인이자 프란체스코 수도회 신학자였던 보나벤투라(1221~1274)는 무슬림과 거의 같은 비전을 지녔다. 그 역시 철학과 종교적 경험을 연결 지으면서 두 영역을 서로 풍부하게 하려고 노력했다. 보나벤투라는 《세 길》에서 아우구스티누스를 따라 창조된 세계의 모든 곳에서 삼위일체를 보았고, 이 '자연 삼위일체론'을 《신에 이르는 정신의 여행》에서 출발점으로 삼았다. 그는 타고난 이성의 능력만으로 삼위일체를 증명할 수 있다고 진정으로 믿었지만, 신 이해를 위한 필수 요소로 영적 체험의 중요성을 강조함으로써 이성 만능주의의 위험을 피했다. 아우구스티누스처럼 그는 신 이해의 문제가 이성과 영적 체험의 결합을 완벽하게 보여주는 사람들에 의해 입증될 수 있다고 보았다. 그는 수도회의 창시자인 아시시의 프란체스코를 그러한 사람의 실례로 들면서, 신의 현존을 보여준 프란체스코의 삶이야말로 기독교의 교리를 온전히 입증한다고 주장했다. 토스카나의 시인 단테 알리기에리(1265~1321)도 동료 인간 — 단테의 경우 피렌체의 여인 베아트리체 포르티나리 — 에게서 신의 현현을 발견할 수 있었다. 신에 대한 이런 인격주의적 접근은 아우구스티누스로 되돌아가는 것이었다.

보나벤투라는 안셀무스의 신 존재를 위한 존재론적 증명을 프란체스코를 신의 현현으로 보는 자신의 논의에 적용했다. 그는 프란체스코가 지상의 삶에서 인간을 뛰어넘는 탁월성을 성취했다고 주장했다. 그의 주장에 따르면, 우리는 프란체스코의 삶을 통해 우리가 이승에서 살아가는 동안에도 "더 나은 것을 상상할 수조차 없는 '최선'의 것을 깨닫고 이해할" 수 있다.[37] 우리가 '최선'의 개념을 형성할 수 있다는 사실 자체가 바로 신이라는 '최고의 완전함'이 존재할 수밖에 없음을 증명한다. 또한 그는 우리가 플라톤과 아우구스티누스가 조언한 것처럼 자기 안으로 들어간다면 "우리 자신의 내면세계에" 반영된 신의 이미지를 발견하게 될 것이라고 주장했다.[38] 이러한 내면 성찰은 필수적이었다. 물론 교회의 전례에 참여하는 일도 중요했지만, 기독교인은 먼저 자아의 깊은 곳으로 내려가서 "지성을 넘어 황홀경을 빠지고" 우리의 제한된 인간적 개념을 초월하는 신의 비전을 찾아야 했다.[39]

보나벤투라와 아퀴나스는 모두 철학보다 종교적 경험을 본질적인 것으로 보았다. 무슬림과 유대인 철학자들처럼 그들도 팔사파의 전통에 충실하면서 동시에 인간 지성의 한계를 넘어선 신비주의적 종교 경험의 가치를 매우 중시했다. 그들은 자신들의 종교적 신앙과 과학적 연구를 연결 짓고 그것을 다른 일상적인 경험들과 연결하기 위해 신 존재의 합리적 증명을 발전시켰다. 그들은 결코 신이 존재한다는 것을 의심하지 않았다. 그러나 그들의 성취에는 분명 한계가 있었다. 현대적 의미의 무신론자는 아직 없었기에 그들의 신 존재 증명은 믿지 않는 자들을 설득하기 위해 고안된 것이 아니었다. 인간의 자연적(타고난) 이성 능력에 근거한 자연 신학은 종교적 경험의 전주곡이 아니라 반주곡이었다. 그리스 철학을 근거로 삼아 신학적 문제를 다룬 당시의 모든 사람은 신비로운 종교적 경험을 할 수 있기 전에 먼저 합리적으로 신 존재를 확신해야 한다고 믿지 않았다. 오히려 그 반대였다. 유대교, 이슬람교, 동방 기독교 세계에서 철학자들의 신은 신비주의자들의 신에 의해 급격히 추월당하고 있었다.

7장

신비주의자의 신

유대교, 기독교, (비록 정도는 덜하지만) 이슬람교 모두 인격신 개념을 발전시켜 왔기에, 우리는 이 이상이 종교를 가장 잘 표현한다고 이해하는 경향이 있다. 인격신 개념은 개인의 신성하고 양도할 수 없는 권리를 존중하고 인간 존엄성에 대한 이해를 키우는 데 도움이 되었다. 특히 유대-기독교 전통은 신도 인간과 다를 바 없이 사랑하고 판단하고 벌하고 보고 듣고 창조하고 파괴한다는 인격적 가치를 강조함으로써 서구인 스스로 높게 평가하는 자유주의적 인본주의를 받아들이도록 했다. 유대교의 유일신인 야훼는 본래 인간과 동일한 감정과 기호를 지닌 인격 신이었으나 시간이 흐르면서 인간 사고의 범주를 넘어 활동하는 초월적 존재로 이해되었다. 인격신은 중요한 종교적 통찰을 반영한다. 어떤 최고의 가치도 인간보다 중요할 수 없다는 것이다. 나아가 인격주의는 종교와 도덕의 발전에서 중요하고, (많은 사람에게) 필수적인 요소가 되었다. 이는 이스라엘 예언자들이 자신의 감정과 열정을 신에게 돌린 것뿐 아니라 불교도와 힌두교도가 최고 실재의 '화신'에 인격적 경건함을 포함시킨 데서도 드러난다. 특히 기독교는 종교의 역사상 가장 독특한 방식으로 인간을 종교적 삶의 중심에 놓았는데, 유대교에 내재한 인격주의를 극단까지 끌고 간 것이다. 어쩌면 인간적 요소가 어느 정도라도 없었다면 종교는 인류 역사에 뿌리내리지 못했을지도 모른다.

그러나 인격신은 심각한 골칫거리가 될 수도 있다. 인격신이 인간의 한정된 욕구와 두려움과 욕망의 투영에 불과한 우상이 될 수 있다는 점 때문이다. 우리는 신이 우리가 사랑하는 것을 사랑하고 우리가 미워하는 것을 미워하며, 편견을 부정하기보다 용인한다고 추정하곤 한다. 신이 재앙을 막지 못하거나 오히려 비극을 바라는 것처럼 보일 때, 신은 냉혹하고 잔인하게 보일 수 있다. 심지어 재난이 신의 뜻이라고 믿음으로써 근본적으로 용납할 수 없는 것까지 받아들이게 만들 수 있다. 신이 인간처럼 성별이 있다는 사실 또한 한계가 있다. 이는 여성을 희생시켜 인류 절반의 성(섹슈얼리티)을 신성화함으로써 인류의 성 관습에 신경증적이고 부적절한 불균형을 초래했다. 따라서 인격신은 위험할 수 있다. 인격신은 인간을 한계 너머로 이끄는 대신 그 안에 안주하도록 이끌 수 있고, 우리를 잔인하고 냉담하고 자기만족적이고 편협하게 만들 수 있다. 인격신은 모든 진보한 종교의 특징이어야 할 동정심을 불러일으키는 것이 아니라 타자를 판단하고 비난하고 소외시키도록 부추길 수 있다. 그러므로 인격신 개념은 종교의 본질을 표현하지 못하며 종교 발전의 한 단계를 나타낼 뿐이다. 세계의 모든 종교는 인격신 개념이 지닌 위험을 알았기에 인간의 사고 범주를 넘어선 초월적 신 개념을 추구해 왔다.

유대교 경전은 진보의 이야기이자, 이후에 부족신이자 인격신 야훼에서 이름을 부를 수 없는 초월적 신 야훼(YHWH)가 되는 이야기로 읽을 수 있다. 세 유일신 신앙 중 가장 인격화된 종교인 기독교는 탈인격적 개념의 삼위일체 교리를 도입해 성육신 교리로 인해 나타난 인격신 숭배의 결점을 보완하려고 노력했다. 이슬람교도 쿠란에 암시된, 신이 인간처럼 '보고' '듣고' '판단한다'는 구절로 인해 골치를 썩었다. 결국 세 유일신 종교는 모두 자신들의 신을 인격적 범주를 초월해 불교의 닙바나나 힌두교의 브라흐만-아트만과 유사한 비인격적 범주로 신을 이해하는 신비주의 전통을 발전시켰다. 비록 소수만 진정한 신비주의에 이를 수 있으나 (서방 기독교를 제외한) 세 종교 모두 비교적 최근까지 신비주의적 신 체험과 이해를 모범적인 믿음의 형태로 여겨왔다.

역사적으로 유일신교는 신비주의에서 출발하지 않았다. 우리는 앞에서 예언자들의 경험과 붓다 같은 명상가들의 체험의 차이를 살펴보았다. 유대교, 기독교, 이슬람교는 모두 본래 활동적인 신앙이며 신의 뜻이 하늘에서 이루어진 것같이 이 땅에서도 이루어지도록 헌신했다. 이러한 예언자의 종교에서 중심 모티프는 신과 인간의 대면이나 개인적 만남이다. 우리는 이 신을 실천을 요구하는 정언 명령으로 경험한다. 신은 우리를 부르고 우리에게 자신의 사랑과 관심을 거부하거나 받아들이는 선택권을 부여한다. 이 신은 침묵의 명상보다 대화를 통해 인간과 관계 맺고, 헌신의 가장 중심이 되는 말씀을 하는데, 이 말씀은 결함 있고 비극적인 삶의 조건 속에서 고통스럽게 육화되어야 한다. 가장 인격화된 종교인 기독교에서 신과 맺는 관계의 특징은 '사랑'이다. 그러나 이 사랑의 핵심은 인간의 자아가 소멸되어야 한다는 것이다. 다시 말해 신과 인간의 관계를 구성하는 대화와 사랑은 끊임없이 인간에게 다가오는 자기 중심주의라는 악의 가능성을 가리켜 보인다. 이것은 세속 경험에 뿌리를 두고 있는 인간의 언어로는 도저히 드러낼 수 없는 실상이다.

예언자들은 신화에 전쟁을 선포했다. 그들의 신은 신화 속의 원초적이고 성스러운 시간이 아니라 역사의 구체적인 사건 속에서 활동했다. 그러나 유일신론자들이 신비주의에 의지할 때 신화는 종교 체험의 주요한 수단으로 부활했다. 이 점과 관련해 먼저 우리는 '신화(myth)' '신비주의(mysticism)' '신비(mystery)' 이 세 단어의 언어적 관련성을 살펴볼 필요가 있다. 이것들은 모두 '눈을 감다' '입을 닫다'는 뜻의 그리스어 동사 '미오(myō)'에서 나왔다. 즉 이 단어들은 암흑과 침묵의 경험에 어원을 두고 있다.[1] 사실 이 말들은 현대 서구 사회에서 그다지 통용되지 않는다. 예를 들어 '신화'라는 단어는 종종 거짓말의 동의어로 사용된다. 통속적으로 말하면 신화는 사실이 아닌 어떤 것을 가리킨다. 흔히 정치인이나 유명 연예인이 자신과 관련된 불명예스러운 이야기들을 신화란 말로 일축하며, 학자들도 과거의 학문적 오류를 '신화적'이라고 표현한다. 계몽주의 시대 이후 '신비'라는 단어는 명확하게 정리될 필요가 있는 것, 뒤죽박죽인 생각과 연관된 것으로 이해되었다. 미국에서는 미궁에 빠진 어떤 사건을 만족스럽게 해결하는 탐정소설 장르를 '미스터리'라 부르기도 한다. 앞으로 보겠지만 계몽주의 시대에는 종교인들조차 '신비'를 매우 부정적인 의미로 여겼으며, 마찬가지로 '신비주의'라는 단어를 괴짜나 돌팔이, 어쭙잖은 떠돌이 유랑인을 가리키는 데 사용했다. 신비주의가 성행한 다른 대륙을 정복한 시대에도 서구인들은 종교적 영성의 본질을 이루는 신비주의 원리와 수행에 별 관심이 없었다.

그러나 흐름이 바뀔 수 있다는 징후가 나타나고 있다. 1960년대 이후로 서구인들은 특정 유형의 요가에서 가치를 발견하고 있으며, 유일신론에 오염되지 않은 불교 같은 종교가 유럽과 미국에서 꽃을 피우고 있다. 미국 신화학자 조지프 캠벨의 신화학 연구도 폭발적인 반응을 얻었다. 서구에서 번진 정신분석학에 대한 열광은 일종의 신비주의를 향한 욕구로 볼 수 있는데, 둘 사이에는 놀라운 유사점이 있었다. 신화학은 종종 인간의 내면 세계를 설명하려는 시도였고, 지크문트 프로이트와 카를 융은 자신들의 새로운 과학을 설명하기 위해 본능적으로 그리스의 오이디푸스 이야기 같은 고대 신화로 눈을 돌렸다. 어쩌면 서구인들은 순전히 과학적인 세계관에 새로운 대안이 필요하다고 느끼는지도 모른다.

하늘의 전차,
메르카바 신비주의

신비주의 종교는 주로 인간의 사고에 근거한 이성적 신앙보다 더 직접적이고 어려움에 처했을 때 더 효과적인 도움을 주곤 한다. 신비주의 수련은 숙련자가 태초의 시작인 '일자(一者)'로 되돌아가 지속적으로 임재의 감각을 키울 수 있도록 돕는다. 그러나 2세기와 3세기에 유대인이 매우 힘들었던 시기에 발달한 초기 유대 신비주의는 신과 인간의 유대감보다는 거리를 더 강조했다. 유대인들은 박해받고 소외되는 현실 세계에서 정의와 진리가 실현되는 강력한 신의 영역으로 관심을 돌렸다. 초기 유대 신비주의자들은 신을 일곱 하늘을 통과하는 위험한 여행을 거쳐야만 접근할 수 있는 전능한 왕으로 상상했다. 신비주의자들은 단순하고 직접적으로 자신을 표현하는 랍비들의 방식 대신에 거창하고 장대한 웅변술을 강조하는 독자적인 수련법을 발전시켰다. 랍비들은 신비주의 영성을 싫어했으나 신비주의자들은 랍비들과 적대 관계가 되지 않으려고 애썼다. 이른바 이 '메르카바 신비주의(Merkavah Mysticism)'는 12세기에서 13세기 사이에 새로운 유대 신비주의인 카발라에 흡수될 때까지 위대한 랍비의 학문적 전통과 함께 계속 번성했는데, 분명 중요한 종교적 필요를 채워줬음에 틀림없다. 5세기에서 6세기경 바빌로니아에서 편집된 '메르카바 신비주의'의 고전적 텍스트는 자신들의 경험에 대해 말을 아꼈던 신비주의자들이 랍비 전통에 강한 친밀감을 느꼈음을 암시한다. 그들이 랍비 아키바, 랍비 이스마엘, 랍비 요하난 같은 위대한 율법학자(탄나임tannaim)를 이 영성의 영웅으로 길러낸 것을 보면 알 수 있다. 그들은 자신들의 백성을 대신해 신에게 이르는 새로운 길을 개척함으로써 유대 정신에 새로운 극단성을 드러냈다.

앞에서 살펴보았듯이 신비주의자들뿐 아니라 랍비들도 놀랄 만한 종교적 체험을 했다. 예를 들어 랍비 요하난과 그의 제자들은 '신의 전차'를 본 에스겔의 이상한 환상의 의미를 논의하다 하늘로부터 내려온 불길 같은 성령을 체험했다. 에스겔이 언뜻 본 전차와 보좌 위에 앉아 있던 신비로운 존재에 대한 환상은 초기 유대 신비주의에서 사색의 주제였다. '전차 연구'(Ma'aseh Merkavah, 마세 메르카바)는 창조 이야기(Ma'aseh Bereshit, 메세 베레시트)의 의미에 관한 사색과 연결되었다. 엄청난 위험이 도사린 영적 여행을 통해 가장 높은 하늘에 있는 신의 보좌에 도달한 랍비의 이야기는 탈무드에 실려 있다.

우리 랍비들의 가르침이다. 네 사람이 과수원에 들어갔는데, 벤 아자이, 벤 조마, 아헤르, 랍비 아키바였다. 랍비 아키바가 그들에게 말했다. "순수한 대리석에 이르렀을 때, '물이다! 물이다!'라고 말하지 마시오.

거짓말하는 자는 나(신)의 앞에 서지 못하리라는 말씀 때문이오." 그런데 벤 아자이는 그것을 바라보다 죽었다. 이에 대해 경전은 말한다. "야훼께 충실한 자의 죽음은 주께서 귀중히 보시도다." 그런데 벤 조마는 그것을 바라보다 (정신)병에 걸렸다. 이에 대해 경전은 말한다. "그대는 꿀을 발견했는가? 그것을 충분히 먹되 너무 많이 먹어 토하지 않도록 하라." 한편 아헤르는 뿌리를 잘랐다.〔즉 이교도가 되었다.〕랍비 아키바는 평화롭게 떠났다.[2]

오직 랍비 아키바만이 충분히 성숙하여 그 신비로운 여정에서 별 탈 없이 살아남았다. 정신의 심연을 향한 여행은 큰 위험을 안고 있다. 거기서 발견한 것을 견디기 어렵기 때문이다. 이러한 이유로 모든 종교는 신비적 여행에 전문가의 지도가 필요하다고 주장해 왔다. 그 체험을 감시하고 관찰할 수 있는 전문가는 초보자가 위험한 장소를 통과할 수 있도록 지도하고, 불쌍하게 죽어버린 벤 아자이나 미쳐버린 벤 조마처럼 초보자가 자신의 힘을 넘어서지 않도록 도왔다. 모든 종교의 신비주의자들은 지성과 심리적 안정이 중요하다고 강조한다. 예를 들어 선(禪)의 대가는 신경증 환자가 치료하기 위해 참선하는 것은 무의미하며 오히려 병세를 악화시킬 것이라고 말한다. 신비주의자로 추앙받았던 유럽 가톨릭 성인들의 행위는 보통 사람들이 이해하고 따라 할 수 없는 난해한 점이 있었다. 앞에서 본 탈무드의 현자들에 관한 비전적 이야기는 유대인들이 일찍부터 그 위험성을 알고 있었음을 보여준다. 이후 유대인들은 젊은이들이 충분히 성숙하기 전까지는 카발라 훈련을 허락하지 않았다. 심지어 그들은 성적으로 건강함을 확실히 하기 위해 반드시 결혼을 해야만 했다.

유대 신비주의자는 일곱 하늘의 신화적 영역을 거쳐 신의 보좌를 향해 여행해야 했다. 그러나 이 여행은 상상의 비행이었다. 결코 문자 그대로의 여행이 아니라 정신의 신비적 영역을 통과하는 상징적인 상승이었다. '순수한 대리석'에 대한 랍비 아키바의 불가사의한 경고는 수도자가 상상의 여행 중 여러 중요한 고비에서 외쳐야 하는 암호를 가리킬지도 모른다. 이 이미지들은 정교한 수행의 일부로 마음속에 그려졌다. 오늘날 우리는 무의식이 꿈이나 환각에서 그리고 뇌전증이나 조현병 같은 정신병이나 신경증에서 표면화되는 다량의 이미지 덩어리라는 것을 알고 있다. 유대 신비주의자들은 그들이 '실제로' 하늘을 날아 신의 궁전에 도달한다고 생각하지 않았다. 다만 자신들의 정신을 가득 채우고 있는 여러 종교적 이미지를 드러내고자 노력했다. 여기에는 고도로 발전된 일종의 숙련된 기술과 훈련이 필요했다. 다시 말해 수련자가 뒤얽힌 심령의 미궁 속에서 길을 찾을 수 있도록 돕는 선(禪)이나 요가 수행 같은 종류의 집중력을 요구한다. 바빌로니아의 현자 하이 벤 세리라(939~1038, 하이 가온*으로 알려져 있다)는 탈무드의 네 현자 이야기를 당대의 신비적 수행 방법으로 설명했다. 그 이야기 속 '과수원'은 영혼이 신의 궁전인 '천상의 궁정'(헤칼로트hekhalot)으로 가는 신비로운 상승을 가리키는데, 이 상상의 내면 여행을 원하는 사람은 "천상의 전차와 높은 곳에 있는 천사들의 궁정을 바라보고자" 한다면, "자격 있고" "특정한 자질로 축복받은" 자여야만 한다. 그것은 저절로 이루어지지 않을 것이다. 그 경지에 이르기 위해 그는 전 세계의 요가

가온(Gaon) 히브리어로 '뛰어난 자'라는 뜻을 지닌 말이며 복수형은 게오님(Geonim)이다. 율법(토라)과 탈무드 등을 연구하고 가르치는 학자로서 유대인들에게 영적 지도자로 여겨졌다.

수행자나 명상가들이 수행하는 것과 유사한 특정한 수련을 해야 한다.

　　그는 일정 기간 금식을 해야 하며, 땅을 바라보면서 신을 찬양할 수 있도록 머리를 무릎 사이 아래로 구부린 채 스스로 속삭여야 한다. 그렇게 함으로써 마음속 깊은 내면을 통찰하고, 마치 눈으로 직접 일곱 하늘의 궁정을 찾아 궁정 사이를 오가며 진리를 발견하는 것 같은 의식에 도달한다.[3]

　　비록 '메르카바 신비주의' 초기 문헌들은 2세기나 3세기에 그 기원을 두고 있지만, 이런 종류의 명상은 더 오랜 역사적 기원을 지녔다. 사도 바울은 "그리스도에 속한" 한 사람을 언급했는데, 그는 14년 전에 셋째 하늘까지 붙들려 올라갔다. 사도 바울은 그의 환상을 어떻게 해석해야 할지 확신하지 못했지만 그의 체험을 믿었다. "그는 낙원으로 붙들려 올라가서 사람의 말로는 표현할 수 없는 이상한 말을 들었습니다."[4]

　　환상은 그 자체가 목적이 아니며 일상적 개념을 초월하는 형언할 수 없는 종교 체험에 이르는 수단이다. 환상은 특정한 신비주의 전통에 따라 다양하게 나타난다. 유대 신비주의자는 일곱 하늘의 환상을 보게 되는데, 유대인의 종교적 상상력이 이 특정한 상징들로 가득 채워져 있기 때문이다. 불교도는 붓다나 보디사트바의 다양한 이미지를 볼 것이고, 기독교인은 성모 마리아의 환상을 볼 것이다. 그러므로 환상을 체험하는 자가 이러한 정신적 환영을 객관적 실상으로 여기거나 초월의 상징과 무관한 객관적 실상으로 여기는 것은 큰 오류다. 환각은 종종 일종의 병리적 상태로 나타나기 때문에, 고도로 집중된 명상과 내적 성찰 과정에서 드러나는 상징을 다루고 해석하려면 상당한 기술과 정신적 균형이 필요하다.

초기 유대인의 환상 가운데 가장 특이하고 논쟁적인 것은 《시우르 코마(Shiur Qomah)》(최고 존재자의 측정)에서 볼 수 있다. 《시우르 코마》는 5세기경의 문헌인데, 에스겔이 보았던 보좌 위 신의 모습을 묘사하고 있다. 《시우르 코마》는 이 존재를 '창조주'라고 부른다. 이 신의 환상에 대한 독특한 묘사는 아마도 랍비 아키바가 가장 좋아했던 〈아가〉 구절에 근거를 둔 듯하다. 여기에서 신부는 자기 애인을 이렇게 묘사한다.

> 나의 임은 말쑥한 몸매에 혈색이 좋아
> 만인 위에 뛰어난 사람이라오.
> 머리는 금 중에서도 순금이요,
> 머리채는 종려나무 잎새 같은데 검기가 까마귀 같지요.
> 눈은 흐르는 물가에 앉은 비둘기,
> 우유로 목욕하고 넘실거리는 물가에 앉은 모양이라오.
> 두 볼은 향료를 내는 발삼 꽃밭 같고
> 나리꽃 같은 입술에선 몰약이 듣고요.
> 두 팔은 감람석이 박힌 황금 방망이,
> 허리는 청옥 두른 상아 토막이라오.
> 두 다리는 순금 받침대 위에 선 대리석 기둥,
> 그의 모습은 레바논 같아 송백나무처럼 훤칠하다오.[5]

어떤 이들은 이 시를 신의 모습을 묘사한 것으로 보았다. 《시우르 코마》는 신의 팔다리 하나하나까지 측정을 시도해 여러 세대 동안 많은 유대인을 놀라게 했다. 그러나 이 문서는 인간의 정신이 전혀 가늠할 수 없는 신의 크기를 측정한다는 것이 대단히 곤혹스러운 일임을 보여준다. 기본 측정 단위는 1000만 '파라상'인데, 이는 1800억 '핑거'와 같고, 1핑거는 지구의 양극단 거리를 가리킨다. 이러한 거대한 차원은 정신을 압도해 그 묘사를 따라가거나 그러한 크기의 모습을 상상하는 것조차 포기하게 만든다. 이것이 핵심이다. 《시우르 코마》는 우리에게 신을 측정하거나 인간의 영역으로 끌어들이는 것이 불가능하다고 말하려는 것이다. 더 중요한 점은 그 문헌이 신 이해에 대한 인간의 유한성을 지적하는 데 초점을 둔 것이 아니라, 오히려 인간이 신을 특정하는 것이 불가능함을 깨달아 신의 초월성을 새롭게 체험할 수 있음을 지적한 데 있다. 당연히 대다수 유대인은 전적으로 영적인 신을 측정하겠다는 이 괴상한 시도를 불경스럽게 여겼다. 그렇기에 《시우르 코마》 같은 비전적 텍스트는 숨겨져 전수되었다. 맥락을 따져보면 《시우르 코마》는 영적 지도자의 가르침을 받으며 올바른 방식으로 접근할 준비가 된 숙련자들에게 모든 인간적 범주를 넘어서는 신의 초월성에 관한 새로운 통찰을 전해준다. 이것은 결코 문자 그대로 받아들여서는 안 되며, 어떤 비밀스러운 정보를 전달하는 것도 아니다. 경외와 경이를 자아내는 분위기를 의도적으로 불러일으키기 위한 것이기 때문이다.

《시우르 코마》는 신의 신비적 묘사에 담긴 두 가지 본질적인 요소를 우리에게 소개해주는데, 이는 세 유일신 신앙 모두에 공통되는 것이다. 하나는 본질적으로 상상이라는 점이고, 다른 하나는 형언할 수 없다는 점이다. 《시우르 코마》에 묘사된 신의 모습은 신비주의자들이 상승의 마지막 단계에서 본 보좌에 앉은 신의 이미지이다. 이 신은 부드럽거나 사랑스럽거나 인격적인 면이 전혀 없으며, 그의 거룩함은 거리감을 느끼게 한다. 그렇지만 신비주의자들은 환상 속에서 신을 보았을 때 본능적으로 시를 지어 노래했다. 비록 신의 모습을 그려낼 수는 없으나 자신들이 받은 압도적인 느낌을 노래를 통해 드러냈다.

> 거룩함과 권능, 경외와 경악과 공포의 속성은
> 우리의 창조주이자 면류관을 쓰신 이스라엘의 신,
> 아도나이(Adonai, 주님)가 걸치신 옷의 속성에 불과하도다.
> 그의 옷 안팎에 모두 야훼(YHWH)라는 글자가 아로새겨져 있나니.
> 혈육을 가진 인간의 눈으로나 그분에게 시중드는 천사들의 눈으로나
> 그 누구의 눈으로도 바라볼 수 없도다.[6]

우리가 야훼의 옷이 어떠한지 상상할 수도 없다면 어떻게 신 자신을 바라볼 수 있을까?

초기 유대 신비주의 문헌 중 가장 유명한 것은 아마도 5세기경에 쓰인 《세페르 예치라(Sefer Yetzirah)》(창조의 서)일 것이다. 여기에는 창조 과정을 사실적으로 묘사하려는 시도가 전혀 없다. 이 설명은 뻔뻔할 정도로 상징적이며 마치 신이 직접 책을 쓴 것처럼 언어를 통해 세상을 창조하는 과정을 보여준다. 그러나 언어가 완전히 변형되면서 창조의 메시지는 이해하기 어려워졌다. 신비주의자들은 히브리어 알파벳 각 문자에 숫자 값을 부여했는데, 문자와 성스러운 숫자를 결합하고 무한한 조합으로 재배치함으로써 단어를 일반적 의미에서 벗어나게 했다. 그렇게 한 목적은 지성을 우회하고 사람들에게 그 어떤 단어

나 개념도 그 이름이 가리키는 실재를 나타낼 수 없다고 상기시키려는 것이었다. 다시 말해 언어를 인간의 사고 한계까지 밀어붙여 비언어적 의미를 만들어냄으로써 신의 타자성을 지적하는 것이 의도였다. 신비주의자들은 인간적인 정감을 지닌 친구이자 아버지로 경험하기보다는 압도적인 거룩함 자체로 경험한 신과 직접 대화하기를 원하지 않았다.

하늘로 올라간
무함마드와 아우구스티누스

그러나 '메르카바 신비주의'가 독자적인 것은 아니었다. '예언자' 무함마드가 아라비아에서 예루살렘 성전까지 '야간 여행'을 했을 때, 메르카바 신비주의자들과 유사한 경험을 했다고 말하기 때문이다. 어느 날 밤 잠을 자던 무함마드가 천사 가브리엘에게 이끌려 천상의 말을 타고 하늘로 올라갔다고 한다. 무함마드는 그곳에서 아브라함, 모세, 예수와 다른 여러 예언자에게 인사를 받았다. 그런 후 그는 천사 가브리엘과 함께 각 층마다 예언자 한 사람이 지키고 있는 일곱 하늘을 향해 사다리를 타고 오르기 시작했다. 마침내 그는 신이 있는 하늘에 올랐다. 여기서부터 무함마드의 신비 체험 이야기는 침묵한다. 다만 쿠란이 그가 본 환상에 대해 다음과 같이 언급할 따름이다.

실로 그는 다시 한번 그를 보았으니, 마지막 시드라나무 옆에 있었더라. 그곳 가까이에는 영주할 천국이 있으니. 보라 시드라나무가 가려지매 그의 시선은 흩어지지 아니하고 한계를 넘지도 않더라. 실로 그는 가장 위대한 하느님의 예증들을 보았노라.[7]

무함마드는 신 자체를 본 것이 아니라 그저 신성한 실재를 가리키는 상징을 본 것이다. 힌두교에서 시드라나무는 이성적 사고의 한계를 나타낸다. 신의 환상은 인간의 사고나 언어로 표현할 방법이 없다. 하늘로 들려 올려진 신비 체험도 궁극적 의미의 세계로 발을 내딛는 인간 정신의 최고 상태의 발현을 상징할 뿐이다.

하늘로 들려 올려지는 환상 체험은 신비주의자들에게 공통된 현상이다. 아우구스티누스도 어머니와 함께 오스티아에서 신에게로 들려 올려졌던 신비 체험을 플로티노스(Plotinos)의 언어로 묘사했다.

> 우리의 정신은 터질 것 같은 열정 속에서 영원한 존재를 향해 들려 올려졌다. 우리는 한 단계 한 단계씩 모든 존재의 세계를 넘어 올라가 태양과 달과 별이 지상을 밝혀주는 하늘에 도달했다. 그리고 우리는 내면 성찰과 대화, 그리고 신의 작품에 대한 경이감에 의해 더욱더 상승하여 우리 자신의 정신 세계로 들어갔다.[8]

아우구스티누스의 정신 세계는 셈족의 일곱 하늘 이미지보다는 존재의 거대한 사슬이라는 그리스적 표상으로 가득했다. 이 경험은 우주 공간 '저편 어딘가에' 있는 신을 향한 문자 그대로의 여행이 아니라, 인간 내면의 궁극적 실재를 향한 정신적 고양의 체험이었다. 이 황홀한 상승은 아우구스티누스가 마치 자신과 어머니가 은총을 받은 듯 "우리의 정신이 들려 올려졌다"고 말함으로써 외부로부터 주어진 것처럼 보이지만, 실은 '영원한 존재'를 향한 자기 내면의 꾸준한 숙고 속에서 신비를 깨닫는 경험이다. 조지프 캠벨이 지적한 대로 이러한 상승의 신비 체험은 "시베리아에서 남아메리카 남단의 티에라델푸에고 제도

에 걸쳐" 샤먼들의 무아지경 체험과 유사하다.[9]

상승 체험의 상징은 인간의 세속적 감각이 뒤처져 있어 결코 초월적 실재를 밝힐 수 없음을 나타낸다. 즉 마침내 도달한 신에 관한 체험은 인간의 언어로 도저히 표현할 수 없다는 것이다. 유대 신비주의자들은 결코 묘사할 수 없다고 강조했다. 그들은 우리에게 영원한 원형을 나타내는 신의 옷, 신의 궁전, 신의 하늘의 궁정, 인간의 시선으로부터 그를 가리는 베일에 관해서만 말한다. 무함마드의 신비적 천상 여행에 대해 깊이 생각한 무슬림은 신에 관한 무함마드의 마지막 환상의 역설적 성격을 강조한다. 무함마드는 신의 실재를 보았고 보지 못했다.[10] 신비주의자가 일단 정신 세계 속 표상의 영역을 통과하면 인간의 개념과 상상으로는 더는 나아갈 수 없는 지점에 도달했음을 느낀다고 말한다. 아우구스티누스와 그의 어머니 모니카도 비행 체험의 절정에 대해서는 침묵하며 단지 그 경험이 공간, 시간, 세속의 지식을 초월한다고 강조했다. 그들은 신에 대해 "말하고 숨을 헐떡였고" "온 마음을 집중한 찰나에 신을 만졌다."[11] 그런 후 그들은 문장의 처음과 중간과 끝이 있는 정상적인 말의 세계로 되돌아왔다.

그러므로 우리는 말했다. 만일 사납게 소용돌이치던 육신의 격정이 가라앉았다면, 만일 땅과 물과 공기의 모든 이미지가 침묵을 지킨다면, 만일 하늘이 스스로 문을 닫고 영혼마저 소리를 멈춰 스스로 더는 아무것도 생각할 수 없게 된다면, 그리고 모든 꿈과 환상이 상상의 세계로부터 배제된다면, 또 모든 언어와 일시적 존재가 말을 잃게 된다면, 그때 인간이 들을 수 있는 말은 오직 이것이다. "우리는 아무것도 스스로 만들지 못했나니 그것은 우리가 영원히 거하시는 그분에 의해 만들어졌기 때문이라." …… 그것이 바로 인간이 순간적인 정신의 에너지를 통해 모든 사물을 초월하는 영원한 지혜를 깨닫는 찰나의 현상이다.[12]

이러한 신비 체험은 인격신에 대한 자연론적 환상이 아니다. 아우구스티누스와 모니카는 인간의 말, 천사의 목소리, 꿈의 상징 같은 자연적 의사소통의 방법으로 '그의 목소리를 들은' 것이 아니었다. 그들은 이 모든 것 너머에 있는 실재를 찰나에 '만진' 것처럼 보였다.[13]

비록 문화적인 조건에 영향을 받는다 해도 이런 종류의 체험은 논란의 여지가 없이 분명한 인간의 삶의 한 요소다. 이를 어떻게 해석하든 전 세계의 모든 역사적 국면에서 많은 사람들이 비슷한 체험을 했다. 유일신론자들은 체험의 절정을 '신의 환상'이라 불렀고, 플로티노스 같은 신플라톤주의자는 이를 '일자'에 대한 경험으로 추정했으며, 불교도들은 열반에 도달한 것으로 여겼다. 이러한 여러 해석의 공통점은 인간에게는 근본적으로 영적 재능이 있어 신의 세계에 대한 영적 체험을 갈망한다는 것이다. 사실 모든 종교의 신비 체험에는 공통된 특징이 있다. 먼저, 그 체험은 자기 외부의 객관적인 실체에 대한 지각이 아니라 내면 세계에 대한 주관적 경험을 지향한다. 그리고 두뇌를 쓰는 논리적인 능력보다는 정신의 이미지를 만드는 능력 — 보통 상상력이라 부르는 — 을 통해서 이루어진다. 마지막으로, 육체적이고 정신적인 수련을 통해 내면 세계 속에 형언할 수 없는 신적 실재에 대한 궁극적인 환상을 창조한다.

아우구스티누스는 특출한 사람들이 때로 현세에서 신을 볼 수 있다고 생각하고 그 사례로 모세와 사도 바울을 들었다. 그러나 영적 수행의 대가이자 강력한 교황으로 인정받았던 그레고리우스 1세(590~604

재위)는 이 견해에 반대했다. 지식인이 아니었던 그는 전형적인 로마인으로서 인간의 영성에 대해 더 실용주의적 관점을 지녔다. 그레고리우스는 신에 관한 인간 지식의 모호함을 구름, 안개, 암흑 같은 말에 비유했다. 그에게 신은 인간이 뚫고 들어갈 수 없는 암흑 속에 가려져 있었는데, 니사의 그레고리우스와 디오니시우스 아레오파기타(위-디오니시우스) 같은 그리스계 기독교인들이 주장한 무지의 구름보다 훨씬 더 고통스러운 암흑이었다. 그레고리우스에게 신은 접근 불가능한 존재이며 인간이 신에 관해 말할 수 있는 것은 아무것도 없다. 인간은 신에 관해 아무것도 알지 못한다. 인간에 관한 지식으로는 신의 행동에 아무런 예측도 할 수 없다. "우리가 신에 대해 아무것도 온전히 알 수 없다는 것을 깨달을 때, 비로소 이것이 우리가 신에 관해 아는 유일한 진리가 된다."[14] 그레고리우스는 신에게 나아가는 고통과 노력에 대해 자주 언급했다. 명상의 기쁨과 평화는 힘겨운 투쟁 끝에 아주 잠깐 얻을 수 있을 뿐이다. 신 체험의 짧은 희열이 지나면 영혼은 자기 본연의 요소인 암흑과의 기나긴 투쟁으로 되돌아가야 한다.

영혼은 내면에서 스치듯 보았던 것에 시선을 고정할 수 없다. 영혼은 늘 내면의 저변 속으로 빨려드는 습성이 있기 때문이다. 영혼은 자신을 넘어서고자 온갖 애를 쓰지만, 곧 쇠잔하여 자기 고향 같은 암흑 속으로 가라앉는다.[15]

야곱이 엘과 씨름한 것처럼 '정신의 엄청난 노력'을 통해서만 신에게 접근할 수 있다. 신에게 이르는 길은 죄의식과 눈물과 탈진으로 점철되어 있으며, 신에게 도달할지라도 "인간의 영혼이 할 수 있는 것은 울음뿐이다." 신을 향한 소망으로 "상처받은" 영혼은 "고통에 지쳐서야 눈물 속에서 안식을 찾을 수 있다."[16] 그레고리우스는 12세기까지 중요한 영적 지도자로 남았는데, 서구에서는 계속 신을 중압감으로 여긴 것이 분명하다.

동방 헤시카스트의
환상과 성상

동방 기독교에서 기독교인의 신 체험은 암흑보다는 빛으로 이해되었다. 동방 기독교인들은 세계 여러 곳에서 쉽게 발견할 수 있는 또 다른 형태의 신비주의를 발전시켰는데, 어떤 이미지나 환상이 아니라 위-디오니시우스가 묘사한 아포파시스(apophasis, 부정적 진술을 통해 신을 알아가는)적 경험 또는 침묵의 경험에 근거한 것이었다. 그들은 자연스럽게 신에 관한 모든 합리주의적 개념을 부정했다. 니사의 그레고리우스가 《아가 주석》에서 설명했듯이, "인간 정신으로 이해한 모든 개념은 신의 세계를 추구하는 자들에게 걸림돌이 될 뿐이다." 명상(관조)하는 자의 목표는 개념을 넘어서는 것뿐 아니라 모든 이미지를 넘어서는 것인데, 그것들이 정신을 흐트러뜨릴 뿐이기 때문이다. 인간은 자신의 모든 개념과 이미지를 부정함으로써 '특정한 임재의 감각'을 체험하는데, 이는 정의할 수는 없으나 확실히 모든 인간적 경험을 초월하는 것이었다.[17] 이러한 태도는 헤시키아(hesychia), 곧 '평정' 또는 '내면의 고요'라 불렸다. 언어, 개념, 이미지는 세속 세계 안에 묶여 있기 때문에 인간은 고도의 정신 집중을 통해 고요해져야 하고, 그렇게 함으로써 기다림의 침묵을 기를 수 있다. 그리하면 상상할 수 있는 모든 것을 초월하는 '실재'를 파악하는 희망을 품을 수 있게 된다.

그러면 어떻게 불가해한 신을 알 수 있는가? 동방 기독교인들은 이러한 역설을 사랑했고, 헤시카스트*는 신의 본질(우시아)과 우리가 신성한 것을 경험할 수 있게 해주는 세상에 드러난 신의 활동(에네르게이아energeiai)을 구분해 설명을 시도했다. 우리는 신을 그 자체로서는 알 수 없기에 기도를 통해 체험하는 것은 신의 '본질'이 아니라 신의 활동이다. 그것은 세상을 비추는 신성의 '빛줄기'로 묘사할 수 있는데, 태양과 햇빛이 구분되는 것처럼 빛은 신성에서 나오는 것이나 신 자체와는 구분된다. 그것은 완전히 침묵한, 알 수 없는 신을 간접적으로 드러낸다. 성 바실리우스가 말했듯 "우리가 신을 아는 것은 신의 활동에 의한 것이다. 신의 활동성은 우리에게 내려오지만 신의 본질에는 접근할 수 없기에 우리는 본질 자체에 가까이 가는 것에 동의하지 않는다."[18] 구약 성서에서 이 신성한 '에네르게이아'는 신의 '영광'(카보드kavod)이라 불렀다. 신약 성서에서 이 에네르게이아를 타보르산에서 인간 예수가 신적 존재로 변용할 때 드러난 신성한 빛줄기로 묘사했다. 결국 신의 활동성을 나타내는 신성한 빛줄기는 창조된 전체 우주를 뚫고서 구원받은 사람들을 신격화하는 것으로 이해된다. '에네르게이아'라는 단어가 암시하듯 이것은 활동적이고 역동적인 신 개념이었다. 서방 기독교인들은 신이 선함, 정의, 사랑, 전능과 같은 영원한 속성을 통해 자신을 알리는 것을 보지만, 동방 기독교인들은 신이 세계 속에 드러난 끊임없는 활동을 통해 자신에게 접근할 수 있게 한다고 여겼다.

헤시카스트(hesychast) 동방 기독교의 한 교파. 끊임없는 기도와 묵상을 통해 '평정'(헤시키아)을 추구한 수도사들을 가리킨다. 그들의 영성인 헤시카즘은 14세기에 정통 신앙으로 인정받았으며 오늘날까지 전해지고 있다.

그러므로 우리가 기도를 통해 신의 '에네르게이아'를 경험할 때, 비록 신의 알 수 없는 실재가 모호한 채로 남아 있더라도, 어떤 의미에서는 신과 직접 관계를 맺는 것이었다. 헤시카스트의 대표적 인물인 폰투스의 에바그리우스(399년 사망)는 인간이 기도를 통해 신에 관해 얻는 '앎'은 개념이나 이미지와 아무 관련이 없으며, 그것들을 초월한 직관적인 신 체험이라고 주장했다. 따라서 헤시카스트에게는 영혼의 허울을 벗는 것이 중요했다. 에바그리우스는 수도사들에게 말했다. "기도할 때 신에 관한 어떤 이미지도 마음으로 그리지 말고, 그 이미지에 의해 마음이 지배되지 않도록 비물질적인 방법으로 비물질적 존재인 신에게 접근하라."[19] 에바그리우스는 사유 과정이 아니라 오히려 "사유 자체를 소멸시키는 일종의 기독교적 요가로서 기도"를 제안했다.[20] 그것은 신에 관한 직관적인 인식이었다. 이로부터 불교 같은 비(非)신론적 종교에서 명상가들의 경험과 매우 유사한, 만물의 일체성에 대한 감각, 산만함과 복잡함으로부터의 자유, 자아의 상실을 경험하게 될 것이다. 정신으로부터 '정념'—자기를 얽매고 있는 교만, 탐욕, 슬픔, 분노 같은 것들—을 체계적으로 제거함으로써 헤시카스트들은 자기를 초월하게 되고 신성한 '에네르게이아'에 의해 타보르산에게 예수처럼 신적 존재로 변용되기를 원했다.

5세기경 포티케의 주교였던 디아도코스는 이 신적 존재로의 변용을 내세가 아니라 지금 이 땅에서 의식적으로 체험할 수 있다고 주장했다. 그는 호흡법과 관련된 집중 수행법을 가르쳤는데, 숨을 들이마시면서 "예수 그리스도, 신의 아들이시여"라고 기도하고, 숨을 내쉬면서 "우리에게 자비를 베푸소서"라고 기도하라고 가르쳤다. 이후에 헤시카스트들은 이 수행법을 개선해 명상가들이 머리와 어깨를 숙인 채 앉아 가슴이나 배꼽을 바라보도록 했고, 가슴 같은 특정한 심리적 초점에 주의를 집중하기 위해 호흡을 아주 천천히 해야 했다. 이 호흡법은 매우 엄격한 수행법이어서 숙련가의 지도가 반드시 필요했다. 점차 헤시카스트는 불교의 승려처럼 합리적인 사유를 한쪽에 부드럽게 내려놓을 수 있게 되고, 마음을 가득 채웠던 이미지들이 사라지고 자신들의 기도와 완전히 하나가 되는 느낌을 받게 된다. 동방 기독교인들은 동양 종교에서 수백 년 동안 실천해 왔던 신비주의 수행법을 독자적으로 발견했다. 그들은 기도를 심신 상관(psychosomatic)의 활동으로 보았지만, 아우구스티누스와 그레고리우스 같은 서방 기독교인들은 기도를 영혼을 육체에서 해방하는 것이라고 생각했다. 고백자 막시무스는 이렇게 주장했다. "온전한 사람은 '인간이 된 신(the God-become-man)'의 은총을 받아 신이 되어야 한다. 자연적으로 온전한 사람, 영혼, 육체가 되고, 은총으로 온전한 신, 영혼, 육체가 되어야 한다."[21] 헤시카스트들은 너무나 강력하고 강압적이어서 신적일 수밖에 없는 기운과 명료함이 밀려와 채워지는 것을 경험하게 된다. 앞에서 보았듯 동방 기독교인들은 이 '신적 변용'을 인간에게 자연스럽게 일어날 수 있는 깨달음으로 여겼으며, 불교도가 인간성의 완전한 깨달음을 얻은 붓다에게 영감을 받는 것처럼 타보르산에서 변용된 예수에게 신적 변용의 영감을 받았다. 동방 정교회에서 매우 중요한 절기 행사인 '현성용축일'은 영어로는 'Epiphany(에피파니)' 곧 신의 현현이라 불린다. 서방 기독교인들과 달리 동방 기독교인들은 중압감, 건조함, 황량함을 신 체험의 필수적인 선행조건이 아니라 극복해야 할 장애물로 생각한다. 그들은 영혼의 암흑보다는 빛을 지향하며 겟세마네나 갈보리보다는 타보르산을 더 중시한다.*

모든 사람이 이런 높은 경지에 도달할 수는 없기에 다른 기독교인들은 '성상(聖像)'에서 이 신비 체험의 일부를 엿볼 수 있었다. 서구에서 종교 예술은 예수나 성인들의 역사적 행적을 묘사하는 예술적 표현에 중심을 두었다. 그러나 비잔티움에서 성상은 이 세계의 어떤 것을 재현하기 위한 것이 아니라 형언할 수 없는 신비 체험을 신비주의자가 아닌 사람들에게 전해주고자 시각적 형태로 표현하려는 시도였다. 영국 역사가 피터 브라운은 이렇게 설명했다. "동방 기독교 세계 전역에서 성상과 환상은 서로를 보완했다. 집단적 상상의 구심점이 되어 …… 6세기에 이르러 초자연적 존재는 꿈과 각자의 상상 속에서 뚜렷하게 윤곽을 드러냈고, 이는 예술 작품에서 흔하게 묘사되었다. 성상은 현실로 구체화된 꿈이었다."[22] 성상은 교인을 가르치거나 정보나 개념, 교리를 전달하기 위한 것이 아니었다. 신성한 세계를 향해 일종의 창을 제공하는 명상(테오리아theoria)의 초점이었다.

그러나 성상은 비잔티움의 신 체험의 중심이 되어 8세기에 이르면 동방 교회에서 격렬한 교리 논쟁의 중심이 되었다. 사람들은 예술가가 그리스도를 그릴 때 정확히 무엇을 그리는 것인지 묻기 시작했다. 그리스도의 신성을 그리는 것은 불가능했다. 그러나 만일 예술가가 단지 예수의 인간성만 그렸다고 주장한다면, 예수의 인간성과 신성이 분명하게 구분된다는 이단적 믿음을 설파한 네스토리우스주의에 빠지게 되어 유죄인가? 성상파괴주의자(iconoclast)들은 모든 성상을 금하려 했으나 주요한 수도사 두 명이 성상을 옹호했다. 베들레헴 근처 마르사바 수도원의 다마스쿠스의 요한네스(675?~749)와 콘스탄티노폴리

---

* 겟세마네는 예수가 죽기 전날 최후의 기도를 드린 곳이고 갈보리는 예수가 십자가에 못 박혀 죽은 언덕이다.

스 근처 스투디오스 수도원의 테오도로스(759~826)였다. 그들은 성상 파괴주의자들이 그리스도 묘사를 금하는 것은 옳지 않다고 주장했다. 성육신 이후 물질세계와 인간의 육체는 둘 다 신성한 차원을 부여받았으므로 예술가들은 이 새로운 유형의 신격화한 인간을 표현할 수 있다고 보았다. 나아가 로고스인 그리스도는 탁월한 신의 성상이므로 예술가들은 신의 이미지도 그릴 수 있으며, 말로 표현할 수 없고 인간적 개념으로 요약할 수 없는 신도 예술가의 펜이나 전례의 상징적 몸짓으로 '묘사할' 수 있다고 보았다.

동방 기독교인들의 신앙심은 성상에 깊이 의존했기에 820년에 이르러 성상파괴주의자들은 대중의 요구에 따라 사라졌다. 그러나 어떤 의미에서 신이 묘사될 수 있다는 주장이 결코 위-디오니시우스의 아포파시스적 신학을 포기하는 것은 아니었다. 수도사 니케포로스(758?~829)는 자신의 저서 《거룩한 이미지에 대한 위대한 변론》에서 이렇게 말했다. "성상은 신의 침묵을 표현하는 것이자 모든 존재를 초월하는 신비적 형언 불가능성을 드러낸다. 그것들은 말없이 중단 없이, 유서 깊고 세 번 빛나는 신학의 선율로 신의 선함을 찬양한다."[23] 성상은 신앙인들에게 교리를 가르쳐주고 신학적 개념을 이해하도록 돕기보다 신비감으로 그들을 사로잡았다. 니케포로스는 이 종교적 그림의 효과를 서술할 때, 예술 중에서 가장 형언하기 어렵고 가장 직접적인 음악의 효과와 비교할 수밖에 없었다. 음악은 말과 개념을 우회하는 방법으로 감정과 경험을 전달한다. 19세기에 영국의 평론가 월터 페이터(Walter Pater)는 모든 예술이 음악의 조건을 열망한다고 주장했는데, 9세기에 비잔티움의 동방 기독교인들은 신학이 도상학(圖像學)의 조건을 열망한다고 보았다. 그들은 신이 합리적 담론보다는 예술 작품에서 더 잘 드러난다고 믿었으며, 4세기와 5세기에 격렬했던 그리스도론* 논쟁 이후 기독교인들의 상상적 체험에 근거한 신의 예술적 표현을 발전시켰다.

이 주장은 콘스탄티노폴리스의 작은 수도원 성 마마스의 원장이자 '새로운 신학자'로 알려진 시므온(949?~1022)에 의해 분명하게 표현되었다. 이 새로운 유형의 신학은 신을 정의하려 하지 않았다. 시므온은 이를 주제넘은 일이라고 했다. 어떤 식으로든 신에 대해 말하는 것은 "이해할 수 없는 존재를 이해할 수 있다"고 암시하는 것이다.[24] '새로운' 신학은 신의 본질에 관한 합리적 논증 대신 직접적이고 개인적인 종교 경험에 근거를 두었다. 비록 신이 인간에 의해 개념화할 수 있는 존재로 여겨진다 할지라도 신은 개념적 이해가 불가능한 신비적 실체다. 진정한 기독교인은 인간 예수를 통해 변용된 인간성으로 자신을 드러낸 신을 체험한 사람이다. 시므온은 갑자기 찾아온 듯한 신비 체험을 한 후 세속적 삶에서 명상가의 삶으로 회심했다. 처음에는 무슨 일이 일어나는지 전혀 몰랐지만 점차 자신이 변화하고 있음을 깨닫고 신 자체인 빛 속으로 빨려 들어감을 느꼈다. 물론 그 빛은 우리가 알고 있는 일상적 빛이 아니라 "형태나 이미지, 재현을 넘어서며 기도를 통해서만 직관적으로 체험할 수 있는 것"이었다.[25] 그러나 이 신비 체험은 엘리트나 수도사만을 위한 것이 아니었다. 복음서에서 그리스도가 선포한 천국은 다음 생까지 기다릴 필요 없이 지금 여기에서 누구나 경험할 수 있는 신과의 합일이었다.

그러므로 시므온에게 신은 알 수 있고 또 알 수 없고, 가깝고 또 먼

그리스도론(Christology) 나사렛 예수의 본성과 사역에 관한 신학 이론. 주로 예수의 성육신, 부활, 신성과 인간성의 의미와 그 관계 같은 문제를 다룬다.

역설적 속성을 지닌 존재였다. 시므온은 수도사들에게 "형언할 수 없는 것을" 언어로 표현하려고 시도하지 말고 각자 자신의 영혼 안에서 일어나는 변화를 체험하는 데 집중하라고 촉구했다.[26] 시므온의 환상 중에 신이 이렇게 말했다. "맞도다, 나는 너를 위해 인간이 된 신이다. 보라, 네가 본 대로 내가 너를 창조했나니, 내가 너를 신으로 만들리라."[27] 신은 외적이고 객관적인 사실이 아니라 본질적으로 주관적이고 개인적인 깨달음이었다. 그러나 시므온이 신에 대해 말하기를 거부했다고 해서 과거의 신학적 전통과 결별한 것은 아니었다. 그의 '새로운' 신학은 확고하게 교부들의 가르침에 기반을 두고 있었다. 시므온은 《신성한 사랑의 찬가》에서 아타나시우스와 막시무스가 묘사했던 인간의 신화(神化)에 관한 고대 그리스의 교리를 다음과 같이 표현했다.

> 오 빛이시여, 당신은 어떤 이름도 없기에 무어라 이름 지을 수 없습니다.
> 오 빛이시여, 당신은 만물 속에 있기에 무수한 이름이 있습니다. ……
> 어떻게 당신은 풀밭의 풀잎과 하나가 되십니까?
> 당신은 언제나 변화하지 않고 전적으로 가까이할 수 없는데
> 어떻게 풀잎의 참 모습을 온전하게 보존하고 계십니까?[28]

언어와 모든 표현의 벽을 넘어 역설적 변화를 통해 모습을 드러내는 신을 규정하는 것은 아무 소용이 없다. 그러나 인간의 온전함을 훼손하지 않으면서 인간을 충족시키고 변용한 경험으로서 '신'은 논란의 여지가 없는 실재임을 지적한다. 동방 기독교인들은 다른 유일신론자들과 달리 삼위일체와 성육신 같은 신 개념을 발전시켰지만 신비주의

자들의 실제 경험은 무슬림이나 유대인과 많은 공통점이 있었다.

수피즘의
자아 소멸과 회귀

'예언자' 무함마드는 정의로운 사회 건설에 가장 큰 관심을 두었지만 그와 그의 가까운 일부 동료들은 신비주의적 경향을 지니고 있었고, 무슬림은 자신들의 독특한 신비주의 전통을 빠르게 발전시켜 나갔다. 특히 8세기와 9세기에 금욕주의 이슬람교가 다른 종파들과 함께 발전했는데, 이 금욕주의자들은 무타질라파나 시아파만큼이나 궁정의 사치를 비판하고 초기 움마(이슬람 공동체)가 지켰던 근검한 삶의 부활을 강조했다. 그들은 메디나의 초기 무슬림의 더 검소한 생활로 돌아가고자 노력했고, '예언자' 무함마드가 즐겨 입었다고 전해오는 거친 양털 옷(수프)을 입었다. 그래서 그들은 '수피'로 불렸다. 신비주의에 사회 정의를 결합한 그들의 신앙을 프랑스 종교학자 루이 마시뇽(Louis Massignon)은 다음과 같이 표현했다.

그들의 신비주의적 소명은 대체로 사회 불의에 대한 양심의 내면적 저항으로부터 나왔다. 그들의 내면적 저항은 타인의 불의뿐 아니라 근본적으로 자신의 잘못과 죄를 어떠한 대가를 치르고서라도 씻어내겠다는 강한 열망이 담긴 것이었다.[29]

초기 수피파는 다른 종파와 공통점이 많았다. 무타질라파의 위대한 합리주의자 와실 이븐 아타(748년 사망)는 메디나의 금욕주의자이자 후대에 수피즘 창시자의 한 사람으로 추앙받는 하산 알-바스리(728년 사망)의 제자였다.

울라마(이슬람 성직자)는 이슬람교만이 유일한 참 신앙이라고 주장하며 다른 종교들과 뚜렷이 구분하기 시작했지만, 수피들은 대체로 모든 올바르게 인도된 종교는 일체성을 지닌다는 쿠란의 원칙에 충실했다. 예를 들어 많은 수피들이 예수를 훌륭한 내적 삶의 모범을 보여준 예언자로 존경했다. 심지어 일부 수피는 샤하다(shahadah, 신앙 고백)를 수정하기도 했다. "알라 외에 신은 없으며, 예수는 그의 사자다." 이는 엄밀히 말하면 맞지만 대담한 표현이었다. 쿠란은 두려움과 경외를 불러일으키는 정의의 신에 대해 이야기한 반면, 초기 여성 금욕주의자 라비아(801년 사망)는 기독교인들이 친숙하게 여길 만한 방식으로 신을 향한 사랑을 표현했다.

> 내가 당신을 사랑하는 방법은 두 가지입니다.
> 이기적으로, 그리고 당신에게 어울리는 방법으로.
> 이기적인 사랑은 무엇을 생각하든 당신만 떠올릴 뿐
> 아무것도 하지 않는 것입니다.
> 그러나 당신께서 베일을 걷어 올려
> 나의 사모하는 눈길을 허락함이 가장 순수한 사랑입니다.
> 이것이나 저것이나 칭찬은 내 것이 아닙니다.
> 두 가지 모두에서 칭찬은 당신뿐입니다.[30]

이 글은 라비아의 유명한 기도문과 유사했다. "오 신이시여, 만일 제가 지옥에 대한 두려움 때문에 당신을 섬긴다면 차라리 저를 지옥 불에 태워 없애소서. 만일 제가 낙원에 대한 욕심 때문에 당신을 섬긴다면 저를 낙원에서 쫓아내소서. 그러나 만일 제가 오직 당신의 영광을 위해 당신을 섬긴다면 당신의 영원한 아름다움의 은총을 제게서 거두지 마소서."[31] 신에 대한 사랑은 수피즘의 핵심이 되었다. 수피는 근동의 기독교 금욕주의자들의 영향을 받았을지도 모르지만 무함마드의 영향이 결정적이었다. 그들은 무함마드가 계시받을 때와 비슷하게 신을 체험하고 싶어 했다. 당연히 그들은 무함마드가 체험한 하늘로의 신비적 상승에서 영감을 받았으며, 이는 그들의 신 체험의 모범이었다.

수피는 또한 각지의 신비주의자들이 초월적 의식 상태에 도달하는 데 도움이 되는 수행 기법을 발전시켰다. 그들은 무슬림 율법의 기본 요건에 금식, 철야 기도, 신의 이름을 외는 만트라 낭송을 추가했다. 새로 추가된 수행법은 때때로 괴상하고 유별난 행동을 초래해 신비주의자들은 '술 취한 수피'라 불리게 되었다. 최초의 '술 취한 수피'는 아부 야지드 알-비스타미(874년 사망)였다. 알-비스타미는 라비아처럼 연인으로서 신에게 접근하고자 했다. 사랑하는 이를 위해 자신의 모든 소유와 소망을 포기하는 것처럼, 그도 신을 기쁘게 하기 위해 자신의 모든 것을 희생해야 한다고 생각했다. 그러나 이를 이루기 위해 그가 채택한 내성적 훈련은 인격신 개념을 넘어서도록 이끌었다. 알-비스타미는 자아의 핵심에 다가갈수록 신과 자기 사이를 가로막는 것은 아무것도 없다고 느꼈다. 사실상 그가 '자아'로 이해한 모든 것이 녹아내리는 듯했다.

나는 진리의 눈으로 [알라를] 바라보며 그에게 말했다. "이는 누구십니까?" 그러자 그는 내게 말했다. "이는 나도 아니요, 나 이외의 것도 아니다. 나 이외는 신도 없다." 그런 다음 그는 나의 자아로부터 나를 끌어내 그의 '자아'로 바꾸었다. …… 그리고 나는 그의 '얼굴'의 혀로 그와 말을 주고받았다. "우리가 하나가 된 것이 얼마나 아름다운가?" 그가 말했다. "나는 너를 통해 존재하며 이제 신은 없고 오직 그대만 존재할 뿐이다."[32]

여기서 신은 인간과 초연하게 '저편 어딘가에' 있는 외적 존재가 아니다. 신은 가장 내적인 자기와 신비롭게 동일시된다. 자아를 체계적으로 소멸시킴으로써 더 크고 형언할 수 없는 실재로 빨려 들어가는 감각으로 이어졌다. 이 '소멸 상태'(파나 'fana)는 수피의 핵심적 이상이 되었다. 알-비스타미는 샤하다를 재해석했는데, 이 방법을 다른 많은 무슬림이 쿠란이 명령하는 '이슬람'의 진정한 경험으로 인정하지 않았다면 신성 모독으로 몰렸을 것이다.

그러나 '술 취하지 않은' 수피로 불린 다른 신비주의자들은 덜 극단적인 영성 수행법을 선호했다. 훗날 모든 이슬람 신비주의가 따르게 될 체계를 형성한 바그다드의 알-주나이드(910년 사망)는 알-비스타미의 극단적 신비주의에 위험스러운 측면이 있다고 생각했다. 그는 파나 다음에는 바카(baqa, '자아로 회귀' '재생')가 이어져야 하며, 신과의 결합이 인간의 자연적 능력을 파괴하는 것이 아니라 더 강화한다고 가르쳤다. 신성한 존재를 발견하기 위해 자기 중심주의에서 벗어난 사람은 더 위대한 자아 실현과 자아 통제의 단계에 도달함으로써, 완전히 성숙한 인간의 모습을 갖추게 된다고 그는 말했다. 즉 수피는 파나와 바카를 경험함으로써 그리스 기독교인이 '신화(神化)'라고 부르는 것과 유사한 상태에 도달했다. 알-주나이드는 수피의 궁극적 목표는 창조될 당시 신이 의도한 가장 이상적인 인간 상태와 존재의 근원으로 되돌아가는 것이라고 보았다. 분리와 소외의 경험은 플라톤주의나 영지주의의 경우처럼 수피에게도 기본적인 전제다. 이 경험은 비록 유신론에서 유래했다고 말하지는 않지만 오늘날 프로이트나 멜라니 클라인을 따르는 정신분석가들이 말하는 '분리(seqeration)'와 별로 다르지 않은 것 같다. 알-주나이드는 자신과 같은 '스승'(피르pir)의 지도를 받아 수련하면 어떤 무슬림이든 창조자와 하나가 될 수 있으며, 쿠란이 말하는 신의 직접적 임재라는 본래의 감각에 이를 수 있다고 가르쳤다. 그 경험은 분리와 슬픔의 끝이자 본래 자신이었어야 할 더 깊은 자아와의 재회일 것이다. 분리된 외적 실재이자 심판자가 어떤 방식으로든 각자의 존재의 바탕과 하나가 되는 것이다.

오 주여, 이제 저는 제 마음 깊은 곳에
무엇이 있는지 깨달았습니다.
세계로부터 멀리 떨어진 여기에서 비밀스레
제 혀는 제가 흠모하는 당신과 속삭였습니다.

그래서 우리는 결합하여
하나가 되었습니다.
그러지 않았다면
영원히 떨어져 있을 것입니다.

비록 제 시야로부터 깊은 두려움이

당신의 얼굴을 가린다 할지라도

경이롭고 황홀한 당신의 은총에 힘입어

저는 제 마음속 깊은 곳에서 당신을 느낄 수 있습니다.[33]

일체성 강조는 쿠란의 이상인 타우히드(tawhid, 유일성)에 근거한 것이다. 신비주의자는 흩어진 자기를 한데 모음으로써 인격의 통합 속에서 신의 임재를 경험할 것이다.

알-주나이드는 신비주의의 위험성을 아주 잘 알고 있었다. 전문적인 피르의 지도를 받지 못한 보통 사람들이 신비주의자의 황홀경과 '신과 하나가 되었다'는 것의 의미를 쉽게 오해한다는 점이었다. 그런 이유로 알-비스타미 같은 신비주의자들의 현란한 신비주의 수행법은 분명 기존 세력의 반감을 불러일으켰을 것이다. 초기에 수피즘은 소수의 운동이었으며, 울라마는 종종 수피즘을 진정성 없는 혁신으로 간주했다. 그러나 알-주나이드의 유명한 제자 후사인 이븐 만수르('양모 짜는 사람'이라는 뜻의 알-할라즈로 알려져 있다)는 기존 이슬람 세력의 적대감에 전혀 개의치 않았으며, 자신의 신비주의 신앙을 고수하기 위해 순교자가 되었다. 그는 이라크 지역을 떠돌며 이슬람 제국의 칼리파 통치에 반대하고 새로운 사회 질서 건설을 주장한 죄로 붙잡혀 예수처럼 십자가에 매달려 죽었다. 사람들이 가장 놀란 것은 그가 황홀경에 빠져 외친 "내가 진리다!"라는 말이었다. 이 말은 예수가 "나는 길이요 진리요 생명이다"라고 말한 것과 같아서, 예수를 육화한 신이라 여기는 기독교 교리를 신성 모독이라고 비난하던 무슬림들은 매우 놀랐다. 이슬람에서 알-하크(Al-Haqq, '진리')는 신의 이름의 하나이기에 인간이 진리라는 주장은 우상 숭배에 해당했다. 알-할라즈는 신과 가까워 자기 정체성처럼 느낄 정도로 합일이라는 체험을 표현했다.

> 나는 내가 사랑하는 그이며, 내가 사랑하는 그는 나입니다.
> 우리는 한몸에 거하는 두 영혼이기에,
> 당신이 나를 바라볼 때 당신은 다름 아닌 그를 바라보는 것이며,
> 당신이 그를 바라볼 때 당신은 하나가 된 우리를 바라보는 것입니다.[34]

이 시는 그의 스승인 알-주나이드가 '파나'라고 부른 합일의 전제 조건인 '자아 소멸'의 체험을 대담하게 표현했다. 그는 신성 모독죄로 체포되어 죽음 앞에서도 신비주의 신앙 철회를 거부했다.

> 처형당하기 전, 앞에 놓인 십자가와 못을 바라본 후 그는 둘러선 무리에게 돌아서서 다음과 같은 말로 마지막 기도를 했다. "천지를 주관하시는 신이시여, 당신에 대한 열정과 당신의 호감을 얻기 위한 열망에 사로잡혀 저를 죽이고자 이 자리에 모인 당신의 종들을 용서하시고, 그들에게 자비를 베풀어주시옵소서. 만일 당신이 제게 드러내신 것을 저들에게도 보이셨다면 진실로 저들이 제게 행한 것을 범하지 않았을 것입니다. 또한 만일 당신이 저들에게 감추신 것을 제게도 감추셨다면, 제가 이런 고통의 수난을 받지 않았을 것입니다. 그러나 당신이 행하시는 모든 것과 당신이 뜻하시는 모든 것에 영광을 돌리옵나이다."[35]

"내가 진리다!"라고 외친 알-할라즈의 주장은 신비주의자들의 신이 객관적 실재가 아니라 매우 심오한 주관적 실재임을 보여준다. 훗

날 알-가잘리는 알-할라즈가 신성 모독죄를 범한 것이 아니라 지혜롭지 못하게도 보통 사람이 오해할 수 있는 비전적 진리를 표현했을 뿐이라고 평했다. 샤하다의 구절처럼, 알라 외에 참된 실재는 없으므로 모든 인간이 본질적으로 신성한 실재에 귀결되고 종속되는 것은 당연하다. 쿠란도 신이 자신의 신성한 속성을 반추하기 위해 자신의 형상대로 아담을 창조했고, 천사들에게 아담에게 머리 숙여 경배할 것을 명했다고 가르친다.[36] 무슬림은 기본적으로 모든 인간에게 신의 속성이 존재한다고 믿는다. 그런 의미에서 수피는 오직 예수 한 사람만 육화를 통해 신성한 속성을 부여받았다는 기독교의 주장을 반박했다. 그들은 신과 하나가 되는 신비 체험을 통해 인간 내면에 있는 신의 속성을 재발견함으로써 태초의 본원적 인간으로 돌아갈 수 있다고 믿었다. 그들이 중시하는 '거룩한 하디스'도 신이 마치 무슬림 개인 속에서 현현하는 것처럼 서술했으며, 신에게 몰입하는 상태를 이렇게 가르쳤다. "내가 그를 사랑할 때, 나는 그가 듣는 귀가 되어주고, 그가 보는 눈이 되어주며, 그가 잡는 손과 그가 걷는 발이 되어준다." 그러나 알-할라즈의 순교는 신 개념과 계시에 대해 제각기 다른 이해를 보이던 기존의 이슬람 세력과 신비주의자들 사이의 깊은 적대감을 드러냈다. 신비주의자들에게 계시는 인간의 영혼에서 일어나는 사건이었으나, 기존의 울라마에게 계시는 과거에 일어난 확고한 역사적 사건이었다. 그러나 11세기에 이븐 시나와 알-가잘리 같은 무슬림 철학자들은 신에 관한 외적이고 객관적인 설명이 불충분하다고 생각해 신비주의로 기울었다. 알-가잘리는 수피즘이 진정한 형태의 이슬람 영성임을 보여줌으로써 기존 이슬람 세력이 수피즘을 받아들이도록 만들었다. 12세기에 이란 출신 철학자 야흐야 수흐라와르디와 에스파냐 태생의 무히 알-딘 이븐 알-아라비도 이슬람 팔사파를 신비주의와 연결했을 뿐 아니라, 신비 체험 속의 신이 이슬람 신앙의 정수라고 주장했다. 그러나 1191년에 수흐라와르디도 알-할라즈처럼 오늘날까지도 분명하지 않은 이유로 알레포에서 사형당했다. 그는 이븐 시나가 계획했던 '동방' 종교와 이슬람교의 연결에 평생을 바쳤다. 그의 말을 따르면 고대 세계의 모든 성인은 단 한 가지 교리만을 가르쳤다. 그 교리는 본래 헤르메스에게 제일 먼저 계시되었다(수흐라와르디는 헤르메스를 쿠란에서 '이드리스'로 알려진 예언자 또는 성서의 '에녹'과 동일시했다). 이후 그리스에서는 플라톤과 피타고라스를 통해 전달되었고, 중동에서는 조로아스터교의 마기(사제)를 통해 전해졌다. 그 교리는 아리스토텔레스 이후 철학적이고 주지적인 형태로 발전해 의미를 해석하는 데 어려움을 낳았으나, 알-비스타미와 알-할라즈를 거쳐 수흐라와르디 자신에게까지 전해졌다. 이 영속 철학은 신비적이고 상상력이 풍부했지만 이성을 부정하지도 않았다. 수흐라와르디는 알-파라비만큼이나 지적으로 엄격했으나 진리에 접근하는 데 직관의 중요성을 강조했다. 쿠란이 가르친 대로 모든 진리는 신으로부터 나오므로 찾을 수 있는 곳 어디에서든 찾아야 했다. 유일신론 전통뿐만 아니라 이교와 조로아스터교 안에서도 찾을 수 있다고 보았다. 여러 종파의 논쟁을 초래하는 교리 종교와 달리 신비주의는 신에게 도달하는 많은 길이 있다고 주장한다. 특히 수피즘은 타인의 믿음을 이해하는 데 탁월한 길이다.

조명학의 창시자,
수흐라와르디

수흐라와르디는 흔히 '조명학의 스승'으로 불린다. 그는 그리스인들처럼 빛을 통해 신을 경험했다. '조명'을 뜻하는 아랍어 이슈라크는 동쪽에서 솟아오르는 여명의 첫 햇살뿐 아니라 깨달음을 가리킨다. 그러므로 그에게 '동방(Orient)'은 지리적 위치가 아니라 빛과 에너지의 근원이다. 수흐라와르디의 동방 신앙에서 인간은 자신의 기원을 희미하게 기억하고 이 그림자의 세계에서 불안을 느끼며 처음 살던 곳으로 돌아가기를 갈망한다. 수흐라와르디는 자신의 철학이 무슬림이 자신의 참된 방향을 찾고 상상을 통해 내면의 영원한 지혜를 정화하는 데 도움이 될 것이라고 주장했다.

진리는 어디에서든 발견될 수 있다는 전제 위에서 수흐라와르디는 전 세계의 모든 종교적 통찰을 연결해 하나의 영적 종교를 완성하려고 했다. 결국 그의 철학은 이슬람 이전의 고대 페르시아 우주론과 프톨레마이오스의 우주 체계 그리고 신플라톤주의 유출 체계를 연결했다. 그런데도 그는 어떤 파일라수프보다도 광범위하게 쿠란의 가르침을 인용했다. 우주론을 논할 때 그는 우주의 물리적 기원을 설명하는 데 그다지 관심을 기울이지 않았다. 수흐라와르디의 위대한 저서인 《조명의 지혜》는 물리학과 자연과학의 문제를 고찰하는 것으로 시작하나 이는 신비주의적 부분의 서막에 불과했다. 수흐라와르디는 세계 전체를 인식하는 데서 합리주의적, 형이상학적 사고의 중요성을 인정했으나 이븐 시나처럼 팔사파의 전적으로 합리주의적이고 객관적인 진리 추구 방법에 불만을 느꼈다. 그는 진정한 현자라면 철학과 신비주의에 모두 탁월하며, 세상에는 그러한 현자들이 늘 존재했다고 생각했다. 시아파의 이맘론에 아주 가까운 이 이론에서 수흐라와르디는 이 영적 지도자가 진정한 '극'(쿠트브)이고, 그의 존재 없이는 비록 뚜렷이 세상에 모습을 드러내지 않는다 할지라도 세계가 계속 존재할 수 없다고 믿었다. 이스마일파나 수피파와 마찬가지로 영적이고 상상적인 훈련을 요구하는 비전적 체계인 '이슈라크' 신비주의는 지금도 여전히 이란에서 많은 사람이 따른다.

아마도 당시 그리스인들은 수흐라와르디의 신비주의 체계를 케리그마보다는 도그마에 가깝다고 여겼을 것이다. 그는 모든 종교와 철학의 중심에 놓여 있는 상상의 핵심을 발견하려고 노력했으며, 이성만으로는 충분치 않다고 주장했지만 가장 깊은 신비를 탐구하는 권리를 절대 부정하지 않았다. 진리는 비전적 신비주의에서뿐 아니라 과학적 합리주의에서도 찾아야 하며, 감성은 비판적 지성에 의해 길러지고 계발되어야 한다고 주장했다.

이름에서 알 수 있듯이 이슈라크 철학의 핵심은 그가 신의 완벽한 동의어로 여긴 '빛'의 상징이었다. 빛은 (적어도 12세기까지는!) 비물질이고 규정할 수 없는 것이지만 세상에서 가장 분명한 삶의 사실이기도 했다. 빛은 널리 가득 차 있으며, 물체에 속한 광채는 바깥의 근원인 빛으로부터 직접 나왔다. 수흐라와르디의 유출론적 우주론에서 '빛 중의 빛'은 파일라수프들의 지극히 단순한 '필연적 존재'에 해당했다. '빛 중의 빛'은 하강하는 계층 구조 속에서 일련의 하위 빛을 생성한다. 각 빛은 '빛 중의 빛'에 자신들이 의존한다는 사실을 자각하면서 물질세계의 근원이 되는 그림자-자아를 발전시키는데, 프톨레마이오스의 각 천구에 해당하는 것이다. 이 설명은 인간이 처한 곤경의 은유였다. 우리 각자에게는 빛과 어둠의 비슷한 조합이 있다. 빛 또는 영혼은 (이븐 시나의 도식에서 우리 영역의 지성체인 가브리엘로 알려진) 성령에 의해 태아에게 부여되었다. 영혼은 더 높은 세계의 빛과 연결되기를 갈망하는데, 만일 당대의 쿠트브(qutb, 영적 지도자)나 그의 제자로부터 적절한 지도를 받는다면 여기 비천한 세계에서도 빛의 일면을 볼 수 있을 것이다.

수흐라와르디는《조명의 지혜》에서 자신이 경험한 깨달음에 관해 설명했다. 그는 지식에 관한 인식론적 문제에 사로잡혀 고민하고 있었다. 아무리 많은 책을 탐독해도 답을 찾을 수 없었다. 그러던 중 그는 환상 속에서 쿠트브이자 영혼의 치유자인 이맘을 보았다.

> 갑자기 나는 부드럽게 밀려오는 온기에 사로잡혔다. 칠흑 같은 어둠 속에서 한 차례 섬광이 번쩍인 후 인간 형체의 투명한 빛줄기가 다가왔다. 나는 빛줄기를 주의 깊게 바라보면서 바로 그 안에 그가 있음을 깨달았다. 엄습했던 당혹과 공포가 사라지고 평안과 친숙함으로 변할 정도로 그는 온화하게 인사하며 내게 다가왔다. 그때 나는 그에게 그동안 내가 고통을 겪어 왔던 인식의 문제에 관해 불만을 털어놓았다. 그러자 그는 내게 말했다. "네 자신을 깨워라, 그리하면 네 문제가 해결되리라."[37]

깨움 또는 조명의 과정은 예언자들의 격렬하고 폭력적인 영감의 체험과는 분명히 달랐다. 오히려 붓다의 평온한 깨달음과 더 유사했다. 신비주의는 유일신 종교에 더 고요한 영성을 도입하는 결과를 가져왔다. 외부의 '실재'와 충돌하는 대신 신비주의자 내면에서 빛이 나왔다. 사실의 전달은 없었다. 그보다 안에서 솟아오르는 상상력을 발휘해

'순수한 이미지의 세계'인 알람 알-미탈(alam al-mithal)의 문을 열어줌으로써 사람들이 신에게 돌아갈 수 있도록 해주었다.

수흐라와르디는 고대 페르시아의 원형적 세계의 믿음—게틱(지상 세계)의 모든 사람과 사물은 그것에 정확하게 대응하는 것이 메녹(천상 세계)에 있다—에 의지했다. 신비주의는 세 유일신 종교가 표면적으로 폐기한 오래된 신화를 되살린 것이다. 수흐라와르디의 도식에서 알람 알-미탈이 된 메녹은 인간 세계와 신의 세계 사이에 존재하는 중간 영역이었다. 이 영역은 이성으로도 감각으로도 지각할 수 없었다. 쿠란에 대한 상징적 해석이 참된 영적 의미를 드러낸 것처럼, 우리는 오직 창조적 상상력을 통해 숨은 원형의 세계를 발견할 수 있다고 보았다. 그에게 알람 알-미탈은 지상 세계에서 일어나는 사건의 참뜻을 밝혀주는 이스마일파의 영적 사관과 유사한 의미를 지닌 것이었다. 알람 알-미탈에 관한 그의 이해는 이후 모든 이슬람 신비주의자들이 자신의 신비적 경험과 환상을 해석하는 데 중요한 기준이 되었다. 수흐라와르디는 여러 다양한 문화의 샤먼, 신비주의자, 황홀경에 빠진 사람에게 나타나는 놀랍도록 유사한 환상 체험을 연구했다. 최근 이 현상에 대한 관심이 높아지고 있다. 융은 '집단 무의식' 개념을 통해 모든 인간에게 공통으로 나타나는 상상적 체험을 한층 더 과학적으로 탐구했고, 루마니아계 미국 종교학자 미르체아 엘리아데(Mircea Eliade) 같은 학자들은 고대 시인의 서사시나 우화 속에 담겨 있는 환상적 여행이나 신비적 비상의 영적 의미를 밝히고자 시도했다.[38]

수흐라와르디는 신비주의자들의 환상이나 '천국' '지옥' '최후의 심판' 같은 성서의 상징이 우리가 이 세상에서 경험하는 현상과 마찬가지로 실제로 존재하지만 다만 존재 양태가 다를 뿐이라고 주장했다.

그의 주장을 보면, 그것들은 경험적으로 입증될 수는 없으나 지상 세계에서 일어나는 사건들의 영적 의미를 인식하게 하는 고도의 상상력을 통해서는 식별될 수 있다. 불교 승려들이 도덕적, 정신적으로 깊은 수련을 거치고서야 깨달음의 경지에 이르는 것처럼, 신비 체험은 필요한 훈련을 받지 않은 사람들에게는 불가능하다. 그들은 현실 세계의 모든 생각과 이념과 소망 그리고 꿈과 환상에 상응하는 알람 알-미탈의 실재를 깨닫지 못한다. 그러나 무함마드는 자신을 신성한 세계의 문턱까지 이끌고 갔던 야간 여행을 통해 중간 영역인 알람 알-미탈을 들여다볼 수 있었다. 유대 메르카바 신비주의자들이 영적 훈련을 통해 환상 체험을 할 때도 다름 아닌 순수한 이미지의 세계에 몰입했다. 따라서 신에 이르는 길은 파일라수프의 주장처럼 이성만으로 가능한 것이 아니고 신비주의자들이 중시하는 창조적 상상력을 통해 가능하다.

오늘날 서구의 많은 이들은 저명한 신학자들이 신이 어떤 깊은 의미에서 상상의 산물이라고 말할 때 당혹스러울 것이다. 그러나 상상력이 중요한 종교적 능력임은 분명하다. 프랑스의 실존주의 철학자 사르트르는 상상력을 "존재하지 않는 것을 생각하는 능력"이라고 정의했다.[39] 인간은 존재하지 않는 것 또는 아직 존재하지 않으나 존재할 가능성이 있는 것을 그려볼 수 있는 유일한 동물이다. 바로 이 상상력을 통해 인간은 종교와 예술뿐 아니라 과학과 기술에서 큰 업적을 성취할 수 있었다. 특히 부재하는 실재의 가장 대표적인 예인 신 개념은 도저히 해결할 수 없는 신비적인 문제인데도 불구하고, 수천 년 동안 인류의 삶에 영감을 불어넣었다. 도저히 이해할 수 없는 신에게 인간이 접근할 수 있는 유일한 길은 상상력을 통해 신 존재에 관한 상징을 해석하는 일이다. 수흐라와르디는 인간 삶에 결정적인 영향을 끼쳐 왔던 이 상징들에 대해 상상적 설명을 시도했다. 상징은 인간의 감각과 추론으로 이해할 수 있는 대상이나 개념을 통해서가 아니라 대상 자체 외의 다른 어떤 것을 통해서 규정될 수 있다. 이성은 결코 개별적이고 일시적인 대상을 통해 보편적이고 영원한 것을 드러내는 상징의 의미를 파악하지 못한다. 그것은 신비주의자나 예술가의 통찰을 드러내는 창조적 상상력의 역할이기 때문이다. 그러나 예술의 경우와 마찬가지로 가장 효과적인 종교적 상징은 지적인 지식이나 인간의 조건에 대한 이해를 통해 형성된 상징이다. 그런 의미에서 대단히 아름다운 아랍어를 구사했고, 고도로 숙련된 형이상학 체계를 구축했던 수흐라와르디는 신비주의자였으며 동시에 창조적 예술가였다. 그는 과학과 신비주의, 이교 철학과 유일신 종교처럼 외관상 어울릴 수 없는 것들을 하나로 묶어 설명함으로써, 무슬림이 고유의 독창적인 상징을 창조하고 새로운 영적 의미를 발견할 수 있도록 도와주었다.

이븐 알-아라비의 상상력과 루미의 시

수흐라와르디보다 더 큰 영향을 끼친 사람은 무히 알-딘 이븐 알-아라비(1165~1240)였다. 그의 삶은 동서양의 길이 갈리는 상징으로 볼 수 있을 것이다. 그의 아버지는 이븐 루시드의 친구였는데, 루시드는 어린 그를 만났을 때 소년의 독실한 신앙에 깊은 인상을 받았다고 한다. 그러나 이븐 알-아라비는 심각한 질병을 앓으면서 수피즘으로 회심했고, 서른 무렵에 유럽을 떠나 중동으로 향했다. 그는 하지(메카 성지 순례)를 행하고 카바(메카의 이슬람 신전)에서 2년간 기도와 명상 생활을 했으며, 마침내 유프라테스강 유역의 말라티아에 정착했다. '위대한 스승'으로 불린 이븐 알-아라비는 이슬람교의 신 개념에 중요한 영향을 끼쳤으나 서구에는 큰 영향을 주지 못했다. 서구인들은 이슬람의 철학이 이븐 루시드에서 종결되었다고 생각했다. 대부분의 무슬림이 금세기에 이르기까지 신비주의적 신 이해를 중시한 반면, 서방 기독교 세계는 이븐 루시드를 통해 소개된 아리스토텔레스의 철학적 신 이해에 매달렸기 때문이다.

1201년 이븐 알-아라비는 카바 주위를 순례하던 중에 환상을 보았는데, 그 체험은 그에게 깊고도 지속적인 영향을 끼쳤다. 그는 하늘의 아우라에 둘러싸인 니잠이라는 소녀를 보고, 소녀가 신의 지혜인 소피아의 육화임을 깨달았다. 그는 이 현현을 통해 철학의 합리적 논증만으로는 신을 사랑할 수 없음을 인식했다. 팔사파는 알라의 절대적 초월성을 강조하고 그 어떤 것도 견줄 수 없다고 가르쳤다. 그렇다면 초월적 존재인 신을 인간이 어떻게 사랑할 수 있는가? 그러나 우리는 신의 창조물에서 보이는 신을 사랑할 수 있다. "만일 당신이 어떤 존재를 그 아름다움 때문에 사랑한다면, 다름 아닌 신을 사랑하는 것이다. 왜냐하면 창조물 속의 아름다움은 가장 아름다운 존재인 신에게서 비롯된 것이기 때문이다. 그러므로 어떤 조건과 상황 속에서도 사랑의 대상은 오직 신일 뿐이다."[40] 이 말은 샤하다가 알라 외에 신은 없다고 주장한 것처럼, 알라 외에 어떤 것도 아름다움의 근원이 될 수 없다는 뜻이다. 이븐 알-아라비는 인간이 신을 직접 볼 수는 없으나, 니잠 같은 창조물을 통해 우리 마음에 사랑을 불러일으켜 계시하는 신을 볼 수 있다고 생각했다. 그는 신비주의자는 니잠 같은 소녀를 있는 그대로 보기 위해 스스로 신의 현현을 창조하는 자이며, 사랑은 존재하지 않는 것에 대한 본질적 갈망이라고 주장했다. 니잠은 "나의 탐구와 희망의 대상으로서 가장 순수한 동정녀"가 되었다. 그는 사랑 시 모음 《디완》의 서문에 이렇게 설명했다.

> 이 책을 위해 쓴 구절 중에 신성한 영감, 영이 찾아오는 축복, 천사의 지성 세계와 [우리 세계의] 교신에 관해 암시하지 않은 것은 하나도 없다. 이 작업에서 나는 평소대로 상징으로 생각하는 방식을 따랐다. 보이지 않는 세계가 실제 삶보다 나를 더 매료하고, 이 어린 소녀도 내가 언급하는 것을 정확하게 알고 있었기 때문이다.[41]

창조적 상상력이 니잠을 신의 화신으로 변용시켰던 것이다.

대략 80년 뒤 젊은 시절의 단테 알리기에리도 피렌체에서 베아트리체 포르티나리를 만났을 때 이븐 알-아라비와 유사한 경험을 했다. 그녀를 보자마자 단테는 영혼이 격렬히 뒤흔들리며 "보라, 나보다 강한 신이 나를 지배하기 위해 왔도다"라고 외치는 듯한 소리를 들었다. 그때부터 단테는 베아트리체를 향한 사랑에 사로잡혀 "나의 상상이 그에게 준 힘으로 인해" 절정의 신비 체험에 도달했다.[42] 단테에게 베아트리체는 신성한 사랑의 표상이었고, 그의 저서 《신곡》에 나타난 지옥, 연옥, 천국을 거쳐 신의 환상에 이르는 신비적 상상 여행의 동력이었다. 단테의 《신곡》은 무함마드가 하늘로 들려 올려진 신비 여행에 대한 무슬림 이야기에서 영감을 받았으며, 창조적 상상력에 대한 그의 견해는 이븐 알-아라비의 견해와 거의 동일했다. 아리스토텔레스가 주장한 것처럼 단테는 '신비적 상상'이 단순히 세속 세계에 대한 감각적 이해로부터 비롯된 이미지들의 결합이 아니며, 부분적으로 신으로부터 오는 영감에서 비롯된다고 주장했다.

오, 수천의 나팔이 울릴지라도 듣지 못한 채 미혹에 빠져 있는
우리를 구원하시는 환상이여.
당신의 오관이 아무것도 보여주지 못할 때 당신은 움직입니까?
당신을 움직이는 것은 아마도 그분의 뜻에 따라 하늘에서 만들어져
내려오는 빛일 것입니다.[43]

단테는 《신곡》을 써 가면서 점차 감각적이고 심미적인 묘사를 줄여
나갔다. 지나치게 생생한 지옥 묘사라든가 베아트리체가 궁극적 목적
으로 존재하는 지상 낙원에 대한 감각적 묘사가 오히려 연옥에 이르는
과정을 더 힘겹게 만들었기 때문이다. 단테는 베아트리체가 육체적 아
름다움의 완전성을 보여준 존재라기보다는 자신을 세속의 한계로부터
끌어내어 신에게로 인도하는 상징 또는 화신이라는 것을 점차 깨닫기
시작했다. 또 어떤 인간적 특성도 인간 소망의 절대적 대상이 될 수 없
으며, 은혜를 받은 영혼조차 묘사하기 어려운데 천국에 머무는 육체적
존재를 서술한다는 것은 크나큰 모순이라고 생각했다. 또한 그는 인
간의 상상력보다 냉철한 지적 이성에 근거한 이미지만이 신의 초월성
을 가장 적절히 표현한다고 믿었다. 단테는 〈천국〉에서 신을 지나치게
냉엄하게 그려냈다는 비난을 받기도 했지만, 인간이 신에 관해 알 수
있는 것은 아무것도 없음을 누구보다 뚜렷이 지적했다.

이븐 알-아라비는 상상력을 신이 부여한 능력이라고 확신했다. 신
비주의자가 스스로 신적 현현을 창조할 때, 그는 원형적 세계에 더 완
벽하게 존재하는 실재를 이 아래 세계로 가져온 것이다. 우리가 다른

사람들에게서 신성을 발견할 때, 우리는 진정한 실재를 알아내기 위해 상상력을 발휘하는 것이다. "신은 인간을 자신을 가리는 베일처럼 창조했다. 그러므로 베일과 같은 인간의 실상을 아는 자는 신성한 존재에 도달할 수 있으나 그것을 깨닫지 못하는 자는 신성한 세계를 향한 문을 열 수 없다."[44] 이렇게 이븐 알-아라비도 수피즘을 신봉하는 이슬람 신비주의자들과 유사하게 인간의 상상력에 중심을 둔 고도의 개인적 영성 수행에서 출발해 초인격적 신 이해에 도달했다. 그러나 그는 신 이해와 관련해 여성의 이미지를 강조했다는 점에서 남달랐다. 그는 궁극적으로 신을 지향하는 사랑을 인간의 마음속에 불러일으키는 존재가 여성이기에, 여성이야말로 가장 완벽한 지혜의 화신이라고 믿었다. 물론 이 믿음은 근본적으로 남성 중심적 사고임이 분명하다. 그러나 주로 남성적 의미로만 신을 이해하는 종교에 여성적 차원을 도입했다는 점에서 중요한 의미가 있다.

이븐 알-아라비는 자신이 아는 신이 객관적 존재라고는 믿지 않았다. 그는 뛰어난 형이상학자였지만 신의 존재를 논리로 증명할 수 있다고는 믿지 않았다. 그는 자신을 '알-키드르'의 제자로 부르는 것을 좋아했다. 알-키드르는 쿠란에서 이스라엘인에게 율법을 가져온 모세의 영적 지도자로 묘사한 불가사의한 인물이다. 쿠란에서 신은 자신에 관한 특별한 지식을 알-키드르에게 주었다. 모세는 알-키드르에게 신의 지식을 가르쳐 달라고 요청했으나, 알-키드르는 모세에게 자신이 받은 신에 관한 앎이 모세의 신 체험보다 더 강렬하고 깊어서 모세가 감당하지 못하리라고 말했다.[45] 이는 인간이 직접 경험하지 못한 종교적 '정보'를 이해하려는 시도는 무의미하다는 뜻이었다. 알-키드르는 '푸른 자'를 의미하는 듯하다. 즉 그의 지혜가 늘 참신하고 끊임없이 새로움을 거듭한다는 뜻이다. 모세 같은 위상을 지닌 예언자라도 비전적 종교 형태를 반드시 이해할 수는 없었는데, 쿠란에서 모세는 알-키드르의 교육 방법을 인내할 수 없음을 발견하기 때문이다. 이 이상한 일화는 종교의 외적 장식이 반드시 영적이거나 신비적인 요소에 호응하는 것이 아님을 암시한다. 아마도 당시의 울라마는 이븐 알-아라비 같은 수피의 '내어줌'(이슬람Islam)을 이해하지 못했을 것이다. 그러나 결국 이슬람 전통은 일상적 감각보다는 내면적 관조의 신 체험을 강조한 알-키드르를 문자적이고 외면적인 종교 형태와는 본질적으로 다른 영적이고 신비한 진리를 추구하는 모든 사람의 스승으로 추인했다.

알-키드르는 이스마일파에게도 중요한 존재였다. 이븐 알-아라비는 수니파였지만 그의 가르침은 이스마일파에 매우 가까웠고, 나중에는 그들의 신학에 통합되었다. 신비주의 종교가 종파적 분열을 초월할 수 있다는 또 하나의 사례이다. 이븐 알-아라비는 이스마일파와 마찬가지로 신의 파토스를 강조했다. 그것은 철학자들이 주장하는 신의 아파테이아(무정념)와 뚜렷이 대비된다. 신비주의자의 신은 자신의 피조물들에게 알려지기를 열망했다. 이스마일파는 '신'을 뜻하는 아랍어 명사 일라(ilah)가 '슬퍼하다' '탄식하다'라는 뜻의 아랍어 어근 WLH에서 유래했다고 믿었다.[46] 또한 무함마드의 가르침과 행적을 편집해 기록한 '거룩한 하디스'도 신이 "나는 숨은 보화로다. 내가 알려지기 원하여 만물을 창조했나니 그들로 인하여 밝혀지기를 원하노라"고 말했다고 적고 있다. 인간은 신의 슬픔을 논리적으로 증명할 수 없다. 다만 우리의 가장 깊은 욕구를 채우고 삶의 비극과 고통을 설명할 무언가를 우리 자신의 갈망을 통해 신의 슬픔을 느낀다. 우리는 신의 형상대로 창조되었기에 최고의 원형인 신을 반영해야 한다. 따라서 우리가

'신'이라고 부르는 실재에 대한 우리의 열망은 신의 정념에 대한 연민을 반영해야 한다. 이븐 알-아라비는 고독한 신이 갈망하는 숨을 내뱉는다고 상상했는데, 이 숨은 감상적 자기 연민의 표현이 아니라 우주 전체가 존재하게 하는 적극적이고 창조적인 힘이다. 또한 인간에게 불어넣어 신을 스스로 표현하는 말씀이 되었다. 그러므로 각각의 인간은 개별적이고 되풀이할 수 없는 방식으로 자신을 드러내는 '숨은 신*'의 독특한 현현이다.

이처럼 다양한 신의 현현을 통해 개별적으로 인간에게 자신을 드러내는 신성한 말씀(로고스)은 신이 자신을 부르는 이름 역할을 한다. 이것은 신의 절대적 실체가 무궁무진하고 신성한 체험이 사람마다 제각기 다르므로, 어떤 특정한 인간 언어로 요약해 신을 표현할 수 없다는 뜻이다. 우리는 자신이 체험한 신만을 알 수 있을 뿐, 결코 모든 사람이 동일하게 느끼고 깨달은 객관적 신은 알 수 없다. 그런 의미에서 이븐 알-아라비는 "인간은 제각기 자신의 신을 섬길 수 있을 뿐 모두에게 해당하는 보편적 신을 섬길 수는 없다"고 말하면서 "신의 축복을 명상하라. 그러나 신의 본질(알-다트)은 명상하지 말라"는 하디스의 글을 즐겨 인용했다.[47] 이븐 알-아라비는 또 신의 접근 불가능성을 강조하기 위해 신을 주로 '구름' 또는 '보이지 않음'이라는 뜻의 알-아마(al-Ama)로 부르기 좋아했다.[48] 그러나 이러한 인간적 신 표현인 말씀(로고스)은 숨은 신이 인간이 아닌 자신에게 먼저 계시하는 것이라는

숨은 신(deus absconditus) 신의 본질을 나타내는 〈이사야〉 45:15에 나오는 표현. 마르틴 루터가 신의 불가해성이나 섭리를 설명하기 위해 핵심 개념으로 사용하면서 유명해졌다. 십자가에서 고난받은 그리스도처럼 역사에 등장하는 계시된 신(deus revelatus)과 반대되는 개념이다.

사실을 전제하며 다음과 같은 두 과정을 거친다. 첫째, 신은 자신의 드러남을 위해 탄식하며 결국 그가 계시하는 인간을 통해 신적 고독 상태에서 벗어난다. 이 숨은 신의 슬픔은 각 개인이 스스로를 깨닫는 가운데 드러나는 '계시된 신'에 의해 완화된다. 둘째, 개인에게 '계시된 신'은 신을 향한 인간의 열망을 고취함으로써 본원적 신의 세계로 복귀하도록 유도한다.

신성과 인간성은 온 우주에 생명을 불어넣는 신성한 삶의 두 측면이다. 이런 통찰은 예수 안에서 신이 육화했다는 동방 기독교인의 이해와 다르지 않지만, 이븐 알-아라비는 아무리 거룩한 존재일지라도 예수라는 한 인간 속에서만 무한한 신적 실재가 드러났다는 생각은 받아들일 수 없었다. 그 대신 그는 개개인이 신의 고유한 화신이라고 믿었다. 그러나 그는 세대마다 당대의 사람들을 위하여 '계시된 신'의 신비를 상징적으로 구현하는 '완전한 인간'의 상징이 있으며 '예언자' 무함마드야말로 그의 세대를 가장 효과적으로 계몽한 신적 상징의 '완전한 인간'이었다고 역설했다.

이 내면 성찰적, 상상적 신비주의는 자아의 심연에 있는 존재의 근거를 향한 심오한 수행이었다. 그것은 신비주의자에게서 모든 교리적 종교 형태를 포기하게 만들었다. 각 개인이 고유한 신 체험을 하되 모든 사람이 공유할 수 있는 보편적 신 체험은 불가능하다고 가르쳤다. 다시 말해 어떤 종교도 신에 관한 진리를 독점해서 전유할 수 없으므로 타인의 종교를 부정하고 자신의 종교만을 절대화하는 것은 용납할 수 없다는 가르침이었다. 이븐 알-아라비는 쿠란에서 발견할 수 있는 다른 종교에 대한 긍정적 요소들을 채택하고 발전시켜 무슬림에게 다른 종교에 대한 극단적인 관용의 자세를 고취했다.

내 마음은 모든 형태를 받아들일 수 있다.

수도자의 수도원, 우상의 신전,

가젤들의 목초지, 신자의 카바,

토라의 제단, 쿠란.

사랑은 내가 지닌 신앙이다. 그의 낙타가 어디로 향하든

여전히 유일한 참된 신앙은 나의 것이다.[49]

'신의 사람'은 시너고그에서도, 신전에서도, 교회에서도, 모스크에서도 느긋하다. 모두 신에 관한 가치 있는 이해를 제공하기 때문이다. 그런 의미에서 이븐 알-아라비는 "여러 신앙에 의해 창조된 신"이라는 표현을 자주 사용했다. 물론 이것은 인간이 자신의 필요와 의도대로 신을 창조하고 자신의 신앙만을 절대화할 경우, 신의 위치와 의미를 비하할 뿐 아니라 종교 간 반목과 대립을 야기할 수 있다. 그러한 우상 숭배의 위험성에 대해 이븐 알-아라비는 다음과 같은 충고를 남겼다.

어떤 특정 교리에 집착함으로써 그 밖의 모든 교리를 무시하는 어리석음을 범하지 말라. 그러지 않으면 신앙의 참된 진리를 깨닫지 못할 것이며 많은 유익한 것을 잃게 되리라. "네가 대하는 모든 곳마다 알라의 얼굴이 임하신다"는 쿠란의 말씀처럼 어디에나 존재하며 전지전능하신 신은 결코 어떤 특정 교리에 제한되지 않는다. 모든 사람이 제각기 자신이 믿는 신을 찬양하나니, 타인의 신앙에 관한 비난은 무지에 근거한 것일 뿐이다.[50]

우리가 보는 것은 각자에게 구체적인 모습으로 드러나는 신의 개별

적 특성이지 신의 본질이 아니다. 그러므로 신에 대한 이해는 필연적으로 자신이 처한 종교 전통의 영향을 받는다. 바로 이러한 신 이해를 신비주의자들은 '숨은 신'의 본질과는 근본적으로 다른 상징적 이해라고 규정하면서, 모든 다양한 형태의 종교를 타당성 있는 신의 현현이라고 주장한다. 독단적인 종교의 신이 인간을 분열시켜 서로 싸우게 만든다면, 신비주의자의 신은 통합을 지향하는 힘이다.

이븐 알-아라비의 가르침은 평범한 무슬림이 이해하기에 난해한 면이 있긴 했으나 그들의 일상적인 신앙생활에 스며들어 적지 않은 영향을 끼쳤다. 특히 12세기와 13세기에 수피즘은 소수파 위치를 벗어나 이슬람 제국 전체 영역을 주도하는 신앙 형태가 되었다. 그때부터 수피즘 내에 제각기 독자적인 해석을 내세우는 교단인 '타리카(tariqa)'가 나타나기 시작했다. 수피파 셰이크*는 일반인에게 지대한 영향을 끼쳐, 시아파의 이맘처럼 성인으로 추앙받았다. 당시는 이슬람 제국이 일대 변화를 맞은 정치적 격변기였다. 바그다드의 칼리파 지도 체제가 와해되기 시작했으며, 몽골족의 침략으로 이슬람 도시들이 하나둘씩 무너지고 있었다. 그런 상황에서 무슬림은 파일라수프의 멀리 떨어져 있는 신이나 울라마의 율법의 신보다는 더 직접적이고 동정심 있는 신을 원했다. 따라서 황홀경을 유도하기 위해 신의 이름을 외는 수피의 '디크르(dhikr)' 실천이 타리카를 넘어 일반 무슬림 사이에 널리 확산되었다. 특히 세심하게 규정된 호흡과 자세의 기술을 통한 수피의 정신 집중 수련은 평범한 무슬림이 내면에서 초월적 신의 임재를 경험할 수 있도록 도와주었다. 물론 모든 사람이 높은 신비 상태에 도달할 수 있

셰이크(Sheikh) 아랍어로 부족의 족장, 원로 혹은 이슬람 학자를 가리키는 존칭. 특히 수피파에서 영적 지도자에게 쓴다.

는 것은 아니었으나 이러한 영적 훈련은 사람들에게 인격적 단일 개념의 신 이해보다는 인간 내면에 있는 신에 대한 깨달음을 주었다. 어떤 교단은 집중력을 높이기 위해 음악과 춤을 사용했으며 그들의 '피르'(pir, 스승)는 영웅으로 추앙받았다.

수피 교단 가운데 가장 유명한 것은 마우라위야(Mawlawiyyah)였다. 이들은 서양에서는 '빙빙 도는 수행승'으로 알려졌다. 그들의 당당하고 위엄 있는 춤은 정신을 집중하는 방법이었다. 빙글빙글 돌아감에 따라 수피는 자아의 경계가 해체됨을 느끼고, 춤에 빠져들어 감에 따라 파나(자아 소멸)의 상태를 미리 맛본다. 이 교단의 창시자는 잘랄 알-딘 루미(1207~1273)였는데, 그는 제자들에게는 마울라나(Mawlana, '우리의 주인')로 알려졌다. 루미는 중앙아시아의 쿠루산에서 태어났지만 몽골군이 진군해 오기 전에 오늘날 튀르키예 땅 코니야로 피난했다. 루미의 신비주의 신앙은 몽골족의 침입으로 인해 많은 무슬림이 알라에 대한 신앙을 상실한 시대 상황을 반영한다. 그는 동시대인이었던 이븐 알-아라비와 유사한 사상을 지니고 있었으나, '수피의 성서'로 알려진 그의 시집 《마스나위》는 일반 무슬림에게 큰 호응을 받았으며, 신비주의 신앙을 널리 전파하는 데 결정적 역할을 했다. 1244년에 루미는 방랑 수도사 샴스 알-딘을 만나 그를 당대의 '완전한 인간'이라고 여겼을 정도로 그에게 매료되었다. 샴스는 스스로 자신을 무함마드의 환생이라 믿었으며, 자신을 '무함마드'라고 부르라고 요구했다. 그는 수상쩍은 평판을 얻었고 이슬람교의 신성한 법전인 샤리아를 지키지 않은 것으로 알려졌다. 자신은 그런 하찮은 것을 초월했다고 생각했던 것이다. 루미의 제자들은 당연히 그들의 '주인'이 샴스에게 '홀딱 빠져 있는' 것을 깊이 우려했다. 폭동이 일어나 샴스가 사망하자 상심에 깊이 빠진 루미는 슬픔을 이기고자 신비주의 음악과 춤에 더욱 몰입했다. 그는 자신의 슬픔을 인간을 향한 신의 열망과 알라를 향한 인간의 열망을 동시에 포용하는 신성한 사랑의 상징으로 승화시키려고 노력했다. 그것은 모든 인간이 의식적이든 무의식적이든 존재의 근원과 분리되어 있음을 희미하게나마 깨달아 신과의 합일을 추구해야 함을 뜻했다.

갈대가 밭에서 뽑힌 아픔을 호소하며 어떤 이야기를 하는지 들으라. 갈대밭에서 뽑힌 뒤, 숨겨진 나의 아픔이 수많은 사람들의 고통을 초래했나니. 분리되어 찢어진 가슴으로 내가 그들에게 사랑을 갈망하는 능력을 부어주길 원하노라. 그것은 근원에서 떨어져 분리된 자가 근원과 결합했던 본래의 상태로 되돌아가야 함이라.[51]

'완전한 인간'은 보통 사람들에게 영감을 불어넣어 주고, 신을 추구하게 하는 존재로 믿어졌다. 이를테면 루미가 샴스로부터 영감을 받아 분리된 신과 인간 사이의 고통을 표현하는 《마스나위》의 시가를 만든 것이 대표적이다.

루미도 대다수 수피처럼 우주를 수많은 신의 속성의 구현으로 보았다. 어떤 것은 사랑과 자비 같은 신의 속성을 나타내고, 다른 것은 신의 분노와 준엄함을 드러낸다고 믿었다. 그는 신비주의자는 만물 가운데서 연민, 사랑, 아름다움 같은 신의 속성을 가려내어 자신의 삶에 적용하기 위해 끊임없는 투쟁(지하드jihad)에 몰입하는 자라고 생각했다. 《마스나위》는 무슬림이 일상에도 존재하는 초월적 차원을 깨닫고 그 안에 숨은 실재를 통찰할 수 있도록 도와주었다. 모든 존재의 내면에 머무는 신비적 실재에 눈이 머는 원인이 자기중심적 사고에 있으며, 자신이 분리된 존재임을 깨달으면 모든 존재의 근원과 재결합할 수 있는 길을 찾게 된다고 가르쳤다. 다시 말해 루미는 신이 인간 세계와 동떨어진 어딘가에 근엄하게 존재하는 자가 아니라 단지 인간의 주관적 경험의 실체일 뿐이라고 강조했다. 그는 인간의 신 이해가 지닌 개별성을 강조하기 위해 모세와 그를 따르던 목동 이야기를 자주 사용했다. 어느 날 모세가 우연히 목동이 아주 친근한 어투로 신에게 말하는 것을 엿듣게 되었다. 어느 곳에 있더라도 신의 옷을 빨고 이도 잡아주며 잠자기 전 손발에 키스를 해주는 일 같은, 신을 도울 수 있는 모든 일을 하겠노라는 내용이었다. "제가 당신을 기억하며 말할 수 있는 것은 오직 아이이이이(ayyyy)와 아흐흐흐흐흐흐(ahhhhhh)일 뿐입니다." 목동은 이렇게 기도를 끝맺었다. 모세는 경악했다. 도대체 저 목동 녀석은 누구에게 이야기하고 있다고 생각하는 것인가? 하늘과 땅의 창조자인가? 모세에게는 그가 자기 삼촌에게 이야기하는 것처럼 들렸던 것이다. 모세에게 질책받은 목동은 가슴을 치며 후회하고 깊은 슬픔에 젖어 사막을 방황했다. 하지만 신은 모세를 불러 자신이 원하는 것은 틀에 박힌 정통 교리적 기도가 아니라 자신을 향한 불길처럼 타오르는 사랑과 겸허함이라고 말하면서 모세를 나무랐다. 이렇게 루미는 신에 관해 말하고 기도하는 방법에는 정도가 없다고 주장했다.

네게 그르게 보이는 것이 그에게는 옳을 수 있다.
어떤 사람에게 독인 것이 다른 사람에게는 꿀일 수 있다.

예배할 때 순수와 비순수, 태만과 열심은

내게 아무런 의미가 없다.

나는 이런 것들을 초월했다.

예배 방법 중 어느 것이 더 좋고 나쁠 수 없다.

힌두교도에게는 그들의 예배 방법이 있다.

인도의 드라비다족 무슬림은 그들의 예배 방법이 있다.

모두가 나를 찬양하는 것이다. 모두가 옳은 것이다.

예배를 통해 영광을 받는 자는 내가 아니다.

바로 예배자다! 나는 너희들이 말하는 말을 듣지 않는다.

나는 인간의 내면을 본다.

자기를 거꾸러뜨려 몸을 여는 겸손이야말로 '실재'다.

언어가 아니다! 고상한 어법 따위는 잊어라.

벗이 되라

너를 불태워라. 너의 생각을 불태우고

고정된 표현 형식을 태워버려라![52]

　신에 관한 이야기는 어떤 것이든 그 목동처럼 비합리적이다. 신자가 베일을 통해 사물의 참 모습을 들여다볼 때 자신의 모든 인간적인 선입견이 잘못되었음을 알게 될 것이다.

카발라의
세피로트 나무

당시 유럽의 유대인에게 닥친 비극적 사건들은 그들이 새로운 신 개념을 구성하는 데 결정적인 영향을 끼쳤다. 서방 십자군의 반유대주의가 유대인 공동체를 무참히 파괴하자, 많은 유대인들이 메르카바 신비주의를 통해 경험한, 세상사에 초연한 신보다 직접 현실 속에서 체험할 수 있는 인격적인 신을 갈망했다. 9세기에 남부 이탈리아에서 독일로 칼로니모스 일족이 이주했는데, 그들이 신비주의 문헌을 일부 가지고 왔다. 그러나 박해가 거듭되자 12세기에 아슈케나지* 신앙 속에 새로운 비관주의가 나타났다. 특히 칼로니모스 신비주의는 1150년경에 《신을 경외하는 글》을 쓴 랍비 노(老) 사무엘과 《경건한 신앙인을 위한 글》을 쓴 경건주의자 랍비 유다와 그의 사촌으로서 많은 글과 신비주의 텍스트를 편찬한 보름스의 랍비 엘리에자르 벤 유다(1210년 사망)에 의해 큰 발전을 이루었다. 체계적인 철학 사상가가 아니었던 그들은 외견상 어울리지 않는 텍스트들 속에서 여러 개념을 도출해 그들의 신비주의 신앙 원리로 사용했다. 특히 그들은 무뚝뚝한 파일라수프인 사아디아 벤 요세프에게 강한 영향을 받았는데, 그의 여러 저작이 히브리어로 번역되어 있었다. 또한 아시시의 프란체스코 같은 기독교 신비주의자의 영향도 강하게 받았다. 겉보기에 어울리지 않는 주장들을 결합해, 그들은 17세기까지 프랑스와 독일의 유대인들에게 지대한 영향을 끼친 신비주의 영성 신앙을 창조했다.

아슈케나지(Ashkenazi) 복수형은 '아슈케나짐'. 유대인 디아스포라의 역사에서 독일과 프랑스를 중심으로 중유럽과 동유럽에 퍼져 살았던 유대인을 가리키는 말.

일반적으로 유대 랍비들은 신이 준 쾌락을 스스로 부정하는 것은 죄악이라고 주장했다. 그러나 독일의 유대 경건주의자들은 기독교의 금욕주의 신앙과 유사한 자기 부정을 강조했다. 세상 쾌락을 멀리하고 동물을 기른다거나 어린아이와 뛰노는 유희를 포기함으로써 내세에서 셰키나를 볼 수 있다는 것이 그들의 주장이었다. 그들은 어떠한 조롱과 모욕에도 무심히 처신하는 아파테이아의 자세를 고양하기 위해 노력했다. 그러나 신을 '친구'라고 부르는 것은 허용되었다. 어떤 메르카바 신비주의자라도 엘리에자르가 그랬던 것처럼 신을 '당신(Thou)'이라고 부르는 것은 꿈도 꾸지 못했을 것이다. 이러한 신에 대한 친밀감은 그들의 예배 의식에 적용되어 신이 초월적 존재일 뿐 아니라 인간 곁에 머무는 존재라는 신비주의 신앙의 바탕이 되었다.

> 모든 것이 당신 안에 있고 당신은 모든 것 안에 있습니다. 당신은 모든 것을 채우시고 모든 것을 포용하십니다. 세상 모든 만물이 창조될 때, 당신은 그들 안에 머무셨고, 그들이 창조되기 전 당신은 바로 그들이셨습니다.[53]

이처럼 유대 경건주의자들은 인간은 그 누구도 신에게 접근할 수 없으며, 셰키나라고 불리는 거대한 광채의 영광(카보드) 속에서 인간에게 자신을 드러내는 신의 주도적 계시 행위를 통해서만 신을 깨달을 수 있다고 믿었다. 그들은 겉보기에 모순되어 보이는 자신들의 신앙 원리를 문제 삼지 않았다. 그들은 신학적 논리보다는 신앙의 구체적 문제를 중시하고, 동료 유대인에게 '집중의 방법'과 신의 임재감을 강화하는 자세를 가르쳤다. 가장 중요한 것은 침묵이었다. 그들은 신의 임재를 깨달을 수 있도록 고안된 특별한 방법으로 기도했는데, 눈을 꼭 감고 이를 악문 채 정신 산란을 막기 위해 머리를 수건으로 둘렀다. 그들은 단순히 기도문을 반복해 외우지 않고 기도문을 구성하는 각 단어의 문자들을 세면서 그것들의 숫자 값을 계산해 언어의 문자적 의미를 벗어남으로써 신을 향한 신비 의식을 유도하고자 노력했다.

그러나 반유대주의 박해가 없었던 이슬람 제국의 유대인들은 훨씬 행복했고, 아슈케나지의 경건주의 같은 염세적 신앙이 필요하지 않았다. 그들은 이슬람 신앙의 발전에 대응하는 새로운 형태의 유대 신앙을 발전시켰다. 유대 파일라수프들이 성서의 신을 철학적으로 설명하려 했던 것처럼, 그들은 신비적이고 상징적인 해석을 통해 신을 설명하고자 했다. 초기에 이 신비주의자 무리는 아주 소수였다. 그들은 스승으로부터 제자에게 전승된 비전적인 훈련을 했는데, 그것을 카발라라고 불렀다. 점차 카발라의 신은 많은 이들의 호응을 받았고, 철학자의 신이 할 수 없었던 방법으로 유대인의 상상력을 사로잡았다. 그들은 신을 인간 삶에서 멀리 떨어진 추상적 존재로 만드는 철학을 멀리하고, 합리적인 이해보다 더 깊은 차원의 인간 내면의 문제를 해결하는 신비주의적 신 이해를 제시했다. 특히 인간 삶에 초연한 신의 영광을 바라보는 데 만족하는 '메르카바 신비주의'와 달리 카발리스트들은 인간 내면에 존재하는 신성한 세계를 꿰뚫어 보고자 했다. 신의 본성과 신과 세계의 관계라는 형이상학적 문제에 대한 이성적 추론이 아닌 인간의 상상력에 초점을 맞추었다.

수피들처럼 카발리스트들은 계시와 창조를 통해 나타난 신과 본질적 신을 영지주의와 신플라톤주의에 근거해 구분했다. 그들은 신을 본질적으로 이해할 수 없는 비인격적 존재라 보고, 신비적 존재인 숨은 신을 아인 소프(Ein Sof, '끝이 없다')라고 불렀다. 그들은 아인 소프에 관해 인간은 아무것도 알 수 없으며, 심지어 아인 소프는 성서나 탈무드에도 언급되지 않았다고 주장했다. 13세기 어느 익명의 신비주의자는 아인 소프가 인간에게 드러나는 계시의 주체가 될 수는 없다고 썼다.[54] 아인 소프는 야훼(YHWH)와 달리 문자로 기록된 이름이 없다. '그'는 인격체가 아니다. 신 본체(Godhead)는 '그것(It)'이라고 부르는 쪽이 더 정확하다. 아인 소프는 성서와 탈무드에 나타난 인격신 개념과 근본적으로 다른 신 이해를 제시했다. 카발리스트는 새로운 종교의식의 세계를 밝히기 위해 독자적인 신화를 만들었다. 그리고 아인 소프와 야훼가 별개의 존재라는 영지주의의 오류에 빠지지 않고, 그 둘 사이의 관계를 조화롭게 설명하기 위해 성서를 상징적으로 읽는 방법을 발전시켰다. 또한 그들은 수피들처럼 숨은 신이 자신을 인간에게 계시하는 과정을 상상했다. 아인 소프는 알 수 없는 신 본체의 헤아릴 수 없는 심연에서 유출된 신성한 실재의 열 가지 다른 측면이나 세피로트(sefiroth, '세는 법')로 유대 신비주의자에게 자신을 드러냈다. 여기서 각 '신적 속성(세피라sefirah)'은 상징적 이름이 있으며 아인 소프가 전개하는 계시의 각 단계를 나타내면서 동시에 전체 신비의 실상을 표현한다. 카발리스트는 성서의 모든 단어를 아인 소프의 열 단계 세피로트와 연결했으며, 각 구절은 신 자신의 내적 삶에 대응하는 사건 또는 현상을 묘사한다고 생각했다.

이븐 알-아라비는 신의 연민의 탄식을 세계를 창조한 '말씀'처럼 신이 자신을 인간에게 드러내는 것이라고 믿었다. 마찬가지로 카발리스트들도 열 가지 세피로트를 신이 자신에게 부여한 이름이자 세계를 창조한 수단이라고 생각했다. 열 가지 세피로트는 한편으로 전체적으로

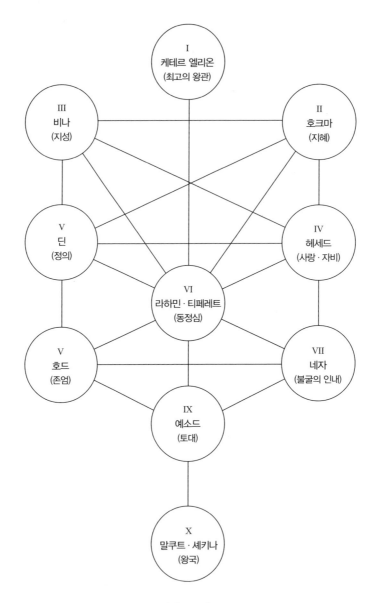

세피로트 나무

결합해 인간에게 결코 알려질 수 없는 신의 실체를 구성하지만, 다른 한편으로는 제각기 신비로운 신의 본질로부터 세속 세계로 유출되는 각 단계를 표현한다. 다음과 같이 그 단계를 열거할 수 있다.

1. 케테르 엘리온(Kather Elyon): 최고의 왕관

2. 호크마(Hokmah): 지혜

3. 비나(Binah): 지성

4. 헤세드(Hesed): 사랑과 자비

5. 딘(Din): 정의(보통은 엄격한 심판으로 나타난다)

6. 라하민(Rahamin, 때로는 티페레트Tifereth): 동정심(아름다움)

7. 네자(Netsah): 불굴의 인내

8. 호드(Hiod): 존엄

9. 예소드(Yesod): 토대

10. 말쿠트(Mallkuth): 왕국 또 셰키나로 불린다

때때로 이 열 가지 세피로트는 아인 소프의 깊은 곳에 뿌리를 내리고 거꾸로 자라나 세상의 셰키나에서 정점을 이루는 한 그루의 '나무'로 묘사되기도 한다(그림 참조). 유기적인 이미지는 이 카발라 상징들의 일체성을 표현한다. 아인 소프는 나뭇가지를 관통해 생명을 불어넣고 신비롭고 복잡한 현실 속에서 이들을 하나로 통합하는 수액을 뜻한다. 아인 소프와 그것이 드러나는 계시의 세계가 구분될지라도 이 둘은 석탄과 불길의 관계처럼 하나로 통합되어 작용한다. 세피로트는 결코 뚫고 들어갈 수 없는 아인 소프의 신비한 어둠을 드러내는 빛의 세계를 표현한다. 따라서 카발리스트들도 아인 소프에 근거한 신 이해

를 통해 인간의 신 개념으로는 결코 신의 실재를 온전히 표현할 수 없음을 보여주었다.

그러나 세피로트의 세계가 신 본체와 현실 세계 사이 '저편 어딘가에' 있는 또 다른 실재를 의미하는 것은 아니다. 그것들은 하늘과 땅을 잇는 사다리의 각 단이 아니라 오히려 감각으로 경험할 수 있는 현실 세계의 저변을 가리킨다. 신은 무소부재의 존재이므로 세피로트는 존재하는 모든 것 안에 살아 있으면서 적극적으로 활동한다. 세페로트는 또한 신비주의자가 자신의 마음속으로 내려감으로써 신에게 올라가는 신비로운 의식 단계를 표현한다. 그렇지만 다시 신과 인간은 분리할 수 없는 것으로 묘사된다. 어떤 카발리스트들은 세피로트를 신이 본래 의도한 원초적 인간의 사지(四肢)로 보았다. 성서에서 인간이 신의 형상대로 창조되었다고 말할 때의 의미였다. 이승의 세속적 현실은 하늘 세계의 원형적 실재에 해당한다. 나무나 인간으로 묘사된 신의 이미지들은 합리적인 개념화를 거부하는 실재의 상상적 묘사였다. 카발리스트들은 팔사파에 적대적이지 않았지만—대다수가 사아디아 가온, 마이모니데스 같은 인물을 존경했다—그들은 신의 신비를 깨닫는 데 형이상학보다 상징주의와 신화가 더 만족스럽다고 생각했다.

가장 영향이 컸던 카발라 문헌은 《조하르》(광명의 서)였다. 이 책은 아마 1275년경에 에스파냐의 신비주의자 모세스 데 레온이 썼을 것으로 추정된다. 모세스는 젊은 시절 마이모니데스에게 깊게 빠졌으나 나이가 들면서 점차 카발라의 비전적 전승 같은 신비주의에 매료되었다. 《조하르》는 3세기경 탈무드 교사였던 시므온 벤 요하이가 아들 엘리에자르와 함께 팔레스타인 지역을 방랑하며 제자들에게 전한 신, 자연, 인간 삶에 대한 가르침을 묘사한 일종의 신비주의 소설이다. 신이 아무런 사고 체계에 속하지 않는다는 점을 강조하는 의미에서 저자는 전체 구조를 주제에 따라 체계적으로 분류해 구성하지 않았다. 이븐 알-아라비처럼 모세스는 신이 신비주의자 각자에게 고유하고 개별적인 계시를 내려 주기에 토라를 해석하는 방식에는 제한이 없다고 믿었다. 카발리스트가 나아감에 따라 의미의 층들이 드러난다. 《조하르》는 열 가지 세피로트의 신비적 유출을 단계를 비인격적인 아인 소프가 인격적 실체로 변화하는 과정으로 보여준다. 세 가지 최고 세피로트인 케테르 엘리온, 호크마, 비나에서 아인 소프는 계시를 통해 자신을 드러내려고, 말하자면 막 '결정했을' 때에 신의 실재를 '그'라고 부른다. '그'가 중간 단계의 세피로트, 즉 '헤세드' '딘' '티페레트' '네자' '호드' '예소드'를 통해 자신을 낮추며 '그'는 '당신'이 된다. 끝으로 '당신'으로서 신은 마지막 신의 속성인 세키나에서 자신을 세상에 드러내며 '나'로 존재한다. 바로 이 마지막 단계는 신이 개별적 존재로 변화함으로써 계시를 완성하고, 그 과정에서 인간이 신비 체험의 길을 떠나기 시작하는 단계다. 이 단계에서 인간은 내면 속 자아의 심연을 통찰해 그 안에 존재하는 신의 존재를 깨달음으로써 자기 중심적 한계를 넘어 비인격적 신의 세계에 몰입하게 된다. 인간이 절대적 신 존재의 한낱 껍데기에 불과한 현실 감각 세계를 벗어나 모든 존재의 근원이자 신비적 실체가 머무는 피안의 세계로 접어드는 단계이다.

수피즘과 마찬가지로 카발라의 창조 교리는 우주의 물질적 기원에 그다지 관심을 두지 않는다. 《조하르》는 〈창세기〉 이야기를 아인 소프 자체 위기의 상징적 설명이라고 본다. 그것이 원인이 되어 신은 무한한 깊이의 내성에서 솟아 나와 자신을 계시했다. 《조하르》는 말한다.

태초에 왕의 뜻이 그 효과를 보이기 시작할 때 그는 여러 징표를 신의 아우라를 통해 드러냈다. 무정형 가운데서 형체를 취하는 안개처럼, 암흑 광채가 아인 소프의 심연에서 솟아올라, 백색이나 흑색이나 그리고 홍색이나 녹색도 아닌 아무런 색채도 띠지 않는 신의 영광 속에 스며들었다.[55]

〈창세기〉에서 창조를 위한 신의 첫 말씀은 "빛이 있으라"였다. 《조하르》 안의 〈창세기〉(히브리어에서는 그 첫 말씀, '베레시트(Bereshit)' 즉 '태초에'라고 불린다)에 대한 주석에서, 이 '어둠의 불꽃'은 최초의 세피라인 '케테르 엘리온', 신성의 최고 왕관이다. 카발리스트는 아무런 형체나 색깔도 없는 그것을 '아인'(ayin, 무無)이라고 불렀다. 그들에게 아인은 세계 내 어떤 존재와도 견줄 수 없는, 인간이 고작 무라는 개념으로밖에 생각할 수 없는 최고 형태의 신성한 속성을 뜻했다. 그러므로 다른 모든 세피로트는 무의 자궁에서 나오는 것이다. 따라서 무에서 창조되었다는 전통적 교리에 대한 그들의 신비주의적 해석은 점차 존재 영역을 넓혀 가는 신 본체의 지속적인 빛의 분출 과정에 중심을 두었다.

그러나 이 불꽃이 점점 모양을 갖추고 커지기 시작하면서 빛나는 색을 발산했다. 신비한 비밀이 감추어진 아인 소프의 심연에서 빛이 솟아올라 하늘 아래 모든 존재에게 부어진 것이다. 샘은 뚫고 나왔지만 그것을 둘러싼 영원한 아우라를 완전히 뚫지는 못했다. 광채 분출의 충격으로 감춰진 천상의 지점이 드러나 비로소 신성한 세계의 본원이 밝혀질 수 있었다. 이 지점을 넘어서는 것은 아무것도 존재하지 않으며, 그것은

베레시트 곧 '태초에', 창조의 첫 말씀으로 불린다.[56)]

이 '지점'은 모든 피조물의 이상적 형태를 담고 있는 둘째 세피라 호크마(지혜)이다. 이 지점은 궁전이나 건물로 발전해 셋째 세피라인 비나(지성)가 된다. 이 세 가지 최고 세피로트는 인간적 이해의 한계를 나타낸다. 카발리스트들은 신이 비나 단계에서 모든 질문의 맨 앞자리에 놓이는 위대한 '왜?'로서 존재한다고 말한다. 그러나 답을 얻을 수는 없다. 아인 소프가 제한된 인간의 이해 영역으로 자신을 점차 드러낸다 해도 우리는 그가 도대체 '누구'인지 알 방법이 없다. 우리가 더 높이 올라갈수록 '그'는 더 어둠과 신비 속에 빠지게 된다.

다음 일곱 세피로트는 〈창세기〉의 창조 7일에 해당한다고 해석한다. 성서 시대에 야훼는 결국 고대 가나안의 여신들과 그들에 대한 성적인 숭배에 맞서 승리했다. 그러나 카발리스트들은 신의 신비를 표현하기 위해 애쓰면서 비록 변형한 형태일지라도 오래된 신화를 다시 끌어왔다. 《조하르》는 비나를 '어둠의 불꽃'이 그의 자궁을 뚫고 들어가 일곱 세피로트를 낳게 한 '천상의 어머니'로 묘사했다. 아홉 번째 세피라 예소드(토대)는 남근을 상징하기도 했다. 신성한 생명력이 신비적 출산 행위에서 우주로 쏟아지는 통로로 묘사되기 때문이다. 그러나 열 번째 세피라 셰키나에서 고대의 성적인 창조의 상징과 신들의 계보가 가장 잘 나타난다. 본래 탈무드에서 셰키나는 중성적 존재였다. 성도 젠더도 없었다. 그러나 카발라에서 셰키나는 신의 여성적 측면을 상징한다. 초기 카발라 문헌의 하나인 《바히르》(1200년경)에서 셰키나는 소피아의 영지주의적 모습과 동일시되었다. 셰키나는 플레로마에서 떨어져 나와 길을 잃고 신 본체로부터 소외되어 이제 세상을 떠도는 최후의 신성한 유출물이다. 《조하르》는 이 '셰키나 추방'을 〈창세기〉에 나오는 아담의 타락과 연결한다. 아담에게는 생명 나무에 있는 '중간 세피로트'와 지식 나무에 있는 셰키나가 보였다고 한다. 그는 일곱 세피로트를 함께 숭배하지 않고 대신 대신 셰키나만 홀로 숭배하기로 선택했고, 그리하여 지식에서 생명을 떼어내고 세피로트의 일체성마저 깨뜨렸다. 결국 신성한 생명은 신성한 근원에서 고립된 지상 세계로 더는 흘러 들어갈 수 없었다. 그러나 이스라엘 공동체는 토라를 따름으로써 아담에게서 비롯된 셰키나의 추방을 치유하고, 세상을 다시 신 본체와 통합시킬 수 있었다. 당연히 많은 엄격한 탈무드주의자들은 이를 혐오스러운 생각으로 여겼지만, 신성한 세계에서 멀리 떨어져 떠도는 여신을 숭배한 고대 다신 종교들의 신화를 되풀이한 셰키나의 추방은 카발라에서 가장 인기 있는 요소 중 하나가 되었다. 여성적 셰키나는 지나치게 남성적인 신 개념에 균형을 제시했으며 확실히 중요한 종교적 욕구를 충족해주었다.

신의 추방이라는 생각은 수많은 인간적 불안의 원인이 되는 소외감을 설명하는 주요 원리가 되기도 했다. 《조하르》는 변함없이 악을 어떤 관계에서 소외되거나 적절치 않은 관계에 연루된 것으로 정의했다. 사실 유일신 종교의 윤리적 해석의 문제 중 하나는 악을 고립시킨다는 점이다. 우리의 신 안에 악이 존재한다는 생각을 받아들이지 않으므로 인간도 악을 품지 말아야 한다는 생각을 반영해 악의 요소를 비인간적이고 괴물화한 어떤 대상에게 돌린다. 서구 기독교에서 내세우는 흉악한 사탄의 이미지가 바로 그런 비틀린 투영이다. 그러나 《조하르》는 악을 신에 내재하는 요소인 다섯 번째 세피라 딘(엄격한 심판)에 속한다고 보았다. 딘은 신의 왼손으로 묘사되고, 헤세드(사랑)는 신의 오른

손으로 묘사되었다. 딘이 신의 자비와 조화롭게 작용하는 한 긍정적이고 유익한 것이다. 그러나 딘이 헤세드와 분열하고 다른 세피로트에서 분리된다면 파괴적인 악이 된다. 그러나 《조하르》는 이 분리가 어떻게 일어나는지는 말하지 않는다. 다음 장에서 우리는 후대의 카발리스트가 악의 문제를 어떻게 성찰하는지 볼 것이다. 그들은 악을 신이 계시를 시작한 초기 단계인 태초에 일어난 '사건'의 결과로 보고, 악에 대해 경전에 근거한 문자적 해석보다는 인간의 심리 상태를 상징적으로 묘사하는 신화적 해석을 중시했다. 카발리스트의 신은 15세기에 에스파냐의 유대인이 엄청난 박해의 수난에 직면했을 때 그들의 고통에 의미를 부여하는 데 큰 역할을 했다.

우리는 카발리스트의 심리적 예리함을 에스파냐의 신비주의자 아브라함 아불라피아(1240~1291?)의 저작에서 볼 수 있다. 그의 저작 대부분이 《조하르》와 거의 같은 시기에 쓰였지만, 아불라피아는 신의 본성 자체보다는 신의 감각을 얻을 수 있는 실천적 방법에 집중했다. 그가 강조한 방법들은 현대 정신분석가들이 정신 계발을 위해 고안한 비종교적 방법들과 매우 유사하다. 수피가 무함마드와 유사한 신 체험을 하기 원했던 것처럼, 아불라피아는 예언자적 영감을 성취하는 방법을 발견했다고 주장했다. 그는 호흡이나 만트라 낭송이나 특별한 자세 같은 일상의 집중을 이용한 일종의 유대교의 요가를 발전시켜 신비의 의식 상태에 이르고자 했다. 사실 그는 유별난 카발리스트였다. 서른한 살에 압도적인 종교 경험을 한 후 신비주의로 회심하기 전까지 이미 토라, 탈무드, 팔사파에 통달한 매우 박식한 인물이었다. 그는 자신이 유대인뿐 아니라 기독교인이 고대하는 구세주 메시아라고 믿고 제자들을 모으기 위해 에스파냐부터 당시 유대인 박해가 심했던 중동 지역까지 일종의 전도 여행을 했으며, 1280년에는 유대교 사절로서 교황을 방문하기도 했다. 종종 기독교에 신랄한 비난을 퍼붓기도 했지만, 카발리스트의 신 이해와 기독교인의 삼위일체 신학이 유사하다고 평가하기도 했다. 세 가지 최고 세피로트는 성부로부터 유출되는 로고스와 영, 신의 지성과 지혜, 접근할 수 없는 빛 속에서 잃어버린 무를 연상시킨다. 아불라피아 자신도 삼위일체 방식으로 신에 관해 말하는 것을 좋아했다.

아불라피아는 신을 발견하려면 반드시 "영혼을 묶고 있는 매듭을 풀어 영혼의 문을 열어야 한다"고 가르쳤다. 여기서 '매듭을 푼다'는 표현은 티베트 불교에서도 사용되는 중요한 구절이며, 세계 각지의 신비주의자들이 한결같이 강조하는 신 체험을 위한 하나의 전제 조건이다. 또한 정신 질병을 앓고 있는 사람들에게 공통으로 나타나는 복합적 혼돈의 심리 상태를 치유하려는 현대 정신분석가들의 시도와 유사한 점도 있다. 그러나 아불라피아는 카발리스트였기 때문에 영혼이 감지할 수 없는 전체적 창조 과정에 활력을 불어넣는 신적 기운에 더 깊은 관심을 기울였다. 감각적 인식에 근거한 개념에 집착해 있는 한 인간은 삶의 초월적 차원을 깨닫지 못한다는 것이 그의 생각이었다. 그는 제자들에게 요가 훈련을 통해서만 일반적인 의식 세계와 전혀 다른 새로운 차원의 세계를 발견할 수 있다고 가르쳤다. 그가 주창한 방법 하나는 신의 명칭에 담긴 신의 속성을 명상하는 호크마 하체루프(Hokhmah ha-Tseruf, 문자 조합의 과학)였다. 그것은 세속적 관심에서 벗어나 한층 더 초월적인 인식에 도달하기 위해 신의 명칭을 여러 가지로 조합해 명상하는 훈련이었고, 카발리스트에게 큰 효과를 가져다주었다. 그는 이러한 훈련을 음조 대신 문자가 가락을 구성해 이루는 음악적 화음 청취에 비유해 설명했다. 그리고 연상 방법도 사용했는데, 딜루그(dillug, 도약)와 케피차(kefitsah, 건너뜀)라고 불렀다. 그것은 분명히 '자유연상'이라는 근대적인 정신분석의 실천과 비슷하다. 그 방법은 놀라운 결과를 성취했다고 한다. 아불라피아가 설명한 바를 보면, 그것은 숨겨진 정신 사고의 저변을 밝히고, 카발리스트들이 "유한한 자연 세계의 한계를 벗어나 초월적 신의 세계로 접근할 수 있도록 도와주는" 훈련이었다.[57] 이런 방식으로 영혼의 '봉인'이 풀렸고 입회자는 심리적 힘의 원천을 찾아냈으며, 이 힘은 정신을 밝혀주고 마음의 통증을 누그러뜨려 주었다.

아불라피아는 오늘날 정신병 환자 치료에 의사의 통제와 지도가 필요한 것처럼, 신비주의자의 수도 행위도 숙련된 지도자의 감독이 반드시 필요하다고 주장했다. 그는 젊은 시절 자신을 절망으로 몰아갔던 황폐한 종교 체험의 위험을 누구보다 잘 알았다. 오늘날 환자들은 종종 분석가가 나타내는 힘과 건강을 적절하게 표현하기 위해 분석가 개인을 내적으로 모방하려 한다. 마찬가지로 카발리스트도 자신의 내면에 침투해 그 내면의 문을 열어주는 영적 지도자의 인격을 '보고' '들을' 때에만 신의 근원에서 분출되는 듯한 강력한 내적 변화의 물결을 체험할 수 있다고 가르쳤다. 그의 제자는 이러한 황홀경을 경험한 신비주의자가 자신의 구세주 메시아가 됐다는 또 다른 해석을 제시했다. 황홀경을 통해 그 신비주의자는 새로운 깨달음을 얻어 해탈의 경지에 이른 자아를 발견했다고 주장했다.

예언의 정신은 오로지 예언자의 것임을 알라. 그 정신 안에서 그는 자신 앞에 놓인 자아의 모습을 불현듯 보고 자아를 잊어버림으로써 자아에서 풀려나게 된다. …… 이러한 비밀에 관해 우리의 탈무드 스승들도 "인간을 신에 비유하는 예언자의 능력이 위대하다"고 말했노라.[58]

유대 신비주의자들은 신과의 신비적 합일을 주장하는 것을 늘 주저했다. 아불라피아와 그의 제자들은 영적 지도자와의 합일을 경험하거나 개인적 해탈 체험을 통해 카발리스트가 간접적으로 신과 접촉했다고 말할 뿐이었다. 중세 신비주의와 현대 정신분석학에는 분명한 차이점이 있지만, 둘 다 새로운 치유 방법과 인격의 내적 통합을 위한 방법들을 발전시켰다.

대륙의 신비주의자들

서방 기독교인의 신비주의 전통은 더디게 발전했다. 그들은 비잔티움 제국이나 이슬람 제국의 유일신론자보다 뒤처져 있었기에 아마도 이 새로운 신앙에 대한 준비가 되어 있지 않았던 것 같다. 그러나 14세기에 북유럽을 중심으로 신비주의 신앙이 폭발적으로 등장했다. 특히 독일은 마이스터 에크하르트(1260~1327), 요하네스 타울러(1300~1361), 위대한 게르트루데(1256~1302), 하인리히 수소(1295~1366) 같은 매우 탁월한 신비주의자를 배출했다. 영국 또한 이러한 발전에 중요한 공헌을 했는데, 영국에서뿐만 아니라 대륙에서도 빠르게 신봉자를 끌어모은 네 명의 위대한 신비주의자를 배출한 것이다. 햄폴의 리처드 롤(1290~1349), 《무지의 구름》을 쓴 익명의 저자, 월터 힐턴(1346년 사망), 노리치의 귀부인 줄리언(1342?~1416)이 그들이다. 이 신비주의자들 중 일부는 다른 이들보다 더 멀리 나아간 모습을 보였다. 예를 들어 리처드 롤은 특별한 감각을 키우는 데 몰두해 있었던 것으로 보이며, 그의 영성은 때때로 일종의 자기 중심주의의 면모를 보여주었다. 그러나 그들의 신비주의적 통찰은 대부분 동방 기독교인, 수피, 카발리스트가 이미 성취한 것들이었다.

예를 들어 타울러와 수소에게 큰 영향을 끼친 마이스터 에크하르트는 위-디오니시우스와 마이모니데스의 영향을 받았다. 도미니크 수도회의 탁발 수도사였던 에크하르트는 파리대학에서 아리스토텔레스 철학을 가르친 뛰어난 지식인이었다. 그러나 1325년에 신비주의 가르침으로 인해 쾰른의 대주교와 갈등을 빚었다. 대주교는 그가 신의 선함을 부정하고 신의 인간 영혼 태생설과 세계의 영원성 같은 이단 사생을 설교했다고 고발했다. 하지만 그의 가장 신랄한 비판자들 중에도 그가 정통파라고 믿는 사람들이 있었다. 그들은 그의 발언 중 일부를 상징이 아니라 문자 그대로 해석한 것이 잘못이라고 생각했다. 에크하르트는 역설과 은유를 대단히 즐겨 사용한 시인이었다. 그는 신을 믿는 것이 합리적이라 믿었지만 이성만으로는 신에 관한 적절한 개념을 도출할 수 없다고 생각했다. 그는 이렇게 주장했다. "알 수 있는 것의 증명은 감각이나 지성으로 가능하나, 신은 비육체적이기에 감각적 지각에 의해 논증될 수도 없고, 인간이 알 수 있는 어떤 형태도 없기에 지성에 의해 논증될 수도 없다."[59] 신은 일반적인 사유의 대상처럼 증명할 수 있는 존재가 아니었다.

마이스터 에크하르트는 신을 무(無)라고 규정했다.[60] 이는 신이 환영이라는 뜻이 아니라 인간이 알고 있는 어떤 존재보다 더 풍부하고 충만한 존재라는 뜻이었다. 에크하르트는 신을 '어둠'이라 불렀는데,

이는 빛이 없음을 나타내기 위해서가 아니라 더 밝은 것이 존재함을 가리키기 위해서였다. 또한 그는 '사막' '광야' '어둠' '무' 같은 부정적 용어로 가장 잘 지칭할 수 있는 '신 본체'와 '성부와 성자와 성령'으로 이해되는 '신'을 구분했다.[61] 서방 기독교인으로서 에크하르트는 아우구스티누스의 삼위일체 비유를 즐겨 사용했다. 그는 삼위일체 교리를 이성으로는 알 수 없을지라도 신을 삼위로 인식하는 것은 오직 인간의 지성뿐이라고 암시했다. 일단 신비주의자가 신과 합일을 이루면 그는 신을 '일자'로 보았다. 동방 기독교인들은 이 생각을 좋아하지 않았으나 에크하르트는 삼위일체가 본질적으로 신비적인 교리라는 생각에 그들도 찬성하리라 여겼다. 그는 마리아가 잉태함으로써 그리스도가 태어났다기보다는 성부 신이 영혼 속에 탄생시켰다고 가르쳤다. 루미 역시 예언자 예수의 동정녀 탄생을 신비주의자의 마음속 영혼 탄생의 상징으로 보았는데, 에크하르트는 동정녀 탄생을 영혼과 신의 협력을 비유한 것이라고 주장했다.

신은 신비 체험을 통해서만 알 수 있다. 마이모니데스가 제안한 것처럼 신에 대해서는 부정적, 소극적 언어로 표현하는 것이 적절하다. 인간은 감각의 경험에 근거한 편견과 인간 중심적 사고의 틀을 포기함으로써 신 이해를 정화해야 한다. '신'이라는 말조차 사용하는 것을 피해야 한다. 이것이 바로 에크하르트가 제시한 "인간 최후의, 그리고 최고의 이별은 그가 오로지 신을 위하여 신으로부터 떠날 때 일어난다"라는 말에 담긴 의미였다.[62] 그것은 신이 무(無)이기 때문에 신과 하나가 되려면 인간도 무의 상태가 되어야 하는 힘겨운 고통의 과정이다. 수피가 파나(자아 소멸)를 주장한 것처럼, 에크하르트는 '이탈' 또는 오히려 '분리'되어 있음의 과정을 강조했다.[63] 무슬림이 신 이외의 다른 것을 숭배하는 것을 우상 숭배(쉬르크)로 본 것처럼, 에크하르트도 신에 관한 유한한 개념에 사로잡히는 것을 거부해야 한다고 가르쳤다. 그래야만 "신의 존재가 나의 존재가 되고 신의 '존재함(is-ness)'이 나의 '현존재'가 되는" 신과 하나가 되는 경지에 도달할 수 있다고 가르쳤다.[64] 신은 세계 모든 존재의 근원이므로, 신을 '저편 어딘가에' 있는 것으로 추구할 필요가 없다는 것, 또 우리가 알고 있는 세계를 넘어선 어떤 것으로의 상승을 마음에 그릴 필요가 없었다.

알-할라즈는 내가 진리라고 외침으로써 울라마를 적으로 돌렸다. 에크하르트도 인간이 신과 합일할 수 있다는 신비 교리를 내세움으로써 독일의 주교들에게 충격을 주었다. 사실 인간과 신의 합일은 14세기에 동방 기독교 신학자들이 격렬한 논쟁을 벌인 주요 신학적 주제였다. 신이 본질적으로 접근 불가능한 존재라면 신이 인간과 관계를 맺을 수 있다는 것은 어떤 근거에서 가능한가? 만일 신의 본질과 신의 '활동'이 구분되어야 한다면, 기독교인이 기도를 통해 체험하는 '신'을 본질적 신에 비교하는 것은 신성 모독인가? 이러한 문제들과 관련해 살로니키의 대주교 그레고리오스 팔라마스(1296~1359)는 모든 기독교인이 신의 본질을 직접 체험하는 것을 인정하는 역설적인 견해를 피력해 큰 호응을 받았다. 그는 신의 참된 본질이 늘 인간 이해의 범위를 초월하지만, 인간이 체험하는 신의 '활동'이 결코 신의 본질과 무관한 한낱 신적 후광에 불과한 것은 아니라고 주장했다. 유대 신비주의자들이 찬성한 것처럼, 아인 소프인 신은 언제나 이해 불가능한 어둠에 싸여 있으나, 그의 세피로트(그리스인들의 '에네르게이아'에 해당한다)는 신성하므로 신 본체의 마음에서 영원히 유출되는 것이다. 성서에 신의 '영광'이 나타났다는 표현처럼 때때로 인간은 이 '활동'을 직접 보거나 체험할 수 있다. 신의 본질을 본 사람이 아무도 없다는 것이 신 자체를 직접 체험하는 것이 불가능하다는 뜻은 아니라는 팔라마스의 역설적 주장은 신에 관한 모든 논증은 역설적이어야 한다고 강조하는 동방 기독교인들에게 오랫동안 큰 호응을 받았다. 역설적 신 이해만이 신에 대한 초월적 신비감을 유도한다는 핵심 사상을 팔라마스는 다음과 같이 썼다.

> 우리는 신의 본성에 참여하는 데 이를 수 있다. 그러나 우리는 동시에 신의 본성을 도저히 알 수 없음을 깨닫곤 한다. 우리는 이 두 가지 가능성을 동시에 인정하는 이율배반의 원리를 올바른 교리에 대한 기준으로 삼아야 한다.[65]

사실 팔라마스의 신학 사상은 새로운 것이 아니었다. 이미 11세기에 '새로운 신학자' 시므온이 제기한 적이 있었다. 팔라마스의 역설적 신 이해는 토마스 아퀴나스의 아리스토텔레스 철학적 신 이해에 깊은 영향을 받은 칼라브리아 출신의 발라암(1290~1348?)에게 거센 도전을 받았다. 발라암은 신의 '본성'과 '활동'에 대한 동방 기독교의 전통적 구분에 반대하면서 팔라마스가 신을 두 부류의 존재로 양분했다고 비난했다. 그는 고대 그리스의 합리주의 철학에 근거한 신 이해를 제시하면서 신의 절대적 단일성을 강조했다. 신은 불기해하고 현실 세계에서 멀리 떨어진 존재이므로, 인간은 단지 성서와 경이로운 세계 창조 속에 드러나는 신의 요소를 간접적으로 느낄 수 있을 뿐이라고 그는 주장했다. 결국 발라암은 1341년 콘스탄티노폴리스에서 열린 공의회에서 파문당했으나, 당시 아퀴나스 신학을 추종하던 일부 수도사들의 지지를 받았다. 이런 상황은 신비주의적 신 이해와 철학적 신 이해의 전형적인 대립에서 빚어진 결과였다. 발라암과 그의 동조자 그레고리오스 아킨디노스(그는 그리스어판《신학대전》을 즐겨 인용했다), 니세포라스 그레고라스, 토마스 아퀴나스를 추종하는 프로코로스 키도네스 같은 사람들은 침묵, 역설, 신비를 강조하는 동방 기독교의 아포파시스적 신학에 등을 돌렸다. 그들은 서유럽의 신학적 경향을 선호해 신을 무라기보다는 존재로 해석하고, 위-디오니시우스나 시므온이나 팔라마스의 신비적 신에 반대하고 설명 가능한 신 존재를 주장했다. 그러나 팔라마스 같은 동방 기독교인은 역설적 신 이해를 주장하면서 발라암의 합리주의적 신 이해를 비판했다. 그는 신은 불가해한 존재라는 점에서 발라암에 동의했으나, 그렇다 해도 신은 인간이 체험할 수 있는 존재라고 강조했다. 타보르산에서 예수의 인간성을 변용시킨 빛이 인간이 볼 수 있는 신의 본질은 아니지만, 다른 한편으로 신 자체의 본질을 구성한다고 주장했다. 이러한 팔라마스의 주장은 동방 기독교인이 타보르산에서의 예수의 변용을 "우리가 그리스도처럼 신성한 존재로 변화할 때 과거와 미래의 우리"를 드러내는 어떤 계시로 이해하고, 예배 때 "빛이신 성부와 빛이신 성령을 우리가 보았도다"라고 고백하는 신학적 근거가 되었다.[66] 인간이 삶에서 신을 명상할 때 신의 대체자가 아니라 신의 본성 자체를 깨닫는다는 것이 팔라마스의 주장이었다. 물론 이는 모순적이다. 그러나 신을 이해하는 문제를 해결하는 것은 철학적 논증이 아니라 인간이 신이라 부르는 신비 앞에서 침묵의 자세를 견지하는 역설적 신 개념을 통해서만 가능한 것이다.

발라암은 본질과 일치하지 않는 신은 존재하지 않는다고 생각하고 지나치게 논리 정연하고 일관된 신 개념을 제시하려고 노력했다. 그는 신을 본질의 범주 안에 가두어 놓고 신의 '활동성'을 통해 신의 본질이 외부로 드러난다는 것을 부정했다. 마치 신 존재를 일반 현상과 다를 바 없는 것으로 생각해 가능한 것과 불가능한 것에 대한 인간 사고의 판단에 신 존재를 맡기는 오류를 범했다. 발라암과 달리 팔라마스는 신에 대한 환상을 상호적인 망아 체험으로 보고 인간이 자신을 초월함으로써 신의 세계에 도달하지만, 신 또한 자신을 계시하기 위해 자신을 초월하는 망아 체험을 겪는다고 주장했다. "신 또한 자신을 낮춤으로써 인간의 정신과 합일의 경지를 이룬다."[67] 14세기 합리주의자들의 철학적 신학을 패퇴시키고 동방 기독교의 정통 신학의 자리를 차지한 팔라마스의 신학 사상은 결국 유대교, 기독교, 이슬람교 세 유일신론 종교에 걸친 신비주의 신앙의 승리를 상징하는 것이었다. 그것은 11세기 이후 이슬람 철학자들이 이성은 의학이나 과학에는 필수적이나 신학에는 마치 포크로 수프를 먹으려는 것처럼 적절치 않다고 내린 결론에 상응하는 것이었다.

이슬람 제국 대부분의 지역에서 수피의 신은 철학자의 신보다 우위를 차지했다. 다음 장에서 우리는 카발리스트의 신이 16세기에 이르러 유대교 영성의 핵심이 되는 것을 살펴볼 것이다. 신비주의는 더 이성적이거나 율법에 근거한 신앙보다 더 깊이 인간의 정신으로 파고들 수 있었다. 그 신은 철학자들의 멀리 떨어진 신과 달리 인간의 원초적인 희망과 두려움, 불안을 다룰 수 있었다. 서유럽의 기독교는 14세기에 들어와 신비주의 종교를 본격적으로 수용하기 시작했다. 하지만 서구에서 신비주의는 유대교나 이슬람교와는 달리 끝내 주도적 위치를 차지하지 못했다. 영국과 독일, 서유럽의 저지대 국가에서 태동한 신비주의는 16세기 프로테스탄트 종교개혁 세력으로부터 비성서적 영성 표현이라는 비판을 받았고, 아빌라의 테레사(1515~1582) 같은 탁월한 신비주의자들도 로마 가톨릭교회가 반종교개혁 정책의 일환으로 실시한 종교 재판의 위협을 받았기 때문이다. 다시 말해, 서유럽 기독교에 종교개혁의 물결은 다시 합리주의적 신 이해를 등장시켰다.

8장

종교개혁가의 신

15세기와 16세기는 모든 종교인에게 매우 중대한 시기였다. 특히 서방 기독교인에게 결정적이었다. 서방 기독교가 동방 기독교, 유대교, 이슬람교 같은 '문명 세계'의 다른 문화들을 따라잡는 데 성공했을 뿐 아니라 그들을 앞지르게 된 시기였기 때문이다. 이탈리아의 르네상스가 곧바로 북유럽까지 퍼졌고, 전 세계에 중대한 변화를 몰고 온 '신세계' 발견이 있었고 과학 혁명이 시작되었다. 16세기 말에 이르면 서구는 이전과 전혀 다른 문화를 창조했는데, 대부분의 사람들이 시대의 변화를 보며 성취감과 불안감을 동시에 느꼈다. 이는 당시 서방 기독교인이 신을 이해하는 방식에서 분명하게 드러난다. 놀라운 세속적 발전에도 불구하고 유럽인들은 그 어느 때보다 신앙에 큰 관심을 보였다. 특히 평신도들은 새롭게 펼쳐진 세계에서 그들의 요구에 더는 적절한 답을 제시하지 못하는 중세형 신앙에 만족하지 못했다. 위대한 개혁가들이 이 불안에 목소리를 냈고, 신과 구원의 의미를 생각하는 새로운 길을 발견했다. 이러한 변화의 물결은 인해 유럽은 가톨릭과 프로테스탄트로 양분됐고, 급기야 전쟁마저 일삼는 뿌리 깊은 반목과 불신을 낳았다. 한편 종교개혁 시기에 가톨릭과 프로테스탄트 개혁가들은 신도들에게 성인과 천사를 향한 부차적인 숭배를 멈추고 오직 신만을 섬기라고 주장했다. 실제로 16세기에 유럽은 신 순배에 온 힘을 기울인 시기였다. 그러나 17세기에 접어들면서 '무신론'을 상상하는 자들이 나타났다. 그들이 신을 제거할 준비가 되었다는 의미였을까?

15세기와 16세기는 또한 동방 기독교인과 유대인, 무슬림에게는 위기의 시기였다. 1453년 오스만 튀르크족이 기독교의 수도인 콘스탄티노폴리스를 정복하고 비잔티움 제국을 멸망시켰다. 이후 동방 기독교회의 전통과 영성은 오직 러시아 교회에서만 명맥을 유지하게 된다. 콜럼버스가 신세계를 발견한 해인 1492년 1월, 페르난도와 이사벨이 유럽 내 이슬람 세력의 최후 거점이었던 에스파냐의 그라나다를 함락함으로써 무슬림은 8백 년 동안 살아온 이베리아반도에서 추방되었다. 에스파냐 이슬람 세력의 멸망은 유대인에게 치명적인 일이었다. 그라나다가 함락되고 두 달 후인 1492년 3월, 기독교 군주들은 에스파냐 유대인에게 세례를 받거나 아니면 에스파냐를 떠나라고 요구했다. 고향에 강한 애착을 지니고 있던 유대인 대다수는 기독교로 개종했지만, 그들 가운데 일부는 유대교 신앙생활을 비밀스럽게 지켰다. 무슬림 개종자(모리스코Morisco)처럼 유대인 개종자도 계속 이단으로 의심받아 종교재판에 시달리곤 했다. 그러나 세례를 거부한 유대인 15만 명가량은 추방당했다. 그들은 튀르크족의 땅과 발칸반도, 북아프리카 지역으로 흩어졌다. 에스파냐 무슬림은 오랜 세월 유랑 생활을 한 디아스포라 유대인에게 가장 좋은 보금자리를 선사했기에, 전 세계 유대인들은 그들의 몰락을 70년 예루살렘 성전 파괴 이후 유대인에게 닥친 가장 큰 재앙으로 여기며 슬퍼했다. 에스파냐 유대인의 쓰라린 추방 경험은 그 어느 때보다 유대 종교의식에 깊이 자리 잡았고, 새로운 형태의 카발라와 새로운 신 개념이 발전하는 계기가 되었다.

또한 이 시기는 다른 지역 무슬림에게도 다사다난했다. 13세기 몽골의 침략 이후 몇백 년 동안 무슬림은 잃어버린 것들을 회복하고자 새로운 보수주의로 (아마 필연적이겠지만) 나아갔다. 15세기에 이슬람의 교육 기관 마드라사*의 수니파 울라마는 "이즈티하드('독립적 추론')*의 문이 닫혔다"고 선언했고, 이후로 무슬림은 특히 신성한 법인 샤리아를 연구할 때 과거 위대한 선각자들을 '모방'(타클리드taqlid)해야 했다. 이러한 보수적인 분위기에서 신에 대한 혁신적인 이해가 나오는 것은 불가능했고 다른 것도 마찬가지였다. 그러나 서유럽 사람들이 주장하는 것처럼 이 시기에 이슬람의 쇠락이 시작되었다고 보는 것은 잘못이다. 이슬람사를 연구한 미국의 역사가 마셜 호지슨(Marshall G. S. Hodgson)이 그의 저서 《이슬람의 모험》에서 주장했듯, 우리는 이 시기에 대해 충분히 알지 못하기에 성급한 일반화를 해서는 안 된다. 예를 들어 충분한 근거 없이 이 시기에 이슬람의 과학 문명이 저물기 시작했다고 추정하는 것은 잘못이다.

이슬람 신앙의 보수주의 경향은 14세기 다마스쿠스의 아흐마드 이븐 타이미야(1328년 사망)와 그의 제자 이븐 알-카임 알-자우지야 같은 샤리아 옹호자들이 주도했다. 사람들의 존경을 받은 이븐 타이미야는 샤리아를 확장해 무슬림이 처할 수 있는 모든 상황에 적용할 수 있

마드라사(Madrasa) 이슬람 세계의 전통적 고등 교육 기관. 11세기경에 형성되어 이슬람 신학과 법학 등을 체계적으로 교육하고 인재를 육성하는 역할을 담당해 왔다. 특히 중세 시대에는 신학 외에도 세속 학문을 받아들임으로써 당대 세계 최고 수준의 교육 기관으로 인식되기도 했다. 20세기 들어 서구의 근대화 교육이 유입되어 그 역할이 축소되고 변모했다.
이즈티하드(ijtihad) 이슬람 법학자들이 쿠란이나 하디스(전승)에서 다루지 않는 문제에 관해 독립적인 해석과 판단을 하는 것. 이 과정에는 많은 숙고가 요청되기에 '노력'이라는 의미를 지니기도 한다.

기를 바랐다. 이는 억압적인 규율을 의미하지 않았다. 이븐 타이미야는 구식 규칙들을 없애 샤리아를 더 의미 있게 만들고 이 어려운 시기에 무슬림의 불안을 덜어주고자 했다. 샤리아는 무슬림의 현실적인 종교 문제에 분명하고 논리적인 답을 제시해야 했다. 그는 샤리아에 대한 열의로 칼람, 팔사파 심지어 아슈아리 학파까지 비판했다. 모든 개혁가들이 그렇듯이, 이븐 타이미야도 근본—쿠란과 하디스(샤리아가 근거하는 전승)—으로 돌아가 후대에 덧붙은 모든 것을 없애려 했다. "나는 모든 신학적, 철학적 방법을 검토했지만 그것들이 어떤 병도 고칠 수 없고 어떤 갈증도 해소할 수 없다는 것을 깨달았다. 내게 최선의 방법은 쿠란이다."[1] 그의 제자 알-자우지야는 이븐 타이미야의 쇄신 목록에 수피즘을 추가해 쿠란의 문자주의적 해석을 주창하고 수피의 성인 숭배를 비난했는데, 이는 훗날 등장할 유럽 프로테스탄트 종교개혁가들의 정신과 전혀 다르지 않았다. 루터와 칼뱅과 마찬가지로 이븐 타이미야와 알-자우지야는 동시대인에게 고지식한 복고주의자로 보이지 않았으며, 오히려 사람들의 짐을 덜어주고자 하는 진보주의자로 여겨졌다. 마셜 호지슨은 이 시기의 이슬람 보수주의를 '정체' 시기로 해석해서는 안 된다고 경고한다. 그는 어느 누구도 과거 사회가 진보적이었는지 여부를 지금의 관점에서 올바르게 판단할 수 없다고 보았다.[2] 대다수 서구 학자들은 15세기와 16세기의 무슬림이 이탈리아 르네상스의 물결을 타는 데 실패했다고 평가해 왔다. 물론 르네상스가 역사상 위대한 문화적 개화의 하나였음은 분명한 사실이지만 12세기 무슬림에게 영감을 주었던 중국 송 왕조의 문화를 압도할 만큼 크게 달랐던 것은 아니다. 르네상스가 서구에 결정적인 영향을 끼쳤지만 돌이켜 보면 근대 기술 시대의 탄생은, 이미 예고된 것이었지만 아무도 예상하지 못했다. 무슬림이 이탈리아 르네상스에 압도당했다고 해서 그것이 곧 무슬림의 돌이킬 수 없는 문화적 약점을 드러내는 것은 아니다. 무슬림은 15세기 동안 결코 적지 않은 자신들의 성취에 더 관심을 두었으며, 이는 놀라운 일이 아니다.

세 이슬람 제국: 오스만 튀르크, 사파비, 무굴

사실 이슬람은 이 시대 전체에 걸쳐 여전히 세계 최강국이었고, 서구는 이슬람이 유럽의 문턱까지 와 있다는 사실을 두려워했다. 15세기와 16세기에 세 개의 새로운 무슬림 제국이 창건되었다. 소아시아와 동유럽의 오스만 튀르크 제국, 이란의 사파비 왕조, 인도의 무굴 제국이다. 이러한 새로운 모험은 이슬람 정신이 결코 죽어 간 것이 아니라 재앙과 붕괴 이후에도 새로운 이슬람 세력을 부흥시킬 수 있는 이슬람 정신이 살아 있었음을 보여준다. 세 제국은 제각기 놀라운 문화적 개화를 성취했다. 이란과 중앙아시아에서 일어난 사파비 왕조의 르네상스는 흥미롭게도 이탈리아의 르네상스와 유사했다. 둘 다 회화에서 탁월한 표현력을 발휘했으며, 자기 문화의 이교적 뿌리로 창조적으로 돌아가고 있다고 느꼈다. 그러나 세 제국의 힘과 장엄함에도 불구하고 이른바 보수적 정신이 여전히 지배적이었다. 알-파라비와 이븐 알-아라비 같은 초기 신비주의자나 철학자가 새로운 신앙의 원리를 발견했던 땅에서, 이슬람의 오래된 신학적 주제들이 섬세하고 정교하게 재천명되었다. 서구인이 이를 이해하기는 어려웠는데, 서구 학자들은 오랫동안 이러한 근대 이슬람의 과감한 모험을 무시해 왔고, 철학자와 시인 들은 독자들의 정신이 과거의 이미지와 개념으로 가득 차 있을 것으로 생각했기 때문이다.

그러나 동시대 서구의 여러 발전과 유사한 점도 있었다. 사파비 왕조의 이란에서는 새로운 형태의 12이맘파의 시아파 교의가 국교가 되었는데, 이로 인해 시아파와 수니파의 전례 없는 반목이 시작되었다. 이때까지만 해도 시아파는 그들보다 더 지적이고 신비주의적인 수니파와 많은 공통점이 있었다. 그러나 16세기에 두 종파는 불행히도 당시 유럽의 종파 전쟁과 유사하게 적대적인 진영을 형성했다. 사파비 왕조의 창건자, 샤 이스마일(이스마일 1세, 1501~1524 재위)은 1503년 아제르바이잔에서 권좌에 오른 후 서부 이란과 이라크 지역까지 세력을 넓혔다. 이스마일은 수니파 교의를 완전히 제거하기로 결정하고 전례 없이 잔혹하게 시아파 신앙을 강요했다. 그는 자신을 당대의 이맘으로 여겼다. 이런 움직임은 유럽의 프로테스탄트 종교개혁과 유사했다. 둘 다 저항의 전통에 뿌리를 두었고, 귀족 정치에 반대했으며, 기존의 왕정과 제휴했다. 개혁 시아파는 프로테스탄트의 수도원 해산을 떠올리게 하는 방식으로 자신들의 영토에서 수니파 타리카(교단)를 폐지했다. 당연히 오스만 제국의 수니파 사이에서도 유사한 비타협적 태도가 강화되었고 시아파는 오스만의 영토에서 탄압당했다. 서구의 십자군에 맞선 성전(聖戰)의 최전선에 선 오스만 제국은 기독교인에 대한 비타협적 태도도 키우게 된다. 그러나 이란 체제 전체를 광신적이라고 보는 것은 옳지 않다. 이란의 시아파 울라마는 이 개혁 시아파를 의심의 눈초리로 바라봤으며, 수니파 울라마와 달리 "이즈티하드(독립적 추론)의 문이 닫혔다"는 선언을 거부하고, 샤와는 독립적으로 교리를 해석할 권리가 있다고 주장했다. 그들은 사파비 왕조─그리고 뒤에 카자르 왕조—를 이맘의 후계자로 받아들이기를 거부했다. 그 대신 통치자들에 대항해 민중 편에 섰으며, 이스파한 왕실—그리고 뒤에 테헤란 왕실—의 억압에 저항하는 움마의 옹호자가 되었다. 그들은 샤의 권리 침해에 맞서 상인들과 가난한 자들의 권리를 옹호하는 전통을 발전시켰고, 이 전통의 힘으로 1979년 샤 무함마드 레자 팔라비의 부패한 정권에 맞서 민중을 동원할 수 있었다.

이란의 시아파는 수흐라와르디의 신비주의 전통을 계승해 독자적인 팔사파를 발전시켰다. 시아파의 팔사파를 창시한 미르 다마드(1631년 사망)는 신학자이자 과학자였다. 그는 신성한 빛을 무함마드나 이맘 같은 상징적인 인물들의 깨달음으로 보았으며, 수흐라와르디처럼 종교 체험의 무의식적이고 심리적인 요소를 강조했다. 그러나 이란 시아파 철학의 최고 권위자는 미르 다마드의 제자, 보통 물라 사드라(1571~1640)로 알려진 사드라 알-딘 시라지였다. 오늘날 많은 무슬림은 그를 모든 이슬람 사상가 중 가장 심오한 학자로 여기며, 그의 저작이 이슬람 철학의 특징인 형이상학과 영성의 융합을 집대성했다고 말한다. 그러나 서구에는 이제 막 알려지기 시작했고, 이 글을 쓰는 시점에서는 그의 많은 책 중 단 한 편만 영어로 번역되었을 뿐이다.

수흐라와르디와 마찬가지로 물라 사드라도 지식이란 단순히 정보 습득이 아니라 변화의 과정이라고 믿었다. 수흐라와르디가 설명한 '알람 알-미탈'(순수 표상의 세계)은 물라 사드라의 사상에 결정적인 영향을 끼쳤다. 그는 꿈과 환상을 최고 형태의 진리로 보았다. 그래서 이란의 시아파는 여전히 순수 과학이나 형이상학보다 신비주의를 신을 체험하는 데 가장 적절한 수단으로 여긴다. 물라 사드라는 '이미타티오 데이'(신을 본받음)야말로 철학의 목표이고, 어떤 교리나 신앙에도 한정될 수 없다고 가르쳤다. 이븐 시나가 논증한 것처럼 최고의 실재인 신만이 참된 존재(우주드)이며, 이 유일한 실재가 신의 영역에서 지상의 티끌까지 존재 사슬 전체를 주관한다고 말했다. 그러나 물라 사드라가 범신론을 주장한 것은 아니다. 그는 단지 신을 모든 존재의 근원으로 보았고, 우리가 보고 경험하는 존재들은 그저 신성한 빛이 제한된 형태로 담긴 그릇일 뿐이었다. 그러나 신은 세속적 현실을 초월한다. 모든 존재의 일체성은 오직 신만이 존재한다는 의미가 아니라 태양과 태양이 발산하는 빛의 일체성과 유사하다고 생각했다. 이븐 알-아라비처럼 물라 사드라는 신의 본질 곧 '보이지 않음(Blindness)'과 그의 다양한 시현을 구분했다. 그의 비전은 동방 정교회 헤시카스트나 카발리스트와 다르지 않았다. 그는 우주 전체가 '보이지 않음'에서 방출해 여러 층을 지닌 '단일한 보석'을 형성한다고 보았는데, 이 층들은 신의 속성 곧 '징표'(아야트)에서 펼쳐지는 신의 자기 계시의 각 단계에 해당한다고 말할 수 있으며, 또한 인간이 존재의 근원으로 되돌아가는 단계를 나타낸다고 할 수도 있다.

신과의 합일은 다음 세상을 위한 것이 아니었다. 일부 헤시카스트처럼 물라 사드라도 신과의 합일이 지식을 통해 현세에서 실현될 수 있다고 믿었다. 물론 지성적, 합리적 지식만을 뜻하는 것은 아니었다. 그는 신비주의자가 신에게로 올라갈 때 알람 알-미탈 곧 환상과 상상의 영역을 통해 가야 한다고 말했다. 그에게 신은 객관적 실재가 아니라 무슬림 개개인의 이미지를 만드는 능력 안에서 발견되는 실재이다. 쿠란과 하디스가 천국, 지옥, 신의 보좌를 말할 때, 분리된 다른 세계에 있는 실재가 아니라 감각적 현상의 베일에 가려진 내면세계를 가리킨다.

인간이 열망하는 모든 것, 인간이 바라는 모든 것은 그 순간에 그에게 나타난다. 또는 이렇게 말해야 한다. 그의 욕망을 그리는 것 자체가 그 대상의 실제 존재를 체험하는 것이다. 그러나 그 감미로움과 기쁨은 다름 아닌 천국과 지옥, 선과 악의 표현이며, 인간이 현실 세계 너머에서 치르게 될 모든 응보는 그의 의도와 계획, 가장 내적인 믿음, 행동에 따라 형성되는 본질적 '나'에 근거한다.[3]

자신이 매우 존경한 이븐 알-아라비처럼 물라 사드라는 모든 신앙인이 사후에 가게 될 외적이고 객관적인 다른 세계인 천국에 신이 있다고 상상하지 않았다. 천국과 신적 세계는 자기 안에서, 개별적인 알람 알-미탈 안에서 발견돼야 했다. 즉 자아의 내면에서 발견할 수 있으므로 어느 누구도 타인과 정확히 같은 천국과 신을 체험할 수는 없다고 생각했다.

시아파 이맘뿐 아니라 수니파, 수피파, 그리스 철학자 모두를 존경한 물라 사드라는 이란의 시아파가 광신적이고 배타적이 아님을 보여준다. 인도에서는 많은 무슬림이 다른 종교에 대해 비슷한 관용을 강조했다. 물론 무굴 제국 시기에는 이슬람교가 문화를 주도했으나 힌두교는 여전히 창조적 활력을 유지할 수 있었으며, 일부 무슬림과 힌두교도는 예술과 지적 연구에 협력하기도 했다. 인도 대륙은 오랫동안 종교적 관용의 정신이 넘쳐흘렀다. 14세기와 15세기에 특히 힌두교도는 종교적 일체성의 열망을 가장 창조적인 형태로 표현했다. 그들은 유일신을 향한 내적 사랑을 품고 있는 한 모든 길이 유효하다고 봤다. 이는 분명 인도에서 가장 지배적인 이슬람 사조인 수피즘과 팔사파의 원리를 적극 수용한 것이었다. 일부 무슬림과 힌두교도는 종파를 초월한 사회를 형성했고, 여기서 가장 유명한 것이 15세기 구루 나나크에 의해 창시된 시크교로 이어졌다. 이 새로운 유일신교는 알라와 힌두교 신이 같다고 믿었다. 이슬람교 쪽에서도 미르 다마드와 물라 사드라와 동시대를 산 이란의 학자 미르 아부 알-카심 핀디리스키(1641년 사망)는 이스파한에서 이븐 시나의 사상을 가르쳤을 뿐만 아니라 많은 시간을 인도에서 힌두교와 요가를 연구하며 보냈다. 당시에 토마스 아퀴나스에게 심취한 로마 가톨릭 학자가 아브라함 전통에 속하지 않은 종교에 관심을 보인다는 것은 상상도 할 수 없는 일이었을 것이다.

종교 간 관용과 협력의 정신은 1560년부터 1605년까지 집권하며 모든 신앙을 존중했던 무굴 제국의 제3대 황제 아크바르의 정책에서 두드러지게 드러났다. 아크바르는 힌두교의 가르침을 받아들여 사냥─그가 가장 즐겨했던 것이다─을 포기하고 채식을 했을 뿐 아니라, 자신의 생일에나 힌두교 성소에서 동물 희생을 금했다. 1575년에는 모든 종교의 학자들이 모여 자유롭게 신에 관해 토론할 수 있는 '예배의 집'을 설립했다. 여기서 유럽에서 온 예수회 선교사들이 가장 공격적이었던 것으로 보인다. 아크바르는 자신이 만든 수피 교단인 '신성한 유일신교'에 헌신했는데, 올바르게 인도된 종교라면 어느 종교에서든 유일신이 자신을 드러낸다는 신념에 기초를 둔 것이었다. 아불파즐 알라미(1551~1602)는 수피즘의 원리를 문명사에 적용하려고 한 아크바르의 삶을 찬미하며 《아크바르-나마》(아크바르의 서)를 썼다. 알라미는 아크바르를 팔사파의 이상적인 통치자이자 당대의 '완전한 인간'으로 여겼다. 편협함이 없던 아크바르 같은 통치자가 관대하고 자유로운 사회를 만들 때 문명은 보편적인 평화를 누릴 수 있다. 신에 대한 '헌신'이라는 본래 의미의 '이슬람'은 어떤 신앙으로도 이룰 수 있다.

분명 아크바르가 '무함마드의 종교'라고 불렀던 믿음은 신을 독점하지 않았다. 그러나 모든 무슬림이 아크바르의 종교관에 동의한 것은 아니었으며, 많은 이들이 그를 신앙의 위험인물로 간주했다. 그의 관용 정책은 무굴 제국이 힘이 있는 동안에만 유지될 수 있었다. 제국의 힘이 쇠퇴하기 시작하자 다양한 집단이 제국의 통치에 반기를 들기 시작했으며 무슬림, 힌두교도, 시크교도 사이에서 종교 갈등이 격화되었다. 황제 아우랑제브(1658~1707 재위)는 무슬림 내부 규율을 강화해야만 신앙의 통일성을 복원할 수 있다고 믿었던 듯하다. 그는 음주 같은 방종을 불법화하고 무슬림이 힌두교도와 협력하는 것을 금했으며 힌두교의 절기를 줄이고 힌두교 상인의 세금을 두 배로 늘렸다. 그의 정책에서 가장 심각한 것은 제국 전역에서 벌어진 힌두교 사원 파괴였다. 아크바르의 관용 정책을 완전히 뒤집은 이러한 정책은 아우랑제브가 죽은 후 폐기되었으나 그가 신의 이름으로 촉발하고 신성화했던 그 파괴적인 편견에서 무굴 제국은 결코 회복하지 못했다.

아크바르 생전에 그의 가장 격렬한 반대자 중 한 명은 셰이크 아흐마드 시르힌디(1563~1625)였다. 그 역시 아크바르처럼 수피였고 제자들에게 '완전한 인간'으로 추앙받았다. 시르힌디는 이븐 알-아라비의 신비주의 전통에 단호히 반대했다. 알-아라비의 제자들이 신만을 유일한 실재로 봤기 때문이다. 앞서 본 것처럼 물라 사드라는 '존재의 일체성' 개념을 주장했다. 그 개념은 알라 외의 실재는 없다는 샤하다의 신비주의적 표현이었다. 다른 종교의 신비주의자와 마찬가지로 수피들은 일체성을 체험하고 존재 전체와 하나 됨을 느꼈다. 그러나 시르힌디는 신비 체험을 순전히 주관적인 것으로 치부했다. 신비주의자가 오로지 신에게 집중하는 동안 다른 모든 것은 의식에서 사라지는 경향이 있지만, 이는 객관적 현실과 상응하지 않는다고 주장했다. 신과 세계의 일체성이나 동일성을 말하는 것은 끔찍하게 잘못된 생각이며, 인간이 닿을 수 없는 저 너머에 있는 신을 직접 경험하기는 불가능하다고 보았다. "그분은 저 너머의 너머, 또 그 너머의 너머, 다시 그 너머의 너머에 있는 거룩한 존재이다."[4] 인간은 오직 자연에 나타나는 '징표'를 숙고함으로써 신과 이 세계의 관계를 간접적으로 알 수 있다고 보았다. 시르힌디는 자신이 이븐 알-아라비 같은 신비주의자들이 체험한 망아의 경지를 넘어선 온전한 의식 상태에 이르렀다고 주장했다. 그는 신비주의와 종교 체험을 언급하며 철학자들의 멀리 떨어진 신—객관적이지만 접근할 수 없는 실재—에 대한 믿음을 재확인했다. 그의 철학적 신비주의 관점은 제자들의 열렬한 추종을 받았으나 내재적이며 주관적인 신비주의자의 신에 더 관심을 보인 대다수 무슬림에게는 큰 호응을 받지 못했다.

유대 카발리즘의 영웅
루리아

핀디리스키와 아크바르 같은 무슬림이 다른 종교와 대화를 추구한 데 반해, 서방 기독교인은 아브라함 계보의 다른 두 종교가 가까이 있는 것조차 용납하지 않는다는 것을 1492년에 보여주었다. 15세기에는 유럽 전역에서 반유대주의가 고조되었고, 유대인들은 유럽 각 도시에서 차례로 추방당했다. 1421년 린츠와 빈, 1424년 쾰른, 1439년 아우크스부르크, 1442년 (그리고 다시 1450년) 바이에른, 1454년 모라비아에서 추방되었다. 또한 1485년에 페루자, 1486년 비첸차, 1488년 파르마, 1489년 루카와 밀라노, 1494년 토스카나에서 추방되었다. 1492년 에스파냐의 세파르디* 추방은 유럽 전역에서 벌어졌던 유대인 추방의 맥락에서 이해해야 한다. 오스만 제국으로 이주한 세파르디는 생존자의 비이성적이지만 지울 수 없는 죄책감과 함께 뒤틀린 감정으로 고통받았다. 그들의 고통은 아마도 나치의 홀로코스트에서 살아남은 유대인이 느낀 죄책감과 다르지 않을 것이다. 따라서 오늘날 일부 유대인들이 16세기 세파르디가 유랑 생활을 견디기 위해 발전시킨 영성 신앙에 끌린다는 것은 중요한 의미가 있다.

새로운 형태의 카발라는 아마도 많은 세파르디가 이주해 공동체를 이룬 오스만 제국의 발칸 지역에서 발전했을 것이다. 1492년의 비극적인 유대인 박해 사건은 예언자들이 예언한 이스라엘 회복을 향한 열망을 널리 퍼뜨린 것으로 보인다. 요세프 카로와 솔로몬 알카바즈가 이끈 유대인 일부가 그리스에서 이스라엘의 고향 팔레스타인으로 이주하기도 했다. 그들의 영성 신앙은 추방당한 유대인과 그들의 신이 겪은 굴욕의 상처를 치유하기 위한 것이었다. 그들은 '흙먼지 속에서 셰키나를 일으키고' 싶다고 말하곤 했다. 어떤 정치적 해결을 원한 것이 아니며, 모든 유대인이 약속의 땅으로 귀환하는 것을 상상한 것도 아니다. 그들은 갈릴리의 사페드에 정착해 고향 상실이라는 경험에서 깊

세파르디(Sefardi) 복수형은 '세파르딤(Sefardim)'. 히브리어로 이베리아반도를 뜻하는 '세파라드(Sepharad)'에서 나온 말이다. 이베리아반도의 에스파냐, 포르투갈에서 살아온 디아스포라 유대인을 가리킨다. 이베리아반도에서는 711부터 이슬람 세력과 기독교 세력의 전쟁이 계속되었는데 1492년 아라곤과 카스티야 연합군이 에스파냐 남부의 이슬람 왕국인 그라나다를 정복함으로써 기독교 세력의 국토 회복 운동(레콩키스타)이 마무리되었다. 이후 이베리아반도에 거주하던 유대인은 기독교로 개종을 강요받았고 강제 이주, 추방, 처형을 당하게 되었다. 많은 유대인들이 박해를 피해 북아프리카, 지중해, 네덜란드, 영국, 아메리카 등으로 이주했다.

은 의미를 발견한 신비주의를 발전시키기 시작했다. 이제까지 카발라는 지식인들만 관심을 보였으나 재앙 이후에는 전 세계 유대인들이 신비주의 영성에 열광했다. 철학의 위안은 공허하게 느껴졌다. 아리스토텔레스의 말은 메마르게 들렸고 그의 신은 멀고 접근하기 어려웠다. 실제로 많은 유대인이 재앙의 책임을 팔사파에 돌렸는데, 팔사파가 유대교를 약화하고 이스라엘의 특별한 소명 의식을 희석했으며 팔사파의 보편주의와 이교도 철학 수용이 많은 유대인이 세례를 받아들이도록 설득했다는 이유였다. 그 이후로 팔사파는 다시는 유대교 영성 신앙에 결코 발을 들여놓지 못했다.

사람들은 더 직접적인 신 체험을 열망했다. 사페드에서 이 열망은 성적인 강렬함으로 발전했다. 카발리스트들은 팔레스타인의 언덕을 떠돌며 위대한 탈무드 학자들의 무덤 위에 누워 그들의 비전을 자신의 고단한 삶 속으로 흡수하고자 했다. 그들은 실연한 사람처럼 밤을 지새우고 신에게 사랑 노래를 부르고 신을 애칭으로 부르곤 했다. 그들은 카발라의 신화와 수련이 탈무드 연구나 형이상학으로는 불가능한 방식으로 그들의 은폐를 깨트리고 그들의 영혼에 남긴 고통을 어루만져준다고 여겼다. 그러나 에스파냐에서 추방된 자들은 《조하르》의 저자, 모세스 데 레온과 상황이 너무 달랐기에 모세스의 비전을 자신들의 사정에 맞게 조정할 필요가 있었다. 그들은 절대적인 고향 상실과 절대적인 신에 대한 순종을 동일시하는 비범한 상상력을 발휘했다. 유대인 추방은 모든 존재의 핵심인 근본적 이탈을 상징했다. 모든 창조물이 더는 제자리에 있지 않을 뿐만 아니라 신도 자신으로부터 추방되었다. 사페드의 새로운 카발라는 순식간에 엄청난 호응을 얻으며 대중운동으로 부상해 세파르디에게 영감을 불러일으켰을 뿐 아니라 그리

스도 왕국에서는 살 곳이 없다는 것을 알게 된 유럽의 아슈케나지에게
도 새로운 희망이 되었다. 이 놀라운 성공은 외부인에게는 낯설고 당
혹스러운 사페드의 신화들이 유대인의 상황을 설명하는 데는 힘을 지
녔음을 보여준다. 그것은 모든 유대인이 받아들이고 세계 유대인의 종
교의식에 깊은 변화를 준 마지막 유대 종교 운동이었다. 카발라의 특
별한 수련은 입문한 엘리트만을 위한 것이었지만 카발라의 사상—그
리고 신 개념—은 유대교 신앙의 표준적인 표현이 되었다.

　신에 대한 이 새로운 비전에 대해 정확히 말하자면, 이 신화들은 문
자 그대로 받아들여지도록 의도된 것이 아니다. 사페드의 카발리스트
들은 자신들의 비유적 표현이 매우 대담하다는 것을 알았기에 늘 '말
하자면'이나 '추정컨대'라는 표현을 덧붙였다. 그러나 신에 관한 모든
이야기 특히 우주 창조에 관한 경전의 기록은 해결하기 어려운 문제가
많았다. 카발리스트들은 파일라수프가 그랬던 것처럼 이 문제들에 어
려움을 느꼈다. 둘 다 신과 신으로부터 영원히 흘러나오는 세계의 관
계를 말하는 플라톤주의 유출론을 받아들였는데, 예언자들은 신의 거
룩함과 신과 세계의 분리를 강조했지만, 《조하르》는 신의 세피로트의
세계가 실재 전체를 구성한다고 가르쳤다. 어떻게 신이 실재 전체를
구성하면서 그 세계와 분리될 수 있는가? 사페드의 모제스 벤 야코브
코르도베로(1522~1570)는 이 모순을 분명하게 간파해 해결하고자 했
다. 그의 신학에서 아인 소프는 더는 인간이 이해할 수 없는 신 본체가
아니라 세계에 대한 사유이다. 신은 플라톤주의의 이상적 상태에서는
창조된 모든 것과 하나였지만 이 세계의 결함 있는 활동과는 분리되어
있다. "존재하는 모든 것이 그의 존재에 포함되어 있는 한 〔신은〕 모든
존재를 포괄한다. 신의 실체는 그 세피로트에 있고 그는 스스로 모든

것이며 그 외에는 아무것도 존재하지 않는다."[5] 코르도베로의 사상은 이븐 알-아라비와 물라 사드라의 일원론과 매우 유사했다.

사페드 카발리즘의 영웅이며 성인으로 추앙받은 이삭 루리아 (1534~1572)는 신에 관해 이제까지 정식화된 것 중 가장 놀랄 만한 생각으로 신의 초월성과 내재성의 역설을 더 완전하게 설명하고자 했다. 대부분의 유대 신비주의자들은 신비 체험에 대해 거의 입을 열지 않았다. 그들의 체험이 형언 불가능하다고 말하면서 그것을 기꺼이 기록하려고 하는 것은 충분히 모순으로 보일 만했다. 카발리스트들은 이를 경계했다. 루리아는 특유의 카리스마로 자신의 문하로 많은 제자들을 끌어들인 최초의 차디크(Zaddik, '의로운 자')였다. 루리아는 글을 남기지 않았기 때문에 제자 하임 비탈(1542~1620)의 《에츠 하임》(생명 나무)과 요세프 이븐 타불이 기록한 대화를 통해서만 그의 사상을 알 수 있다(이 대화록은 1921년에야 출판됐다).

루리아는 수 세기 동안 유일신론자들을 괴롭혀 온 질문들을 마주했다. 어떻게 완전하고 무한한 신이 악에 물든 세계를 창조할 수 있었는가? 악은 어디에서 왔는가? 루리아는 아인 소프가 숭고한 내적 성찰에 몰입할 때, 즉 세피로트의 유출 이전에 어떤 일이 발생했는지 상상함으로써 답을 찾았다. 루리아는 아인 소프가 세계의 공간을 만들기 위해 자신 안에 한 영역을 비웠다고 가르쳤다. 이러한 '움츠림' 또는 '물러남'(짐줌tsimtsum)의 행위를 통해 신은 자기 안의 빈 공간을 창조했다. 이 공간은 신의 자기 계시와 창조의 동시적 과정에 의해 채워질 수 있었다. 이는 '무(無)로부터 창조'라는 어려운 교리를 설명하려는 대담한 시도였다. 아인 소프의 첫 행위는 자신의 일부로부터 스스로 추방된 것이다. 말하자면 신은 자신의 존재 속으로 깊이 내려가 스스로 한계를 정한 것이다. 이 신 개념은 기독교인들이 삼위일체로 생각했던 원초적 케노시스, 즉 신이 자기 표현 행위로 자신을 비워 그의 아들로 흘러 들어갔다는 설명과 다르지 않다. 16세기 카발리스트들에게 '짐줌'은 창조된 모든 존재의 구조 바탕에 있는 추방—아인 소프 자신도 경험한—의 상징이었다.

신의 '물러남'에 의해 창조된 '빈 공간'은 아인 소프로 둘러싸인 원으로 상상되었다. 이것은 〈창세기〉에서 언급한 무정형의 빈 공간, 토후 보후였다. 본래 짐줌이라는 움츠림이 있기 전에 신의 모든 다양한 '힘'(이후에 세피로트가 되는)은 조화를 이루며 어우러져 있었다. 그 힘들은 서로 구별되지 않았다. 특히 신의 헤세드(사랑)와 딘(엄중한 심판)은 신 안에서 완벽한 조화를 이루었다. 그러나 짐줌 과정 중에 아인 소프는 딘을 다른 속성에서 분리해 자신이 떠난 빈 공간으로 밀어 넣었다. 따라서 짐줌은 자기를 비우는 사랑의 행위일 뿐 아니라 일종의 신성한 정화로도 볼 수 있다. 신은 자신의 분노와 심판(《조하르》가 악의 뿌리라고 본)을 자신의 가장 깊은 존재로부터 제거한 것이다. 그렇게 신의 최초 행위는 자신에게 가혹함과 무자비함을 보여주었다. 딘은 헤세드와 다른 신의 속성과 분리됨으로써 잠재적으로 파괴적이었다. 그러나 아인 소프는 그 빈 공간을 완전히 떠나지는 않았다. 신성한 빛의 '가는 줄기'가 그 원을 뚫고 들어가, 《조하르》가 '아담 카드몬' 곧 최초의 인간이라 부른 형태를 이루었다.

《조하르》와 달리 그다음엔 세피로트의 유출이 일어났다. 루리아는 '아담 카드몬'에서 세피로트가 형성되었다고 가르쳤는데, 세 가지 최고 세피로트—케테르(왕관), 호크마(지혜), 비나(지성)—는 아담 카드몬의 '코' '귀' '입'에서 각각 유출되었다. 그러나 그다음 루리아가 '그

룻들의 깨짐'이라고 부른 재앙이 일어났다. 세피로트는 서로 구별하고 분리되기 위해, 그리고 이전의 일체성으로 돌아가는 것을 막기 위해 특별한 그릇에 담겨야 했다. 이 '그릇' 또는 '관'은 물론 물질적인 것이 아니라 세피로트의 순수한 빛을 위한 외피(클리포트) 역할을 하는 두터운 빛으로 구성되었다. 세 가지 최고 세피로트가 아담 카드몬에서 발산했을 때 그들의 그릇은 완벽하게 기능했지만, 그다음에 여섯 가지 세피로트가 그의 '눈'에서 나왔을 때는 신성한 빛을 담을 정도로 강하지 못해 부서졌다. 그 결과 빛은 흩어졌다. 일부는 위로 올라가 신 본체로 돌아갔으나 일부 신성한 '불꽃'은 빈 공간으로 떨어져 혼돈 속에 갇혔다. 그 이후로 모든 것이 제 자리를 잡지 못했다. 세 가지 최고 세피로트마저 이 재앙으로 인해 더 아래로 떨어졌다. 본래의 조화는 파괴되었고 신성한 불꽃은 신 본체로부터 추방된 무정형의 빈 공간 토후 보후로 사라졌다.

이 낯선 신화는 최초의 이탈을 그린 초기 영지주의 신화를 연상시킨다. 이 신화는 전체 창조 과정에서 나타나는 긴장을 설명하는데, 〈창세기〉에 묘사된 평화롭고 질서정연한 과정보다는 오늘날 과학자들이 상상하는 빅뱅에 훨씬 가깝다. 그것은 아인 소프가 고통의 과정 없이는 스스로 자신을 드러낼 수 없음을 밝히려 한 것이었다. 유대 랍비들도 비슷한 생각을 했다는 것이 탈무드에 나타난다. 그들은 신이 이 세계를 창조하기 전에 다른 세계를 만들어 파괴했다고 말했다. 그러나 모든 것이 사라진 것은 아니었다. 일부 카발리스트는 이 '깨짐'을 탄생이나 꼬투리의 터짐에 비유했다. 파괴는 단지 새로운 창조의 서곡이었다. 모든 것이 혼란스러웠지만 아인 소프는 티쿤(Tikkun) 곧 '재통합' 과정을 거쳐 이 혼돈 속에 새 생명을 가져올 것이었다.

재앙 이후 아인 소프에서 새로운 빛줄기가 발산해 아담 카드몬의 '이마'를 뚫고 나왔다. 이때 세피로트가 새로운 구조로 재구성되었다. 세피로트는 더는 신의 일반화된 속성이 아니었다. 각각은 기독교 삼위일체의 세 위(位)와 같은 방식으로 신의 전 특성이 구별되어 드러나는 '모습'(파르주프*)이 되었다. 루리아는 스스로 사람으로 태어난, 불가해한 신에 대한 오래된 카발라의 개념을 새로운 방식으로 표현하고자 했다. 티쿤의 과정에서 루리아는 인간의 잉태, 탄생, 발달의 상징을 사용해 신의 유사한 진화를 이야기했다. 이것은 복잡해서 아마도 아래처럼 정리하는 것이 필요해 보인다. 티쿤이라는 재통합에서 신은 다음 단계에 따라 열 가지 세피로트를 다섯 가지 '모습들'(파르주핌)로 재구성해 질서를 회복한다.

1. 최고 세피라 케테르(왕관)—《조하르》에서는 무(無)라고 불렀다—가 첫째 파르주프가 되고, 아리크 안핀('참는 자')으로 불린다.
2. 호크마(지혜)가 둘째 파르주프가 되고, 아바('아버지')로 불린다.
3. 비나(지성)가 셋째 파르주프가 되고, 이마('어머니')로 불린다.
4. 딘(심판), 헤세드(사랑), 라하민(동정심), 네자(인내), 호드(위엄), 예소드(토대)가 모두 넷째 파르주프가 되고, 제이르 안핀('참을성 없는 자')으로 불린다.
5. 마지막 세피라 말쿠트(왕국) 곧 셰키나가 다섯째 파르주프가 되

파르주프(parzuf) '모습', '얼굴'을 뜻하는 히브리어. 복수형은 파르주핌(parzufim). 기독교 삼위일체의 페르소나와 비슷하다. 일부 카발리스트들은 불가해한 신이 수없이 다양한 '모습'으로 인간에게 자신을 드러낸다고 상상했다. 각각의 모습은 독특한 특징을 지닌다.

고, 누크라 데 제이르('제이르의 여자')로 불린다.

　성적 상징은 세피로트의 재통합─그릇들이 깨졌을 때 일어난 균열을 치유하고 본래의 조화를 회복하게 되는─을 묘사하기 위한 대담한 시도이다. 두 '부부'─아바와 이마, 제이르와 누크라─가 성교를 하는데, 신 안의 남성적 요소와 여성적 요소의 이 결합은 회복된 질서를 상징한다. 카발리스트들은 끊임없이 이 이야기를 문자 그대로 받아들이지 말라고 경고한다. 분명하고 논리적인 용어로 설명할 수 없는 통합의 과정을 암시하고 지나치게 남성적인 신 이해를 중성화하기 위해 고안된 이야기이기 때문이다. 신비주의자들이 상상한 구원은 메시아의 출현 같은 역사적 사건에 의존하는 것이 아니라, 신이 스스로 겪어야 하는 신비 과정이었다. 신의 첫 번째 계획은 '그릇들의 깨짐'으로 인해 흩어져 혼돈에 갇힌 신성한 불꽃을 구하는 과정에서 인간을 자신의 협력자로 삼는 것이었다. 그러나 아담은 에덴동산에서 죄를 지었다. 그가 죄를 짓지 않았더라면 본래의 조화가 회복되고 첫 안식일에 신성한 추방이 끝났을 것이다. 그러나 아담의 타락은 '그릇들의 깨짐'이라는 최초의 재앙을 되풀이했다. 창조 질서가 무너지고 아담의 영혼에 있던 신성한 빛이 흩어져 불순한 물질세계 속에 갇혔다. 그 결과 신은 또 다른 계획을 세운다. 신은 주권과 통제를 위한 투쟁에서 이스라엘을 협력자로 선택했다. 비록 이스라엘도 신성한 불꽃처럼 잔인하고 신이 없는 디아스포라의 영역에 흩어져 있으나 유대인은 특별한 사명을 부여받았다. 신성한 불꽃이 분리되어 물질세계로 사라진 한, 신은 불완전하다. 모든 유대인은 토라를 준수하고 기도 생활을 함으로써 불꽃이 신성한 근원으로 회복하고 세계를 구하는 일을 도울 수 있었다.

이러한 구원의 비전에서 신은 인간을 내려다보는 존재가 아니라, 유대인이 항상 주장해 온 것처럼 사실상 인간에게 의존하는 존재이다. 유대인은 신을 재형성하고 그를 새롭게 창조하는 데 도움을 줄 수 있는 특별한 권리를 가진 것이다.

루리아는 셰키나 추방의 원래 이미지에 새로운 의미를 부여했다. 이는 탈무드에서 랍비들이 예루살렘 성전이 파괴된 후 셰키나가 자발적으로 유대인의 유랑 생활에 동행하고 있다고 믿었던 것을 떠올리게 한다.《조하르》는 셰키나를 마지막 세피라와 동일시하여 신성의 여성적 측면으로 만들었다. 한편 루리아의 신화에서 셰키나는 그릇들이 깨졌을 때 다른 세피로트와 함께 흩어졌다. 티쿤의 첫 단계에서 '누크라'가 되고 '제이르'와 성교함으로써 신성한 세계로 거의 재통합되었다. 그러나 아담의 죄로 인해 셰키나는 다시 떨어져 다른 신 본체로부터 추방되었다. 루리아는 기독교 영지주의들과 매우 유사한 신화를 발전시켰지만 그들의 글을 접했을 가능성은 거의 없다. 16세기에 유대인의 비극적 상황에 맞게 추방과 타락의 오래된 신화들을 자연스럽게 재생산한 것이다. 유일신 교리를 발전시키던 성서 시대의 유대인들은 신성한 성교와 추방된 여신 이야기를 거부했다. 이 이야기들에 담긴 이교 신앙, 우상 숭배의 요소가 세파르디의 반발을 불러일으킨 것은 당연했을 것이다. 하지만 루리아의 신화는 페르시아에서 영국, 독일, 폴란드, 이탈리아, 북아프리카, 네덜란드, 예멘에 이르기까지 당시 유대인들에게 큰 호응을 받았다. 유대인의 용어로 재구성된 신화는 절망에 빠진 자들의 심금을 울리고 새로운 희망을 줄 수 있었다. 이를 통해 유대인들은 고통스러운 상황에서도 궁극적 의미와 의의가 있음을 믿을 수 있었다.

유대인은 셰키나의 추방을 끝낼 수 있었다. 계율을 준수함으로써 자신들의 신을 다시 세울 수 있었다. 이 신화를 거의 동시대에 유럽에서 루터와 칼뱅이 만든 프로테스탄트 신학과 비교하는 것은 흥미롭다. 두 프로테스탄트 개혁가는 신의 절대 주권을 설교했다. 앞으로 보겠지만 그들의 신학에서 인간은 자기 구원을 위해 할 수 있는 것이 전혀 없다. 그러나 루리아는 행하라고 설교했다. 신은 인간을 필요로 하고 인간의 기도와 선행 없이는 불완전한 존재로 남을 수밖에 없다고 했다. 유럽의 유대인들은 자신들에게 닥친 비극 속에서도 프로테스탄트보다 인간에 대해 긍정적일 수 있었다. 루리아는 티쿤의 사명을 명상 측면에서 이해했다. 유럽의 기독교인들―가톨릭이든 프로테스탄트든―이 점점 더 많은 교리를 공식화하고 있을 때, 루리아는 아브라함 아불라피아의 신비주의 수련법을 되살려 유대인들이 그러한 지적 활동을 초월해 더 직관적 인식을 계발할 수 있도록 도왔다. 아불라피아의 영성에서 신 이름의 글자들을 재배열하는 것은 카발리스트들에게 '신'의 의미가 인간의 언어로는 적절하게 전달될 수 없음을 드러냈다. 이것은 또한 루리아의 신화에서 신의 재구성과 재형성을 상징했다. 하임 비탈은 루리아가 행한 수련의 엄청난 정서적 효과를 설명했다. 남들이 잘 때 깨어 있고, 남들이 먹을 때 금식하고, 한동안 물러나 은둔하며 보통의 일상적인 경험으로부터 자신을 분리함으로써 카발리스트들은 일상적인 말과 아무런 관련이 없는 낯선 '단어들'에 집중할 수 있게 된다. 그렇게 함으로써 그들은 다른 세계에 있는 듯 느꼈고, 자기 외부의 힘에 홀린 듯 전율을 느끼며 떨게 된다.

그러나 불안은 없었다. 루리아는 카발리스트는 영적 수련을 시작하기 전 반드시 정신의 평화를 유지해야 한다고 강조했다. 행복과 기쁨이 필수였고, 가슴을 치는 비탄이나 후회, 수련에 대한 죄책감이나 불안은 없어야 했다. 하임 비탈은 셰키나는 슬픔과 고통이 있는 곳에 살수 없다고 말했는데, 이는 앞서 보았듯 탈무드에 뿌리를 둔 사상이다. 슬픔은 이 세계의 악의 힘에서 비롯된 것이고 행복은 신을 사랑하고 오직 신에게만 충실하게 한다. 카발리스트의 마음속에는 그 누구에게도, 심지어 이방인에게도 분노와 적대감이 없어야 한다. 루리아는 분노하는 사람은 '이상한 신'에 사로잡힌 것으로 여겨 분노를 우상 숭배와 동일시했다.

루리아의 신비주의를 비판하기는 쉽다. 유대 철학자 게르숌 숄렘 (Gershom Scholem)이 지적한 대로, 《조하르》에서 강력했던 신 아인 소프의 신비는 짐줌, 그릇들의 깨짐, 티쿤의 드라마 속에서 사라지는 경향이 있다.[6] 다음 장에서 우리는 이것이 유대인의 역사에서 매우 곤혹스러운 재앙적 일화를 남겼음을 살펴볼 것이다. 그러나 루리아의 신 개념은 유대인들이 죄책감과 분노로 인해 절망에 빠져 신앙까지 잃을 수도 있었던 위기의 시기에, 인간에 대한 긍정적인 관점과 더불어 기쁨과 희망의 정신을 키우도록 도울 수 있었다.

르네상스 시대의 불안과 공포증

유럽의 기독교는 그러한 긍정적인 영성 신앙을 만들어내지 못했다. 그들도 스콜라 철학자들의 철학적 종교로는 달랠 수 없는 역사적 수난을 겪었다. 1348년 흑사병, 1453년 콘스탄티노폴리스 함락, 1309년 ~ 1377년 교황의 아비뇽 유수, 1378년~1417년 서방 교회의 대분열 같은 일련의 사건들은 인간의 무력함을 생생하게 드러냈고 교회에 불신을 품게 했다. 인류는 신의 도움이 없이는 고통스러운 곤경에서 해방될 수 없을 것처럼 보였다. 14세기와 15세기에 옥스퍼드의 던스 스코터스(1266~1308)— 요하네스 스코투스 에리우게나와는 다른 인물이다—와 프랑스의 장 드 제르송(1363~1429) 같은 신학자들은 인간사의 모든 것을 통제하는 신의 주권을 강조했다. 인간은 자기 구원을 위해 아무것도 할 수 없다. 선행은 그 자체로 칭찬할 만한 것이 아니라 신이 선하다고 자비롭게 명령했기 때문에 인간 구원에 기여하지 못한다. 그러나 두 세기 동안 강조점이 바뀌었다. 신비주의자였던 제르송은 "참된 신앙에 근거한 이성을 통해 신의 본성을 이해하려 하기"보다 "고상한 탐구 없이 먼저 신의 사랑을 붙잡는 것"이 더 낫다고 믿었다.[7] 앞에서 살펴본 것처럼 14세기 유럽에는 신비주의가 급증했고 사람들은 이성으로는 '신'이라는 신비를 설명할 수 없다고 생각하기 시작했다. 토마스 아 켐피스(1379?~1471)는 《그리스도를 본받아》에서 이렇게 말했다.

만일 그대의 겸손함이 부족하여 삼위일체의 신을 불쾌하게 만든다면 삼위일체에 관해 학문적으로 논하는 것이 무슨 소용이 있겠는가……. 나는 삼위일체를 정의하기보다 차라리 참회의 길로 가고 싶다. 만일 그대가 성서 전체를 외우고 철학자들의 모든 가르침을 안다고 해도, 그것이 신의 사랑과 은총 없이 그대에게 도움이 되겠는가?[8]

침울하고 엄격한 종교성을 띤 《그리스도를 본받아》는 영성에 관한 가장 인기 있는 서구의 고전이 되었다. 두 세기 동안 점점 더 인간 예수가 신앙심의 중심이 되었다. 십자가의 길*을 만드는 관행은 특히 예수의 육체적 고통과 슬픔을 자세히 설명했다. 익명의 저자가 쓴 14세기의 명상록은 독자에게 최후의 만찬과 겟세마네 동산에서 겪은 고통을 밤새 묵상한 후 아침에 일어날 때는 두 눈이 눈물로 충혈되어 있어야 한다고 말한다. 즉시 그는 예수의 시련을 묵상하기 시작하고 갈보리로 가는 예수의 걸음을 쫓아야 했다. 그는 독자에게 예수의 생명을 간청하고 감옥에서 예수 옆에 앉아 사슬에 묶인 그의 손과 발에 입 맞추는 상상을 하도록 촉구했다.[9] 이 침울한 과정에서 예수의 부활은 거의 강조되지 않고 그 대신 예수의 인간적 연약함만 강조된다. 감정의 폭력과 병적 호기심으로 현대 독자들에게 충격을 주는 것이 이러한 글들의 특징이다. 위대한 신비주의자인 스웨덴의 비르지타나 노리치의 줄리언조차 예수의 육체 상태에 관해 끔찍할 정도로 자세하게 추측한다.

나는 죽음의 기색이 역력한 창백하고 메마른 그분의 얼굴을 보았다. 그의 얼굴은 시간이 흐를수록 핏기를 잃고 생명력을 잃어 갔다. 그러다가 생기를 잃고 죽어 가며 푸른색으로 변했고 점차 갈색으로 변했다. 내게 그분의 수난은 주로 축복받은 그분의 얼굴을 통해, 특히 그분의 입술을 통해 다가왔다. 이전에는 생기 있고, 붉고, 사랑스러웠으나 이미 그분의 얼굴에서 본 똑같은 색을 나는 그분의 입술에서도 볼 수 있었다. 그분이 점점 죽어 가며 변해 가는 모습을 바라보는 것은 내게 참으로 슬픈일이었다. 내 눈앞에서 그분의 콧구멍은 쪼그라들었고 사랑하는 그분의 시신은 죽음으로 말라 가며 검은 갈색으로 변했다.[10]

십자가의 길(stations of the cross) 예수가 폰티우스 필라투스에게 사형 선고를 받은 후 겪은 고난과 무덤에 안장되기까지 사건을 묘사한 14개의 그림 또는 조각.

이 글은 흉측하게 뒤틀린 형태나 유혈이 낭자한 14세기 독일의 십자가를 떠올리게 하는데, 그런 작품들은 마티아스 그뤼네발트(1480~1528)의 작품에서 절정에 달했다. 신의 본성에 대한 놀라운 통찰력을 지녔던 줄리언은 충실한 신비주의자처럼 삼위일체를 '저편 어딘가에' 있는 외적 실재가 아니라 영혼 안에 살아 있는 내적인 것으로 보았다. 그러나 예수의 인간적 측면을 강조하던 당시 서구 기독교인의 신앙 경향은 신비주의자였던 줄리언도 수용해야 할 정도로 너무 강력해 보였다. 14세기와 15세기에 유럽인들은 신보다는 다른 인간 존재들을 신앙생활의 중심에 세우기 시작했다. 성모 마리아 숭배와 성인 숭배는 인간 예수에 대한 헌신이 커지면서 함께 증가했다. 유물이나 성지에 대한 열광은 서방 기독교인들이 진정으로 섬겨야 할 유일한 것에서 멀어지게 했다. 사람들은 신이 아닌 다른 것에 집중한 것처럼 보였다.

서구 영성 신앙의 어두운 측면은 르네상스 시대에도 나타났다. 르네상스 시기의 철학자들과 인본주의자들은 중세의 신앙심에 매우 비판적이었다. 그들은 스콜라 철학자들의 난해한 사변이 신을 낯설고 따분하게 만든다고 여기며 극도로 싫어했다. 그 대신 신앙의 근원, 특히 아우구스티누스로 돌아가기를 원했다. 중세 사람들은 아우구스티누스를 신학자로서 존경했지만 인본주의자들은 아우구스티누스를 개인적 진리 탐구의 동료로 여겼고, 《고백록》을 재해석했다. 그들은 기독교를 교리의 집합체가 아니라 체험이라고 주장했다. 예를 들어 로렌초 발라(1405~1457)는 신성한 교리를 '변증법의 술수'와 '형이상학적 궤변'과 섞는 것은 무익하다고 강조했다.[11] 이 '무익함'은 사도 바울이 크게 비판한 것이기도 했다. 프란체스코 페트라르카(1304~1374)는 이렇게 주장했다. "신학은 사실상 시이며, 신에 관한 시이다." 그것은 무언가를

'증명'해서가 아니라 마음을 꿰뚫어 보기에 효과적이다.[12] 르네상스 인본주의자들은 인간의 존엄성을 재발견했는데, 이 발견이 그들이 신을 거부하도록 만든 것은 아니다. 오히려 당대의 충실한 인간으로서 그들은 사람이 되었던 신의 인간성을 강조했다. 그러나 오래된 불안감은 남아 있었다. 르네상스 사상가들은 인간 지식의 취약성을 깊이 알고 있었고 아우구스티누스가 고백한 예리한 죄의식에 공감할 수 있었다. 페트라르카는 이렇게 말했다.

> 얼마나 여러 번 나 자신의 비참함과 죽음에 대해 생각했던가. 얼마나 많은 눈물로 내 더러움을 씻어내려 했는가, 도저히 울지 않고는 고백할 수 없었지만, 지금까지 모든 것이 부질없다. 신은 진실로 최고의 존재이고 나는 최악의 존재다.[13]

인간과 신 사이에는 엄청난 거리가 있었다. 콜루치오 살루타티(1331~1406)와 레오나르도 부르니(1369~1444)는 신은 완전히 초월적이며 인간 정신으로는 접근할 수 없다고 여겼다.

그러나 독일 철학자이자 성직자 니콜라우스 쿠자누스(1401~1464)는 신을 이해하는 인간의 능력을 더 확신했다. 그는 삼위일체의 신비를 이해하는 데 도움이 된다고 생각한 새로운 과학에 관심을 쏟았는데, 예를 들어 순수한 추상을 다루는 수학은 다른 학문에서는 불가능한 확실성을 제공할 수 있다고 여겼다. 쿠자누스는 '최대' '최소'의 수학 개념은 겉으로는 상반되지만 사실 논리적으로는 동일하다고 보았다. 이 '대립물의 일치'라는 사상은 신 개념을 담고 있었다. '최대' 개념은 모든 것을 포함하는데, 이는 신을 직접적으로 가리키는 유일성과 필연성의 개념을 내포한다. 더 나아가 최대선(最大線)은 삼각형, 원, 구가 아니라 세 가지가 모두 합쳐진 것인데, 반대되는 것들의 일치란 또한 삼위일체를 의미했다. 쿠자누스의 기발한 증명은 종교적 의미가 거의 없으며, 신 개념을 논리적인 수수께끼로 축소하는 것처럼 보인다. 그러나 "신은 모든 것, 심지어 모순마저 포용한다"는 그의 확신은[14] 모든 진정한 신학은 역설적일 수밖에 없다고 본 그리스 정교와 유사했다. 철학자나 수학자로서보다 영적 스승으로서 글을 쓸 때 쿠자누스는 기독교인이 신에게 다가가려면 "모든 것을 내려놓아야" 하고 "심지어 지성을 초월해" 모든 감각과 이성을 넘어서야 한다는 것을 알고 있었다. 신의 얼굴은 "비밀스럽고 신비한 침묵" 속에 가려져 있을 것이라고 그는 생각했다.[15]

르네상스 사상가들의 새로운 통찰은 신과 마찬가지로 이성의 영역을 넘어선 깊은 두려움을 해결할 수 없었다. 쿠자누스가 죽고 얼마 지나지 않아, 그의 조국 독일에서 대단히 유해한 공포증이 분출해 북유럽으로 확산되었다. 1484년 교황 인노켄티우스 8세(1484~1492 재임)는 교서를 내렸다. 이 교서는 16세기와 17세기 유럽 전역에서 산발적으로 일어난 마녀사냥 광풍의 시작을 알리는 것이었다. 프로테스탄트와 가톨릭 공동체를 똑같이 괴롭힌 마녀사냥은 서구 영성의 어두운 이면을 드러냈다. 이 끔찍한 박해 속에서 수천 명의 남성과 여성이 놀라운 죄를 자백할 때까지 잔혹하게 고문받았다. 그들은 악마와 성관계를 맺었고, 수천 킬로미터 하늘을 날아 신 대신 사탄을 숭배하는 난교에 참여했다고 말했다. 우리는 마녀가 존재하지 않았다는 것을 알지만, 이 광풍은 학식 있는 종교재판관들과 많은 희생자들—그들은 그러한 일들을 꿈에서 보았고 실제로 일어난 일이라고 쉽게 설득당했다—이 공유한 거대한 집단 환상이었다. 이 환상은 반유대주의 그리고 깊은 성적 공포와 관련 있었다. 사탄은 더할 나위 없이 선하고 강력한 신의 그림자였다. 이는 다른 유일신 종교에서는 찾아보기 힘든 현상이었다. 예를 들어 쿠란은 사탄이 최후의 심판 때 용서받을 것이라고 분명하게 말한다. 일부 수피들은 사탄이 다른 천사들보다 더 신을 사랑했기에 은총에서 멀어졌다고 주장하기도 했다. 신이 사탄에게 창조의 날에 아 담에게 절하라고 명했으나 그러한 복종은 오직 신에게만 해야 한다고 믿었기에 사탄이 거부했다는 것이다. 그러나 서구에서 사탄은 통제할 수 없는 악의 화신이 되었다. 그는 점차 성욕과 거대한 성기를 지닌 거 대한 동물로 표현되었다. 영국 역사가 노먼 콘(Norman Cohn)이 《유럽 의 내적 악마들》에서 지적한 대로, 이러한 사탄 묘사는 감춰진 공포와 불안의 투영만은 아니었다. 마녀사냥의 광풍은 당시 억압적인 종교와 냉혹한 것처럼 보이는 신에 대한 무의식적이지만 강박적인 반발이기도 했다. 고문실에서 종교재판관들과 '마녀들'은 함께 기독교를 뒤엎는 환상을 만들어냈다. 검은 미사*는 냉혹하고 다루기 너무 무서운 신 대 신 악마를 숭배하는 소름 끼치지만 비뚤어진 만족감을 주는 의식이 되 었다.[16]

검은 미사(Black Mass) 가톨릭교회에서 성직자가 검은 예복을 입고 하는 레퀴엠 미사. 보통은 사탄 숭배 집단에서 하는 불경하고 외설적인 미사를 뜻하는 용어로 많이 사 용된다.

루터의 분노의 신과
칼뱅의 회심

마르틴 루터(1483~1546)는 마녀의 존재를 굳게 믿었고 기독교인의 삶을 사탄과의 싸움으로 봤다. 비록 대다수 종교개혁가가 새로운 신 개념을 발전시키지 못했지만 종교개혁은 이러한 불안을 해결하려는 시도로 볼 수 있다. 물론 16세기 유럽에서 일어난 종교 변화의 거대한 물결을 '종교개혁'으로 부르는 것은 지나친 단순화이다. 이 용어는 실제보다 더 계획적이고 일치된 운동을 의미한다. 다양한 개혁가들—프로테스탄트뿐 아니라 가톨릭도 마찬가지이다—은 모두 강하게 느껴지지만 개념화되거나 의식적으로 생각해낸 것이 아닌 새로운 종교적 인식을 설명하려고 노력했다. 우리는 왜 종교개혁이 일어났는지 정확히 알지 못한다. 오늘날 학자들은 오래된 교과서식 설명에 주의해야 한다고 말한다. 흔히 생각하는 것처럼 변화의 물결은 교회의 타락 때문만은 아니었고 종교적 열정의 쇠퇴 때문도 아니었다. 유럽에서 종교적 열의는 살아 있던 것으로 보이는데, 이로 인해 이전에는 당연하게 여기던 악습을 비판하는 것이 가능했다. 개혁가들의 실제 사상은 모두 중세 가톨릭 신학에서 나온 것이었다. 민족주의의 고조, 독일과 스위스 도시들의 부상 역시 16세기에 평신도들의 새로운 신앙심과 신학적 인식에 역할을 했다. 또한 유럽에서 개인주의 의식이 커졌는데, 이는 항상 당대 종교적 태도의 급진적인 변화를 불러오는 것이었다. 유럽인들은 외적이고 집단적인 방식으로 믿음을 표현하는 대신 좀 더 내면적인 종교의 영향을 탐구하기 시작했다. 이 모든 요인이 서구를 근대로 이끈 고통스럽고 폭력적인 변화에 기여했다.

회심 전에 루터는 신을 기쁘게 할 수 없다는 절망에 빠져 신을 증오하기에 이르렀다.

비록 나는 수도사로서 흠 없이 살았으나 신 앞에서는 꺼림칙한 죄인이라 느꼈다. 내 행위로 신을 기쁘게 해드렸다는 것을 확신할 수도 없었다. 나는 죄인을 벌하는 의로운 신을 사랑하기는커녕 오히려 싫어했다. 나는 충실한 수도사였고, 수도원 규율로 천국에 들어갈 수 있는 수도사가 있다면, 그게 나일 정도로 엄격하게 따랐다. 나의 수도원 동료들이 모두 동의할 것이다. …… 그러나 내 양심은 내게 아무런 확신을 주지 못하고 의심에 가득 차 말한다. "너는 의로움을 행하지 않았다. 충분히 참회하지 않았다. 고백해야 할 것이 남아 있다."[17]

오늘날 많은 기독교인들—가톨릭과 프로테스탄트 모두—은 종교개혁이 완전히 제거하지 못한 이런 증상을 잘 알 것이다. 루터의 신은 분노로 특징 지어진다. 성인, 예언자, 〈시편〉 저자 그 누구도 이러한 신의 분노를 견딜 수 없어 했다. 단지 "최선을 다하는 것"만으로는 소용없다. 신은 영원하고 전능하기에 "자기 만족에 빠진 죄인에 대한 신의 격분과 분노는 헤아릴 수 없이 무한하다."[18] 신의 의지는 알 수 없다. 신의 율법이나 교단의 규율을 준수하는 것으로는 우리를 구할 수 없다. 사실 율법은 우리의 부적절함을 보여주기에 비난과 공포만 가져올 뿐이었다. 율법은 희망의 메시지를 가져다주는 대신 "신 앞에서 신의 분노, 죄, 죽음, 천벌"을 드러냈다.[19]

루터는 '칭의(稱義)' 교리를 공식화함으로써 개인적 돌파구를 마련했다. 인간은 스스로 자신을 구할 수 없다. 신이 의롭다고 선언하는

'칭의'는 죄인과 신 사이의 관계 회복을 뜻하며, '칭의'에 필요한 모든 것은 신만이 준다. 신은 능동적이나 인간은 수동적일 뿐이다. 우리의 '선행'과 율법 준수는 칭의의 원인이 아니라 결과일 뿐이다. 우리가 종교의 계율을 지킬 수 있는 것은 신이 우리를 구했기 때문이다. 이는 사도 바울의 '신앙으로 의로움을 얻는다(이신칭의以信稱義)'는 말의 의미였다. 루터의 이론에는 새로운 것이 없었다. 14세기 초부터 유럽에서 널리 통용된 생각이었기 때문이다. 하지만 루터는 이것을 이해하고 자신의 것으로 삼자 불안이 사라지는 것을 느꼈다. 그는 "마치 다시 태어난 것 같고 천국 문을 열고 들어가는 것 같은" 계시를 경험했다.[20]

그러나 루터는 여전히 인간 본성에 매우 비관적이었다. 1520년에 이르러 루터는 자신이 '십자가의 신학'이라고 부른 이론을 발전시켰다. 그는 그리스도의 십자가가 "신의 어리석음이 사람의 지혜보다 더 지혜롭고 신의 약함이 사람의 강함보다 더 강하다"는 것을 보여준다고 사도 바울이 코린토스 개종자들에게 말한 구절을 인용했다.[21] 신은 순전히 인간의 눈으로 볼 때 벌을 받아 마땅한 '죄인들'을 의롭다고 칭했다. 신의 강함은 인간의 눈에는 약해 보이는 것 속에서 드러났다. 루리아는 제자들에게 신은 기쁨과 평온 속에서만 발견할 수 있다고 가르쳤으나 루터는 "신은 고난과 십자가 속에서만 발견할 수 있다"고 주장했다.[22] 이러한 입장에서 그는 스콜라 철학에 맞서 논박을 펼치며, 인간의 영리함을 과시하고 "신의 보이지 않는 일들을 분명히 인식할 수 있는 것처럼 바라보는" 거짓 신학자와 "고난과 십자가를 통해 신의 가시적이고 명백한 일들을 이해하는" 참 신학자를 구별했다.[23] 루터는 중세 스콜라 교부들이 구성한 삼위일체와 성육신 교리를 거짓된 '영광의 신학'을 추구하는 수단이라고 비판했다.[24] 그러나 루터는 니케아,

에페소스, 칼케돈의 정통에 충실했다. 사실 그의 칭의설은 그리스도의 신성과 삼위일체에서 그리스도의 지위에 근거했다. 이 전통적 신조들은 루터도 칼뱅도 의문을 제기할 수 없을 만큼 기독교인의 경험에 깊이 뿌리를 내리고 있었지만, 루터는 거짓 신학자들의 난해한 공식화를 거부했다. 그는 복잡한 기독교 교리들을 마주할 때면 "그게 나와 무슨 상관이 있는가?" 물으면서, 그리스도가 구세주라는 것만 알면 된다고 말했다.[25]

   루터는 신 존재 증명의 가능성조차 의심했다. 토마스 아퀴나스가 제시한 것과 같은 논리적 논증으로 추론할 수 있는 신이란 이교도 철학자의 신이었기 때문이다. 인간이 '신앙'으로 의롭게 된다는 루터의 주장은 신에 대한 올바른 관념을 취한다는 의미가 아니었다. "신앙은 정보나 지식, 확실성을 필요로 하는 것이 아니라, 느껴지지 않고 시험되지 않고 알지 못하는 선함에 대한 자유로운 굴복이자 즐거운 확신"이라고 설교했다.[26] 루터는 신앙 문제에 관해 파스칼과 키르케고르의 해법을 앞지른 셈이었다. 신앙은 신조의 명제에 대한 동의를 의미하지 않으며 정통 교리에 대한 '믿음'도 아니었다. 그 대신 신뢰를 품어야 할 실재를 향해 어둠 속에서 나아가는 도약이었다. 그것은 "아무것도 볼 수 없는 앎이자 무지"[27]였다. 루터는 신이 자신의 본질에 대한 이론적 논의를 엄격하게 금지했다고 주장했다. 우리가 발견할 수 있는 것은 죄 있는 인간에게 겁을 줄 수밖에 없는 신의 힘과 지혜, 정의이기에 이성만으로 신에게 다가가려는 시도는 위험하고 절망으로 이어질 수 있었다. 기독교인은 신에 관한 합리주의적 논의에 참여하는 것이 아니라 성서에 계시된 진리를 받아들여 자기 것으로 삼아야 했다. 루터는 그 방법을 《소교리문답서》에서 보여주었다.

나는 영원 전부터 아버지에게서 비롯하시고, 동정녀 마리아를 통해 태어나신 인간 예수 그리스도를 나의 주로 믿는다. 그분은 길을 잃고 죄를 받은 피조물인 나를, 금과 은이 아니라 거룩하고 귀한 피와 죄 없이 받은 고통과 죽음으로써, 모든 죄와 죽음, 악의 힘으로부터 건져 구하셨으니, 이는 내가 그분의 사람이 되고, 그분의 왕국에서 그분의 아래에서 살며, 그분이 죽은 자 가운데서 부활해 영원토록 통치하시는 때까지 영원한 의와 축복 속에서 그분을 섬기도록 하기 위함이다.[28]

루터는 스콜라 신학으로 교육받았지만 더 단순한 형태의 신앙으로 돌아서 자신의 두려움을 잠재우지 못한 14세기의 건조한 신앙에 반발했다. 그러나 그의 이론도 난해할 수 있었는데, 예를 들어 어떻게 우리가 의롭게 되었는지 정확히 설명하려고 시도할 때 그랬다. 루터의 영웅, 아우구스티누스는 죄인에게 부여된 의는 그 자신의 것이 아니라 신의 것이라고 가르쳤다. 루터는 이를 교묘하게 비틀었다. 아우구스티누스는 이 신성한 의가 우리의 일부가 되었다고 말했지만, 루터는 이 의가 죄인인 우리 밖에 있으나 신이 마치 우리 자신의 것처럼 여긴다고 주장했다. 아이러니하게도 종교개혁은 교리의 혼란을 더 키웠고, 다양한 종파들의 새로운 교리들—그들이 대체하려고 한 일부 교리만큼이나 난해하고 빈약했다—의 확산으로 이어지게 된다.

루터는 칭의 교리를 공식화했을 때 자신이 다시 태어났다고 말했으나 사실 그의 모든 불안이 해소된 것처럼 보이지는 않는다. 그는 여전히 불안하고 분노하고 폭력적인 모습을 보여주었다. 모든 종교 전통은 영성의 진정한 척도를 일상생활에 영성이 통합된 정도로 본다. 붓다가 말한 것처럼, 깨달음 뒤에는 '시장으로 돌아와' 모든 살아 있는 존재에게 자비를 행해야 한다. 평화와 평정, 자애의 실천은 모든 참된 종교적 통찰의 징표라 할 수 있다. 그러나 루터는 과격한 반유대주의자이자 여성혐오주의자였으며, 섹슈얼리티에 대한 공포와 증오에 사로잡혀 경련을 일으켰고, 반항적인 농민들은 모두 죽여야 한다고 믿기도 했다. 분노하는 신에 대한 그의 비전은 그를 개인적인 분노로 채웠고, 그의 이러한 호전적인 성격은 종교개혁에 큰 해를 끼쳤다고 평가된다. 종교개혁가로서 활동하던 초기에 루터의 많은 사상이 정통 가톨릭에서 수용되며 교회에 새로운 활력을 불어넣을 수 있었으나, 루터의 공격적인 태도는 불필요한 의심을 사는 결과를 낳았다.[29]

길게 보면 루터보다 장 칼뱅(1509~1564)이 더 중요한 인물이라고 할 수 있다. (루터의 개혁이 바탕으로 삼은 것보다는 더) 르네상스의 이상에 기반한 칼뱅의 스위스 종교개혁은 새로운 서구적 에토스의 출현에 깊은 영향을 끼쳤다. 16세기 말에 이르면 '칼뱅주의'는 좋든 나쁘든 사회를 변화시킬 수 있고, 사람들이 원하는 무엇이든 성취할 수 있다고 믿도록 영감을 불러 일으키는 국제적인 종교로 자리 잡았다. 칼뱅주의는 1645년 올리버 크롬웰이 주도한 영국의 청교도 혁명과 1620년대 뉴잉글랜드 식민지 개척에 원동력이 되었다. 루터의 사상은 그의 사후에 대체로 독일에 국한되었지만 칼뱅의 사상은 더 진보적으로 보였다. 칼뱅의 제자들은 그의 가르침을 발전시켜 제2차 종교개혁에 영향을 끼쳤다. 영국 역사가 휴 트레버-로퍼(Hugh Trevor-Roper)가 언급했듯이, 사실 칼뱅주의는 로마 가톨릭보다 신자들에게 더 쉽게 버려진다(가톨릭은 '한번 가톨릭은 영원한 가톨릭'이라는 속담이 있을 정도이다). 그렇지만 칼뱅주의는 흔적을 남기는데, 버려지더라도 세속적인 방식으로 표현될 수 있기 때문이다.[30] 이는 미국에서 특히 두드러진다. 더는 신을 믿지 않는 많은 미국인들이 청교도의 노동관을 지지하고, 칼뱅주의 예정설에 따라 자신들을 '선택받은 민족'으로 여기며 반쯤은 종교적인 목적을 지닌 기치와 이상을 내건다. 우리는 주요 종교들이 모두 어떤 의미에서 문명의 산물이고, 더 구체적으로는 도시의 산물이라는 것을 살펴보았다. 이 종교들은 부유한 상인 계급이 오래된 이교를 믿던 지배층보다 우세해지고 자신의 운명을 자신이 결정하고 싶어질 때 발전했다. 칼뱅의 기독교의 경우, 억압적인 계급 구조에서 벗어나고 싶어한 유럽의 신흥 도시의 부르주아지에게 특히 매력적이었다.

칼뱅은 스위스의 초기 종교개혁가 울리히 츠빙글리(1484~1531)처럼 교리에 별 관심이 없었다. 주로 종교의 정치적, 사회적, 경제적 측면에 관심이 있었다. 칼뱅은 더 단순한 성서 중심의 신앙심으로 돌아가기를 원했으나 삼위일체 교리를, 그 어원의 비성서적 기원에도 불구하고 고수했다. 그는 《기독교 강요》에서 신은 유일한 존재이지만 "우리 앞에 세 인격으로 존재한다고 명확히 밝혔다"고 썼다.[31] 1553년에 칼뱅은 에스파냐 신학자 미카엘 세르베투스(1511?~1553)를 삼위일체 교리를 부정했다는 이유로 처형했다. 사실 세르베투스는 가톨릭 에스파냐를 떠나 칼뱅의 제네바로 피신한 사람이었고, 일찍이 이 이상한 교리를 들어보지도 못했을 사도들과 초대 교회 교부들의 신앙으로 돌아가자고 주장했다. 세르베투스는 신약 성서에는 유대 경전의 엄격한 유일신론과 모순되는 내용이 없다고 주장했는데 일리 있는 말이었다. 그는 삼위일체 교리가 "참 그리스도에 관한 앎으로부터 인간의 정신을 소외시키는" 조작된 것이라고 주장했다.[32] 이탈리아의 두 개혁가들 ― 조르조 블란드라타(1515~1588)와 파우스투스 소치누스(1539~1604) ― 이 세르베투스와 같은 생각을 품고서 둘 다 제네바로 피신했으나 자신들의 신학이 스위스 종교개혁에는 너무 급진적이라는 것을 알게 되었다. 심지어 그들은 속죄에 관한 서구의 전통적 입장에 충실하지 않았다. 그들은 인간의 구원이 그리스도의 십자가 죽음이 아니라 신에 대한 그들의 '신앙'으로 이루어진다고 믿었다. 소치누스는 그의 저서 《구원자 예수》에서 이른바 니케아의 정통을 거부하며 '신의 아들'이라는 표현은 예수의 신성에 관한 진술이 아니라 예수가 특별히 신에게 사랑받았음을 의미하는 거라고 주장했다. 예수는 우리의 죄를 속죄하기 위해 죽은 것이 아니며 인간에게 "구원의 길을 보여주고 가르친" 스승일 뿐이었다. 삼위일체 교리는 신자들에게 개별적인 세 신을 믿도록 부추기는 그저 "반이성적인" 상상의 "기이한" 허구였다.[33] 세르베투스가 처형당한 후 블란드라타와 소치누스는 그들의 '유니테리언'* 종교를 품고 폴란드와 트란실바니아로 떠났다.

츠빙글리와 칼뱅도 루터와 마찬가지로 전통적인 신 개념에 의지했고 신의 절대 주권을 강조했다. 이는 단지 지적인 확신이 아니라 강렬한 개인적 체험의 결과였다. 취리히에서 목회를 시작한 지 얼마 되지 않은 1519년 8월, 츠빙글리는 도시 인구의 25퍼센트를 죽음으로 몰아넣은 감염병(페스트)에 걸렸는데, 그때 그는 자신을 구하기 위해 할 수 있는 일이 아무것도 없다는 무력함을 느꼈다. 츠빙글리는 성인들에게 도움을 간구하거나 교회에 탄원 기도를 요청하지 않고 오로지 신의 자비에 매달렸다. 그는 이 짧은 기도문을 썼다.

제겐 부족함이 없으니

유니테리언(unitarian) 삼위일체론을 부정하고 신격의 유일성을 주장하는 기독교 교파.

당신 뜻대로 하소서.

저는 회복될 수도 있고 파괴될 수도 있는

당신의 그릇입니다.[34]

츠빙글리의 굴복은 이슬람교의 절대 복종 신앙과 유사했다. 비슷한 신앙의 발전 단계에 있던 유대인, 무슬림과 마찬가지로 서방 기독교인은 더는 중재자를 받아들이지 않고 신 앞에서 양도할 수 없는 책임 의식을 발전시키고 있었다. 칼뱅 또한 신의 절대적 주권에 근거한 종교 개혁을 주장했다. 칼뱅은 자신의 회심 체험을 우리에게 분명하게 남기지 않았다. 단지 《시편 주석》에서 회심은 전적으로 신이 한 일이었다고 밝혔다. 그는 제도화된 교회와 "교황 숭배의 미신"에 완전히 사로잡혀 있었다. 거기서 벗어날 수도 없었고 벗어날 의지도 없었고, 그를 변화시키기 위해서는 신의 행위가 필요했다. "마침내 신께서 그분의 숨겨진 섭리를 통해 나의 길을 돌리셨다. …… 갑자기 그분은 오랜 세월 완고했던 내 마음을 녹여 온유로 이끄셨다."[35] 신만이 모든 것을 주관했고 그는 절대적으로 무력했지만, 바로 그 실패와 무력함의 예리한 감각으로 인해 자신이 특별한 사명을 위해 선택받았다고 느꼈다.

회심 체험은 아우구스티누스 이래 서방 기독교의 특징이었다. 프로테스탄티즘은 미국 철학자 윌리엄 제임스(William James)가 "병든 영혼들"을 위해 "다시 태어나는 종교"라고 말한, 갑작스럽고 폭력적으로 과거와 단절하는 전통을 이어가게 된다.[36] 기독교인들은 새로운 신앙과 중세 교회에서 그들과 신 사이에 있던 수많은 중재자를 거부하면서 '다시 태어나고' 있었다. 칼뱅은 사람들이 불안에서 벗어나기 위해 성인들을 숭배했다고 말했다. 그들은 화난 신을 달래려 자신과 가까운 자들의 귀를 빌린 것이었다. 그러나 프로테스탄트는 성인 숭배를 거부하면서 종종 동일한 불안을 드러냈다. 성인들이 신앙적으로 무능하다는 말을 듣자 완고한 신에게 느꼈던 엄청난 공포와 적대감이 강렬하게 폭발하는 것처럼 보였다. 영국의 인본주의자 토머스 모어(1478~1535)는 성인 숭배라는 '우상 숭배' 공격 속에서 개인적 증오를 발견했다.[37] 이는 성상 파괴라는 폭력에서 드러났다. 많은 프로테스탄트와 청교도가 구약 성서에 나오는 성상 숭배에 대한 정죄를 심각하게 받아들여 성인 상과 성모 마리아 상을 부수고 교회와 성당의 벽화에 석회를 발랐다. 그들의 광적인 열성은 그들이 성인들에게 탄원 기도를 할 때와 마찬가지로 화를 내고 질투하는 신이 불쾌해할까 봐 두려워했음을 보여준다. 또한 이러한 신만을 숭배하는 열성이 평온한 신념에서 비롯된 것이 아니라, 고대 이스라엘인들이 아세라의 기둥을 부수고 이웃 민족의 신들에게 마구 욕설을 퍼붓게 만든 불안한 부정에서 비롯된 것임을 보여주었다.

칼뱅은 보통 '예정설'로 유명하지만 사실 예정설은 그의 핵심 사상은 아니었으며, 그의 사후에야 칼뱅주의에서 중요하게 여겨졌다. 신의 전지와 전능을 인간의 자유의지와 조화시키는 문제는 신인동형적 신 개념에서 비롯된 것이다. 우리는 9세기에 무슬림이 이 문제에 직면했을 때 논리적이거나 합리적인 방법을 찾지 못했고, 그 대신 신의 신비와 불가해성을 강조했음을 살펴봤다. 역설을 즐기고 빛과 영감의 원천으로도 여긴 그리스 정교도에게는 문제가 되지 않았지만, 인격주의적 신관이 지배적이던 서구에서는 논쟁거리가 되었다. 그들은 마치 신이 우리와 같은 제약을 받고 지상의 통치자처럼 말 그대로 세계를 다스리는 인간인 듯 '신의 의지'에 대해 말하려 했다. 가톨릭교회는 신이 영원히 지옥에 갈 저주받은 사람들을 예정했다는 생각을 부정했다. 예를 들어 아우구스티누스는 '예정'이라는 말로 선택받은 자를 구하는 신의 결정을 설명했지만, 일부 잃어버린 영혼들이 파멸할 운명에 처했다는, 그의 생각의 논리적 귀결은 부정했다. 칼뱅은 《기독교 강요》에서 예정설에 많은 지면을 할애하지 않았다. 그는 우리 주변을 보면 신이 어떤 사람들을 다른 사람들보다 더 사랑하는 것 같다고 인정했다. 왜 어떤 사람들은 복음에 반응하는데, 다른 사람들은 무관심한가? 신이 마음 내키는 대로 또는 불공평하게 행한 것인가? 칼뱅은 이를 부정했다. 신이 어떤 사람들을 선택하고 다른 사람들을 거부하는 것은 신의 신비적 징표였다.[38] 이 문제에 대한 합리적 해법은 없었고, 신의 사랑과 정의가 양립할 수 없음을 암시하는 것처럼 보였다. 그러나 이는 교리에 별 흥미가 없던 칼뱅에게는 크게 문제가 되지 않았다.

그러나 그의 사후 '칼뱅주의'는 한편으로는 루터교와 구별되고 다른 한편으로는 가톨릭과 구분될 필요를 느꼈고, 이에 제네바에서 칼뱅의 오른팔로 활동하다가 그의 뒤를 이어 지도자가 된 테오도뤼스 베자(1519~1605)가 예정설을 칼뱅주의의 주요한 특징으로 삼았다. 베자는 이 역설을 끈질긴 논리로 정리했다. 신은 전능하므로 인간은 자기 구원을 위해 아무것도 할 수 없다. 신은 변함없고 신의 명령은 정의롭고 영원하다. 그래서 영원 전부터 이미 구원할 자들과 징벌할 자들을 예정해놓았다. 일부 칼뱅주의자들은 이 불쾌한 교리를 공포에 떨며 반박했다. 저지대 국가의 야코뷔스 아르미니위스(1560~1609)는 마치 신을 그저 인간인 것처럼 말하기 때문에 예정설은 나쁜 신학의 예라고 주장했다. 그러나 칼뱅주의자들은 신도 다른 현상처럼 객관적으로 논의할 수 있다고 믿었다. 다른 프로테스탄트나 가톨릭과 마찬가지로 그들은 논리와 형이상학을 중시하는 새로운 아리스토텔레스주의를 발전시키고 있었다. 이는 토마스 아퀴나스의 아리스토텔레스주의와 달랐는데, 이 새로운 신학자들은 아리스토텔레스의 사상적 내용에는 그의 합리적 방법만큼 관심이 없었기 때문이다. 그들은 오직 자명한 논리에 근거한 삼단논법의 추론을 통해 논리정연한 기독교 신앙 체계를 구성하기 원했다. 물론 종교개혁가들은 신에 대한 이런 종류의 합리주의적 논의를 모두 거부했기에 매우 아이러니한 일이었다. 후대 칼뱅주의의 예정설은 신의 역설과 신비가 더는 시로 읽히지 않고 무서운 논리로 해석될 때 무슨 일이 일어날 수 있는지 보여준다. 성서를 상징이 아니라 문자 그대로 해석하기 시작하면 그 신을 이해하기는 불가능해진다. 지상에서 일어나는 모든 것에 말 그대로 책임이 있는 신을 상상하는 것은 모순을 초래한다. 성서의 '신'은 초월적 실재의 상징이 되기를 멈추고 잔혹하고 독재적인 폭군이 된다. 예정설은 그러한 인격화된 신의 한계를 드러낸다.

칼뱅을 종교적 경험의 바탕으로 삼은 청교도들은 신을 투쟁으로 이해했다. 신은 그들에게 행복도 동정심도 불어넣지 않는 것처럼 보였다. 그들이 남긴 글과 전기를 보면 그들이 예정설과 구원받지 못하리라는 공포에 사로잡혀 있었음을 알 수 있다. 회심은 가장 중요한 문제가 되었는데, 그것은 '죄인'과 영적 지도자가 함께 치러야만 하는 폭력적이고 고통스러운 드라마였다. 흔히 참회자들은 신에 대한 전적인 의존을 인식할 때까지 심한 굴욕을 겪거나 신의 은총에 대해 완전히 절망해야 했다. 종종 회심은 극도의 슬픔에서 기쁨에 이르는 건강하지 못한 심리적 정화를 의미하기도 했다. 지옥과 저주에 대한 지나친 강조는 과도한 자기 반성과 결합해 많은 사람들을 병적 우울증으로 내몰았고 자살이 만연했다. 청교도들은 이 현상을 그들의 삶에서 신 못지않게 강력한 것으로 보인 사탄의 탓으로 돌렸다.[39] 청교도주의는 긍정적인 측면도 있었는데, 그동안은 노예로서 일을 해 왔다면 이제는 '소명'으로 여기며 자부심을 갖게 되었고, 절박한 종말론적 영성이 일부 사람들에게 신세계 식민지 개척의 영감을 주었다는 점이다. 그러나 최악의 경우에 청교도의 신은 불안과 가혹한 불관용을 불러일으켰다.

이그나티우스의 예수회

가톨릭과 프로테스탄트는 서로 상대를 적으로 간주했지만 사실 신에 대한 이해와 경험은 놀라울 정도로 유사했다. 트리엔트 공의회(1545~1563) 이후 가톨릭 신학자들은 신에 관한 연구를 자연과학으로 축소한 새로운 아리스토텔레스주의에 몰두했다. 예수회를 창시한 이그나티우스 데 로욜라(1491~1556) 같은 종교개혁가들은 프로테스탄트가 강조한 직접적인 신 체험과 계시를 적절히 수용하고 자신만의 것으로 삼아야 할 필요성에 공감했다. 이그나티우스가 예수회 수도사를 위해 처음 고안한 '영신 수련'은 회심을 유도하기 위한 것이었는데, 이는 극도로 즐거울 뿐 아니라 몹시 괴롭고 고통스러운 체험일 수 있었다. 수련자와 지도자가 일대일로 짝을 이루어 진행된 이 30일간의 피정은 자기 성찰과 개인적 결단을 강조했고, 청교도의 영성과 크게 다르지 않았다. 영신 수련은 체계적이고 대단히 효율적인 신비주의 단기 수련 과정에 해당한다고 볼 수 있다. 신비주의자들은 현대의 정신분석가들이 사용하는 것과 유사한 방법을 종종 개발했는데, 그래서 이 수련을 가톨릭과 성공회 기독교인들이 일종의 대체 요법으로 사용하고 있다는 점은 흥미롭다.

그러나 이그나티우스는 그릇된 신비주의의 위험성을 알고 있었다. 루리아와 마찬가지로 이그나티우스는 그의 책 《영신 수련》에서 평정과 기쁨의 중요성을 강조하며, 제자들에게 일부 청교도들을 벼랑 끝으로 내몰았던 감정의 극단에 대해 경고했다. 그는 수련자가 피정 과정에서 느낄 수 있는 여러 감정을 신에게서 비롯된 감정과 악마에게서 비롯된 감정으로 나누었다. 신은 평화, 희망, 기쁨, '정신의 격상'으로 경험해야 하는 반면, 불안, 슬픔, 메마름, 심란은 '악령'으로부터 오는 것이다. 이그나티우스의 신에 대한 감각은 예민해서, 그는 기쁨으로 눈물을 흘리곤 했고 신에 대한 감정 없이는 한시도 살 수 없다고 말한 적도 있다. 그러나 그는 감정의 격렬한 변화를 불신했고 새로운 자기를 향한 여정에서 수련의 필요성을 강조했다. 칼뱅처럼 그는 기독교를 그리스도와의 만남으로 보았고 영신 수련 속에 그 만남을 그렸다. 그 정점은 '사랑을 얻기 위한 묵상'이었는데, 이는 "모든 것을 신의 선함의 창조물이자 그 반영"으로 보는 것이다.[40] 이그나티우스에게 세상은 신으로 가득했다. 그의 제자들은 그를 시성하며 이렇게 회상했다.

우리는 아주 작고 사소한 것들마저 그의 영혼을 신에게로 들어 올리는 것을 여러 번 보았다. 아주 작은 식물이나 나뭇잎, 꽃, 열매, 하찮은 벌레, 작은 동물을 보는 순간에도 이그나티우스는 하늘 위로 자유롭게 올라 감각 너머에 있는 것들에 닿을 수 있었다.[41]

청교도처럼 예수회 사람들은 신을 역동적인 힘으로 이해했고, 그

힘은 최선의 경우 그들을 자신감과 에너지로 채울 수 있었다. 청교도가 대서양을 건너 뉴잉글랜드에 정착할 때, 예수회 선교사들은 세계를 여행했다. 프란시스코 사비에르(1506~1552)는 인도와 일본에서 복음을 전했고, 마테오 리치(1552~1610)는 중국에서, 로베르토 데 노빌리(1577~1656)는 인도에서 선교 활동을 했다. 또한 청교도처럼 그들은 열성적인 자연과학자였는데, 최초의 과학학회가 영국 왕립학회가 아니라 예수회였다는 주장도 있을 정도다.

그러나 가톨릭교도 역시 청교도 못지않게 근심이 많았던 것 같다. 예를 들어 이그나티우스는 자신을 큰 죄인이라고 여기며, 죽으면 시체를 분뇨 더미에 두어 새와 개가 먹어치우게 해 달라고 기도할 정도였다. 의사들은 미사 중에 계속 그렇게 심하게 울면 실명할지도 모른다고 경고하기도 했다. '맨발의 카르멜회'를 세워 수녀들의 삶을 개혁한 아빌라의 테레사는 지옥에서 자신을 위해 마련된 자리를 보는 끔찍한 환상을 체험했다. 당시 위대한 성인들은 신과 세상을 양립할 수 없는 대립 관계로 보았고, 따라서 구원받으려면 세상과 모든 자연스러운 애정을 포기해야 했다. 평생 자비와 선행을 베풀며 살았던 뱅상 드 폴(1581~1660)은 부모를 향한 사랑을 신이 빼앗아 가길 기도했고, '방문수도회'를 세운 잔 드 샹탈(1572~1641)은 수도회로 떠나는 것을 막으려고 문지방에 몸을 내던진 자신의 아들을 밟고 지나갔다. 르네상스가 하늘과 땅을 조화시키려 한 데 반해, 가톨릭의 개혁은 하늘과 땅을 갈라놓으려 했다. 신은 서구의 개혁된 기독교인들을 유능하고 강인하게 만들었을지는 모르지만 그들을 결코 행복하게 하지는 않았다. 종교개혁기는 프로테스탄트와 가톨릭 양쪽에게 모두 두려움의 시기였다. 과거에 대한 폭력적인 거부, 거친 비난과 파문, 이단과 교리적 이탈에 대한 공포, 죄에 대한 과잉 인식과 지옥에 대한 집착. 1640년 네덜란드 가톨릭교도 코르넬리우스 얀세니우스의 책이 출판되며 논란이 일었다. 이 책은 신칼뱅주의와 마찬가지로 선택된 자들을 제외한 모든 사람을 영원한 저주로 예정한 신을 설교했다. 당연히 칼뱅주의자들은 "신의 은총이 지닌 저항할 수 없는 힘의 교리를 개혁파에 따라 정확하게 가르친" 책으로 칭송했다.[42]

무신론이라는 '모욕'

종교 개혁 시기에 유럽에 만연했던 공포스럽고 암울했던 신앙을 어떻게 이해해야 할까? 당시는 극도로 불안한 시기였다. 과학과 기술에 토대를 둔 새로운 형태의 사회가 부상하기 시작했고, 머지않아 세상을 정복했다. 하지만 신은 이러한 두려움을 해소할 수 없는 것 같았고, 세파르디가 이삭 루리아의 신화에서 발견한 것 같은 위안을 제공할 수 없는 것 같았다. 서방 기독교인들은 항상 신을 일종의 중압감으로 여겼고, 이러한 종교적 불안을 해소하고자 했던 종교개혁가들은 오히려 상황을 악화시킨 듯 보인다. 수많은 사람을 영원한 지옥으로 떨어뜨릴 것을 예정해놓았다는 서구의 신은 심지어 테르툴리아누스와 아우구스티누스가 암흑의 상태에서 보았던 가혹한 신보다 더 냉혹했다. 신화의 문자적 해석에 근거한 신 개념보다 신화와 신비주의의 상상력이 발휘된 신 개념이 인간이 현실의 고통에서 살아남을 용기를 주는 수단으로 더 적절하다 말할 수 있을까?

16세기 말에 많은 유럽인들은 종교에 심각하게 의심을 품기 시작했다. 사람들은 프로테스탄트가 가톨릭교도를 죽이고 가톨릭교도가 프로테스탄트를 죽이는 데 역겨움을 느꼈다. 이쪽이든 저쪽이든 증명할 수 없는 견해를 지녔다는 이유로 수백 명이 순교자로 죽었다. 각양각색의 구원론을 설파하는 종파들이 급속도로 퍼지기 시작했다. 선택의 폭이 넓어지자 많은 사람들이 다양한 종교적 해석에 질식할 것 같은 괴로움을 느꼈다. 어떤 사람들은 그 어느 때보다 신앙을 유지하기 힘들다고 느꼈을지 모른다. 그러므로 이 시기에 서구 신의 역사에서 신의 오래된 적이자 악마의 아군인 '마녀'만큼이나 많다고 여겨지는 '무신론자'를 발견하기 시작한 것은 의미심장하다. 이 '무신론자'들이 신 존재를 부정했고 많은 사람들을 무신론으로 끌어들여 사회 기강을 허물었다고 전해진다. 그러나 사실 당시에는 우리가 오늘날 쓰는 의미의 본격적인 무신론은 불가능했다. 프랑스 역사가 뤼시앵 페브르(Lucien Febvre)가 그의 고전 《16세기 불신앙의 문제》에서 보여주었듯이, 당시 신 존재를 완전히 부정하는 방식은 극복할 수 없을 정도로 개념적인 어려움이 있었다. 출생과 세례부터 죽음과 매장까지 종교는 모든 개인의 삶을 지배했다. 기도 시간을 알리는 교회 종소리에 맞춰 몇 번이고 멈춰 서는 하루의 모든 활동은 종교적 믿음과 제도로 가득했다. 종교는 직업적이고 공적인 삶을 지배했고, 심지어 길드와 대학조차 종교 조직이었다. 페브르가 지적한 대로 신과 종교는 어디에나 있었기에 이 시기에는 누구도 이렇게 생각하지 않았다. "우리의 삶은, 우리의 삶 전체는 기독교의 지배를 받고 있다. 종교에 여전히 지배받고 규제받고 정해진 모든 것에 비하면 이미 세속화된 우리 생활은 얼마나 작은가!"[43] 설령 누군가 종교의 본질과 신 존재에 의문을 제기하는 데 필요한 객관성을 확보했을지라도, 당시에는 철학에서도 과학에서도 아무런 지지를 얻지 못했을 것이다. 논리 정연한 근거 체계가 형성되고 각각 다른 과학적 검증을 거치기 전까지는, 누구도 유럽의 도덕적, 정서적, 미적, 정치적 삶을 지배하고 규정한 신의 존재를 부정할 수 없었다. 철학이나 과학의 지지 없이 신 존재를 부정하는 것은 진지하게 고려할 가치가 없는 개인적 변덕이거나 지나가는 충동에 불과했다. 페브르가 보여준 대로 프랑스어 같은 토착어에는 회의주의에 관한 어휘나 구문이 부족했다. '절대적' '상대적' '인과관계' '개념' '직관' 같은 단어는 아직 사용되지 않았다. 우리는 또한 이때까지는 세계 어느 사회에서도 어쩔 수 없이 당연한 사실로 받아들여진 종교를 없애지 않았음을 기억해야 한다.[44] 18세기 말에 이르러서야 몇몇 유럽인들이 신 존재를 부정하는 것이 가능하다는 것을 알게 되었다.

그러면 당시 유럽인들이 서로 '무신론자'라고 비난할 때, '무신론자'무슨 의미였는가? 프랑스 과학자이자 엄격한 프란체스코 수도사였던 마르탱 메르센(1588~1648)은 파리에만 무신론자가 5만 명가량 있다고 주장했으나 그가 말한 '무신론자'의 대부분은 신을 믿었다. 미셸 몽테뉴의 친구이자 신학자였던 피에르 샤롱(1541~1603)은 《세 가지 진리》(1593년)에서는 가톨릭을 옹호했고, 대표 저서 《지혜에 관하여》(1601년)에서는 이성의 허약함을 강조하며 인간은 오직 신앙을 통해서만 신에게 도달할 수 있다고 주장했다. 그러나 메르센은 이러한 주장을 '무신론'과 별다르지 않다고 비판했다. 메르센이 '불신자'로 비난한 또 다른 사람은 이탈리아 합리주의자 조르다노 브루노(1548~1600)였다. 브루노는 심지어 우주의 영혼이자 기원이자 끝인 일종의 스토아적 신을 믿었다. 그러나 메르센은 샤롱과 브루노를 '무신론자'라 불렀는데, 신에 관한 그들의 생각에 동의하지 않았기 때문이지 그들이 절대자의 존재를 부정했기 때문은 아니었다. 마치 로마 제국의 이교도들이 신에 관한 견해가 자신들과 다르다는 이유로 유대인과 기독교인을 '무신론자'라 부른 것과 같았다. 16세기와 17세기에 '무신론자'라는 말은 논박을 위한 것이었다. 실제로 19세기 말과 20세기 초에 '무정부주의자'나 '공산주의자'라고 부른 것과 거의 마찬가지로 어떤 적이든 '무신론자'라 부르는 것이 가능했다.

종교개혁 이후 사람들은 새로운 방식으로 기독교를 불안해했다. '마녀'(또는 '무정부주의자'나 '공산주의자')처럼 '무신론자'라는 말은 감춰진 불안의 투영이었다. 그 말은 신앙에 대한 숨겨진 걱정을 반영했고, 소위 독실하다는 사람들을 겁줘서 덕으로 이끄는 충격-요법으로 쓰일 수 있었다. 성공회 신학자 리처드 후커(1554~1600)는 《교회 체제의 법에 관하여》에서 신을 믿지 않는 소수의 무신론자와 마치 신이 존재하지 않는 것처럼 사는 다수의 무신론자 두 부류가 있다고 말하며, 사람들이 이 차이를 간과하는 경향이 있고 후자의 실용적인 유형의 무신론에만 관심을 갖는다고 주장했다. 영국 신학자 토머스 비어드(1568?~1632)가 《신의 심판극》(1597년)에서 그린 '무신론자'는 신 존재가 아니라 신의 섭리와 영혼 불멸, 사후 세계를 부정했다. 존 윙필드(John Wingfield)는 《감춰진 무신론과 드러난 무신론 해부》(1634년)라는 소책자에서 이렇게 주장했다. "위선자는 무신론자다. 문란한 악인은 드러난 무신론자다. 과신하고 대담하고 교만한 죄인도 무신론자인데, 그는 교화되지도 개선되지도 않는 무신론자다."[45] 뉴펀들랜드 식민지 개척을 도운 웨일스 시인 윌리엄 본(1577~1641)은 임대료를 올리거나 공유지를 폐쇄하는 자들을 무신론자라고 했으며, 영국 극작가 토머스 내시(1567~1601)는 야심가, 탐욕가, 대식가, 허영심 있는 사람,

매춘부를 모두 무신론자라고 선언했다.

'무신론자'는 모욕적인 용어였다. 아무도 자신이 무신론자라 불리기를 원하지 않았다. 아직은 자랑스럽게 달고 다닐 수 있는 배지가 아니었다. 17세기와 18세기에 서구 사람들은 신 존재 부정이 가능할 뿐 아니라 바람직하다는 태도를 발전시켰다. 그들은 과학에서 자신들의 견해를 뒷받침할 근거를 발견했다. 그런데 종교개혁가들의 신은 새로운 과학을 선호하는 것으로 보일 수 있다. 루터와 칼뱅은 신의 절대 주권을 믿었기에 둘 다 자연 자체의 고유한 힘을 강조한 아리스토텔레스의 생각을 거부했다. 그들은 자연이 신으로부터 구원의 선물을 받을 뿐 자신을 위해 아무것도 할 수 없는 기독교인만큼 수동적이라고 믿었다. 칼뱅은 보이지 않는 신이 자신을 드러내는 자연 세계에 대한 과학적 연구를 적극 장려했다. 과학과 성서 사이에는 충돌이 있을 수 없었다. 유능한 연설가가 청중의 능력에 맞게 자신의 생각과 말을 조절하는 것처럼, 신은 성서에서 우리 인간의 한계에 자신을 맞췄기 때문이다. 칼뱅은 창조 이야기는 복잡하고 신비한 과정을 단순한 사람들의 정신에 맞춰 모든 사람이 신에 대한 신앙을 가질 수 있도록 한 유아적 이야기라고 믿었다.[46] 문자 그대로 받아들여서는 안 되는 것이었다.

그러나 로마 가톨릭교회가 항상 개방적이었던 것은 아니다. 1530년 폴란드 천문학자 니콜라우스 코페르니쿠스(1473~1543)는 태양이 우주의 중심이라고 주장하는 《천체의 회전에 관하여》를 완성했다. 이 글은 1543년 코페르니쿠스가 죽기 직전에야 출판되었지만 교회의 금서 목록에 올랐다. 1613년 이탈리아 피사의 수학자 갈릴레오 갈릴레이(1564~1642)가 자신이 고안한 망원경으로 코페르니쿠스의 체계가 옳다는 것을 증명해냈다. 뒤에 벌어진 그의 재판에서 유명한 일화가 탄생했는데, 종교재판에 회부된 갈릴레오가 과학적 신념을 철회하라는 명을 받고 종신 가택연금형을 선고받은 것이다. 모든 가톨릭교도가 이 결정에 동의한 것은 아니었지만 로마 가톨릭교회는 보수적인 정신이 지배하던 이 시기에 다른 여느 조직과 마찬가지로 변화를 본능적으로 거부했다. 교회가 다른 조직과 다른 점은 반대를 강제할 힘이 있고, 지적 순응을 강요하는 데 끔찍할 정도로 효율적이고 원활하게 작동하는 기계였다는 점이다. 마랭 메르센, 르네 데카르트, 블레즈 파스칼처럼 초기의 많은 뛰어난 과학자들이 가톨릭 신앙에 충실했음에도 갈릴레오의 판결은 불가피하게 가톨릭 국가 내에서 과학 연구를 저해하는 결과로 이어졌다. 갈릴레오 재판은 복잡하기에 그 정치적 결과를 여기서 다루지는 않을 것이다. 다만 이 이야기에서 중요한 한 가지 사실은, 가톨릭교회가 지동설을 비난한 것은 창조자 신에 대한 믿음을 위협해서가 아니라 성서에 나오는 신의 말씀과 모순되기 때문이라는 점이었다.

갈릴레오가 재판을 받을 당시 많은 프로테스탄트가 혼란을 겪었다. 루터도 칼뱅도 코페르니쿠스를 비난하지 않았으나 루터의 동료 필리프 멜란히톤(1497~1560)은 지구가 태양 주위를 돈다는 생각이 성서의 특정 구절과 충돌한다는 이유로 거부했다. 이는 비단 프로테스탄트만의 문제는 아니었다. 트리엔트 공의회 이후 가톨릭은 히에로니무스가 라틴어로 새로 번역한 불가타 성서에 새로운 열정을 키웠다. 1576년에 에스파냐의 종교재판관 레온 카스트로는 "라틴어 역 불가타와 일치하지 않는 한 점, 한 결론, 한 절, 한 표현, 한 음절, 한 획의 어떤 것도 바뀔 수 없다"고 말했다.[47] 우리가 보았듯이 과거에는 일부 합리주의자들과 신비주의자들이 성서와 쿠란을 문자 그대로 읽는 것에서 벗어나서 의도적으로 상징적으로 해석하는 것을 선호했다. 이제 프로테스탄트와 가톨릭 모두 성서를 완전히 문자 그대로 이해하기 시작했다. 갈릴레오와 코페르니쿠스의 과학적 발견은 이스마일파나 수피, 카발리스트, 헤시카스트에게 별 문제가 되지 않았지만, 새로운 문자주의를 받아들인 가톨릭과 프로테스탄트에게는 심각한 문제가 되었다. 지구가 태양을 중심으로 움직인다는 이론과 성서 구절은 어떻게 합치할 수 있는가? "세계도 굳게 세워져 흔들리지 않는다.""해는 떴다 지며 그 떴던 곳으로 숨가빠 간다.""때를 가늠하도록 달을 만드시고 해에게는 질 곳을 일러주셨다."[48] 성직자들은 갈릴레오의 일부 주장에 매우 혼란스러워했다. 만일 갈릴레오가 말한 대로 달에 생명체가 있을 수 있다면, 어떻게 그들이 아담의 후손이 될 수 있었고, 노아의 방주에서 빠져나올 수 있었는가? 어떻게 지구의 운동 이론과 그리스도의 승천이 부합할 수 있는가? 성서는 인간을 위해 하늘과 땅이 창조되었다고 말하는데, 갈릴레오의 주장처럼 지구가 태양 주위를 공전하는 하나의 행성에 불과하다면 어떻게 이를 이해해야 하는가? 천국과 지옥은 실제 장소로 여겨졌지만, 코페르니쿠스 체계에서는 그 위치를 찾기 어려웠다. 예를 들어 지옥은 단테가 묘사한 것처럼 지구의 중심에 있다고 널리 믿어 왔다. 예수회 신학자 로베르토 벨라르미노(1542~1621) 추기경은 갈릴레오 문제에 대해 새로 조직된 포교성*의 자문을 받고 이렇게 답했다. "지옥은 무덤에서 멀리 떨어진 지하에 있다." 그는 '자연 이성'

포교성(Congregatio de Propaganda Fide) 1599년 교황 클레멘스 8세가 설립한 가톨릭 선교 활동을 담당하는 교황청 기구. 1622년 교황 그레고리우스 13세가 한동안 활동을 멈추고 있던 이 기구를 재가동하면서 '포교성성(Sacra Congregatio de Propaganda Fide)'이라 불렸고, 1982년 교황 요한 바오로 2세에 의해 '인류복음화성(Congregatio pro Gentium Evangelisatione)'이라는 이름으로 바뀌었다. '프로파간다'라는 용어가 이 포교성의 명칭에서 유래한 것으로 알려져 있다.

을 근거로 삼아 지옥이 지구의 중심에 있어야 한다고 결론을 내렸다.

마지막 근거는 '자연 이성'이다. 악마들과 저주받은 사악한 자들이 천사들과 축복받은 자들이 영원토록 있을 곳에서 가능한 한 멀리 떨어져 있어야 한다는 것이 참으로 합리적이라는 데는 의심의 여지가 없다. (우리의 적대자들조차 동의하는 것처럼) 축복받은 자들이 거하는 곳은 천국이고, 땅의 중심보다 천국에서 더 멀리 떨어진 곳은 없다.[49]

오늘날 벨라르미노의 주장은 터무니없어 보인다. 문자 그대로의 성서 해석에 가장 집착하는 기독교인들조차 지옥이 지구의 중심에 있다고 상상하지는 않는다. 그러나 많은 사람들이 정교한 우주론에서 '신을 위한 공간이 없다'고 말하는 다른 과학 이론들에 흔들렸다.

물라 사드라가 무슬림에게 천국과 지옥은 개인의 상상의 세계에 있다고 가르치던 바로 그때, 벨라르미노 같은 교양 있는 성직자들은 천국과 지옥이 문자 그대로 지리적 위치가 있다고 고집했다. 카발리스트가 성서의 창조 이야기를 상징적 방법으로 의도적으로 해석하면서 제자들에게 문자 그대로 받아들이지 말라고 경고하던 때, 가톨릭과 프로테스탄트는 성서가 모든 면에서 사실이라고 주장했다. 이로 인해 전통적인 종교 신화는 새로운 과학에 의해 쉽게 공격받고 결국 많은 사람들이 신을 전혀 믿지 못하게 된다. 신학자들은 다가오는 이 변화에 사람들을 적절히 준비시키지 못했다. 종교개혁이 이루어지고 프로테스탄트와 가톨릭 사이에서 새로운 아리스토텔레스주의에 대한 새로운 열정이 생겨난 이후, 그들은 신을 마치 객관적인 사실처럼 논의하기 시작했다. 이는 궁극적으로 18세기 말과 19세기 초에 새로운 '무신론자'가 신을 완전히 제거할 수 있도록 만들었다.

뢰번(프랑스어로 루뱅)의 유력한 예수회 신학자 레오나르두스 레시우스(1554~1623)는 철학자들의 신에게 충실했던 것으로 보인다. 그는 《신의 섭리》에서 신의 존재가 삶의 다른 사실들과 마찬가지로 과학적으로 증명될 수 있다고 말했다. 결코 우연히 일어날 수 없는 우주의 설계가 바로 원동자이자 수호자의 존재를 가리킨다는 것이다. 그러나 레시우스의 신에 특별히 기독교적인 것은 없다. 신은 이성적인 인간이라면 누구든 발견할 수 있는 과학적 사실이다. 레시우스는 예수에 관해 거의 언급하지 않는다. 그는 신 존재를 일반적인 관찰, 철학, 비교 종교학, 상식을 통해 추론할 수 있다는 인상을 준다. 서구에서 과학자들과 철학자들이 탐구하기 시작한 대상들처럼 신은 그저 또 다른 존재가 되었다. 파일라수프는 그들이 제시한 신 존재 증명의 타당성을 의심하지 않았지만, 그들의 동료 종교인들은 철학자들의 신이 종교적 가치가 거의 없다고 판단했다. 토마스 아퀴나스는 신이 존재 사슬에 있는 그저 다른 존재—가장 높이 있기는 하지만—라는 인상을 주었지만, 이러한 철학적 주장이 그가 기도 중에 체험한 신비적 신과는 아무런 관련이 없다고 확신했다. 그러나 17세기 초까지 주요 신학자들과 성직자들은 전적으로 합리적인 근거를 바탕으로 삼아 신 존재를 증명하려고 했다. 많은 사람이 오늘날까지 계속 그렇게 하고 있다. 논증들이 새로운 과학에 의해 반박되자 신 존재 자체가 공격받게 되었다. 신 개념을 보통의 의미에서는 세상에 존재하지 않고 상상력이 풍부한 기도와 명상 수련을 통해서만 발견할 수 있는 실재의 상징으로 이해하지 않음으로써 다른 모든 것과 마찬가지로 그저 일상적 실재 중 하나로 전락했다. 레시우스 같은 신학자들을 통해 우리는 유럽이 근대에 가까워지던 시기에 신학자들이 스스로 미래의 무신론자에게, 종교적 가치가 거의 없고 희망과 믿음보다는 두려움으로 가득 채우는 신을 거부하도록 돕는 탄약을 건네고 있었음을 알 수 있다. 철학자와 과학자처럼 종교개혁 이후의 기독교인들은 사실상 신비주의자들의 상상력의 신을 버리고 이성의 신에게서 깨달음을 얻으려 했다.

9장

계
몽
주
의
의
신

16세기 말부터 서구는 과학 기술 문명 시대로 진입함으로써 예전과는 완전히 다른 종류의 사회와 새로운 인간관을 낳았다. 이러한 변화는 필연적으로 신의 본성과 역할에 대한 인식에 영향을 주었다. 효율성을 중시하는 새로운 산업 사회의 출현은 세계사의 흐름도 바꾸어놓았다. '문명 세계'(오이쿠메네)의 다른 나라들은 과거 다른 주요 문명보다 뒤떨어져 있던 서구 세계를 더는 무시하기 어렵다는 것을 알게 되었다. 일찍이 서구 세계와 비슷한 성취를 이룬 사회는 하나도 없었고, 이제 서구는 완전히 새롭고 그래서 다루기 힘든 문제들에 직면했다. 예를 들어 18세기까지 이슬람 제국은 아프리카, 중동, 지중해 연안에서 주도권을 행사했다. 15세기에 르네상스의 영향으로 어떤 점에선 이슬람 사회보다 서구 기독교 사회가 앞서기도 했지만, 여러 무슬림 세력은 그러한 도전을 쉽게 막아낼 수 있었다. 오스만 제국은 계속해서 유럽으로 진출했고, 무슬림은 자신들의 전철을 밟은 포르투갈 탐험가와 상인들의 도전도 이겨낼 수 있었다. 그러나 18세기 말부터 유럽이 세계를 주도하기 시작했고, 그들의 성취는 다른 지역 사람들이 결코 따라잡을 수 없는 것이었다. 인도 지배권을 장악한 영국을 비롯해 유럽은 가능한 한 많은 지역을 식민지화할 태세를 갖추었다. 서구화 과정이 시작되었고 그와 동시에 신으로부터 독립을 주장하는 세속주의 물결이 밀어닥쳤다.

근대 기술 문명 사회는 어떤 변화를 가져왔는가? 이전의 모든 문명은 농업 생산에 의존했다. 말 자체가 암시하듯이 문명(civilization)은 도시(city) 생활의 산물이다. 도시에서는 엘리트층이 농민이 생산한 잉여 농산물을 통제해 먹고 살면서 다양한 문화를 창조할 수 있는 여가와 자원을 소유했다. 유일신 신앙은 다른 주요 종교 이데올로기와 거의 동시에 중동과 유럽의 여러 도시에서 발달했다. 그러나 그렇게 농업에 기반한 문명은 모두 취약했다. 늘 작황, 기후 변화, 토양 침식 같은 변수에 좌우되었기 때문이다. 농경 제국은 세력을 확장시켜 나가면서 결국 한정된 자원 때문에 어려움을 겪을 수밖에 없었다. 그리하여 문명의 절정에 달한 이후 곧 쇠락의 길을 걷곤 했다. 그러나 새로운 서구는 농업에 의존하지 않았다. 기술로 무장한 새로운 서구 사회는 농업 의존에 따른 지역적, 시간적 한계를 극복할 수 있었다. 자본 축적은 무한히 갱신 가능해 보이는 ― 최근까지도 그렇게 보였다 ― 경제적 자원이 되었다. 근대화 과정은 서구 사회에 산업화와 그에 따른 농업의 변화, 지적 '계몽주의'의 태동, 정치적·사회적 혁명 같은 일련의 중대한 변화를 몰고 왔다. 자연히 이러한 엄청난 변화는 사람들이 자신을 인식하는 방식에 영향을 끼쳤고, 그들이 전통적으로 '신'이라 불러온 궁극적 실재와 자신들의 관계를 수정하도록 만들었다.

이 서구 기술 문명 사회의 특징은 전문화였다. 경제, 지식, 사회 분야에서 일어난 모든 혁신은 서로 다른 여러 부문의 특별한 전문 지식을 필요로 했다. 예를 들어 과학자들은 실험 기구 제작자들 덕분에 더 효율적으로 연구할 수 있었고, 산업 현장에선 과학 분야에서 얻는 이론적 지식뿐 아니라 새로운 기계와 에너지원도 필요했다. 다양한 분야에서 일어난 전문화는 서로 맞물리며 점점 더 상호 의존적인 관계가 되어 갔다. 하나의 전문화가 전혀 다른 분야, 아마도 그때까지 서로 아무런 관련이 없던 분야에서 또 다른 전문화를 야기했다. 이 과정은 누적적으로 이루어졌다. 한 분야의 전문화를 통해 이루어진 성과가 다른 분야에 적용되면서 더욱 커졌고, 그것은 다시 원래의 분야를 더욱 효율적으로 바꾸었다. 자본은 지속적인 발전이라는 토대 위에서 체계적으로 재투자되고 증대되었다. 서로 맞물려 일어나는 변화는 막을 수 없을 듯한 기세로 계속 진행되었다. 계층을 막론하고 점점 더 많은 사람이 다양한 분야에서 근대화 과정에 휩쓸렸다. 이제 문명과 문화적 성취는 극소수 엘리트의 전유물이 아니었다. 그것은 계속 확장되는 시장에서 노동자일 뿐 아니라 구매자이기도 한 직공, 광부, 인쇄공, 점원들의 것이기도 했다. 효율성이 계속해서 가장 중요하게 여겨지는 한, 하층 계급도 글을 읽고 쓸 수 있게 교육받고 사회의 부를―어느 정도까지는―공유할 필요가 있었다. 그리고 이러한 변화는 당시 사람들에게 서구 사회 발전의 효율성 재고를 위해 하층 계급 사람들의 문자 해독과 어느 정도의 경제적 부의 소유가 필요함을 일깨워주었다. 과학 분야의 새로운 지적 발전뿐 아니라 획기적인 생산성 향상, 자본의 축적, 대중을 대상으로 하는 시장의 확대, 새로운 학문의 발달은 당시 서구 사회를 급격히 변화시켰다. 그리하여 그동안 주도권을 행사했던 지주 계급이 몰락하고 자금력 있는 부르주아지가 득세하게 되었다. 또한 사회 조직과 편제 면에서도 효율성이 제고되어 중국과 오스만 제국 같은 세계 다른 지역에서 진작에 도달했던 수준까지 서서히 다가갔으며 결국에는 그들을 뛰어넘었다. 프랑스 대혁명이 일어난 1789년을 기점으로 하여 공공 서비스는 효율성과 유용성으로 평가받게 되었다. 유럽의 여러 정부는 끊임없이 변화하는 근대성의 조건에 맞추기 위해 자신들의 조직을 재구성하고 법률을 개정할 필요성을 절감했다.

이러한 변화는 기존 법률을 신성불가침으로 여겼던 과거 농경 중심 사회에서는 생각조차 할 수 없는 것이었다. 서구 사회에 기술 문명이 도래하면서 새로운 자율성의 조짐이 나타나기 시작한 것이다. 이제 사람들은 이전과 달리 자신의 운명이 자기 책임이라고 느꼈다. 우리는 전통 사회에서 혁신과 변화가 엄청난 두려움을 촉발했음을 안다. 그런 사회에서 문명은 허약한 성취로 느껴졌고, 무엇이든 과거로부터 이어져 내려온 것의 단절은 곧 저항을 불러왔다. 그러나 서구에 의해 도입된 근대 기술 문명 사회는 부단한 진보와 발전에 대한 기대감을 바탕에 두고 있었다. 그들은 변화의 물결을 제도적으로 수용했다. 예를 들어 런던 왕립학회는 낡은 지식을 대체할 수 있는 새로운 지식을 수집하는 데 전념했는데, 이를 위해 여러 과학 분야 전문가들에게 그들의 발견을 한곳에 모을 것을 권했다. 당시 새로운 과학 기관들은 과학뿐 아니라 다른 분야의 발전을 위해서도 과학 지식을 비밀로 하기보다 널리 공개하기를 바랐다. 그리하여 오이쿠메네의 오래된 보수적 정신은 서구에서 변화를 향한 열망과 지속적인 발전에 대한 믿음으로 대체되었다. 당시 서구인들은 다음 세대가 더욱 열악한 상황에서 살게 될까 두려워하는 대신, 자신들보다 나은 삶을 살게 될 것이라 기대했다. 이로부터 서구의 역사 연구는 '진보'라는 새로운 신화에 압도되었다. 서구 근대 기술 문명은 역사의 진보에 대한 믿음을 기반으로 하여 많은 대단한 일들을 이루어냈다. 그러나 오늘날 우리는 그로 인해 지구 환경이 입은 피해를 직접 보면서 그러한 삶의 방식이 과거의 것만큼이나 취약하다는 사실을 깨닫게 되었다. 지금 우리는 수 세기 동안 인류에게 영감을 주었던 다른 대부분의 신화와 마찬가지로 진보의 신화도 허구에 불과하다는 사실을 깨닫는 중이다.

새로운 발견과 자원을 하나로 모으는 일이 당시 서구인들을 강하게 결속했으나 다른 한편으로 전문화가 그들을 여러 방면으로 개별화했다. 그전까지 지식인은 거의 모든 영역의 지식에 정통할 수 있었다. 예를 들어 이슬람의 파일라수프는 철학, 의학, 미학에 능통했다. 그들은 실재 전체라고 믿어지는 것에 대해 일관되고 포괄적인 설명을 제공하는 학문 체계(팔사파)를 세우려 했다. 17세기부터 전문화 과정이 서구 사회의 두드러진 특징 중 하나가 되었다. 천문학, 화학, 기하학 같은 여러 학문 분야가 각기 독립적이고 자율적인 위치를 차지하기 시작했다. 이제 특정 분야의 전문가가 다른 분야에서도 그 분야 전문가 못지않게 깊은 실력을 갖춘다는 것은 불가능해졌다. 모든 주요 지식인들은 자신을 기존 전통의 수호자라기보다 새로운 시대의 개척자로 이해했다. 그는 지구상 미개척지로 가는 뱃길을 여는 항해사와 같은 탐험가였다. 자신이 살아가는 사회를 위해 전인미답의 세계로 과감히 발을 들여놓는 사람이었다. 그렇게 상상의 나래를 펼쳐 신기원을 열고 그 과정에서 과거에 신성시되던 것들을 깨부순 혁신가는 문화적 영웅이 되었다. 한때 인류를 두려움 속에 가두었던 자연 세계의 정복자로서 인간에 대한 낙관주의가 비약적으로 발전했다. 사람들은 더 나은 교육과 개선된 법률이 인간 정신을 환하게 밝혀줄 것이라고 믿기 시작했다. 인간 본연의 힘을 믿는 이 새로운 자신감은 곧 사람들이 자신의 노력으로 깨달음에 이를 수 있다고 믿게 되었음을 의미했다. 사람들은 이제 더는 진리를 발견하기 위해 과거로부터 이어져 온 전통이나 제도,

엘리트층에 ─ 심지어 신의 계시에도 ─ 의지할 필요를 느끼지 못했다.

그러나 전문화의 경험은 전문화 과정에 연관된 사람들이 갈수록 전체 그림을 볼 수 없게 되었음을 의미했다. 그 결과 혁신적인 과학자와 지식인 들은 자신들이 삶과 종교에 관한 이론을 처음부터 다시 생각해 내야 한다고 느꼈다. 그들은 개선된 지식과 높아진 효율성을 바탕 삼아 실재에 관한 전통 기독교적 설명을 되살피고 새롭게 해야 한다는 의무감을 느꼈다. 새로운 과학 정신은 오로지 관찰과 실험에 기반한 실증적인 것이었다. 우리는 과거 팔사파의 합리주의가 합리적 우주에 대한 신앙에서 처음 비롯되었음을 안다. 그러나 서구의 과학은 그러한 방식으로는 아무것도 당연시할 수 없었고, 개척자들은 실수할 위험을 무릅쓰거나 성서와 교회, 기독교 전통 같은 기성 권위와 제도들을 타도할 준비를 갖춰 갔다. 신이 존재한다는 오래된 '증명들'은 더는 만족스럽지 않았고, 경험적 방법론에 매료된 자연과학자들과 철학자들은 자신들이 다른 증명 가능한 현상들을 입증했던 것과 같은 방법으로 신의 객관적 실재를 검증해야 한다고 생각했다.

파스칼의 내기와
데카르트의 코기토

무신론은 여전히 혐오스럽게 여겨졌다. 앞으로 살펴보겠지만, 거의 모든 계몽주의 철학자(필로조프)는 암묵적으로 신의 존재를 믿었다. 그러나 심지어 신조차 당연시할 수 없다고 생각하기 시작한 소수의 사람들이 있었다. 이 문제를 인식하고 무신론을 진지하게 다룬 최초의 사람들 중 한 명이 프랑스의 물리학자이자 수학자이며 신학자였던 블레즈 파스칼(1623~1662)일 것이다. 그는 어린 시절 또래 아이들과는 단절된 채 과학자인 아버지에게서 교육받은 병약하나 매우 조숙한 아이였다. 열두 살 때 유클리드 기하학의 32번 명제를 홀로 증명해 아버지를 놀라게 했고, 그가 열여섯 살에 발표한 기하학 논문을 두고 당시 저명한 학자였던 데카르트는 그토록 어린 소년이 쓴 것이라고는 믿을 수 없다고 일축하기도 했다. 나중에 파스칼은 계산기와 기압계, 수압 프레스를 창안했다. 본래 그의 집은 종교적으로 특별히 독실한 가정은 아니었으나 1646년에 가족 모두 얀선파*가 되었다. 그 일은 그의 누이 자클린이 파리 남서부의 포르루아얄 수녀원에 들어가 열렬한 얀선주의 옹호자가 된 것과 관련이 있었다. 1654년 11월 23일 밤, "대략 10시 반부터 12시 반까지" 파스칼은 자신의 신앙이 너무나 메마르고 학문적이라는 사실을 깨우치는 격렬한 신앙 체험을 했다. 그가 죽은 후 그러한 계시를 기록한 '회상록'이 재킷에 꿰매어진 채로 발견되었다.

'불'

사상가나 철학자의 신이 아닌 '아브라함의 신, 이삭의 신, 야곱의 신.'

확실성, 확실성, 마음으로 느끼는, 기쁨, 평화.

예수 그리스도의 신.

예수 그리스도의 신.

나의 신 그리고 그대의 신.

얀선파(Jansenism) 네덜란드의 가톨릭 신학자 코르넬리스 얀세니우스(Cornelius Jansenius, 1585~1638)가 주창한 교의를 따른 종파. 종교개혁에 맞서 가톨릭 내부에서 나타난 개혁 세력이었으며 초기 교회, 사도 바울, 아우구스티누스의 가르침으로 돌아갈 것을 주장했다.

"그대의 신은 나의 신이라."

잊힌 세계, 그리고 신을 제외한 모든 것.

신은 오직 복음서의 가르침을 통해서만 발견될 수 있다.[1]

본질적으로 신비주의적인 이 체험은 '파스칼의 신'이 이 장에서 고찰할 다른 과학자나 철학자의 신과 다르다는 것을 의미한다. 그의 신은 철학자의 신이 아니라 계시의 신이었다. 파스칼을 회심으로 이끈 압도적 힘은 그를 예수회에 맞선 얀선주의자들과 운명을 함께하도록 인도했다.

이그나티우스 데 로욜라가 세계를 신이 충만한 곳이라고 생각하고 예수회 신자들에게 신의 편재와 전능을 느끼는 감각을 기르도록 북돋운 것과 달리, 파스칼과 얀선주의자들은 이 세계를 신이 떠나버린 황량하고 공허한 곳으로 보았다. (신의) 계시를 체험했지만 파스칼에게 신은 여전히 합리적 증명을 통해서는 찾을 수 없는 '숨은 신'이었다. 《팡세》—종교적인 문제에 관해 파스칼이 쓴 비망록이며 그가 죽은 뒤 1669년에 출간되었다—는 인간 조건에 대한 깊은 비관주의를 보여준다. 일관된 주제는 "세상의 종말이 올 때까지 (인류를 위해) 고통 속에서 신음하는" 예수조차도 해결할 수 없는 인간의 '비속함'이었다.[2] 황량함과 신의 부재로 인한 두려움의 감각은 새로운 유럽의 영성의 많은 부분을 특징짓는 것이었다. 《팡세》의 계속된 인기는 파스칼의 어두운 영성과 그의 '숨은 신'이 서구의 종교 의식에서 무언가 핵심적인 부분을 건드렸음을 보여준다.

파스칼 자신이 거둔 학문적 성취도 그에게 인간 조건에 대한 확신을 심어주지 못했다. 우주의 광대무변함을 생각할 때마다 그는 거대한 두려움에 사로잡히곤 했다.

인간의 맹목과 비참한 상황을 볼 때마다, 침묵하는 전 우주를 바라보고 또 아무런 빛도 없이 막연한 우주의 한구석에 홀로 남겨져 누가 자기를 그곳으로 몰아넣었는지, 무엇을 해야 할지, 아무것도 알지 못한 채 죽었을 때 자기에게 어떤 일이 일어날지 깨닫지 못하는 인간을 생각할 때마다, 나는 잠든 사이에 어떤 끔찍하고 아득한 섬으로 옮겨져 깨어나 보니 탈출할 방법 하나 없이 홀로 남겨진 사람처럼 형언할 수 없는 공포를 느낀다. 한편으론 이처럼 비참하고 두려운 상태에서 인간이 어떻게 절망으로 내몰리지 않는지 참으로 놀라움을 느낀다.[3]

이 글은 과학 문명 시대의 자신감에 찬 낙관주의를 일반화해선 안 된다는 점을 훌륭하게 상기시켜준다. 파스칼은 어떤 궁극적인 의미나 의의 없이 텅 빈 듯 보이는 세계가 주는 공포를 충분히 상상할 수 있었다. 인간을 항상 사로잡는 공포, 즉 낯선 세계에서 깨어나는 공포가 이보다 설득력 있게 표현된 적은 없었다. 파스칼은 잔인할 정도로 자기 자신에게 정직했다. 그는 신 존재를 증명할 방법이 없다고 확신했다. 철저한 논리로 신의 존재를 부정하는 불신자와 대화할 때 그런 사람을 설득할 수 있는 논증은 불가능하다고 파스칼은 생각했다. 이러한 생각은 유일신론의 역사에서 새 장을 여는 것이었다. 파스칼은 신을 믿는 것이 오직 개인의 선택에 달린 문제임을 처음으로 인정한 사람이었다. 이 점에서 그는 최초의 근대인이었다.

신 존재 문제에 관한 파스칼의 접근은 그 함의가 혁명적이지만 어떤 교회에서도 공식적으로 받아들인 적은 없다. 일반적으로 기독교 변증가들은 앞서 8장에서 살펴본 레오나르두스 레시우스의 합리주의적 접근을 선호했다. 그러한 접근 방법은 파스칼이 경험한 '계시의 신'이 아니라 '철학자의 신'으로 이어질 뿐이었다. 파스칼은 신앙은 상식에 근거한 합리적 동의가 아니라고 주장했다. 신앙은 도박이었다. 이성이 신 존재를 증명하는 것은 불가능했지만, 마찬가지로 신 존재를 반증하는 것도 불가능했다. "우리는 신이 무엇인지, 존재하는지 아닌지 알 수 없다. …… 이성은 이 문제를 결코 해결할 수 없다. 무한한 혼돈이 우리를 갈라놓을 따름이다. 무한한 거리의 저쪽 끝에서 던져진 동전이 앞면으로 떨어질지 뒷면으로 떨어질지 바라보고 있을 뿐이다. 어느 쪽에 걸 텐가?"[4] 그러나 이 도박이 완전히 비합리적인 것은 아니다. 신을 선택하는 것은 모두 이기는 해결책이다. 파스칼은 신을 믿기로 선택할 때, 위험은 유한하나 이득은 무한하다고 말했다.* 기독교인은 신앙을 발전시켜 가면서 지속적인 깨달음, 곧 구원의 확실한 징표인 신의 현존에 대한 인식을 얻을 수 있다. 외부 권위에 의존하는 것은 소용없었다. 기독교인 각자에게 달린 것이었다.

파스칼의 비관주의는, 《팡세》 속에서 점차 커지는 깨달음, 즉 일단 내기가 이루어지면 신을 찾는 자에게는 '숨은 신'이 자신을 드러낸다는 깨달음에 의해 반박된다. 파스칼의 신은 "네가 나를 이미 발견하지 못했다면, 나를 찾지 않을 것이다"라고 말하는 신이다.[5] 파스칼의 주장은 이렇다. 참으로 인간은 합리적 논증이나 제도권 교회의 가르침을 통해 신에게 가는 길을 만들 수 없다. 신앙인은 신에게 복종하겠다는 개인적 결단을 내릴 때 비로소 스스로 변화함을 느끼고 "충실하고 정

---

* 이러한 파스칼의 논증을 '파스칼의 내기(Pascal's wager)' 혹은 '도박사의 논증'이라 부른다.

직하고 겸손하고 은혜를 알고 선행을 많이 하는, 예수의 진정한 동행자가 될 수 있다."[6] 기독교인은 삶의 무의미와 절망에 직면하여 신앙을 키우고 신에 관한 감각을 쌓음으로써 인생의 의미를 재발견할 것이다. 파스칼에게 신은 살아 움직이는 실체였으며, 신앙은 지적 확실성의 문제가 아니라 막연한 어둠의 심연 속으로 뛰어드는 용기 있는 결단이자 윤리 의식을 일깨우는 체험이었다.

또 한 명의 새로운 인간 르네 데카르트(1596~1650)는 인간 정신의 능력을 훨씬 더 신뢰했다. 사실 그는 지성만으로도 인간이 확실성에 도달할 수 있다고 믿었다. 아마도 데카르트는 파스칼의 내기가 순전히 주관적인 체험에 근거한 것이기에 동의하지 않았겠지만, 데카르트 자신이 세운 신 존재 증명도 또 다른 유형의 주관성에 기댄 것이었다. 그는 인간의 이성으로는 아무것도 확신할 수 없고 심지어 가능성마저 말할 수 없다고 주장한 프랑스 작가 미셸 몽테뉴(1533~1592)의 회의주의를 논박하는 일에 몰두했다. 수학자이자 경건한 가톨릭교도였던 데카르트는 새로운 경험적 합리주의를 통해 그러한 회의주의를 궤멸하는 것이 자신의 사명이라고 생각했다. 레시우스와 마찬가지로 그는 이성의 힘만으로도 인간은 문명의 근간인 종교와 도덕의 진리들을 받아들일 수 있다고 믿었다. 데카르트의 주장에 따르면, 신앙은 인간에게 합리적으로 증명할 수 없는 것을 요구하지 않는데, 이것은 사도 바울이 〈로마서〉 1장에서 직접 강조한 내용이기도 했다. "사람들이 하느님에 관해 알 만한 것은 하느님께서 밝히 보여주셨기 때문에 너무나도 명백합니다. 하느님께서는 세상을 창조하신 때부터 창조물을 통하여 당신의 영원하신 능력과 신성과 같은 보이지 않는 특성을 나타내 보이셔서 인간이 보고 깨달을 수 있게 하셨습니다."[7] 계속해서 데카르트는 신은 세상에 존재하는 그 어떤 것보다도 인간이 더 쉽고 더 확실하게 알 수 있다고 주장했다. 특히 데카르트의 증명은 사도 바울이 제시했던 외부 세계의 증거를 거부하고 정신이 자신을 되돌아보는 반성적 성찰을 강조했다는 점에서 파스칼의 내기만큼이나 혁명적이었다.

데카르트는 일찍이 논리적으로 제일원리를 향해 나아갔던 보편 수학의 실증적 방법을 이용해 신의 존재를 분석적으로 증명하려 했다. 그러나 그는 아리스토텔레스, 사도 바울, 그리고 과거의 모든 유일신론 철학자들과 달리 우주가 완전히 무신적임을 알았다. 그가 보기에 우주는 사실상 혼돈이었고 지적 설계의 흔적은 보이지 않았다. 그러므로 인간이 자연으로부터 확실성을 추론해내기란 불가능했다. 데카르트는 가능성 혹은 개연성을 싫어했으며 수학이 제공할 수 있는 것과 같은 종류의 확실성을 세우고자 했다. 그의 주장에 따르면 "행해진 것은 행해지지 않을 수 없는 것이다"와 같은 단순하고 자명한 명제를 통해 확실성을 발견할 수 있었다. 이것은 누구도 반박할 수 없는 참인 명제였다.

어느 날 그는 장작 난로 옆에 앉아 깊은 사색에 빠져 있던 중 갑자기 '나는 생각한다, 그러므로 나는 존재한다'(코기토 에르고 숨)라는 유명한 말을 떠올렸다. 1천 2백 년 전의 아우구스티누스처럼 그도 신이 존재한다는 증거를 인간의 의식 안에서 찾았다. 의심조차도 의심하는 사람의 존재를 증명했다! 우리는 외부 세계의 어떤 것도 확신할 수 없지만 우리의 내적 경험은 확신할 수 있다. 데카르트의 증명은 안셀무스의 존재론적 신 증명의 재구성이었다. 데카르트의 주장에 따르면, 우리가 의심할 때 인간 자아의 유한성이 드러난다. 우리가 '완전함'의 관념을 이미 지니고 있지 않다면 우리는 '불완전함'이라는 생각에 이를 수 없다. 결국 완전한 존재가 존재하지 않는다는 것은 '완전함'이라는 말을 부정하는 모순을 드러낼 뿐이다. 그러므로 데카르트는 우리가 경험하는 완전한 존재에 대한 내적 의심이 오히려 최고의 완전한 존재, 신이 존재할 수밖에 없음을 알려준다고 주장했다.

수학적 증명과 마찬가지로 데카르트는 이 '증명'을 통해 신의 본성에 관한 여러 사실을 도출해냈다. 이것은 그의 대표작 《방법서설》(1637년)에서 "완전한 존재자인 신의 존재 증명은 기하학적 원리의 증명만큼이나 확실하다"라는 그의 주장에 잘 나타난다.[8] 그에게 신 존재의 확실성은 '삼각형의 내각의 합은 두 개의 직각의 합과 같다'는 유클리드 기하학의 확실성과 같은 것이었다. 인간은 경험을 통해 객관적 실재이며 완전한 존재인 신은 우리 인간을 기만하지 않는다는 것을 알 수 있다고 데카르트는 생각했다. 그는 신의 존재를 증명하기 위해 외부 세계를 이용하지 않았고 그 대신 세계의 실재에 대한 믿음을 갖기 위해 신의 개념을 이용했다. 파스칼이 그랬듯 데카르트도 자신이 세계로부터 소외되어 있다고 느꼈다. 그의 정신은 외부 세계를 향해 손을 뻗는 대신 자신에게로 되돌아갔다. 비록 신 개념이 인간에게 신 존재에 대한 확실성을 주고, 그래서 데카르트의 인식론에서 필수적이지만 그의 방법은 우리 세기 서구의 인간상에 중심이 되는 고립과 자율성의 이미지를 드러낸다. 세상으로부터 소외와 자랑스러운 자립은 많은 사람들이 인간을 의존적 존재로 격하하는 신이라는 개념을 전부 거부하도록 이끌게 된다.

태초부터 종교는 인간이 세계와 연결되고 세계에 정착할 수 있게 도왔다. 거룩한 장소 숭배는 세계에 대한 다른 모든 성찰보다 앞섰으며 무시무시한 우주 속에서 중심을 찾도록 도왔다. 자연의 힘에 대한 신화(神化)는 인간이 항상 세상에 반응해 보이던 경외와 경이를 표현한 것이었다. 비통에 찬 영성을 지녔던 아우구스티누스조차 세계가 놀라운 아름다움으로 가득하다고 생각했다. 데카르트의 철학은 아우구스티누스와 마찬가지로 내면 성찰의 전통에 기반한 것이었으나 데카르트는 자연의 아름다움에 경탄할 여유가 전혀 없었다. 그에게 자연에서 느끼는 신비란 문명화된 인간이 이미 극복한 원시적 정신 상태를 뜻하는 것이었기 때문이다. 데카르트는 《기상학》(1637년) 서문에서 인간이 "인간과 동등한 것이나 인간 이하의 것들보다는 인간을 넘어선 것들에 경외심을 품는" 것이 당연하다고 설명했다.[9] 시인과 화가는 구름을 신의 보좌로 묘사하고 구름 속 보좌 위에서 신이 이슬을 내리며 신의 손이 하늘 아래 바위에 번개를 내리친다고 상상했다. 이것은 데카르트에게는 받아들일 수 없는 생각이었다.

만일 내가 여기서 구름의 본질을 설명한다면, 우리는 더는 구름 속에서 볼 수 있는 것이나 구름으로부터 떨어져 내려오는 것에 경탄할 필요가 없게 될 것이고, 지상에서 일어나는 경탄할 만한 모든 현상의 원인을 찾아낼 수 있음을 쉽게 믿을 수 있을 것이다. 그렇게 되길 바란다.

데카르트는 구름, 바람, 이슬, 번개를 단순한 물리적 현상으로 설명하고자 했다. 그가 말했듯이 자연 현상에 '경탄할 이유'를 모두 제거하기 위해서였다.[10] 데카르트의 신은 지상의 자연적 사건을 전혀 인식하지 않는 철학자의 신이었다. 그의 신은 성서에 묘사된 기적이 아니라 자신이 제정한 '영구법'을 통해 계시했다. 데카르트는 《기상학》에서 이스라엘 민족이 이집트의 속박에서 벗어나 가나안 땅으로 향하던 도중

시나이산 광야에서 먹은 '만나'를 일종의 이슬이었다고 설명했다. 그리하여 성서에 나오는 여러 기적과 신화를 합리적으로 설명해 성서의 진실성을 '증명'하려는 다소 우스꽝스러운 변증론이 탄생하게 된다. 예를 들어 예수가 떡 다섯 개와 물고기 두 마리로 5천 명을 먹인 일도 사실은 예수가 몰래 도시락을 싸 온 사람들에게 부끄러움을 느끼게 하여 그들 스스로 음식을 내놓아 모두 나누어 먹게 만들었다고 해석하는 식이다. 그러나 이런 종류의 논증은 성서 서사에 담긴 상징적 의미의 핵심을 놓치는 것이다.

데카르트는 스스로 정통 기독교인이라 자부하면서 항상 로마 가톨릭교회를 따르고자 조심하는 사람이었다. 그는 신앙과 이성 사이에 아무런 모순도 없다고 생각했다. 《방법서설》에서 그는 인간이 모든 진리에 도달할 수 있게 해주는 체계가 있다고 주장했다. 이 체계로 파악하지 못할 것은 아무것도 없었다. 어떤 분야든 이 방법을 적용하기만 하면 신뢰할 만한 지식 체계를 구성할 수 있고 모든 혼란과 무지를 제거하게 될 것이었다. 신비는 정신적 혼란 상태에 불과한 것이 되었고, 과거 합리주의자들이 모든 다른 현상에서 신중하게 분리해냈던 신은 이제 인간의 사고 체계 안으로 들어오게 되었다. 사실 유럽에서 신비주의는 종교개혁의 교리 격동이 있기 전까지 뿌리를 내릴 시간이 없었다. 신비와 신화를 토대로 하는 영성 중심의 신앙은 서방 기독교인에게 매우 낯설었다. 데카르트 당시의 교회에서도 신비주의자들은 찾아보기 힘들었으며, 설령 존재했다 할지라도 불신앙 혐의를 받을 수밖에 없었다. 종교 체험을 강조하는 신비주의자들의 신은 관조를 단지 뇌 활동으로 보는 데카르트 같은 사람에겐 너무나 이질적인 것이었다.

《프린키피아》와
《실낙원》

신을 자신의 기계론적 세계관에 종속시킨 영국의 물리학자 아이작 뉴턴(1642~1727)도 기독교에서 신비주의를 제거하려고 애쓴 사람이었다. 그의 출발점은 수학이 아니라 역학(力學)이었다. 과학자란 모름지기 기하학을 논하기 전에 원부터 정확히 그릴 줄 알아야 한다고 생각했기 때문이다. 인간 자아의 존재를 증명하는 데서 출발해 신의 존재, 그리고 자연 세계의 증명으로 차례로 나아갔던 데카르트와 달리 뉴턴은 신이 하나의 본질적 구성 요소가 되는 물리적 우주를 설명하는 데서 시작하려 했다. 뉴턴의 물리학에서 자연은 전적으로 수동적인 객체인 데 반해 신은 모든 활동의 유일한 근원이었다. 그러나 아리스토텔레스의 주장처럼 신은 단지 자연적, 물리적 질서의 연장을 뜻할 뿐이었다. 그는 자신의 위대한 저서 《자연 철학의 수학적 원리》(1687년, 간단히 '프린키피아'로 표기되곤 한다)에서 수학적 용어로 여러 천체와 지구 위 물체들 간의 관계를 묘사함으로써 조직적이고 포괄적인 체계를 창조하고자 했다. 특히 중력이 만물을 끌어당긴다는 사실을 통해 우주 체계를 설명한 그의 만유인력 원리는 물질이 인력을 가지고 있다는 아리스토텔레스의 주장으로 되돌아가는 것이라는 비난을 받기도 했다. 뉴턴의 우주관은 신의 절대 주권을 강조하는 프로테스탄트 신앙과 양립할 수 없는 것이었다. 그러나 뉴턴은 이를 부인하고 우주 체계 전체의 핵심인 신성한 기계공으로서 신을 주장했다.

파스칼과 데카르트와는 달리 뉴턴은 우주를 관찰함으로써 신의 존재를 증명할 수 있다고 확신했다. 천체들 간에 인력이 작용해 서로를 끌어당겨 하나의 거대한 구형 물질로 합쳐지지 않는 이유는 무엇인 가? 이러한 의문에 대해 그는 천체들이 서로 끌어당길 수 없을 만큼 공간적으로 충분히 멀리 떨어져 있기 때문이라고 생각했다. 뉴턴은 친구인 리처드 벤틀리(1662~1742)에게 보낸 편지에서 이 문제에 관해 설명하면서 이것은 지적이고 신성한 '주관자' 없이는 불가능한 일이라고 말했다. "나는 그것이 단지 우연한 자연 현상이라기보다는 자발적 행위자의 주관과 수완에 의한 것이라고 생각하지 않을 수 없네."[11] 그는 한 달 후 벤틀리에게 다시 편지를 보냈다. "인력이 행성들을 움직이는 것은 사실이지만 신의 힘이 개입하지 않았다면 행성들이 그처럼 태양 주위로 궤도 운동을 하는 것은 불가능하다고 생각하네. 이 체계는 지적인 행위자가 만들었다고 나는 확신하지 않을 수 없네."[12] 예를 들어 만일 지구가 자전축을 중심으로 시간당 1600킬로미터의 속도(실제 자전 속도는 시간당 약 1660킬로미터)가 아니라 160킬로미터 속도로 자전한다면, 밤 시간이 열 배 늘어나 생명을 유지할 수 없을 정도의 추위가 엄습할 것이며, 반대로 열 배로 늘어난 낮 시간에는 뜨거운 열기에 모든 식물이 메말라버릴 것이다. 그러므로 뉴턴에게 이 모든 것을 이토록 완벽하게 궁리한 '존재'는 최고로 지적인 '기계공'임에 틀림없었다.

뉴턴이 생각하기에 이 행위자는 지적인 능력에 덧붙여 행성 같은 엄청난 물체들을 다룰 만큼 충분히 강력한 힘을 지니고 있어야 했다. 뉴턴은 무한하고 섬세한 체계를 유지하고 운행하는 본원적 힘을 '지배(dominatio)'라고 규정했다. 그 힘은 우주의 원인이자 신의 속성이었다. 당시 옥스퍼드대학 최초의 아랍어 교수였던 에드워드 포코크(Edward Pocoke)가 그에게 라틴어 '데우스(deus, 신)'가 아랍어의 '두(du, 지배자)'라는 말에서 유래했음을 일러주었다고 한다. 뉴턴은 데카르트가 썼던 '완전함' 대신 '지배'를 신의 근본 속성으로 간주했다.《프린키피아》2판 끝부분인 〈일반 주해〉에서 뉴턴은 신의 모든 전통적인 속성을 신의 지성과 힘으로부터 추론해냈다.

이토록 아름다운 태양과 행성들과 혜성들의 체계는 오로지 지고의 지적 이성과 물리적 능력을 지닌 존재의 주관과 지배를 통해서만 가능하다. …… 그는 영원하고 무한하며 전지전능하다. 그는 영원에서 영원까지 존재하며, 무한에서 무한까지 존재한다. 그는 존재하는 모든 것과 존재할 수 있는 모든 것을 꿰뚫어 알고 지배한다. …… 우리는 그를 그의 가장 지혜롭고 탁월한 사물들의 설계와 목적인으로만 안다. 우리는 그의 완전함을 존경하지만 그의 지배 때문에 그를 경외하고 숭배한다. 그의 종으로서 그를 숭배하기 때문이다. 지배와 섭리, 목적인 없는 신은 운명이나 자연에 지나지 않는다. 어디서나 항상 동일한 맹목적인 형이상학적 필연성은 사물의 다양성을 만들어낼 수 없다. 우리가 시대와 장소에 따라 다르게 발견하는 자연적인 것들의 모든 다양성은 필연적으로 존재하는 존재의 생각과 의지에서 비롯된 것일 뿐이다.[13]

뉴턴은 성서를 언급하지 않는다. 인간은 세계를 관조함으로써만 신을 알 수 있다고 생각했기 때문이다. 이때까지 창조 교리는 영적 진리를 표현한 것이었다. 이 교리는 유대교와 기독교에 늦게 편입되었고 언제나 다소 의문을 불러왔다. 이제 새로운 과학이 창조를 중앙 무대로 옮겨놓았고 창조 교리에 대한 문자적이고 기계적인 이해가 신 개념에 결정적으로 중요해졌다. 하지만 오늘날 신의 존재를 부인하는 사람들은 뉴턴의 신도 거부하곤 한다. 우주의 기원이자 우주를 유지하는 주관자로서 신은 과학자들에게도 더는 받아들여지지 않는다.

뉴턴은 자신의 포괄적인 우주론 체계에서 신의 자리를 찾기 위해 다소 파격적인 해결책을 고안해야 했다. 만일 공간이 불변하고 무한하다면—그의 우주론 체계의 두 가지 기본적 특징이다—신을 어디에 설정할 수 있는가? 공간 그 자체가 신성하며 영원성과 무한성이라는 속성을 지닌 게 아닌가? 아니면 공간은 태초 전부터 신과 함께 존재한 제2의 신적 존재인가? 뉴턴은 늘 이 문제에 깊이 몰두했다. 초기 논문 〈액체의 중력과 등중량(等重量)에 관하여〉에서 그는 고대 플라톤주의 유출론에 관심을 기울였다. 그 글에 따르면 신은 무한하므로 모든 곳에 존재한다. 공간은 신의 편재로부터 영원히 유출되는 신 존재의 결과이다. 그것은 신의 의지로 창조한 것이 아니라 편재하는 존재의 필연적 결과로서 또는 연장으로서 존재한다. 같은 방식으로, 신 자체가 영원하므로 신에게서 시간이 유출된다. 따라서 신이 우리 인간이 살고 움직이며 존재하는 공간과 시간을 구성한다고 말할 수 있다. 반면에 물질은 천지창조의 날에 신의 자발적 행위를 통해 창조되었는데, 신이 공간의 일부에 모양, 밀도, 지각과 운동성을 부여했다고 말할 수 있을 것이다. 이러한 그의 창조관은 신이 무(無)의 공간에서 물질을 산출했음을 뜻하는 것이기에 기독교의 '무로부터 창조' 교리에 상응하는 것이었다.

데카르트와 마찬가지로 뉴턴도 신비를 싫어했다. 그는 신비를 무지, 미신과 동일시했다. 비록 예수의 신성 같은 기독교의 필수 교리들 때문에 갈등을 겪을지라도 기독교에서 기적의 요소를 모두 제거하고자 했다. 그는 1670년대에 삼위일체 교리에 관한 신학적 연구에 깊이 몰두한 후, 삼위일체는 아타나시우스가 이교도를 기독교로 개종시키기 위해 거짓으로 만들어낸 것이라는 결론을 내렸다. 그는 예수는 신이 아니라고 주장한 아리우스의 주장이 옳으며, 삼위일체 교리와 성육신 교리를 '증명'하기 위해 이용되는 신약 성서의 구절들이 비논리적이라고 생각했다. 아타나시우스와 그의 동료들이 대중의 기본적이고 원초적인 환상에 부응하도록 그런 교리들을 날조한 것이었다. "이것은 종교에 있어서 신비적 요소들을 좋아하는 현상, 다시 말해 가장 이해할 수 없는 것을 가장 좋아하는 인간의 열정적이고 미신적인 기질을 보여준다."[14] 뉴턴은 기독교 신앙에서 미신적인 요소를 지우는 일에 몰두했다. 《프린키피아》를 출판하기 몇 년 전인 1680년대 초에 뉴턴은 자신이 '이교 신학의 철학적 기원'이라고 부른 글을 쓰기 시작했다. 그 글에서 뉴턴은 노아가 미신에서 탈피해 합리적인 유일신 숭배를 강조하는 원형적 종교—이교(異敎) 신학—를 창시했다고 주장했다. 그의 주장에 따르면, 노아의 원형적 종교에서 지켜야 할 계명은 단지 신을 향한 사랑과 이웃 사랑뿐이었고, 인간은 위대한 신의 유일한 신전인 자연을 명상하도록 명령받았다. 그러나 세월이 흘러 이 순수한 종교에 기적과 경이의 이야기들이 첨가되면서 미신적 우상 숭배로 전락했고, 결국 신은 변질된 종교를 제자리로 되돌리고자 예언자들을 보냈다. 피타고라스는 이 원형적 종교에 대해 알게 되어 서방 세계에 전했다. 예수도 인류를 진리로 되돌리기 위해 신이 보낸 예언자 중 한 명이었으나 그가 전한 순수한 종교는 아타나시우스와 그의 동조자들에 의해 오염되었다. 〈요한계시록〉도 고립감이 낳은 혐오스러운 행위로서 삼위일체론의 등장—"동등한 세 신에 대한 숭배" "서방의 기괴한 종교"—을 이미 예언했다는 것이 뉴턴의 생각이었다.[15]

서방 기독교인은 늘 삼위일체론을 난해한 교리로 여겼으며, 그들의 새로운 합리주의는 계몽주의 철학자들과 과학자들이 그 교리를 파기하는 데 골몰하도록 만들었다. 뉴턴도 그중 한 사람이었다. 그는 종교적 삶에서 신비의 역할을 전혀 깨닫지 못했다. 동방 기독교인은 삼위일체론을 인간 정신에 경이를 불어넣어주는 수단으로 여겼고, 또 인간의 지성으로는 신의 본성을 결코 이해할 수 없다는 사실을 일깨워주는 것으로 간주했다. 그러나 뉴턴 같은 과학자들은 그런 태도를 기르기가 어려웠다. 과학을 통해 사람들은 진리를 찾으려면 과거를 폐기하고 제일원리로부터 다시 출발해야 한다고 배우고 있었다. 하지만 종교는 ─ 예술과 마찬가지로 ─ 과거와의 대화를 통해 현재를 고찰할 수 있는 관점을 제공해준다. 삶의 궁극적 의미에 관해 반복되는 질문들의 답을 찾는 여정은 전통에서 시작된다. 즉 종교와 예술은 과학처럼 작동하지 않는다. 그러나 18세기에 기독교인들은 새로운 과학적 방법론을 기독교 신앙에 본격적으로 적용하기 시작했고 결국 뉴턴과 같은 해답에 이르렀다. 영국의 매슈 틴들(Matthew Tindal)과 존 톨런드(John Toland) 같은 진보적 신학자들은 기본으로 돌아가 기독교에서 신비적 요소들을 제거하고 진정으로 합리적인 종교를 확립하고자 했다. 톨런드는 《신비주의적이지 않은 기독교》(1696년)에서 신비는 그저 '폭정과 미신'만 초래할 뿐이라고 주장했다.[16] 그에게 종교는 합리적이어야 했기에 신이 자신을 명확히 밝히지 못한다고 생각하는 것은 용납할 수 없었다. 틴들은 《창조만큼이나 오래된 기독교》(1730년)에서 뉴턴처럼 원형적 종교를 재창조해 그 순수한 종교에 덧붙은 것들을 모조리 없애고자 했다. 그가 보기에 참된 종교인지 아닌지를 가늠하는 시금석은 바로 합리성이었다. "태초부터 모든 인간의 마음속에 새겨진 자연과 이성의 종교가 있었다. 기존 제도 종교에서 주장하는 진리는 무엇이든 반드시 이 종교를 잣대 삼아 판단해야 한다."[17] 틴들의 주장에 따르면, 결국 계시는 불필요하다. 왜냐하면 진리는 우리 자신의 합리적 탐구를 통해 발견할 수 있기 때문이다. 또한 삼위일체와 성육신 같은 신비도 완전히 합리적으로 설명할 수 있으며, 이런 것들을 이용해 순진한 신도들을 미신이나 제도권 교회에 잡아 두려 해서는 안 된다.

이러한 급진 사상들이 유럽 대륙에 확산되면서 교회사를 객관적인 시각에서 보려는 역사가들이 등장하기 시작했다. 1699년에 고트프리트 아르놀트는 《신약 시대부터 1688년까지 교회사》라는 책에서 당시 기독교의 정통 교리들은 초대 교회 신앙과 아무런 관련이 없다고 주장했다. 요한 로렌츠 폰 모스하임도 《교회사의 여러 제도》(1726년)에서 신학과 역사를 의도적으로 분리하고 교리 발전사를 객관적으로 서술했다. 그 밖에 요한 게오르크 발히(Johann Georg Walch), 조반니 부트(Giovanni But), 엔리코 노리스(Enrico Noris) 같은 학자들도 아리우스주의, 필리오케 논쟁, 4~5세기의 그리스도론 논쟁 같은 어려운 교리 논쟁의 역사를 객관적 관점에서 서술했다. 신과 그리스도의 본성에 관한 기본적인 신조들이 몇 세기에 걸쳐 발전해 온 것이며 신약 성서에는 그러한 내용이 존재하지 않는다는 주장은 많은 신도들에게 큰 충격을 주었다. "그러면 그 신조들이 모두 거짓이라는 말인가?" 여기서 더 나아가 신약 성서 자체에 새로운 객관성을 적용한 학자들도 있었다. 독일 신학자 헤르만 자무엘 라이마루스(1694~1768)가 그런 흐름에 불을 당겼다. 라이마루스는 비평적 예수 전기를 시도했다. 그가 이해한 그리스도의 인간성 문제는 이제 더는 신비나 교리가 아니라 '이성의 시대'의 과학적 연구로 해결할 문제였다. 이 시도는 근대 회의주의 발생에 결정적 원인을 제공했다. 그의 주장에 따르면 예수는 신을 따르는 경건한 나라를 세우기를 바랐고 자신의 메시아적 사명이 실패하자 절망 속에서 죽음을 맞았을 뿐이다. 라이마루스는 복음서에 예수가 자신이 인간의 죄를 대신하기 위해 이 땅에 왔다고 말한 내용이 없음을 지적했다. 구원 이론은 기독교의 진정한 창시자라 할 수 있는 사도 바울이 주장한 것이다. 그러므로 우리는 예수를 신으로서 경배할 것이 아니라 "원대하고 순수하고 고양된 실용적인 종교"를 역설한 교사로서 존경해야 한다는 것이 라이마루스의 주장이었다.[18]

이 같은 객관적 연구는 성서에 대한 문자적 해석에 의지했고, 신앙의 상징적 성질 또는 은유적 성질을 무시했다. 이러한 부류의 비평은 예술이나 시에 대해서와 마찬가지로 적절하지 않다고 반대할 수 있을 것이다. 그러나 일단 과학 정신을 규준으로 받아들인 많은 사람들은 복음서를 다른 방식으로 읽기가 어려웠다. 이제 서방 기독교인들은 신앙을 문자 그대로 이해하는 데 전념했으며 신화로부터 돌이킬 수 없이 멀어졌다. 그들에게 성서의 이야기는 객관적 사실이거나 망상이거나 둘 중 하나일 뿐이었다. 기독교인들은 가령 불교도보다 더 종교의 기원에 관한 문제를 중요하게 여겼다. 그들의 유일신론 전통은 늘 신이 역사적 사건들을 통해 계시해 왔다고 주장했기 때문이다. 과학 문명 시대에 기독교인들이 자신들의 종교를 원래대로 온전하게 유지하려면 그 문제를 해결해야 했다. 틴들이나 라이마루스보다 보수적 신앙을 지녔던 일부 학자들은 신약 성서 자체보다 서구의 전통적 신 이해에 의문을 품기 시작했다. 《이중 살인에 대한 비텐베르크의 결백》(1681년)에서 루터파 신학자 요한 프리드리히 마이어는 안셀무스가 틀을 잡은 전통적인 속죄 교리는 신이 자기 아들의 죽음을 요구한 것으로 묘사함으로써 신에 대한 부적절한 이해를 드러냈다고 썼다. 그 신은 "의로운 신, 분노한 신"이자 "적개심을 품은 신"이었으며 그가 엄격한 응벌을 요구한 것이 수많은 기독교인들을 두려움에 떨게 만들어 그들로 하여금 자신의 '죄'로부터 뒷걸음치도록 가르쳤다는 것이다.[19] 사실 갈수록 많은 기독교인들이 신의 이름으로 자행된 십자군과 종교 재판, 마녀사냥 같은 기독교 역사에 남은 숱한 잔학 행위에 부끄러움을 느끼고 있었다. 양심의 자유와 이성의 능력에 매료되기 시작한 사람들에게 기독교 정통 교리를 믿으라는 강요는 매우 혐오스러운 것이었다. 종교 개혁 때 벌어진 종파 간 대학살과 그 여파가 마지막 결정타가 된 것 같았다.

이성이 답으로 보였다. 그러나 신비라는 요소를 제거한 신, 오직 이성만으로 이해하는 신이 과연 창조적이고 직관적인 기독교인들에게 호소력을 발휘할 수 있었을까? 청교도 시인 존 밀턴(1608~1674)은 교회가 저지른 불관용의 역사에 특히 혐오감을 느끼는 사람이었다. 그는 〈기독교 교리에 관하여〉라는 미발표 논문에서 종교개혁의 여러 현상과 유산을 개혁하고 다른 사람들의 믿음과 판단에 기대지 않는 독자적인 새로운 교리를 창안하려 했다. 그도 삼위일체 같은 전통 교리에 의문을 품었다. 그러나 그의 걸작 서사시 《실낙원》에서 신이 아닌 사탄이 진정한 영웅으로 보인다는 점이 의미심장하다. 이 작품에서 사탄은 새로운 시대 유럽인의 특징을 여럿 지니고 있다. 여기서 사탄은 권위에 반항하고 미지의 세계에 과감히 뛰어들며, 지옥에서 혼돈을 거쳐 새롭게 창조된 세계로 여행을 감행하는 최초의 탐험자다. 반면에 밀턴이 그린 신은 그 자체로 서구의 성서 문자주의에 내재된 불합리성을 뚜렷이 보여주는 듯하다. 삼위일체에 대한 신비적 이해를 고려하지 않은 탓에, 이 서사시에서 성자(예수 그리스도)의 자리는 지극히 모호하다.

여기서 예수는 천사들보다는 우월하지만, 제2의 신적 존재인지 아니면 천사와 유사한 피조물인지 명확하게 드러나지 않는다. 신과 예수는 완전히 별개의 존재로 서로 상대의 의도를 알기 위해 매우 지루하고 긴 대화를 나누지 않으면 안 될 정도다. 비록 예수가 신의 아들로서 신으로부터 신의 '말씀'이자 '지혜'라고 인정받긴 하지만 말이다.

밀턴은 신이 지상에서 일어날 일을 미리 알았던 것으로 그림으로써 신의 신성을 믿을 수 없게 만들었다. 서사시에 따르면, 사탄이 지상에 나타나기 전에 신은 이미 아담과 하와가 타락하리라는 것을 알고 있었다. 따라서 신은 그 일이 실제로 일어나기 전에 자신의 행위를 그럴듯하게 정당화해야 했다. 신이 예수에게 설명한 바에 따르면, 신은 강제된 복종이 조금도 기쁘지 않기에 다만 아담과 하와에게 사탄에게 저항할 능력을 부여한 것뿐이다. 그러나 그들은 사탄의 유혹에 넘어가 타락했다. 그러므로 신은 그들의 타락에 대해 아무런 책임이 없다는 것이다. 신은 이렇게 방어적으로 주장한다.

> 그들의 창조주도, 그들의 만듦이나 그들의 운명도
> 비난하는 것은 옳지 않다,
> 마치 절대적인 섭리나 높은 예지가
> 그들의 의지를 배반했다는 듯이.
> 그들은 스스로 반역을 결정했다. 내가 미리 알았더라도
> 그러한 예지는 그들의 죄에 어떤 영향도 끼치지 못한다.
> 예지하지 못했다 해도 그들은 분명 반역을 저질렀을 것이므로.
>
> 나는 그들을 자유롭게 만들었으니, 그들은 스스로 노예가 되기로

정할 때까지는 자유롭게 살아갈 것이다. 아니면 나는 그들의
본성을 바꾸고, 그들에게 자유의 운명을 정해준
영원불변의 높은 섭리도 폐지해야 한다.
그들은 스스로 타락하기로 결정한 것이다.[20]

이렇게 허울만 그럴듯한 생각을 지닌, 냉담하고 독선적이며 공감 능력이 결여되었다는 느낌을 주는 신을 경배하기는 어렵다. 이런 식으로 신을 보통의 인간과 다를 바 없이 말하고 생각하게 만든 것은 결국 신인동형적이고 의인화된 신 이해의 부적절함을 확인시켜준다. 그와 같은 신은 경배의 대상으로 삼기에는 너무 모순이 많다.

신의 전지(全知)와 같은 교리를 말 그대로 이해하는 것은 아무런 의미가 없을 것이다. 밀턴의 신은 냉담하고 율법주의적일 뿐 아니라 무능력하다. 《실낙원》의 마지막 두 장에서 신은 대천사 미카엘을 아담에게 보내 그의 후손들이 어떻게 구원되는지 보여주고 아담의 죄를 위로한다. 구원의 역사 전 과정이 일련의 활인화(活人畵)처럼 아담의 눈 앞에 펼쳐지고 미카엘이 설명을 더한다. 아담은 카인의 아벨 살해, 노아의 대홍수, 바벨탑, 아브라함의 소명, 이집트 탈출, 시나이산에서 이루어지는 율법 전수를 본다. 미카엘의 설명에 따르면, 토라의 불충분함—신의 불행한 선민이 수 세기 동안 억압받은 것—은 그들이 더 영적인 율법을 갈망하게 만들기 위해 신이 짠 계책이었다. 그러나 계속해서 다윗 왕의 등장, 바빌론 유수, 그리스도의 탄생 같은 구원사에 대한 설명이 이어질수록 독자들은 왜 신이 인간의 구원을 위해 더 직접적이고 쉬운 방법을 택하지 않았는지 의문을 품게 된다. 끊임없는 실패와 잘못된 출발로 점철된 이 고통스러운 계획이 미리 정해진 것이라

는 사실은 그 입안자('신')의 지성에 커다란 의문을 품게 만들 뿐이다. 밀턴의 신은 거의 신뢰를 주지 못한다. 어쨌든《실낙원》이후 영국에서 주요한 작가 중에 초자연적 세계에 대한 묘사를 시도한 사람이 거의 없었다는 점은 시사하는 바가 크다. 아마 더는 밀턴 같은 인물이 나타나지 않을 것이다. 결국 초자연적이고 영적인 세계에 대한 묘사는 조지 맥도널드나 C. S. 루이스 같은 주변적 작가의 영역이 되었다. 그러나 상상력을 사로잡지 못하는 신은 곤경에 처하게 된다.

스피노자, 멘델스존, 칸트의 신

《실낙원》마지막 부분에서 아담과 하와는 에덴동산을 떠나 쓸쓸하게 세상으로 나아간다. 서구에서 기독교인들도—여전히 신에 대한 믿음을 지니고 있다 할지라도—좀 더 세속화된 시대에 발을 들여놓기 시작한 참이었다. 새로운 '이성의 종교'는 이신론(理神論)이라 불렸다. 이신론은 신비주의나 신화처럼 상상력 훈련이 필요한 것에 시간을 들이지 않았다. 이신론은 계시의 신화에 등을 돌렸고 삼위일체 같은 전통적 '신비'에도 등을 돌렸다. 그런 것들이 사람들을 너무나 오랫동안 미신의 노예로 만들었다고 보았기 때문이다. 그 대신에 이신론은 인간의 노력으로 발견할 수 있는 비인격적 '신(Deus)'과의 동맹을 선언했다. 계몽주의 선구자로 알려진 프랑스 사상가 프랑수아-마리 드 볼테르(1694~1778)가《철학 사전》(1764년)에서 이 이상적인 종교에 관해 서술한 데 이신론의 성격이 잘 나타나 있다.

교리보다는 도덕에 관해 더 많이 가르쳐주는 종교, 인간을 불합리하게 만들기보다는 의롭게 만드는 종교, 불가능하고 모순적이며 신과 인간 모두에게 해를 끼치는 것들을 믿도록 강요하지 않는 종교, 상식을 지닌 사람에게 영원한 형벌을 받게 될 것이라고 협박을 가하지 않는 종교는 없는가? 처형자들에 의해 믿음을 유지해 나가지 않는 종교, 이해할 수 없는 궤변 때문에 세상을 피로 물들이지 않는 종교는 없는가? 유일신을 찬미하면서도 정의와 관용과 인간애를 가르치는 종교는 없는가?[21]

교회가 이 같은 도전을 받게 된 것은 오로지 교회 자신의 책임이었다. 수 세기 동안 주체할 수 없이 많은 교리로 신도들에게 부담을 지워왔기 때문이다. 반동은 불가피했고 오히려 긍정적인 것일 수 있었다.

사실 계몽주의 철학자들은 신의 관념 자체를 거부하지는 않았다. 그들이 거부한 신은 영원한 지옥 불로 인간을 협박하는 냉혹한 존재로 묘사된 정통 교리의 신이었다. 또한 그들은 이성과 동떨어진 신비주의 신앙의 신을 거부했다. 그러나 인간이 범접할 수 없는 '최고 존재'로서 신에 대한 믿음은 간직했다. 볼테르는 페르니에 예배당을 짓고서, 그 상인방에 "볼테르, 신을 위해 이것을 지었다"라는 글자를 새겨 넣었고, 만약 신이 존재하지 않는다면 신을 만들어낼 필요가 있다고까지 말했다. 《철학 사전》에서 그는 고립된 마을이나 공동체에 살았던 인간은 본래 유일신을 섬겼고 다신교 신앙은 이후에 발달한 것이라 말하면서 유일신 신앙이 다신교 신앙보다 인간에게 더 합리적이며 자연스럽다고 주장했다. 또한 과학과 합리적 철학 모두 최고 존재를 암시한다고 생각했다. 그리하여 그는 《철학 사전》의 '무신론' 항목 끝부분에

"이 모든 것으로부터 무엇을 도출할 수 있는가?"라고 묻고 다음과 같은 해답을 제시했다.

> 비록 그들의 생활이 깨끗하다고 할지라도, 통치자들과 학자들에게 무신론은 무시무시한 악이다. 그들의 사상이 국가 운영에 참여하는 자들에게 결정적 영향을 끼칠 수 있기 때문이다. 광신주의만큼 해로운 것은 아닐지라도 무신론은 인간의 도덕에 치명적인 해악을 야기한다. 그러나 싹 없는 식물 없고, (신의) 의도 없는 싹이 존재하지 않는다는 것을 철학자들이 밝힘으로써 다행히 오늘날은 예전보다 무신론자들이 훨씬 줄어들었다.[22]

볼테르는 무신론을 당시 철학자들이 뿌리 뽑고 싶어 했던 미신이나 광신주의와 별로 다를 바 없다고 여겼다. 볼테르에게 문제는 신의 존재 자체가 아니라 이성의 기준을 벗어나는 신에 관한 교리였다.

유럽의 유대인들도 새로운 사상에서 영향을 받았다. 네덜란드의 유대인 바뤼흐 스피노자(1632~1677)는 토라 연구에 불만을 느껴 비유대인 자유사상가들과 어울렸다. 그는 전통적 유대교와 매우 다른 사상을 전개했으며, 특히 중세 스콜라 철학자와 데카르트의 사상에서 깊은 영향을 받았다. 1656년 스물네 살에 그는 무신론자라는 이유로 암스테르담의 시너고그에서 공식적으로 파문당했다. 파문장이 낭독되는 동안 불빛들을 하나둘 꺼뜨려 마침내 시너고그 전체가 암흑에 빠졌다. 스피노자의 영혼이 신이 부재하는 세계에서 어둠에 갇혔음을 상징하는 의식이었다.

그는 밤에도 낮에도 늘 저주받으리라. 누울 때나 일어설 때나 집을 나설 때나 들어설 때나 늘 저주받으리라. 신이여 부디 그를 용서하지 마옵소서! 이제부터 영원까지 당신의 분노의 불길로 그를 태우시고, 법전에 쓰인 모든 재앙을 그에게 내리시며, 하늘 아래 이 땅에서 그의 이름을 완전히 지워버리소서![23]

이후로 스피노자는 유럽의 어떤 종교 공동체에도 속하지 못했다. 그런 의미에서 그는 서구에서 하나의 추세가 될 자율적이고 비종교적인 이념의 원형이었다. 20세기 초 많은 사람들이 스피노자를 근대성의 영웅으로 존경했는데, 그의 상징적 추방과 소외, 비종교적인 구원을 위한 탐색에 친밀감을 느꼈기 때문이다.

스피노자는 무신론자로 여겨져 왔으나 성서의 신을 반대했을 뿐이지 신에 대한 믿음을 저버린 것은 아니었다. 파일라수프와 마찬가지로 그는 계시 종교를 철학자들이 신에 관해 습득한 체계적인 지식보다 열등하다고 보았다. 그는 《신학·정치론》(1670년)에서 종교적 믿음의 본질이 잘못 이해되어 왔다고 주장했다. 그리하여 믿음은 "편견과 아집의 복합체", "무의미한 신비적 환상들의 조직체"가 되고 말았다.[24] 특히 그는 성서에 그려진 역사를 비판적으로 보았다. 그가 보기에 이스라엘 민족은 자신들이 이해할 수 없는 현상을 가리켜 '신'이라 불렀다. 예를 들어 이스라엘 예언자들은 신의 성령으로부터 영감을 받았다고 일컬어졌는데, 이것은 그들이 이례적으로 뛰어난 지적 능력과 고매한 인격을 지녔기 때문이었다. 그러한 '영감'은 인간의 타고난 이성에 근거하는 것이므로 소수 엘리트에 한정되지 않고 모든 사람에게 가능한 일이었다. 그러나 한편으로 스피노자는 과학적, 이성적 사유 능력을 갖추지 못한 일반 대중에게는 종교 의례와 신앙의 상징이 중요한 역할을 할 수밖에 없음도 지적했다.

스피노자도 데카르트처럼 신의 존재에 대한 존재론적 증명에 관심을 기울였다. 그는 완전자로서 신이라는 개념 자체가 신의 존재를 입증한다고 보았다. 완전한 존재가 존재하지 않는다는 말은 모순이기 때문이다. 오직 완전자로서 신만이 실재에 대한 다른 연역적 추론에 필요한 확실성과 확신을 제공해주기 때문에 신의 존재는 필연적이다. 우리는 세계에 대한 과학적 이해를 통해 이 세계가 불변의 법칙들에 의해 통치됨을 알 수 있다. 스피노자에게 신은 그저 법칙의 원리, 존재에 관한 영원불변한 법칙들의 집약체였다. 그의 신은 우주를 통치하는 질서와 동일한 물질적 존재였다. 그는 뉴턴처럼 유출이라는 오래된 철학적 개념으로 되돌아갔다. 그에게 신은 물질적이고 영적인 모든 존재에 내재하는 법칙, 만물의 현존을 지시하는 법칙이었으며, 이 세계에서 신의 활동은 존재의 수학적, 인과적 원리를 묘사하는 방식으로 말할 수 있었다. 결국 스피노자는 신의 초월성을 완전히 부정했다.

이 같은 신 이해는 지나치게 냉랭해 보이지만, 스피노자는 신을 생각할 때면 진정 신비로운 경외를 느꼈다. 스피노자가 보기에 모든 존재 법칙의 집약체로서 신은 만물을 통일성과 조화의 상태로 구성하는 더할 수 없이 완전한 존재였다. 데카르트가 명한 것과 같은 방식으로 자기 자신의 정신 작용을 깊이 숙고할 때 인간은 자기 안에서 활동하는 영원하고 무한한 신의 존재를 받아들이게 될 것이었다. 플라톤과 마찬가지로 스피노자는 어떤 사실을 힘들여 습득하는 것보다 직관적이고 즉흥적인 앎이 신의 현존을 드러낸다고 믿었다. 우리가 앎에서 얻는 기쁨과 행복은 신의 사랑에서 비롯한다. 신은 사유의 대상이 아

니라 사유의 원인이자 원리이며, 사유를 통해 모든 인간에게 드러난
다. 그러므로 계시와 율법은 불필요하며, 오직 토라만이 자연의 영원
한 법칙이다. 스피노자는 과거의 형이상학을 당시 새롭게 등장한 학문
과 조화시켰다. 그의 신은 신플라톤주의자들의 불가해한 신이 아니라
아퀴나스 같은 철학자들이 주장한 절대적 존재에 가까웠다. 그러나 그
의 신은 정통 유일신론자들이 자기 안에서 경험한 신비주의적인 신과
도 가까웠다. 유대인, 기독교인, 철학자들은 스피노자를 무신론자로
간주하곤 했다. 왜냐하면 그의 신은 전혀 인격화된 신이 아니었고 물
질세계와 분리할 수 없기 때문이었다. 사실 스피노자는 역사적인 이유
로 '신'이라는 말을 썼다. 그는 실재를 '신'인 부분과 '신이 아닌' 부분
으로 나눌 수 없다는 무신론자들의 견해에 동의했다. 신이 다른 어떤
것으로부터 분리될 수 없다면 우리가 쓰는 일상적인 의미의 '신'이 존
재한다고 말할 수 없었다. 사실상 스피노자는 우리가 '신'이라는 말에
흔히 붙이는 의미에 해당하는 그런 신은 없다고 말한 것이다. 그러나
이 생각은 여러 신비주의자와 철학자들이 수 세기 동안 누누이 강조한
것이었다. 심지어 우리가 아는 세계 말고는 '아무것도 없다'고 주장한
사람들도 있었다. 스피노자의 주장에 초월적인 아인 소프와 같은 내
용이 들어 있었더라면 그의 범신론은 카발라를 닮았을 것이고, 우리는
급진적인 신비주의와 새롭게 등장한 무신론의 유사성을 감지할 수 있
었을 것이다.

그러나 유대인이 근대 서구 사회에 진입할 수 있도록 길을 연 사람
은 독일의 유대 철학자 모제스 멘델스존(1729~1786)이었다. 그는 처
음에는 특별히 유대적 철학을 구성하려는 의도가 없었다. 그는 종교
뿐 아니라 심리학과 미학에도 관심이 있었고, 독일 계몽주의의 맥락

안에서 《파이돈》(1767년)과 《오전의 시간》(1785년)을 썼다. 초기 저작인 두 책에서 멘델스존은 유대교적 관점을 고려하지 않고 합리주의의 토대 위에서 신의 존재를 확립하고자 했다. 당시 프랑스와 독일 같은 나라에서 활발히 전개된 계몽주의 사상은 유대인에게 해방을 가져다 주었고 그들이 기존 사회에 진입할 수 있는 계기를 마련해주었다. '마스킬'*이라 불리던 계몽된 유대인이 독일 계몽주의의 종교 철학을 받아들이는 것은 그리 어려운 일이 아니었다. 유대교는 서방 기독교와 같은 수준으로 교리에 집착한 적이 없었다. 유대교의 기본 교의는 인간사에 대한 신의 개입과 기적을 인정하던 독일 계몽주의의 합리적 종교와 거의 같았다. 《오전의 시간》에 기술된 멘델스존의 철학적 신은 성서의 신과 매우 유사했다. 그 신은 형이상학적 관념이 아니라 인격신이었다. 지혜, 선함, 정의, 자애, 지성 같은 인간적 특성이 가장 고결한 형태로 이 최고 존재에 적용될 수 있었다.

그러나 멘델스존의 이 시도는 신을 우리 인간과 매우 비슷하게 만들었다. 그의 신앙은 전형적인 계몽주의 신앙이었다. 냉철하고 감정에 좌우되지 않으며 종교 체험의 역설과 모호함을 허용하지 않는 신앙이었다. 그는 신이 없는 삶은 무의미하다고 보았으나 열정적인 신앙심을 지닌 것은 아니었다. 그는 이성으로 도달할 수 있는 신에 관한 지식에 매우 만족했다. 그의 신학의 중심에는 신의 선함이 있었다. 멘델스존의 주장에 따르면, 만일 인간이 계시에만 의존해야 한다면 그것은 신

마스킬(maskill) 복수형은 '마스킬림(maskilim). 18세기 유럽 중부와 동부의 유대인들 사이에서 일어난 계몽 운동인 '하스칼라(Haskalah)'를 지지하는 사람을 가리켜 마스킬이라 불렀다. 하스칼라 지도자들은 유대인들에게 현지의 언어와 학문, 경제적 생활 방식을 받아들일 것을 장려하고 현지 사회에 융화될 것을 주장했다.

의 선함과 어긋나는 일이었다. 너무나 많은 사람이 신의 계획에서 배제될 것이 분명하기 때문이었다. 그러므로 그의 철학은 팔사파(이슬람 철학)에서 요구한 것과 같은 소수만 지닐 수 있는 심오한 지적 능력보다는 모든 사람이 이해할 수 있는 상식에 기댔다. 하지만 이런 식의 접근은 신을 우리가 지닌 편견에 따르게 하여 그 편견들을 절대적인 것으로 만들기 쉽다는 위험이 따랐다.

1767년에 《파이돈》이 출간되었을 때, 영혼의 불멸성에 대한 멘델스존의 주장은 비유대교도와 기독교인들로부터 우호적인 — 그러나 종종 깔보는 듯한 태도가 덧붙은 — 반응을 얻었다. 특히 스위스의 젊은 목사 요하나 카스퍼 라바터(1741~1801)는 멘델스존이 기독교로 개종할 수 있을 만큼 성숙했다고 말하면서, 그에게 유대교를 공개적으로 변호할 것을 요구했다. 멘델스존은 유대교의 선민 사상이나 약속의 땅 같은 전통적 믿음을 신봉하지 않았지만, 자신의 의지와 거의 반대로 합리적 논증을 통해 유대교를 변호해야 하는 상황으로 끌려 들어갔다. 그는 미묘한 처지에 놓였다. 그는 스피노자의 길을 가고 싶지 않았고 그렇다고 성공적으로 유대교를 변호함으로써 동포에 대한 기독교인의 분노를 불러일으키는 것도 원치 않았다. 다른 이신론자들과 마찬가지로 멘델스존은 계시란 이성에 의해 진리임이 입증될 때에만 받아들일 수 있다고 주장했다. 기독교의 삼위일체 교리는 그의 기준을 충족하지 못했다. 유대교는 '계시된 종교'가 아니라 '계시된 율법'이었다. 그가 보기에 유대교의 신 개념은 전 인류에 속하는 자연 종교*의 신 개념과

자연 종교(natural religion) 계시에 근거하는 '계시 종교(revealed religion)'와 대립되는 개념으로, 계몽주의 시대에 인간의 타고난 이성에 근거를 둔 합리주의적 종교를 가리켰다.

본질적으로 같았고, 다른 도움 없이 이성만으로 증명할 수 있었다. 그는 신의 존재를 증명하기 위해 오래된 우주론적 증명과 존재론적 증명에 의지했으며, 율법의 기능은 유대인이 신에 관한 올바른 관념을 발전시키고 우상 숭배를 피할 수 있도록 돕는 것이었다고 주장했다. 그는 관용을 호소하는 것으로 끝을 맺었다. 이성이라는 보편 종교는 유대교를 비롯해 신에 접근하는 다른 방식에 대한 존중으로 이어져야 했다. 유럽 교회들은 유대교를 수 세기 동안 박해해 온 터였다.

유대인들은 멘델스존보다 이마누엘 칸트(1724~1804)의 철학에서 더 많은 영향을 받았다. 칸트의 《순수 이성 비판》(1781년)은 멘델스존 생애의 마지막 10년 사이에 출판되었다. 칸트는 계몽주의를 "스스로 죄어놓은 속박으로부터 인간 해방" 또는 외부 권위에 대한 의존으로부터 인간 해방이라고 규정했다.[25] 칸트는 신에게 이를 수 있는 유일한 길은 도덕적 양심의 자율적 영역에서 발현되는 '실천 이성'이라고 주장하고, 독단적인 교회의 권위와 기도와 예배 의식을 인간의 자율성을 해치는 종교적 속박의 산물이라고 비판했다. 그러나 그는 신 '자체'는 부정하지 않았다. 다만 칸트는 수 세기 전 사람인 알-가잘리처럼, 인간의 정신이 시간과 공간 속에 존재하는 사물들만을 인식할 뿐 그러한 범주를 벗어난 실재는 인식할 수 없기에 신 존재에 대한 전통적인 증명은 쓸모가 없다고 주장했다. 그러나 그는 인간이 이러한 한계를 넘어서, 일관성 있는 전체로서 실재에 대한 비전을 선사해줄 통일성의 원리를 찾는 경향이 있음을 인정했다. 그것이 바로 신의 개념이었다. 신의 존재는 논리적으로 증명할 수 없지만 그것을 반증하는 것도 불가능했다. 우리 인간에겐 신이라는 개념이 꼭 필요했다. 그것은 곧 인간이 세계에 대한 포괄적 견해를 얻을 수 있게 해주는 이상적인 한계였다.

칸트는 신이 인간의 편의대로 해석되고 이용되어 왔다고 생각했다. 그는 지혜롭고 전능한 창조자라는 신 개념이 과학적 탐구의 기반을 약화하고, 인간이 자신의 부족한 앎을 보완해주는 신이라는 데우스 엑스 마키나(deus ex machina)에 안일하게 의존하게 만들 수 있다고 보았다. 또한 그러한 신 개념은 그동안 기독교의 역사를 피로 물들여 온 불필요한 신비화의 근원이 될 수 있었다. 칸트는 아마도 자신이 무신론자가 아니라고 부인했을 것이다. 실제로 동시대인들은 그를 매우 경건한 사람으로 묘사했다. 그는 인간이 지닌 악의 가능성을 깊이 알고 있었기에 신의 개념이 필수적이라고 생각했다. 《실천 이성 비판》(1788년)에서 그는 인간이 도덕적 삶을 살려면 덕을 실천했을 때 행복이라는 보상을 주는 통치자가 필요하다고 주장했다. 이 관점에서 볼 때 신은 인간 삶의 윤리적 체계를 완성하기 위해 필요한 존재였고, 종교의 중심에는 신의 신비가 아니라 인간 자신이 놓였다. 이제 신은 모든 존재의 근원이 아니라 인간이 좀 더 효율적이고 도덕적으로 살 수 있게 해주는 하나의 전략이 되었다. 칸트가 품었던 인간의 자율성이라는 이상을 한 단계 더 밀고 나아가 이 다소 보잘것없는 신을 완전히 지워버리는 이들이 나타나기까지는 그리 오래 걸리지 않을 터였다. 칸트는 서구에서 전통적인 신 존재 증명의 타당성을 처음으로 의심한 이들 중 하나였으며, 그러한 전통적 증명이 사실상 아무것도 증명하지 못했음을 보여주었다. 전통적인 신 존재 증명은 다시는 예전처럼 설득력을 얻지 못할 것이었다.

마음의 종교와
이신론

그러나 이것은 신이 신앙에 이르는 길 하나를 막은 것은 오직 다른 길을 열기 위함이라고 확신하던 일부 기독교인에게는 해방의 소식 같은 것이었다. 그 대표적 인물인 존 웨슬리(1703~1791)는 《순수한 기독교에 관한 단순한 설명》(1766년)이라는 책에서 다음과 같이 말했다.

> 나는 신의 지혜가 기독교의 외적 구조에만 이용되어 왔으며, 그래서 근년에 들어와 결국 곤경에 처하게 됐으므로 이제 인간은 교회의 외적 구조가 아니라 자신의 내면세계로 눈을 돌려 마음속에서 반짝이는 빛을 발견해야 한다는 확신을 때때로 강하게 느끼곤 한다.[26]

그리하여 흔히 '마음의 종교'라고 불리는 새로운 기독교 신앙 유형이 이성 중심의 계몽주의와 나란히 발전하기 시작했다. '마음의 종교'는 인간의 머리보다 마음을 더 중요시하긴 했지만 많은 부분에서 이신론과 관심이 같았다. 외부 증거에 근거해 신 존재를 증명하려 했고, 기존 교회의 권위를 거부하고 모든 사람의 마음속에 있는 신을 발견할 것을 강조했다. 많은 이신론자들과 마찬가지로 웨슬리 형제나 독일 경건주의 운동의 중심인 니콜라우스 루트비히 친첸도르프(1700~1760)를 따른 신도들은 자신들이 수 세기에 걸쳐 기독교 신앙에 덧붙은 불필요한 요소를 제거하고 그리스도와 초대 교회의 '단순한' 그리고 '순수한' 기독교로 돌아가고 있다고 느꼈다.

존 웨슬리는 늘 열정적인 기독교인이었다. 옥스퍼드대학 링컨칼리지의 젊은 연구원이었던 그와 동생 찰스 웨슬리는 학부생을 대상으로 하여 '신성 클럽'이라는 모임을 만들었다. 신성 클럽은 엄격한 규칙과 규율을 강조했기 때문에 그 구성원들은 '메서디스트(규칙주의자)'라고 불렸다. 1735년에 존과 찰스 형제는 선교사가 되어 아메리카에 있던 영국 식민지 조지아주로 건너갔다. 그러나 존은 2년 후 좌절감에 싸여 영국으로 돌아왔다. 당시 그는 일기에 "나는 인디언들을 회심시키기 위해 아메리카로 갔다. 아, 그러나 정작 나를 회심시킬 사람은 누구인가?"라고 적었다.[27] 항해 도중에 웨슬리 형제는 종교가 교리가 아닌 마음의 문제임을 강조하는 모라비아파* 선교사들을 만나 깊은 인상을 받았다. 그 후 1738년에 존 웨슬리는 런던 올더스게이트 거리에서 열린 한 모라비아 종파 집회에 참석해 회심을 경험했다. 이때 그는 자신이 신에게서 직접 이 새로운 기독교 신앙을 영국에 전도하라는 사명을 받았음을 확신했다. 회심을 체험한 뒤, 그는 영국 전역을 돌아다니면서 특히 농민과 도시 노동자 계급에게 마음 중심의 기독교 신앙을 전파했다.

웨슬리가 전한 신앙은 '거듭남'의 체험이 핵심이었다. 그는 이 체험을 "끊임없이 인간 영혼 속에 살아 숨 쉬는 신을 경험하는 것이며, 넘치는 감사의 마음으로 신을 사랑하고 온유와 인내의 마음으로 신의 자녀들을 사랑하는 것"이라고 말했다.[28] 그에게 신에 관한 교리들은 무의미했으며 오히려 해로운 것일 수 있었다. 오직 그리스도의 말씀이

모라비아파(Moravia) 보헤미아의 종교개혁가 얀 후스(Jan Hus)를 따르는 종파로, 본래 '보헤미아 형제단'으로 불렸으나 얀 후스가 가톨릭에 의해 이단으로 처형된 후 박해를 피해 보헤미아 인근의 모라비아로 주요 거점을 옮겨 활동해 '모라비아파' '모라비아 형제단'으로 불렸다.

믿는 자의 마음에 끼치는 영향만이 종교의 진실성을 입증하는 최고의 증거였다. 즉 청교도주의에서처럼 감정적인 종교 체험만이 참된 신앙과 구원의 유일한 증거였다. 그러나 이 '모두를 위한 신비주의'는 위험할 수 있었다. 신비주의자들은 언제나 영적인 길에 놓인 위험을 강조했고 지나친 흥분 상태를 조심하라고 경고했다. 마음의 평화와 평정이야말로 참된 신비주의의 표시였다. 하지만 감정을 중시하는 거듭남의 기독교는 퀘이커*와 셰이커*의 폭력적인 황홀경 체험에서 보이는 것 같은 광기 어린 행동을 부를 수 있었다. 그것은 또한 절망으로 이어질 수도 있었다. 시인 윌리엄 쿠퍼(1731~1800)는 자신이 구원받았다고 느낄 수 없게 되었을 때, 이 감각의 결여가 곧 자신이 저주받았음을 의미한다고 상상해 미치고 말았다.

마음의 종교에서는 인간의 내적 감정 상태가 신에 관한 교리보다 중요하게 여겨졌다. 예를 들어 독일 작센에서 자기 영지 안에 있는 몇몇 종교 공동체의 후원자였던 친첸도르프 백작은 "신앙은 사람의 생각이나 머릿속에 있지 않고 마음속에 그 마음을 밝혀주는 빛으로 존재한다"고 말했는데, 이것은 존 웨슬리의 생각과 유사했다.[29] 그는 학자들이 "삼위일체의 신비에 대해 장광설을 늘어놓지만", 삼위일체 교리는

퀘이커(Quakers) 1647년 영국인 조지 폭스(George Fox)가 창설한 기독교 프로테스탄트의 한 종파. 정식 명칭은 '친우회(Society of Friends)'이며, '내면의 빛'을 받아 구원을 찾는 것을 지향하며 성령을 중시한다. 성직자나 기존 교회의 예배 의식 없이도 내적으로 신을 깨달을 수 있다고 주장한다.

셰이커(Shakers) 정식 명칭은 "The United Society of Believers in Christ's Second Appearing(그리스도의 재림을 믿는 이들의 합동 협회)". 예배 시에 정신적으로 격앙되어 격렬하게 몸을 흔들기 때문에 '셰이커(shaker)'라고 불리게 되었다. 1747년 영국에서 퀘이커의 부흥 운동이 일어났을 때 생긴 종파로서 재산 공유, 세속으로부터의 분리, 평화주의, 독신주의를 생활의 원칙으로 삼았다.

삼위의 관계가 아니라 "그들이 우리에게 어떤 의미인가?"가 중요하다고 주장했다.[30] 또한 그는 성육신 교리는 개인의 거듭남이라는 신비를 표현한 것이며 이때 그리스도는 '마음의 왕'으로 군림한다고 해석했다. 이러한 감정 중시 신앙은 로마 가톨릭에도 영향을 주어 예수회와 교회 당국이 감상적이라고 신랄히 비난한 '성심(聖心)' 숭배를 낳았다. 이것은 오늘날까지 이어져 지금도 많은 가톨릭교회에 예수가 가슴을 드러내고 있는 상(像)이 있다. 그 상을 보면 예수의 둥글납작한 심장이 성광(聖光)에 둘러싸인 채 드러나 있다. 프랑스의 파레르모니알 수도원에서 마르게리트-마리 알라코크(1647~1690)라는 수녀가 이러한 그리스도의 모습을 보았다고 주장했다. 그러나 그 모습과 복음서에 나타난 수난받는 그리스도의 모습에는 아무런 유사성도 없다. 1682년 마르게리트-마리는 사순절이 시작될 때 자신에게 나타난 예수를 이렇게 회상했다.

> 상처와 멍투성이인 몸에 피가 흘렀으며, 그는 슬프고 고통스러운 어조로 내게 말했다. "특별히 오늘 이때에 죄인 중 어느 누구도 내게 연민을 품지 않고, 내게 동정심을 지니지 않고, 내 슬픔에 참여하지 않은 채, 나를 하찮은 존재로 전락시켜버렸다."[31]

몹시 신경증적이었던 마르게리트-마리는 자신은 성(性) 개념을 혐오한다고 고백했고, 불규칙한 식사로 고통받았으며, '성심'에 대한 자신의 사랑을 증명하려고 건강하지 않은 마조히즘적 행위에 몰두했다. 마르게리트-마리는 마음의 종교가 어떻게 잘못될 수 있는지 보여준다. 그녀의 그리스도는 종종 개인적인 소망 성취에 불과했는데, '성심'은 그녀가 결코 경험해보지 못한 사랑으로 보상해 줄 것이었다. 마르게리트-마리는 자신에게 나타난 그리스도가 이렇게 말했다고 주장했다. "너는 영원히 그것('성심')의 제자가 될 것이며, 또 그것의 선한 기쁨의 대상이자 소망의 희생자가 될 것이다. 그것은 네 모든 소망의 유일한 기쁨이 될 것이며, 너의 부족함을 채워주고 너의 무거운 짐을 덜어줄 것이다."[32] 오로지 인간 예수에게만 집중하는 그러한 신앙심은 기독교인을 신경증적 자기 중심주의에 가두는 한낱 심리적 투사에 불과하다.

우리는 분명 계몽주의의 냉철한 합리주의로부터는 아주 멀리 떨어져 있다. 하지만 그 최선의 형태인 '마음의 종교'와 이신론 사이에는 연관성이 있었다. 예를 들어 이성적인 종교를 내세운 칸트는 마음의 종교를 강조한 친첸도르프와 유사하게 루터파 경건주의 분위기 속에서 자랐다. 그리고 칸트가 제안한 '이성의 한계 안에서의 종교'는 권위주의적 교회의 교리에 명시된 계시의 종교보다는 "영혼에 근거한" 경건주의자들의 종교와 더 비슷했다.[33] 종교에 대한 자신의 진보적인 견해로 유명해졌을 때 칸트는 경건주의 신앙을 지닌 하인에게 자신은 다만 "참된 믿음을 위해 교조적 교리들을 파괴했을 뿐"이라고 말함으로써 하인을 안심시켰다고 한다.[34] 한편, 마음의 종교를 역설한 존 웨슬리는 계몽주의에 매료됐으며 특히 자유의 이상에 동조했다. 그는 인간 본성과 역사의 진보에 관한 계몽주의의 낙관론에 동의했으며, 과학과 기술 분야에 흥미를 느껴 전기 실험에 조금 손을 대기도 했다. 20세기 미국의 신학자 앨버트 아우틀러(Albert C. Outler)는 새로운 '마음의 종교'와 계몽주의의 합리주의는 둘 다 반체제적이고 외적 권위를 불신했으며, 비인간적 행위를 혐오하고 박애를 강조했다고 지적했다. 사실상 급진적 경건주의가 계몽주의의 이상이 기독교인뿐 아니라 유대인 사이에서도 널리 받아들여질 수 있도록 길을 닦았다고 볼 수 있다. 이 극단적 운동들에는 눈에 띄는 유사성이 있었다. 많은 종파가 기존의 종교적 금기들을 위반함으로써 엄청난 변화가 일어나던 시대의 흐름에 응답하는 듯했다. 일부는 신성 모독으로 보였다. 일부는 무신론으로 낙인찍혔는데, 다른 한편에서는 스스로 신의 화신이라고 주장하는 지도자가 이끄는 종파도 있었다. 그리고 그런 종파 중 많은 수가 메시아 신앙의 분위기를 풍기면서 완전히 새로운 세계가 임박했다고 선언했다.

그러한 묵시론적 흥분이 올리버 크롬웰의 청교도 혁명 시기, 특히 1649년 국왕 찰스 1세의 처형 이후 영국에서 폭발했다. 일반 대중과 병사들 사이에서 분출한 종교적 열정, '주의 날' 즉 심판의 날이 임박했다는 믿음은 청교도 정권이 제어할 수 없을 정도로 거셌다. 성서에 적힌 약속대로 신이 자신의 모든 백성에게 성령을 부어줄 것이며 영국 땅에 신의 왕국이 건설될 것이 분명했다. 심지어 크롬웰 자신도 그와 비슷한 바람을 품었던 것으로 보이는데, 신의 왕국 건설은 1620년대 뉴잉글랜드로 이주한 청교도들의 믿음이기도 했다. 이런 시대적 상황 속에서 1649년 제라드 윈스탠리(1609~1676)는 잉글랜드 남동부 서리의 코범 근교에 '디거파(Diggers)' 공동체를 세우고 아담이 에덴동산에 살았던 시절과 같은 인류의 본원적 상태를 회복하고자 했다. 이 새로운 사회에서는 사유 재산, 계급 차별, 인간적 권위가 사라질 것이었다. 조지 폭스(1624~1691)와 제임스 네일러(1618~1660) 같은 최초의 퀘이커교도들은 모든 사람은 신에게 직접 다가갈 수 있다고 설교했다. 각자 자기 안에 있는 '내면의 빛'을 발견해 계발하면 계급이나 지위에 상관없이 누구나 이 땅에서 구원을 얻을 수 있다고 주장했다. 특히 퀘이커의 창시자인 조지 폭스는 자신이 세운 '친우회'를 위해 평화주의와 비폭력, 철저한 평등주의를 가르쳤다. 자유, 평등, 형제애를 향한 기대가 프랑스 파리 시민들이 바스티유 감옥을 습격하기 140년 전에 이미 영국 전역을 강타하고 있었다.

이 같은 새로운 신앙 정신의 극단적 사례들은 중세 말기의 이단으로 알려진 '자유 정신 형제단'과 공통점이 많았다. 영국의 역사가 노먼 콘은 《천년왕국의 추구》(1957년)라는 책에서 '형제단'이 범신론으로 몰려 심한 박해를 받았다고 설명했다. 그들은 "신은 존재하는 모든 것이다" "신은 성만찬의 빵뿐 아니라 인간의 몸과 자연의 돌덩이 속에도 존재한다" "모든 피조물은 신적 존재다"라고 서슴없이 말했다.[35] 그들의 주장은 플로티노스의 주장을 재해석한 것이었다. 일자(一者)로부터 유출된 만물의 영원한 본질은 신성한 속성을 지닌다. 존재하는 모든 것은 '신성한 원천'으로 돌아가기를 갈망하므로 결국 신에게로 재흡수된다. 삼위일체의 삼위도 궁극적으로 원초적 단일성으로 귀결될 것이다. 따라서 자기 안에 있는 신성한 속성을 깨달으면 바로 이 땅에서 구원을 얻을 수 있다. 이와 같은 형제단의 사상은 라인강 인근 어느 움막에서 발견된 한 형제단원의 글에도 잘 드러나 있다. "신의 본질은 나의 본질이며, 나의 본질은 신의 본질이다. 모든 이성적인 피조물은 본질적으로 축복받은 존재다."[36] 이것은 철학적 신조가 아니라 인간의 한계를 초월하고자 하는 뜨거운 열망의 표현이었다. 스트라스부르의 주교가 말한 바에 따르면 "(형제단은) 자신들이 본성상 신과 동일한 존재라고 말한다. 그들은 자기 안에 신의 완전성이 내재해 있으므로 자신은 영원한 존재이며 영원 속에 있다고 믿는다."[37]

노먼 콘은 올리버 크롬웰 시대에 영국에서 나타난 '퀘이커' '수평파'*

'랜터파'* 같은 극단주의 기독교 종파들을 두고 14세기 '자유 정신 형제단'의 복고적 형태라고 주장한다. 물론 의식적으로 부활시킨 것은 아니었으나 그들은 독자적으로 범신론적 견해에 이르렀으며 그들의 견해는 스피노자가 간략히 해설을 시도했던 철학적 범신론의 대중적 버전이었다고 할 수 있다. 디거파의 윈스탠리는 초월적 존재로서의 신을 결코 믿지 않았을 텐데, 그런데도 다른 급진주의자들과 마찬가지로 자신의 신앙을 개념적으로 정리하기를 꺼렸다. 이 혁명적 종파들은 역사적 인물인 예수가 행한 속죄로 인해 자신들이 구원받았다고 믿지 않았다. 그들에게 그리스도는 공동체 구성원들을 통해 드러나는 영이었으며 사실상 성령과 구별할 수 없었다. 그들은 예언이 신에게 접근하는 가장 중요한 수단이며, 성령에 의해 유도된 영감이 기성 종교의 가르침보다 우월하다고 생각했다. 조지 폭스는 퀘이커교도에게 침묵 속에서 신을 기다릴 것을 가르쳤는데, 그것은 동방 정교회의 '헤시카즘' 또는 중세 철학자의 '부정의 길(via negativa)'을 연상시켰다. 삼위일체 신(Trinitarian God)이라는 오래된 개념이 무너지고 있었다. 그들이 보기에 이 내재하는 신의 현존은 삼위로 나뉠 수 없었다. 따라서 그들의 대표적 특징은 여러 종교 공동체의 통일성과 평등주의를 반영하는 '단일 존재'로서 신에 대한 믿음이었다. 마치 형제단이 그랬듯이, 일부 랜터파는 자신들을 신성한 존재로 생각했는데, 심지어 그리스도 또

수평파(Levellers, 水平派) 영국 청교도 혁명 때 소상인, 장인, 자영농 들을 중심으로 하여 결성된 정치적 급진 당파. 의회 주권, 법 앞에서의 평등, 종교적 관용, 참정권 등을 주장했다.
랜터파(Ranters) 올리버 크롬웰이 이끈 공화정 '코먼웰스(Commonwealth, 1649~1653)' 시기에 나타난 영국 국교회 분리주의자들(English Separatists) 그룹 중 하나였으며, 초기 감리교의 분파였다.

는 새로운 성육신이라 주장하기도 했다. 메시아로서 그들은 혁명적 교리와 새로운 세계 질서를 가르쳤다. 장로교 비평가 토머스 에드워즈 (1599~1647)는 1646년에 출간된 논쟁적인 저작에서 랜터파의 급진적 주장을 다음과 같이 요약했다.

> 태초에 창조되었던 모든 피조물은 신이었고, 신으로부터 유출된 생명과 호흡을 지닌 모든 오늘의 피조물도 신이로되, 바다에 떨어지는 물방울처럼 그들은 모두 신에게로 삼켜져 되돌아가야 한다. …… 신이 모든 것을 알듯이 성령으로 거듭난 자는 모든 것을 아나니 그것은 깊은 신비다. …… 만일 성령으로 거듭난 사람이 스스로 은총의 경지에 있음을 안다면, 그가 살인을 저지르건 술에 취해 있건 신은 그에게서 죄를 찾지 않는다. …… 그 거듭난 성인들이 선함으로 가득 찬 이 세계를 신사의 나라로 이끌어 갈 것이다.[38]

스피노자처럼 랜터파는 무신론자라는 비판을 받았다. 인간의 자유의지를 강조함으로써 기존 교회의 금기들을 의도적으로 깨뜨렸고, 신과 인간 사이에는 아무런 구별도 없다는 신성 모독적인 주장을 했기 때문이다. 사실 모든 사람이 칸트나 스피노자처럼 추상적 개념으로 사상을 논할 수는 없는 현실에서, 랜터파의 '자기 고양'과 퀘이커의 '내면의 빛' 사상은 그로부터 1세기 후 프랑스 혁명으로 분출될 인간의 열망을 앞서 드러낸 것이었다.

일부 랜터파는 자신들이 새로운 왕국을 건설하기 위해 환생한 메시아라고 주장했다. 지금 우리가 그들의 삶에 관해 아는 것을 토대로 보면 그들 중 어떤 이들은 정신 질환을 앓았던 것으로 보이지만, 한편으로 그들은 당시 영국 사회가 안고 있던 영적, 사회적 문제를 다룸으로써 적지 않은 추종자를 얻은 듯하다. 건실한 가장이었으나 집안이 전염병으로 풍비박산된 이후 1646년부터 정신 질환을 앓기 시작한 윌리엄 프랭클린(William Franklin)이 그런 대표적인 인물이었다. 그는 스스로 신이자 그리스도라고 칭해 동료 기독교인들을 놀라게 만들었으나 이후에 그 주장을 철회하고 용서를 구했다. 그는 지각과 인식 능력은 모두 온전한 듯 보였으나 아내를 남겨 둔 채 집을 떠나 다른 여인들과 잠자리를 함께하는 등 난잡한 탁발 수도사의 생활을 지속했다. 그런 여인들 중 한 명인 메리 개드버리(Mary Gadbury)는 모든 계급 차별을 타파하고 새로운 사회 질서를 세울 것을 예언하는 신의 환상과 음성을 보고 들었다고 주장하면서 프랭클린을 자신의 주님이자 그리스도로 내세웠다. 그들은 적지 않은 추종자를 얻었으나 1650년에 체포되어 채찍 체형을 받고 런던 브리드웰 감옥에 수감되었다. 비슷한 시기에 존 로빈스(John Robbins)라는 인물도 자신이 신이라 주장하고 자신의 아내가 곧 세상의 구원자를 낳을 것이라는 기괴한 주장을 폈다.

일부 역사가들은 그들을 적대시한 사람들로부터 나온, 왜곡되었을지도 모르는 정보만으로 프랭클린과 로빈스 같은 이들이 랜터파였다고 말하는 것은 잘못이라고 주장한다. 그러나 악명 높은 랜터파였던 제이컵 보텀리(Jacob Bauthumely), 리처드 코핀(Richard Coppin), 로런스 클라크슨(Laurence Clarkson)이 쓴 글에도 프랭클린이나 로빈스의 주장과 같은 생각들이 나타난다. 특히 보텀리는 《신의 밝은 면과 어두운 면》(1650년)에서 신은 '신에게 되돌아갈 인간의 눈과 귀와 손'이라는 수피즘과 유사한 주장을 폈다. 그는 "오 신이여, 제가 당신을 무엇이라 말해야 합니까?"라고 묻고 나서 다음과 같이 말했다. "만일 제가 당신을 보았다고 말한다면, 그것은 당신 스스로 본 당신일 것입니다. 왜냐하면 제 안에 있는 당신 자신 외에 당신을 볼 수 있는 것은 아무것도 없기 때문입니다. 또 만일 제가 당신을 안다고 말한다면, 그것은 다름 아닌 당신 자신에 관한 지식일 것입니다."[39] 합리주의자들처럼 보팀리도 삼위일체 교리를 부정했고, 예수는 신성한 존재였지만 신은 오직 한 인간만을 통해 자신을 드러내지는 않는다는 말로 그리스도의 신성을 격하했다. "신은 참으로 그리고 실질적으로 예수 그리스도 한 사람뿐 아니라 다른 인간들과 피조물 안에 머문다"라고 그는 말했다.[40] 그는 뚜렷이 구분되는 지역화된 신을 숭배하는 것은 일종의 우상 숭배이며, 천국은 어떤 장소를 가리키는 것이 아니라 그리스도의 영적 실존을 뜻한다고 생각했다. 또한 성서에 나오는 신의 개념이 부적절하다고 믿었으며, 죄는 어떤 행위가 아니라 인간이 자신의 신성한 본성에 미치지 못하는 상태를 가리킨다고 보았다. 보팀리는 죄란 "빛이 결여된 신의 어두운 속성"에서 비롯된 상태이며, 신이 그 죄 안에 머문다고 말했다.[41] 결국 보팀리는 무신론자라는 비난을 받았으나, 그의 주장은 근본적으로 조지 폭스나 존 웨슬리의 사상과 별 차이가 없었다. 후기 경건주의자와 감리교도처럼 보팀리는 초월적이고 냉혹한 모습의 신을 부정하고 전통 교리를 종교적 체험으로 대치함으로써 신을 내면화하려고 했다. 또한 계몽주의 철학자들과 '마음의 종교'를 지지한 사람들과 마찬가지로 외적 권위를 거부했고 인간성에 대해 낙관적 시각을 지녔다.

대각성운동의
광신적 열정

보텀리는 죄의 거룩함이라는 대단히 흥미롭고 전복적인 교리를 펼치기도 했다. 신이 만물에 깃들어 있다면 죄는 존재하지 않는다는 그의 주장은, 당대의 성적 규범을 노골적으로 위반하고 공개적으로 다른 사람을 저주하고 신성 모독 발언을 서슴지 않았던 로런스 클라크슨과 앨러스테어 코프(Alastair Coppe) 같은 랜터파의 주장처럼 큰 파문을 불러일으켰다. 특히 코프는 심한 주벽과 흡연으로 악명이 높았다. 랜터파가 된 뒤 그는 걸핏하면 마구 악담을 쏟아내곤 했다. 런던의 어느 교회 설교단에서 한 시간 내내 저주와 독설로 일관한 적이 있었고, 어느 선술집 여주인에게 심한 저주를 퍼부어 몇 시간을 공포에 떨게 만들기도 했다. 코프의 행동은 인간의 죄를 지나치게 강조해 사람들을 억압했던 청교도 윤리에 대한 반발이었다고도 할 수 있다. 조지 폭스와 퀘이커교도들은 죄는 결코 불가피하지 않다고 주장했다. 폭스는 친우회의 동료들에게 죄를 지으라고 권하지 않았으며 랜터파의 부도덕함을 혐오했지만, 낙관적인 인간관을 강조하고 균형을 회복하려 노력했다. 로런스 클라크슨은 《바른 눈》(1650년)에서 신이 만물을 선하게 만들었으므로, '죄'는 오직 인간의 상상 속에만 존재한다고 주장했다. 성서를 보면 신이 직접 자신이 어둠을 빛으로 바꾸었다고 주장하지 않던가. 사실 전체론적 관점을 찾고자 노력한 신비주의자들을 제외하고 대부분의 유일신론자들은 죄의 실체를 어떻게 설명할 것인가를 두고 많은 고민을 했다. 중세 시대 영국의 신비주의자였던 노리치의 줄리언은 죄란 일종의 필요악이라 생각했고, 카발리스트들은 죄가 불가사의

한 방식으로 신에게서 비롯되었다고 믿었다. 코프나 클라크슨의 극단적인 자유지상주의는 그때까지 분노하고 심판하는 신을 강조하는 교리를 통해 기독교인을 억압해 온 기독교를 떨쳐버리려는 조잡하고 거친 시도였다고 볼 수 있다. 합리주의자들과 '계몽주의' 기독교인들 또한 신을 잔혹한 권력자로 제시하는 종교의 구속에서 벗어나 온유한 신을 찾으려고 노력하고 있었다.

사회사 학자들은 세계 종교 중 서방 기독교의 특징으로 억압의 시기와 관용의 시기가 폭력적으로 교체되어 왔음을 지적한다. 그리고 억압 국면일 때 신앙 부흥 운동이 발생했다고 강조한다. 예를 들어 서구 많은 지역에서 계몽주의 시대의 느슨한 도덕적 풍토 다음에 빅토리아 시대의 억압이 이어졌는데 이 변화에는 더욱 근본주의적인 종교성의 고양이 수반되었다. 또한 20세기 들어서도 1960년대의 관용적 사회가 1980년대 들어 청교도 윤리가 지배하는 사회로 대체되었고 그와 동시에 기독교 근본주의 운동이 탄생했다. 이 복잡한 현상에 한 가지 원인만 있는 것은 아니지만, 서구인들이 문제가 있다고 여기는 신 개념과 연결 짓고 싶게 만든다. 중세 신학자들과 신비주의자들은 '사랑의 신'을 말했는지 몰라도 성당 문 위에 새겨진 지옥에서 고문받는 사람들의 모습은 전혀 다른 이야기를 전하고 있었다. 서구에서 신의 의미는 종종 어둠과 투쟁으로 특징지어진다. 클라크슨과 코프 같은 랜터파는 마녀사냥의 광기가 유럽 여러 나라에 퍼지고 있던 시기에 기독교의 금기들을 공공연히 어겼으며 죄의 거룩함을 주장했다. 크롬웰 시대에 영국의 급진적 기독교인들 또한 지나치게 엄격하고 무서운 신에 대해 반발했다.

서구에서 17세기와 18세기에 등장한, 거듭남 체험을 강조하는 기독교 신앙은 종종 폭력적이고 광적인 감정 분출로 이어질 위험을 드러냈다. 우리는 이것을 1730년대 미국 뉴잉글랜드 지역을 휩쓴 '대각성운동'의 종교적 열풍 속에서 확인할 수 있다. 이 운동에 영감을 준 것은 웨슬리 형제의 제자이자 동료였던 조지 횟필드(1714~1770)의 복음주의 설교와 예일대학 출신인 조너선 에드워즈(1703~1758)의 '지옥 불' 설교였다. 에드워즈는 이 대각성운동을 에세이《코네티컷주 노샘프턴에서 신이 행하신 놀라운 일에 대한 신실한 서술》(1737년)에서 다음과 같이 묘사했다. 그가 목회한 지역의 신자들은 교양 있고 건실했으나 종교적 열정은 없는 평범한 사람들이었다. 그들은 아메리카의 다른 식민주 주민들보다 더 낫지도 않고 더 나쁘지도 않았다. 그러나 1734년 에드워즈가 목회하던 도시 노샘프턴에서 두 젊은이가 갑작스레 충격적인 죽음을 맞는 사건이 일어났고 이 일로 도시 전체가 종교적 열기에 휩싸였다. 주민들은 신앙에 관한 이야기만 나누었고 생업을 뒤로한 채 하루 종일 성서만 읽었다. 이 도시에서 거의 반년 사이에 계층을 막론하고 약 3백 명의 회심자가 나왔는데, 때로는 한 주일에 다섯 명이 회심 체험을 하기도 했다. 에드워즈는 이것을 신이 직접 행한 일로 여겼으며, 단순히 상투적으로 말한 게 아니라 말뜻 그대로 믿었다. 그는 "신은 뉴잉글랜드에서 여느 때와 다른 방식으로" 행했고 사람들의 마음을 경이롭고 기적적인 방식으로 움직였다고 거듭 말했다. 그러나 그가 보기에 성령은 때때로 다소 히스테릭한 증상을 통해 자신을 드러냈다. 그는 사람들이 신에 대한 두려움에 사로잡혀 "거꾸러졌으며" "깊은 죄의식의 심연에 빠져 기꺼이 죄의 대가로 신의 응징을 받으려 한다"고 보았다. 이런 상태는 그들이 갑자기 자신이 구원받았다고 느끼는 순간 극단적인 흥분 상태로 이어졌다. 그들은 구원의 기쁨에 사로잡혀 "큰 웃음을 터뜨리고 강물처럼 흐르는 눈물을 억제하지 못했다. 그리고 때때로 그들은 구원의 기쁨에 어쩔 줄 몰라 하며 도저히 참지 못하고 크게 소리 내어 울었다."[42] 분명 그들의 상태는 모든 주요 종교 전통의 신비주의자들이 참된 깨달음의 특징이라 믿은 마음의 평정과는 거리가 멀었다.

이러한 극단적인 감정 전환은 미국 기독교 부흥 운동의 주요한 특징이 되었다. 이것은 고통스럽고 힘겨운 폭력적 격변을 동반하는 거듭남의 체험, 서구인들이 벌여 온 신앙을 위한 투쟁의 새로운 표현이었다. 뉴잉글랜드에서 시작된 대각성운동의 불길은 근처 도시와 마을로 퍼졌는데, 정확히 1백 년 후에 뉴욕주가 '불바다 지역'*이라고 불렀을 때와 동일했다. 에드워즈의 글에 따르면, 대각성운동이 한창 기세를 떨칠 무렵 사람들은 세상을 기쁨이 가득한 곳으로 보았고, 끼니조차 잊을 정도로 성서를 붙잡고 살았다. 그러나 2년 뒤, 신앙에 대한 그들의 열정은 에드워즈가 "신의 성령이 점차 우리에게서 멀어지는 것처럼 보인다"라고 표현했듯이 식어 가기 시작했다. 다시 말하지만 에드워즈는 비유적으로 말하지 않았다. 종교 문제에서 진정한 문자주의자였던 그는 첫 번째 오순절 때 성령의 활동이 실재했던 것과 마찬가지로 노샘프턴에서 시작된 대각성운동은 신의 직접 계시로 일어난 사건이라고 생각했다. 그러나 신이 이곳에 왔을 때처럼 갑자기 사라진 후, 노샘프턴은 사탄에게 점령당했다(다시 말하지만, 에드워즈에게는 비유가 아니었다). 신앙의 열정으로 잔뜩 들떴던 분위기가 사라지자 절망에 따른 자살이 뒤를 이었다. 처음에 한 가련한 영혼이 칼로 목을 베어 자살

불바다 지역(Burned-Over District) 19세기 초에 2차 대각성운동이 전개된 뉴욕주 서부와 중부 지역을 가리키는 말.

하자 "노샘프턴과 다른 도시에서 그 사람처럼 자살할 것을 권하고 강요하는 분위기가 일었다. 마치 누군가가 '자, 이제 좋은 기회가 왔으니 너도 네 목에 칼을 꽂아라, 지금 당장!'이라고 말하기라도 하는 것처럼, 많은 이들이 다른 이들에게 자살을 부추겼다." 두 사람이 "기괴한 광적 환상에 빠져" 미쳤다.[43] 그 후로 회심 체험자는 더 나타나지 않았지만, 이미 회심을 체험하고 대각성운동의 종교적 격변을 거친 사람들은 이전보다 훨씬 평화롭고 안정된 기쁨을 누리게 되었다. 조너선 에드워즈와 그의 회심자들에게 신이란 그러한 이상(異常)과 고통 속에서 스스로 자신을 드러내는 존재, 자신의 백성을 두려움에 떨게 만들고 자의적으로 다루는 존재였다. 그들이 겪은 감정의 격변, 광적인 흥분, 깊은 절망은 아메리카의 많은 힘없는 보통 사람들이 '신'을 대할 때 마음의 균형을 잡기 어려워했음을 보여준다. 또한 여기에서 우리는 일찍이 뉴턴의 과학적 종교에서 본 확신, 즉 신은 이 세계에서 일어나는 모든 일—아무리 기이한 일이라 해도—에 직접적인 책임이 있다는 확신을 다시 보게 된다.

이 열광적이고 비합리적인 신앙 형태와 '건국의 아버지들'이 보여준 신중한 평온함을 연결하기는 어렵다. 에드워즈는 대각성운동으로 인해 많은 사람에게 신랄한 비판을 받았다. 특히 자유주의자들은 신은 폭력적 감정 분출이 아니라 합리적 사유를 통해 자신을 드러낸다고 주장하면서 에드워즈가 이끄는 대각성운동을 비판했다. 그러나 에드워즈의 대각성운동이 늘 비판만 받은 것은 아니다. 앨런 하이머트(Alan Heimert)는 저서 《종교와 아메리카 정신—대각성운동에서 혁명까지》(1968년)에서 에드워즈의 대각성운동을 "'모든 것이 강렬한 불안을 일으키는' 세계에서 실존적 자유를 추구한 운동"이자, 인간의 행복 추구에 대한 계몽주의적 이상을 복음의 형태로 재해석한 운동이라고 규정했다.[44] 사실 대각성운동은 계몽주의가 가져다준 희망에도 불구하고 현실 세계에서 행복을 꿈꾸기 어려웠던 가난한 식민주들에서 일어났다. 에드워즈가 주장한 바에 따르면, 그들은 거듭남의 체험을 통해 일상적 감각과는 전혀 다른 희열의 감정을 느끼고 아름다움을 재인식할 수 있었다. 따라서 대각성운동의 신-체험은 신세계에서 성공한 소수를 넘어 더 많은 사람이 계몽주의적 희망을 품을 수 있게 해주었다. 우리는 또한 철학적 계몽주의가 아메리카 대륙에서 일종의 종교적 해방으로도 체험되었음을 상기해야 한다. 조너선 에드워즈의 신 이해는 1775년 아메리카 혁명의 열정에도 기여했다. 에드워즈 같은 신앙 부흥 운동가들이 보기에 영국은 청교도 혁명 동안 환하게 타올랐던 새로운 빛을 잃고 타락하고 퇴행하는 것 같았다. 에드워즈와 그의 동조자들이야말로 아메리카의 하층 계급들이 혁명을 향해 첫발을 내딛도록 이끈 사람들이었다. 메시아주의는 에드워즈의 신앙에서 본질적인 것이었는데, 그는 신세계에서 인간의 노력으로 신의 왕국 도래를 앞당길 수 있다고 믿었다. (그 비극적 결말에도 불구하고) 대각성운동은 성서에 묘사된 구원 계획이 신의 개입에 의해 신세계에서 이미 시작되었음을 사람들이 믿도록 만들었다. 에드워즈는 삼위일체 교리를 정치적으로 해석했다. 그의 해석에 따르면, 성자는 "신의 이해에 따라 등장한 신적 존재"로서 새 코먼웰스 건설의 청사진을 뜻하며, 성령은 "신의 행위 속에 존재하는 신적 존재"로서 새 코먼웰스 건설의 종합 계획을 제때 실현할 힘을 의미했다.[45] 아메리카라는 신세계에서 신은 지상에 구현된 자신의 완전성을 관조할 수 있을 것이며, 새로 건설될 사회는 신의 '탁월성'을 보여줄 것이었다. 에드워즈에게 뉴잉글랜드 지역은 "야훼의 영광을 세계의 이방인들에게 비추어 밝혀주며, 모든 구악과 폐해에 대한 개혁을 이끄는 빛의 도시"라고 자부할 만한 곳이었다.[46] 조너선 에드워즈에게 신은 코먼웰스로 구현되고 예수 그리스도는 건전한 사회로 구현되는 것으로 보였다.

다른 칼뱅주의자들도 진보의 선두에 서서 활약했다. 그들은 화학을 미국 교과 과정에 도입했다. 조너선 에드워즈의 손자 티모시 드와이트(1752~1817)는 과학 지식을 인류의 최종 완성으로 가는 길을 여는 서곡으로 보았다. 그들이 신을 꼭 반계몽주의적 관점에서 본 것만은 아니었다. 칼뱅주의자들은 신이 일단 세계를 만들고 난 이후 아무것도 하지 않았다고 본 뉴턴의 우주론을 싫어했다. 지금까지 보았듯이, 그들은 신이 현실 세계에서 실제로 활동하고 있다고 생각했다. 그들은 신이 이 땅에서 일어나는 악하고 선한 모든 일에 책임이 있다는 전제 위에서 예정설을 이해했다. 그리고 과학을 통해 인간 삶의 모든 일 속에 개재되어 있는 신의 섭리를 파악할 수 있다고 생각했다. 어떤 점에선 칼뱅주의자들이 자유주의자들보다 대담하게 생각했다. 자유주의자들은 칼뱅주의자들의 신앙 부흥 운동에 반대했고, 조지 휫필드와 조너선 에드워즈의 설교에 나타난 "이론적이고 복잡한 관념들"보다 단순한 믿음을 선호했다. 앨런 하이머트는 미국 사회의 반지성주의는 칼뱅주의자들과 복음주의자들이 아니라 "더 평이하고 명료한" 신 개념을 선호한 찰스 촌시(1757~1787)나 새뮤얼 퀸시 같은 합리적인 보스턴 사람들에게서 비롯했다고 주장했다.[47]

'메시아' 샤베타이 체비의 배교

유대교 내부에서도 중요한 사상적 발전이 있었다. 그러한 변화는 한편으로 유대인 사회에 합리주의의 이상을 전파해 대다수 유대인이 유럽의 비유대인에게 동화되게 만들었다. 1666년에 한 유대인 메시아가 구원의 때가 이르렀다고 선포하고 유럽, 아프리카, 중동 전역의 유대인들로부터 대대적인 지지를 받았다. 그 유대인, 샤베타이 체비(1626~1676)는 1626년 예루살렘 대성전 파괴 기념일에 소아시아 스미르나(현재 튀르키예의 이즈미르)의 부유한 세파르디 가정에서 태어났다. 그는 자라면서 조울증에 걸려 한동안 가족을 떠나 홀로 격리된 생활을 했다. 그러나 얼마 후 그는 그동안의 병적 절망 증세와는 정반대되는 황홀한 자기 고양 체험을 하고 모세 율법에 어긋나는 언행을 일삼기 시작했다. 그는 자신이 신으로부터 특별한 계시를 받았다고 주장하면서 금지된 음식을 공공연히 먹거나 성스러운 신의 이름을 함부로 입에 담았다. 그는 자신이야말로 유대인이 오랫동안 기다려 온 메시아라고 믿었다. 결국 참다못한 유대교 랍비들이 1656년에 그를 스미르나에서 추방했다. 그 후로 그는 오스만 제국 내 여러 유대인 공동체를 떠돌아다니며 갖가지 기행을 벌였다. 이스탄불에서는 "금한 것을 허락하셨으니, 오, 나의 주, 우리의 신이시여 영광을 받으소서!"라고 외치면서 유대교 율법의 폐지를 선언했다. 또 이집트 카이로에서는 1648년 폴란드에서 벌어진 포그롬을 피해 카이로로 피난 와서 창녀로 지내던 여인과 결혼해서 큰 파문을 일으키기도 했다. 그러다가 1664년 겨울에 카이로를 떠나 예루살렘으로 향했는데, 이때 울증기였던 그는 자신이 악령에 사로잡혔다고 믿었다. 팔레스타인에서 그는 악령을 잘 쫓는 것으로 명성을 얻은 젊은 랍비 나탄(일명 '가자의 나탄')에게 도움을 받고자 그의 집이 있는 가자로 갔다.

나탄도 샤베타이 체비와 마찬가지로 이삭 루리아의 카발라를 공부했다. 스미르나 출신의 문제적 유대인을 만난 나탄은 그가 악령에 사로잡힌 것이 아니며 그의 캄캄한 절망은 그가 메시아임을 증명하는 것이라고 말해주었다. 나탄의 신비주의적 해석에 따르면, 체비가 겪는 캄캄한 절망의 고통은 곧 그가 '다른 쪽'의 사악한 힘과 맞서 싸우고 있기 때문이며 그는 오직 메시아를 통해서만 구원이 가능한 영역에서 신성한 불꽃을 뿜어내고 있었다. 처음에 그는 나탄의 말을 믿지 않았으나 결국 나탄의 유려한 설득에 넘어갔다.

1665년 5월 31일, 갑자기 조증기에 접어든 샤베타이 체비는 나탄의 격려를 받으며 자신의 메시아 사명을 선언했다. 지도층 랍비들은 그의 메시아 주장을 위험한 허튼소리로 여기고 묵살했으나, 팔레스타인의 많은 유대인이 그를 지지해 몰려들었다. 급기야 그는 이스라엘 12지파를 심판할 제자 열두 명을 선발했다. 아울러 나탄은 팔레스타인 지역 외의 이탈리아, 네덜란드, 독일, 폴란드, 오스만 제국의 유대인들에게 편지를 띄워 메시아의 도래를 알렸다. 유대인 사회에 메시아를 향한 열망이 급속히 번졌다. 이 상황은 지난 수 세기 동안 박해와 추방에 시달리며 주류 사회로부터 고립되어 살아온 유럽의 유대인들에게 세계의 미래가 유대인에게 달려 있다는 믿음을 주었다. 특히 에스파냐에서 추방당한 유대인의 자손인 세파르딤은 루리아의 카발라를 신봉했고 최후 심판의 날이 임박했다고 믿었다. 이 모든 것이 샤베타이 체비 숭배를 부추겼다. 사실 유대인 역사를 통틀어 메시아라고 자칭한 사람들은 적지 않았으나 체비만큼 엄청난 지지를 받은 자는 없었다. 설령 그의 메시아 주장에 의구심을 품었다 할지라도 그런 생각을 입 밖에 내는 것이 위험할 정도였다. 그의 지지자들은 부자와 빈자, 배운 자와 못 배운 자를 막론하고 유대인 사회의 각계각층에서 나타났다. 메시아가 나타났다는 기쁜 소식을 담은 소책자와 전단이 영어, 네덜란드어, 독일어, 이탈리아어로 만들어져 퍼져나갔다. 폴란드와 리투아니아에서는 체비에게 경의를 표하는 시가행진이 벌어졌으며, 오스만 제국에서는 체비가 보좌에 앉아 있는 환상을 보았다는 유대 예언자들이 등장하기도 했다. 유대인들은 사업을 중단했다. 튀르키예의 유대인들은 안식일에 오스만 제국의 술탄 대신 샤베타이 체비의 이름을 넣어 기도했다. 결국 체비가 1666년 1월 이스탄불에 도착했을 때, 오스만 제국은 그를 반역죄로 체포해 갈리폴리에 투옥했다.

수 세기에 걸친 박해, 추방, 모멸 끝에 희망이 나타났다. 이로써 세계 곳곳의 유대인들은 내적인 자유와 해방을 경험했는데, 그것은 카발리스트가 세피로트의 신비로운 세계를 명상할 때 몇 분간 경험하는 황홀경과 흡사했다. 이제 구원의 경험은 더는 소수의 특권층을 위한 것이 아니라 공유 재산처럼 보였다. 처음으로 유대인은 자신들의 삶이 가치 있다고 느꼈다. 구원은 더는 미래에 대한 막연한 희망이 아니라 현재 삶에 실재하는 것이자 의미 있는 것이었다. 구원이 도래했도다! 이 갑작스러운 운명의 전환은 지울 수 없는 인상을 주었다. 그리하여 유대 세계의 모든 시선이 샤베타이 체비가 있는 갈리폴리에 고정되었다. 그는 자신을 체포해 가둔 사람들에게조차 인상적인 인물이었다. 비지르*는 그가 상당히 편안하게 지낼 수 있도록 배려해주었다. 샤베타이 체비는 옥중에서 편지를 쓰면서 "나는 구세주, 너의 신이다, 샤베타이 체비"라고 서명하기 시작했다. 하지만 재판 때문에 이스탄불로 다시 돌아왔을 때, 그는 또다시 심각한 울증 상태에 빠져들었다. 오스만 제국의 술탄은 그에게 이슬람교로 개종하든가 사형당하든가 둘 중 하나를 선택하라고 명했다. 샤베타이 체비는 개종을 선택했고 즉시 석방되었다. 그 후로 그는 오스만 제국의 연금을 받으며 충실한 무슬림으로 살다 1676년 9월 17일에 세상을 떠났다.

메시아라고 주장하던 샤베타이 체비가 이슬람교로 개종했다는 소식은 그를 따르던 유대인을 경악시켰으며, 그중 많은 사람이 신앙심마저 잃었다. 랍비들은 자신들이 찾을 수 있는 샤베타이 체비에 관한 문서를 모두 불태워 없애고 유대 역사에서 그의 이름을 영원히 지워버리려고 했다. 오늘날에도 이 메시아 패주 사건을 부끄럽게 여기고 어떻게 다루어야 할지 난감해하는 유대인들이 많다. 랍비들과 합리주의자들은 모두 이 사건의 의미를 폄하해 왔다. 하지만 최근 들어 학자들은 게르숌 숄렘을 따라 이 특이한 사건과 사건 자체보다 더 중요했던 여파를 이해하고자 노력하고 있다.[48] 놀랍게도 샤베타이 체비의 배교 행위에도 불구하고 많은 유대인이 계속 그를 메시아라고 믿었다. 구원의 경험이 너무도 강렬했기에 그들은 신이 자신들을 미혹했다고 도저히 믿을 수 없었다. 이 사건은 종교적 구원 체험이 단순한 사실과 이성보다 앞선다는 것을 보여준 놀라운 사례 중 하나이다. 새로 발견한 희망을 포기할 것인가 아니면 배교자 메시아를 받아들일 것인가라는 선택에 직면했을 때 놀랍게도 각계각층의 많은 유대인이 역사의 엄연한 사실에 따르기를 거부했다. 가자의 나탄은 남은 평생을 샤베타이 체비의

비지르(vizier) 이슬람 행정 제도에서 장관 또는 대신을 가리키는 말.

행적을 설명하는 일에 바쳤다. 나탄의 주장에 따르면, 샤베타이 체비는 악의 세력과 계속 싸우기 위해 이슬람으로 개종한 것이었다. 이스라엘 구원의 사명을 완수하기 위해 체비는 악의 영역으로 하강해야 했으며, 이를 위해 먼저 자기 민족의 가장 심오한 신성한 의무를 배반해야만 했다. 그는 자신의 비극적 사명을 받아들이고 신이 부재하는 심연의 세계로 내려가, 마치 트로이의 목마처럼 그 내부에서부터 정복해 나가기로 했던 것이다. 이러한 나탄의 변론에 힘입어 튀르키예와 그리스 지역의 유대인 2백 가구가 샤베타이 체비를 계속 따랐다. 체비가 사망하자 그들은 체비가 악의 세력과 벌였던 싸움을 계속 잇기 위해 그의 뒤를 따라 1683년에 집단으로 이슬람으로 개종했다. 하지만 그들은 은밀히 유대교에 충실했고, 랍비들과 긴밀히 연락했으며, 서로의 집에서 몰래 유대교 예배 의식을 행했다. 1689년 그들의 지도자 야콥 케리도가 메카로 순례를 떠났는데, 메시아의 미망인은 그가 샤베타이 체비의 환생이라고 선언했다. 오늘날에도 튀르키예에는 여전히 소규모의 돈메(Donmeh, '배교') 그룹이 있다. 이들은 겉으로는 흠잡을 데 없는 무슬림으로 생활하면서 은밀히 유대교 신앙을 고수한다.

다른 지역의 샤베타이 체비 숭배자들은 개종할 정도까지는 아니었으나 자신들의 메시아에게 여전히 충심을 다했다. 비밀 숭배자는 한때 추정되었던 수보다 훨씬 많았던 것 같다. 19세기에 이미 동화되었거나 좀 더 진보적인 유대교 형태를 받아들인 많은 유대인들은 체비를 숭배한 조상들을 부끄럽게 여겼다. 하지만 18세기의 상당수 저명한 랍비들은 체비가 메시아였다고 믿었다. 숄렘은 비록 샤베타이 메시아 사건이 유대교에서 대중 운동으로는 성공을 거두지 못했지만, 수적인 측면에서는 결코 과소평가할 수 없다고 주장했다. 사실 샤베타이 메시아 사건은 마라노*에게 큰 영향을 주었다. 그들은 에스파냐 당국에 의해 기독교로 개종하도록 강요받았으나 결국에는 유대교로 되돌아갔다. 신비적 사건으로서 배교라는 생각이 그들의 죄책감과 슬픔의 고통을 덜어주었다. 샤베타이 운동은 모로코, 발칸반도, 이탈리아, 리투아니아의 세파르디 공동체에서 널리 확산되었는데, 레기오의 벤야민 콘 (Benjamin Kohn), 아브라함 로리고(Abraham Rorigo) 같은 저명한 카발리스트와도 깊은 관계가 있었다. 이처럼 샤베타이 체비를 따르는 메시아주의 종파는, 동유럽에서 고조된 반유대주의 때문에 사기가 꺾이고 침체되어 있던 폴란드의 아슈케나지에게도 영향을 주었다. 그리하여 1759년에 예언자 야쿠브 프랑크(1726~1791)와 그를 따르던 유대인들은 그들의 메시아를 본받아 집단으로 기독교로 개종하고는 은밀히 유대교 신앙을 고수했다.

숄렘은 샤베타이 숭배를 초기 기독교의 역사와 비교해 설명했다. 숄렘의 설명에 따르면, 샤베타이의 시대로부터 약 1천 6백 년 전에도 추문을 몰고 다닌 메시아(예수)에 대한 희망을 버리지 못한 유대인 무리가 있었다. 그 메시아는 예루살렘에서 일반 범죄자처럼 처형당했다. 사도 바울이 십자가 추문이라고 부른 일은 어느 모로 보나 배교자 메시아의 추문만큼이나 충격적인 사건이었다. 두 경우 모두 메시아를 따르던 제자들이 옛 질서를 부정하는 새로운 유대교 신앙이 탄생했음을 주장했고, 역설적인 신조를 받아들였다. 예수의 십자가 죽음이 새 생명의 세계를 열었다는 기독교인의 믿음은 샤베타이 체비의 배교가 성스러운 신비 과정의 하나였다는 유대인의 믿음과 일맥상통하는 점이 있

마라노(Marrano) 에스파냐와 포르투갈에서 박해를 벗어나기 위해 기독교화한 유대인을 부르던 말.

었다. 두 집단 모두 나무 한 그루가 과실을 맺으려면 먼저 씨앗이 땅에 떨어져 썩어야 한다고 믿었다. 또 그들은 낡은 율법이 죽고 새로운 성령의 법으로 대치된다고 믿었다. 양자 모두 신에 대한 삼위일체와 성육신의 개념을 발전시켰다.

17세기와 18세기의 기독교인들이 그랬듯이, 샤베타이 체비를 메시아로 섬긴 유대인들은 자신들이 새로운 세계가 도래하는 문턱에 서 있다고 믿었다. 유대 민족의 추방 기간 동안 숨겨져 있던 신의 신비가 최후 심판의 날에 드러날 것이라는 카발리스트들의 거듭된 주장에 영향을 받은 탓이었다. 샤베타이 숭배자들은 자신들이 메시아 시대에 살고 있다고 믿었기에, 신성 모독이라고 여겨질 정도로 과격한 신학 논리를 내세우며 전통적인 신 개념을 부정했다. 기독교 신학을 연구하고 유대인은 모두 자신들의 죄로 인해 배교자가 되도록 운명이 정해져 있다고 주장한 마라노 아브라함 카르도소(1706년경 사망)가 대표적인 인물이었다. 배교는 유대인에게 주어진 벌이었다. 카르도소는 신이 유대인의 가혹한 운명을 구원하기 위해 메시아를 보내 배교라는 비극적 운명을 대신 짊어지게 함으로써 그들이 구원받았다고 주장했다. 더구나 그는 유대인이 추방 기간 동안 신에 관한 참된 지식을 모두 잃어버렸다는 놀랄 만한 결론에 이르렀다.

계몽주의 시대의 기독교인이나 이신론자들처럼, 카르도소는 유대교 신앙에 덧붙은 역사적 부가물들을 벗겨내고 오직 경전에 근거한 순수한 신앙을 회복하려 노력했다. 여기서 우리는 2세기의 일부 기독교 영지주의자들이 예수 그리스도를 통해 나타나는 온화한 신과 세계 창조에 책임 있는 유대의 잔혹한 신을 구분함으로써 일종의 형이상학적 반유대주의를 발전시켰던 것을 떠올릴 수 있다. 카르도소는 이 오래된 생각을 되살리면서 완벽하게 거꾸로 뒤집었다. 그는 영지주의자들처럼 두 신이 존재한다고 가르쳤다. 이스라엘에 계시된 신과 보통 사람들에게 계시된 신이 있었다. 모든 문명에서 사람들은 '제일원인'의 존재를 증명해 왔다. 아리스토텔레스의 신인 '제일원인'은 이방 세계 전체에서 숭배받았다. 이 신적 존재는 종교적 의미가 없었다. 이 신은 세계를 창조하지도 않았고 인간에게 전혀 관심이 없었다. 그러므로 이 신은 성서에도 기록되지 않았다. 그러나 아브라함과 모세와 이스라엘의 여러 예언자에게 나타난 신은 완전히 다른 존재였다. 이 신은 무로부터 세계를 창조했으며, 이스라엘을 구원할 이스라엘의 신이었다. 카르도소의 주장에 따르면, 추방 기간 동안 이방인에게 영향받은 마이모니데스나 사아디아 같은 유대 철학자들이 두 신을 혼동해 유대인들에게 두 신이 동일한 존재라고 잘못 가르친 것이었다.

그렇다면 두 신은 서로 어떤 관계에 있는가? 카르도소는 이 추가적인 신을 설명하기 위해 유대교의 유일신론을 포기하지 않고 삼위일체 신학을 전개했다. 세 가지 히포스타시스 또는 파르주핌으로 이루어진 신 본체가 존재했다. 첫째는 '아티카 카디샤(Atika Kadisha)'라고 불렀던 '거룩한 태고의 자'이다. 이것이 '제일원인'이었다. 여기서 유출된 둘째 파르주프는 '말카 카디샤(Malka Kadisha)'라고 불렀고, 이스라엘의 신이었다. 셋째 파르주프는 셰키나[신의 임재]로 이삭 루리아가 묘사한 것처럼 신 본체에서 추방된 것이었다. 카르도소는 이러한 세 가지 신의 모습은 제각기 분리된 채로 존재하지 않으며 언제나 신 본체 속에서 하나로 합치되어 존재한다고 주장했다. 카르도소는 온건한 샤베타이 숭배자였다. 그는 샤베타이 체비가 이미 모든 유대인을 대신해 배교라는 고통스러운 과업을 수행했기 때문에 자신은 배교할 필요가 없다고 생각했다. 하지만 그는 삼위일체론적 신 해석을 제시함으로써 유대교의 금기를 깼다. 수 세기에 걸쳐 유대인들은 삼위일체론을 신성 모독이자 우상 숭배로 보고 증오해 왔으나 이제 놀랍게도 많은 유대인이 카르도소의 해석에 매력을 느끼고 동조했다. 세월이 흘러도 현실 세계에 별다른 변화가 일어나지 않자 샤베타이 숭배자들은 메시아 대망에 관한 자신들의 전망을 수정해야 했다. 네헤미아 하임(Nehemiah Hayim), 사무엘 프리모(Samuel Primo), 요나탄 아이베쉬츠(Jonathan Eibeschütz) 같은 샤베타이 숭배자들은 '신 본체의 신비'가 1666년 샤베타이 체비의 이슬람 개종을 통해 완전히 계시된 것이 아니라는 결론에 이르렀다. 일찍이 루리아가 예언했듯이 셰키나가 '흙먼지 속에서 일어서기' 시작했지만, 아직 신 본체로 돌아가지 못했기 때문이었다. 구원은 점진적으로 진행될 것이며 이 이행의 시간 동안 유대인은 은밀히 메시아 신앙을 고수하면서 동시에 전통 율법을 준수하고 시너고그에서 예배를 드릴 수 있다는 것이 그들의 생각이었다. 이것은 18세기에 많은 랍비들이 샤베타이 메시아 신앙을 간직하면서 동시에 전통적 유대교 신앙을 지킬 수 있는 교리적 근거가 되었다.

배교를 실행한 좀 더 과격한 자들은 성육신 신학을 수용함으로써 유대교의 또 다른 금기를 깼다. 그들은 샤베타이 체비가 메시아였을 뿐 아니라 신의 화신이라고 믿었다. 기독교에서와 마찬가지로 이 믿음은 서서히 발전했다. 아브라함 카르도소는 부활 후 예수의 영광에 대해 설파한 사도 바울과 유사한 교리를 가르쳤다. 카르도소는 구원의 역사가 "신성한 자(말카 카디샤)인 체비가 자신을 들어 올려 하늘 위 본원적 신에게 복귀함을 상징하는" 그의 이슬람 개종에서 시작되었다고 주장했다.[49] 다시 말해, 그는 샤베타이 체비가 본원적 신의 둘째 파르주프인 이스라엘의 신이라고 말함으로써, 그를 기독교 삼위일체론의 성자 예수와 같은 의미로 해석했다. 이슬람으로 개종한 '돈메'는 카르도소의 이러한 해석을 더욱 발전시켜, 이스라엘의 신이 지상으로 내려와 샤베타이 체비의 몸으로 나타났다고 믿기 시작했다. 또한 그들이 자신들의 지도자들이 모두 메시아가 환생한 자라고 믿게 되면서 그 이후로 아마도 시아파의 열두 이맘과 같은 방식으로 그 지도자들은 화신이 되었다. 배교자의 각 세대는 지속적인 메시아 환생 신앙을 간직하게 되었다.

1759년에 자신의 아슈케나지 제자들에게 기독교 세례를 받도록 인도한 야쿠브 프랑크는 한때 자신이 신의 화신이라고 암시했다. 폴란드에서 태어난 유대인인 프랑크는 유대교 역사상 가장 악명 높은 인물로 묘사되곤 한다. 그는 자신의 학식이 부족한 것을 오히려 자랑스럽게 여겼는데, 어둠의 신화를 발전시켜 당시 유대교 신앙에서 공허함과 불만을 느끼던 많은 유대인들의 마음을 끌어당기는 능력을 발휘했다. 그는 유대교의 옛 율법은 폐기되었다고 가르쳤을 뿐 아니라 신의 영광을 드러내기 위해 모든 종교를 폐지하고 파괴해야 한다고 주장해 커다란 지지를 받았다. 프랑크의 가르침을 모은 책 《주의 말씀》은 샤베타이 숭배를 허무주의로까지 이끌어 갔다. "아담의 발길이 닿은 모든 곳과 내 발길이 닿을 모든 곳이 파괴될지니, 그것은 내가 이 세상을 파괴하고 멸망시키러 왔기 때문이다"라고 그는 말했다.[50] 평화가 아니라 칼을 주기 위하여 이 땅에 왔노라던 예수 그리스도의 말과 매우 비슷하다. 그러나 예수와 사도 바울과는 달리 프랑크는 과거 전통의 권위를 완전히 무시했다. 이러한 그의 허무주의적 신조는 그와 동시대 인물로 그보다 어렸던 사드 후작(Marquis de Sade)의 생각과 별 차이가 없었다. 즉 인간이 위로 올라가 '선한 신'을 만나려면 먼저 타락의 심연으로 내려가야 한다는 것인데, 모든 기존 종교를 부정할 뿐 아니라 자기 비하와 도덕 상실로 이어지는 종교적 '기행'을 저지르는 것을 의미했다.

프랑크는 카발리스트(신비주의자)는 아니었으나 카발라에 근거했던 카르도소의 신학을 조잡한 형태로나마 종종 주장했다. 그는 카르도소가 제시한 삼위일체론의 세 파르주핌이 지상에서 각각 다른 메시아에 의해 대표된다고 믿었다. 프랑크가 '최초의 자'라고 불렀던 샤베타이 체비는 '선한 신' ― 카르도소의 아티카 카디샤('거룩한 태고의 자') ― 의 화신이었다. 프랑크 자신은 둘째 파르주프, 즉 이스라엘의 신(말카 카디샤)의 화신이었다. 셰키나의 화신인 셋째 메시아는 프랑크가 '동정녀'라고 부른 여성이었다. 프랑크는 당시 세계가 악의 세력에 사로잡혀 있으므로 사람들이 자신의 허무주의적 복음을 받아들이지 않으면 구원받지 못하리라고 주장했다. 그는 인간이 신을 향해 올라가려면 먼저 예수와 샤베타이 체비처럼 어둠의 심연으로 내려가야 한다고 말했다. "그리스도는 세상을 악으로부터 구하기 위해 왔다고 말했으나, 진실로 너희에게 말하노니, 나는 세상에 존재하는 모든 율법과 관습으로부터 세상을 구하기 위해 이 땅에 왔노라. 나의 사명은 선하신 신이 당신을 드러내실 수 있도록 세상의 모든 것을 파괴하는 것이기 때문이다."[51] 또한 그는 악의 세력으로부터 해방되고 신을 만나고 싶다면 그동안 신성시해 온 모든 율법을 어겨 심연을 향해 한 걸음씩 하강해야 한다고 주장했다. "구원의 전사가 되기를 원하는 자들이여, 종교를 파괴하라. 그대들의 자유를 억압해 구원의 길을 막는 종교를 파괴하라."[52]

여기서 우리는 프랑크의 어두운 비전과 합리주의적 계몽주의의 연관성을 감지할 수 있다. 프랑크의 복음을 받아들였던 폴란드 유대인들은 자신들의 종교가 늘 생존을 위협받는 고통에 시달려 온 유대인에게 아무런 도움을 줄 수 없다는 사실을 분명히 알고 있었다. 프랑크가 죽은 뒤 프랑크주의는 아나키즘 성격의 많은 부분을 잃었고, 프랑크가 신의 화신이라는 믿음과 숄렘이 "강렬하게 번득이는 구원의 느낌"이라고 부른 것만을 유지할 수 있었다.[53] 프랑크주의자들은 프랑스 혁명을 자신들을 위한 신의 징표라고 생각했다. 그들은 정치적 행동을 위해 자신들의 반율법주의를 버리고 새로운 세계를 건설하고자 혁명을 꿈꿨다. 이와 비슷하게 이슬람으로 개종한 '돈메'도 20세기 초반에는 종종 '청년 튀르크 운동'에 활발히 참여했고, 많은 이들이 케말 아타튀르크(튀르키예의 초대 대통령, 1923~1938 재임)가 이끄는 세속적 튀르키예에 완벽하게 동화해 갔다.

　모든 샤베타이 추종자들이 외적인 율법 준수에 대해 느꼈던 적대감은 어떤 의미에선 게토라는 삶의 조건에 대한 반항이었다. 시대 역행적이고 반계몽주의적으로 보였던 샤베타이 숭배는 그들이 낡은 방식에서 벗어날 수 있게 도와주었고 새로운 사상을 받아들이기 쉬운 상태로 만들어주었다. 겉보기에 여전히 유대교에 충실했던 온건한 샤베타이 추종자들은 유대 계몽주의(하스칼라) 운동에서 선구적 역할을 했으며, 19세기 개혁 유대교의 탄생에도 이바지했다. 개혁적인 마스킬(하스칼라 운동 지지자)의 사상은 종종 옛것과 새것이 기묘하게 결합되었다. 예를 들어 프라하의 요제프 베테(Joseph Wehte)는 1800년경에 쓴 글에서 자신이 따르고 존경하는 사람은 모제스 멘델스존, 이마누엘 칸트, 샤베타이 체비, 이삭 루리아라고 밝혔다. 사실 모든 사람이 철학과 과학이라는 난해한 세계를 통해 근대로 발을 내디딜 수 있는 것은 아니었다. 이런 상황에서 급진적 기독교인들과 유대인들은 정신의 더 깊은 곳, 더 원초적인 영역을 다루는 신비주의적 신조를 통해 한때 자신들이 혐오스럽게 여겼던 세속주의를 향해 나아갈 수 있었다. 그중 일부는 신에 관한 새롭고 신성 모독적인 생각들을 받아들여 후손들까지 신을 저버리게 만들었다.

야쿠브 프랑크가 허무주의적 신앙을 발전시키던 무렵에, 폴란드의 다른 유대인들은 아주 다른 메시아를 발견했다. 1648년의 포그롬 이후로 폴란드 거주 유대인들은 한때 에스파냐계 유대인들이 에스파냐에서 추방당하면서 겪었던 것과 유사한 고통을 겪었다. 학식 있고 경건한 유대인 대다수가 죽음을 당하거나 비교적 안전한 서유럽으로 피난을 떠났다. 수만 명의 유대인이 집을 잃고 유랑자가 되어 떠돌아다녔으며, 어디에서도 영구 정착을 허락받지 못했다. 유대 랍비들은 하잘것없는 인물로 전락했으며 냉혹한 외부 세계로부터 자신들을 보호하기 위해 율법과 탈무드 교습실을 세속적 용도로 사용했다. 유랑 길을 전전하던 카발리스트들은 세상이 신으로부터 분리된 '시트라 아크라'의 세계 즉 '다른 쪽'의 악마적 어둠에 사로잡혔다는 주장만을 되풀이했다. 이처럼 위축된 상태에 있던 유대인들은 샤베타이 체비가 이슬람으로 개종했다는 소식을 듣고 환멸과 아노미 상태에 빠져들었다. 우크라이나에 거주하던 일부 유대인들은 러시아 정교회에서 나타난 경건주의 신앙의 영향을 받았다. 그들은 기도하는 동안 황홀경에 빠져 노래를 부르고 손뼉을 치고 몸을 흔들며 찬양했다. 그렇게 '마음의 종교'를 강조한 이들 중 한 사람이 1730년대에 오늘날 하시디즘*으로 알려진 새로운 유대교 종파를 창시했다.

이스라엘 벤 엘리에제르(1698~1760)는 본래 학자가 아니었다. 그는 탈무드를 연구하기보다는 그저 노래를 부르며 산길을 산책하거나 아이들에게 이야기 들려주기를 좋아하는 사람이었다. 그는 아내와 함께 폴란드 남부 카르파티아산맥 어느 협곡의 오두막집에서 가난하게 살았다. 한동안 그는 산에서 석회암을 채석해 산 아래 마을로 가져다 팔거나 산에 오르는 사람들에게 잠잘 거처를 마련해주면서 생계를 유지했다. 그러다 서른여섯 살 때 그는 자신이 악령을 쫓고 병을 치료하는 능력을 얻었다고 선언하고, 폴란드의 여러 마을을 돌아다니며 약초와 부적을 사용하거나 기도를 통해 사람들의 병을 고쳐주었다. 당시에는 '주의 이름으로' 병자를 고친다고 주장하는 사람들이 많았다. 그는 그런 사람들 가운데 가장 큰 명성을 얻어 '선한 이름의 주인'이란 뜻의 바알 셈 토브라는 이름으로 불리게 되었다. 랍비 안수를 받지는 않았지만 사람들은 그를 랍비 이스라엘 바알 셈 토브, 또는 간단히 줄여 베슈트라고 불렀다. 당시 대부분의 신앙 치료사들은 마법에 만족했으나 그는 신비주의적 치료법을 썼다. 그는 샤베타이 체비 사건을 통해 신비주의와 메시아주의의 결합이 지니는 위험성을 확신하고 있었다. 그리하여 그는 소수 엘리트층만이 아니라 모든 보통 사람이 접근 가능한 초기 카발라(신비주의)로 되돌아가려 했다. 그는 제자들에게 세상의 재앙이 되는 신성한 불꽃의 '어두운 면'보다는 세상을 가득 채우는 '밝은 면'을 보라고 가르쳤다. 그는 신성한 불꽃은 어디에나 존재하므로 경건한 유대인이라면 먹고 마시는 행위나 성교 같은 일상의 모든 사소한

하시디즘(Hasidism) 넓은 의미에서 하시디즘은 유대교 역사상 율법의 내면성을 중시한 경건주의 운동을 가리킨다. 여기서는 18세기 초, 폴란드와 우크라이나 유대인 사이에서 널리 퍼진 급진적 신앙 운동을 말한다. 명칭은 히브리어로 '경건한 자'를 뜻하는 '하시드(hasid)'에서 유래했다. 하시디즘 수행자를 하시드(복수형은 하시딤)라고 부른다.

일에서도 신을 체험할 수 있으며, 사람은 누구나 악마의 무리가 아닌 바람결과 작은 풀잎 속에도 존재하는 신에게 둘러싸여 있으므로 늘 기쁨과 구원의 확신을 품고 살아야 한다고 가르쳤다.

베슈트는 이삭 루리아가 세계 구원을 위해 세운 원대한 계획을 거부했다. 하시드는 그저 자신의 사적 세계에 있는 모든 것, 즉 아내와 하인, 가구, 음식 같은 것들에 내재해 있는 신성한 불꽃을 재결합시키기만 하면 되었다. 그의 제자 힐렐 자이틀린은 하시드가 자기 주변 세계에 특별한 책임을 진다는 것에 대해, 오로지 그만이 행할 수 있는 일에 대해 다음과 같이 말했다. "모든 사람은 제각기 자기 세계의 구원자다. 그는 오직 그가 보아야만 할 것과 그만이 보아야 할 것을 바라보며, 그가 개인적으로 느껴야만 할 것으로 선택된 것만을 느낀다."[54] 이것은 어디에서나 신의 현존을 느끼도록 도와주는 카발리스트의 집중 수련(데베쿠트devekuth)과 관련이 있다. 17세기 사페드의 어느 카발리스트는, 신비주의자들은 율법 연구에서 벗어나 홀로 고요히 앉아 시간을 두고 "마치 자신이 이글거리는 셰키나의 불빛 속에 있는 것 같은 상상의 세계에 몰입해야 한다"고 주장했다.[55] 베슈트는 바로 이러한 상상의 수련 속에서 우러나는 강렬한 망아적 기쁨을 제자들에게 일러주면서, 그러한 기쁨은 특권을 지닌 소수의 신비주의 엘리트만이 아니라 데베쿠트에 전념하는 모든 사람이 체험할 수 있는 것이라고 가르쳤다. 그는 무소부재한 신의 임재를 믿어야 하며, 데베쿠트를 실천하지 않는 사람은 곧 신과 동떨어져 존재하는 것은 아무것도 없다는 사실을 부정함으로써 우상 숭배와 다름없는 죄를 짓는 것이라고 가르쳤다. 이러한 가르침 때문에 베슈트는 기존 유대교 지도층과 갈등을 빚었다. 그들은 유대인들이 이 기이하고 잠재적으로 위험한 신비 체험을 지지하며 율법 공부를 그만둘까 봐 걱정했다.

그러나 하시디즘은 실망과 좌절에 빠진 유대인에게 희망의 메시지를 주었기 때문에 급속히 확산되었다. 당시 하시디즘에 귀의한 사람 중 상당수가 과거에 샤베타이 체비를 메시아로 믿던 사람들이었다. 베슈트는 자신의 제자들이 율법을 버리기를 바라지 않았다. 그 대신 그는 율법을 신비주의의 틀로 새롭게 해석했다. 미츠바(계율)는 인간과 신을 묶어주는 끈이었다. 하시드 한 명이 데베쿠트를 행하면서 율법의 계율을 준수할 때, 그는 자신과 주변의 존재들 속에 흩어져 있는 신성한 불꽃을 재결합함으로써 자신을 모든 존재의 근원인 신 본체와 합치시킬 수 있게 된다. 이렇게 베슈트는 오랫동안 유대인에게 세계의 신성화를 위해 미츠바의 실천을 요구해 온 율법에 신비주의적 해석을 더했다. 하시디즘을 따르던 사람들은 때때로 세계 구원을 향한 자신들의 열망을 다소 기이한 방법으로 드러내기도 했다. 예를 들어 그들 중 많은 사람이 담배 안에 깃든 신성한 불꽃을 보호한다는 생각에서 쉬지 않고 담배를 피웠다. 또 베슈트의 손자인 메지보즈의 바루흐(1753~1811)는 호사스런 가구와 태피스트리로 치장된 화려한 저택에 대해, 자신은 이 엄청난 과시적인 요소들 안에 담긴 신성한 불꽃에만 관심이 있을 뿐이라고 주장하며 정당화하기도 했다. 압트의 아브라함 요슈아 헤셸(1825년 사망)이라는 유대인은 음식에 담긴 신성한 불꽃을 지켜야 한다며 늘 엄청난 양의 음식을 먹었다.[56] 하지만 이런 하시드 활동도 냉혹하고 위험한 세계에서 의미를 찾으려는 시도로 볼 수 있다. 하시드의 데베쿠트 훈련은 세계에 내재한 신의 영광을 드러내기 위해 상상력을 동원해 현실 세계로부터 익숙함의 베일을 벗겨내려는 시도였다. 그들의 이러한 종교적 시도는 같은 시대 영국의 낭만주의 시인 윌리엄 워즈워스(1770~1850)와 새뮤얼 테일러 콜리지(1772~1834)의 상상적 비전과 유사했다. 워즈워스와 콜리지는 자신들이 본 모든 것에서 실재 전체를 하나로 묶는 '단일 생명'을 감각했다.

추방과 박해의 슬픔에도 불구하고 하시드는 세계의 모든 피조물 안에 흐르는 신의 기운이 세계를 영광의 장소로 바꾸고 있음을 알게 되었다. 물질세계는 차츰 하찮아질 것이며 만물을 통해 신이 현현할 것이었다. 헝가리 우이헤이의 모세 타이텔바움(1759~1841)은 '불타는 떨기'를 대했을 때 모세가 본 것은 타오르는 나뭇가지가 아니라 그 안에 존재하는 신의 영이라 말했다.[57] 온 세계가 천상의 빛 속에 있는 듯 보였기에 하시드는 황홀경에 빠져 기뻐 소리치며 손뼉 치고 노래 부를 수 있었다. 그들 중 일부는 재주넘기를 하곤 했는데, 자신들이 본 환상 속에서 신의 영광이 세상을 완전히 거꾸로 뒤집어놓았음을 보여주기 위해서였다.

스피노자나 일부 급진적 기독교인과 달리, 베슈트는 모든 것이 신이라고 하지 않고 모든 존재가 신 안에 존재한다고 말했다. 그에게 신은 만물에 생명을 주고 존재할 수 있게 해주는 근원적 힘이었다. 그는 데베쿠트 수련을 통해 신성해지거나 신과의 합일에 이를 수 있다고는 믿지 않았다. 그 대신에 신에게 가까이 다가갈 수 있고 신의 현존을 알아차릴 수 있다고 보았다. 하시드는 대부분 단순하고 소박한 사람들이었으며 종종 자신을 과장되게 드러냈다. 하지만 그들은 자신들의 신화를 문자 그대로 받아들여서는 안 된다는 것을 알았다. 그들은 철학 토론이나 탈무드에 관한 토론보다 이야기를 더 좋아했는데, 허구의 이야기야말로 사실이나 이성과 거리가 먼 종교적 체험을 담기에 가장 좋은 그릇으로 보였다. 하시드의 환상은 신과 인간의 상호 의존성을 묘사하려는 상상의 시도였다. 신은 외재하는 객관적 실재가 아니었다. 실제로 하시드는 어떤 의미에서는 신과 분리된 후 그를 새롭게 재건함으로써 그를 창조하고 있다고 믿었다. 신성한 불꽃이 자기 안에 있음을 알아차릴 때 더 완전한 인간이 될 수 있었다. 다시 한번 그들은 이러한 통찰을 카발라의 신화적 언어로 표현했다. 베슈트의 후계자였던 메제리치의 랍비 도브 베르(1772년경 사망)는 신과 인간의 일체성에 관해 말했다. 그의 주장에 따르면, 인간은 자신이 다른 존재들과 분리되어 있다는 감각을 잃고 "에스겔이 본 것과 같은 원형적 인간의 우주적 모습"으로 변형될 때 신이 창조의 날에 본래 의도했던 '아담'이 될 것이었다.[58] 이것은 인간이 자신의 초월적 차원을 알아차리는 것, 즉 깨달음에 대한 동방 기독교나 불교의 믿음이 유대교적으로 표현된 것이었다.

하바드 운동에서
와하브 운동으로

동방 기독교인은 이러한 통찰을 그리스도의 신화(神化)와 성육신 교리로 표현했다. 하시드는 독자적인 성육신 사상을 발전시켰는데, 하시디즘 랍비인 차디크('의로운 자')가 각자 자기 세대의 신의 화신이 됨으로써 하늘과 땅을 잇고 신의 현존을 나타냈다. 체르노빌의 랍비 메나헴 나훔(1730~1797)은 차디크는 "진정한 신의 일부분이며, 이를테면 신과 함께 머문다"고 썼다.[59] 기독교인이 신에게 가까이 다가가고자 예수를 모방한 것처럼, 하시드는 완벽한 데베쿠트를 실현해 신을 향해 올라간 차디크를 닮고자 노력했다. 그들에게 차디크는 깨달음이 가능하다는 살아 있는 증거였다. 하시드는 신과 가장 가까이 있는 차디크를 통해 신에게 다가갈 수 있다고 믿었다. 그들은 무리를 지어 차디크를 따라다녔고 그가 베슈트에 관한 이야기를 들려주거나 율법 구절을 해석해줄 때 그의 말을 귀담아듣고자 정성을 다했다. 열광적인 기독교 종파들처럼 하시디즘도 고독한 종교가 아니라 강렬한 공동체적 성격을 띠었다. 하시드는 신에게 접근하기 위해 차디크의 모범을 따르고자 했다. 폴란드의 정통파 랍비들이 차디크 숭배에 경악한 건 당연했다. 차디크 숭배는 결국 인간을 숭배하는 것이었고, 아주 오랫동안 율법의 현신으로 여겨져 온 학식 있는 랍비를 완벽하게 무시하는 행동이었다. 차디크 숭배 반대 운동을 이끈 사람은 빌나의 가온인 랍비 엘리야 벤 솔로몬 잘만(1720~1797)이었다. 당시 일부 유대인들은 샤베타이 체비의 배교 사건 때문에 신비주의에 극도로 적대적이었는데 빌나의 가온은 그에 비해 합리적인 신앙의 대변자로 보였다. 하지만 그는 탈무드 전문가일 뿐 아니라 열정적인 카발리스트이기도 했다. 그와 가까운 제자였던 볼로친의 랍비 하이임은 잘만을 "탁월한 데베쿠트, 고매함, 사랑에 대한 열정, 신의 위엄에 대한 두려움으로 무장한, 카발라 신비주의 문서 《조하르》에 통달한 인물"이라고 칭송했다.[60] 잘만은 이삭 루리아에 관해 말할 때마다 전율할 정도였다. 그는 여러 놀라운 꿈을 꾸고 계시를 보았으나, 자신은 주로 율법 연구를 통해 신과 소통한다고 항상 주장했다. 하지만 그는 잠재된 직관을 해방하는 꿈의 목적을 두고 놀라운 해석 능력을 발휘하곤 했다. 이에 대해 랍비 하이임은 다음과 같이 썼다. "그는 꿈에 대해 종종 이렇게 말했다. 신은 인간이 일상적 노력으로 얻을 수 없는 통찰력을 인간에게 부여하기 위해 꿈을 창조했다. 잠을 통해서만 인간 영혼은 육체와 결합할 수 있다."[61]

사실 신비주의 신앙과 합리주의 신앙은 우리가 상상하는 것만큼 차이가 크지 않다. 빌나의 가온이 잠에 관해 말한 것을 보면 그가 무의식을 분명히 인식하고 있었음을 알 수 있다. 그는 주변 사람들에게 어떤 문제의 해결책을 찾고 싶다면 '잠을 자면서 생각해보라'고 권했는데 이것은 깨어 있는 동안에는 의식에 잡히지 않는 해결책을 잠자는 동안 찾을 수 있기 때문이었다. 정신이 수용적이고 이완된 상태일 때 정신의 깊은 곳에서부터 생각이 떠오른다. 이것은 아르키메데스 같은 과학자가 목욕탕에서 휴식을 취하다가 그 유명한 원리를 발견했을 때 직접 경험한 것이기도 하다. 참으로 창조적인 철학자나 과학자는 신비주의자가 그러하듯이 창조되지 않은 실재의 어두운 세계와 무지가 드리운 그림자와 직접 대면해 그것을 뚫고 나아가고자 한다. 논리와 개념을 붙잡고 씨름하는 한, 이미 정해진 생각의 틀이나 견해에 반드시 갇히게 된다. 새로운 발견은 종종 외부에서 '주어지는' 것처럼 보이며, 그러한 발견을 해낸 이들은 환상과 영감에 관해 말하곤 한다. 예를 들어 본래 종교적 열광주의를 혐오했던 에드워드 기번도 폐허가 된 고대 로마의 유적을 그저 가벼운 마음으로 즐기던 중 갑자기 영감을 얻어 《로마 제국 쇠망사》(1776~1788년)를 쓰게 되었다. 20세기의 위대한 역사가인 아널드 토인비는 이것을 가리켜, "그가 자신을 관통해 흐르는 거대한 역사의 물결과 자신의 영혼을 뒤흔드는 격랑의 소용돌이를 직관적으로 인식함으로써" 이루어낸 교감이라고 평하고, 그가 받은 영감은 "신이 드러낸 절대적 미를 인간 영혼이 깨달은 환상 체험"과 유사하다고 표현했다.[62] 그와 비슷하게, 알베르트 아인슈타인도 신비주의가 "모든 참된 예술과 과학의 출발점"임을 다음과 같이 표현했다.

최고의 지혜와 가장 빛나는 아름다움으로 우리 앞에 모습을 드러내지만 우리의 둔한 능력으로는 오직 그것의 가장 원시적인 형태만 이해할 수 있는 불가해한 것이 존재한다는 사실을 아는 것―이런 앎, 이런 느낌이야말로 모든 참된 종교성의 핵심이다. 나는 오직 이런 의미에서만 나 자신이 독실하게 종교적인 사람이라고 주장한다.[63]

이런 의미에서 베슈트 같은 신비주의자들이 찾은 종교적 깨달음은 이성의 시대에 이루어진 다른 어떤 성취들과 유사해 보인다. 그것은 더 단순한 보통 사람들이 근대성의 신세계에 정신적으로 유연하게 대처할 수 있게 해주었다.

1780년대에 리아디의 랍비 슈네우 잘만(1745~1813)은 하디시즘의 감정적 충일이 지적 탐구와 조화를 이룰 수 있다고 생각했다. 그는 이성적인 관조와 신비주의를 결합해 새로운 형태의 하시디즘을 창시했다. 이 새로운 하시디즘은 신의 세 가지 속성의 첫 글자를 따서 '하바드(Habad)'로 알려졌다. 즉 호크마(지혜)의 H, 비나(지성)의 B, 다트(지식)의 D였다. 철학과 영성을 결합한 초기 신비주의자들처럼 잘만은 지성의 한계를 드러내는 형이상학적 사색이 기도의 필수적 예비 단계라고 믿었다. 그는 만물 안에 존재하는 신이라는 근본적인 하시디즘적 비전에서 출발해, 변증법적 과정을 거쳐 신만이 유일한 실재임을 깨닫도록 이끌었다. 그의 설명에 따르면 "무한자의 관점에서 보면 세상 만물은 문자 그대로 아무것도 아니며 무(無)일 뿐이다."[64] 창조된 세계는 생명력의 원천인 신과 떨어져 존재할 수 없다. 세상 만물과 신이 분리되어 있는 듯이 보이는 것은 오직 우리의 유한한 인식 때문이며 착각일 뿐이다. 신은 실재의 다른 영역을 차지하고 있는 초월적 존재가 결코 아니다. 신은 이 세계의 밖에 있지 않다. 신의 초월성에 관한 교리는 감각 인상을 넘어서는 것이 거의 불가능한 인간 정신이 빚어낸 또 다른 착각이다. 하바드의 신비주의적 수련은 유대인들이 감각 인식을 넘어서 신의 관점에서 사물을 보도록 도울 수 있었다. 깨닫지 못한 자의 눈으로 보면 세계에는 신이 부재하는 듯하다. 그러나 인간은 카발라 명상을 통해 이성의 한계를 부수고 세계 안에 인간과 더불어 머무는 신을 발견할 수 있을 것이었다.

하바드 운동은 신에게 가 닿을 수 있는 인간 정신의 능력을 신뢰했다는 점에서 계몽주의와 공통점이 있었다. 그러나 역설과 신비주의적 정신 집중이라는 유서 깊은 방법을 썼다는 점에서 달랐다. 하시디즘의 창시자 베슈트처럼 잘만은 '누구든' 신의 비전에 이를 수 있다고 믿었다. 하바드는 신비주의 엘리트들을 위한 것이 아니었다. 영적 재능이 부족하다 해도 누구나 깨달음에 이를 수 있었다. 물론 그것은 아주 힘든 일이었다. 잘만의 아들인 랍비 도브 바에르(1773~1827)는 저서 《황홀경에 관하여》에서 깨달음을 얻고자 하는 사람은 먼저 자신의 부적절함을 가슴 아프게 인식해야 한다고 주장했다. 단순히 머리로 하는 명상으로는 충분하지 않다. 여기에 자기 분석, 율법 공부, 기도가 반드시 뒤따라야 한다. 물론 세계에 대한 편견을 버리는 것은 고통스러운 일이며 대부분의 사람들은 자기 관점을 포기하기를 몹시 꺼린다. 하지만 일단 이 자기 중심주의를 넘어서게 되면 하시드는 신 외에 다른 실재는 아무것도 없음을 깨닫게 될 것이다. 파나('자아 소멸')를 경험한 수피처럼 하시드도 황홀경을 경험할 수 있었다. 바에르는 다음과 같이 설명했다. 사람은 자기 자신을 넘어설 수 있으며 이때 "그의 전 존재는 남김없이 흡수되고 그에겐 자의식이 조금도 남아 있지 않다."[65] 하바드 수련은 카발라를 자기 이해와 심리 분석의 도구로 이용해 하시드에게 한 영역에 이어 다음 영역으로, 자신의 중심에 도달할 때까지 내면 세계로 점점 더 깊이 하강하라고 가르쳤다. 그렇게 깊이 하강한 곳에서 신이 유일한 실재임을 발견하게 될 것이었다. 인간의 정신은 이성과 상상력을 훈련함으로써 신을 발견할 수 있지만, 그 신은 뉴턴 같은 과학자와 계몽주의 철학자들이 생각하는 객관적인 신이 아니라 인간 자아와 불가분의 관계에 있는 완전히 주관적인 실재였다.

서구의 17세기와 18세기는 정치적, 사회적 혁명이 휘몰아친 시대였으며 정신적으로도 고통스러운 극단과 흥분의 시기였다. 이슬람 세계에서는 당시의 서구에 비견할 만한 격변은 일어나지 않았는데, 서구에서 18세기 이슬람 사상에 대한 연구가 아직 충분히 이루어지지 않았으므로 이를 확언하기는 어렵다. 서구 학자들은 유럽이 계몽주의 시대를 거치는 동안 이슬람 세계에서는 흥미로운 일이 일어나지 않았으며 이슬람이 쇠락의 길을 걷고 있었다고 너무 쉽게 일축하곤 했다. 하지만 오늘날 이런 관점은 지나치게 단순하다는 점에서 많은 비판을 받고 있다. 1767년에 영국이 인도를 정복할 무렵에도 이슬람 세계는 서구에서 일어난 전례 없는 변화의 의미를 제대로 알아차리지 못하고 있었다. 아마도 인도의 수피였던 델리의 샤 왈리울라(1703~1762)가 새로운 시대가 도래했음을 처음으로 깨달은 사람이었을 것이다. 그는 문화 보편주의*를 의심의 눈으로 바라본 인상적인 사상가였으나, 무슬림이 자신들의 유산을 보존하려면 통합이 필요하다고 믿었다. 본래 그는 시아파를 좋아하지 않았으나 그럼에도 불구하고 수니파와 시아파가 하나로

문화 보편주의(cultural universalism) 문화를 이해할 때 보편적 가치, 보편적 규범 같은 절대적 기준을 근거로 삼아 이해해야 한다고 보는 입장. 세계 여러 문화의 다양성과 고유한 가치를 인정해야 한다고 보는 문화 상대주의와 반대되는 입장이다.

결집할 수 있도록 공통의 근거를 찾아야 한다고 믿었다. 그는 샤리아를 당시 인도의 시대 상황에 맞게 개혁하려 했다. 그의 아들이 영국에 맞서 지하드(성전聖戰) 운동을 이끈 것에 비추어보면, 아마도 왈리울라는 제국주의에 대해 불길한 예감을 품고 있었던 듯하다. 그의 종교 사상은 좀 더 보수적이었는데 주로 이븐 알-아라비의 사상에 근거한 것이었다. 왈리울라는 인간은 신의 도움 없이는 자신의 잠재력을 온전히 개발할 수 없다고 믿었다. 당시에도 무슬림은 종교 문제에서 과거의 풍요로운 유산에 기꺼이 의지했으며, 왈리울라는 영감의 원천으로서 수피즘이 여전히 지니고 있는 힘을 보여준 한 사례였다. 그러나 수피즘은 세계 여러 곳에서 쇠퇴하는 중이었고, 아라비아반도에서 일어난 새로운 개혁 운동은 이슬람교가 신비주의로부터 선회할 것임을 예고했다. 이러한 변화는 19세기 동안 이슬람의 신에 관한 인식과, 서구의 도전에 맞선 이슬람의 대응을 특징짓는 것이었다.

16세기 기독교 종교개혁가들처럼, 아라비아반도 나지드 지방의 이슬람 신학자였던 무함마드 이븐 압드 알-와합(1703~1792)은 이슬람 탄생 이후 이슬람에 덧붙은 요소들을 제거하고 초기의 순수성을 회복하고자 노력했다. 그는 특히 신비주의에 적대적이었고, 성육신 신학을 암시하는 모든 것—수피의 성인과 시아파 이맘에 대한 숭배를 포함해—을 거부했다. 심지어 그는 메디나에 있는 무함마드의 묘지 숭배마저 반대했다. 아무리 걸출한 인물이라 해도 그저 인간일 뿐이므로 신에게 쏟아야 할 관심을 그에게 쏟아선 안 된다고 생각했던 것이다. 알-와합은 중앙 아라비아에 있던 작은 공국의 통치자 무함마드 이븐 사우드*를 자신의 대의로 설득하는 데 성공했고, 이후 그와 함께 '예언자' 무함마드와 그의 동료들이 주창한 최초의 움마(이슬람 공동체)

재건을 위한 개혁 운동을 펼쳤다. 그들은 가난한 자에 대한 억압, 곤경에 놓인 고아와 과부에 대한 무관심, 부도덕함, 우상 숭배를 맹비난했다. 또한 그들은 튀르크인이 아니라 아랍인이 무슬림을 이끌어야 한다는 신념에 따라 오스만 제국에 저항하는 '지하드'를 벌였다. 그들의 반(反)오스만 투쟁은 어느 정도 성공을 거두어 오스만 제국의 지배 아래 있던 헤자즈 지역의 상당 부분을 탈환해 1818년까지 점거했다. 메카 순례자들은 당시 크게 유행하던 수피즘보다 훨씬 더 새롭고 활기차 보이는 이 새로운 신앙 운동에서 강한 인상을 받았다. 19세기 내내 와하비즘(와하브 운동)은 이슬람 정서를 지배하게 되었고, 수피즘은 점차 주변화해 결국에는 기묘하게 미신적인 것이 되었다. 무슬림도 유대인과 기독교인처럼 신비주의적 이상에서 물러나 더 합리주의적인 신앙에 관심을 보이기 시작했다.

저편 어딘가에는
아무것도 없다

한편 유럽에서는 몇몇 사람을 필두로 신 자체로부터 벗어나려는 흐름이 나타나기 시작했다. 모범적인 가톨릭 사제로 일생을 보낸 장 멜리에(1664~1729)는 죽음을 맞았을 때 사실 무신론자였다. 그가 남긴 회고록이 볼테르에 의해 유포되었는데, 그 회고록에는 인간에 대한 혐

무함마드 이븐 사우드(Muhammad ibn Saud, 1687~1765) 오늘날 사우디 왕조의 시조. 1727년 디리야의 에미르(emir, 아라비아어로 군사령관, 총독, 황태자 등을 뜻하는 말로 '아미르amir'라고도 한다)가 되었다. 1745년경 쿠란과 '예언자' 무함마드의 가르침으로 돌아갈 것을 주장한 알-와합과 연합해 세력을 확장했다.

오와 신의 존재를 믿을 수 없다는 내용이 담겨 있었다. 멜리에는 뉴턴이 주장한 무한한 공간만이 유일하고 영원한 실재이며 그 밖에는 아무것도 존재하지 않는다고 믿었다. 그가 보기에 종교란 부자들이 가난한 자들을 억압하고 무력하게 만들기 위해 고안한 장치였다. 기독교의 경우 삼위일체와 성육신 같은 너무나 터무니없는 교리들이 그런 점을 보여주었다. 이 같은 신에 대한 부정은 계몽주의 철학자들에겐 지나치게 난해한 교리였다. 그리하여 볼테르는 특히 무신론적인 구절을 없애고 멜리에를 이신론자로 보이게끔 원고를 수정해 유포했다.

그러나 18세기 말로 접어들면서 스스로 무신론자임을 떳떳이 드러내는 철학자들이—비록 여전히 소수였지만—등장하기 시작했다. 이 때까지 '무신론자'는 욕설, 특히 적에게 던지는 더러운 비방의 말이었다. 하지만 이제 그 말은 자부심의 상징이 되기 시작했다. 스코틀랜드의 철학자 데이비드 흄(1711~1776)은 자신의 새로운 경험론을 통해 무신론에 관해 논리적 결론을 내렸다. 그는 인간의 감각 너머에 존재하는 것을 믿기 위해 과학적 설명과 이성의 작용을 무시할 필요가 없다고 보았다. 《자연 종교에 관한 대화》에서 그는 우주의 설계로부터 신의 존재를 증명하려는 논증은 명확한 결론에 이르지 못하는 유비 추리에 근거한 잘못된 논증이라고 주장했다. 인간이 자연 세계에서 포착하는 질서가 곧 지적인 '주관자'(신)의 존재를 가리킨다고 주장할 수 있을지도 모른다. 하지만 그러면 현실 세계에 나타나는 악과 분명한 무질서는 어떻게 설명할 것인가? 여기에는 어떤 논리적 대답도 존재하지 않는다. 흄은 이 같은 생각을 담은 《자연 종교에 관한 대화》를 1750년에 썼으나 현명하게도 그것을 생전에 발표하지 않았다. 그보다 약 1년쯤 전에 프랑스 철학자 드니 디드로(1713~1784)가 같은 문제를 다룬 책 《맹인에 관한 서한》을 발표하고 감옥에 갇혔다. 이 책은 일반 대중에게 '본격적인 무신론'을 소개했다.

디드로는 자신은 무신론자가 아니라고 부인했다. 그는 신이 존재하는지 존재하지 않는지는 자신에게는 중요한 문제가 아닐 뿐이라고 주장했다. 볼테르가 그의 책을 받기를 거부했을 때 디드로는 볼테르에게 편지를 보내 다음과 같이 답했다. "내가 비록 무신론자들과 잘 지내지만, 나는 신을 믿습니다. …… 독미나리를 파슬리로 착각하는 건 매우 중요한 문제지만, 신을 믿거나 안 믿거나 하는 문제는 조금도 중요하지 않습니다." 디드로는 본질적인 문제를 매우 정확히 짚었다. 신은 개인의 주관적 체험 속에서만 존재한다. 같은 편지에서 그는 세상사에 절대 개입하지 않는 철학자의 신을 믿는 것은 무의미한 일이라고 지적했다. '숨은 신'은 '하는 일 없는 신(deus otiosus)'이 되었다. 즉 "신이 존재하든 존재하지 않든, 신은 고귀하지만 쓸모없는 진리의 하나로 전락해버렸다."[66] 그는 신이 존재한다는 쪽에 내기를 거는 것이 무시할 수 없는 가치를 지닌다고 생각했던 파스칼과는 반대되는 결론에 이르렀다. 1746년에 발표한 《철학적 생각》에서 디드로는 파스칼이 말한 종교적 체험이 지나치게 주관적이라고 비판했다. 파스칼과 예수회는 모두 열정적으로 신에 대해 고민했으나 서로 전혀 다르게 생각했다. 그렇다면 둘 중 어느 쪽을 선택해야 하는가? 그러한 '신'은 기질에 불과했다. 이때만 해도 디드로는 과학으로—오로지 과학만이—무신론을 배격할 수 있다고 믿었다. 그는 목적론에 의한 증명에 대해 인상적인 새로운 해석을 발전시켰다. 그는 사람들에게 우주의 거대한 운동을 관찰하는 대신에 자연의 기본 구조를 관찰할 것을 권했다. 씨앗, 나비, 곤충의 조직은 우연히 발생했다고 보기엔 너무 정밀하고 복잡했다. 《철학적 생각》을 보면 당시에 디드로는 여전히 이성의 힘으로 신의 존재를 증명할 수 있다고 믿고 있었다. 그가 보기에 뉴턴은 종교에서 미신과 어리석음을 모두 제거했으며, 기적을 행하는 신이란 결국 어른들이 아이들을 겁먹게 만들 때 들려주는 도깨비 이야기와 똑같은 것이었다.

그러나 3년 뒤에 디드로는 뉴턴의 신에 대해 의문을 품게 되었고, 외부 세계에서 찾은 신의 존재 증거를 더는 확신할 수 없게 되었다. 이제 그는 새로운 과학을 통해 신을 증명할 수 없음을 확실히 알았다. 하지만 그는 자신의 혁명적이고 선동적인 견해를 허구의 이야기에 담을 수밖에 없었다. 그리하여 그는 《맹인에 관한 서한》에서 '홈스(Mr. Holmes)'라고 이름 붙인 한 뉴턴주의자와 실존 인물이었던 케임브리지 대학의 맹인 수학 교수 니컬러스 손더슨(1682~1739)이 벌이는 가상의 토론을 통해 자신의 무신론적 견해를 펼쳤다(손더슨은 한 살 때 병을 앓고 시력을 잃어 평생 보지 못했다). 여기서 디드로는 손더슨의 입을 빌려 홈스에게 묻는다. 질서 있고 조화로운 자연을 전제하는 목적론에 의한 증명과 그 전제에서 벗어나는 자신과 같은 변종('맹인'이라는 점)의 존재가 어떻게 조화를 이룰 수 있겠는가? 손더슨 자신이야말로 우주의 설계가 결코 지적이고 자비로운 과정이 아님을 실증하는 존재였다.

홈스 씨, 이 세상은 무엇입니까? 세상은 복잡한 것이고, 파괴가 거듭 반복되는 변화의 주기에 매여 있습니다. 존재들이 차례차례 나타나 번성했다가 사라지는 일이 빠르게 잇달아 일어납니다. 균형은 단지 일시적일 뿐이고 질서는 한순간 나타났다 사라질 뿐입니다.[67]

뉴턴의 '신', 그리고 많은 전통적인 기독교인들의 '신'은 말 그대로 세상에서 일어나는 모든 일을 주관하는 존재로 여겨졌다. 디드로가 보기에 이것은 부조리할 뿐 아니라 끔찍한 발상이었다. 인간이 현재 자신들이 설명할 수 없는 일을 설명하기 위해 신을 끌어들이는 것은 곧 인간의 수치스러운 실패를 보여주는 것이었다. 디드로는 손더슨에게 이런 말로 결론짓게 한다. "홈스 씨, 먼저 당신의 무지를 인정하십시오."

디드로에게 '창조자'는 필요 없었다. 물질은 뉴턴과 프로테스탄트가 상상했던 수동적이고 열등한 것이 아니라 자체의 법칙을 따르는 역동적인 것이었다. 우리가 보고 있다고 생각하는 이 세계를 설계한 것은 '신성한 기계공'이 아니라 물질 자체의 법칙이었다. 물질 외에는 아무것도 존재하지 않는다. 디드로는 스피노자보다 한 걸음 더 나아갔다. 그는 자연이 곧 신이라고 말하는 대신, 존재하는 것은 신이 아니라 오직 자연뿐이라고 주장했다. 디드로만 이렇게 생각한 것은 아니었다. 1740년 스위스의 수학자이자 박물학자였던 아브라함 트랑블레(Abraham Trembley)의 민물 폴립 실험과 1745년 영국의 가톨릭 사제이자 박물학자였던 존 터버빌 니덤(John Turbeville Needham)의 미생물 자연발생설은 우주가 창조자의 개입 없이 생성되고 재생된다는 생각을 뒷받침해주었다.* 그러나 당시에 신과 단절을 과감히 선언할 사람은 거의 없었다. 폴 앙리 디트리히 돌바크(1723~1789) 남작의 살롱에 자주 모여 숨김없이 솔직한 토론을 즐긴 철학자들조차 공개적으로 무신론을 지지하지는 않았다. 돌바크는 그들의 토론 내용을 바탕 삼아 《자연의 체계 또는 도덕적, 물리적 세계의 법칙》(1770년)을 썼는데, 이 책은 무신론적 유물론의 경전으로 불리게 된다. 돌바크는 "자연에는 초자연적 대안이 없으며, 자연은 물질들이 끊임없이 서로 영향을 주는 거대한 인과의 사슬에 의해 움직인다"고 주장했다.[68] 신을 믿는다는 것은 인간이 자신의 참된 경험을 부정하고 자기를 기만하는 부정직한 행위였으며 절망의 표현이었다. 돌바크는 사람들이 이 세계에서 자신들이 겪는 삶의 비극에 위안 삼을 수 있는 다른 설명을 찾을 수 없었기에 신들을 만들었다고 보았다. 사람들은 장차 닥칠지도 모를 폭력과 재난 뒤에 신의 힘이 숨어 있다고 상상하고는 신을 달래려 노력하면서, 환상에 지나지 않은 모종의 통제감을 얻기 위해 종교와 철학이 주는 가상의 위안에 의지해 왔다. 아리스토텔레스는 틀렸다. 철학은 앎을 갈망하는 고귀한 욕구의 산물이 아니라 고통을 피하고자 하는 비겁한 열망의 결과물이었다. 또한 종교의 요람은 무지와 공포이므로 성숙하고 깨우친 인간은 반드시 그 요람에서 기어 나와야 했다.

돌바크는 독자적으로 신의 역사를 그리고자 했다. 최초의 인간들은 자연의 힘을 숭배했다. 원시 애니미즘은 이 세계를 초월하려 하지 않았기에 인간들에게 받아들여질 수 있었다. 그러다 인간이 자신의 형상과 닮은 모습으로 신을 창조하기 위해 태양과 바람과 바다에 인격을 부여하기 시작했을 때 타락의 씨앗이 뿌려졌다. 결국 인간은 그 모든 신들을 하나의 거대한 신으로 통합했는데 그것은 모순덩어리이자 자

---

* 트랑블레는 이전까지 식물로 여겨졌던 민물 폴립('히드라')이 동물일 뿐 아니라 몸을 여러 조각으로 잘랐을 때 각 조각이 원래의 모습을 한 완전한 개체로 재생된다는 사실(무성 생식)을 알아냈다. 니덤은 육즙을 시험관에 밀봉해 두었다가 다시 뜨겁게 가열한 뒤에 방치했는데도 미생물이 발생했음을 확인하고 큰 생물은 다를지 몰라도 미생물은 자연적으로 발생한다고 주장했다. 니덤 이후로도 자연발생설을 두고 논란이 이어졌으나 19세기 프랑스의 과학자 루이 파스퇴르(Louis Pasteur, 1822~1895)가 S자형 플라스크 실험을 통해 그 가설이 틀렸음을 확인함으로써 마무리되었다.

신의 투영에 지나지 않았다. 시인들과 신학자들이 수 세기에 걸쳐 행한 것은,

> 거대하고 과장된 인간을 만든 것에 다름 아니다. 그들은 양립할 수 없는 자질들을 모아 인간을 미혹하는 환상을 만들어낼 뿐이다. 인간은 결코 신을 찾아내지 못할 것이다. 그들이 만나는 것은 인간 종에 속하는 한 존재일 뿐이다. 그렇더라도 그들은 자신들이 전혀 상상도 할 수 없는 존재를 만들 때까지 분투할 것이다.

돌바크의 견해에 따르면, 역사는 이른바 신의 선함이 신의 전능함과 양립할 수 없음을 보여준다. 일관성이 결여되어 있기에 신 개념은 무너질 수밖에 없다. 철학자들과 과학자들은 이 문제를 해결하려고 최선을 다했으나 시인들과 신학자들보다 별로 나을 게 없었다. 데카르트가 증명했다고 주장한 '최고의 완전함'은 그저 그의 상상의 산물이었을 뿐이다. 심지어 위대한 뉴턴조차 "자신의 유아기적 편견에 사로잡힌 노예"였을 뿐이다. 뉴턴은 절대 공간을 발견했고 빈 공간으로부터 신을 창조했는데, 뉴턴의 신은 그의 인간 창조자들을 공포에 떨게 만들고 그들을 노예 상태로 만드는 신성한 폭군으로서 단순히 '강대한 남성'의 모습만을 보여주었다.[69]

다행스럽게도 계몽주의가 인류로 하여금 이러한 정신적 유아기 상태에서 벗어나게 해줄 것이었다. 과학이 종교를 대체할 것이다. "자연에 대한 무지가 신을 창조해냈다면, 자연에 대한 지식이 신을 파괴할 것이다."[70] 어떤 절대적 진리, 위대한 설계 따위는 없다. 오직 자연이 있을 뿐이다.

자연은 누군가의 작품이 아니며, 언제나 스스로 존재할 뿐이다. 자연은 그 안에서 만물이 작동하고, 자신이 제공한 물질들과 도구들을 통해 스스로 움직이는 거대한 실험실이다. 자연의 모든 활동은 자연 자체의 에너지가 작용한 결과이며, 자연이 만들고 보존하고 실행에 옮기는 동인 또는 원인에 따른 결과다.[71]

신은 단순히 불필요한 정도가 아니라 분명히 유해하다는 것이 돌바크의 생각이었다. 18세기 말, 피에르-시몽 라플라스(1749~1827)는 물리학에서 신을 제거했다. 그는 행성들은 점차 식어 가는 태양으로부터 발산되는 빛과 열을 받는 발광체라고 생각했다. 나폴레옹이 "이 모든 것을 누가 만들었단 말인가?"라고 물었을 때 라플라스는 대답했다. "저는 그런 가설은 필요 없다고 생각합니다."

수 세기 동안 유대교, 기독교, 이슬람교 세 종교의 유일신론자들은 신은 단순히 어떤 다른 존재(being)가 아니라고 주장해 왔다. 신은 우리 인간이 경험할 수 있는 현상들처럼 존재하지 않는다. 그러나 서구에서 기독교 신학자들은 신을 실제로 존재하는 것인 양 말하곤 했다. 그들은 신이 객관적 실재임을 증명하기 위해 새로운 과학을 붙잡았다. 마치 신이 자연과학적 실험과 분석의 대상이 될 수 있기라도 한 듯이. 그러나 디드로, 돌바크, 라플라스는 그러한 시도로부터 고개를 돌렸고, 극단적인 신비주의자들과 같은 결론에 이르렀다. '저편 어딘가에'는 아무것도 없다. 그로부터 머지않아 다른 과학자들과 철학자들이 의기양양하게 신의 죽음을 선언하게 된다.

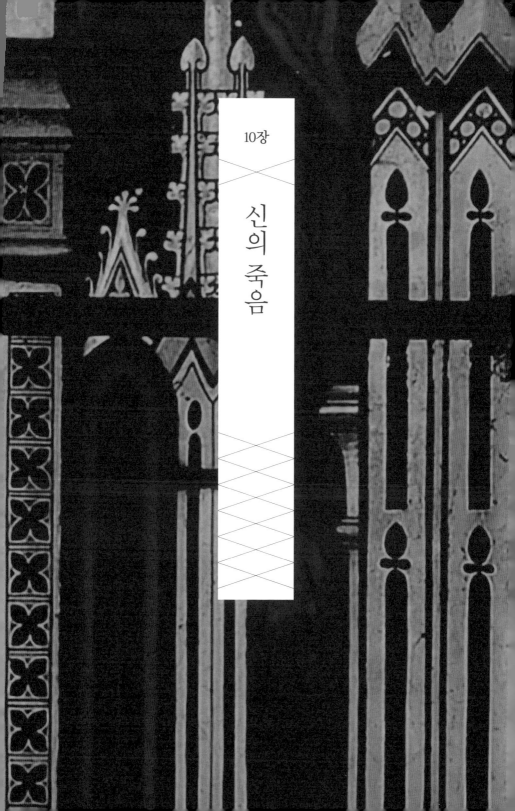

10장

신의 죽음

19세기 초부터 무신론은 확실히 시대의 의제가 되었다. 과학과 기술이 발전하면서 새로운 자율성과 독립의 정신이 탄생했고 그로 인해 신으로부터 독립을 선언하는 사람들이 생겨났다. 이 세기는 루트비히 포이어바흐, 카를 마르크스, 찰스 다윈, 프리드리히 니체, 지크문트 프로이트의 시대였고 이들이 내놓은 현실에 대한 과학적 해석과 철학에는 신의 자리가 없었다. 19세기 말에 이르자 꽤 많은 사람이 신이 아직 죽지 않았다면 신을 죽이는 것이 합리적이고 자유로운 인간의 의무라고 느끼기 시작했다. 서구 기독교 세계에서 수 세기에 걸쳐 발전한 신 개념은 끔찍히 부적절해 보였고 이성의 시대가 오랫동안 지속된 미신과 편견에 승리를 거둔 듯했다. 주도권을 잡은 서구의 움직임은 유대인과 무슬림에게도 운명적인 영향을 끼쳤다. 신의 존재를 부정하는 여러 이데올로기들이 타당하게 여겨졌다. 서방 기독교의 신인동형의 신, 인격화된 신은 이러한 변화에 취약했다. 오랫동안 그 신의 이름을 앞세운 끔찍한 범죄가 숱하게 자행된 게 사실이었다. 그러나 그런 신의 죽음은 마냥 즐거운 해방이 아니라 의심과 불안, 어떤 경우에는 고통스러운 충돌을 가져다주었다. 신을 구하기 위해 억압적인 경험주의적 사고체계로부터 신을 해방해줄 새로운 신학을 시도한 사람들도 있었으나 무신론은 그대로 영원히 뿌리를 내렸다.

한편으로 이성 숭배에 대한 반동이 나타나기도 했다. 낭만주의 운동에 참여한 시인, 소설가, 철학자는 철저한 합리주의가 인간 정신의 상상적이고 직관적인 활동을 무시하기 때문에 환원주의적이라고 지적했다. 어떤 이들은 기독교의 교리와 신비적 요소를 세속적 방식으로 재해석했다. 기독교 신학을 재구성해 지옥과 천국, 부활과 구원 같은 오래된 테마들에서 '저편 어딘가에' 있는 초자연적 '실재'와의 연관성을 걷어내고 포스트 계몽주의 시대에 지적으로 받아들여질 수 있는 표현으로 바꾸어 옮겼던 것이다. 20세기 미국의 문학 비평가 에이브럼스(M. H. Abrams)는 낭만주의 문학에 나타난 이 같은 경향을 가리켜 '자연적 초자연주의'라고 불렀다. 이 자연적 초자연주의에서 중요하게 다룬 테마가 창조적 상상력이었다.[1] 창조적 상상력이란 새로운 진리를 창조함으로써 외적 실재와 관계 맺을 수 있는 능력이었는데, 영국 시인 존 키츠(1795~1821)는 1817년에 가까운 친구 벤저민 베일리에게 보낸 편지에서 이렇게 간결하게 표현했다. "상상력은 마치 아담의 꿈과 같은 것이다. 아담은 꿈에서 깨어났을 때 그것이 진리임을 알았다." 키츠는 밀턴의 《실낙원》에 나오는 하와의 탄생 이야기를 언급한 듯하다. 여기서 아담은 아직 창조되지 않은 존재를 꿈에서 보았는데, 잠에서 깨어난 뒤 바로 그 여인이 실제로 나타난다. 같은 편지에서 키츠는 상상력을 성스러운 능력이라고 표현했다. "나는 마음에서 우러난 사랑의 거룩함과 상상력이 가져다주는 진리 외에 아무것도 확신할 수 없다. 상상력을 통해 포착한 아름다움은 그것이 존재하든 존재하지 않든 진리임에 틀림없다."[2] 이성은 이 창조 과정에서 제한된 역할을 할 뿐이다. 키츠는 또한 자신이 '부정적 능력'이라고 부른 마음의 상태를 묘사했는데, 그것은 "인간이 사실과 이성에 도달하려 애쓰지 않고 불확실성, 신비, 의심 속에 머물 수 있을 때" 생기는 능력이었다.[3] 마치 신비주의자처럼 시인은 이성을 초월해 고요한 기다림의 태도를 취해야 했다.

중세 신비주의자들도 신을 경험하는 일을 이와 비슷하게 묘사했다. 이븐 알-아라비는 자아의 심연 속에서 신이라는 창조되지 않은 실재를 만나는 상상의 경험에 대해 말한 적이 있었다. 키츠는 비록 윌리엄 워즈워스를 비판적으로 보았으나—워즈워스는 새뮤얼 테일러 콜리지와 함께 영국 낭만주의 운동을 개척했다—두 사람은 상상력에 관해 같은 관점을 지니고 있었다. 워즈워스는 서로 영향을 주고받으면서 비전과 의미를 창조하는 인간 정신과 자연 세계의 화합을 찬양하는 시를 썼다.[4] 그에게 자연을 경험하는 것은 신 체험과 비슷한 신비로운 일이었다. 〈틴턴 수도원에서 수 마일 떨어진 곳에서 지은 시〉에서 그는 실재에 대한 황홀한 체험으로 이어지는 정신의 수용적 상태를 이렇게 묘사했다.

그 축복받은 기분이란 이런 것.
그 안에서 신비의 짐이,
이해할 수 없는 이 세상의
그 무겁고도 지겨운 무게가
가벼워진다. 그 고요하고 축복받은 기분이란 이런 것.
그 안에서 애정이 우리를 부드럽게 이끌어
우리 육신의 숨결과
심지어 혈관 속 피의 움직임조차도

거의 멈출 때, 우리는

육체 속에 깊이 잠들고, 살아 있는 영혼으로 깨어난다.

그때 조화의 힘으로, 그리고 기쁨의 강렬한 힘에 의해

고요해진 눈으로,

우리는 만물의 생명을 꿰뚫어본다.[5]

　이러한 비전은 워즈워스가 "간섭하는 지성"이라고 표현한 것, 즉 이런 종류의 직관을 파괴할 수 있는 순수하게 분석적인 힘이 아니라 마음과 애정에서 생겨나는 것이었다. 그는 사람들에게 필요한 것은 학술서나 이론이 아니라 "현명한 수동성"과 "바라보고 받아들이는 마음"이라고 생각했다.[6] 통찰은 주관적 경험에서 비롯되는데, 그것은 '현명'해야 하고 무지와 방종이어서는 안 되었다. 키츠가 말했듯이, 진리는 맥박 속에서 느껴지고 열정에 의해 심장으로 생생하게 전달됐을 때 비로소 진리가 된다.

　워즈워스는 자연 현상에 내재하면서 동시에 자연 현상과 구분되는 '영'을 알아차렸다.

나를 기쁨으로 어지럽게 하는 어떤 존재가 있으니,

고양된 정신으로, 숭고한 감각으로,

훨씬 더 깊이 잠겨 있는 어떤 것.

그것의 거처는 저무는 태양의 빛 가운데,

저 푸른 하늘 그리고 사람의 마음속에 있다네.

모든 생각하는 것들, 모든 생각의 대상들을

재촉하며 그 모든 것들 속에서 구르는

하나의 운동, 하나의 영.[7]

　헤겔 같은 철학자들은 워즈워스가 말한 그러한 영을 역사적 사건 속에서 발견하게 된다. 워즈워스는 이런 경험을 전통적인 종교의 틀로 해석하지 않으려고 주의했는데, 다른 경우, 특히 윤리적 맥락에서 '신'에 대해 말하는 것은 좋아했다.[8] 영국의 프로테스탄트들은 종교개혁가들이 과소평가했던 신비주의자의 신을 잘 몰랐다. 그들에게 신은 인간이 윤리적 의무 앞에 소환될 때 양심을 통해 말을 걸어오는 존재였다. 이때 신은 인간의 마음에서 일어난 욕망을 바로잡는 존재였으나, 워즈워스가 자연 속에서 느낀 '존재'와는 거의 관계가 없었다. 언제나 표현의 정확성에 신경을 썼던 워즈워스는 정확한 정의를 내리는 대신에 그것을 단지 '어떤 것'이라고 불렀다. 그는 신비주의적인 불가지론의 차원에서 영을 묘사하기 위해 그 말을 썼다. 자신이 아는 어떤 범주에도 들어맞지 않았기 때문에 그것에 이름 붙이기를 거부했다.

낭만주의의 신, 블레이크와 슐라이어마허

　윌리엄 블레이크(1757~1827)는 워즈워스보다 더 묵시론적 분위기를 풍기며 신의 죽음을 선언한 신비주의 시인이다. 그는 초기 시에서 변증법적 방법을 썼는데, '순수'와 '경험'처럼 완전히 상반되는 듯한 말들을 써서 모순되고 복잡한 현실을 그렸다. 그는 영국에서 '이성의 시대'에 유행했던, 운(韻)을 맞추는 2행 연시의 특징인 균형 잡힌 대구법을 변형해 개인적이고 주관적인 비전을 구축했다.《순수와 경험의 노래》(1794년)에서 인간 영혼의 두 가지 상반된 상태는 하나로 종합되기 전까지는 부적절한 것으로 드러난다. 순수는 반드시 경험이 되어야 하고 경험 자체는 참된 순수를 회복하기 전에는 가장 깊은 곳으로 떨어진다. 블레이크에게 시인은 예언자였다. "현재, 과거, 미래를 꿰뚫어 보는 자"이며 태초의 인간에게 들렸던 '신성한 말씀'에 귀 기울이는 자였다.

> 타락한 영혼을 부르며
> 밤이슬에 젖어 울면서
> 별이 반짝이는 하늘을
> 다스리고
> 떨어지고, 떨어진 빛을 새롭게 하리라.[9]

　영지주의자나 카발리스트와 마찬가지로, 블레이크는 절대적 타락 상태를 마음에 그렸다. 인간이 자신의 타락한 상태를 인식하게 될 때 비로소 진정한 비전이 가능해질 것이었다. 그런 의미에서 그는 초기 신비주의자들처럼 우리의 일상적 현실에서 끊임없이 진행되는 과정을 상징하기 위해 본원적 타락의 개념을 사용했다.

　블레이크는 진리를 체계화하려 했던 계몽주의의 비전에 반대했다. 또한 그는 사람들을 본래의 인간성으로부터 소외시키는 기독교의 신에도 반대했다. 그 신은 인간의 섹슈얼리티, 자유, 자발적 기쁨을 억누르는 부자연스러운 율법을 선포한 신이었다. 블레이크는 〈호랑이〉라는 시에서 세계로부터 멀리 떨어져 형언할 수 없이 "먼 심연과 하늘"에 있는 신, 이 무자비한 신이 만든 "무시무시한 균형"에 분노한다. 그러나 다른 작품들에서는 이런 신을 전적으로 타자인 신, 세계의 창조자인 새로운 신으로 변화시켰다. 그 신은 현실 세계로 내려와 인간 예수의 모습으로 죽는다.[10] 심지어 그 신은 인간의 적인 사탄이 되기까지 한다. 영지주의자, 카발리스트, 초기 삼위일체론자들처럼 블레이크는 고독한 천상에서 내려와 이 세계에서 육화한 신 본체의 케노시스(자기 비움)를 마음속에 그렸다. 신에게 이질적인 인간의 활동은 없다. 심지어 교회가 억압하는 섹슈얼리티조차 예수 자신의 수난에서 나타난다. 신은 예수 안에서 자발적으로 죽음을 맞았고, 초월적이고 이질적인 신은 더는 존재하지 않는다. 신의 죽음이 완성될 때 '인간의 신성'이 드러날 것이다.

예수가 묻기를, 당신은 당신을 위해 죽지 않은 자를 사랑합니까?

당신을 위해 죽지 않은 자를 위해 죽을 수 있습니까? 만일 신이 인간을 위해 죽지 아니하고 영원히 자신을 내어주지 않는다면, 인간은 존재할 수 없습니다. 그것은 신이 사랑인 것처럼 인간도 사랑이기 때문입니다. 서로에게 사랑을 베푸는 것, 그것이 곧 신의 형상 안에서 죽는 것입니다. 그러므로 진정 존재해야 할 것은 서로에게 부어주는 형제애입니다.[11]

블레이크는 제도적 교회에 반기를 들었지만 몇몇 신학자들은 낭만주의의 비전을 공식 기독교 안으로 끌어들이려고 했다. 그들은 인간세계와 동떨어진 초월적인 신 개념이 부적절하다고 생각했고 인간의 주관적 종교 체험을 중시했다. 영국에서 워즈워스와 콜리지가 《서정가요집》을 출판한 다음 해인 1799년에 독일에서 프리드리히 슐라이어마허(1768~1834)가 낭만주의 선언서 《종교론: 종교를 멸시하는 교양인을 위한 강연》을 발표했다. 그는 교리란 신에 관한 사실들이 아니라 단순히 "기독교인의 강론에 나타난 종교적 감정에 대한 설명"이라고 주장했다.[12] 그의 주장에 따르면, 신앙은 교리의 명제들 속에 갇혀 있을 수 없으며 감정적 이해와 내적 헌신이 따른다. 사유와 이성은 모두 고유의 영역이 있으나 다만 우리를 멀리 데려갈 수 있을 뿐이다. 이성의 한계에 부딪혔을 때 절대자를 향한 우리의 여정을 마무리하게 해주는 것이 바로 감정이다. 여기서 슐라이어마허가 말하는 '감정'은 일상적인 느낌의 감정이 아니라 인간을 무한자로 향하게 하는 직관을 뜻한다. 그러한 감정은 이성과 대립하는 것이 아니며, 개별을 뛰어넘어 전체를 이해할 수 있도록 우리를 이끄는 상상력의 도약을 수반한다. 신이 현존한다는 감각은 객관적 '사실'과의 충돌이 아니라 각 개인의 내면 깊은 곳에서 얻을 수 있다.

서구 신학은 토마스 아퀴나스 이래 합리성의 중요성을 지나치게 강조했는데 이런 경향은 종교개혁을 거치면서 더욱 짙어졌다. 슐라이어마허의 낭만주의적 신학은 이성 중심의 기독교 신학에 감정의 측면을 부가해 균형을 잡으려는 시도였다. 그에게 이성과 감정은 모두 표현할 수 없는 '실재'를 가리키는 것이었다. 그는 종교의 본질을 "절대 의존의 감정"이라고 규정했다.[13] 앞으로 보겠지만, 이 생각은 19세기의 진보적 사상가들이 몹시 혐오하는 태도였다. 하지만 그들이 이해한 것과 달리 슐라이허마허는 신 앞에서 인간이 보이는 비참한 굴종을 말한 게 아니었다. 오히려 '절대 의존의 감정'이란 말은 우리가 삶의 신비를 관조할 때 내면에서 일어나는 경외를 뜻했다. 이러한 외경의 태도는 누미노제(성스러움)에 대한 인간의 보편적 경험으로부터 일어나는 것이었다. 이스라엘의 예언자들은 환상 속에서 야훼의 '거룩함'을 마주했을 때 이러한 경외를 깊은 충격으로 경험했다. 이와 비슷하게 워즈워스 같은 낭만주의자들은 자연에서 마주친 '영'에 경외와 의존감을 느꼈다. 슐라이어마허를 스승으로 삼은 신학자 루돌프 오토는 《성스러움의 의미》에서 인간은 초월적 실재와 마주했을 때 더는 자신이 존재의 처음이자 끝이라고 느끼지 않는다고 말했다.

말년에 이르러 슐라이어마허는 자신이 감정과 주관성의 중요성을 지나치게 강조한 것 같다고 느꼈다. 사실 그가 감정과 주관성을 강조했던 것은 기독교 신앙에 닥친 위기를 의식했기 때문이었다. 기독교는 시대에 뒤떨어진 신조처럼 보였다. 기독교의 몇몇 교리는 오해의 소지가 있었고 그로 인해 새로운 회의주의의 공격에 취약했다. 예를 들어 삼위일체 교리는 마치 세 명의 신이 있다고 주장하는 것 같았다. 슐라이어마허의 제자 알브레히트 리츨(1822~1889)은 삼위일체 교리가 그리스화의 명백한 사례라고 생각했다. 초기 기독교인의 경험과는 아무런 관련도 없는 "고대 그리스 자연 철학의 (이질적인) 형이상학적 개념들이" 기독교에 유입되어 기독교의 메시지가 오염되었다는 것이다.[14] 그러나 슐라이어마허와 리츨은 낭만주의 시인들이 각자 개별적 상황에 따라 진리를 경험했듯이, 각 세대는 저마다 자기 세대에 맞는 창조적인 신 개념을 만들어야 함을 알지 못했다. 동방 기독교의 교부들은 셈족의 신 개념을 자신들의 문화적 관점에서 표현함으로써 자신들에게 쓸모 있게 만들려 했다. 슐라이어마허의 시대에는 서구가 근대 기술 사회로 진입하면서 오래된 신 개념이 부적절해졌을 뿐이었다. 말년에 슐라이어마허는 종교적 감정이 결코 이성과 대립하는 것이 아니라고 주장했다. 죽음이 임박했을 때 그는 이렇게 말했다. "나는 가장 심원한, 사변적 사유에 대해 생각하지 않을 수 없다. 내가 보기에 사유는 가장 친밀한 종교적 감각들과 완전히 하나가 된다."[15] 신에 관한 개념은 인간의 감정과 종교적 경험에 의해 창조적으로 변형되지 않는 한 쓸모없는 것이었다.

헤겔, 쇼펜하우어, 니체의 신

19세기에는 중요한 철학자들이 나타나 신—적어도 서구에서 우세했던 '신'—에 대한 전통적인 견해에 연이어 도전했다. 특히 그들은 '저편 어딘가에' 객관적 실재로서 존재하는 초자연적 신이라는 관념을 공격했다. 그러나 우리는 서구에서 '최고 존재'로서 신 개념이 우위를 차지했지만 다른 유일신론적 전통들은 이 같은 신학 유형으로부터 스스로를 분리하려고 비상한 노력을 기울여 왔음을 안다. 유대인, 무슬림, 동방 기독교인은 우리 인간이 만든 신 개념은 형언할 수 없는 실재에 부합하지 않는다는 것을 각기 다른 방식으로 주장해 왔다. 그들은 모두 신을 '최고 존재'로 묘사하기보다 '무(無)'로 묘사하는 것이 더 정확하다고 주장하곤 했다. '신'은 우리가 파악할 수 있는 그 어떤 방식으로도 존재하지 않는다고 보았기 때문이다. 서방 기독교는 수 세기에 걸쳐 신에 관한 이러한 좀 더 상상적인 이해를 차츰 잊어버렸다. 가톨릭과 프로테스탄트는 '신'을 우리가 아는 이 세계에 더해진 '또 다른' 실재인 '존재', 마치 천상의 빅브라더처럼 우리의 활동을 감시하는 존재로 간주하게 되었다. 계몽주의 시대 이후 이런 신 개념을 받아들일 수 없게 된 사람들이 많았다는 것은 놀랄 일이 아니다. 그런 신은 인간을 인간의 존엄성과 양립할 수 없는 비참한 굴종과 무가치한 의존 상태에 처하게 만드는 것처럼 보였기 때문이다. 19세기의 무신론 철학자들이 이런 신에게 반기를 드는 데는 충분한 이유가 있었다. 그리고 많은 동시대인이 그들의 비판에 영감을 받아 같은 길을 갔다. 그들은 완전히 새로운 무언가를 말하는 듯했다. 하지만 그들은 종종 자신도 모르게 과거에 다른 유일신론자들이 내놓았던 오래된 통찰을 반복하곤 했다.

게오르크 빌헬름 헤겔(1770~1831)은 어떤 측면에서는 카발라와 매우 유사한 철학을 전개했다. 그가 유대교를 잘못된 원시적 신 개념을 만들어낸 조악한 종교로 간주했다는 점에서 아이러니한 일이었다. 헤겔의 관점에서 유대교의 신은 견딜 수 없는 율법에 절대적 복종만을 강요한 폭군이었다. 예수는 이러한 비도덕적인 노예 상태에서 사람들을 해방시키려 노력했으나 기독교인들은 유대인과 똑같은 덫에 걸렸고 신성한 '전제 군주'로서 신 개념을 장려했다. 헤겔은 이제 이 야만적인 신을 치워버리고 인간 조건에 대해 좀 더 계몽된 시각을 발전시킬 때라고 보았다. 헤겔의 이 같은 부정확한 유대교 이해는 신약 성서의 논박에 기반한 것이었으며 새로운 유형의 형이상학적 반유대주의였다. 칸트처럼 헤겔은 유대교를 모든 것이 잘못된 종교의 사례로 여겼다. 《정신현상학》(1807년)에서 그는 세계의 생명력의 근원이 전통적인 신이 아니라 '정신(Geist)'이라고 주장했다. 카발라와 마찬가지로 헤겔의 '정신'은 참된 영성과 자의식에 이르기 위해 먼저 자기 한계와 추방을 겪어야 하며, 또 자기 실현을 위해 세계와 인간에게 의존한다. 헤겔은 기독교와 이슬람의 특징이기도 한 오래된 유일신론적 통찰을 반복했다. 그것은 '신'은 이 세계에 더해진 것, 일상적 현실과 분리된 것이 아니며 인간과 불가분하게 얽혀 있다는 통찰이었다. 블레이크처럼 헤겔은 이러한 통찰을 변증법적으로 표현했다. 그에게 인간과 '정신', 유한자와 무한자는 상호 의존적이며 같은 자기 실현 과정에 관여하는 단일한 진리의 두 반쪽이었다. 헤겔은 인간 세계와 동떨어져 존재하면서 이질적이고 불필요한 율법을 강요하는 신을 거부하고 사실상 신성이 인간성의 한 측면이라고 선언했다. '정신'의 케노시스에 대한 헤겔의 견해, 즉 '정신'이 자신을 비움으로써 세계에 내재하게 되고 실현된다는 생각은 세 종교에서 발달한 성육신 신학과 공통점이 많았다. 그러나 헤겔은 낭만주의자이기만 한 것이 아니라 계몽주의적 사상가였고, 그래서 상상력보다 이성을 중시했다. 여기서 그는 또다시 자신도 모르게 과거의 통찰을 되풀이했다. 파일라수프처럼 그는 이성과 철학이 종교보다 우월하다고 생각했다. 그에게 종교는 사고의 재현 양식에 갇혀 있는 것이었다. 또한 그는 파일라수프와 마찬가지로 개별 정신의 작용으로부터 절대자에 관한 결론을 이끌어냈는데, 여기서 개별 정신은 전체를 반영하는 변증법적 과정에 휩쓸린 것으로 묘사되었다.

아르투어 쇼펜하우어(1788~1860)는 헤겔의 사상이 터무니없이 낙관적이라고 보았다. 그는《의지와 표상으로서의 세계》를 발표한 1819년에 베를린대학에서 강의를 하면서 의도적으로 같은 대학에 있던 헤겔의 강의 시간과 같은 시간을 택할 만큼 헤겔을 싫어했다. 쇼펜하우어는 세계에는 어떤 절대자도 이성도 신도 정신도 존재하지 않으며, 오로지 삶에 대한 잔혹한 본능만 있을 뿐이라고 주장했다. 이러한 그의 사상은 낭만주의 운동의 이면을 뒤집어 표현한 것이었다. 그러나 종교의 모든 통찰을 부정하지는 않았다. 그는 힌두교와 불교처럼 (그리고 모든 것이 무의미하다고 주장한 일부 기독교인들처럼) 세계 내 모든 존재가 환상적 미혹에 불과함을 깨달을 때, 실재에 대한 올바른 개념에 다다를 수 있다고 믿었다. 인간을 구원하는 것은 '신'이 아니며, 인간은 오직 미술과 음악을 통해 그리고 자기 부정과 동정심을 통해서만 마음의 평정을 얻을 수 있다. 쇼펜하우어는 유대교와 이슬람교를 불합리할 정도로 단순한 종교, 목적론적 역사관을 지닌 종교로 보고 싫어했다. 그는 선견지명을 발휘해 19세기가 끝나기 전에 유대인과 무슬림이 역사를 신의 현현으로 보는 자신들의 오래된 역사관이 더는 같은 식으로 유지될 수 없음을 깨닫게 될 것이라고 주장했다. 많은 이들이 신이 '역사의 주인'이라는 생각에 더는 동의할 수 없었다. 그러나 개인이 스스로 자신을 위해 삶의 궁극적 의미에 대한 감각을 창조해야 한다는 쇼펜하우어의 구원관은 오히려 유대교와 이슬람교의 인식과 매우 유사했다. 그의 구원관은, 인간은 자신의 구원을 위해 아무것도 할 수 없고 오직 외부의 신에게 전적으로 의존해야 한다는 신의 절대 주권에 대한 프로테스탄트의 이해와 공통점이 전혀 없었다.

신에 관한 오래된 교리들은 갈수록 더 결함 있고 부적절한 것으로 비난받았다. 덴마크의 철학자 쇠렌 키르케고르(1813~1855)는 낡은 신조와 교리는 그 자체로 중요한 것이 되어 우상이 되었고 신이라는 형언 불가능한 실재의 대체물이 되었다고 주장했다. 참된 기독교 신앙이란 이렇게 화석화된 믿음과 시대에 뒤떨어진 태도에서 벗어나 미지를 향해 이 세계에서 뛰쳐나가는 것이었다. 그러나 인간을 이 세계에 뿌리내리게 하고 신에 대한 관념을 아예 없애버리고 싶어 하는 이들도 있었다. 《기독교의 본질》(1841년)에서 신은 단지 인간의 투영에 지나지 않는다고 주장한 독일의 철학자 포이어바흐(1804~1872)가 그런 사람이었다. 그는 무한한 신과 유한한 인간, 전능한 신과 연약한 인간, 거룩한 신과 죄 많은 인간 같은 식으로, 신 개념이 인간의 취약함과 대조되는 불가능한 완전함을 상정함으로써 인간을 자신의 본질로부터 소외되게 만들었다고 보았다. 서방 기독교의 전통적 신 개념의 근본적인 약점을 정확히 지적한 것이었다. 신을 인간 조건의 외부로 밀어내는 종류의 투영은 우상의 탄생으로 이어질 수 있었다. 다른 종교 전통들은 이러한 위험에 다양한 방식으로 대처했지만, 서방 기독교에서 신 개념은 점점 더 외부화되었고 인간 본성에 대한 부정적인 생각에 일조했다. 서방 기독교에서는 아우구스티누스 이래 인간의 죄와 악, 투쟁과 고통을 강조했는데, 이런 경향은 가령 동방 정교회 신학에서는 낯선 것이었다. 좀 더 낙관적인 인간관을 지녔던 포이어바흐와 오귀스트 콩트(1798~1857) 같은 철학자들이 과거 기독교인들에게서 자신감을 빼앗아 갔던 이 같은 신을 제거하고 싶어 한 것은 당연한 일이었다.

무신론은 언제나 당대의 신 개념을 거부하는 행위를 뜻했다. 유대인과 기독교인은 신을 믿었는데도 이교의 신 개념을 부정했기에 '무신론자'라고 불렸다. 19세기에 나타난 새로운 무신론자들은 다른 종교의 신 개념보다 서방 기독교의 특정한 신 개념을 맹렬히 공격했다. 종교를 "억압받는 자의 한숨 …… 고통을 견디게 만드는 인민의 아편"이라고 비판한 카를 마르크스(1818~1883)도 그런 사람들 중 한 명이었다.[16] 그는 비록 유대-기독교 전통에 기댄 메시아적 역사관을 받아들였으나 신의 존재는 일축했다. 역사적 과정 외에는 어떤 가치도 의미도 목적도 없으므로 신 개념이 인간에게 도움이 되지 않는다고 보았기 때문이다. 그는 신의 존재를 부정하는 무신론 자체도 시간 낭비라고 생각했다. '신'은 마르크스주의적 비판에 취약했다. 종종 기득권층이 부자는 궁전에 앉고 가난한 자는 그 문가에 앉는 사회 질서를 승인하는 데 신을 이용해 왔기 때문이다. 그러나 모든 유일신교를 이와 똑같이 비판할 수는 없다. 사회적 부정의를 묵인하는 신은 아모스나 이사야나 무함마드를 놀라게 했을 것이다. 그들은 신의 개념을 완전히 다른 목적, 즉 마르크스주의적 이상에 아주 가까운 목적에 이용했다.

다른 한편으로 성서와 신에 대한 문자주의적 이해가 기독교인들의 신앙을 과학적 발견 앞에 취약하게 만들었다. 지구의 지질학적 기원을 다룬 찰스 라이엘의 《지질학의 원리》(1830~1833년)와 진화 가설을 제기한 찰스 다윈의 《종의 기원》(1859년)은 구약 성서 〈창세기〉에 나오는 창조에 대한 설명을 완전히 부정하는 듯했다. 뉴턴 이래 서구인들은 창조를 신 이해의 중심에 두었고 성서에 나오는 이야기들이 우주의 물리적 기원을 있는 그대로 정확히 설명하기 위한 것이 아님을 망각했다. 사실 '무로부터 창조' 교리는 오랫동안 논란이 되었는데 그 교리가 유대교와 기독교에 유입된 것은 상대적으로 늦게 일어난 일이었다. 이슬람교에서는 알라가 세계를 창조했다는 이야기를 당연시했으나 구체적인 창조 행위를 묘사하지는 않았다. 무슬림은 쿠란의 창조 교리를 신에 관한 다른 표현들처럼 오직 '비유'나 상징으로 이해하려고 노력했다. 과거 세 종교의 유일신론자들은 창조를 신화로 이해했다. 그들에게 창조 이야기는 사람들이 특별한 종교적 태도를 기를 수 있게 도와주는 상징적 이야기였다. 그런 뜻에서 유대인이나 무슬림 중에는 창조 이야기의 문자적 이해를 피하기 위해 의도적으로 훨씬 더 상징적인 해석을 시도하는 사람들도 있었다. 그러나 서방 기독교 세계에서는 성서의 모든 내용이 사실을 있는 그대로 옮긴 것이라고 믿는 경향이 있었다. 많은 이들이 지구상에서 일어나는 모든 일은 마치 우리 인간이 어떤 물건을 만들거나 어떤 사건이 일어나게 만드는 것처럼 신이 주관하는 것이라고 생각했다.

그렇지만 다윈의 발견이 신 개념에 결코 치명적이지 않음을 즉시 알아차린 기독교인이 상당수 있었다. 기독교는 대체로 진화론에 적응할 수 있었고 유대인과 무슬림은 생명의 기원에 관한 새로운 과학적 발견을 심각하게 걱정한 적이 없었다. 일반적으로 말하면 신에 관한 그들의 걱정은 완전히 다른 문제에서 비롯된 것이었다. 그러나 서구의 세속주의가 확산되면서 다른 신앙인들에게도 불가피하게 영향을 끼친 것은 사실이다. 문자주의적 신관은 여전히 널리 퍼져 있으며, 서구 세계—온갖 신조를 지닌—의 많은 이들은 현대의 우주론이 신 개념에 치명적인 타격을 입혔다고 당연하게 여긴다.

역사적으로 사람들은 기존 신 개념이 더는 제 역할을 하지 못한다는 생각이 들 때 그 개념을 폐기하곤 했다. 때때로 이런 움직임은 폭력적인 우상 파괴로 나타났다. 고대 이스라엘인들이 가나안 땅의 이방 신전을 파괴한 것이나 예언자들이 이웃 이교도들의 신을 매도한 것이 그런 경우였다. 프리드리히 니체(1844~1900)는 1882년에 신의 죽음을 선언하면서 그와 같은 폭력적 방법에 의지했다. 니체는 어느 날 아침 "나는 신을 찾는다! 나는 신을 찾는다!"라고 외치면서 시장 거리를 내달리는 미친 사람의 비유를 통해 신의 죽음을 선언했다. 거리의 사람들이 그 미친 사람에게 신이 어디로 간 것 같냐고 묻자, 그는 사람들을 노려보며 말한다. "신이 어디로 갔냐고?" "내가 말하려는 것은 당신들과 나, 바로 우리가 그를 죽였다는 것이다. 우리 모두가 그의 살인자다!" 이처럼 상상조차 해보지 못했고 다시 뒤집을 수도 없는 사건이 인류를 자신의 뿌리로부터 떼어놓았고 지구가 궤도를 벗어나 길 없는 우주에서 표류하게 만들었다. 인간은 삶의 방향 감각을 상실했다. 신의 죽음은 인류에게 전대미문의 절망과 공포를 가져다주었다. 미친 사람은 비통하게 울부짖었다. "아직도 위와 아래가 존재할까?" "우리는 끝없는 무(無)의 미로에 빠진 것처럼 헤매고 있지 않은가?"[17]

니체는 그동안 사람들이 '신'이라고 묘사해 온 현상을 믿을 수 없게 만드는 급진적 의식 변화가 서구에서 일어나고 있음을 인식했다. 인간은 과학의 발전으로 성서의 창조 이야기를 문자 그대로 이해하기가 불가능해졌을 뿐 아니라 자신이 지닌 지배력과 힘을 인식하면서 신성한 주관자로서 신의 개념을 용납할 수 없게 되었다. 사람들은 자신들이 완전히 새로운 시작을 목격하고 있다고 느꼈다. 니체는 미친 사람의 입을 빌려, 신의 죽음으로 인류 역사에 더 새롭고, 더 높은 단계가 시작될 것이라고 주장했다. 신을 죽인 자신의 행위를 가치 있게 만들기 위해 인간은 스스로 신이 되어야 한다. 《차라투스트라는 이렇게 말했다》(1883년)에서 니체는 신을 대신할 '초인'의 탄생을 선언했다. 이 새로운 깨달은 자는 낡은 기독교적 가치들에 맞서는 전쟁을 선포할 것이며 천민의 관습을 짓밟고 새롭고 강력한 인류의 도래를 알릴 것이다. 그 새로운 인류는 사랑과 동정심 같은 나약하기 짝이 없는 기독교적인 덕은 하나도 지니지 않을 것이다. 또한 니체는 불교 같은 종교에서 볼 수 있는 영원 회귀와 환생에 관한 고대 신화에 의지했다. 이제 신은 죽었고, 이 세계가 최고의 가치를 지니게 되었다. 사라진 것은 다시 오고, 진 꽃은 다시 피며, 깨진 것은 다시 합쳐진다. 우리의 세계는 영원하고 신성한 것으로서 숭배받을 수 있게 되었다. 오직 멀리 있는 초월적인 신에게만 적용되던 속성들이 이제 세계의 것이 되었다.

니체는 기독교의 신은 처량하고 불합리할 뿐 아니라 "생명에 대한 범죄"라고 가르쳤다.[18] 그 신은 사람들이 자신의 육체, 열정, 섹슈얼리티를 두려워하도록 부추겼고, 우리를 약하게 만드는 무기력한 동정심의 도덕을 장려했다. 궁극적 의미나 가치는 없었고, 인간의 신에 대한 제멋대로의 경배는 부질없는 짓이다. 다시 말하지만 서구의 신은 이러한 비판에 취약했다. 신은 삶을 부정하는 금욕주의를 통해 사람들을 본래의 인간성과 성적 열정으로부터 소외시켰다. 신은 사람들이 현실에서 겪는 문제에 대한 가짜 만병통치약이자 손쉬운 대안이 되었다.

지크문트 프로이트(1856~1939)는 신에 대한 믿음은 성숙한 사람이라면 내버려야 할 환상이라고 생각했다. 그에게 신 개념은 거짓말이 아니라 심리학으로 판독해야 할 무의식의 장치였다. 프로이트에 따르면 인격신은 고귀한 아버지상(像)에 다름 아니다. 그러한 신을 향한 욕구는 곧 강력하고 자신을 보호해주는 아버지를 향한 유아적 동경, 정의와 공정함, 영원히 지속되는 삶에 대한 유아적 동경에서 비롯한 것이다. 인간은 평생 지속되는 무력감을 견디기 위해 강력한 아버지인 신을 찾고 두려워하고 숭배한다. 종교는 인류의 유아기에 형성된 것으로 이를테면 어린아이가 성숙해지기 위해 반드시 거쳐야 하는 단계이며 사회 유지에 필수적인 윤리적 가치들을 장려한다고 프로이트는 보았다. 그러나 이제 인류는 성년에 이르렀으므로 종교를 버려야 한다. 새로운 로고스인 과학이 신을 대신할 수 있다. 이제는 과학이 우리에게 새로운 윤리적 기반을 제공해주고 우리가 두려움에 맞설 수 있게 도와줄 것이다. 과학에 대한 프로이트의 믿음은 거의 종교적이라 할 만큼 강했다. "아니, 우리의 과학은 결코 환상이 아니다! 과학이 우리에게 줄 수 없는 것을 다른 어딘가에서 구할 수 있으리라고 생각하는 것이 환상이다."[19]

모든 정신분석학자가 프로이트의 신관(神觀)에 동의한 것은 아니다. 알프레트 아들러(1870~1937)는 프로이트처럼 신을 인간 소망의 투영이라고 생각했으나, 그와는 달리 신이 인간에게 도움이 되었다고 믿었다. 아들러에게 신은 (인간이 추구하는) 탁월성을 보여주는 훌륭하고 효과적인 상징이었다. 카를 융(1875~1961)의 신은 각 개인이 주관적으로 경험하는 심리적 진실이었다는 점에서 신비주의자의 신과 닮았다. 1959년에 BBC 기자 존 프리먼이 스위스로 융을 찾아가 진행한 그 유명한 대면 인터뷰에서 융은 신을 믿느냐는 질문에 단호히 답했다. "나는 믿을 필요가 없습니다. 왜냐하면 (신이 존재한다는 걸) 아니까요!" 그가 신앙을 계속 유지한 것을 보면 자아의 심연 속에서 존재의 기반과 신비롭게 동일시되는 주관적인 신은 정신분석적 과학에서도 살아남을 수 있음을 알 수 있다. 인간을 영원히 미성숙 상태로 붙잡아 두는 인격화된 신, 신인동형의 신이었다면 아마도 불가능했을 것이다.

다른 많은 서구인처럼 프로이트는 이 내면화된, 주관적인 신을 알지 못했던 것 같다. 그런데도 그는 종교를 폐지하려는 시도는 위험한 결과를 초래할 수 있다며 타당하고 통찰력 있는 주장을 펼쳤다. 그의 생각에 따르면, 사람들은 각자 준비가 되었을 때 신에게서 벗어나야 한다. 미처 준비가 안 된 상태에서 무신론이나 세속주의를 강요하면 건강하지 못한 부정과 억압이 나타날 수 있다. 앞서 우리는 우리 자신의 두려움을 투영하는 것과 묻어 둔 불안에서 우상 파괴가 야기될 수 있음을 보아 왔다. 신을 폐지하고 싶어 했던 일부 무신론자들은 확실히 긴장의 징후를 보였다. 동정심의 윤리를 옹호했으나 현실의 인간들을 감당할 수 없었던 쇼펜하우어는 오로지 자신의 푸들 '아트만'하고만 소통하는 은둔자가 되었다. 니체는 자신이 그린 '초인'과 전혀 다르게 마음이 여리고 고독했으며 건강이 좋지 않아 힘들어했고 결국 미쳤다. 그리고 우리의 상상과 달리 그는 기꺼이 즐거운 마음으로 신의 죽음을 맞지 못했다. "두려워 떨며 자기를 비틀어댄 후에" 쓴 시에서 니체는 차라투스트라로 하여금 신에게 돌아와 달라고 탄원하게 만들었다.

> 아니다! 돌아오라.
> 아무리 많은 고통이 그대와 함께 있을지라도!
> 아, 돌아오라.
> 끝까지 남은 모든 외로운 자들에게!
> 냇물같이 흐르는 나의 눈물은 모두
> 그대에게로 달려가고 있다!
> 내 마음의 마지막 남은 불길이
> 그대를 향해 불타오른다!
> 아, 돌아오라.
> 내 아직 깨달아 알지 못하는 신이여!
> 나의 고통이여 그리고 나의 마지막 행복이여.[20]

헤겔의 이론과 마찬가지로 니체의 이론도 후대 독일인들에 의해 국가사회주의(나치즘) 정책을 정당화하는 데 이용당했다. 이것은 무신론적 이데올로기도 '신'의 개념만큼이나 잔혹한 십자군의 윤리로 이어질 수 있음을 상기시킨다.

서구에서 신은 늘 투쟁 중이었다. 그의 죽음에도 긴장과 슬픔과 경악이 따랐다. 영국 빅토리아 시대의 대표적 시인 앨프리드 테니슨(Alfred Tennyson)은 장시 〈인 메모리엄〉에서 "붉은 이빨과 발톱을 드러낸" 자연, 아무런 목적 없는 무심한 자연 앞에서 공포에 떨며 뒷걸음질 쳤다. 《종의 기원》이 발표되기 9년 전인 1850년에 발표한 이 작품에서 테니슨은 이미 자신의 신앙이 무너지고 있음을 느끼고 있었다. 여기서 그는 자신을 신이 사라진 곳에서 두려움에 떠는 어린아이로 그렸다.

깊은 밤중 한 아이가 울고 있네.
어둠 속에서 빛을 찾으며 아이가 울고 있네.
한마디 말도 하지 못한 채 그저 울고만 있네.[21]

매슈 아널드(Matthew Arnold)도 1867년에 발표한 시 〈도버 해안〉에서 인류를 캄캄한 평원에서 헤매게 만든, 신앙의 바다에서 일어난 멈출 수 없는 퇴조를 개탄했다. 신의 부재에 대한 의혹과 불안은 동방 정교회 세계에도 퍼졌다. 비록 서방 기독교 세계와 똑같이 신 존재에 대한 부정을 경험한 것은 아니었으나 궁극적 의미의 상실이라는 위험에 직면해 있던 것은 사실이다. 소설 《카라마조프가의 형제들》(1880년)에서 신의 죽음을 묘사한 러시아 작가 표도르 미하일로비치 도스토옙스키(1821~1881)는 그보다 훨씬 앞선 1854년 3월에 친구에게 보낸 편지에서 '신앙'과 '믿음' 사이에서 자신이 겪는 갈등을 분명히 밝혔다.

나는 나 자신을 이 시대가 낳은 아이, 불신과 의심의 아이라고 생각하네. 그리고 나는 죽는 날까지 그러한 처지를 벗어나지 못하리라는 것을 확실히 알고 있다네. 나는 지금 이 순간까지 믿고자 하는 열망 속에 고통받아 왔네. 아마 이러한 열망이 강해질수록 믿음으로 가는 길에 더욱

많은 지적인 어려움이 나타나리라고 생각하네.[22)]

　도스토옙스키의 소설도 이와 비슷하게 양가적이다. 《카라마조프가의 형제들》에서 다른 인물들에 의해 무신론자로 묘사되는 이반 표도로비치 카라마조프는 자신은 정말로 신을 믿는다고 강조한다(다른 이들이 이반을 무신론자로 간주한 것은 그가 "신이 없다면 모든 것이 허용된다"라고 말했기 때문이다). 그러나 이반은 인간이 겪는 삶의 비극에 궁극적 의미를 주지 못하는 신은 인정할 수 없다고 말한다. 이반을 고민에 빠뜨린 것은 진화론이 아니라 역사 속에서 인간이 겪는 고통이었다. 아무 죄 없는 순진무구한 어린아이의 죽음을 보면서도 세상 모든 일이 신의 섭리에 따라 잘될 것이라는 종교적 인식을 지킨다는 것은 도저히 용납할 수 없는 일이었다.* 이 장에서 나중에 살펴볼 텐데, 유대인들도 이반과 같은 결론에 이른다. 한편, 이반의 동생이자 성자 같은 사람이었던 알료샤는 자신이 신을 믿지 않는다고 인정하는데 그 고백은 무의식의 어떤 미지의 영역으로부터 불쑥 튀어나온 듯했다. 이 같은 양가적 태도는 결코 오지 않을 '고도'**를 기다리는 인간과 황무지의 이미지와 함께 20세기 문학에서도 계속된다.

---

* 5권 4장('반역')에서 이반은 친부모에게 끔찍하게 학대당한 어린아이를 비롯해 죄 없는 아이들이 겪는 고통을 이야기하면서 인간이 신을 인식하기 위해, 선과 악을 인식하기 위해 고통이 필요하다는 말은 받아들일 수 없다며 분노한다.
** 아일랜드 출신의 극작가 사뮈엘 베케트가 1952년에 발표한 희곡 〈고도를 기다리며(En attendant Godot)〉에서 두 주인공 블리디미르와 에스트라공이 하염없이 기다리는 존재.

근대화와 전통주의 사이,
이슬람의 표류

비록 전혀 다른 원천에서 비롯되었으나, 이슬람 세계에도 이와 비슷한 불안과 동요가 나타났다. 19세기 말, 유럽 열강의 '문명화 사명'*은 순조롭게 진행 중이었다. 프랑스는 1830년에 알제리를, 영국은 1839년에 아덴을 점령했다. 그리고 두 나라는 1881년 튀니지, 1882년 이집트, 1898년 수단, 1912년 모로코와 리비아를 각각 점령해 식민지화했다. 1920년에는 중동을 보호령과 위임 통치령으로 나누어 지배했다. 이 식민지 프로젝트는 조용히 진행 중이던 서구화 과정을 공식화한 것이었다. 유럽인들은 이미 19세기 동안 근대화라는 이름으로 이 지역에서 문화적, 경제적 패권을 확립한 상태였다. 기술 문명을 갖춘 유럽은 주도 세력이 되어 세계 곳곳을 장악했다. 튀르키예와 중동에 설치된 무역 거점과 영사관들로 인해 이슬람의 전통적인 사회 구조가 뿌리째 흔들렸다. 서구의 직접 통치가 시작되기 훨씬 전부터 벌어진 일이었다. 이것은 완전히 새로운 종류의 식민지화였다. 과거 무굴 제국이 인도를 정복했을 때 인도의 힌두교도들은 이슬람의 많은 요소를 자신들의 문화로 받아들였으나 결국에는 토착 문화로 돌아갔다. 그러나 유럽 제국주의가 세운 새로운 식민 질서는 피지배자들의 삶을 영구히 바꾸어 놓았다.

식민화한 지역이 서구를 따라잡기란 불가능한 일이었다. 전통적 제

문명화 사명(mission civilisatrice) 서구가 비서구를 문명화해야 한다는 주장으로 프랑스가 제국주의 식민화 정책을 정당화하기 위해 내세운 논리였다. 영국이 내세운 '백인의 짐(The White Man's Burden)'이라는 말도 같은 의미였다.

도들은 치명적으로 훼손되었고 무슬림 사회는 '서구화를 지향하는 사람들'과 '서구화를 거부하는 사람들'로 양분되었다. 일부 무슬림은 서구인들이 자신들을 힌두교도나 중국인과 함께 묶어 '동양인'이라 부르는 것을 용인했고, 심지어 전통에 충실한 무슬림을 무시하기까지 했다. 이란의 나세르 알-딘(이란 카자르 왕조의 네 번째 샤, 1848~1896 재위)은 자기 신민을 경멸했다. 독자적인 정체성을 지닌 온전하게 통합된 문명, 살아 있는 문명이었던 것이 차츰 이방 세계의 허술한 복사본에 불과한 종속국들의 연합으로 바뀌어 갔다. 유럽과 미국에서 근대화과정의 본질이었던 혁신은 모방으로는 결코 성취할 수 없는 것이었다. 오늘날 카이로 같은 아랍 세계의 근대화된 도시나 국가를 연구하는 인류학자들은 이곳의 도시 계획과 건축이 진보보다 지배의 흔적을 보인다고 지적한다.[23]

유럽인들은 자신들의 문화가 지금 시대에도 우월할 뿐 아니라 역사적으로 언제나 진보의 선두에 서 있었다고 믿게 되었다. 그들은 종종 세계사에 대해 엄청난 무지를 내보이곤 했다. 인도인, 이집트인, 시리아인은 스스로를 위해 서구화되어야 한다는 식이었다. 이러한 식민 지배자의 태도는 1883년부터 1907년까지 이집트 총영사로 재직한 1대 크로머 백작 에벌린 베링(Evelyn Baring)의 글에 잘 나타나 있다.

언젠가 앨프리드 라이얼 경이 내게 이런 말을 했다. "정확성이란 개념은 동양적 사고와 상극입니다. 인도에 사는 영국인은 언제나 이 격언을 명심해야 합니다." 쉽사리 과오와 허위를 초래할 수 있는 정확성의 결여는 사실상 동양적 사고의 주된 특징이다.

유럽인은 논리를 엄밀히 따지는 추론가다. 무엇을 진술하든 모호함이 없다. 유럽인은 논리학을 학습하지 않았어도 본래 논리적이다. 천성이 회의적이어서 반드시 증거가 있어야 어떤 명제가 참임을 받아들일 수 있다. 유럽인의 훈련받은 지성은 마치 기계 장치의 한 부분처럼 작동한다. 그러나 동양인의 사고는 그림같이 아름답지만 혼란스러운 그들의 거리처럼 분명히 균형이 부족하다. 동양인의 추론은 너무나 허술하다. 고대 아랍인들이 다소 높은 수준의 학문적 성취를 이루긴 했지만 그들의 후손들은 논리적 능력이 매우 부족하다. 누구나 참임을 인정하는 전제로부터 명확한 결론을 이끌어내지 못하는 경우도 많다.[24]

유럽인이 극복해야 할 '문제' 가운데 하나가 이슬람이었다. 기독교 세계에서는 십자군 때부터 '예언자' 무함마드와 그의 종교에 대한 부정적 이미지가 만들어졌고 그 이미지는 유럽의 반유대주의와 함께 존속되었다. 식민 통치기 동안 유럽인들은 이슬람교를 역사의 진보에 만성적으로 걸림돌이 되는 운명론적 종교로 이해했다. 예를 들어 에벌린 베링은 '이슬람'의 자체적인 개혁은 불가능하다며 이집트의 개혁 운동가 무함마드 압두의 노력을 비웃었다.

무슬림은 전통적인 방식으로 자신들의 신 이해를 발전시킬 시간도 여력도 거의 없었다. 그들은 서구를 따라잡기 위한 투쟁에 몰두했다. 일부는 서구의 세속주의를 해답으로 보았지만, 유럽에서 긍정적이고 활력을 불어넣은 세속주의는 이슬람 세계에서는 그들의 전통에서 자연스럽게 발전한 것이 아니었기에 이질적이고 낯설게 보일 수밖에 없었다. 이슬람 문화와 단절된 사람들은 방향 감각을 잃고 상실감을 느꼈다. 일부 이슬람 개혁가들은 이슬람을 강제로 조연으로 밀어냄으로써 근대화를 앞당기고자 했다. 그러나 결과는 그들의 기대와 전혀 달랐다. 1917년에 오스만 제국이 몰락한 이후 등장한 튀르키예라는 새로운 국민국가의 지도자 무스타파 케말—이후 케말 아타튀르크로 알려지게 된다—의 서구화 노력이 대표적인 사례다. 그는 이슬람교를 국교의 지위에서 끌어내리고 종교를 순전히 사적 영역의 문제로 만들었다. 수피 교단은 해체되어 지하로 잠적했다. 마드라사(전통적인 이슬람 교육 기관)는 폐쇄되었고 울라마(이슬람 성직자)의 국가적 양성도 중단되었다. 이러한 세속화 정책을 상징적으로 보여주는 것이 페즈* 금지 조치였다. 이것은 종교적 계급 차이를 눈에 덜 띄게 만드는 조치였으며 심리적으로 사람들에게 서구식 복장을 강제하려는 시도였다. 페즈 대신 모자를 쓴다는 것은 '유럽인처럼 된다'는 뜻이었다. 아타튀르크를 존경했던 이란의 샤 무함마드 레자 팔라비는 그와 비슷한 정책을 폈다. 이란의 무슬림은 베일을 금지당했다. 물라(mullah, 종교 지도자)는 강제로 수염을 깎고 터번 대신에 케피*를 써야 했다. 열두 이맘과 순교자 후사인을 기리는 전통적 제의도 금지되었다.

프로이트는 현명하게도 어떤 식으로든 종교를 강제적으로 억압하는 것은 파괴적인 결과로 이어질 수 있다는 것을 이해했다. 섹슈얼리티와 마찬가지로 종교도 삶의 모든 측면에 영향을 끼치는 인간의 욕구에 해당한다. 종교에 대한 억압은 극심한 성적 억압 못지않게 폭발적이고 파괴적인 결과를 낳을 수 있다. 무슬림은 새로운 튀르키예와 이란의 개혁을 환영하면서도 그에 못지않게 커다란 의혹을 품고 바라보았다.

페즈(fez) 정수리 부분에 검은색 술이 달린 붉은색 원통형 모자. 오스만 제국을 상징하는 모자이자 무슬림을 상징하는 모자였다. 계급에 따라 모자의 높이와 술의 두께에 차이가 났다.
케피(kepi) 둥근 상자 모양의 프랑스군 모자.

일찍이 이란에는 물라가 민중의 이름으로 샤에게 반대하는 제도화된 전통이 있었다. 그들은 때로 기대 이상의 성공을 거두었다. 1872년에 샤가 담배의 생산, 판매, 수출 독점권을 영국에 팔아넘겨서 이란 제조업체들이 폐업 위기에 내몰렸을 때, 물라는 이란인들에게 담배를 금지하는 파트와(이슬람 율법에 따른 결정, 명령)를 내렸다. 샤는 그 이양을 무효로 하도록 강요받았다. 이로부터 이란의 성지 도시 콤은 테헤란의 매판적 전제 정권에 대항하는 거점 도시가 되었다. 왜곡된 형태의 유신론이 신에 대한 거부라는 결과를 초래할 수 있듯이, 종교 억압은 근본주의를 낳을 수 있다. 튀르키예에서 마드라사가 폐지되면서 필연적으로 울라마의 권위가 떨어졌다. 이것은 이슬람에서 좀 더 교양 있고 건전하며 신뢰할 수 있는 요소가 쇠퇴하고 지하에 있던 좀 더 과장된 형태의 수피즘만 남게 되었다는 뜻이었다.

다른 개혁가들은 종교 억압은 해결책이 아니라고 생각했다. 이슬람은 늘 다른 문명과 성공적으로 접촉해 왔고, 그들은 자신들의 사회를 깊이 그리고 영속적으로 개혁하려면 종교가 필수 요소라고 믿었다. 물론 변화가 필요한 부분이 많았다. 시대에 뒤떨어진 부분이 많았고, 미신과 무지도 있었다. 하지만 이슬람은 사람들이 분별력을 기를 수 있게 도와주었다. 그러므로 만일 이슬람이 병들도록 놔둔다면 전 세계 무슬림의 영적 건강이 나빠질 것이었다. 사실 무슬림 개혁가들은 서구에 적대적이지 않았다. 그들이 자유, 평등, 형제애라는 서구의 이상을 마음에 들어 한 것은, 오래전부터 유럽과 미국에 큰 영향을 끼쳐 온 유대-기독교의 여러 가치를 이슬람이 공유하고 있었기 때문이었다. 서구 사회의 근대화는 ― 어떤 점에서는 ― 새로운 유형의 평등을 만들어냈고, 개혁가들은 그런 기독교인들이 무슬림보다 오히려 더 훌륭한 이슬람적 삶을 사는 것 같다고 말했다. 당시 유럽과 새로운 만남은 엄청난 열광과 흥분을 불러왔다. 부유한 무슬림은 유럽에서 공부하면서 새로운 철학과 문학과 이상을 흡수했고 고국에 돌아와 자신들이 배운 것을 기꺼이 나누려 했다. 20세기 초에 무슬림 지식인은 거의 누구나 서구의 열렬한 숭배자였다.

개혁가들은 모두 지적으로 서구에 편향되어 있었지만, 한편으로는 거의 모두가 어떤 형태로든 이슬람 신비주의와 관계를 맺고 있었다. 그들은 과거 이슬람 사회가 위기를 맞았을 때 여러 차례 무슬림에게 큰 도움을 주었던 좀 더 상상적이고 지적인 형태의 수피즘과 이슈라크 신비주의로 또다시 돌아갔다. 신 체험을 근대화 과정을 앞당길 수 있는 심오한 변화의 힘으로 여겼기 때문이다. 이란 출신의 이슬람 개혁가 자말 알-딘 알-아프가니(1839~1897)는 이슈라크 신비주의에 능통했고 동시에 열렬한 근대화 주창자이기도 했다. 그는 이란, 아프가니스탄, 이집트, 인도에서 활동하며 누구에게나 마음에 들도록 행동했다. 그는 자신을 수니파 앞에서는 수니파로, 시아파 앞에서는 시아파 순교자로 내세웠으며, 혁명가, 종교 철학자, 의회주의자로도 처신했다. 무슬림은 이슈라크 신비주의 수련을 통해 자신과 세계가 하나임을 느끼고 '자기'를 둘러싼 경계들로부터 해방을 경험할 수 있었다. 알-아프가니의 다양한 역할 수행과 유연한 처신은 확장된 '자기' 개념을 동반하는 이 같은 신비주의 수련 덕분에 가능했다.[25] 개혁이 필요하긴 했지만 종교는 없어서는 안 될 것이었다. 알-아프가니는 유신론자로서 확신을 품었고 심지어 열정적이었지만 자신의 유일한 저서 《유물론자에 대한 반박》(1881년)에서 신에 관해서는 거의 언급하지 않았다. 그는 서구가 이성에 가치를 두고 무슬림과 동양인을 불합리하다고 여기는 것을 잘 알고 있었기에, 이슬람교를 이성에 근거한 신앙으로 묘사하고자 했다. 사실 이 책에서 그가 시도한 이성 중심의 이슬람교 해석은 합리주의자들인 무타질라파조차 의아하게 생각할 정도였다. 알-아프가니는 철학자라기보다 활동가였다. 그러므로 그의 경력과 신념을 이 유일한 저서를 잣대 삼아 섣불리 판단해선 안 된다. 그러나 이슬람교가 서구의 가치관에 부합하는 종교인 양 계획적으로 묘사한 것은 무슬림 세계에 새로이 나타난 자신감 결핍을 보여주는 것이기도 했다. 그리고 이 결핍은 머지않아 극도로 파괴적인 결과로 이어진다.

알-아프가니의 이집트인 제자 무함마드 압두(1849~1905)는 스승과는 다른 길을 선택했다. 압두는 자신의 활동 범위를 이집트로 한정했고 특히 무슬림의 교육에 중점을 두었다. 그는 전통적인 이슬람 교육을 받았으며, 철학과 과학이 신에 대한 앎에 이르는 가장 확실한 두 가지 길이라고 가르친 수피파 셰이크 다르위시의 영향을 받았다. 따라서 압두는 카이로의 명망 높은 알-아즈하르 모스크에서 전통적인 이슬람 원리를 배운 지 얼마 안 되어 시대에 뒤떨어진 강의 내용에 회의를 느꼈다. 대신에 논리학, 신학, 천문학, 물리학, 신비주의를 가르친 알-아프가니에게 매료되었다. 일부 서구 기독교인들이 과학을 신앙의 적으로 여긴 것과 달리 이슬람 신비주의자들은 종종 수학과 과학을 신비주의 명상의 보조 수단으로 삼아 왔다. 오늘날에는 시아파에서 분파된 급진적인 신비주의 종파 '드루즈'나 '알라위'가 현대 과학에 특별히 관심을 쏟고 있다. 무슬림은 서구의 정치에 대해서는 깊은 의심을 품고 있지만 이슬람 신앙과 서구의 과학을 조화시키는 데는 별로 어려움을 느끼지 않는다.

압두는 열성적으로 서구 문화와 접촉했으며, 특히 오귀스트 콩트,

레프 톨스토이, 허버트 스펜서에게서 큰 영향을 받았다. 그는 비록 서구의 생활 방식을 전적으로 받아들이지는 않았으나 지적인 재충전을 위해 정기적으로 유럽을 여행했다. 그러나 그는 이슬람 신앙을 포기하지 않았고, 오히려 다른 개혁가들과 마찬가지로 이슬람의 뿌리로 돌아가고자 했다. 그는 '예언자' 무함마드와 '올바르게 인도된' 최초의 네 칼리파(라시둔)의 정신으로 돌아갈 것을 역설했다. 이것은 근대화에 대한 근본주의적인 거부가 아니었다. 오히려 압두는 무슬림이 근대 세계에서 자신의 자리를 마련하려면 과학, 기술, 세속 철학을 배워야 한다고 주장했다. 샤리아 법도 무슬림이 자유롭게 지식을 향유할 수 있도록 개정되어야 했다. 알-아프가니처럼 압두도 이슬람교가 합리적 종교임을 보여주려 했다. 그는 인류 역사상 처음으로 쿠란이 이성과 종교의 일치를 보여주었다고 주장했다. 무함마드가 나타나기 전에는 계시에 기적이나 전설, 비합리적인 표현이 따라붙었지만 쿠란은 이런 원시적인 방법에 기대지 않았다. 쿠란은 "증거와 증명을 제시했고, 비신자들의 견해를 해설하고 합리적으로 반박했다."[26] 알-가잘리가 파일라수프에게 가한 공격은 과도했다. 이로 인해 신앙심과 합리주의의 분열이 일어났고, 울라마의 지적인 위상에까지 영향을 끼쳤다. 알-아즈하르의 낡은 커리큘럼이 뚜렷이 보여주고 있지 않은가. 그러므로 무슬림은 쿠란의 수용적이고 이성적인 정신으로 되돌아가야 했다. 하지만 압두는 완전히 환원주의적인 합리주의자는 아니었다. 그는 하디스를 인용했다. "신의 본질보다는 신의 창조 행위를 생각하라. 그러지 않으면 네가 멸망하리라." 즉 이성으로는 신비에 싸여 있는 신의 본질을 이해할 수 없으며, 다만 우리 인간이 확신할 수 있는 것은 신은 다른 어떤 존재와도 닮지 않았다는 사실뿐이라는 것이었다. 신학자들이 다루는 다른 모든 문제들은 그저 하찮은 것들이고 쿠란에서 사변(잔나)으로 일축하는 것일 뿐이었다.

인도에서 이슬람 개혁을 이끈 지도적 인물은 무함마드 이크발 (1877~1938)이었다. 20세기 인도의 힌두교도들에게 간디라는 지도자가 있었다면 무슬림에게는 이크발이 있었다. 그는 본질적으로 명상가—수피이자 우르두어로 시를 쓰는 시인—였지만, 서구식 교육을 받았고 철학 박사 학위가 있었다. 자신을 동서를 잇는 다리라고 생각한 이크발은 베르그송, 니체, 화이트헤드의 사상을 통해 팔사파에 새로운 활기를 불어넣고자 했다. 그는 자신이 인도 이슬람의 쇠락이라고 여긴 것 때문에 낙담했다. 18세기 무굴 제국의 몰락 이후 인도에서 무슬림은 곤란한 입장에 놓였다. 그들은 이슬람의 본거지인 중동의 무슬림 형제에 비해 자신감이 부족했다. 그 결과 그들은 영국 앞에서 훨씬 더 방어적이고 불안해했다. 이크발은 시와 철학을 통해 이슬람 원리를 창조적으로 재건함으로써 무슬림이 겪는 불안과 동요를 치유하고자 했다.

이크발은 니체 같은 서구 철학자들을 통해 개인주의의 중요성에 눈떴다. 그는 전 우주가 개별화의 최고 형태이자 인간이 '신'이라고 불러왔던 절대자를 재현하고 있다고 생각했으며, 모든 인간은 각자 고유한 본성을 실현하기 위해 신을 닮아야 한다고 주장했다. 다시 말해 개별 인간은 '더욱더' 개인이 되어야 하고 '더욱더' 창조적이 되어야 하며 창조성을 반드시 행동으로 나타내야 했다. 또한 그는 인도 무슬림이 보이는 수동성과 비겁한 겸양의 태도(이크발은 이것을 페르시아 탓으로 돌렸다)를 버려야 한다고 역설했다. 이즈티하드(독립적 추론)라는 원리가 무슬림이 새로운 생각을 받아들이도록 권장한다고 그는 주장했다. 쿠란 자체가 부단한 자기 성찰과 자기 교정을 요구하지 않던가. 알-아프가니와 압두처럼, 이크발은 진보의 열쇠인 경험주의적 태도가 일찍이 이슬람에서 비롯해 중세 시대에 이슬람 과학과 수학을 통해 서구로 전해졌음을 보여주려 했다. 축의 시대에 위대한 고백적 종교 전통들이 나타나기 전까지 인류의 진보는 영감을 받은 재능 있는 개인들의 손에 달린 우연한 일이었다. 하지만 이러한 직관에 따른 활동의 정점으로서 무함마드의 예언이 등장함으로써 이제 다른 계시는 불필요해졌고 이후로 인류는 이성과 과학에 의지할 수 있게 되었다.

서구에서 개인주의는 불행하게도 목적 그 자체가 됨으로써 새로운 형태의 우상 숭배로 변질되었다. 사람들은 참된 개성이 신으로부터 비롯된 것임을 망각했다. 개인의 천재성에 완전한 자유가 허용된다면 위험한 결과를 낳을 수 있다. 스스로 신이라고 생각하는 니체의 초인은 그중 가장 두려운 것이었다. 이크발은 인간적 주장의 절대화를 막을 수 있는 규범의 필요성을 절감했다. 사람들에게는 일시적인 기분과 생각을 초월하는 규범이 필요했다. 이상의 개념을 변질시킨 서구에 맞서 진정한 개인주의의 본질을 지키는 것이 이슬람의 사명이었다. 그들은 '완전한 인간'이라는 수피의 이상, 창조의 궁극적 목표, 존재의 목적을 지니고 있었다. 자신을 최고 존재로 보고 다른 존재를 경멸하는 니체의 '초인'과 달리 '완전한 인간'은 절대자에게 겸허한 수용의 자세를 보이며 대중과 함께 융화되는 존재였다. 초월적 차원을 내다보는 영적 능력을 지닌 자들을 통해 현실 세계가 완전한 인류애 실현을 향해 진보하며, 궁극적으로 모든 개인이 신 안에서 완전한 개성을 성취한다는 생각이었다. 이슬람의 역할에 관한 이크발의 사상은 이슬람을 희생하면서 기독교의 정당성을 입증하려는 서구 사상가들의 어떤 시도보다 더 정교했다. 이크발이 염려했던 '초인' 사상은 실제로 그의 말년에 일어난 사건으로 충분히 정당화되었다.

당시 중동의 아랍 무슬림은 서구의 위협을 막을 수 있는 자신의 능력에 자신감을 잃은 상태였다. 영국과 프랑스가 중동에 침입한 해인 1920년을 우주적 재앙을 뜻하는 암-알-나크바('재앙의 해')라고 부른 것도 외부 세력과의 대결에 대한 자신감 결핍을 여실히 보여준다. 오스만 제국이 붕괴한 후 아랍인들은 독립의 희망을 품었으나 영국과 프랑스의 새로운 지배가 시작되면서 자신들의 운명을 지배할 수 있다는 자신감을 점점 더 잃어 가고 있었다. 더구나 자신들이 살고 있는 팔레스타인 땅을 영국이 시온주의자들에게 넘겨주려 한다는 소문마저 떠돌아 그들의 수치감과 굴욕감은 극에 달해 있었다. 캐나다의 종교학자 윌프레드 캔트웰 스미스(Wilfred Cantwell Smith)는 위대했던 과거 이슬람 전통에 대한 기억으로 인해 아랍인의 굴욕감이 더욱 악화되었다고 지적했다. "오늘날 아랍인과 미국인의 가장 큰 차이는 위대했던 과거 전통에 대한 기억과 괄목할 만한 현재의 업적에 대한 자부심의 차이일 것이다."[27] 그의 논평은 매우 중요한 종교적 의미를 담고 있다. 서구에서 기독교는 십자가에 못 박혀 죽은 예수 그리스도에 근거해 고통과 수난의 의미를 밝혀주는 종교였으나, 이슬람은 성공 지향적 종교였다. 쿠란은 정의, 평등, 부의 공정한 분배 같은 신의 뜻에 따라 사는 자들은 실패할 수 없다고 가르쳤고, 이슬람의 역사는 이 가르침을 실제로 입증하는 것 같았다. 예수와 달리 무함마드는 패배자가 아니라 눈부신 성공을 거둔 사람이었다. 그의 업적은 7세기와 8세기에 이슬람 제국이 경이로운 발전을 이루며 더 강화되었다. 이 성공은 자연스럽게 신에 대한 무슬림의 믿음을 보증하는 것처럼 보였다. 알라는 매우 효과적인 신으로 입증되었고 그의 말은 역사의 무대에서 유효했다. 이슬람의 성공은 계속되었다. 심지어 몽골 침략 같은 재앙도 극복했다. 수 세기에 걸쳐 움마는 거의 성례적 중요성을 얻었으며 신의 임재를 드러냈다. 그러나 이제 이슬람 역사에서 무언가 근본적으로 잘못된 것처럼 보였고 이 변화는 불가피하게 신에 대한 인식에 영향을 끼쳤다. 이후 많은 무슬림은 이슬람 역사를 궤도에 올려놓고 쿠란의 비전이 세상에서 효과를 보이는 데 집중하게 된다.

무슬림의 굴욕감은 아랍이 유럽과 더 가까워지면서 무함마드와 이슬람에 대한 서구인의 뿌리 깊은 경멸이 드러나면서 더 악화되었다. 이슬람 학자들은 과거 이슬람의 전성기를 강조하면서 이슬람의 가치를 정당화하는 데 점점 더 몰두했다. 신은 무대의 중심에서 밀려났다. 캔트웰 스미스는 1930년부터 1948년까지 이집트의 학술지 〈알-아즈하르〉를 면밀히 조사하면서 이 과정을 추적했다. 이 기간에 이 잡지에는 두 명의 편집자가 있었다. 1930년부터 1933년까지는 자신의 종교를 정치, 사회적 실체라기보다는 초월적 개념으로 이해한 이슬람 전통주의자 알-키드르 후사인이 편집을 맡았다. 그의 주장에 따르면, 이슬람교는 당장 현실에서 실현되기보다는 장차 미래의 행동에 대한 명령이자 초월적 규범이었다. 인간 삶에서 신성한 이상을 실현하는 것은 불가능하므로 후사인은 움마의 과거나 현재의 고난에 실망하지 않았다. 무슬림의 행동을 비판할 만큼 자신이 있었던 그가 편집자 자리에 있었던 동안에는 '해야 한다'라는 단어가 잡지의 모든 주제를 관통했다. 그러나 그는 분명 알라의 실재가 당연하다는 것을 믿고 싶지만 믿을 수 없는 사람들의 곤경을 제대로 이해해주지 못했다. 한 초기 호에 실린 유수프 알-디즈니의 글은 신의 존재에 관한 목적론적 주장을 설명했다. 자연의 아름다움과 숭고함 속에 드러난 신의 임재를 묘사한 매우 경건한 글이었다. 알-디즈니는 알라의 존재를 의심하지 않았다. 그의 글은 존재에 대한 논리적 증명이라기보다는 명상에 가까웠다. 그는 서구 학자들이 오랫동안 이 특정한 '증명'을 깨뜨려 왔다는 사실에 전혀 개의치 않았다. 그러나 이러한 태도를 무슬림은 구태의연한 발상의 산물로 여겼으며 잡지의 발행 부수는 급감했다.

그러다 1933년에 파리드 와즈디로 편집자가 바뀌면서 구독자의 수가 두 배로 뛰었다. 와즈디의 편집 초점은 독자들에게 이슬람은 아무런 문제가 없다고 확신시키는 것이었다. 이슬람을 신의 마음속에 있는 초월적 이념으로 본 후사인과 달리, 와즈디는 이슬람을 위기에 처한 인간적 제도로 보고 이슬람의 정당화와 찬양의 필요성을 역설했다. 캔트웰 스미스가 지적한 대로 그러한 와즈디의 생각에는 비종교적인 요소가 깊이 개재해 있었다. 과거 무슬림처럼 와즈디는 이슬람이 이미 수 세기 전에 발견했던 것을 오늘날 서구가 가르치고 있을 뿐이라고 주장했으나 과거의 무슬림과 달리 신에 관해서는 거의 언급하지 않았다. '이슬람'이라는 인간의 현실이 그의 주된 관심사였으며, 이 세속적 가치가 어떤 의미에서는 초월적 신을 대체했다. 캔트웰 스미스는 이렇게 결론을 내렸다.

진정한 무슬림은 이슬람, 특히 역사상의 이슬람을 믿는 자가 아니라, 신을 믿고 '예언자'를 통한 계시에 몸을 맡기는 자다. 후자는 여기[와즈디의 학술지]에서 충분히 찬미되고 있으나 헌신은 전혀 나타나지 않는다. 이 글들에서는 신을 거의 찾아볼 수 없다.[28]

서구의 견해는 지나칠 정도로 중요해졌고 그 자리에는 불안정감과 자존심의 결핍만 남았다. 후사인 같은 사람들은 종교와 신의 중심성을 이해했으나 근대 세계와의 접촉을 무시했다. 반대로 근대와 접촉한 사람들은 신의 감각을 잃어버렸다. 이러한 불안정성에서 현대 근본주의를 특징짓는 정치적 행동주의가 생겨났다. 이 또한 신으로부터 후퇴한 것이다.

유대교학과
로젠츠바이크의 보편 종교

유럽의 유대인들도 자신들의 신앙에 대한 적대적인 비판에 영향을 받았다. 특히 독일의 유대 철학자들은 자신들이 '유대교학'이라고 불렀던 것을 발전시켰는데, 그것은 유대교가 불화를 가져오는 노예 근성에 빠진 신앙이라는 비난에 대항하기 위해 유대인의 역사를 헤겔 철학적 관점에서 다시 쓴 것이었다. 이스라엘 역사의 이러한 재해석을 최초로 시도한 사람은 잘로몬 포름슈테허(1808~1889)였다. 그는 자신의 저서 《정신의 종교》(1841년)에서 신을 만물에 내재하는 세계 영혼으로 묘사했다. 그러나 이 정신은 헤겔과 달리 세계에 의존하지 않는다. 포름슈테허는 신의 본질과 활동 사이의 오래된 구분으로 되돌아가 이 정신이 이성의 범위를 초월한다고 주장했다. 그러나 표상주의적 언어 사용을 비판한 헤겔과 달리, 그는 신이 철학적 개념을 벗어나 있기에 상징주의만이 '신-담론'의 유일한 수단이라고 주장했다. 그럼에도 유대교는 신에 관한 진보적 이해에 도달한 최초의 종교이며 곧 온 세상에 영적 종교의 참 모습을 보여줄 것이었다.

포름슈테허의 생각에 따르면, 과거 유아적 단계에 머물던 인류의 원시 이교는 신을 자연과 동일시했으나 인류가 더 높은 수준의 자기 의식에 도달했을 때 더 정교한 신 개념을 얻게 되었다. 그로부터 사람들은 '신' 또는 '영혼'이 자연에 내재해 있는 것이 아니라 자연 너머에 존재한다는 것을 깨닫기 시작했다. 새로운 신성 개념에 도달한 예언자들은 윤리적 종교를 전하기 시작했다. 처음에 그들은 외부 세계 어딘가에 있는 절대적 힘으로부터 계시를 받는다고 생각했으나 점차 완전히 외적인 신보다는 영으로 충만한 자신의 본성에서 영감을 받는다고 이해했다. 이러한 윤리적인 신 이해는 유대인에 의해 가장 먼저 이루어졌다. 그것은 유대인의 오랜 추방과 성전(聖殿) 상실로 인해 외부의 지지와 통제에 의존하지 않게 되었기 때문이다. 그리하여 유대인은 자유롭게 신에게 접근할 수 있는 고도의 종교적 의식을 발전시켰다. 그들은 사제의 중재에 의존하지 않았고 낯선 율법에 주눅들지 않았다. 대신 그들은 자신들의 정신과 개성을 통해 신을 체험했다. 기독교와 이슬람교는 이러한 유대교를 모방하려고 했으나 별 성과를 거두지 못했다. 예를 들어 기독교는 신을 묘사하는 데 많은 이교적 요소들을 수용했다. 이제 유대인은 해방되었고 무한한 자유를 누릴 것이다. 유대인은 초기의 덜 발전된 역사 단계에서 넘겨받은 낡은 제식 율법의 굴레를 던져버리고 이 발전의 마지막 단계를 준비해야 한다.

이슬람 개혁가들처럼 유대교학의 제창자들은 유대교를 완전히 합리적인 종교로 제시할 수 있기를 간절히 바랐다. 그들은 특히 샤베타이 체비의 대실패(배교 사건)와 하시디즘의 등장에 곤혹스러워한 나머지 특히 카발라를 철저히 배격했다. 그 결과 1842년에《유대인의 종교 철학》을 출간한 자무엘 히르슈(1815~1889)는 유대교의 신비주의적 차원을 무시하고 오로지 자유의 개념에 초점을 맞춘 윤리적이고 합리적인 신의 역사로서 이스라엘 역사를 서술했다. 그는 인간이란 '나'를 말할 줄 아는 능력으로 구분되는데 이 자기 의식은 양도할 수 없는 개인의 자유를 나타낸다고 보았다. 이교는 인간 발달의 초기 단계에서 자기 의식이라는 선물이 위에서 온다고 보았기에 이 자율성을 계발할 수 없었다. 이교도들은 개인적 자유의 근원을 자연에서 찾고 악덕 중 일부는 불가피하다고 믿었다. 그러나 아브라함은 이 이교적 숙명론과 의존성을 거부했다. 유대교는 아브라함과 같이 자유의지를 지니고 신 앞에 서는 신앙을 가르쳤고, 인간이 내적 자유의지를 실현할 수 있도록 세계를 창조한 신을 강조했다. 따라서 유대교는 이방인들이 생각하는 것 같은 노예적인 신앙이 아니며 기독교보다 더 진보한 종교다. 기독교는 예를 들면 그 유대적인 뿌리에 등을 돌리고, 이교의 비합리성과 미신적 행위로 되돌아갔다.

나흐만 크로흐말(1785~1840)은 사후인 1841년에 출판된 저서 《우리 시대의 방황하는 자들을 위한 지침》에서 그의 동료들처럼 신비주의를 배척하지 않았다. 그는 카발리스트들처럼 '신' 또는 '영'을 '무'라고 부르기를 좋아했으며, 신의 단계적 자기 계시를 묘사하기 위해 카발라의 유출이라는 은유를 사용했다. 그는 유대인의 성취가 신에 대한 그들의 절대적 의존의 결과가 아니라 집단의식이 작용한 결과라고 주장했다. 그의 주장에 따르면, 유대인은 수 세기에 걸쳐 신 개념을 정제하고 다듬어 왔다. 비록 이집트 탈출 때 신이 이적을 통해 자신의 존재를 계시했으나, 바빌론 유수에서 귀환한 이후 유대인은 더는 이적과 기사를 필요로 하지 않았고 한층 더 진보한 신 개념을 획득했다. 유대인의 예배도 결코 이방인이 상상한 것처럼 노예적 의존성의 표현이 아니라 철학적 이상과 거의 정확히 일치했다. 종교와 철학의 유일한 차이란 헤겔이 지적한 것처럼 철학은 개념적 표현을 사용하나 종교는 상징적 표현을 사용한다는 점이다. 신은 인간의 모든 개념을 초월하며, 인간은 신이 존재한다는 것조차 말할 수 없다. 따라서 모든 경험이 부분적이고 제한돼 있기에 인간의 종교에 상징적 표현은 필수적이다.

해방으로 인한 새로운 자신감은 1881년 알렉산드르 3세의 통치하에 있던 러시아와 동유럽에서 시작된 잔인한 반유대주의 불길로 큰 타격을 입었다. 이 불길은 서유럽까지 퍼졌다. 최초의 유대인 해방 국가인 프랑스에서는 1895년 억울하게 반역죄를 선고받은 유대인 장교 알프레드 드레퓌스(Alfred Dreyfus) 사건이 기화가 되어 반유대주의 불길이 일기 시작했고, 같은 해에 악명 높은 반유대주의자인 카를 루에거(Karl Lueger)가 오스트리아 빈의 시장으로 당선되었다. 그러나 독일에서는 히틀러가 정권을 잡기 전까지 유대인들은 여전히 안전하다는 생각에 젖어 있었다. 헤르만 코엔(1842~1918)은 칸트와 헤겔의 형이상학적 반유대주의에 사로잡힌 것처럼 보였다. 특히 유대교가 무조건 굴종만을 강요하는 신앙이라는 비난에 관심이 있었던 코엔은 유대교가 객관적 실재로서 신을 믿는 종교가 아니라고 역설했다. 그는 신이란 인간의 정신이 만들어낸 관념이자 윤리적 이상의 상징이라고 보고, 모세에게 신이 불타는 떨기에서 "나는 스스로 있는 나다"라고 말한 것은 신이 그저 존재 자체임을 뜻하는 원시적 표현이라고 생각했다. 이 본질적 존재인 신은 그것에 참여만 할 수 있는, 우리가 경험하는 존재들과 완전히 다른 것이었다. 코엔은 사후인 1919년에 출간된 《유대교 근원으로부터 도출한 이성의 종교》라는 책에서, 신은 단지 인간의 개념이라고 주장하면서도 인간의 삶에 종교의 감정적 역할이 중요하다고 인정했다. 단순히 윤리적 관념으로서 신은 우리를 위로할 수 없다. 종교는 우리에게 이웃을 사랑하도록 가르친다. 그러므로 종교의 신은 윤리나 철학의 신과 반대로 정서적인 사랑이라고 말할 수 있다.

이러한 생각은 당대의 유럽인과 완전히 다른 독특한 유대교 개념을 발전시킨 프란츠 로젠츠바이크(1886~1929)를 통해 더욱 발전했다. 그는 최초의 실존주의자 중 한 사람이었을 뿐 아니라 동양 종교에 가까운 신학적 이념도 공식화했다. 그의 독립성은 아마 다음과 같은 사실로 설명할 수 있을 것이다. 로젠츠바이크는 젊었을 때 유대교를 떠나 불가지론자가 되었다가 기독교로 개종하는 것을 고려했고, 마지막에 정통 유대교로 돌아왔다. 그는 종교란 단순히 도덕에 관한 것만은 아니고 본질적으로 신과의 만남이라고 주장하면서, 토라의 준수가 포학한 신에 대한 노예적 굴종만을 초래한다는 반유대주의적 비판을 강력히 반박했다. 물론 그는 인간이 어떻게 신과 만날 수 있는가 하는 문제에 해답을 제시하지 못하는 약점을 지니고 있다. 그는 정신을 인간과 자연과 합치려는 헤겔의 시도를 불신했다. 만약 인간의 의식을 '세계 영혼'의 한 측면으로 본다면 우리는 더는 진정한 개인이 아니었다. 개인의 절대적 고립 상태를 강조한 실존주의자였던 로젠츠바이크는 모든 인간은 제각기 군중 속에서 홀로 삶의 의미를 찾아 분투하며 공포에 떠는 존재로서 오로지 신을 통해서만 익명적 존재의 공포로부터 해방될 수 있다고 생각했다. 그에게 신은 인간의 개별성을 축소시키는 존재가 아니라 오히려 완전한 자의식의 실현을 돕는 존재였다.

우리가 인간과 신이 똑같은 모습과 성정을 지녔다는 신인동형의 방법으로 신을 만난다는 것은 불가능하다. 신은 존재의 바탕이며 우리 자신의 실존과 너무도 단단히 묶여 있기에, 우리가 다른 사람과 대화하듯이 신과 대화하는 것은 가능하지 않다. 신과 인간 사이의 심연에 다리를 놓아주는 것은 토라의 계율뿐이다. 이것들은 결코 이방인들이 상상하듯이 단순히 '하지 말라'는 식의 금지령이 아니다. 우리 자신을 넘어서 우리 한 사람 한 사람 존재의 근저에 있는 신적 차원을 가리키며, 그것을 향해 유대인을 인도하는 성례이고 상징적 행위다. 로젠츠바이크는 랍비들처럼 토라의 계율은 분명히 상징적이므로―왜냐하면 종종 그 자체로서는 아무런 의미도 없기에―우리를 우리의 제한된 언어나 개념을 넘어서 말로 표현할 수 없는 존재 자체로 인도한다고 주장했다. 또한 그것들은 인간이 존재의 근원을 깊이 숙고하는 기다림과 귀 기울임의 경건한 자세로 이끈다. 그러므로 미츠보트(계율)는 자동적으로 작동하지 않는다. 그것들은 개인에 의해 적절하게 실천되어야만 한다. 그렇게 하면 각각의 미츠바는 외적 명령을 그치고, '나의' 내적인 태도와 '나의' 내적인 '당위'를 표현하는 것이 된다. 물론 토라는 유대인의 특별한 종교적 실천이지만 계시는 이스라엘 백성에게만 국한되지 않는다. 로젠츠바이크는 전통적 유대교의 상징을 통해 신을 만났으나 기독교에도 신을 만날 수 있는 다른 상징 체계가 있다고 생각했다. 신에 관한 교리는 신앙 고백적인 진술이 아니라 내적 태도의 상징이었다. 예를 들어 창조와 계시의 교리는 신과 세계에서 일어난 실제 사건에 관한 문자 그대로의 설명이 아니었다. 계시 신화는 신에 대한 우리 자신의 개인적인 경험을 표현했다. 창조 신화는 존재의 근원인 신에게 의존하는 인간 존재의 절대적 우연성을 상징했다. 창조자로서 신은 피조물 하나하나에게 자신을 드러내기 전까지는 피조물에 관심을 두지 않지만, 만약 신이 창조자 즉 모든 존재의 근거가 아니라면 종교적 경험은 아무 의미가 없을 것이다. 그 경험은 기이한 사건의 연

속으로 남을 것이다. 로젠츠바이크의 이런 보편적 종교관은 유럽을 휩쓸던 반유대주의에 대한 대응으로 등장한 새로운 정치적 유대교를 거부했다. 그는 이스라엘은 약속의 땅이 아닌 이집트의 백성이 되었으며, 속세와 관계를 단절하고 정치에 관여하지 않을 때만 영원한 민족의 운명을 완수할 수 있다고 주장했다.

반유대주의와 시오니즘

그러나 고조되는 반유대주의의 희생양이 된 유대인들은 이러한 정치적 이탈을 받아들일 수 없었다. 그들은 가만히 앉아서 메시아나 신의 구원을 기다릴 수 없었고 스스로 동족을 구원해야 했다. 러시아에서 첫 번째 대학살이 벌어진 이듬해인 1882년 유대인 한 무리가 동유럽을 떠나 팔레스타인에 정착했다. 그들은 유대인의 나라를 가질 때까지는 불완전하고 소외받는 인간으로 남을 거라 확신했다. 예루살렘의 한 언덕 이름인 시온으로 귀환하려는 열망은 도전적인 세속적 운동으로 시작되었다. 역사의 변덕을 보며 시온주의자들은 자신들의 종교와 신이 작동하지 않는다고 확신했다. 러시아와 동유럽에서 시오니즘은 마르크스 이론을 실천하는 혁명적 사회주의의 한 분파였다. 유대인 혁명가들은 그들의 동지들도 차르만큼이나 반유대주의적이며 새로 건설된 공산주의 정권에서도 그들의 운명이 나아지지 않을까 봐 두려워했다. 몇몇 사건들이 그들이 옳다는 것을 증명했다. 그 결과로 다비드 벤-구리온(1886~1973) 같은 열성적인 젊은 사회주의자들이 짐을 꾸려 팔레스타인으로 떠났다. 그들은 비유대교도에게 빛이 되고, 사회주의 천년왕국의 선구가 되는 사회 창조를 결의했다. 다른 사람들은 이러한 마르크스주의적 꿈에 빠질 겨를도 없었다. 카리스마 넘치는 오스트리아인 테오도어 헤르츨(1860~1904)은 유대인의 새로운 모험을 식민주의적 사업으로 보았다. 유럽의 제국주의 열강의 비호 아래 유대 국가는 이슬람적 '광야' 한복판에서 진보의 선봉이 될 것이기 때문이었다.

시오니즘은 세속주의를 표방했지만 본능적으로 전통적인 종교 용어로 표현했고, 본질적으로 신이 없는 종교였다. 시오니즘은 구원과 순례와 부활이라는 고대의 주제에 근거해 미래에 대한 황홀하고 신비적인 희망으로 가득 차 있었다. 시온주의자들은 자신들이 구원받았음을 상징하는 의미에서 자신의 이름을 새로 바꾸기까지 했다. 예를 들어 초기 선전가였던 아셰르 긴스베르크(Asher Ginsberg)는 비록 팔레스타인 땅에서 이스라엘 국가 건설이 실현되리라고는 예상치 못했지만, 이름을 아하드 하암(Ahad Ha'am, '백성의 한 사람')이라고 개명함으로써 자신을 새로운 이스라엘 국가 정신과 동일시하고자 했다. 그는 예루살렘의 시온 언덕이 유대인 삶의 모든 문제를 인도하고, 마음의 중심을 잡아주며, 유대인을 하나로 결집하는 영적 중심이 되기를 원했다. 시온주의자들은 기존의 종교적 지향을 뒤집었다. 유대인들은 초월적 신을 지향하는 대신 이 아래에서 인간의 현실적 성취를 추구했다. 본래 중세 유대 철학에서 신에 대응하는 인간의 속성을 묘사하는 부정적 말이었던 하그샤마('구체화하다')가 시오니즘에서는 세속적인 세상에서 이스라엘의 소망을 구체화하는 성취를 의미하게 되었다. 시온주의자들에게 거룩함은 더는 하늘에 머물지 않았으며, 팔레스타인 땅은 말 그대로 '거룩한' 땅이었다.

시온주의자들이 거룩함을 어떻게 이해했는가는 초기 개척자인 러시아 출신 A. D. 고르돈(1856~1922)의 저서에 잘 나타나 있다. 그는 마흔일곱 살에 시오니즘으로 개종하기까지 정통 유대인이며 카발리스트였다. 흰 머리에 수염이 길고 허약하고 병약했던 고르돈은 팔레스타인에 정착한 젊은이들과 함께 밭에서 일했고, 밤이면 황홀경에 빠져 그들과 함께 뛰어다니며 "기쁨! 기쁨!"이라고 외쳤다. 그는 예전이었다면 이스라엘 땅과의 재결합 경험을 세키나의 계시라고 불렀을 것이라고 썼다. 성지는 유대인만이 접근할 수 있는 영적인 힘을 지니고 있었으며 유대인 고유의 정신을 만들어낸 거룩한 가치가 되었다. 고르돈은 이 거룩함을 한때 신비한 신의 영역에 적용했던 카발라의 용어를 동원해 이렇게 묘사했다.

유대인의 영혼은 이스라엘 땅의 자연 환경의 후손이다. 선명함, 무한히 맑은 하늘의 깊이, 맑은 시야, 순수한 안개, 신성한 미지의 것조차 이 명료함 속에서 사라지는 것처럼 보이며 한정된 빛에서 무한한 숨어 있는 빛으로 미끄러지는 것처럼 보인다. 이 세상 사람들은 유대인의 영혼에 깃든 이 명료한 관점도, 미지의 빛도 이해하지 못한다.[29]

고르돈은 조국인 러시아와 전혀 다른 팔레스타인 땅이 처음에는 낯설고 두렵게 느껴졌다. 그러나 그는 노동('종교적 의례'도 지칭하는 말)을 통해 팔레스타인 땅을 자신의 것으로 만들 수 있음을 깨달았다. 아랍인이 버린 땅이라고 주장하며 시온주의자들은 그 땅에서 노동함으로써 스스로 정복하고 동시에 망명이라는 소외감에서 벗어날 수 있다고 생각했다.

사회주의 시온주의자들은 그들의 개척 운동을 '노동의 정복'이라고 칭했다. 그들은 세속적 수도원 형태의 키부츠(이스라엘에서 만들어진 자급적인 공동체)를 만들어 공동 생활을 하고 스스로의 구원을 위해 노력했다. 그들은 땅을 경작하면서 신비로운 거듭남과 보편적 사랑을 경험했다. 고르돈은 이렇게 표현했다.

내 손이 노동에 익숙해지고, 내 눈과 귀가 보고 듣는 법을 배우고, 내 마음이 그 안에 무엇이 있는지 이해하는 법을 배우고, 내 영혼도 언덕을 뛰어넘고, 일어나고 솟아오르는 법을 배웠다. 알지 못했던 광활함을 펼치고, 주위의 모든 땅과 세상과 그 안의 모든 것을 껴안아 온 우주의 품에 안긴 나를 본다.[30]

그들에게 노동은 세속적 기도였다. 1927년경 도로 공사에 인부로 일했던 젊은 학자 아브라함 슐론스키(Abraham Shlonsky)는 이스라엘 땅에 대해 이런 글을 썼다.

선하신 어머니, 여러 빛깔 영광스러운 옷으로 나를 입히시고
그리고 새벽에 나를 일터로 인도하소서.
내 땅은 기도자의 베일처럼 빛에 싸여 있습니다.
손으로 다듬어진 바윗길과 성구함의 끈처럼 굽이쳐 흐르는 냇물.
이 아름다운 도시가 창조자께 아침 기도를 드립니다.
아, 창조자들 중에는 당신의 아들 아브라함도 있습니다.
이스라엘의 도로를 닦는 시인 아브라함도 있습니다.[31]

시온주의자에게 이제 더는 신이 필요 없었다. 그들이 바로 창조자이

기 때문이다.

그러나 전통적인 신앙을 지킨 시온주의자들도 있었다. 팔레스타인 유대인의 주임 랍비로 일했던 카발리스트 아브라함 이삭 쿡(1865~1935)은 이스라엘 땅에 도착하기 전까지는 이방인과 한 번도 접촉한 적이 없었다. 그는 신을 섬기는 것이 종교적 이상과 의무와 별개로 특정 존재에 대한 숭배로 제한된다면, 그것은 "항상 특정한 존재에 초점을 맞추는 편협한 미성숙에서 자유로울 수 없다"고 주장했다.[32] 신은 아인 소프로서 인격 같은 모든 인간적 개념을 초월하므로, 신을 특정한 존재로 생각하는 것은 우상 숭배이자 원시적 사고방식의 징표였다. 쿡은 전통적 유대 신앙을 지켰으나 시오니즘 이데올로기에 실망하지 않았다. 물론 사회주의 '노동주의자'들이 종교를 뒤흔들어 놓았다고 믿었지만, 무신론적 시오니즘은 일시적인 것이었다. 신성한 '불꽃'이 어둠 속에서 껍질이 깨지기를 기다리듯, 신은 개척자들 속에서 일하고 있었다. 그들이 그렇게 생각하든 하지 않든 유대인들은 본질적으로 신과 분리될 수 없었고 부지불식간에 신의 뜻을 실천하고 있었다. 추방 기간 성령은 그들을 떠났고 그들도 셰키나를 시너고그와 공부방에 숨겨놓았지만, 이제 이스라엘은 세상의 영적 중심이 되어 이방인들에게 참된 신 개념을 드러낼 것이었다.

이런 유형의 영성은 위험할 수 있다. 성지에 대한 헌신은 유대 근본주의의 우상 숭배를 낳게 된다. 역사적인 '이슬람'에 대한 헌신은 이슬람 세계에서 유사한 근본주의를 낳았다. 물론 유대인과 무슬림 모두 고통스러운 현실 속에서 새로운 의미를 찾고자 시도했으나, 역사의 신은 그들을 실망시킨 것처럼 보였다. 그러나 유대 민족의 절멸 위기에 대한 시온주의자의 염려는 옳았다. 많은 유대인들에게 전통적인 신 개넘은 홀로코스트 이후 불가능해졌다. 나치의 유대인 대학살에서 살아남은 노벨평화상 수상자 엘리 위젤(Elie Wiesel)은 어린 시절 헝가리에서 오직 신만을 믿고 바라보며 자랐다. 위젤은 철저한 탈무드 교육을 받으면서 언젠가는 카발리스트의 신비에 입문하기를 바랐다. 소년 시절 그는 아우슈비츠로 끌려갔고, 얼마 후 부헨발트로 이송되었다. '죽음의 수용소' 첫날 밤, 어머니와 누이가 끌려 들어간 화장터의 굴뚝에서 검은 연기가 하늘로 치솟는 것을 보면서 그는 그 검은 연기가 자신의 신앙을 영원히 태워버렸다는 것을 알았다. 그는 그때 니체가 상상한 신 없는 냉혹한 세계로 던져졌다. 그로부터 수십 년이 지난 뒤에 그는 이렇게 썼다. "영원히 내게서 삶에 대한 욕망을 빼앗아 간 그날 밤의 침묵을 결코 잊을 수 없다. 그리고 앞으로도 나의 신과 영혼을 죽이고 내 꿈을 먼지처럼 날려버린 그 순간들을 결코 잊지 못할 것이다."[33]

어느 날, 게슈타포가 한 유대인 소년을 교수형에 처했다. 나치 친위대조차 수천 명의 관중이 보는 앞에서 어린 소년을 어떻게 죽일 수 있는지 불안해했다. 위젤의 기억에 따르면, '슬픈 눈을 가진 천사' 같은 소년은 창백한 얼굴로 조용히 침착하게 교수대 위로 올라섰다. 그때 위젤 뒤쪽에서 누군가가 속삭이듯 물었다. "신은 어디에 있지?" "신은 어디에 있는 거지?" 그 소년이 죽는 데 반 시간이 걸렸다. 그동안 포로들은 그 장면을 똑바로 바라보도록 강요당했다. 소년이 죽은 뒤, 위젤의 등 뒤에서 같은 사람이 다시 물었다. "신은 지금 어디에 있는가?" 그때 위젤은 자기 안에서 들려오는 대답을 들었다. "신이 어디에 있냐고? 여기 있다. 신은 바로 교수대에 목매달려 죽어 있다."[34]

죄 없는 어린아이의 죽음이 신의 존재를 부정하게 만든다고 말했던 도스토옙스키조차 위젤이 본 것과 같은 어린 소년의 죽음은 상상하지 못했을 것이다. 아우슈비츠의 유대인 학살은 수많은 사람들에게 전통적 신 이해에 의심을 품게 만들었다. 세상과 멀리 떨어져 존재하는 철학자들의 초월적인 신은 이제 더는 용인할 수 없게 되었다. 대다수 유대인은 위젤처럼 역사 속에서 계시하는 성서적 개념의 신은 아우슈비츠에서 죽었다고 생각한다. 인격적 개념의 신 이해는 오늘날의 세계 현실과 관련해 많은 문제가 있다. 신이 전능하다면 홀로코스트를 막을 수 있어야 했다. 막을 수 없었다면 그는 무능하고 쓸모없는 존재에 불과하다. 그리고 막을 수 있었으나 막지 않았다면 그는 신이 아니라 괴물이다. 홀로코스트를 계기로 하여 전통적 신 이해를 거부한 사람은 비단 유대인만이 아니었다.

아우슈비츠에서조차 탈무드를 학습하고 유대 절기를 지킨 사람들이 있었다. 그러나 그것은 신이 그들을 구원해줄 것을 소망했기 때문이 아니라 이치에 맞기 때문이었다. 어느 날 아우슈비츠에 갇힌 유대인 집단이 신을 재판에 회부했다는 이야기가 있다. 그들은 신을 잔혹함과 배신으로 기소했다. 구약 성서의 욥처럼, 삶 한가운데 펼쳐진 악과 고통의 문제에 대한 일반적인 대답에서 위안을 찾지 못했다. 그들은 신에 대한 변명도, 특별한 사정도 찾을 수 없었다. 그리하여 그들은 신의 유죄를 선언하고 사형을 선고했다. 랍비가 신의 유죄와 사형 선고문을 발표했다. 그런 후 눈을 들어 재판이 끝났다고 말했다. "저녁 기도 시간입니다."

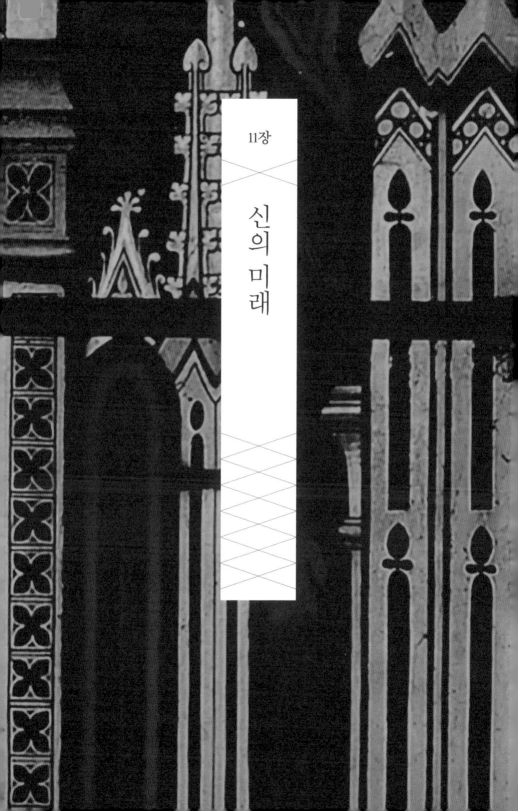

11장

신의 미래

두 번째 천년기 끝이 가까워지면서 우리가 아는 세상은 사라지고 있는 것 같다. 지난 수십 년 동안 인간은 지구상의 모든 인간을 절멸시킬 수 있는 무기를 만든 지식과 함께 살아왔다. 냉전이 끝났다 해도 새로운 세계 질서가 과거의 질서보다 덜 두려워 보이지는 않는다. 우리는 환경 대재앙의 가능성에 직면해 있고, 관리가 불가능한 규모의 전염병의 위협 속에 살고 있다. 앞으로 2~3세대 안에 세계 인구는 지구가 감당할 수 없을 정도로 늘어날지도 모른다. 지금도 수천 명이 기근과 가뭄으로 죽어가고 있다. 우리 윗 세대는 종말이 가까워졌다고 느꼈지만 우리는 상상할 수 없는 미래에 직면한 것 같다. 신 개념은 앞으로 어떻게 살아남을 수 있을까? 4천 년 동안 신 개념은 당대의 요구를 충족시키기 위해 끊임없이 적응해 왔으나 20세기에 들어와 점점 더 많은 사람이 신이 더는 자신들에게 도움이 되지 않음을 발견했다. 종교 개념은 효과적이지 못하면 사라진다. 어쩌면 신은 정말로 과거의 관념일지도 모른다. 미국의 종교 사회학자 피터 버거(Peter Berger)의 역사 해석에 대한 지적은 매우 의미심장한 단서를 제공한다. 그는 우리가 과거의 역사를 당대와 비교할 때 흔히 이중 기준을 지니게 된다고 지적한다. 인간은 역사적 과정을 이해할 때, 과거는 철저히 상대화해 분석하지만 현재 상황은 절대화해 분석 대상에서 제외하고는 한다. 예를 들어 "신약 성서 저자들은 자기 시대에 뿌리를 둔 허위의식에 사로잡힌 것으로 비판되지만, 정작 그 분석과 해석의 주체는 자기 시대의 역사의식을 절대 기준으로 삼는 지적 특권을 누린다."[1] 19세기와 20세기 초의 세속주의자들은 무신론이 과학 시대에 인간의 돌이킬 수 없는 조건이라고 봤다.

세속주의자들의 견해는 많은 지지를 받았다. 유럽에서 교회 예배실은 텅 비어 있고 무신론은 이제 극소수 지적 개척자들이 고통스럽게 획득한 이데올로기가 아니라 사회의 지배적인 분위기가 되었다. 과거에 무신론은 신에 관한 특정한 관념에 의해 만들어졌지만 이제는 유신론과 내적 관계를 잃고 세속화된 사회에서 살아가는 경험에 대한 자동 반응이 된 것 같다. 니체가 묘사한 시장에서 신을 찾는 미친 사람을 보며 재미있어 한 군중처럼 오늘날 많은 사람이 신 없는 삶의 전망에 동요하지 않는다. 신의 부재를 오히려 긍정적으로 생각하며 안도하는 사람들도 있다. 과거에 종교로 인해 어려움을 겪은 사람들은 어린 시절을 공포에 떨게 한 신을 제거함으로써 자유를 발견한다. 자신의 계명을 따르지 않으면 영원한 저주를 내리겠다고 위협하는 복수심에 불타는 신 앞에 움츠러들지 않아도 된다는 것은 멋진 일이다. 우리는 새로운 지적 자유를 누리며 종교의 어려운 규정에 얽매이지 않고 우리 자신의 생각을 대담하게 따를 수 있다. 그러나 우리는 우리가 경험한 끔찍한 신이 유대인, 기독교인, 무슬림의 진정한 신이라고 상상하면서 그것이 단지 불행한 일탈이었음을 항상 깨닫지는 못한다.

신의 죽음과
인간의 해방

황량함도 있다. 장폴 사르트르(1905~1980)는 신이 언제나 존재했던 인간의 의식 속 '신의 빈자리'에 대해 말했다. 그럼에도 불구하고 사르트르는 신 개념이 인간의 자유를 부정하므로, 설령 신이 존재할지라도 신을 거부해야 한다고 주장했다. 전통 종교는 완전한 인간이 되려면 인간에 관한 신의 생각을 따라야 한다고 주장하지만, 우리는 인간을 자유의 화신으로 보아야 한다는 것이다. 사르트르의 무신론은 위안을 주는 신조는 아니었지만 다른 실존주의자들은 신의 부재를 긍정적인 해방으로 보았다. 모리스 메를로퐁티(1908~1961)는 신이 인간의 경이를 고취하는 대신 오히려 부정한다고 주장했다. 왜냐하면 신은 절대적인 완전함을 표현하기에 우리가 할 일이나 이룰 일은 아무것도 없기 때문이다. 알베르 카뮈(1913~1960)도 인류애를 구현하기 위해 신을 부정해야 한다는 영웅적 무신론을 역설했다. 늘 그렇듯이 무신론자들의 말은 일리가 있다. 실제로 과거에 신은 인간의 창조성을 억압하는 데 쓰였다. 만일 신이 가능한 모든 문제와 우연한 상황에 포괄적인 대답을 한다면 오히려 신은 우리의 경이나 성취의 감각을 억누를 수 있다. 열정적이고 헌신적인 무신론은 따분하고 부적절한 유신론보다 훨씬 종교적일 수 있다.

1950년대 A. J. 에이어(1910~1991) 같은 논리실증주의자들은 신을 믿는다는 것이 이치에 맞는지 물었다. 에이어는 오직 경험적으로 검증할 수 있는 자연과학만 신뢰할 수 있는 앎의 원천이 된다고 생각했으므로, 신이 존재하는가보다는 신 개념이 어떤 의미가 있는지 질문했다. 에이어에 따르면, 어떤 명제가 그 진위를 가릴 수 있는 방법이 없다면 그 명제는 무의미하다. 예를 들어 "화성에 지적 생명체가 존재한다"라는 말은 사실 여부를 확인할 수 있는 기술적 방법이 있으므로 의미를 지닌다. 마찬가지로 하늘에 있는 전통적인 노인[신]을 믿는 단순한 신자가 "나는 신을 믿는다"고 말할 때, 무의미한 말을 하는 것은 아니다. 왜냐하면 우리는 죽은 뒤에 이것이 사실인지 아닌지 알 수 있기 때문이다. 문제는 좀 더 지적인 신자가 "우리가 이해할 수 있는 어떠한 의미로도 신은 존재하지 않는다", "신은 말의 인간적 의미에서 선하지 않다"라고 말할 때다. 이런 말은 너무 모호하고 검증 방법이 없다. 그러므로 무의미하다. 에이어는 "유신론은 너무 혼란스럽고 '신'이 나타나는 여러 문장도 일관되지 않고, 증명도 반증도 불가능해 믿음(belief)·불신(unbelief), 신앙(faith)·불신앙(unfaith)에 대해 말하는 것은 논리적으로 불가능하다"라고 주장했다.[2] 무신론은 유신론만큼이나 이해할 수 없고 무의미하다. '신'이라는 개념에는 부정하거나 의심할 것이 아무것도 없다.

실증주의자들은 프로이트처럼 종교적 믿음을 과학이 극복해야 할 인간의 미성숙함으로 보았다. 그러나 1950년대 이후 언어철학자들은 에이어가 '검증 원리(verification principle)'라고 부른 것 자체가 검증 불가능함을 지적하면서 논리실증주의를 비판했다. 오늘날 우리는 물리적 자연 세계만을 설명할 수 있는 과학에 그다지 낙관적이지 않을 것이다. 윌프레드 캔트웰 스미스는 논리실증주의자들이 역사상 처음으로 과학이 자연 세계를 인간과 명백히 분리된 것으로 본 시기에 스스로를 과학자로 규정했다고 지적했다.[3] 에이어가 언급한 종류의 진술은 과학의 객관적 사실을 다루는 데는 적절하지만 덜 명확한 인간 경험을 다루기에는 적합하지 않다. 시나 음악처럼 종교는 이런 종류의 담론과 검증을 따르지 않는다. 더 최근에 앤서니 플루(Anthony Flew) 같은 언어철학자들은 종교적인 설명보다 자연적인 설명을 찾는 것이 합리적이라고 주장했다. 오래된 '증명'은 제 역할을 하지 못한다. 자연현상이 자체 법칙에 의해 작동하는지 또는 외부의 다른 무엇에 의해 작동하는지 확인하려면 시스템 밖으로 나가야 하기 때문에 목적론에 의한 증명은 무너진다. 또한 우리가 '우연적'이거나 '결함 있는' 존재라는 주장은 아무것도 증명하지 못한다. 궁극적이지만 초자연적이지 않은 설명이 항상 있을 수 있기 때문이다. 플루는 포이어바흐, 마르크스, 실존주의자들보다 덜 낙관적이다. 고통스럽거나 영웅적인 반항은 없으며 그저 앞으로 가는 유일한 길로서 이성과 과학에 대한 무미건조한 전념만 있을 뿐이다.

그러나 앞에서 본 것처럼 모든 종교인이 우주에 대한 설명을 '신'에게서 찾은 것은 아니었다. 많은 이들이 신 존재 증명을 주의를 딴 데로 돌리게 하는 것으로 보았다. 성서를 문자 그대로 읽고 교리를 객관적 사실로 해석하는 습관을 들인 서구 기독교인에게만 과학이 위협적으로 느껴졌다. 자신들의 체계에서 신이 설 자리를 찾지 못한 과학자와 철학자는 일반적으로 '제일원인'을 언급하는데, 이는 중세 시대에 유대인, 무슬림, 동방 기독교인이 결국 포기한 개념이다. 인간의 주관적 체험 속에서만 가능한 신을 모든 사람에게 동일하게 드러나는 객관적 실체인 양 증명할 수는 없었다. 그것은 불교의 닙바나와 마찬가지로 우주의 물리적 체계 안에 자리 잡을 수 없었다.

1960년대의 급진적 신학자들은 언어철학자들보다 더 극적이었다. 그들은 열광적으로 니체를 따랐고 신의 죽음을 선언했다. 토머스 알타이저(Thomas J. Altizer)는 《기독교 무신론에 관한 복음》(1966년)에서 신의 죽음이라는 '기쁜 소식(복음)'이 포학하고 초월적인 신의 노예 상태에서 우리를 해방했다고 주장했다. "우리의 경험 속에서 신의 죽음을 기꺼이 인정할 때만 우리는 그리스도 안에서 신의 자기 소외로 인해 비어 있고 어두워진 초월적인 저 너머, 이질적인 저 너머로부터 해방될 수 있다."[4] 알타이저는 신비주의적 용어로 영혼의 어둠과 버림받음의 고통을 표현하면서 신의 죽음은 신이 다시 의미가 있기 위해 필수적인 침묵을 상징한다고 주장했다. 신학이 다시 태어나기 전에 신에 관한 우리의 오래된 개념들은 다 죽어야 했다. 우리는 신이 다시 한번 가능성이 될 수 있는 언어와 방식을 기다리고 있는 것이었다. 알타이저의 신학은 신 없는 어두운 세계가 자신의 비밀을 포기하기를 바라면서 그 세계를 공격한 열정적인 변증법이었다. 폴 반 뷰런(Paul Van Buren)은 좀 더 엄밀하고 논리적이었다. 그는 《복음의 세속적 의미》(1963년)에서 세계 속에서 활동하는 신에 관해 말하는 것은 이제 불가능하다고 주장했다. 뷰런의 주장에 따르면, 과학과 기술의 발달이 오래된 신화를 무효화했으므로 하늘에 거하는 '노인'에 대한 단순한 믿음은 분명히 불가능하고, 신학자들의 더 세련된 믿음도 불가능하다. 우리는 신 없이 나사렛 예수를 붙잡아야 한다. 복음은 "다른 사람을 자유롭게 한 자유인의 기쁜 소식"이었다. 나사렛 예수는 '인간이 된다는 것이 무엇을 의미하는지 정의하는' 해방자였다.[5]

윌리엄 해밀턴(William Hamilton)은 《급진 신학과 신의 죽음》(1966년)에서 이런 종류의 신학은 늘 유토피아적 경향을 지니면서 자체적으로 위대한 신학의 전통이 없는 미국에 뿌리를 두고 있다고 지적했다. 신의 죽음이라는 이미지는 예전 방식으로는 성서 속 하느님을 믿는 것을 불가능하게 만든 기술 문명 시대의 아노미와 야만성을 나타냈다. 해밀턴 자신은 이러한 신학적 분위기를 20세기에 프로테스탄트가 되는 방식으로 보았다. 루터가 수도원을 박차고 세상으로 나온 것처럼, 자신을 포함한 기독교 급진주의자들은 분명히 세속적인 사람들이었다. 그들은 기술, 권력, 섹스, 돈, 도시의 세계에서 이웃에 있는 인간 예수를 찾기 위해 신이 있는 신성한 곳에서 걸어나왔다. 현대의 세속인에게 신은 필요하지 않았다. 해밀턴의 의식 속에서 '신의 빈자리' 따위는 없었다. 그는 세상에서 자신만의 해결책을 찾을 것이었다.

그러나 이 활기찬 1960년대의 낙관주의에는 다소 가슴 아픈 면이 있다. 분명히 과거의 방식대로 신을 논하는 것이 불가능해졌다는 급진주의자들의 말은 옳았다. 하지만 슬프게도 지금 해방과 새로운 새벽이 가까이 왔다고 느끼기는 어렵다. 심지어 당시에도 그들의 신 죽음 신학은 부유한 중산층 백인의 관점이라는 비판을 받았다. 제임스 콘 (James H. Cone) 같은 흑인 신학자들은 백인들이 신의 이름으로 다른 사람들을 노예로 삼으면서 어떻게 신의 죽음을 통해 자유를 누릴 권리가 있다고 생각할 수 있는지 물었다. 유대인 신학자 리처드 루벤스타인(Richard Rubenstein)은 나치의 홀로코스트 직후에 어떻게 그들이 신없는 인간성에 대해 그토록 낙관할 수 있는지 이해할 수 없다고 말했다. 루벤스타인 자신도 역사의 '신'은 아우슈비츠에서 이미 죽었다고 생각했다. 그러나 그는 유대인이 종교를 버릴 수 있으리라 생각하지 않았다. 거의 멸절될 위기를 겨우 넘긴 유럽의 유대인들은 자신들의 과거와 스스로 단절해서는 안 되었다. 그러나 자유주의 유대교의 선하고 도덕적인 신은 좋지 않았다. 그들에게 그러한 신은 삶의 비극에 눈감은 냉담한 신이었다. 루벤스타인 자신은 유대 신비주의자의 신을 더 좋아했다. 그는 세계를 창조한 신의 자발적인 물러남(짐줌)에 관한 이삭 루리아의 교리에 감동했다. 모든 신비주의자는 신을 근원이자 본향인 '무(無)'로 보았다. 그는 인생이 공허하다는 사르트르의 생각에 동의하면서, 신비주의자의 신이야말로 인간이 무의 상태에 들어가는 상상력 넘치는 방법이라 보았다.[6]

다른 유대 신학자들도 루리아의 카발라에서 위안을 찾았다. 한스 요나스(Hans Jonas)는 아우슈비츠 이후 전능한 신에 대한 우리의 믿음은 끝났다고 생각했다. 세상을 창조했을 때 신은 자발적으로 자신을 한정해 인간의 나약함을 공유했으나, 이제 더는 신이 인간과 함께할 수 없으므로 인간은 기도와 토라를 통해 신 본체와 세계의 온전함을 회복해야 한다고 말했다. 그러나 영국의 신학자 루이스 제이콥스(Louis Jacobs)는 짐줌의 이미지가 너무 거칠고 신인동형적이라고 여기며 이 생각을 싫어했다. 이것은 신이 어떻게 세상을 창조했는지 너무 문자 그대로 질문하도록 부추긴다. 신은 말하자면, 숨을 내쉬기 전에 숨을 참으며 자신을 한정하지 않는다. 쓸모없고 무력한 신은 인간에게 아무런 의미가 될 수 없다. 신은 인간보다 위대하며 신의 생각과 방법은 우리의 것과 다르다는 고전적인 설명으로 되돌아가는 것이 나았다. 비록 신이 불가해한 존재일지라도, 인간은 무의미함의 한가운데서도 형언할 수 없는 신을 믿고 의미를 발견할 수 있는 선택권을 지니고 있었다. 로마 가톨릭 신학자 한스 큉(Hans Küng)은 제이콥스의 견해에 동의하며 인간 삶의 비극과 관련해 공상적인 짐줌 신화보다 더 합리적인 설명을 선호한다. 그는 인간은 나약한 신이 아니라 아우슈비츠에서 조차 기도할 수 있을 만큼 사람들을 강하게 만드는 살아 있는 신에 신앙을 지닐 수 있다고 말했다.

틸리히의 '신 위의 신', 화이트헤드의 '위대한 동반자'

어떤 사람들은 여전히 신 개념 속에서 의미를 발견할 수 있다고 생각한다. 종교적 경험을 강조한 슐라이어마허의 자유주의 신학과 이성을 중시하는 자연 신학에 모두 반대한 스위스 신학자 카를 바르트(1886~1968)가 대표적인 인물이다. 바르트는 정신의 한계 때문만이 아니라 인간의 타락으로 인해 신을 합리적으로 설명하려는 것은 근본적인 오류라고 주장했다. 그는 인간이 형성하는 모든 자연적 신 개념에는 결함이 있을 수밖에 없으며 그러한 신을 섬기는 것은 우상 숭배라고 하면서, 신에 관한 앎의 유일하게 타당한 원천은 오직 성서뿐이라고 생각했다. 이것은 가장 최악으로 보인다. 경험도 안 되고 자연 이성도 안 된다. 인간 정신은 부패하며 신뢰할 수 없다. 성서만이 유일하게 타당한 계시이기에 다른 신앙으로부터 배울 가능성도 없다. 지성의 힘에 관한 이러한 급진적 회의론과 경전의 진리에 관한 무비판적 수용의 결합은 건강하지 않은 듯하다.

한편 파울 틸리히(1886~1965)는 전통적인 서구 유신론의 인격신은 사라져야 한다고 확신했다. 그러나 뿌리 깊은 불안은 인간 조건의 일부이며 어떤 치료법으로도 제거할 수 없기에 인간에게 종교는 필수적이었다. 틸리히는 불안이란 자신의 몸이 늙어 가는 것을 직접 보면서 느끼는 소멸의 공포와 허무감이며 이것이 종교적 관심의 본질적인 바탕이라고 생각했다. 하지만 그는 인격신은 유해하며 죽어 마땅하다는 니체의 주장에 동의하면서 이렇게 말했다.

자연의 사건에 간섭하거나 '자연의 사건의 독립적 원인'인 '인격신' 개념은 신을 가장 높은 존재이지만 존재들 가운데 '하나의' 존재로 만든다. 이것은 물리적 체계의 파괴일 뿐만 아니라 의미 있는 신 개념의 파괴다.[7]

　　우주를 만지작거리는 신은 터무니없으며, 인간의 자유와 창조성을 막는 신은 폭군이다. 만일 신이 그 자신의 세계에서 우리와 관련 있는 하나의 자아로 나타나고 결과로부터 분리된 원인으로 이해된다면, 그는 존재 자체가 아니라 하나의 존재가 된다. 전지전능하고 모든 것을 아는 폭군으로서 신은 모든 것과 모든 사람을 기계의 톱니바퀴처럼 만드는 지상의 독재자들과 크게 다르지 않다. 이러한 신을 부정하는 무신론은 충분히 정당하다.

　　틸리히는 인격신 위의 신을 찾아야 한다고 말했다. 이 시도가 새로운 것은 아니었다. 성서 시대 이후로 유신론자들은 자신들이 기도하던 신의 역설적 속성을 알고 있었고, 인격신이 본질적으로 초인격적 신성에 의해 균형을 이룬다는 점을 알고 있었다. 모든 기도는 모순적이었는데 말할 수 없는 자에게 말하려고 시도하기 때문이었다. 기도는 베풀지 않거나 요구하지 않는 자에게 호의를 베푸는 것이었다. 존재 자체로서 우리 자신의 자아보다 '나'에 더 가까운 신에게 '당신'이라고 부르는 것이었다. 틸리히는 신을 '존재의 근거'라고 부르기를 좋아했는데, 그러한 '신' 위의 신에 참여하는 것은 인간을 세계에서 소외시키지 않고 오히려 현실에 몰입시킨다고 생각했기 때문이다. 그에게 신은 개인이 자신에게 돌아가도록 만들었다. 틸리히는 인간이 존재 자체인 신에 관해 말할 때 상징을 사용해야 하며, 문자 그대로 또는 사실적으로 말하는 것은 옳지 않다고 주장했다. 수 세기 동안 '신' '섭리' '불멸' 같은 상징은 사람들이 삶의 두려움과 죽음의 공포를 견딜 수 있게 해주었다. 그러나 이 상징들이 힘을 잃을 때는 두려움과 의심이 생겨났다. 이러한 두려움이나 불안을 경험하는 사람들은 상징적 힘을 잃어버린 유신론의 불신받는 '신' 위의 신을 추구해야 한다.

틸리히는 일반 기독교인에게 말할 때는 다소 전문적인 용어인 '존재의 근거'를 '궁극적 관심'이라는 표현으로 바꿔 말하길 좋아했다. 그는 '신 위의 신'에 대한 종교적 경험이 지적이거나 감정적인 경험과 구분되는 특별한 경험이 아니라고 말했다. 당신은 "나는 지금 특별한 '종교적 경험'을 했다"고 말할 수 없다. 왜냐하면 존재로서 신은 우리의 모든 용기, 희망, 절망의 감정에 앞서고 근본이기 때문이다. 그것은 그 자신의 이름을 지닌 별개의 상태가 아니라 보통의 인간 경험 각각에 퍼져 있다. 신은 보통의 인간 심리 상태와 구분될 수 없다는 한 세기 전 포이어바흐의 말이 함축하고 있는 것과 유사했다. 포이어바흐의 무신론이 새로운 형태의 유신론으로 변형된 것이다.

자유주의 신학자들은 우리가 신앙을 지켜 나가면서 현대의 지적 세계에 속해 있는 것이 가능한지 알고자 했다. 그들은 새로운 신 개념을 형성하기 위해 자연과학, 심리학, 사회학 같은 다른 학문과 다른 종교에도 관심을 기울였다. 3세기의 오리게네스와 알렉산드리아의 클레멘스는 유대의 야훼 종교에 플라톤주의를 도입했다는 점에서 일종의 자유주의 기독교인이었다. 20세기 들어서 예수회 신부 피에르 테야르 드 샤르댕(1881~1955)은 신에 대한 자신의 믿음과 근대 과학을 결합했다. 선사시대에 특별한 관심이 있는 고생물학자였던 샤르댕은 진화에 관한 자신의 이해를 통해 새로운 신학을 전개했다. 그는 진화의 전체 투쟁을 물질이 정신으로, 인간 존재로, 그리고 마침내 인간 존재를 넘어 신으로 우주를 나아가게 하는 신성한 힘으로 보았다. 신이 세계 모든 만물 안에 내재한다고 보고, 기독교인은 인간 예수 대신에 사도 바울이 〈골로새서〉와 〈에베소서〉에서 묘사한, 우주적 존재로서 그리스도를 믿어야 한다고 주장했다. 결국 그에게 그리스도는 우주의 '마지막 극점'이고, 신이 만물 속에 내재하는 진화의 정점이었다. 성서는 우리에게 신이 사랑임을 보여주고, 과학은 점점 더 복잡해지는 자연 세계가 다양성 속에 통일성을 향해 발전하고 있음을 보여준다. 이 '분화 속의 통일성'이 바로 만물의 창조 전체에 생명을 불어넣는 신의 사랑을 바라보는 또 다른 방식이었다. 비록 신을 너무 철저하게 세상과 동일시해 신의 초월성의 모든 감각을 매몰시켰다는 비판을 받았지만, 샤르댕의 현세적 신학은 세상을 경멸하는 전통적 가톨릭 영성에 새로운 변화를 가져온 것으로 큰 환영을 받기도 했다.

1960년대 미국의 신학자 대니얼 데이 윌리엄스(1910~1973)는 신과 세계의 통일성을 강조한 '과정 신학'을 전개했다. 그는 신이 세계의 역사적 과정과 밀접하게 연결되어 있다고 본 영국의 철학자 화이트헤드(1861~1947)에게 큰 영향을 받았다. 화이트헤드는 '또 다른' 존재이자 자기 충족적이고 무감각한 존재로서 신을 이해할 수 없었으며, 신의 파토스라는 예언자적 개념의 20세기 버전을 공식화했다.

나는 신이 존재들의 사회의 지속적인 삶의 과정에 참여해 고통받고 있다고 단언한다. 신의 고통 참여는 세계에서 일어나는 고통을 이해하고 받아들이고 사랑으로 변화시키는 최고 예이다. 나는 신의 감수성을 긍정하고 있다. 그것이 없다면 신의 존재를 이해할 수 없다.[8]

화이트헤드는 신을 '위대한 동반자, 이해하는 동료 수난자'로 묘사했다. 윌리엄스는 화이트헤드가 내린 정의를 마음에 들어 했고, 신을 세계의 '행위' 또는 '사건'으로 말하는 것을 좋아했다.[9] 초자연적 질서를 인간이 경험하는 자연 세계와 대립시키는 것은 옳지 않다. 존재의 질서는 단 하나뿐이다. 그러나 이는 환원주의는 아니다. 자연에 대한 우리의 개념에는 한때 기적으로 보였던 모든 열망, 수용력, 잠재력이 포함되어야 한다. 불교도들이 항상 긍정했던 '종교적 영감'도 포함되게 될 것이었다. 신이 자연과 분리되어 있다고 생각하느냐는 질문을 받았을 때, 윌리엄스는 모른다고 대답했다. 그는 고대 그리스의 아파테이아 개념을 싫어했고 거의 불경스럽게 여겼는데, 신을 멀리 떨어져 있고 무관심하며 이기적인 존재로 나타냈기 때문이었다. 윌리엄스는 자신이 범신론을 옹호한다는 사실을 부인했다. 그의 신학은 소외된 신—아우슈비츠와 히로시마 이후 받아들일 수 없게 된—을 초래한 불균형을 바로잡으려는 것일 뿐이었다.

다른 사람들은 현대 세계의 성취에 덜 낙관적이었고 신의 초월성을 인간에 대한 도전으로서 유지하기를 원했다. 예수회 신학자 카를 라너(Karl Rahner)는 신을 절대 신비로 보고 예수를 모범적 인간상의 현시로 여긴 좀 더 초월적인 신학을 발전시켰다. 버나드 로너건(Bernard Lonergan) 역시 초월의 중요성과 경험보다는 사유의 중요성을 강조했다. 로너건은 도움받지 않는 지성은 우리가 추구하는 비전에 도달할 수 없다고 보았다. 지성은 우리의 태도 변화를 요구하는 이해의 장벽에 끊임없이 부딪힌다. 인간은 어떤 문화에서든 지적이고 책임감 있고 합리적이고 사랑스럽고 필요하다면 변화하는 동일한 명령에 의해 움직여 왔다. 따라서 인간의 본성은 우리 자신과 현재의 지각을 초월할 것을 요구하며, 이 원칙은 진지한 인간 탐구의 본질 안에 신성이라 부르는 것이 존재함을 나타낸다. 스위스의 신학자 한스 우어스 폰 발타자르(Hans Urs von Balthasar)는 가톨릭의 계시는 본질적으로 성육신적이므로 논리적이고 추상적인 개념보다는 예술을 통해 신을 발견해야 한다고 믿었다. 단테와 보나벤투라에 관한 뛰어난 연구에서 발타자르는 가톨릭교도가 신을 인간의 형상으로 보았음을 보여준다. 단테와 보나벤투라는 의례와 드라마의 몸짓에서, 또 위대한 가톨릭 예술가들에게서 발견되는 아름다움을 강조했는데, 이는 신이 인간의 지성적이고 추상적인 영역보다는 감각적인 영역에서 발견되어야 함을 나타낸 것이다.

전통으로 돌아간
철학자들

한편 무슬림과 유대인은 20세기 상황에 걸맞은 신 개념을 찾기 위해 과거로 눈을 돌렸다. 저명한 이슬람 신학자 아불 칼람 아자드(1958년 사망)는 무가치한 초월성과 우상적 인격화의 위험을 피할 수 있는 신을 쿠란 속에서 찾고자 했다. 그는 쿠란의 상징적 특성을 지적하면서, 한편으로는 은유적, 비유적, 신인동형적으로 묘사하는 것과 다른 한편으로는 신은 비교할 수 없음을 끊임없이 상기시키는 것 사이의 균형에 주목했다. 다른 사람들은 신과 세상의 관계에 관한 통찰을 얻기 위해 수피들을 돌아보았다. 스위스의 수피인 프리초프 슈온(Frithjof Schuon)은 이븐 알-아라비의 존재의 유일성 교리를 부활시켜 신만이 유일한 실재이므로 신 이외는 아무것도 존재하지 않고 세계 자체가 곧 신임을 보여주었다. 그는 이것이 소수에게만 전해진 진리이며 수피즘의 신비로운 훈련을 통해서만 이해될 수 있다고 강조했다.

이란 혁명에 지대한 영향을 끼친 철학자 알리 샤리아티(1933~1997)는 신을 사람들이 더 쉽게 접근할 수 있도록 만들었고 당대의 정치적 도전과 밀접히 관련지었다. 샤리아티의 종교적 메시지는 물라들의 인정을 받지 못했지만 이란의 샤 정권을 타도하기 위한 반정부 운동에 교육받은 중산층에서 수많은 사람을 끌어들이는 데 결정적 역할을 했다. 시위 군중은 아야톨라 호메이니의 초상과 나란히 그의 초상을 들고 다니곤 했다. 샤리아티는 서구화가 무슬림을 그들의 문화적 뿌리와 단절시켰고, 이 혼란을 치유하려면 과거 이슬람 신앙의 오래된 상징들을 재해석해야 한다고 믿었다. 무함마드가 고대 이교도 의식인 하지에 유일신교적 의미를 부여했을 때와 같은 일을 했다. 자신의 저서 《하지》에서 샤리아티는 독자들을 메카 순례로 안내하여 각 순례자가 자신을 위해 상상력을 발휘해 창조해야 하는 역동적인 신 개념을 점점 분명하게 표현했다. 순례자는 카바에 도착해 신전이 비어 있는 것이 무엇을 뜻하는지 깨닫는다. "이곳은 너의 종착지가 아니다. 카바는 길을 잃지 않도록 방향을 제시해주는 이정표다."[10] 카바는 그 자체로 목적이 아니었으며 신에 대한 모든 인간적 표현을 초월하는 것의 중요성을 보여줬다. 왜 카바는 아무런 장식도 없이 그저 단순히 입방체인가? 왜냐하면 그것은 '우주 안에 있는 신의 비밀, 즉 신은 형태와 색채가 없고 유사성도 없으며, 인간이 선택하거나 보거나 상상하는 그 어떤 형태나 상태도 아님'을 재현하기 때문이다. 하지 자체는 식민 시대 이후 많은 이란인이 경험한 소외의 반대말이었다.[11] 그것은 자신의 삶을 돌이켜 형언할 수 없는 신에게로 향하는 개인의 실존적 과정을 나타낸다. 샤리아티의 활동가 신앙은 위험했다. 결국 그는 샤의 비밀경찰에 체포되어 고문받고 추방된 뒤 1977년에 런던에서 의문의 죽음을 당했다.

마르틴 부버(1878~1965)도 똑같이 유대교를 영적 과정이자 근본적 통일성을 위한 노력으로 보는 역동적 비전을 지녔다. 그는 종교가 전적으로 인격신과의 만남으로 이루어지며 그 만남은 거의 항상 다른 인간과의 만남에서 일어난다고 보고, 만남의 두 가지 영역을 제시했다. 하나는 우리가 주체와 객체로서 — '나와 그것(I-It)'으로서 — 다른 존재들과 만나는 공간과 시간의 영역이다. 다른 영역에서 우리는 다른 사람들을 있는 그대로의 모습으로 대하며 그들을 그 자체로 목적으로 본다. 이것이 신의 현존을 드러내는 '나와 너(I-Thou)'의 영역이다. 삶은 신과의 끝없는 대화이며, 신은 인간에게 무엇을 요구하는지 결코 말하지 않으므로 인간의 자유와 창조성을 위협하지 않는다. 인간은 단지 신을 현존하는 실상이자 규범으로 경험하며, 스스로 그 의미를 알아내야 한다. 부버의 해석은 유대 전통과의 단절을 의미했으며, 전통 텍스트에 관한 부버의 주석은 때때로 긴장을 불렀다. 칸트주의자로서 부버는 인간을 소외시킨다고 본 토라에 신경 쓸 시간이 없었다. 신은 율법 제정자가 아니었기에! '나와 너'의 만남은 과거 전통이 아닌 자유와 자발성을 의미했다. 그러나 미츠보트는 유대교 영성의 중심이다. 이 점이 부버가 유대인보다 기독교인에게 더 인기가 있었던 이유이다.

부버는 '신'이라는 용어가 오염되고 타락했다고 생각했지만 그 용어를 포기하는 것은 거부했다. "신에 필적할 만한 단어를 어디에서 찾을 수 있는가?" 신이라는 단어는 너무나도 크고 복잡한 의미, 너무도 많은 신성한 것과 연관성이 있다. 그런데도 '신'이라는 말을 거부하는 사람은, 너무나도 많은 끔찍한 일들이 그 이름으로 행해졌기에 존경받아야 한다.

일부 사람들이 오용된 말들을 바로잡을 수 있도록 '최후의 것'에 관해 침묵 기간을 제안했는지 이해하기는 그리 어렵지 않다. 그러나 침묵한다고 해서 그 말들을 구원할 수 있는 것은 아니다. 우리는 신이라는 말을 정화할 수도 없고 온전하게 만들 수도 없다. 아무리 더럽혀지고 손상되었더라도 우리는 그것을 바닥에서 일으켜 애통의 시간 위에 올려놓을 수 있다.[12]

다른 합리주의자들과 달리 부버는 신화를 거부하지 않았다. 세계 안에 갇힌 신성한 불꽃을 표현한 루리아의 신화가 중요한 상징적 의미를 지닌다고 보았다. 신 본체에서 불꽃이 분리되는 것은 인간의 소외를 상징한다. 우리는 타인과 관계를 맺으면서 원초적 단일성을 회복하고 세상에서 소외를 줄일 것이다.

부버가 성서와 하시디즘으로 돌아갔다면, 아브라함 요슈아 헤셸(1907~1972)은 랍비와 탈무드 정신으로 돌아갔다. 그는 부버와 달리 미츠보트가 인간이 아닌 신의 필요를 충족시키는 행위이므로, 유대인이 현대 사회의 비인간적 참상에 슬기롭게 대처하는 데 도움이 된다고 믿었다. 헤셸은 현대의 인간 삶이 비인간화와 착취로 점철되고 신조차 인간의 욕망을 위해 조작되고 남용되는 일개 사물로 전락했으며, 종교는 힘을 잃고 무미건조해졌다고 생각했다. 따라서 인간 삶의 저변 구조를 탐구하고 본래의 경외, 신비, 경이를 회복하려면 '심층 신학'이 필요했다. 신에 대한 믿음은 합리적 개념과 무관한 직관적 체험에서 솟아 나오므로 논리적으로 신 존재를 증명하는 것은 무의미하다. 시를 읽듯이 비유적으로 경전을 읽음으로써 신성함을 느낄 수 있어야 하며, 미츠보트도 신의 현존 안에 인간이 머물도록 훈련시키는 상징적 행위로 이해해야 한다. 각각의 미츠바는 세속적 삶 속에서 제각기 위치를 점하고 있으며, 예술 작품처럼 독자적 논리와 리듬이 있다. 우리는 신이 인간을 필요로 한다는 것을 깨달아야 한다. 신은 철학자들의 멀리 떨어진 신이 아니라 예언자들이 외친 파토스의 신이다.

무신론 철학자들도 20세기 후반에 신 개념에 매료되었다. 마르틴 하이데거(1889~1976)는 《존재와 시간》(1927년)에서, '존재'를 파울 틸리히와 거의 같은 방식으로 보았지만, 기독교적인 의미의 '신'이라는 것은 부정했다. '존재'는 개별 존재자들과 구별되고 보통의 사유 범주와 분리된 것이었다. 비록 그가 나치 정권에 협력한 이유로 도덕성을 의심받은 것은 사실이지만, 존재에 관한 그의 사상은 일부 기독교인들에게 깊은 영감을 주었다. 1929년 프라이부르크대학의 교수 취임 강연을 편집한 〈형이상학이란 무엇인가?〉에서 그는 플로티노스, 위-디오니시우스(디오니시우스 아레오파기타), 에리우게나의 사상에서 이미 전개되었던 여러 개념을 발전시켰다. '존재'란 일상적 존재와는 달리 '전적인 타자'이며, 어떤 물체나 대상이나 개별적 존재가 아닌 사실상 '무'로서 다른 모든 존재를 가능케 하는 것이다. 고대인은 무로부터 나오는 것은 아무것도 없다고 생각했지만, 하이데거는 이 말을 뒤집어 '무로부터 모든 것이 나온다'고 표현했다. 하이데거는 라이프니츠가 던졌던 질문으로 강의를 마쳤다 "왜 아무것도 없는 것이 아니라 무언가 존재하는가?" 이 질문은 세상에 대한 인간의 반응에서 늘 존재해 온 놀라움과 경이의 충격을 불러일으키는 것이었다. 왜 무언가가 존재해야 하는가?

하이데거는 그의 저서 《형이상학 입문》(1953년)에서도 같은 질문을 던지면서 시작했다. 신학은 그 해답을 지니고 있다고 믿었고 모든 것을 '다른 어떤 것', 곧 신에게로 거슬러 올라갔다. 그러나 이 신은 전적으로 타자인 어떤 것보다는 그저 또 다른 존재였다. 하이데거는 종교의 신에 관해 다소 환원적인 생각─비록 많은 종교인이 공유하는 생각이었지만─을 지녔지만 '존재'에 대해 신비적인 용어로 자주 말했다. 그는 그것을 위대한 역설이라고 말하는데, 사고 과정을 '존재'를 기다리거나 듣는 것으로 묘사하고, 신비주의자들이 신의 부재에 대해 느끼는 것처럼 '존재'의 회귀와 물러남을 경험하는 것으로 본다. 사실 그리스인들 이래로 서양 세계는 '존재'보다는 현대 기술 문명 발전의 원인이 되었다고 볼 수 있는 존재하는 것들에만 관심을 기울여 왔다. 이 점과 관련해 하이데거는 1966년 〈오직 신만이 우리를 구원할 수 있다〉라는 제목의 대담에서, 오늘날 신 부재의 경험만이 존재자들의 집착에서 인간을 구원할 수 있다고 지적했다. 그러나 그는 인간이 존재를 드러낼 수 있는 길은 없으며, 인간은 오직 미래의 새로운 도래를 희망할 수 있을 뿐이라고 말했다.

한편 마르크스주의 철학자 에른스트 블로흐(1884~1977)는 신 개념이 인간에게 자연스럽다고 보았다. 인간은 자신의 삶을 불완전하고 미완성이라고 보기 때문에 인간의 삶은 늘 미래를 향해 있다. 인간은 동물과 달리 주어진 현실에 만족하지 않고 그 이상을 원하기에 주어진 현실 상황을 벗어나 새로운 단계로 도약하기 위해 자기 자신을 초월한다. 그러므로 인간은 늘 미래에 이루어질 것에 대한 열망을 품고 꿈을 꾼다. 심지어 철학도 실현되지 않은 것에 대한 경이에서 출발하며, 종교를 부정함에도 사회주의도 근본적으로 종교적 희망이 담긴 유토피아를 지향한다. 물론 블로흐도 포이어바흐처럼 신을 아직 오지 않은 인간의 이상으로 보았으나, 신을 인간을 소외시키는 것이 아니라 오히려 인간의 조건에 필수적이라고 이해했다.

프랑크푸르트학파 사회이론가 막스 호르크하이머(1895~1973)도 '신'을 예언자적 메시지를 던져주는 중요한 이상적 개념으로 보았다. 그에게 중요한 문제는 '신이 존재하는가 아닌가, 인간이 참으로 신을 믿는가 아닌가'가 아니라 신 개념이 없을 때 빚어지는 인간 삶의 의미와 진리와 도덕의 결여였다. 인간 삶에서 신 개념이 사라질 때, 윤리는 단지 인간의 취향, 기분, 또는 변덕의 문제로 전락한다. 정치와 도덕이 어떻게든 신이라는 개념을 포함하지 않는 한 그것들은 현명하기보다는 실용적이고 약삭빠른 것이 될 것이다. 절대자가 없다면 증오하지 않아야 할 이유도, 평화보다 전쟁이 더 나쁠 이유도 없다. 종교는 본질적으로 신이 '있다'는 내적 느낌이다. 우리의 초기 꿈 중 하나는 정의를 갈망하는 것이다(아이들이 불공평하다고 투덜거리는 말을 얼마나 많이 하는가). 종교는 불의와 고통에 직면한 수많은 사람들의 열망과 고발을 기록한다. 그리고 종교는 인간의 유한성을 자각시킴으로써 현재 주어진 불의의 세계가 마지막이 아니라는 희망을 인간에게 고취해준다.

새로운 신을
위하여

전통적 신앙이 없는 사람들이 인류의 종교 역사에서 발견한 중요한 주제에 계속 귀를 기울여야 한다는 사실은 신 개념이 많은 이들이 생각하는 것처럼 이질적이지 않음을 보여준다. 그러나 20세기 후반에 들어 전통적인 인격신 신앙이 급속히 붕괴하고 있다. 이 현상은 완전히 새로운 것은 아니다. 앞에서 본 것처럼 기독교인이 '옛' 성서(구약)라고 부르는 유대 경전도 비슷한 과정을 보여주며 쿠란은 애초부터 신에 대한 인격적 표현을 절제했다. 그리고 삼위일체 같은 교리와 신비주의적 체계의 상징주의와 신화는 모두 신이 인격을 초월한 존재임을 암시하려고 노력했다. 그러나 이 점은 많은 종교인들에게 분명하게 밝혀지지 않은 것 같다. 울위치의 영국 국교회 주교 존 로빈슨(John Robinson)이 《신에게 솔직히》(1963년)라는 책을 출간하면서 '저편 어딘가에' 있는 인격신을 더는 믿을 수 없다고 말했을 때 영국에서 엄청난 소동이 일었다. 학계에서는 이런 생각이 상식에 속하는데도 더럼의 영국 국교회 주교 데이비드 젠킨스(David Jenkins)의 다양한 발언도 비슷한 소동을 일으켰다. 케임브리지의 이매뉴얼 칼리지의 학장 돈 큐핏(Don Cupitt)은 '무신론 사제'로 불렸다. 그는 유신론의 전통적인 신 개념을 포기하고 신학보다도 종교적 경험을 중시하는 일종의 '기독교적인 불교'를 제창했다. 큐핏은 로빈슨과 마찬가지로 세 신앙 모두에서 신비주의자들이 더욱 직관적인 길을 통해 이르렀던 통찰에 지적으로 도달했다. 그렇지만 신이 실제로 존재하지 않으며 '저편 어딘가에' 아무것도 없다는 생각은 조금도 새로운 것이 아니다.

절대자의 부적절한 이미지에 대한 거부감은 점점 커지고 있다. 과거에 신의 개념이 재앙을 낳는 데 이용되었기에 일어난 건전한 우상 파괴 물결이었다. 그러나 1970년대부터 유대교, 이슬람교, 기독교 세계에서 문자주의적 성서 이해와 편협함을 지닌 고도로 정치적인 영성인 '근본주의'가 등장했다. 미국의 기독교 근본주의는 낙태의 법적 허용 폐지와 도덕적, 사회적 관용에 대해 강경한 노선을 주장하며 '뉴라이트'와 결합했다. 제리 팔월(Jerry Falwell)이 주도한 '도덕적 다수 모임'은 레이건 정부 시절 놀라운 정치적 성공을 거두었다. 예수의 말을 문자적으로 이해한 모리스 세룰로(Maurice Cerullo) 같은 복음주의자들은 기적이 진정한 믿음의 본질적 특성이라고 믿는다. 신은 인간이 기도할 때 요구하는 것은 무엇이든 들어줄 것이다. 콜린 어커트(Colin Urquhart) 같은 영국의 근본주의자들도 미국 근본주의자들과 같은 주장을 했다. 기독교 근본주의자들은 그리스도의 사랑 가득한 동정심에는 거의 관심이 없어 보인다. '신의 적'이라고 여기는 사람들을 비난하는 데에만 신속하다. 그들 대다수는 유대인과 무슬림이 지옥에 떨어질 것이라 여겼고, 어커트는 동양의 모든 종교는 악마에게 영감을 받은 것이라고 주장했다.

이슬람 세계에서도 유사한 움직임이 일어났다. 이슬람 근본주의자들은 정부를 무너뜨리고, 이슬람의 적을 암살하거나 사형 선고로 위협했다. 또한 유대 근본주의자들도 임박한 메시아의 도래를 준비한다는 명분을 내세우며 팔레스타인 서안 지역과 가자 지역에 수백 년 동안 살고 있던 아랍인들을 폭력을 동원해 내쫓고 정착했다. 모든 형태의 근본주의는 극도로 환원적인 신앙이다. 그 특징은 1990년 뉴욕에서 살해된 이스라엘의 극우 단체 일원이었던 랍비 메이르 카하네(Meir Kahane)의 다음과 같은 말 속에 잘 나타나 있다.

유대교에는 많은 메시지가 있지 않다. 오직 하나만 있다. 신이 원하는 일을 하라는 것이다. 때때로 신은 우리가 전쟁터로 나가길 원하시고 평화롭게 살기를 원하신다. …… 그러나 메시지는 하나뿐이다. 신은 우리가 팔레스타인 땅에 유대 국가를 건설하기를 원했다는 것이다.[13]

이런 믿음은 수 세기 동안 쌓아 온 유대교의 발전을 지워버리고, 〈신명기〉 저자(D)의 관점으로 돌아가는 것이다. 이러한 신성 모독—'신'이 다른 민족의 인권을 부정한다는 그의 주장—을 들은 사람들이, 그가 말하는 신이 이 세상에서 빨리 사라지는 게 좋다고 생각하는 것도 놀랍지 않다.

앞서 살펴봤듯이 근본주의는 신으로부터 후퇴다. 그것은 인간의 역사적 현상들을 종교적 헌신의 중심부에 올려놓은 새로운 형태의 우상 숭배다. 이와 같은 공격적인 의(義)는 유일신론자들을 끊임없이 유혹했다. 그것은 가짜 신앙으로 배척되어야 한다. 사실 유대인, 기독교인, 무슬림의 신은 부족의 신 야훼가 잔인하고 편파적이었기에 불행한 출발을 했다. 이 원시적 정신으로 돌아간 현대판 십자군은 부족의 가치를 받아들일 수 없을 정도로 높은 지위로 끌어올리고 우리의 편견에 도전해야 하는 초월적 현실을 인간이 만든 이상으로 대체하고 있다. 그들은 또한 결정적인 유일신론적인 주제를 부정하고 있다. 이스라엘 예언자들이 야훼에 대한 오래된 이교 숭배를 개혁한 후로 유일신교의 신은 동정심의 이상을 장려해 왔다.

우리는 동정심이 '축의 시대'에 창조된 이데올로기 대다수의 특징임을 보았다. 동정심이라는 이상은 불교도가 붓다와 보디사트바에 대한 헌신(바크티)을 도입했을 때 그들에게 종교적 지향에 큰 변화를 일으키도록 강제했으며, 이스라엘의 예언자들도 성전 밖에서 행하는 동정심의 실천 없이는 성전 안 의식과 예배는 아무 의미가 없다고 역설했다. 이러한 통찰은 예수와 바울, 유대 랍비들에 의해 개발되었으며 이들은 모두 동일한 유대교의 이상을 공유하고 이를 실행하기 위해 유대교의 큰 변화를 제안했다. 쿠란은 알라의 개혁된 종교의 핵심으로 동정적이고 정의로운 사회를 본질로 삼았다. 그러나 동정심은 매우 어려운 덕이다. 그것은 우리에게 자기 중심주의적 편견과 불안을 넘어설 것을 요구한다. 세 유일신 종교(유대교, 기독교, 이슬람교) 모두 이런 높은 기준을 실현하는 데 실패한 경우가 있는 것은 당연하다. 18세기 계몽주의 시대에 이신론자들은 유대인 박해와 십자군, 종교 전쟁 같은 일들을 지적하며 잔인하고 편협한 전통적 서구 기독교를 거부했다. 오늘날도 마찬가지일 것이다. 너무나 자주, 근본주의자가 아닌 전통적인 신자들도 공격적인 의(義)를 공유한다. 그들은 신의 이름으로 자신들의 사랑과 증오를 정당화한다. 비록 예배에 성실히 참석하는 유대인, 기독교인, 무슬림도 서로 다른 민족적, 이념적 진영에 속한 사람들을 폄하하고 자신들 종교의 기본적인 진리를 부정한다. 스스로 유대인, 기독교인, 무슬림이라 칭하면서 불공평한 사회 제도를 용인하는 것도 똑같이 부적절하다. 역사적 유일신교의 신은 희생이 아닌 자비를, 예의 바른 전례보다는 동정심을 요구한다.

종교의 제례 형식을 중시하는 종교인들과 동정심의 신에 대한 감각을 중시하는 종교인들은 뚜렷이 구분되었다. 예언자들은 성전 예배로 충분하다고 생각하는 동시대인들을 크게 꾸짖었다. 예수와 사도 바울도 사랑 없는 외적 의식은 아무 소용이 없다고 분명히 했다. 또한 알라와 다른 고대 이방 신들을 숭배하기를 원한 아랍인들도 참된 종교의 조건으로서 동정의 에토스 실천을 강조한 무함마드의 비판을 받았다. 예배를 중시하는 신앙과 동정심의 실천을 중시하는 신앙의 분열은 고대 로마 제국의 이교도 세계에도 있었다. 당시 사회 질서의 현상 유지를 원하는 사람들은 오래된 제례적 종교를 고집했으나 철학자들은 세상을 바꿀 것이라고 믿은 메시지를 전파했다. 그러나 유일신을 믿는 동정심의 종교는 늘 소수가 주장했고 대다수 사람들은 타협하지 않는 요구와 더불어 신-경험의 극단에 직면하기 어려워했다. 모세가 시나이 산에서 신으로부터 받은 십계명 서판을 가져오기까지 대다수 사람들은 위안을 주는 유서 깊은 의식과 자신을 위해 만든 전통적이고 위협적이지 않은 신의 형상인 금송아지 숭배를 선호했다. 대제사장 아론은 황금 조상(彫像) 제작을 관장했다. 종교 제도는 종종 훨씬 더 많은 것을 요구하는 신의 말씀을 전하는 예언자와 신비주의자의 영감에 귀를 기울이지 않는다.

신은 무가치한 만병통치약, 세속적 삶의 대안, 제멋대로인 환상의 대상으로 사용되기도 한다. 신 개념은 자주 일종의 아편으로 사용되었다. 천국을 세속적 의미의 즐거움이 넘치는 낙원으로 생각하고, 그곳에 세속적 존재와 다를 바 없으나 막강한 권능을 가진 존재로 신을 인식할 때 특히 위험하다. 원래 '신'은 이 세상에 집중하고 불쾌한 현실을 직시하도록 돕기 위해 사용되었다. 고대 이스라엘의 부족의 신 야훼 숭배조차 의식과 신화의 성스러운 시간이 아니라 세속의 시간, 현재의 사건에 신이 관여한다고 강조했다. 이스라엘의 예언자들은 이러한 역사적 사건에서 자신에게 계시한 신의 이름으로 그들의 백성이 사회적 책임과 임박한 정치적 재앙에 직면하도록 했다. 기독교의 성육신 교리 또한 신이 이 세계에 내재하는 존재임을 강조했다. '지금 여기'에 대한 관심은 이슬람교에서 특히 뚜렷했다. 정치 지도자이자 영적 천재인 무함마드보다 더 현실주의자가 될 수 있는 사람은 없었다. 앞에서 본 대로 무함마드 사후에 무슬림은 정의롭고 조화로운 사회를 건설함으로써 인류 역사에서 신성한 뜻을 구현하려 한 무함마드의 관심을 공유해 왔다. 처음부터 인간은 신을 행위에 대한 명령으로 이해했다. 엘이나 야훼로서 신이 아브라함에게 그의 가족들을 이끌고 하란 땅을 떠나라고 명령한 순간부터 숭배는 늘 이 세상에서 구체적인 행동과 종종 오래된 기존 가치를 고통스럽게 포기할 것을 요구했다.

이 혼란은 큰 긴장을 낳았다. 전적으로 타자인 거룩한 신은 예언자들에게 깊은 충격을 주었다. 신은 자신의 백성에게도 그와 비슷한 거룩함과 분리를 요구했다. 신이 시나이산에서 모세에게 말씀할 때 이스라엘 백성은 산기슭에 접근하는 것이 금지되었다. 인간과 신 사이에 갑자기 새로운 간격이 벌어져 이교 신앙의 전체론적 비전이 파열되었다. 따라서 개인의 양도할 수 없는 자율적 책임 의식이 깨어났다. 유대교와 이슬람교 모두에서 결정적이었던 개인의 책임이라는 이상을 이스라엘인들이 발전시켰을 때 바빌론 유수 시기에 유일신교가 마침내 뿌리를 내린 것은 우연이 아니다.[14] 우리는 랍비들이 유대인들이 인간의 신성한 권리에 대한 감각을 계발하도록 돕기 위해 내재적 신의 개념을 사용한 것을 보았다. 그러나 소외는 세 종교 모두에서 계속 위험했다. 기독교인은 끊임없이 죄의식과 비관주의에 시달렸으며, 유대인과 무슬림은 토라와 샤리아를 타율적 강요 속에 준수해야 할 것으로 보기도 했다.

비굴한 굴종만을 요구하는 신으로부터 해방을 요구한 무신론자들은 부적절하지만 불행하게도 친숙한 신의 이미지에 반대했다. 다시 말하지만 이것은 너무 인격적인 신에 근거를 둔 것이었다. 인격신 개념은 신의 심판에 대한 성서적 이미지를 지나치게 문자 그대로 해석하고 신을 하늘에 계신 일종의 '빅브라더'로 가정했다. 내키지 않는 종들에게 이질적인 법을 부과하는 신성한 폭군의 이미지는 사라져야 한다. 1989년 가을 동유럽 공산 정권의 몰락이 극적으로 보여준 것처럼 대중을 협박하고 위협하여 시민의 복종을 강요하는 것은 더는 용인될 수 없으며 실행도 불가능하다. 입법자이자 통치자로서 인격신은 이 시대에 적합하지 않다. 그러나 신 개념이 부자연스럽다고 불평한 무신론자들이 전적으로 옳은 것은 아니다. 우리는 유대인, 기독교인, 무슬림이 신에 관한 놀랍도록 유사한 개념을 발전시켜 왔으며, 이는 절대자에 대한 다른 개념과도 닮았다는 것을 보았다. 사람들이 삶에서 궁극적인 의미와 가치를 찾으려고 할 때, 그들의 정신은 특정한 방향으로 향하는 것 같다. 그들은 강제로 그렇게 하지 않았으며, 이는 인간에게 자연스러운 듯 보이는 것이다.

그러나 감정이 방종하거나 공격적이거나 건강하지 못한 주정주의로 타락하지 않으려면 비판적 지성을 통해 앎을 얻어야 한다. 신 체험은 마음을 포함하여 현재의 다른 열정과도 보조를 맞춰야 한다. 무슬림, 유대인, 그리고 후에 서구 기독교인 사이에서 팔사파의 실험은 신에 대한 믿음을 새로운 합리주의와 연결하려는 시도였지만, 무슬림과 유대인은 결국 철학에서 물러났다. 그들은 이성적 사고는 특히 과학, 의학, 수학 같은 경험적 연구에서는 유용하지만 개념 너머에 있는 신에 대한 논의에서는 전적으로 부적합하다고 생각했다. 동방 기독교인들은 일찍부터 이것을 감지했고 신앙과 그리스 철학의 결합을 시도하지 않았다. 그것은 철학적 신 이해가 신비적 차원의 불가해한 신보다는 객관적 차원의 인격신 개념을 가리키기 때문이었다(신을 논의하는 철학적 방법의 단점 하나는 최고 신이 완전히 다른 질서의 실재가 아니라 존재하는 모든 것 중 가장 높은 존재인 것처럼 들릴 수 있다는 점이다). 그러나 팔사파의 모험은 중요했는데, 신에 관한 믿음이 인간 삶의 차원과 분리될 수 없음을 지적했기 때문이다. 팔사파는 신을 거룩한 지적 영역에 가두지 않았고 인간 삶의 규범을 신 체험에서 우러난 모든 인간의 행위에 적용했다.

　팔사파는 처음부터 자연과학과 밀접하게 관련을 맺고 있었다. 의학과 수학과 천문학에 대한 초기의 열정이 최초의 무슬림 철학자들이 형이상학 용어로 알라를 논하도록 이끌었다. 과학은 그들의 세계관에 큰 변화를 일으켜, 기존의 이슬람 신앙과는 다른 신 개념을 도출하도록 만들었다. 철학적 신 개념은 쿠란의 비전과 큰 차이가 있었으나, 당시 움마에서 상실할 위험에 처해 있던 통찰을 회복했다. 따라서 쿠란은 다른 종교적 전통에 긍정적인 태도를 보였다. 무함마드도 자신이 새롭고 배타적인 종교를 창시하고 있다고 생각하지 않았고, 올바르게 인도된 모든 믿음은 유일한 신으로부터 왔다고 생각했다. 그러나 9세기까지 울라마는 이를 간과하고 이슬람교를 유일한 참 종교로 내세웠다. 파일라수프들은 신앙의 학문적 해석을 통해 오래된 보편주의적 접근 방식으로 되돌아갔다. 오늘날 우리에게도 파일라수프와 비슷한 기회가 있다. 과거의 전통적 신 개념이 더는 수용될 수 없는 과학 문명 시대에 우리는 조상들과 같은 방식으로 신을 생각할 수는 없지만 과학의 도전은 우리가 몇 가지 오래된 진실을 이해하는 데 도움을 줄 수 있다.

　이를테면 우리는 아인슈타인이 신비주의 신앙에 공감했다는 사실을 알고 있다. '신은 주사위 놀이를 하지 않는다'는 유명한 말에도 불구하고, 아인슈타인은 자신의 상대성 이론이 신 개념에 영향을 주어야 한다고 생각하지 않았다. 1921년 영국을 방문했을 때 아인슈타인은 캔터베리 대주교에게 상대성 이론이 신학에 어떤 의미가 있는지 질문을 받았다. 그는 대답했다. "상대성 이론은 순전히 과학적 문제이며 종교와는 아무 관계가 없습니다."[15] 오늘날 대다수 기독교인은 우주 체계 내에서 신 존재의 여지를 인정하지 않는 스티븐 호킹 같은 과학자들의 우주론에 실망과 당혹감을 감추지 못한다. 그러나 그것은 인간이 무언가를 만드는 것과 동일한 방식으로 신이 우주를 창조했다고 그들이 믿기 때문이다. 본래 창조는 원래 그렇게 문자 그대로 이해되지 않았고, 창조자 야훼에 대한 관심은 유대인들의 바빌론 유수 이후에야 유대교 신앙에 들어왔다. 또한 그것은 동방 기독교에서 별 호응을 받지 못했으며, 서방 기독교에서도 니케아 공의회 이전까지는 공식적인 기독교 교리가 아니었다. 이슬람교에서도 창조는 쿠란의 중심 가르침이지만 신에 관한 모든 발언과 마찬가지로 이것은 진리에 관한 우화 또는 '상징'으로 표현되었다. 유대인과 이슬람 합리주의자들은 아예 창조자 신 개념을 포기했고, 신비주의자들은 창조를 그리스 철학의 유출론에 비유해 설명했다. 어쨌든 각 종교의 경전에서 말하는 신의 우주 창조설은 세계의 기원에 대한 학문적 설명이 아니라 원래 정신적이고 심리적인 진리의 상징적 표현이다. 결과적으로 이슬람 세계에서 새로운 과학에 대한 동요는 거의 없다. 우리가 보았듯이 최근에 일어난 역사적 사건들보다 더 큰 문제가 되지 않는다. 그럼에도 오늘날에도 성서의 문자적 이해를 고집하며 신을 우주의 인격적 주관자로, 뉴턴이 말한 '거대한 기계공'으로 믿는 기독교인이 많다. 과학의 도전은 성서 이야기의 상징적인 본질에 관해 새로운 인식으로 교회에 충격을 줄 수도 있다.

인격신 개념은 도덕적, 지적, 과학적, 영적인 모든 이유에서 오늘날 점점 더 받아들일 수 없는 것처럼 보인다. 페미니스트들은 또한 '그'의 성별 때문에 부족, 이교도 시절부터 남성이었던 인격신에게 혐오감을 느낀다. 그러나 신을 여성으로 규정하는 것 또한 제한할 수 없는 신을 순전히 인간적인 범주로 밀어 넣는 결과를 초래한다. 서구에서 오랫동안 인기를 누렸던 최고 존재로서 형이상학적 신 개념 또한 만족스럽지 않다. 철학자들의 신은 진부한 합리주의의 산물에 불과하며, 전통적 신 존재 증명은 더는 설득력이 없다. 계몽주의 시대 이신론자들이 철학자들의 신을 널리 받아들인 것이 현재의 무신론으로 이어진 첫걸음이 되었다. 옛 천신처럼 인간과 사회에서 너무 멀어져 쉽게 '하는 일 없는 신'이 되어 이제 우리의 의식에서 사라지고 있다.

신비주의자의 신은 가능한 대안을 제시하는 것처럼 보인다. 신비주의자들은 오랫동안 신이 '또 다른' 존재가 아니라고 주장해 왔다. 그들은 신은 실제로 존재하지 않으며, '무(無)'라고 부르는 것이 더 낫다고 주장했다. 이 신은 절대자의 부적합한 이미지를 불신하는 세속 사회의 무신론적 분위기에 잘 맞는다. 신비주의자들은 신을 과학적으로 증명될 수 있는 객관적 '사실'로 보는 대신 존재의 바탕에서 신비롭게 경험되는 주관적 체험이라고 주장해 왔다. 이 신은 상상을 통해 다가가야하며, 표현할 수 없는 신비, 아름다움, 삶의 가치를 표현한 다른 위대한 예술적 상징처럼 일종의 예술 형식으로 볼 수 있다. 신비주의자들은 개념을 넘어서는 이 실재를 표현하기 위해 음악, 춤, 소설, 시, 이야기, 그림, 조각, 건축을 사용해 왔다. 그러나 다른 예술처럼 신비주의는 지나친 주정주의와 자의적 투사를 막기 위해 지성, 수련, 자기 비판이 필요하다. 신비주의자의 신은 페미니스트까지 만족시킬 수 있었는데, 수피와 카발리스트 모두 오랫동안 여성적 요소를 도입하려고 노력했기 때문이다

그러나 신비주의는 유대교의 샤베타이 체비 메시아 사건과 후기 수피즘의 쇠퇴 이후 많은 유대인과 무슬림으로부터 의심받아 왔다. 더구나 서구에서 신비주의는 종교적 열광의 주류가 된 적이 없었다. 프로

테스탄트와 가톨릭 개혁가들 모두 신비주의를 불법화하거나 주변으로 몰아냈고 과학적 이성주의 시대에는 이러한 인식 방법을 장려하지 않았다. 1960년대 이후 요가, 명상, 불교에 대한 열정으로 표현되는 신비주의에 새로운 관심이 일어났지만 신비주의 신앙은 경험적이고 객관적인 사고방식과 쉽게 융화되기가 어렵다. 신비주의자의 신은 이해하기 쉽지 않다. 전문가의 지도 아래 고도로 난해한 훈련이 필요하다. 그것은 작품 완성에 심혈을 기울이는 예술가처럼 집중적인 노력을 통해 신으로 불리는 실재에 대한 독창적인 체험에 도달하는 것을 목표로 한다. 미리 준비되어 대기 중인 신 체험을 표방하지 않기에 무엇이든지 빨리 대면하고 처리하려는 현대 사회의 일반 대중은 쉽게 접근할 수 없는 신앙 형태이다. 이러한 신비주의 신앙의 신은 예배에 참석한 신도들을 손뼉 치게 하고 방언하게 만드는 부흥 강사가 만들어낸 즉각적인 황홀경 체험 속에서 느껴지는 신이 결코 아니다.

그러나 비록 고도의 집중적 신비주의 수련을 받지 않더라도 누구나 신비주의적 태도를 지닐 수는 있다. 신비주의자의 높은 의식 상태에 도달할 수 없더라도 신이 단순한 감각으로 존재하지 않는다는 것, 또는 '신'이라는 단어가 표현할 수 없는 초월적인 실재의 상징일 뿐임을 배울 수 있다. 신비주의적 불가지론은 우리가 독단적인 확신을 품고 이 복잡한 문제에 뛰어드는 것을 막는 데 도움이 될 수 있다. 그러나 이 개념이 개인적 신앙에 적절히 통합되지 않을 경우, 간접 신비주의라는 무의미한 추상으로 보일 가능성도 있다. 간접 신비주의는 시의 원문을 읽지 않고 비평가의 글을 읽는 것만큼 불만족스러울 수 있다. 신비주의는 일반 대중을 배척해서가 아니라 이 진리가 특별한 훈련을 받은 후에만 마음의 직관적인 부분으로 인식할 수 있기 때문이다. 그것은 논리적이고 합리적인 능력이 접근할 수 없는 특정한 경로로 다다를 때 만날 수 있다.

이스라엘의 예언자들이 자신들의 신비 체험을 신 체험으로 규정하기 시작한 이래 유일신론자들은 자신들을 위한 신을 창조해 왔다. 신은 현실에서 만날 수 있는 존재처럼 자명한 사실로 여겨진 적이 거의 없다. 오늘날 대다수 사람들은 이런 상상력을 발휘하려는 의지를 잃어버린 것 같다. 물론 이것이 재앙을 초래하지는 않는다. 종교적 관념은 타당한 가치를 제시하지 못하면 슬며시 사라지곤 했다. 오늘날의 신 개념이 더 유효하지 않다면 그것은 버려질 것이다. 그러나 과거에 사람들은 항상 영성의 초점 역할을 하는 상징을 창조해 왔다. 인간은 삶의 경이와 표현할 수 없는 의미에 대한 감각을 키우기 위해 항상 자신을 위한 믿음을 창조해 왔다. 오늘날 사회에 팽배한 목적 상실, 소외, 아노미와 폭력은 현대인들이 이 시대에 걸맞은 신 개념을 창조하지 못하고 절망에 빠져들고 있음을 보여주는 것 같다.

미국인의 99퍼센트가 신을 믿는다고 주장하지만 근본주의와 묵시론, '순간적인' 은사 운동 형태의 종교가 널리 퍼져 있어 안심할 수 없다. 건강하지 못한 미국 사회의 징후는 증가하는 범죄율, 마약 중독, 사형 제도의 부활을 통해 드러난다. 유럽에서도 한때 인간 의식에 존재했던 신의 빈자리가 커지고 있다. 신이 사라진 삶의 황량함을 토머스 하디(Thomas Hardy)는 영웅적 무신론을 주장한 니체와는 다른 형태로 표현했다. 20세기를 눈앞에 둔 1900년 12월 30일에 쓴 〈어둠 속의 개똥지빠귀〉라는 시에서 하디는 믿음이 더는 삶에 의미를 제시하지 못하는 영혼의 죽음을 표현했다.

내가 잡목숲으로 통하는 문에 기대어 섰을 때
서리는 유령처럼 잿빛이고
겨울의 찌꺼기들은 황량하고
약해지는 낮의 눈.
얽히고설킨 담쟁이넝쿨은 하늘을 가리고
부서진 현악기의 줄처럼
가까운 곳에 유령이 된 모든 인류는
집안의 불을 찾아갔다.

대지의 날카로운 형상은
세기의 시체처럼 보였다
구름 낀 하늘은 그의 묘지이고
바람은 그의 죽음을 애도했다.
생명의 싹과 탄생의 옛 맥박은
쇠미해져 메말랐고
지상의 모든 영혼은
나처럼 열정을 잃은 듯했다.

갑자기 한 목소리가 들려왔다
머리 위 앙상한 나뭇가지 사이에서
가슴 깊은 곳에서 울려 나오는
끝없는 기쁨의 기도 소리가.
한 마리 늙은 지빠귀, 약하고 여위고 작은,
세찬 바람에 휩쓸린 깃털로

짙어 가는 어둠에
그의 영혼을 그렇게 던지기로 하였다.

기쁨의 노래를 부를 이유가 없다
그런 황홀한 소리로 부를 이유를
멀거나 가까운
지상의 것들에서는 찾기 힘드니.
난 생각할 수 있었다
밤 작별 인사의 행복한 노래 속에
축복받은 희망이 울려 퍼지고 있다고
그는 알고 나는 모르는 어떤 희망이.

  인간은 공허함과 황량함을 견딜 수 없기에 새로운 의미를 만들어
그 공백을 채울 것이다. 근본주의의 우상은 신을 대신할 수 없다. 미래
를 위한 활기찬 새 신앙을 창조하려면 신의 역사에서 교훈과 경고를
찾아내야 할 것이다.

유대교와 기독교 성서의 인용문은 《예루살렘 성서(The Jerusalem Bible)》에서 가져왔다.
쿠란의 인용문은 무함마드 아사드가 번역하고 설명한 《쿠란의 메시지(The Message of the
Qur'an)》(Gibraltar, 1980)에서 가져왔다.

1장 신의 기원

1) Mircea Eliade, *The Myth of the Eternal Return: or, Cosmos and History* (trans. Willard R. Trask) (Princeton, 1954).

2) 'The Babylonian Creation' in N. K. Sandars (trans.), *Poems of Heaven and Hell from Ancient Mesopotamia* (London, 1971), p.73.

3) Ibid. p.99.

4) Pindar, Nemean VI, 1-4, *The Odes of Pindar* (trans. C. M. Bowra) (Harmondsworth, 1969), p.206.

5) Anat-Baal Texts 49:11:5, in E. O. James, *The Ancient Gods* (London, 1960), p.88.

6) Genesis 2:5-7.

7) Genesis 4:26; Exodus 6:3.

8) Genesis 31:42; 49:24.

9) Genesis 17:1.

10) *Iliad* XXIV, 393 (trans. E. V. Rieu) (Harmondsworth, 1950), p.446.

11) Acts of the Apostles 14:11-18.

12) Genesis 28:15.

13) Genesis 26:16-17. E에 의해 이 설명에 J의 요소가 덧붙었는데, 이로 인해 '야훼'라는 이름이 되었다.

14) Genesis 32:30-31.

15) George E. Mendenhall, 'The Hebrew Conquest of Palestine', *The Biblical Archaeologist* 25, 1962; M. Weippert, *The Settlement of the Israelite Tribes in Palestine* (London, 1971).

16) Deuteronomy 26:5-8.

17) L. E. Bihu, 'Midianite Elements in Hebrew Religion', *Jewish Theological Studies*, 31; Salo Wittmeyer Baron, *A Social and Religious History of the Jews*, 10 vols, 2nd edn. (New York, 1952-1967), I. p.46.

18) Exodus 3:5 - 6.

19) Exodus 3:14.

20) Exodus 19:16 - 18.

21) Exodus 20:2.

22) Joshua 24:14 - 15.

23) Joshua 24:24.

24) James, *The Ancient Gods*, p.152; Psalms 29, 89, 93. 그러나 이 시편들의 연대는 유수 이후로 보인다.

25) I Kings 18:20 - 40.

26) I Kings 19:11 - 13.

27) *Rig-Veda* 10:29 in R. H. Zaener (trans. and ed.), *Hindu Scriptures* (London and New York, 1966), p.12.

28) *Chandogya Upanishad* VI.13, in Juan Mascaró (trans. and ed.), *The Upanishads* (Harmondsworth, 1965), p.111.

29) Kena Upanishad I, in Mascaró (trans. and ed.), *The Upanishads*, p.51.

30) Ibid. 3, p.52.

31) Samyutta-Nikaya, Part II: Nidana Vagga (trans. and ed. Leon Feer) (London, 1888), p.106.

32) Edward Conze, *Buddhism: its Essence and Development* (Oxford, 1959), p.40.

33) Udana 8.13, in Paul Steintha, *Udanan* (London 1885), p.81.

34) *The Symposium* (trans. W. Hamilton) (Harmondsworth, 1951), pp.93 - 94.

35) *Philosophy*, Fragment 15.

36) *Poetics* 1461 b, 3.

2장 유일신의 탄생

1) Isaiah 6:3.

2) Rudolf Otto, *The Idea of the Holy: An Inquiry into the Non-Rational Factor in the Idea of the Divine and its Relation to the Rational* (trans. John W. Harvey) (Oxford, 1923), pp.29 - 30.

3) Isaiah 6:5.

4) Exodus 4:11.

5) Psalms 29, 89, 93. 다곤은 팔레스타인의 신이었다.

6) Isaiah 6:10.

7) Matthew 13:14 - 15.

8) Chaim Potok, *Wanderings, History of the Jews* (New York, 1978), p.187에 인용된 설형문자판을 보라.

9) Isaiah 6:13.

10) Isaiah 6:12.

11) Isaiah 10:5-6.

12) Isaiah 1:3.

13) Isaiah 1:11-15.

14) Isaiah 1:15-17.

15) Amos 7:15-17.

16) Amos 3:8.

17) Amos 8:7.

18) Amos 5:18.

19) Amos 3:1-2.

20) Hosea 8:5.

21) Hosea 6:6.

22) Genesis 4:1.

23) Hosea 2:23-24.

24) Hosea 2:18-19.

25) Hosea 1:2.

26) Hosea 1:9.

27) Hosea 13:2.

28) Jeremiah 10; Psalms 31:6; 115:4-8; 135:15.

29) 이 구절의 해석은 다음을 참고했다. John Bowker, *The Religious Imagination and the Sense of God* (Oxford, 1978), p.73.

30) Genesis 14:20.

31) 2 Kings 32:3-10; 2 Chronicles 34:14.

32) Deuteronomy 6:4-6.

33) Deuteronomy 7:3.

34) Deuteronomy 7:5-6.

35) Deuteronomy 28:64-68.

36) 2 Chronicles 34:5-7.

37) Exodus 23:33.

38) Joshua 11:21-22.

39) Jeremiah 25:8, 9.

40) Jeremiah 13:15-17.

41) Jeremiah 1:6-10.

42) Jeremiah 23:9.

43) Jeremiah 20:7, 9.

44) 중국에서 도교와 유교는 단일한 영성의 두 측면, 즉 인간의 내적인 측면과 외적인 측면으로 여겨지기도 한다. 힌두교와 불교는 서로 관련이 있으며 둘 다 개혁된 이교로 볼 수 있

다.

45) Jeremiah 2:31, 32; 12:7 −11; 14:7 −9; 6:11.

46) Jeremiah 32:15.

47) Jeremiah 44:15 −19.

48) Jeremiah 31:33.

49) Ezekiel 1:4 −25.

50) Ezekiel 3:14 −15.

51) Ezekiel 8:12.

52) Psalm 137.

53) Isaiah 11:15, 16.

54) Isaiah 46:1.

55) Isaiah 45:21.

56) Isaiah 43:11, 12.

57) Isaiah 51:9–10

58) Isaiah 55:8, 9.

59) Isaiah 19:24, 25.

60) Exodus 33:20.

61) Exodus 33:18.

62) Exodus 34:29 −35.

63) Exodus 40:34, 35; Ezekiel 9:3.

64) 다음을 참고하라. Psalms 74, 104.

65) Exodus 25:8, 9.

66) Exodus 25:3 −5.

67) Exodus 39:32, 43; 40:33; 40:2, 17; 31:3, 13.

68) Deuteronomy 5:12 −17.

69) Deuteronomy 14:1 −21.

70) Proverbs 8:22, 23, 30, 31.

71) Ben Sirah 24:3 −6.

72) The Wisdom of Solomon 7:25 −26.

73) *De Specialibus Legibus*, 1:43.

74) *God is Immutable*, 62; *The Life of Moses*, 1:75.

75) *Abraham*, 121 −123.

76) *The Migration of Abraham*, 34 −35.

77) Shabbat 31a.

78) Aroth de Rabba Nathan, 6.

79) Louis Jacobs, *Faith* (London, 1968), p.7.

80) Leviticus Rabba 8:2; Sotah 9b.

81) Exodus Rabba 34:1; Hagigah 13b; Mekhilta on Exodus 15:3.

82) Baba Metzia 59b.

83) Mishna Psalm 25:6; Psalm 139:1; Tanhuma 3:80.

84) Job 11:7에 대한 주석을 보라; Mishna Psalm 25:6.

85) 랍비 요하난 나파카는 말했다. "신에 관한 찬양을 너무 많이 말하거나 떠드는 자는 이 세상에서 뿌리 뽑히리라."

86) Genesis Rabba 68:9.

87) B. Berakoth 10a; Leviticus Rabba 4:8; Yalkut on Psalm 90:1; Exodus Rabba.

88) B. Migillah 29a.

89) Song of Songs Rabba 2; Jerusalem Sukkah 4.

90) Numbers Rabba 11:2; Deuteronomy Rabba 7:2 based on Proverbs 8:34.

91) Mekhilta de Rabbi Simon on Exodus 19:6. 다음을 참고하라. Acts of the Apostles 4:32.

92) Songs of Songs Rabba 8:12.

93) Yalkut on Song of Songs 1:2.

94) Sifre on Deuteronomy 36.

95) A. Marmorstein, *The Old Rabbinic Doctrine of God: The Names and Attributes of God* (Oxford, 1927), pp.171−174.

96) Niddah 31b.

97) Yalkut on 2 Samuel 22; B. Yoma 22b; Yalkut on Esther 5:2.

98) Jacob E. Neusner, 'Varieties of Judaism in the Formative Age', in Arthur Green (ed.), *Jewish Spirituality*, 2 Vols (London 1986, 1988), I, pp.172−173.

99) Sifre on Leviticus 19:8.

100) Mekhilta on Exodus 20:13.

101) Piske Aboth 6:6; Horayot 13a.

102) Sanhedrin 4:5.

103) Baba Metziah 58b.

104) Arakin 15b.

3장 이방인을 위한 빛

1) Mark 1:18, 11.

2) Mark 1:15. 이 구절은 흔히 이렇게 번역된다. "때가 다 되어 하느님의 나라가 다가왔다." 그러나 그리스어의 의미는 더 강하다.

3) 다음을 참고하라. Geza Vermes, *Jesus the Jew* (London, 1973); Paul Johnson, *A History of the Jews* (London, 1987).

4) Matthew 5:17−19.

5) Matthew 7:12.

6) Matthew 23.

7) T. Sof. 13:2.

8) Matthew 17:2.

9) Matthew 17:5.

10) Matthew 17:20; Mark 11:22−23.

11) Astasahasrika 15:293 in Edward Conze, *Buddhism: its Essence and Development* (Oxford, 1959), p.125.

12) *Bhagavad-Gita, Krishna's Counsel in War* (New York, 1986), XI, 14, p.97.

13) Ibid XI:21, p.100.

14) Ibid XI:18, p.100.

15) Galatians 1:11:14.

16) 가령 다음을 참고하라. Romans 12:5; 1 Corinthians 4:15; 2 Corinthians 2:17, 5:17.

17) I Corinthians, 1:24.

18) 〈사도행전〉 17:28에서 바울이 인용한 구절로서 에피마니데스로부터 빌려온 듯하다.

19) I Corinthians 15:4.

20) Romans 6:4; Galatians 5:16−25; 2 Corinthians 5:17; Ephesians 2:15.

21) Colossians 1:24; Ephesians 3:1, 13; 9:3; I Corinthians 1:13.

22) Romans 1:12−18.

23) Philippians 2:6−11.

24) John 1:3.

25) I John 1:1.

26) Acts of the Apostles 2:2.

27) Ibid, 2:9, 10.

28) Joel 3:1−5.

29) Acts of the Apostles 2:22−36.

30) Ibid 7:48.

31) A. D. Nock, *Conversion: The Old and the New in Religion from Alexander the Great to Augustine of Hippo* (Oxford, 1933), p.207.

32) *Ad Baptizandos*, Homily 13:14, in Wilfred Cantwell Smith, *Faith and Belief* (Princeton, 1979), p.259.

33) Irenius, Heresies, I.1.1. 초기 '이단'의 저술 대부분은 거의 다 파괴돼서 그들을 반대한 정통주의자들의 논쟁 속에 단편적으로 남아 있을 뿐이다.

34) Hippolytus, *Heresies*, 7.21.4.

35) Irenaeus, *Heresies*, 1.5.3.

36) Hippolytus, *Heresies*, 8.15.1−2.

37) Luke 6:43.

38) Irenaeus, *Heresies*, 1.27.2.

39) Tertullian, *Against Marcion*, 1.6.1.

40) Origen, *Against Celsus*, 1.9.

41) *Exhortation to the Greeks* 59.2.

42) Ibid, 10.106.4.

43) *The Teacher* 2.3.381.

44) *Exhortation to the Greeks* 1.8.4.

45) *Heresies* 5.16.2.

46) Enneads 5.6.

47) Ibid, 5.3.11.

48) Ibid, 7.3.2.

49) Ibid, 5.2.1.

50) Ibid, 4.3.9.

51) Ibid, 4.3.9.

52) Ibid, 6.7.37.

53) Ibid, 6.9.9.

54) Ibid, 6.9.4.

55) Jaroslav Pelikan, *The Christian Tradition: A History of the Development of Doctrine*, 5 Vols, I. *The Emergence of the Catholic Tradition* (Chicago, 1971), p.103.

4장 기독교의 신

1) 출처는 니사의 그레고리우스 글이다.

2) 그의 동맹자인 에우세비우스에게 보낸 편지와 《항연》에서 볼 수 있다. Robert C. Gregg and Dennis E. Groh, *Early Arianism: A View of Salvation* (London, 1981), p.66.

3) Arius, *Epistle to Alexander*, 2.

4) Proverbs 8.22.

5) John I.3.

6) John I.2.

7) Philippians 2:6–11.

8) Arius, *Epistle to Alexander*, 6.2.

9) Athanasius, *Against the Heathen*, 41.

10) Anthanasius, *On the Incarnation*, 54.

11) 이것은 381년 콘스탄티노폴리스 공의회에서 실제로 작성된 '니케아 신조'로 알려진 것과 다르다.

12) Athanasius, *On the Synods of Ariminium and Seleucia*, 41.1.

13) Athanasius, *Life of Antony*, 67.

14) Basil, *On the Holy Spirit*, 28.66.

15) Ibid.

16) Gregory of Nyssa, *Against Eunomius*, 3.

17) Gregory of Nyssa, *Answer to Eunomius's Second Book*.

18) Gregory of Nyssa, *Life of Moses*, 2.164.

19) Basil, Epistle 234.1.

20) Gregory of Nazianzus, *Oration*, 31.8.

21) Gregory of Nyssa, *Not Three Gods*.

22) G. L. Prestige, *God in Patristic Thought* (London, 1952), p.300.

23) Gregory of Nyssa, *Not Three Gods*.

24) Gregory of Nazianzus, *Oration*, 40:41.

25) Gregory of Nazianzus, *Oration*, 29:6 – 10.

26) Basil, Epistle 38:4.

27) *On the Trinity* vii.4.7.

28) *Confessions* 1.1. (trans. Henry Chadwick) (Oxford, 1991), p.3.

29) Ibid. VIII vii (17), p.145.

30) Ibid. VIII xii (28), p.152.

31) Ibid. VIII xii (29), pp.152 – 153. St Paul, Romans 13:13 – 14의 구절.

32) Ibid. X xvii (26), p.194.

33) Ibid. V xxvii (38), p.201.

34) Ibid.

35) *On the Trinity* VIII.ii.3.

36) Ibid.

37) Ibid. X.x.14.

38) Ibid. X.xi.18.

39) Ibid.

40) Andrew Louth, *The Origins of the Christian Mystical Tradition* (Oxford, 1983), p.79.

41) Augustine, *On the Trinity* xiii.

42) Ibid.

43) *Enchyridion* 26.27.

44) *On Female Dress*, I, i.

45) Letter 243, 10.

46) *The Literal Meaning of Genesis*, IX, V, 9.

47) Letter XI.

48) Ibid.

49) *The Celestial Hierarchy*, I.

50) *The Divine Names*, II, 7.

51) Ibid. VII, 3.

52) Ibid. XIII, 3.

53) Ibid. VII, 3.

54) Ibid. I.

55) *Mystical Theology*, 3.

56) *The Divine Names*, IV, 3.

57) *Ambigua*, Migne, PG 91. 1088c.

5장 이슬람의 신

1) Muhammad ibn Ishaq, *Sira* 145, in A. Guillaume (trans.), *The Life of Muhammad* (London, 1955), p.160.

2) Koran 96:1. (무함마드 아사드는 자신의 번역에서 대괄호 안에 단어를 추가해 쿠란의 함축적 언어를 보완한다.)

3) Ibn Ishaq, *Sira* 153, in Guillaume (trans.), *The Life of Muhammad*, p.106.

4) Ibid.

5) Jalal ad-Din Suyuti, *al-itiqan fi'ulum al Qur'an* in Rodinson, *Mohammed* (trans. Anne Carter) (London, 1971), p.74.

6) Bukhari, Hadith 1.3, in Martin Lings, *Muhammad: His Life Based On the Earliest Sources* (London, 1983), pp.44-45.

7) 'Expostulation and Reply'.

8) Koran 75:17-19.

9) Koran 42:7.

10) Koran 88:21-22.

11) Koran 29:61-63.

12) Koran 96:6-8.

13) Koran 80:24-32.

14) Koran 92:18; 9:103; 63:9; 102:1.

15) Koran 24:1, 45.

16) Koran 2:158-159.

17) Koran 20:114-115.

18) Ibn Ishaq, *Sira* 227 in Guillaume (trans.), *The Life of Muhammad*, p.159.

19) Ibid. 228, p.158.

20) George Steiner, *Real Presences: Is there anything in what we say?* (London, 1989), pp.142-143.

21) Koran 53:19-26.

22) Karen Armstrong, *Muhammad: A Western Attempt to Understand Islam* (London, 1991), pp.108-117.

23) Koran 109.

24) Koran 112.

25) Seyyed Hossein Nasr, 'God', in *Islamic Spirituality: Foundation* (London, 1987),

p.321.

26) Koran 2:11.

27) Koran 55:26.

28) Koran 24:35.

29) Armstrong, *Muhammad*, pp.21-44; 86-88.

30) Koran 29:46.

31) Ibn Ishaq, *Sira* 362 in Guillaume (trans.), *A Life of Muhammad*, p.246.

32) 이는 보통 '책의 민족'으로 번역되는 '알 알키탑'을 무함마드 아사드가 새롭게 번역한 말이다.

33) Koran 2:135-136.

34) Ali Shariati, *Hajj* (trans. Laleh Bakhtiar) (Teheran, 1988), pp.54-56.

35) Koran 33:35.

36) Seyyed Hossein Nasr, 'The Significance of the Sunnah and Hadith', in *Islamic Spirituality*, pp.107-108.

37) I John 1.1.

38) W. Montgomery Watt, *Free Will and Predestination in Early Islam* (London, 1948), p.139.

39) Abu al-Hasan ibn Ismail al Ashari, *Malakat* 1.197, in A. J. Wensinck, *The Muslim Creed: Its Genesis and Historical Development* (Cambridge, 1932), pp.67-68.

6장 철학자의 신

1) R. Walzer (tans.), 'Islamic Philosophy', in S. H. Nasr, 'Theology, Philosophy and Spirituality' in *Islamic Spirituality: Manifestations* (London, 1991), p.411.

2) 둘 다 이란의 라이 출신이기 때문이다.

3) Azim Nanji, 'Ismailism', in S. H. Nasr, *Islamic Spirituality: Foundation* (London, 1987), pp.195-196.

4) Henri Corbin, *Spiritual Body and Celestial Earth: From Mazdean Iran to Shiite Iran* (trans. Nancy Pearson) (London, 1990), pp.51-72 참조.

5) Ibid. p.51.

6) Rasai'l I, 76, in Majid Fakhry, *A History of Islamic Philosophy* (New York and London, 1970), p.193.

7) Rasai'l IV, 42, in ibid., p.187.

8) *Metaphysics XII*, 1074b, 32.

9) *Al-Mundiqh al-Dalal*, trans. in W. Montgomery Watt, *The Faith and Practice of Al Ghazzali* (London, 1953), p.20.

10) John Bowker, *The Religious Imagination and the Sense of God* (Oxford, 1978), p.202.

11) 알-가잘리의 글을 읽은 서방 학자들은 그가 파일라수프'였다'고 추정하기도 했다.

12) *Mundiqh*, in Watt, *The Faith and Practice of Al Ghazzali*, p.59.

13) Bowker, *The Religious Imagination and the Sense of God*, pp.222–226.

14) Koran 24:35.

15) *Mishkat al-Anwar*, in Fakhry, *A History of Islamic Philosophy*, p.278.

16) *Kuzari*, Book II, in J. Abelson, *The Immanence of God in Rabbinic Literature* (London, 1912), p.257.

17) Koran 3:7.

18) Fakhry, *A History of Islamic Philosophy*, pp.313–314에 열거되어 있다.

19) Julius Guttman, *Philosophies of Judaism, the History of Jewish Philosophy from Biblical Times to Franz Rosenzweig* (trans. David W. Silverman) (London and New York, 1964), p.179에 열거되어 있다.

20) Abelson, *The Immanence of God in Rabbinic Literature*, p.245.

21) 초기 십자군의 태도에 관해서는 다음을 보라. Karen Armstrong, *Holy War: The Crusades and their Impact on Today's World* (New York, 1991, London, 1992), pp.49–75.

22) *Exposition of the Celestial Hierarchy*, 2.1.

23) *Periphsean*, Migne, PL, 426C–D.

24) Ibid. 4287 B.

25) Ibid. 680 D–681–A.

26) Ibid.

27) Vladimir Lossky, *The Mystical Theology of the Eastern Church* (London, 1957), pp.57–65.

28) *Monologion* 1.

29) *Proslogion* 1.

30) *Proslogion* 2. Isaiah 7:9에 관한 주 참조.

31) John Macquarrie, *In Search of Deity: An Essay in Dialectical Theism* (London, 1984), pp.201–202.

32) Epistle 191.1.

33) Henry Adams, *Mont Saint-Michel and Chartres* (London, 1986), p.296.

34) Armstrong, *Holy War*, pp.199–234.

35) Thomas Aquinas, *De Potentia*, q.7, a.5. ad.14.

36) *Summa Theologiae* ia, 13, 11.

37) *The Journey of the Mind to God*, 6.2.

38) Ibid. 3.1.

39) Ibid. 1.7.

7장 신비주의자의 신

1) John Macquarrie, *Thinking About God* (London, 1957), p.34.

2) Hagigah 14b, 다음이 인용되어 있다. Psalms 101:7; 116:15; 25:16.

3) Louis Jacobs (ed.), *The Jewish Mystics* (Jerusalem, 1976; London, 1990), p.23.

4) 2 Corinthians 12:2-4.

5) The Song of Songs, 5:10-15.

6) T. Carmi (ed. and trans.), *The Penguin Book of Hebrew Verse* (London, 1981), p.199.

7) Koran 53:13-17.

8) *Confessions* IX,24 (trans. Henry Chadwick) (Oxford, 1991), p.171.

9) Joseph Campbell (with Bill Moyers), *The Power of Myth* (New York, 1988), p.85.

10) Annemarie Schimmel, *And Muhammad is His Messenger: The Veneration of the Prophet in Islamic Piety* (Chapel Hill and London, 1985), pp.161-175.

11) *Confessions* IX,24, (trans. Chadwick), p.171.

12) *Confessions* IX,25, pp.171-172.

13) Ibid.

14) *Morals on Job* v.66.

15) Ibid xxiv.11.

16) *Homilies on Ezekiel* II, ii, 1.

17) *Commentary on the Song of Songs*, 6.

18) Epistle 234.1.

19) *On Prayer*, 67.

20) Ibid. 71.

21) *Ambigua*, PG.91.1088c

22) Peter Brown with Sabine MacCormack, 'Artifices of Eternity', in Brown, *Society and the Holy in Late Antiquity* (London, 1992), p.212.

23) Nicephoras, *Greater Apology for the Holy Images*, 70.

24) *Theological Orations* I.

25) *Ethical Orations* 1,3.

26) *Orations* 26.

27) *Ethical Orations* 5.

28) *Hymns of Divine Love* 28,114-115, 160-162.

29) *Encyclopaedia of Islam* (1st edn. Leiden 1913), 표제어 'Tasawwuf'에서.

30) Trans. R. A. Nicholson, in A. J. Arberry, *Sufism: An Account of the Mystics of Islam* (London, 1950), p.43.

31) R. A. Nicholson, *The Mystics of Islam* (London, 1963 edn.), p.115.

32) *Narrative*, in Marshall G. S. Hodgson, *The Venture of Islam: Conscience and History in a World Civilization*, 3 Vols, (Chicago, 1974), I, p.404.

33) Arberry, *Sufism*, p.59.

34) Nicholson, *The Mystics of Islam*, p.151.

35) Arberry, *Sufism*, p.60.

36) Koran 2:32.

37) *Hiqmat al-Ishraq*, in Henri Corbin, *Spiritual Body and Celestial Earth: From Mazdean Iran to Shiite Iran* (trans. Nancy Pearson) (London, 1990), pp.168–169.

38) Mircea Eliade, *Shamamism*, p.9 508.

39) J. P. Sartre, *The Psychology of the Imagination* (London, 1972), passim.

40) *Futuhat al Makkiyah* II, 326, in Henri Corbin, *Creative Imagination in the Sufism of Ibn Arabi* (trans. Ralph Manheim) (London, 1970), p.330.

41) *The Diwan, Interpretation of Ardent Desires*, in ibid. p.138.

42) *La Vita Nuova* (trans. Barbara Reynolds) (Harmondsworth, 1969), pp.29–30.

43) *Purgatory* xvii, 13–18 (trans. Barbara Reynolds) (Harmondsworth, 1969), p.196.

44) William Chittick, 'Ibn al-Arabi and His School' in Sayyed Hossein Nasr (ed.), *Islamic Spirituality: Manifestations* (New York and London, 1991), p.61.

45) Koran 18:69.

46) Henri Corbin, *Creative Imagination in Ibn al-Arabi*, p.111.

47) Chittick, 'Ibn Arabi and His School' in Nasr (ed.), *Islamic Spirituality*, p.58.

48) Majid Fakhry, A History of Islamic Philosophy (New York and London, 1970), p.282.

49) R. A. Nicholson, *The Mystics of Islam*, p.105.

50) R. A. Nicholson (ed.), *Eastern Poetry and Prose* (Cambridge, 1922), p.148.

51) *Masnawi*, I, i, in Hodgson, *The Venture of Islam*, II, p.250.

52) *This Longing: Teaching Stories and Selected Letters of Rumi* (trans. and ed. Coleman Banks and John Moyne) (Putney, 1988), p.20.

53) 'Song of Unity' in Gershom Scholem, *Major Trends in Jewish Mysticism*, 2nd edn. (London, 1955), p.108.

54) Ibid. p.11.

55) Gershom Scholem (ed. and trans.), *The Zohar*, The Book of Splendour (New York, 1949), p.27.

56) Ibid.

57) Scholem, *Major Trends in Jewish Mysticism*, p.136.

58) Ibid. p.142.

59) J. C. Clark, *Meister Eckhart: An Introduction to the Study of his Works with an Anthology of his Sermons* (London, 1957), p.28.

60) Simon Tugwell, 'Dominican Spirituality' in Louis Dupre and Don E. Saliers (eds.), *Christian Spirituality* III (New York and London, 1989), p.28.

61) Clark, *Meister Eckhart*, p.40.

62) Sermon, 'Qui Audit Me Non Confundetur', in R. B. Blakeney (trans.), *Meister Eckhart, A New Translation* (New York, 1957), p.204.

63) Ibid. p.288.

64) 'On Detachment' in Edmund Coledge and Bernard McGinn (eds. and trans.) *Meister Eckhart: the Essential Sermons, Commentaries, Treatises and Defence* (London, 1981), p.87.

65) *Theophanes*, PG. 932D. (My italics.)

66) Homily, 16.

67) Triads 1.3.47.

8장 종교개혁가의 신

1) *Majma'at al-Rasail*, in Majid Fakhry, *A History of Islamic Philosophy* (New York and London, 1970), p.351.

2) Marshall G. S. Hodgson, *The Venture of Islam: Conscience and History in a World Civilization*, 3 Vols (Chicago, 1974), II, pp.334–360.

3) *Kitab al hikmat al-arshiya*, in Henri Corbin, *Spiritual Body and Celestial Earth: From Mazdean Iran to Shiite Iran* (trans. Nancy Pearson) (London, 1990), p.166.

4) M. S. Raschid, *Iqbal's Concept of God* (London, 1981), pp.103–104.

5) Gershom Scholem, *Major Trends in Jewish Mysticism*, 2nd edn. (London, 1955), p.253.

6) Ibid. p.271; 루리아의 카발라는 다음도 참고하라. Scholem, *The Messianic Idea in Judaism and Other Essays in Jewish Spirituality* (New York, 1971), pp.43–48; R. J. Zwi Weblosky, 'The Safed Revival and its Aftermath' in Arthur Green (ed.), *Jewish Spirituality*, 2 Vols. (London, 1986, 1988), II; Jacob Katz, 'Halakah and Kabbalah as Competing Disciplines of Study' in ibid.; Laurence Fine, 'The Contemplative Practice of Yehudim in Lurianic Kabbalah' in ibid; Louis Jacobs 'The Uplifting of the Sparks in later Jewish Mysticism' in ibid.

7) *The Mountain of Contemplation*, 4.

8) Thomas à Kempis, *The Imitation of Christ* (trans. Leo Sherley Poole) (Harmondsworth, 1953), I, i, p.27.

9) Richard Kieckhafer, 'Major Currents in Late Medieval Devotion' in Jill Raitt (ed.), *Christian Spirituality: High Middle Ages and Reformation* (New York and London, 1989), p.87.

10) Julian of Norwich, *Revelations of Divine Love* (trans. Clifton Wolters) (London, 1981), 15, pp.87–88.

11) *Enconium Sancti Tomae Aquinatis* in William J. Bouwsme, 'The Spirituality of Renaissance Humanism' in Raitt, *Christian Spirituality*, p.244.

12) Letter to his brother Gherado, December 2, 1348 in David Thompson (ed.), *Petrarch, a Humanist among Princes: An Anthology of Petrarch's Letters and Translations from His Works* (New York, 1971), p.90.

13) Charles Trinkaus, *The Poet as Philosopher: Petrarch and the Formation of Renaissance Consciousness* (New Haven, 1979), p.87.

14) *Of Learned Ignorance*, I.22.

15) *On Possibility and Being in God*, 17.5.

16) Norman Cohn, *Europe's Inner Demons* (London, 1976).

17) Alister E. McGrath, *Reformation Thought, An Introduction* (Oxford and New York, 1988), p.73.

18) *Commentary on Psalm* 90.3.

19) *Commentary on Galatians* 3.19.

20) McGrath, *Reformation Thought*, p.74.

21) I Corinthians 1.25.

22) *Heidelberg Disputation*, 21.

23) Ibid. 19–20.

24) Ibid.

25) Jaroslav Pelikan, *The Christian Tradition: A History of the Development of Dogma*, 5 Vols, IV, *Reformation of Church and Dogma* (Chicago and London, 1984), p.156.

26) *Commentary on Galatians* 2.16.

27) *Ethical Orations* 5.

28) *Small Catechism* 2.4. in Pelikan, *Reformation of Church*, p.161.

29) Alastair E. McGrath, *A Life of John Calvin: A Study in the Shaping of Western Culture* (Oxford, 1990) p.7.

30) McGrath, ibid. p.251.

31) *Institutes of the Christian Religion*, I, xiii, 2.

32) Pelikan, *Reformation of Church*, p.327.

33) Zinzendorf in ibid. p.326.

34) McGrath, *Reformation Thought*, p.87.

35) McGrath, *A Life of Calvin*, p.90.

36) William James, *The Varieties of Religious Experience* (ed. Martine E. Marty) (New York and Harmondsworth, 1982), pp.127–185.

37) John Bossy, *Christianity in the West 1400–1700* (Oxford and New York, 1985), p.96.

38) McGrath, *A Life of Calvin*, pp.209–245.

39) R. C. Lovelace, 'Puritan Spirituality: the Search for a Rightly Reformed Church' in Louis Dupre and Don E. Saliers (eds.), *Christian Spirituality: Post Reformation and Modern* (New York and London, 1989), p.313.

40) The Spiritual Exercises 230.

41) Hugo Rahner SJ, *Ignatius the Theologian* (trans. Michael Barry) (London, 1968), p.23.

42) Pelikan, *The Christian Doctrine and Modern Culture* (since 1700) (Chicago and London, 1989), p.39.

43) Lucien Febvre, *The Problem of Unbelief in the Sixteenth Century, the Religion of Rabelais* (trans. Beatrice Gottlieb) (Cambridge Mass., and London, 1982), p.351.

44) Ibid. pp.355-356.

45) J. C. Davis, *Fear, Myth and History: the Ranters and the Historians* (Cambridge, 1986), p.114.

46) McGrath, *A Life of John Calvin*, p.131.

47) Robert S. Westman, 'The Copernicans and the Churches' in David C. Lindberg and Ronald E. Numbers (eds.), *God and Nature: Historical Essays in the Encounter Between Christianity and Science* (Berkeley, Los Angeles and London, 1986), p.87

48) Psalm 93:1; Ecclesiastes 1:5; Psalm 104:19.

49) William R. Shea, 'Galileo and the Church' in Lindberg and Numbers (eds.), *God and Nature*, p.125.

9장 계몽주의의 신

1) Blaise Pascal, *Pensées* (trans. and ed. A.J. Krailsheimer) (London, 1966), p.309.

2) *Pensées*, 919.

3) Ibid. 198.

4) Ibid. 418.

5) Ibid. 919.

6) Ibid. 418.

7) Romans 1.19-20.

8) René Descartes, *A Discourse on Method etc* (trans. J. Veitch) (London, 1912), 2,6.19.

9) René Descartes, *Discourse on Method, Optics, Geometry and Meteorology* (trans. Paul J. Olscamp) (Indianapolis, 1965), p.263.

10) Ibid. p.361.

11) A. R. Hall and L. Tilling (eds.), *The Correspondence of Isaac Newton*, 3 Vols (Cambridge, 1959-77), December 10, 1692, III, pp.234-235.

12) January 17, 1693 in ibid. p.240.

13) Isaac Newton, *Philosophiae Naturalis Principia Mathematica* (trans. Andrew Motte, ed. Florian Cajavi) (Berkeley, 1934), pp.344-346.

14) 'Corruptions of Scripture' in Richard S. Westfall, 'The Rise of Science and Decline of Orthodox Christianity. A Study of Kepler, Descartes and Newton' in David C. Lindberg and Ronald L. Numbers (eds.), *God and Nature; Historical Essays on the*

Encounter between Christianity and Science (Berkeley, Los Angeles and London, 1986), p.231.

15) Ibid. pp.231−232.

16) Jaroslav Pelikan, *The Christian Tradition: A History of the Development of Doctrine*, 5 Vols, V: Christian Doctrine and Modern Culture (since 1700) (Chicago and London, 1989), p.66.

17) Ibid. p.105.

18) Ibid. p.101.

19) Ibid. p.103.

20) *Paradise Lost*, Book III, Lines 113−119, 124−128.

21) François-Marie de Voltaire, *Philosophical Dictionary* (trans. Theodore Besterman) (London, 1972), p.357.

22) Ibid. p.57.

23) Paul Johnson, *A History of the Jews* (London, 1987), p.290.

24) Baruch Spinoza, *A Theologico-Political Treatise* (trans. R. H. M. Elwes) (New York, 1951), p.6.

25) Pelikan, *Christian Doctrine and Modern Culture*, p.60.

26) Ibid. p.110.

27) Sherwood Eliot Wirt (ed.), *Spiritual Awakening: Classic Writings of the eighteenth century devotions to inspire and help the twentieth century reader* (Tring, 1988), p.9.

28) Albert C. Outler (ed.), *John Wesley: Writings*, 2 Vols (Oxford and New York, 1964), pp.194−196.

29) Pelikan, *Christian Doctrine and Modern Culture*, p.125.

30) Ibid. p.126.

31) George Tickell SJ, *The Life of Blessed Margaret Mary* (London, 1890), p.258.

32) Ibid. p.221.

33) Samuel Shaw, *Communion with God*, in Albert C. Outler, 'Pietism and Enlightenment: Alternatives to Tradition', in Louis Dupre and Don E. Saliers (eds.), *Christian Spirituality: Post Reformation and Modern* (New York and London, 1989), p.245.

34) Ibid. p.248.

35) Norman Cohn, *The Pursuit of the Millennium: Revolutionary Millenarians and Mystical Anarchists of the Middle Ages* (London, 1970 edn.), p.172.

36) Ibid. p.173.

37) Ibid. p.174.

38) Ibid. p.290.

39) Ibid. p.303.

40) Ibid. p.304.

41) Ibid. p.305.

42) Wirt (ed.) *Spiritual Awakening*, p.110.

43) ibid. p.113.

44) Alan Heimart, *Religion and the American Mind. From the Great Awakening to the Revolution* (Cambridge, Mass., 1968), p.43.

45) 'An Essay on the Trinity' in ibid. pp.62–63.

46) ibid. p.101.

47) 찰스 촌시와 새뮤얼 퀸시의 주장은 다음을 보라. Ibid. p.167.

48) Gershom Scholem, *Sabbati Sevi* (Princeton, 1973).

49) Gershom Scholem, 'Redemption Through Sin', in *The Messianic Idea in Judaism and Other Essays on Jewish Spirituality* (New York, 1971), p.124.

50) Ibid. p.130.

51) Ibid.

52) Ibid.

53) Ibid. p.136.

54) Scholem, 'Neutralisation of Messianism in Early Hasidism' in ibid. p.190.

55) Scholem, 'Devekut or Communion with God' in ibid. p.207.

56) Louis Jacobs, 'The Uplifting of the Sparks', in Arthur Green (ed.), *Jewish Spirituality*, 2 Vols (London, 1986, 1988), II, pp.118–121.

57) Ibid. p.125.

58) Scholem, 'Devekuth' in *The Messianic Idea in Judaism*, pp.226–227.

59) Arthur Green, 'Typologies of leadership and the Hasidic Zaddick' in *Jewish Spirituality* II, p.132.

60) *Sifra De-Zeniuta* (trans. R. J. Za. Werblowsky) in Louis Jacobs (ed.), *The Jewish Mystics* (Jerusalem, 1976 and London, 1990), p.171.

61) Ibid. p.174.

62) Arnold H. Toynbee, *A Study of History*, 12 Vols (Oxford 1934–61), X, p.128.

63) Albert Einstein, 'Strange is Our Situation Here on Earth' in Jaroslav Pelikan (ed.), *Modern Religious Thought* (Boston, 1990), p.204.

64) Rachel Elin, 'HaBaD: the Contemplative Ascent to God', in Green (ed.), *Jewish Spirituality* II, p.161.

65) Ibid. p.196.

66) Michael J. Buckley, *At the Origins of Modern Atheism* (New Haven and London, 1987), p.225.

67) 'A Letter to the Blind for Those Who See' in Margaret Jourdain (trans. and ed.), *Diderot's Early Philosophical Works* (Chicago, 1966), pp.113–114.

68) Paul Heinrich Dietrich, Baron d'Holbach, *The System of Nature: or Laws of the Moral and Physical World* (trans. H. D. Robinson), 2 Vols (New York, 1835), I, p.22.

69) Ibid. II, p.227.

70) Ibid. I, p.174.

71) Ibid. II, p.232.

10장 신의 죽음

1) M. H. Abrams, *Natural Supernaturalism: Tradition and Revolution in Romantic Literature* (New York, 1971), p.66.

2) November 22, 1817, in *The Letters of John Keats* (ed. H. E. Rollins), 2 Vols (Cambridge, Mass., 1958), pp.184–185.

3) To George and Thomas Keats, December 21 (27?), 1817 in ibid. p.191.

4) *The Prelude* II, 256–264.

5) 'Lines Composed a Few Miles Above Tintern Abbey', 37–49.

6) 'Expostulation and Reply'; 'The Tables Turned'.

7) 'Tintern Abbey', 94–102.

8) 'Ode To Duty'; *The Prelude* XII, 316.

9) 'Introduction' to *The Songs of Experience*, 6–10.

10) *Jerusalem* 33:1–24.

11) Ibid. 96:23–38.

12) F. D. E. Schleiermacher, *The Christian Faith* (trans. H. R. Mackintosh and J. S. Steward) (Edinburgh, 1928).

13) Ibid. p.12.

14) Albert Ritschl, *Theology and Metaphysics* (2nd edn.) (Bonn, 1929), p.29.

15) John Macquarrie, *Thinking About God* (London, 1978), p.162.

16) 'Contribution to the Critique of Hegel's "Philosophy of the Right"' in Jaroslav Pelikan (ed.), *Modern Religious Thought* (Boston, 1990), p.80.

17) Friedrich Nietzsche, *The Gay Science* (New York, 1974), No. 125.

18) Friedrich Nietzsche, *The Antichrist in The Twilight of the Gods and The Antichrist* (trans. R. J. Hollingdale) (London, 1968), p.163.

19) Sigmund Freud, *The Future of an Illusion* (standard edition), p.56.

20) Friedrich Neitzsche, *Thus Spake Zarathustra, A Book for Every One and No One* (trans. R. J. Hollingdale, London, 1961), p.217.

21) Alfred, Lord Tennyson, *In Memoriam* liv, 18–20.

22) William Hamilton in 'The New Optimism – From Prufrock to Ringo' in Thomas J. J. Altizer and William Hamilton (eds.), *Radical Theology and the Death of God* (New York and London, 1966).

23) Michael Gilsenan, *Recognizing Islam: Religion and Society in the Modern Middle East* (London and New York, 1985 edn.), p.38.

24) Evelyn Baring, Lord Cromer, *Modern Egypt*, 2 Vols (New York, 1908), II, p.146.

25) Roy Mottahedeh, *The Mantle of the Prophet: Religion and Politics in Iran* (London, 1985), pp.183–184.

26) *Risalat al-Tawhid*, in Majid Fakhry, *A History of Islamic Philosophy* (New York and London, 1971), p.378.

27) Wilfred Cantwell Smith, *Islam in Modern History* (Princeton and London, 1957), p.95.

28) Ibid. p.146. 또한 〈알-아즈하르〉에 대한 분석은 pp.123–160.

29) Eliezer Schweid, *The Land of Israel: National Home or Land of Destiny* (trans. Deborah Greniman) (New York, 1985), p.158.

30) Ibid. p.143.

31) 'Avodah', 1–8, trans. by T. Carmi (ed. and trans.), *The Penguin Book of Hebrew Verse* (London, 1981), p.534.

32) 'The Service of God', Ben Zion Bokser (ed. and trans.), *The Essential Writings of Abraham Isaac Kook* (Warwick, N.Y., 1988), p.50.

33) Elie Weisel, *Night* (trans. Stella Rodway) (Harmondsworth, 1981), p.45.

34) Ibid. pp.76–77.

11장 신의 미래

1) Peter Berger, *A Rumour of Angels* (London, 1970), p.58.

2) A. J. Ayer, *Language, Truth and Logic* (Harmondsworth, 1974), p.152.

3) Wilfred Cantwell Smith, *Belief and History* (Charlottesville, 1985), p.10.

4) Thomas J. J. Altizer, *The Gospel of Christian Atheism* (London, 1966), p.136.

5) Paul Van Buren, *The Secular Meaning of the Gospel* (London, 1963), p.138.

6) Richard L. Rubenstein, *After Auschwitz, Radical Theology and Contemporary Judaism* (Indianapolis, 1966), passim.

7) Paul Tillich, *Theology and Culture* (New York and Oxford,) 1964, p.129.

8) Alfred North Whitehead, 'Suffering and Being', in *Adventures of Ideas* (Harmondsworth, 1942), pp.191–192.

9) *Process and Reality* (Cambridge, 1929), p.497.

10) Ali Shariati, *Hajj* (trans. Laleh Bakhtiar) (Teheran, 1988), p.46.

11) Ibid. p.48.

12) Martin Buber, 'Gottesfinsternis, Betrachtungen zur Beziehung zwischen Religion und Philosophie', in Hans Kung, *Does God Exist? An Answer for Today* (trans. Edward Quinn) (London, 1978), p.508.

13) Raphael Mergui and Philippa Simmonot, *Israel's Ayatollahs: Meir Kahane and the*

Far Right in Israel (London, 1987), p.43.

14) 물론 기독교에서도 개인의 책임이 중요하지만, 유대교와 이슬람교는 중개자로서 사제의 부재로 인해 이를 강조해 왔다. 이는 프로테스탄트 개혁가들에 의해 회복된 관점이기도 하다.

15) Philipp Frank, *Einstein: His Life and Times* (New York, 1947), pp.189 – 190.

일반

BAILLIE, John, *The Sense of the Presence of God* (London, 1962).

BERGER, Peter, *A Rumour of Angels* (London, 1970).

    (ed.) *The Other Side of God: A Polarity in World Religions* (New York, 1981).

BOWKER, John, *The Religious Imagination and the Sense of God* (Oxford, 1978).

    Problems of Suffering in Religions of the World (Cambridge, 1970).

CAMPBELL, Joseph, *The Hero with a Thousand Faces* (Princeton, 1949).

    (with Bill Moyers), *The Power of Myth* (New York, 1988).

CUPITT, Don, *Taking Leave of God* (London, 1980).

ELIADE, Mircea, *The Myth of the Eternal Return; or, Cosmos and History* (trans. Willard J. Trask, Princeton, 1954).

    The Sacred and the Profane (trans. Willard J. Trask, New York, 1959).

    The Quest: History and Meaning in Religion (trans. Willard J. Trask, Chicago, 1969).

JAMES, William, *The Varieties of Religious Experience* (New York and Harmondsworth, 1982).

KATZ, Steven T. (ed.), *Mysticism and Religious Traditions* (Oxford, 1983).

LOUTH, Andrew, *Discerning the Mystery: An Essay on the Nature of Theology* (Oxford, 1983).

MACQUARRIE, John, *Thinking about God* (London, 1975).

    In Search of Deity. An Essay in Dialectical Theism (London, 1984).

OTTO, Rudolf, *The Idea of the Holy: An Inquiry into the Non-Rational Factor in the Idea of the Divine and its Relation to the Rational* (trans. John W. Harvey, Oxford, 1923).

SMART, Ninian, *The Philosophy of Religion* (London, 1979).

    The Religious Experience of Mankind (New York, 1969; Glasgow, 1971).

SMITH, Wilfred Cantwell, *Belief and History* (Charlottesville, 1977).

    Faith and Belief (Princeton, 1979).

    Towards a World Theology (London, 1981).

WARD, Keith, *The Concept of God* (Oxford, 1974).

WOODS, Richard (ed.), *Understanding Mysticism* (London and New York, 1980).

ZAEHNER, R. H., *Mysticism − Sacred and Profane* (London, 1957).

성서

ALBRIGHT, W. F., *Yahweh and the Gods of Canaan* (London, 1968).

ALTER, Robert and KERMODE, Frank (eds), *The Literary Guide to the Bible* (London, 1987).

BARTLETT, John R., *The Bible, Faith and Evidence* (London, 1990).

CHILDS, Brerand S., *Myth and Reality in the Old Testament* (London, 1959).

DRIVER, G. R., *Canaanite Myths and Legends* (Edinburgh, 1956).

FISHBANE, Michael, *Text and Texture: Close Readings of Selected Biblical Texts* (New York, 1979).

FOHRER, G., *A History of Israelite Religion* (New York, 1972).

FOX, Robin Lane, *The Unauthorised Version: Truth and Fiction in the Bible* (London, 1991).

FRANKFORT, H., *The Intellectual Adventure of Ancient Man* (Chicago, 1946).

GASTER, T. H., *Thespis, Ritual, Myth and Drama in the Ancient Near East* (New York, 1950).

HESCHEL, Abraham, J., *The Prophets*, 2 Vols (New York, 1962).

HOOKE, S. H., *Middle Eastern Mythology, From the Assyrians to the Hebrews* (London, 1963).

JOSIPOVICI, Gabriel, *The Book of God: A Response to the Bible* (New Haven and London, 1988).

KAUFMANN, Yehezkel, *The Religion of Israel, From its Beginnings to the Babylonian Exile* (trans. and abridged by Moshe Greenberg, Chicago and London, 1961).

NICHOLSON E. W., *God and His People* (London, 1986).

PEDERSON J., *Israel: its Life and Culture* (trans. H. Milford, Copenhagen and London, 1926).

SMITH, Mark S., *The Early History of God: Yahweh and the Other Deities in Ancient Israel* (San Francisco, 1990).

신약 성서

BORNKAMM, Gunther. *Jesus of Nazareth* (London, 1960).

　　　Paul (London, 1971).

BOWKER, John, *Jesus and the Pharisees* (Cambridge, 1983).

BULTMANN, Rudolf, *Jesus Christ and Mythology* (London, 1960).

DAVIES, W. D., *Paul and Rabbinic Judaism* (London, 1948).

HICK, John, (ed.), *The Myth of God Incarnate* (London, 1977).

KASEMANN, Ernst, *Perspectives on Paul* (London, 1971).

MOULE, C. F. D., *The Origin of Christology* (Cambridge, 1977).

SANDERS, E. P., *Paul and Palestinian Judaism* (London, 1977).

    Jesus and Judaism (London, 1989).

THEISSEN, Gerd, *The First Followers of Jesus: A Sociological Analysis of the earliest Christianity* (trans. John Bowden, London, 1978).

VERMES, Geza, *Jesus the Jew* (London, 1973).

WILSON, R. Mc L., *Gnosis and the New Testament* (Oxford, 1968).

유대교 랍비

ABELSON, J., *The Immanence of God in Rabbinical Literature* (London, 1912).

BELKIN, Samuel, *In His Image: the Jewish Philosophy of Man as expressed in Rabbinic Tradition* (London, 1961).

FINKELSTEIN, L., *Akiba: Scholar, Saint and Martyr* (Cleveland, 1962).

KADDUSHIN, Max, *The Rabbinic Mind* (2nd edn, New York, 1962).

MARMORSTEIN, A., *The Old Rabbinic Doctrine of God, I: The Names and Attributes of God* (London, 1927).

    Studies in Jewish Theology (eds J. Rabinowits and M.S. Law, Oxford, 1950).

MONTEFIORE, C. G., and LOEWE, H. (eds) *A Rabbinic Anthology* (New York, 1974).

MOORE, George F., *Judaism in the First Centuries of the Christian Era*, 3 Vols (Oxford, 1927-1930).

NEUSNER, Jacob, *Life of Yohannan ben Zakkai* (Leiden, 1962).

SCHECHTER, Solomon, *Aspects of Rabbinic Theology* (New York, 1909).

초기 기독교

CHADWICK, Henry, *The Early Church* (London, 1967).

    Early Christian Thought and the Classical Tradition (Oxford, 1966).

GEFFCKEN, J., *The Last Days of Greco-Roman Paganism* (London, 1978).

GRANT, R. M., *Gnosticism and Early Christianity* (Oxford and New York, 1959).

FOX, Robin Lane, *Pagans and Christians in the Mediterranean world from the second century AD to the conversion of Constantine* (London, 1986).

FREND, W. H. C., *Martyrdom and Persecution in the Early Church: A Study of the Conflict from the Maccabees to Donatus* (Oxford, 1965).

KELLY, J. N. D., *Early Christian Creeds* (London, 1950).

    Early Christian Doctrines (London, 1958).

LIEBESCHUETZ, J. H. W. G., *Continuity and Change in Roman Religion* (Oxford, 1979).

LILLA, Salvatore, R. C., *Clement of Alexandria: A Study in Christian Platonism and Gnosticism* (Oxford, 1971).

NOCK, A. D., *Early Christianity and its Hellenistic Background* (Oxford, 1904).

Conversion: The Old and the New in Religion from Alexander the Great to Augustine of Hippo (Oxford, 1933).

PAGELS, Elaine, *The Gnostic Gospels* (London, 1970).

Adam, Eve and the Serpent (London, 1988).

PAYNE, Robert, *The Holy Fire: the Story of the Fathers of the Eastern Church* (New York, 1957).

기독교 교부와 삼위일체론

BROWN, Peter, *Augustine of Hippo: A Biography* (London, 1967).

Religion and Society in the Age of St Augustine (Chicago and London, 1972).

The Making of Late Antiquity (Cambridge, Mass and London, 1978).

Society and the Holy in Late Antiquity (London, 1982).

CHESNUT, R. C., *Three Monophysite Christologies* (Oxford, 1976).

DANIELOU, Jean, *The Origins of Latin Christianity* (Philadelphia, 1977).

GREGG, Robert C. and GROH, Dennis E., *Early Arianism – A View of Salvation* (London, 1981).

GRILLMEIER, Aloys, *Christ in Christian Tradition: From the Apostolic Age to Chalcedon* (New York, 1965).

LACUGNA, Catherine Mowry, *God For Us: The Trinity and Christian Life* (Chicago and San Francisco, 1973, 1991).

LOUTH, Andrew, *The Origins of the Christian Mystical Tradition. From Plato to Denys* (Oxford, 1981).

Denys the Areopagite (London, 1989).

MCGINN, Bernard and MEYENDORFF, John (eds.), *Christian Spirituality: Origins to the Twelfth Century* (London, 1985).

MEYENDORFF, John, *Byzantine Theology: Historical Trends and Doctrinal Themes* (New York and London, 1975).

Christ in Eastern Christian Thought (New York, 1975).

MURRAY, Robert, *Symbols of Church and Kingdom: A Study in Early Syriac Tradition* (Cambridge, 1975).

PANNIKKAR, Raimundo, *The Trinity and the Religious Experience of Man* (New York, 1973).

PELIKAN, Jaroslav, *The Christian Tradition: A History of the Development of Doctrine*, 5 Vols.

I: *The Emergence of the Catholic Tradition* (*100 – 600*) (Chicago and London, 1971).

II: *The Spirit of the Eastern Tradition* (*600 – 1700*) (Chicago and London, 1974).

III: *The Growth of Medieval Theology* (*600 – 1300*) (Chicago and London, 1978).

PRESTIGE, G. L., *God in Patristic Thought* (London, 1952).

WILLIAMS, Rowan, *Arius: Heresy and Tradition* (London, 1987).

'예언자' 무함마드와 이슬람교

ANDRAE, Tor, *Mohammed: the Man and his Faith* (trans. Theophil Menzel, London, 1936).

ARMSTRONG, Karen, *Muhammad: a Western Attempt to Understand Islam* (London, 1991 and San Francisco, 1992).

GIMARET, Daniel, *Les Noms Divins en Islam: Exégèse Lexicographique et Théologique* (Paris, 1988).

HODGSON, Marshall G. S., *The Venture of Islam: Conscience and History in a World Civilisation*, 3 Vols (Chicago and London, 1974).

JAFRI, H. M., *Origins and Early Development of Shia Islam* (London, 1981).

LINGS, Martin, *Muhammad: His Life Based on the earliest sources*, (London, 1983).

KHAN, Muhammad Zafrulla, *Islam: Its Meaning for Modern Man* (London, 1962).

NASR, Seyyed Hossein, *Ideals and Realities of Islam* (London, 1971).

Islamic Spirituality, 2 Vols.

I: *Foundation* (London and New York, 1987).

II: *Manifestations* (London and New York, 1991).

RAHMAN, Fazlur, *Islam* (Chicago, 1979).

RUTHVEN, Malise, *Islam and the World* (London, 1984).

RODINSON, Maxime, *Mohammad* (trans. Anne Carter, London, 1971).

VON GRUNEBAUM, G. E., *Classical Islam: A History* (*600 – 1258*) (trans. Katherine Watson, London, 1970).

WATT, W. Montgomery, *Muhammad at Mecca* (Oxford, 1953).

Muhammad at Medina (Oxford, 1956).

Islam and the Integration of Society (London, 1961).

Muhammad's Mecca: History and the Qur'an (Edinburgh, 1988).

WENSINCK, A. J., *The Muslim Creed: Its Genesis and Historical Development* (Cambridge, 1932).

중세 시대 이슬람 철학, 신학

AL-FARABI, *Philosophy of Plato and Aristotle* (trans. and introduced by Muhsin Mahdi,

Glencoe, Ill., 1962).

CORBIN, Henri, *Histoire de la philosophie islamique* (Paris, 1964).

FAKHRY, Majid, *A History of Islamic Philosophy* (New York and London, 1970).

GILSON, Etienne, *The Spirit of Medieval Philosophy* (London, 1936).

GUTTMANN, Julius, *Philosophies of Judaism: The History of Jewish Philosophy from Biblical Times to Franz Rosenzweig* (London and New York, 1964).

HUSIK, I., *A History of Medieval Jewish Philosophy* (Philadelphia, 1940).

LEAMAN, Oliver, *An Introduction to medieval Islamic philosophy* (Cambridge, 1985).

MCCARTHIE, Richard, *The Theology of al-Ashari* (Beirut, 1953).

MEYENDORFF, John, *Gregory Palamas and Orthodox Spirituality* (New York, 1974).

MOREWEDGE, P. (ed.), *Islamic Philosophical Theology* (New York, 1979).

(ed.) *Islamic Philosophy and Mysticism* (New York, 1981).

The Metaphysics of Avicenna (London, 1973).

NETTON, I. R., *Muslim Neoplatonists: An Introduction to the Thought of the Brethren of Purity* (Edinburgh, 1991).

PEGIS, Anton C., *At the Origins of the Thomistic Notion of Man* (New York, 1963).

PELIKAN, Jaroslav, *The Christian Tradition: A History of the Development of Doctrine*, 5 Vols.

II: *The Spirit of Eastern Christendom* (600–1700) (Chicago and London, 1974).

III: *The Growth of Medieval Theology* (600–1300) (Chicago and London, 1978).

ROSENTHAL., F., *Knowledge Triumphant: The Concept of Knowledge in Medieval Islam* (Leiden, 1970).

SHARIF, M. M., *A History of Muslim Philosophy* (Wiesbaden, 1963).

VON GRUNEBAUM, G. E., *Medieval Islam* (Chicago, 1946).

WATT, W. Montgomery, *The Formative Period of Islamic Thought* (Edinburgh, 1973).

Free Will and Predestination in Early Islam (London, 1948).

Muslim Intellectual: The Struggle and Achievement of Al-Ghazzali (Edinburgh, 1963).

신비주의

AFFIFI, A. E., *The Mystical Philosophy of Ibnu 'l-Arabi* (Cambridge, 1938).

ARBERRY, A. J., *Sufism: An Account of the Mystics of Islam* (London, 1950).

BAKHTIAR, L., *Sufi Expression of the Mystic Quest* (London, 1979).

BENSION, Ariel, *The Zohar in Muslim and Christian Spain* (London, 1932).

BLUMENTHAL, David, *Understanding Jewish Mysticism* (New York, 1978).

BUTLER, Dom Cuthbert, *Western Mysticism: The Teaching of Saints Augustine, Gregory and Bernard on Contemplation and the Contemplative Life: Neglected Chapters in the History of Religion* (2nd edn, London, 1927).

CHITTICK, William C., *The Sufi Path of Love: The Spiritual Teachings of Rumi* (Albany, 1983).

CORBIN, Henri. *Avicenna and the Visionary Recital* (trans. W. Trask, Princeton, 1960).
    Creative Imagination in the Sufism of Ibn Arabi (trans. W. Trask, London, 1970).
    Spiritual Body and Celestial Earth: From Mazdean Iran to Shiite Iran (trans. Nancy Pearson, London, 1990).

GREEN, Arthur, *Jewish Spirituality, Volume I* (London, 1986).

GRUENWOLD, Ithamar, *Apocalyptic and Merkavah Mysticism* (Leiden, 1980).

JACOBS, Louis (ed.), *The Jewish Mystics* (Jerusalem, 1976 and London, 1990).

LECLERCQ, J. (ed.), *Spirituality of the Middle Ages* (London, 1968).

LOSSKY, Vladimir, *The Mystical Theology of the Eastern Church* (London, 1957).

MARCUS, Ivan G., *Piety and Society: the Jewish Pietists of Medieval Germany* (Leiden, 1981).

MASSIGNON, Louis, *The Passion of al-Hallaj*, 4 Vols (trans. H. Mason, Princeton, 1982).

NASR, Seyyed Hossein (ed.), *Islamic Spirituality*, 2 Vols.
    I: *Foundations* (London, 1987).
    II: *Manifestations*, (London, 1991).

NICHOLSON, Reynold A., *The Mystics of Islam* (London, 1914).

SCHAYA, Leo, *The Universal Meaning of the Kabbalah* (London, 1971).

SCHIMMEL, A. M., *Mystical Dimensions of Islam* (Chapel Hill, 1975).
    The Triumphant Sun: A Study of Mawlana Rumi's Life and Work (London and the Hague, 1978).

SCHOLEM, Gershom G, *Major Trends in Jewish Mysticism*, 2nd edn (London, 1955).
    (ed.) *The Zohar: The Book of Splendour* (New York, 1949).
    On the Kabbalah and Its Symbolism (New York, 1965).
    Jewish Gnosticism, Merkabah Mysticism and Talmudic Tradition (New York, 1960).

SMITH, Margaret, *Rabia the Mystic and her Fellow Saints in Islam* (London, 1928).

TEMPLE, Richard, *Icons and the Mystical Origins of Christianity* (Shaftesbury, 1990).

VALIUDDIN, Mir, *Contemplative Disciplines in Sufism* (London, 1980).

종교개혁 시대

BOSSY, John, *Christianity in the West, 1400–1700* (Oxford and New York, 1985).

COLLINSON, P., *The Religion of Protestants* (London, 1982).

CREW, P. Mack, *Calvinist Preaching and Iconoclasm in the Netherlands* (Cambridge,

1978).

DELUMEAU, Jean, *Catholicism between Luther and Voltaire: a new view of the Counter-Reformation* (London and Philadelphia, 1977).

EVENNETT, H. O., *The Spirit of the Counter-Reformation* (Cambridge, 1968).

FEBVRE, Lucien, *The Problem of Unbelief in the Sixteenth Century* (trans. Beatrice Gottlieb, Cambridge, Mass, 1982).

GREEN, Arthur (ed.), *Jewish Spirituality, Volume I* (London, 1988).

MCGRATH, Alister E., *The Intellectual Origins of the European Reformation* (Oxford and New York, 1987).

    Reformation Thought: An Introduction (Oxford and New York, 1988).

    A Life of John Calvin: A Study in the Shaping of Western Culture (Oxford, 1990).

NUTTALL, G. F., *The Holy Spirit in Puritan Faith and Experience* (Oxford, 1946).

PELIKAN, Jaroslav, *The Christian Tradition: A History of the Development of Doctrine*, 5 Vols.

    IV: *Reformation of Church and Dogma* (Chicago and London, 1984).

POTTER, G., *Zwingli* (Cambridge, 1976).

RAITT, Jill (ed.), in collaboration with MCGINN, Bernard and MEYENDORFF, John, *Christian Spirituality: High Middle Ages and Reformation* (New York, 1988 and London, 1989).

TRINKAUS, Charles, *In Our Image and Likeness: Humanity and Divinity in Italian and Humanist Thought*, 2 Vols (London, 1970).

    with OBERMAN, H. (eds), *The Pursuit of Holiness in Late Medieval and Renaissance Religion* (Leiden, 1974).

WILLIAMS, G. H., *The Radical Reformation* (Philadelphia, 1962).

WRIGHT, A. D., *The Counter-Reformation: Catholic Europe and the Non-Christian World* (London, 1982).

계몽주의 시대

ALTMANN, Alexander, *Essays in Jewish Intellectual History* (Hanover, NY, 1981).

    Moses Mendelssohn: A Biographical Study (Alabama, 1973).

BUBER, Martin, *Hasidism and Modern Man* (New York, 1958).

    Jewish Mysticism and the Legend of Baal Shem (London, 1932).

BUCKLEY, Michael J., *At the Origins of Modern Atheism* (New Haven and London, 1987).

CASSIRER, Ernst, *The Philosophy of Enlightenment* (Princeton, 1951).

COHN, Norman, *The Pursuit of the Millennium: Revolutionary Millenarians and Mystical Anarchists of the Middle Ages* (London, 1957).

CRAGG, Gerald G., *The Church in the Age of Reason 1648 – 1789* (Harmondsworth and New York, 1960).

Reason and Authority in the Eighteenth Century (Cambridge, 1964).

DUPRE, Louis and SALIERS, Don E. (eds), *Christian Spirituality: Post-Reformation and Modern* (New York and London, 1989).

GAY, Peter, *The Enlightenment: An Interpretation*, 2 Vols (New York, 1966).

GUARDINI, Romano, *Pascal For Our Time* (trans. Brian Thompson, New York, 1966).

HALLER, William, *The Rise of Puritanism* (New York, 1938).

HEIMERT, Alan, *Religion and the American Mind: From the Great Awakening to the Revolution* (Cambridge, Mass, 1968).

LINDBERG, David C. and NUMBERS, Ronald L. (eds), *God and Nature: Historical Essays on the Encounter between Christianity and Science* (Berkeley, Los Angeles and London, 1986).

OUTLER, Albert C., *John Wesley* (Oxford and New York, 1964).

OZMENT, S. E., *Mysticism and Dissent* (New Haven and London, 1973).

PELIKAN, Jaroslav, *The Christian Tradition: A History of the Development of Doctrine*, 5 Vols.

V: *Christian Doctrine and Modern Culture* (since 1700) (Chicago and London, 1989).

SCHOLEM, Gershom G., *The Messianic Idea in Judaism and Other Essays on Jewish Spirituality* (New York, 1971).

Sabbati Sevi (Princeton, 1973).

현대의 신 개념

AHMED, Akbar S., *Postmodernism and Islam: Predicament and Promise* (London and New York, 1992).

ALTIZER, Thomas J. J. and HAMILTON, William, *Radical Theology and the Death of God* (New York and London, 1966).

BAECK, Leo, *The Essence of Judaism* (New York, 1948).

BARTH, Karl, *The Knowledge of God and the Service of God* (trans. J. M. L. Haire and I. Henderson, London, 1938).

BALTHASAR, Hans Urs von, *The Glory of the Lord*, 3 Vols (Edinburgh, 1982 – 1986).

Love Alone: The Way of Revelation (London, 1968).

CHADWICK, Owen, *The Secularization of the European Mind in the 19th Century* (Cambridge, 1975).

CONE, James H., *Black Power and Black Theology* (New York, 1969).

D'ANTONIO, Michael, *Fall from Grace: The Failed Crusade of the Christian Right*

(London, 1990).

DE CHARDIN, Pierre Teilhard, *The Divine Milieu: An Essay on the Interior Life* (New York, 1987).

    The Phenomenon of Man (New York, 1959).

HESCHEL, Abraham J., *The Insecurity of Freedom* (New York, 1966).

    God in Search of Man (Philadephia, 1959).

HUSSAIN, Asaf, *Islamic Iran: Revolution and Counter-Revolution* (London, 1985).

IQBAL, Mohammed, *Six Lectures on the Reconstruction of Religious Thought in Islam* (Lahore, 1930).

KEDDIE, Nikki R. (ed.), *Religion and Politics in Iran: Shi'ism from Quietism to Revolution* (New Haven and London, 1983).

KOOK, Abraham Isaac, *The Essential Writings of Abraham Isaac Kook* (ed. and trans. Ben Zion Bokser, Warwick, NY, 1988).

KUNG, Hans, *Does God Exist? An Answer for Today* (trans. Edward Quinn, London, 1978).

MALIK, Hafeez, *Iqbal, Poet-Philosopher of Pakistan* (New York, 1971).

MASTERSON, Patrick, *Atheism and Alienation: A Study of the Philosophic Sources of Contemporary Atheism* (Dublin, 1971).

MERGUI, Raphael and SIMONNOT, Philippe, *Israel's Ayatollahs: Meir Kahane and the Far Right in Israel* (London, 1987).

MOTTAHEDEH, Roy, *The Mantle of the Prophet: Religion and Politics in Iran* (London, 1985). Highly recommended.

O'DONOVAN, Leo (ed.), *A World of Grace: An Introduction to the Themes and Foundations of Karl Rahner's Theology* (New York, 1978).

SCHLEIERMACHER, Friedrich Daniel Ernst, *On Religion: Speeches to its Cultured Despisers* (New York, 1958).

    The Christian Faith (trans. H. R. Mackintosh and J. S. Steward, Edinburgh, 1928).

RICHES, John (ed.), *The Analogy of Beauty: the Theology of Hans Urs von Balthasar* (Edinburgh, 1986).

ROBINSON, J. A. T., *Honest to God* (London, 1963).

    Exploration into God (London, 1967).

ROSENZWEIG, Franz, *The Star of Redemption*, 3 Vols (New York, 1970).

RUBENSTEIN, Richard L., *After Auschwitz: Radical Theology and Contemporary Judaism* (Indianapolis, 1966).

SCHWEID, Eliezer, *The Land of Israel: National Home or Land of Destiny?* (trans. Deborah Greniman, New York, 1985).

SMITH, Wilfred Cantwell, *Islam in Modern History* (Princeton and London, 1957).

STEINER, George, *Real Presences: Is there anything in what we say?* (London, 1989).

TILLICH, Paul, *The Courage to Be* (London, 1962).

TRACY, David, *The Achievement of Bernard Lonergan* (New York, 1971).

WHITEHEAD, A. N., *Process and Reality* (Cambridge, 1929).

    Religion in the Making (Cambridge, 1926).

게틱getik(페르시아어) 인간이 살아가는 곳, 인간의 감각으로 경험할 수 있는 지상 세계를 가리킨다.

누미노제numinose '정신'이라는 뜻의 라틴어 누멘(numen)에서 유래한 말. 경이와 공포를 불러일으키는 성스러움, 초월, 거룩함의 감각을 가리킨다.

닙바나nibbāna(팔리어) 힌두어로는 니르바나(nirvana). '열반(涅槃)'. 문자 그대로의 의미는 마치 불(꽃)이 '식고' '꺼지는' 것과 같은 '소멸'을 뜻한다. 궁극적 실재, 인간 삶의 목표와 성취, 고통의 끝을 나타내기 위해 불교에서 사용하는 표현이다. 유일신론적 탐구의 끝에 있는 신과 마찬가지로 닙바나는 합리적으로 정의할 수 없으며 전혀 다른 차원의 경험에 속한다.

도그마dogma 신비적으로만 이해될 수 있고 상징적으로만 표현될 수 있는 교회의 은밀하고 비밀스러운 전통을 묘사하기 위해 동방 기독교인들이 사용한 개념. 서구에서 '도그마'는 정언적이고 권위적으로 서술된 일련의 견해를 의미하게 되었다.

디나미스dynamis(그리스어) 신의 '능력'. 세계 속에 드러난 신의 활동을 가리키기 위해 그리스인이 사용한 말이며, 말로 표현할 수도 없고 이해할 수도 없는 신의 본질(우시아)과 구별된다.

디크르dhikr(아랍어) 쿠란에서 말하는 신에 대한 '기억', '회상'. 이슬람교에서 신을 기억하고 찬미하기 위해 신의 이름을 반복해 암송하고 신에게 생각을 집중하는 종교적 행위를 가리킨다. 수피즘에서 디크르는 일종의 만트라(mantra)로서 신의 이름을 암송하는 형태를 취한다.

로고스logos(그리스어) '이성', '정의(定義)', '언어'. 그리스 신학자들은 '로고스'를 유대 경전에 나오는 신의 '지혜(Wisdom)' 또는 〈요한복음〉 서두에 언급되는 '말씀(Word)'과 동일시했다.

리그베다Rig-Veda 기원전 1500년~기원전 900년 사이에 유래한 송가(頌歌) 모음집.

인더스강 유역을 침입하여 인도 아대륙 원주민에게 자신들의 신앙을 강요한 아리아인의 종교적 신념이 표현되어 있다.

마나mana 원래 남태평양 제도(諸島)에서 사용하던 말이며, 물질세계에 침투해 있는 보이지 않는 신성한 힘을 가리킨다.

마드라사Madrasah(아랍어) 이슬람 세계의 전통적 고등 교육 기관.

메녹menok(페르시아어) 천상에 있는 원형적 존재의 영역.

메르카바 신비주의 Merkavah Mysticism 유대교 신비주의의 초기 형태. 예언자 에스겔이 본 하늘의 전차(메르카바)를 집중적으로 묘사하며, 천상의 궁전(헤칼로트 hekhaloth)을 통해 하늘의 왕좌까지 상승하는 것을 묘사한다.

무슬림muslim(아랍어) 자신을 신에게 바친 자. 이슬람교도를 가리킨다.

무타질라Mutazilah(아랍어) 쿠란을 합리적으로 설명하려 한 이슬람교의 한 분파(합리주의자).

미슈나Mishnah(히브리어) '탄나임'이라고 불린 초기 랍비 율법학자들이 대조하고 편집하고 개정한 유대교 법전. 6개의 주요 단위와 63개의 부차적 단위로 나뉘어 있으며, 율법 토론과 탈무드 주석의 기초이다.

미츠바mitzvah(히브리어) '계율'. 복수형은 미츠보트(mitzvot).

바나트 알라 Banat-al-Lah(아랍어) '신의 딸들'. 쿠란에서 이 단어는 세 명의 이교도 여신인 알-라트(al-Lat), 알-웃자(al-Uzza), 알-마나트(al-Manat)를 가리킨다.

바틴batin(아랍어) '내적인', '내부의'. '비전적(祕傳的, esoteric)'이라는 뜻. 쿠란에 담긴 내적 의미, 쿠란의 비밀스럽고 특별한 앎을 나타내며, 알라의 99가지 이름 중 하나이기도 하다(알-바틴, '숨은 분'). 여기서 파생된 '바티니(batini)'는 비전적이고 신비적인 신 이해에 헌신하는 무슬림을 뜻한다.

바카baqa(아랍어) '생존', '재생'. 수피(이슬람 신비주의자)가 신과 합일되는 절정의 체험(파나'fana)을 한 뒤 고양되고 확장된 자아로 되돌아가는 것을 뜻한다.

바크티bhakti(힌두어) 인간의 모습으로 지상에 나타난 붓다나 힌두교의 신들에게 헌신하는 행위.

보디사트바Bodhisattva(힌두어) 미래의 붓다. 아직 깨달음을 얻지 못한 사람들을 인도하고 고통받는 사람들을 구원하기 위해 자신의 열반(닙바나)을 미룬 자.

붓다Buddha(힌두어) '깨달음을 얻은 자'. 이 말은 닙바나에 이른 사람을 뜻하지만,

종종 불교의 창시자인 고타마 싯다르타(Gautama Siddhartha)를 가리킨다.

샤리아Shariah 쿠란과 하디스에 기초한 이슬람의 신성한 법률.

샤하다Shahadah 무슬림의 신앙 선언. "알라 외에 다른 신이 없다는 것과 무함마드가 그의 예언자임을 증언합니다."

성육신incarnation 신이 인간의 형상으로 자신을 구현하는 것을 가리킨다.

세파르디Sephardi 복수형은 세파르딤(Sefardim). 1000년경부터 에스파냐, 포르투갈에서 살아오다 15세기 말에 추방당한 디아스포라 유대인을 가리킨다.

세피라sefirah(히브리어) 복수형은 세피로트(sefiroth). 이 말의 원뜻은 '계산(numeration)'인데, 카발라(유대 신비주의)에서 신이 자신을 계시하는 열 단계를 가리키는 말로 쓰인다. 열 가지 세피로트는 다음과 같다.

1. 케테르 엘리온(Kether Elyon): 최고의 왕관

2. 호크마(Hokmaha): 지혜

3. 비나(Binah): 지성

4. 헤세드(Hesed): 사랑, 자비

5. 딘(Din): 정의

6. 티페레트(Tifereth): 아름다움, 동정심

7. 네자(Netsah): 인내

8. 호드(Hod): 존엄

9. 에소드(Yesod): 기초, 토대

10. 말쿠트(Malkuth): 왕국. '셰키나'라고도 불린다.

셰마Shema 유대교의 신앙 선언. "이스라엘아, 들어라(shema). 우리의 하느님은 야훼시다. 야훼 한 분뿐이시다."

셰키나Shekinah 지상에서 신의 현존. '거처를 정하다, 천막을 치다'라는 뜻의 히브리어 샤칸(shakan)에서 유래했다. 랍비들이 자신들의 신 체험과 말로 표현할 수 없는 신의 실재를 구분하기 위해 사용한 말이다. 카발라(유대 신비주의)에서는 세피로트의 마지막 단계인 말쿠트와 동일시된다.

수피Sufi, **수피즘**Sufism 이슬람 신비주의자, 이슬람 신비주의 영성. 무함마드와 그의

동료들이 좋아했던 양털로 만든 거친 옷(아랍어로 '수프suf')을 초기 수피와 금욕주의자들이 즐겨 입은 데서 유래했다.

순나sunnah(아랍어) '실천'. 예언자 무함마드의 행동과 실천을 본받은 것으로 전통에 의해 인정된 관습을 말한다.

수니Sunni 이슬람 세계의 다수파. '아흘 알-순나(ahl al-sunnah, 순나를 따르는 사람들)'라고도 불린다. 종교 지도자인 이맘(Imam)에 대한 헌신을 기본으로 삼는 시아파와 달리 수니파는 쿠란, 하디스, 순나, 샤리아를 기초로 삼는다.

시아Shiah 이슬람 세계에서 수니파 다음으로 큰 분파. 시아파는 예언자 무함마드의 사촌이자 사위인 알리 이븐 아비 탈리브와 그의 후손인 이맘들이 이슬람 공동체를 이끌어야 한다고 믿는다.

시우르 코마 Shiur Qomah(히브리어) 에스겔이 보았다는 천상의 전차에 앉아 있던 인물을 묘사한 5세기의 신비주의 문서인데, 많은 논란을 일으켰다.

신 본체 Godhead 우리가 '신'이라 부르는 실재의 근접할 수 없는 감추어진 근원.

아바타avatar '화신'. 힌두교 신화에서 신이 인간의 형상을 취하고 지상에 내려오는 것을 말한다. 일반적으로는 신성을 구현하거나 신성이 육화한 것으로 믿어지는 사람을 가리킨다.

아슈케나지Ashkenazi 복수형은 아슈케나짐(Ashkenazim). 유대인 디아스포라의 역사에서 독일과 프랑스를 중심으로 해서 중유럽과 동유럽에 살았던 유대인을 가리키는 말.

아야aya(아랍어) 복수형은 아야트(ayat). '상징, 징표, 비유'. 쿠란은 신의 실재와 자연 세계에 드러나는 신의 '징표' 혹은 '현현'을 구분해야 한다고 가르친다. 쿠란도 신성의 상징이며 쿠란의 구절들을 '아야트'라고 한다.

아트만Atman(힌두어) 개인이 자기 내면에서 경험하는 브라흐만의 신성한 힘.

아파테이아apatheia(그리스어) '무감정, 고요함'. 그리스 철학자들은 신은 고통과 변화에 영향을 받지 않는다고 생각했고 그들이 말한 신의 이러한 특징은 기독교 신 개념의 중심이 되었다.

아포파시스apophasis(그리스어) '침묵'. 그리스 정교회 기독교인들은 신의 형언할 수 없음과 신비를 강조하기 위해 모든 신학은 침묵, 역설, 긴장이라는 요소를 포함해야 한다고 믿었다.

알람 알—미탈 Alam al-mithal(아랍어) 순수한 이미지의 세계. 이슬람 신비주의자와 명상가를 신에게 인도하는 상상의 원형적 세계를 가리킨다.

야훼Yahweh 이스라엘의 신의 이름. 야훼는 원래 다른 민족의 신이었는지 모르지만 모세에 의해 이스라엘을 위한 신으로 채택되었다. 기원전 3세기~기원전 2세기까지 유대인들은 신의 신성한 이름을 발음하지 않았으며 YHWH라고 썼다.

에네르게이아energeia(그리스어) '에너지'. 세계 속에 드러난 신의 '활동' 혹은 신의 '현현'을 가리키는 말이며, 이것을 통해 신의 일면을 엿볼 수 있다. '디나미스'처럼 이 말은 표현할 수도 없고 이해할 수도 없는 신의 실재와 인간의 신 개념을 구별하기 위해 쓰인다.

에누마 엘리시 Enuma Elish 세계 창조를 이야기하는 바빌로니아의 서사시. 신년 축제 기간에 낭송된다.

엑스타시스ekstasis(그리스어) 문자 그대로의 의미는 '밖에 서다'. 자기 자신을 벗어나는 것을 뜻한다. 신에게 적용될 때는 숨은 신이 자신을 인간에게 알리기 위해 자기 성찰을 초월하여 스스로를 비우는 케노시스를 뜻한다.

아인 소프 Ein Sof(히브리어) 문자 그대로는 '끝이 없는(infinite)'이라는 뜻. 유대 신비주의 신학인 카발라에서 측량할 수 없고, 근접할 수 없고, 불가해한 신의 본질을 가리킨다.

엘티 고대 가나안의 최고신. 아브라함과 이삭과 야곱과 이스라엘 족장의 신.

예언자prophet '신을 대신하여 말하는 자'.

오이쿠메네Oikumene(그리스어) '문명 세계'.

요가yoga 일찍이 인도인에 의해 발달한 정신의 힘을 '집중'하는 훈련법. 요가 수련자는 이 집중의 기술을 통해 실재에 집중하여 고양된 인식을 얻고, 평안과 축복, 평온함을 얻을 수 있다.

그릇들의 깨짐 Breaking of the Vessels 태고의 파멸을 묘사하는 이삭 루리아의 신비주의 용어. 그릇이 깨질 때 신성한 빛이 지상에 추락해 물질세계에 갇혔다고 설명한다.

우상 숭배idolatry 초월적 신이 아니라 인간이나 인간이 만든 실재를 숭배하는 것을 뜻한다.

우시아ousia(그리스어) '본질, 본성'. 어떤 사물을 바로 그것으로 만드는 것. 인간 내면에서 관찰되는 인격이나 실체를 가리킨다. 신에게 적용될 때는 인간의 이해와 경험으로 파악되지 않는 신의 본질을 의미한다.

울라마ulama(아랍어) 이슬람 성직자를 가리키는 말.

움마ummah(아랍어) 이슬람 공동체.

유출emanation 유일신론자들이 신과 동일시하는 단일하고 원초적인 근원으로부터 실재의 여러 단계가 흘러나오는 과정. 철학자와 신비주의자들을 포함한 일부 유대인, 기독교인, 무슬림은 생명의 기원을 서술하기 위해 성서의 전통적인 창조 서사 — 만물이 신에 의해 일순간에 창조되었다는 — 보다 이 고대의 은유를 선호했다.

이맘Imam(아랍어) 시아파에게 이맘은 예언자 무함마드의 사위인 알리의 후손이다. 이맘은 신의 화신으로 숭배받는다. 그러나 수니파에게 이맘은 단순히 모스크에서 예배를 이끄는 사람을 뜻한다.

이슈라크Ishraq(아랍어) 문자 그대로의 의미는 '조명'. 조명학파는 야흐야 수흐라와르디가 철학과 영성을 융합해 세운 이슬람 철학의 한 학파.

이슬람Islam(아랍어) '(신에 대한) 복종, 헌신'. (이슬람교와 이슬람교도를 가리킨다.)

이즈티하드ijtihad(아랍어) 문자 그대로의 뜻은 '노력'. 이슬람 법학자들이 쿠란이나 하디스(전승)에서 다루지 않는 문제에 관해 독립적인 해석과 판단을 하는 것을 가리킨다.

일름ilm(아랍어) 시아파 무슬림이 이맘만이 지니고 있다고 믿는 신에 관한 비밀스런 앎.

자힐리야jahiliyyah(아랍어) 문자 그대로의 뜻은 '무지'. 무슬림이 아라비아의 이슬람 이전 시대를 가리켜 '무지의 시대'라는 뜻으로 쓴다.

잔나zanna(아랍어) '추측'. 분열을 초래하는 무의미한 신학적 사변을 가리키는 말이다.

전통주의자Traditionist 아랍어로는 '아흘 알-하디스(ahl al-hadith, 하디스의 민족)'. 무타질라파의 합리주의적 경향에 맞서 쿠란과 하디스(전승)를 문자적으로 해석하는 무슬림을 가리킨다.

정통orthodox, **정통성**orthodoxy 문자 그대로의 뜻은 '올바른 가르침'. 교회의 올바른 교리를 지키는 자와 아리우스파나 네스토리우스파 같은 이단자를 구별하기 위해 그리스 정교회에서 사용한 말. 또 이 말은 율법을 엄격히 준수하는 전통적 유대인에게도 적용할 수 있다.

지구라트ziggurat 수메르인이 건설한 탑 형태의 신전. 세계의 여러 다른 곳에서도 발견되는 형태이다. 거대한 돌계단으로 이루어졌고, 인간은 신을 만나기 위해 그 계단을 오른다.

지혜Wisdom 히브리어로는 호크마(Hokhmah), 그리스어로는 소피아(Sophia). 성서에서 신의 신성한 계획을 의인화해 표현하는 말이다. 인간이 접근할 수 없는 신의 실재와 달리 인간이 경험할 수 있는 신의 활동을 설명하는 한 방법.

짐줌tsimtsum(히브리어) '움츠림, 물러남'. 이삭 루리아의 신비주의에서는 창조의 장소를 만들기 위해 신이 자신의 중심으로 움츠린다(축소된다)고 상상한다. 이것은 자기를 비우고 자기를 한정하는 행위이다.

축의 시대 Axial Age 기원전 900년~기원전 200년 사이, 문명 세계에서 주요한 종교 전통과 철학이 출현했던 시기를 가리키기 위해 역사가들이 사용한 용어.

카도시kaddosh(히브리어) '거룩한, 성스러운'. 신의 절대적 타자성, 세속적인 것으로부터 신성한 것의 분리를 나타낼 때 쓰이는 말이다.

카바Kabah(아랍어) 알라에게 헌납된 정육면체 모양의 화강암 신전. 메카에 있다. 어떤 때는 알라의 신전을, 다른 때는 그 안에 있는 거대한 검은색 바위를 가리킨다.

칼람Kalam(아랍어) 문자 그대로의 뜻은 '말' 혹은 '연설'. 합리적인 방법으로 쿠란의 해석을 시도한 이슬람 신학을 가리킨다.

케노시스kenosis(그리스어) '자기 비움'.

케리그마kerygma(그리스어) 동사 케리세인(kerysein, 선언하다)에서 유래한 명사. 분명하고 합리적으로 표현되는 교회의 공개적 가르침을 가리키는 용어이며, 합리적으로 표현될 수 없는 도그마에 대립된다.

타리카Tariqa(아랍어) 수피의 교단.

타우히드tawhid(아랍어) 신의 유일성을 가리키는 말. 또한 이 말은 온전히 신에게 헌신하려고 노력하는 무슬림에게 요구되는 일체감을 뜻하기도 한다.

타윌tawil 이스마일파 같은 비전적 집단이 제창한 쿠란의 상징적, 신비주의적 해석.

타크와taqwa(아랍어) 이슬람교에서 유일신 알라의 존재를 의식하고 무슬림으로서 의무를 다하는 마음 상태 또는 경건한 신앙 생활을 가리키는 말이다.

탄나임tannaim(히브리어) 랍비 율법학자의 첫 세대로서 '미슈나(Mishnah)'로 알려진 고대 구전(口傳) 율법의 옛 조항들을 수집하고 편찬했다.

탈무드Talmud(히브리어) 문자 그대로의 뜻은 '가르침' 또는 '공부'. 유대인의 정신적 지주 역할을 해온 책이며 4세기 말에 완성된 예루살렘 탈무드와 5세기 말에 완성된 바빌로니아 탈무드를 가리킨다. 두 권 모두 미슈나에 대한 주석의 형식을 취하고 있다.

테오리아theoria(그리스어) '관조, 명상'.

테필린tfillin(히브리어) 성구함(聖句函, 성구를 기록한 양피지를 넣은 작은 가죽 상자)으로 알려진 검은 상자. 셰마의 텍스트가 들어 있다.

토라Torah(히브리어) '율법'. 구약 성서의 처음 다섯 권인 〈창세기〉〈출애굽기〉〈레위기〉〈민수기〉〈신명기〉, 즉 모세 오경을 가리킨다.

티쿤tikkun(히브리어) '회복', '복구'. 이삭 루리아의 카발리즘에서 묘사한 구원의 과정. '그릇들의 깨짐'이 진행되는 동안 흩어졌던 신성한 불꽃이 신과 '재통합'하는 것을 가리킨다.

파나'fana(아랍어) 자아 소멸. 수피가 황홀경 상태에서 신과 합일하는 것을 가리킨다.

파르주프parzuf(히브리어) 복수형은 파르주핌(parzufim). 문자 그대로의 뜻은 '용모', '얼굴'. 기독교 삼위일체의 페르소나와 비슷하다. 어떤 카발리스트들(유대 신비주의자)은 신이 인간에게 계시할 때 각각 특징을 지닌 수없이 다양한 '얼굴'로 나타난다고 생각한다.

파일라수프Faylasuf(아랍어) '철학자'. 이슬람 제국에서 팔사파의 합리적, 과학적 이상에 헌신한 무슬림, 유대인을 가리킨다.

팔사파Falsafah(아랍어) '철학'. 이슬람 교리를 고대 그리스 합리주의 철학의 언어로 해석하려는 시도였다.

페르소나persona(라틴어) '가면' 또는 '얼굴'이라는 뜻의 그리스어 '프로소폰(prosopon)'의 번역어. 원래 배우가 자신이 맡은 극중 인물을 관중에게 제시하기 위해 쓰던 가면을 가리키는 말이었다. 서방 기독교에서 삼위일체의 세 히포스타시스를 나타내기 위해 사용했다.

피르pir(아랍어) '스승'. 이슬람 신비주의의 정신적 지도자.

하디스hadith(아랍어) 예언자 무함마드의 말과 행동을 기록한 전승.

하지hajj(아랍어) 무슬림의 메카 순례.

헤시카즘hesychasm, **헤시카스트**hesychast 내적 침묵, 평온을 의미하는 그리스어 헤시키아(hesychia)에서 유래했다. 끊임없는 기도와 묵상을 통해 '평정'(헤시키아)을 추구한 수도사들을 헤시카스트라고 부른다. 그들의 영성인 헤시카즘은 14세기에 정통 신앙으로 인정받았으며 오늘날까지 전해지고 있다.

호모우시온homoousion(그리스어) 문자 그대로는 '동일한 본질을 지닌다'는 뜻이다. 아타나시우스와 그의 지지자들이 사용했던 논란의 여지가 있는 표현이다. 예수가 아버지인 성부와 동일한 본질(ousia)을 지녔고 따라서 성부와 동일하게 신성한 존재라는 확신을 표현하기 위해 사용한 말이다.

히포스타시스hypostasis(그리스어) 복수형은 히포스타세스(hypostases). 한 개인의 내적 본성이 외적으로 표현되는 것을 가리킨다. 우시아 곧 사람이나 사물의 내적 본질과 대립되는 말로 외부에서 관찰된 사람 혹은 사물을 의미한다. 신의 감추어진 내적 본성이 로고스와 성령으로 성부, 성자, 성령이라는 세 가지 현현으로 나타나는 것을 표현하기 위해 그리스인들이 사용한 말이다.

히즈라hijra(아랍어) 622년에 예언자 무함마드와 그를 따르는 무슬림이 메카에서 메디나로 최초로 이주한 사건. 이슬람 시대의 시작을 가리킨다.

용어

배국원

연세대학교 철학과와 미국 남침례교신학교를 졸업했다. 하버드대학교 종교학과에서 종교철학 전공으로 박사 학위(Ph.D.)를 받았다. 사회복지법인 은강복지재단 이사장, 한국종교학회 이사, 문화신학회 이사, 아세아 침례교신학대학원 협의회(ABGTS) 상임이사, 한국침례신학대학 총장 등을 역임했다. 지은 책으로는《현대종교철학의 프리즘》《현대 종교철학의 이해》《Homo Fidei》등이 있고, 옮긴 책으로는《신의 역사》《현대 종교학 담론》《가톨릭의 역사》등이 있다.

유지황

연세대학교 신학과(B.A.)를 졸업했다. 미국 하버드대학교 신학대학원에서 석사 학위(M.Div. & Th.M)를 받았고 노스웨스턴대학교에서 박사 학위(Ph.D.)를 받았다. 관동대학교 기독교학과 교수로 재직하다 퇴직 후 현재는 목회 활동을 하고 있다. 지은 책으로는《어거스틴의 신학 사상 이해》, 옮긴 책으로는《신의 역사》《영성 음악 여성》등이 있다.

신의 역사 — 신의 탄생과 정신의 모험

2023년 7월 31일 초판 1쇄 발행
2023년 10월 6일 초판 3쇄 발행

- 지은이 ——————— 카렌 암스트롱
- 옮긴이 ——————— 배국원, 유지황
- 펴낸이 ——————— 한예원
- 편집 ——————— 이승희, 윤슬기, 양경아, 김지희, 유가람
- 펴낸곳   교양인
          우 04015 서울 마포구 망원로6길 57 3층
          전화 : 02)2266-2776 팩스 : 02)2266-2771
          e-mail : gyoyangin@naver.com
          출판등록 : 2003년 10월 13일 제2003-0060

ⓒ 교양인, 2023
ISBN 979-11-93154-06-9 03900